Renate Mühle 9/79

Entwicklungspsychologie der Lebensspanne

Herausgegeben von Paul B. Baltes unter Mitarbeit von Lutz H. Eckensberger

Mit Beiträgen von Inge M. Ahammer, Paul B. Baltes, Nancy Datan, L. R. Goulet, Frank H. Hooper, John L. Horn, Nathan Kogan, Lawrence Kohlberg, William R. Looft, John R. Nesselroade, Bernice L. Neugarten, Jum C. Nunnally, Willis F. Overton, Hayne W. Reese, Todd R. Risley, K. Warner Schaie und Montrose M. Wolf.

Klett-Cotta

Die amerikanischen Originaltexte der fünfzehn Kapitel des vorliegenden Buches sind folgenden Publikationen entnommen:

Kapitel 1, 2, 10 und 11 aus *Life-Span Developmental Psychology: Research and Theory*. Herausgegeben von L. R. Goulet und Paul B. Baltes.

Kapitel 3, 9, 12, 13, 14 und 15 aus *Life-Span Developmental Psychology: Personality and Socialization*. Herausgegeben von Paul B. Baltes und K. Warner Schaie.

Kapitel 4, 5, 6, 7 und 8 aus *Life-Span Developmental Psychology: Methodological Issues*. Herausgegeben von John R. Nesselroade und Hayne W. Reese.

Die Übersetzung besorgte Uta S. Eckensberger, Saarbrücken

CIP-Kurztitelaufnahme der Deutschen Bibliothek

Entwicklungspsychologie der Lebensspanne / hrsg. von Paul B. Baltes unter Mitarb. von Lutz H. Eckensberger. Mit Beitr. von Inge M. Ahammer . . . [Die Übers besorgte Uta S. Eckensberger]. – 1. Aufl. – Stuttgart: Klett-Cotta, 1979.
ISBN 3-12-920250-1
NE: Baltes, Paul B. [Hrsg.]; Ahammer, Inge M. [Mitarb.]

1. Auflage 1979
Verlagsgemeinschaft Ernst Klett –
J. G. Cotta'sche Buchhandlung Nachfolger GmbH., Stuttgart

Printed in Germany
Einbandgestaltung: Heinz Edelmann, Den Haag
Satz und Druck: Wilhelm Röck, Weinsberg

Inhaltsverzeichnis

Vorwort

Die ganze Welt ist Bühne,
Und alle Frau'n und Männer bloße Spieler
Sie treten auf und gehen wieder ab,
Sein Leben lang spielt einer manche Rollen,
Durch sieben Akte hin. Zuerst das Kind,
Das in der Wärtrin Armen greint und sprudelt;
Der weinerliche Bube, der mit Bündel
Und glattem Morgenantlitz, wie die Schnecke
Ungern zur Schule kriecht; dann der Verliebte,
Der wie ein Ofen seufzt, mit Jammerlied
Auf seiner Liebsten Brau'n; dann der Soldat,
Voll toller Flüch' und wie ein Pardel bärtig,
Auf Ehre eifersüchtig, schnell zu Händeln,
Bis in die Mündung der Kanone suchend
Die Seifenblase Ruhm. Und dann der Richter,
In rundem Bauche mit Kapaun gestopft,
Mit strengem Blick und regelrechtem Bart.
Voll weiser Sprüch' und Alltagsredensarten
Spielt seine Rolle so. Das sechste Alter
Macht den besockten hagern Pantalon,
Brill' auf der Nase, Beutel an der Seite;
Die jugendliche Hose, wohl geschont,
'ne Welt zu weit für die verschrumpften Lenden:
Die tiefe Männerstimme, umgewandelt
Zum kindischen Diskante, pfeift und quäkt
In seinem Ton. Der letzte Akt, mit dem
Die seltsam wechselnde Geschichte schließt,
Ist zweite Kindheit, gänzliches Vergessen
Ohn' Augen, ohne Zahn, Geschmack und alles.

Shakespeare, Wie es euch gefällt
2. Aufzug, 7. Szene

Seit dem Jahre 1969 finden in Morgantown, USA, die ,,West Virginia Konferenzen" statt, auf denen Entwicklungspsychologen in systematischer Weise die Probleme und Konsequenzen einer Perspektive diskutieren, unter der Entwicklung nicht als auf bestimmte Altersabschnitte begrenzt (Beispiel: Kinderpsychologie), sondern als Veränderung über den Lebensablauf hin gesehen wird. Damit ist nicht einfach eine quantitative Verlängerung der betrachteten Zeitspanne impliziert, sondern es folgen daraus qualitativ neue Fragestellungen, Modelle und Methodenprobleme; zudem zwingt eine solche Perspektive, den sozio-kulturellen Kontext, in dem Entwicklung stattfindet, mit in die psychologische Analyse einzubeziehen. Daß es sich bei dieser Auffassung von Entwicklung (und Entwicklungspsychologie) nicht um eine ,,Erfindung" der West Virginia Konferenzen handelt, zeigt das vorangestellte Zitat sowie die historische Einleitung, die der Hauptherausgeber in den vorliegenden Band gibt. Dennoch dürfte unbestreitbar sein, daß die Wirkung und die Ausstrahlung, die von diesen Konferenzen ausging, den gesamten entwicklungspsychologischen Bereich international entschieden verändert hat. Es dürfte heute kaum ein wissenschaftliches entwicklungspsychologisches Werk geben, das nicht mindestens auf die Bedeutung einer Orientierung an der gesamten Lebensspanne hinweist und sich dabei nicht auf die eine oder andere Grundsatzarbeit aus einer der West Virginia Konferenzen bezieht.

Im folgenden wird, bis auf den ersten Beitrag zur Geschichte einer Entwicklungspsychologie der Lebensspanne, die Übersetzung einer Auswahl von Beiträgen zu den Bänden vorgelegt, die aus den ersten drei West Virginia Konferenzen über ,,Life-Span Developmental Psychology" hervorgegangen sind. Die ersten beiden Konferenzen dienten in erster Linie der Grundlegung der Konzeption einer Entwicklungspsychologie der Lebensspanne, genauer, sie bezogen sich zum einen auf allgemeine Forschungs- und Theorieansätze (diese erste Konferenz fand 1969 statt und wurde 1970 von Goulet und Baltes publiziert), zum anderen auf die spezifischen methologischen Probleme, die durch eine lebensablaufbezogene Entwicklungspsychologie aufgeworfen werden. (Diese Konferenz fand 1970 statt und wurde 1973 von Nesselroade und Reese veröffentlicht.) Auf der dritten Konferenz schließlich wurde ein erster Überblick über Ergebnisse aus der Forschung zur Sozialisation und Persönlichkeitsentwicklung über die gesamte Lebensspanne hin gegeben. (Diese Konferenz fand 1971 statt und wurde ebenfalls 1973 von Baltes und Schaie veröffentlicht.)

Natürlich läßt sich nach nunmehr fast zehn Jahren fragen, warum man ausgerechnet eine Auswahl aus den frühen Konferenzen vorlegt. Der Hauptgrund – und das war auch der zentrale Gesichtspunkt bei der Auswahl der Einzelbeiträge zu diesem Übersetzungsband – ist, daß es sich um Arbeiten handelt, die man heute fast alle als ,,Klassiker" bezeichnen könnte, d. h. um Arbeiten, die nicht nur wissenschaftshistorisch umgrenzte Bedeutung haben, sondern ihr Thema in so systematischer, grundlegender und umfassender Weise behandeln, daß sie auch heute nichts von ihrer Relevanz eingebüßt haben und deshalb jedem, der in diesem Bereich lehrt, lernt oder forscht im Detail bekannt sein sollten. Die Auswahl dieser Arbeiten besorgte ausnahmslos der Hauptherausgeber; die Funktion des Mitherausgebers bestand lediglich darin, die Übersetzung und Herstellung der deutschen Ausgabe zu betreuen.

Lutz H. Eckensberger

0 Einleitung: Einige Beobachtungen und Überlegungen zur Verknüpfung von Geschichte und Theorie der Entwicklungspsychologie der Lebensspanne[1]

PAUL B. BALTES, College of Human Development, The Pennsylvania State University, University Park, Pennsylvania

Zum Inhalt

Im folgenden werden Betrachtungen zur Verknüpfung von Geschichte, Theorie und Methodologie der Entwicklungspsychologie der Lebensspanne angestellt. Dabei wird nachgewiesen, daß es im Gegensatz zu derzeitigen Auffassungen in der Geschichte der Entwicklungspsychologie, beginnend im späten 18. Jahrhundert, immer wieder, wenn auch vereinzelt, auf die Lebensspanne bezogene Ansätze zur Untersuchung der Verhaltensentwicklung gegeben hat. Die Entwicklungspsychologie der Lebensspanne erweitert die Grenzen jeder entwicklungspsychologischen Perspektive, weil sie in erster Linie auf Langzeit-Prozesse abzielt. Bei jedem Ansatz, der im Bezugssystem des Lebensablaufs geplant wird, werden daher wahrscheinlich wichtige theoretische und methodische Probleme und Prinzipien klarer gesehen, formuliert und in ihrer Lösung weiter vorangetrieben, als es in altersspezifischen entwicklungspsychologischen Teilbereichen wie Kinderpsychologie und Gerontologie der Fall ist. Die über die Zeit hinweg bestehen gebliebene Bedeutung verschiedener theoretischer und methodischer Themen wird an Beispielen demonstriert. Bei diesen Themen handelt es sich um (a) die Neuformulierung des Konzepts Entwicklung in der Weise, daß es auch andere als nur biologische Modelle des Wachstums umfaßt; (b) die Ausdehnung der Geltungsbreite entwicklungspsychologischer Konstrukte; (c) die Verknüpfung von ontogenetischem und bio-kulturellem Wandel in einem Bezugsrahmen, in dem Interaktionen und Zusammenhänge berücksichtigt werden; und (d) die Ausarbeitung von Methoden, die speziell auf die Erfassung von Problemen der Entwicklung im Rahmen des Lebensablaufs zugeschnitten sind. Es wird dafür plädiert, daß Entwicklungspsychologen, die als Bezugssystem für ihre Forschung die

[1] Dieses Kapitel basiert auf der Präsidentschaftsansprache, die vor Division 20 (Erwachsenenentwicklung und Altern) auf der Jahrestagung 1977 der American Psychological Association in San Francisco, August 1977, gehalten wurde. Es ist dem verstorbenen Klaus F. RIEGEL gewidmet.
Ich möchte an dieser Stelle danken für die vielen Kommentare zu einer früheren Version des Manuskripts, und zwar Orville G. BRIM, Jr.; Steve W. CORNELIUS; Glen H. ELDER, Jr.; Marjorie LACHMAN; Richard M. LERNER; Vincent MORELLO; John R. NESSELROADE und Carol D. RYFF. Ein Leser, der ebenfalls geholfen hat, daß ein besseres Manuskript entstand, möchte anonym bleiben.

Lebensspanne haben, sich weiterhin darauf konzentrieren, die methodische und theoretische Unverwechselbarkeit und auch die Herausforderung der entwicklungspsychologischen Orientierung zu explizieren, die in diesen Themen zum Ausdruck kommt. Das dauernde Bewußtsein und die Bemühung um diese Themen wird nicht nur die allgemeine Bedeutung einer Orientierung an der Lebensspanne vergrößern, sondern wird auch dafür sorgen, daß bedeutsamere, aussagekräftigere Untersuchungen durchgeführt werden.

0.1 Einführung

Es ist häufig festgestellt worden, daß sich die Entwicklungspsychologie der Lebensspanne in den sechziger und siebziger Jahren dieses Jahrhunderts etabliert hat. In dieser Zeit gibt es eine außergewöhnliche Fülle von Arbeiten, die sich auf die gesamte Lebensspanne beziehen, und zwar Arbeiten sowohl im Bereich der Psychologie als auch in benachbarten Disziplinen, etwa der Soziologie (z. B. Brim & Wheeler, 1966; Clausen, 1972; Elder, 1975; Hill & Mattessich, 1979; Hill & Rodgers, 1964; Riley, 1976, 1978; Rosenmeyer, 1978; Van Dusen & Sheldon, 1976). Diese jüngste Entwicklung hat jedoch eine lange Geschichte, in der die Vorstellungen über und Ideen zu einer Entwicklungspsychologie der Lebensspanne herangereift sind. Eine zentrale Rolle spielt dabei der Bereich der Erforschung der Entwicklung des Erwachsenen und des Alterns, wahrscheinlich wohl, weil man Altern leicht als ein Ergebnis der Lebensgeschichte auffassen kann. Berühmte Psychogerontologen wie Pressey, Kuhlen, Havighurst, Shock, Birren, Neugarten, Riegel und Schaie haben alle in der einen oder anderen Hinsicht dazu beigetragen, daß die Konzeption einer Entwicklungspsychologie der Lebensspanne vorangetrieben wurde.

Die Flut von psychologischen Arbeiten, die sich auf die gesamte Lebensspanne beziehen, hat ihren Niederschlag in vielen verschiedenen Publikationen gefunden. Außer den schon früher erschienenen Beiträgen von Bayley (1963), Birren (1964), Bühler und Massarik (1968), Erikson (1959), Havighurst (1948) und Neugarten (1969) sind die Bände, die aus den „West Virginia Conferences" über Probleme der Entwicklungspsychologie der Lebensspanne hervorgegangen sind (z. B. Baltes & Schaie, 1973 a; Datan & Ginsberg, 1975; Datan & Reese, 1977; Goulet & Baltes, 1970; Nesselroade & Reese, 1973), anschauliche und bemerkenswerte Beispiele für diese Forschungsbemühungen während der letzten zehn Jahre. Daneben zeigen auch verschiedene Handbücher über Phänomene der menschlichen Entwicklung und des Alterns eine Ausrichtung auf die gesamte Lebensspanne. Das erste war ein deutsches Handbuch der Entwicklungspsychologie, das Thomae 1959 herausgegeben hat; das zweite war das von Goslin 1969 herausgebrachte Handbuch über Sozialisation. Darüber hinaus wird die auf den gesamten Lebensablauf gerichtete Perspektive in den in jüngster Zeit veröffentlichten Handbüchern über Altern sichtbar (Binstock & Shanas, 1976; Birren & Schaie, 1977), in denen in fast zehn Kapiteln explizit eine die gesamte Lebensspanne umfassende Konzeption des soziologischen und psychologischen Alterns vertreten wird. Weiterhin gibt es mindestens ein

Dutzend Textbücher und Reader über Entwicklungspsychologie und die menschliche Entwicklung, die entweder ihrer Konzeption nach auf die gesamte Lebensspanne abzielen oder den Lebensablauf inhaltlich abdecken (z. B. BALTES, REESE & NESSELROADE, 1977; CHARLES & LOOFT, 1973; CRAIG, 1976; CRM, 1971; GOLDBERG & DEUTSCH, 1977; HURLOCK, 1959; KALUGER & KALUGER, 1974; KUHLEN & THOMPSON, 1963; LUGO & HERSHEY, 1974; NEWMAN & NEWMAN, 1975; OERTER, 1978; PRESSEY & KUHLEN, 1957; REBELSKY, 1975). Schließlich erscheinen auch die Ergebnisse langfristig angesetzter Längsschnitt-Untersuchungen, die große Perioden der Lebensspanne abdecken. Die Forschungsarbeiten von BLOCK (1971), ELDER (1974, 1979), den SEARS (SEARS, 1977; SEARS & BARBEE, im Druck) und SCHAIE (1979) sind gute Beispiele dafür, wie die Entwicklungspsychologie der Lebensspanne zunehmend durch solide empirische Untersuchungen abgesichert wird.

Es gibt jedoch eine Anzahl vernachlässigter Fragen, die auch angesprochen werden müssen. Um nur einige Beispiele zu nennen: Vergrößert sich mit der geradezu explosionsartigen Zunahme von Arbeiten zur Entwicklungspsychologie der Lebensspanne auch die Einsicht in deren historische, theoretische und methodologische Grundlagen? Inwieweit findet das entwicklungspsychologische Denken, das sich zunehmend stärker auf den gesamten Lebensablauf bezieht, seinen Niederschlag in einem Wandel der empirischen entwicklungspsychologischen Forschungsarbeiten, der Dateninterpretation und der theoretischen Konzipierung? Gibt es darüber hinaus Anhaltspunkte dafür, daß es sich bei dem in jüngster Zeit zu beobachtenden Ausstoß an Veröffentlichungen zur Entwicklungspsychologie der Lebensspanne nicht nur um eine kurzlebige Modeerscheinung handelt und daß wir es nicht nur mit bloß rhetorisch gebrauchten, sondern tatsächlich auch überzeugenden theoretischen Argumenten und einem entsprechenden Bezugsrahmen zu tun haben?

Ein Grund, diese Fragen anzusprechen, ist, daß wir einen konzeptuellen Bezugsrahmen für eine Entwicklungspsychologie der Lebensspanne vorstellen möchten. Das könnte überflüssig sein, weil bereits in jüngerer Zeit eine Anzahl von Artikeln – veröffentlicht und nicht veröffentlicht – erschienen ist (BALTES & SCHAIE, 1973b; HUSTON-STEIN & BALTES, 1976; LERNER & RYFF, 1978; RILEY, 1978), die dieses Ziel verfolgen. Unsere kritische Stellungnahme zur Bedeutung einer Entwicklungspsychologie der Lebensspanne soll hier jedoch der Klärung dienen: Der Begriff Lebensspanne oder Lebensablauf soll nicht bedeuten, daß chronologisches Alter die wesentliche Variable bei der Strukturierung entsprechender entwicklungspsychologischer Arbeiten wäre. Im Zentrum stehen vielmehr Entwicklungsprozesse, die ihre Bedeutung während der Lebensspanne oder im Lebensablauf erhalten. Es ist wichtig, nicht den Fehler zu begehen, Untersuchungen zur Entwicklung über die gesamte Lebensspanne hin gleichzusetzen mit Untersuchungen altersspezifischer Entwicklungsvorgänge; das würde nämlich zu einem extrem eingeschränkten Modell einer Entwicklung über die gesamte Lebensspanne hin führen. In den in jüngerer Zeit geführten Diskussionen über Modelle der Entwicklung über die Lebensspanne hin (z. B. BALTES & WILLIS, 1977, 1978; HULTSCH & PLEMONS, 1979; LERNER & RYFF, 1978) ist deshalb auch ganz besonders betont worden, daß eine auf den gesamten Lebensablauf gerichtete Orientierung Konzeptionen der Entwicklung nahelegt, die insbesondere, was den späteren Lebensabschnitt betrifft, über die Verwendung von chrono-

logischem Alter als wichtiger theoretischer Variablen hinausgehen. Der Begriff Lebensspanne soll also durchaus nicht bedeuten, daß man sich allein mit altersbedingten Veränderungen beschäftigt. Von zentralem Interesse sind vielmehr Entwicklungsprozesse, die während des ganzen Lebens auftreten. Mit Alter einhergehende Veränderungen und Erklärungen, die sich auf Alter beziehen, bilden also lediglich eine Klasse von ontogenetischen Veränderungssequenzen.
Hauptsächliches Ziel dieses Kapitels ist es, das in jüngerer Zeit immer deutlicher werdende Interesse an einer entwicklungspsychologischen Orientierung an der gesamten Lebensspanne in einen historischen Rahmen zu stellen dadurch, daß wir dessen theoretische und methodologische Grundlagen spezifizieren und einige immer wiederkehrende Themen charakterisieren, die in der derzeitigen Phase einer nahezu explosionsartigen Zunahme von Arbeiten zu Problemen der Entwicklungspsychologie als Anhaltspunkte dienen können. Die Ausrichtung auf den gesamten Lebensablauf ist in der Geschichte der Entwicklungspsychologie überraschend alt. Wir werden in der Tat im folgenden zeigen, daß es eine Anzahl theoretischer und methodologischer Probleme gibt, die in der Geschichte der Arbeiten zur Entwicklungspsychologie der Lebensspanne immer wieder aufgegriffen worden sind. Mit Hilfe dieser Themen können wir die spezielle Rolle eines entwicklungspsychologischen Ansatzes zur Untersuchung des Verhaltens ausführlich darstellen und die derzeitigen Bemühungen bei der Erforschung der Entwicklung über die Lebensspanne hin ins richtige Licht rücken.

0.2 Zur Geschichte der Entwicklungspsychologie der Lebensspanne

0.2.1 Vorläufer: Tetens, Carus, Quetelet

Es liegt eine ganze Anzahl von Überblicken über historische Aspekte der Entwicklungspsychologie vor (Birren, 1961 a, 1961 b; Charles, 1970; Groffmann, 1970; Hofstätter, 1938; Munnichs, 1966a; Reinert, 1976; Riegel, 1977). Sie alle zusammen tragen viel zu einem besseren Verständnis der Ursprünge und Anfänge einer Entwicklungspsychologie der Lebensspanne bei. Meine eigenen Ausführungen zur Geschichte der Entwicklungspsychologie der Lebensspanne möchte ich mit einem Zitat aus dem Vorwort zu einem entwicklungspsychologischen Lehrbuch beginnen:

„Viele Jahre lang hat ... der Autor ... die Ausbildung in Entwicklungspsychologie durchgeführt ... Im Zuge der außerordentlichen Entwicklung, die die Psychologie während dieser Jahre genommen hat, waren zwei Dinge zu beobachten. Die älteren Bände über Genetische Psychologie sind unzureichend geworden ..." Und die in jüngerer Zeit erschienenen Bücher beziehen sich auf ziemlich enggefaßte Abschnitte der menschlichen Entwicklung wie beispielsweise das „Vorschulalter", die „Adoleszenz" und das „Greisenalter" (S. vi).

Und der Autor fährt fort:

„Der Student, der sich nicht spezialisieren will, ist aber am gesamten Ablauf des menschlichen Lebens interessiert, nicht nur an der Kindheit und der Schulzeit“ (S. vii).

Diese Feststellungen spiegeln das Bestreben wider, die gesamte Lebensspanne abzudekken, und sind repräsentativ für die Meinung, die viele Autoren zeitgenössischer entwicklungspsychologischer Lehrbücher vertreten. Tatsache ist jedoch, daß das Zitat fünfzig Jahre alt ist! Man kann es finden im Vorwort zu einem in Vergessenheit geratenen, aber ausgezeichneten Lehrbuch von H. L. HOLLINGWORTH (1927) mit dem Titel *Mental Growth and Decline: A Survey of Developmental Psychology.*
Das Zitat aus HOLLINGWORTH (1927) veranschaulicht eine wichtige, wenn auch oft übersehene historische Tatsache. Die Ausbreitung der Entwicklungspsychologie der Lebensspanne wird als ein Ereignis aufgefaßt, das erst in jüngerer Zeit zu beobachten ist; das ist aber nicht richtig. Ganz im Gegenteil hat die Betrachtung der Verhaltensentwicklung unter dem Aspekt der gesamten Lebensspanne Ursprünge, die weiter zurückliegen als die Etablierung jeder altersspezifischen entwicklungspsychologischen Teildisziplin wie etwa der Kinderpsychologie. Die betonte Ausrichtung auf die Lebensspanne während der Phase, in der sich die Entwicklungspsychologie herausgebildet hat, ist zu einem Großteil auf eine Gruppe europäischer Wissenschaftler zurückzuführen. Überblicksartikel von HOFSTÄTTER (1938), GROFFMANN (1970) und insbesondere ein in jüngster Zeit erschienener umfassender historischer Überblick von REINERT (1976) liefern dafür außerordentlich überzeugende Belege. Diese Autoren haben zumindest drei größere entwicklungspsychologische Arbeiten aus dem 18. und 19. Jahrhundert ausfindig gemacht, in denen ausdrücklich eine auf die gesamte Lebensspanne bezogene Ausrichtung bei der Untersuchung der menschlichen Entwicklung vertreten wird. Es handelt sich dabei um die Arbeiten von TETENS im Jahre 1777, F. A. CARUS im Jahre 1808 und QUETELET im Jahre 1835 (deutsche Ausgabe 1838; englische Ausgabe 1842). In der Tat ist ein sorgfältiges Studium dieser Vorläufer der Entwicklungspsychologie höchst lehrreich und zugleich beschämend. Diese Arbeiten zeigen nämlich eine Tiefe und einen Umfang in bezug auf Theorienbildung und Methodologie, wie man das in den frühen Entwicklungsstadien einer Disziplin noch kaum gesehen hat. Es ist bedauerlich, daß sie keinen großen Einfluß auf die nachfolgenden Entwicklungen hatten.
Wie HOFSTÄTTER schon 1938 festgestellt hat, verdient der Band von QUETELET (1838) *Über den Menschen und die Entwicklung seiner Fähigkeiten* besondere Aufmerksamkeit wegen seiner Ausführlichkeit und methodologischen Qualität. QUETELETS Buch enthält eine Fülle empirischer Daten, die die gesamte Lebensspanne abdecken und sich auf viele Variablen stützen – demographische Variablen (Geburts-, Fruchtbarkeits- und Sterblichkeitszahlen), körperliches Wachstum (Körpergröße, -gewicht, -stärke, Schnelligkeit, Atmung) und psychologische Variablen (Kriminalität, Moral, intellektuelle Fähigkeiten). Auch die theoretische Konzeption von QUETELET ist gleichermaßen eindrucksvoll, denn er befaßt sich sowohl mit allgemeinen Entwicklungsgesetzen als auch mit der Bedeutung sozio-historischer Veränderungen. Am erstaunlichsten schließlich sind QUETELETS wachsende Einsichten in methodische Probleme bei der Untersuchung der Entwicklung. Beispielsweise zählte QUETELET schon vor fast 150 Jahren im Rahmen der Bewer-

tung seiner empirischen Befunde außerordentlich sorgfältig eine große Anzahl von Problemen der Untersuchungsplanung auf. So sprach er (QUETELET, 1842) bereits von kritischen Perioden (S. 31, 57); arbeitete die Effekte von phasen-spezifischen historischen Ereignissen auf Altersfunktionen heraus (s. auch SÜSSMILCH, 1741); wies auf die Notwendigkeit hin, bei der Untersuchung von altersbedingten Veränderungen Daten aus vielen verschiedenen Perioden (multiple-period data) zu erheben anstelle von Daten, die nur für einen bestimmten Zeitraum typisch sind (time-specific data; S. 33, 97–100); ging auf wichtige Probleme der Validität der Messung und Fragen der Äquivalenz ein (S. 72–74) und machte auf Effekte der selektiven Populationsveränderung aufmerksam (S. 62–63). QUETELET lieferte damit in vielerlei Hinsicht nicht nur die erste umfassende Darstellung von Ergebnissen, die sich auf die gesamte Lebensspanne bezogen, sondern gab zugleich auch den ersten Eindruck von den vielfältigen Problemen der entwicklungspsychologischen Forschungsmethodologie. Leider blieb sein Beitrag zur Entwicklungspsychologie mehr als 100 Jahre unberücksichtigt und unbeachtet.

0.2.2 Vorläufer im 20. Jahrhundert

Es würde den Rahmen des vorliegenden Beitrags sprengen (s. jedoch REINERT, 1976), die Gründe zu erläutern, warum es im späten 19. und frühen 20. Jahrhundert keine Weiterentwicklung dieses frühen Entwurfs einer Konzeption der Entwicklungspsychologie über die gesamte Lebensspanne hinweg gegeben hat, wie er in den Arbeiten von TETENS, F. A. CARUS und QUETELET vorgelegt worden war. Abgesehen von einigen seltenen Ausnahmen, galt das Hauptinteresse bei der Untersuchung der Verhaltensentwicklung – sowohl in Europa wie in den USA – der Kinderentwicklung und der Kinderpsychologie.

In den ersten Jahrzehnten des 20. Jahrhunderts erschienen nur gelegentlich Beiträge zu einem besseren Verständnis aller Stadien der menschlichen Lebensspanne, wobei die Entstehung des Forschungsbereichs der Gerontologie mitgerechnet ist (HALL, 1922; Überblicke über die Geschichte der Gerontologie geben BIRREN, 1961a, 1961b; RIEGEL, 1977). In der Gerontologie ist man ganz besonders geneigt, eine entwicklungspsychologische Konzeption zu vertreten, bei der die gesamte Lebensspanne berücksichtigt wird, denn in diesem Bereich befaßt man sich mit Lebensprozessen, die zum Alter führen. Abgesehen von einer bemerkenswerten Ausnahme (SANFORD, 1902), gab es erst wieder Ende der zwanziger, Anfang der dreißiger Jahre dieses Jahrhunderts einen erneuten Versuch, die Entwicklung über die Lebensspanne hin integrativ zu betrachten. Bei der Ausnahme handelt es sich um den weitestgehend unbekannten Übersichtsartikel von Edmund Clark SANFORD, der 1902 in dem *American Journal of Psychology* unter dem Titel „Mental Growth and Decline“ erschienen ist. In diesem Artikel stellt SANFORD Entwicklung als einen kontinuierlichen Prozeß von der Geburt bis zum Tode dar, wobei er dieses Verständnis von Entwicklung anwendet auf „den Verlauf der geistigen Entwicklung von dem ersten Anzeichen für Verstandestätigkeit ... bei der Geburt ... bis ins hohe Alter hinein“ (S. 426).[2]

In den dreißiger und vierziger Jahren des 20. Jahrhunderts sind drei Bücher erschienen, die ein erneutes Auftauchen einer über die Lebensspanne hin reichenden Konzeption von Entwicklung signalisieren: HOLLINGWORTH (1927), Charlotte BÜHLER (1933) sowie der von PRESSEY, JANNEY und KUHLEN gemeinsam verfaßte Band im Jahre 1939. Das 1927 von HOLLINGWORTH erschienene Buch ist, obschon das älteste dieser drei genannten Publikationen, vielleicht das am wenigsten bekannte.[3] In jedem dieser drei Bände wird eine Entwicklungspsychologie der Lebensspanne in dem Sinne vertreten, als die Autoren nicht einfach nur altersspezifische Daten (über die Kleinkindzeit, Kindheit, Adoleszenz etc.) bieten, sondern versuchen, Entwicklungsprozesse über den Lebensablauf hin zu formulieren. Interessant ist, daß diese Bücher, obwohl sie doch innerhalb von zwölf Jahren veröffentlicht wurden, mehr oder weniger unabhängig voneinander sind; in den später erschienenen Bänden werden die früher erschienenen nicht zitiert, und in allen gibt es praktisch keinen Verweis auf die Vorläufer im 19. Jahrhundert. (Lediglich Charlotte BÜHLER erwähnt F. A. CARUS in einer Fußnote.) Insbesondere überrascht das im Falle des Buches von PRESSEY *et al.*, in dem das 1927 in amerikanischer Sprache erschienene Werk von HOLLINGWORTH nicht, dafür aber das 1933 in deutscher Sprache erschienene Buch von Charlotte BÜHLER erwähnt wird.

Auf jeden Fall ist jedes dieser Bücher bemerkenswert in seiner Konzeption und seiner umfassenden Behandlung von Ereignissen und Prozessen, die im Verlauf der Entwicklung über die Lebensspanne hin auftreten. Ähnlich wie QUETELET (1835) in seiner frühen Arbeit fassen HOLLINGWORTH (1927) sowie PRESSEY, JANNEY und KUHLEN (1939) die menschliche Entwicklung vor allem unter empirischen Gesichtspunkten, prozeß-orientiert, multidimensional und multidirektional auf und berücksichtigen den größeren Kontext sowie ökologische Bedingungen und den Einfluß sozialen Wandels. HOLLINGWORTH (1927, S. 326) beispielsweise bietet eine Übersicht, in der die komplexe Problematik der Entwicklung über die Lebensspanne hin in einer Weise zusammengefaßt wird, die unseren modernen Ansprüchen genügt. Die von PRESSEY und Mitarbeitern gelieferte ausführliche Darstellung der „Lebensbedingungen und Lebensumstände" auf Makro- und Mikro-Ebene, der Einbettung der menschlichen Entwicklung in eine sich wandelnde Kultur und ihre Berücksichtigung von Verhaltensweisen des täglichen Lebens zeigt, daß diese Autoren echte Vorläufer der psychologischen Richtung sind, die sich heute „ökologisch" (BRONFENBRENNER, 1977), „dialektisch" (RIEGEL, 1976a, 1976b) oder „extern valide" (HULTSCH & HICKEY, 1977) nennt. Die empirischen Daten von PRESSEY und seinen Mitarbeitern mögen an Präzision zu wünschen übrig lassen. Ihre grundsätzliche

[2] In Publikationen zur Gerontologie wird oft BROWNING zitiert, um ein optimistischeres Bild von Verhaltensveränderungen im Verlauf des Alterns zu vermitteln und die Notwendigkeit deutlich werden zu lassen, daß eine die Lebensspanne umfassende Konzeption von Altern notwendig ist. BROWNING läßt Rabbi Ben EZRA sagen: „Werde alt mit mir; das Beste ist, immer noch dazusein. Am Lebensende, für das der Lebensanfang doch nur gemacht ist." SANFORD (1902, S. 448) scheint der erste zu sein, der dieses BROWNING-Zitat benutzt.

[3] Es gibt noch eine Monographie, die deutliche Merkmale einer Konzeption der Lebensspanne hat, und zwar handelt es sich um das 1928 von E. L. THORNDIKE und seinen Kollegen veröffentlichte Buch *Adult Learning* (THORNDIKE, BREGMAN, TILTON & WOODYARD, 1928). Diese Monographie ist jedoch stärker allgemeinpsychologisch-experimentell, weniger entwicklungspsychologisch ausgerichtet, denn es geht darin um ontogenetische Unterschiede im Lernen und nicht so sehr um die Beschreibung und Erklärung von Entwicklung durch Lernen oder Lerngeschichten.

theoretische Position ist jedoch überraschend ähnlich der, die anscheinend derzeit in der Entwicklungspsychologie vertreten wird, nämlich einer Bewegung hin zu nicht-persönlichkeitsbezogenen, kontextualistischen, multilinearen Modellen der Entwicklung.
Es ist m. E. eine bemerkenswerte Tatsache, daß praktisch alle wesentlichen historischen Publikationen mit einer auf den Lebensablauf gerichteten Orientierung (HOLLINGWORTH, PRESSEY *et al.*, QUETELET) ausdrücklich berücksichtigen, was heute als moderner Trend angesehen wird (z. B. Kontextualismus, sozialer Wandel und eine entwicklungsspezifische Methodologie). Das ist vor allem deshalb so bemerkenswert, weil es nur so wenige Querverweise in diesen Büchern gibt. Es scheint mir ein Anzeichen dafür zu sein, daß die Beschäftigung zeitgenössischer Entwicklungspsychologen, die die gesamte Lebensspanne berücksichtigen, eher ein generelles Merkmal einer auf den Lebensablauf gerichteten Orientierung ist als die Widerspiegelung ganz persönlicher Forscherinteressen. Darum wird für den Rest dieses Kapitels die bisher unbeachtet gebliebene historische Kontinuität der Ideen und Probleme im Zentrum stehen.

0.3 Wiederkehrende Themen der Entwicklungspsychologie der Lebensspanne

Was sind nun solche wiederkehrenden Themen innerhalb der Theorienbildung und Forschung der Entwicklungspsychologie der Lebensspanne, die Anzeichen für eine historische Kontinuität sind? Aus welchen Gründen halte ich darüber hinaus die Wiederkehr dieser Themen als signifikant für eine Bewertung ihrer theoretischen Bedeutung? Vier Themen sollen als anschauliche Beispiele dienen.
Es wird deutlich werden, daß jedes der behandelten Themen deshalb so weit ausformuliert und in seiner Lösung vorangetrieben worden ist, weil die Untersuchung der menschlichen Entwicklung aus der Perspektive des gesamten Lebensablaufs die konzeptuellen Grenzen des entwicklungspsychologischen Ansatzes sprengt (BALTES & SCHAIE, 1973 b; HUSTON-STEIN & BALTES, 1976). Prozesse im Lebensablauf ziehen sich über lange Zeitspannen hin, implizieren Erklärungsmechanismen, bei denen explizit distale und kumulative Verursachungsmomente berücksichtigt werden müssen („historische" Paradigmen), und in ihrem Rahmen wird sowohl bei der Beschreibung als auch der Erklärung des Verhaltens die Dimension von Kontinuität – Diskontinuität betont. Diese außergewöhnlichen Bedingungen bei der Erforschung der Lebensspanne eignen sich dazu, das Grundprinzip der Entwicklungspsychologie überhaupt deutlich werden zu lassen.

0.3.1 Neuformulierung des Konzepts „Entwicklung"

In den meisten Veröffentlichungen, in denen es um die Charakterisierung der wesentlichen Merkmale einer auf die gesamte Lebensspanne ausgerichteten entwicklungspsychologischen Forschung geht (z. B. BALTES & SCHAIE, 1973 b; BAYLEY, 1963; BRIM & WHEE-

LER, 1966; ELDER, 1975; HUSTON-STEIN & BALTES, 1976; LABOUVIE-VIEF & CHANDLER, 1978; LERNER & RYFF, 1978; NEUGARTEN, 1969; SCHAIE & WILLIS, 1978; THOMAE, 1979), wird hervorgehoben, daß das traditionelle Entwicklungskonzept ausgeweitet und modifiziert werden muß, wenn man es auf die Veränderungen während des Lebensablaufs anwenden will. Vor allem wird immer wieder betont, daß das ,,Wachstums"-Konzept, das aus der Biologie entlehnt ist, zwar für einige Zwecke nützlich und brauchbar ist, aber dennoch einige Merkmale besitzt, die es für die Untersuchung ontogenetischer Veränderungen während des Lebensablaufs ungeeignet oder als zu restriktiv erscheinen lassen. Mit Ausnahme von Charlotte BÜHLER haben alle Vorläufer verneint, daß einfache biologische Wachstumsmodelle die Veränderungen während des Lebensablaufs gut repräsentieren würden; insbesondere gilt das für QUETELET (1835), HOLLINGWORTH (1927) und PRESSEY *et al.* (1939).

0.3.1.1 Definition von ,,Entwicklung"

Auf diesen Punkt möchte ich ausführlicher eingehen. Im Rahmen traditioneller Konzeptionen von entwicklungsbedingten Veränderungen (z. B. HARRIS, 1957; LERNER, 1976; WOHLWILL, 1973, deutsch 1977) hat man Entwicklung definiert als Verhaltensveränderung, die folgende Merkmale zeigt: (a) Die Veränderungen zeigen eine natürliche Abfolge (sequentiality), (b) sie verlaufen in eine Richtung (unidirectionality), (c) sie haben ein Ziel oder einen Endzustand (end state), (d) ihre Abfolge ist unveränderlich (irreversibility), (e) bei den Veränderungen handelt es sich um qualitativ-strukturelle Transformationen, und (f) sie haben universale Gültigkeit. Diese Definition hat große konzeptuelle Stärken und wird durch biologisch orientierte Ansätze zur Erforschung der Kinderentwicklung, insbesondere solche, die reifungs- und persönlichkeitsbezogen sind, gestützt.[4] Dennoch hat die Forschung zur Entwicklung über den Lebensablauf hin in etlichen Bereichen, vor allem der kognitiven und sozialen Entwicklung, zu der Einsicht geführt, daß eine derartige Konzeption von Entwicklung zu begrenzt ist (BALTES & WILLIS, 1977, 1978). Während der vergangenen Jahrzehnte wurde der Unzufriedenheit mit der eben erwähnten Definition von Entwicklung wahrscheinlich zuerst von HAVIGHURST (1948), der statt dessen sein Konzept der Entwicklungsaufgaben vorschlug, sowie von verschiedenen Gerontologen (BIRREN, 1964; s. auch BENEDICT, 1938; NEUGARTEN, 1969) Ausdruck verliehen, die behaupteten, daß die Entwicklung von der Kindheit zu den übrigen Lebensabschnitten diskontinuierlich verlaufe. Ebenso ist in der nach dem 2. Weltkrieg erschienenen umfangreichen deutschen Literatur zur Entwicklung über die Lebensspanne hinweg

[4] Zur Untersuchung der Entwicklung im Kindesalter gibt es eine Fülle verschiedener Ansätze, von denen einige (z. B. diejenigen, die auf der Theorie des sozialen Lernens basieren) nicht in dem Maße eine biologische, auf Wachstum ausgerichtete Perspektive enthalten, wie es in diesem Abschnitt beschrieben wird. Es sollte deshalb darauf hingewiesen werden, daß unsere Darstellung, aus heuristischen Gründen, übervereinfacht ist. Impliziert ist jedoch, daß die Anforderungen, die an angemessene Modelle der Entwicklung über die Lebensspanne hin gestellt werden, von einigen Modellen der Kinderentwicklung besser erfüllt werden als von anderen. Das extreme Gegenteil wäre beispielsweise ein kognitiv-strukturelles Modell der Entwicklung (PIAGET etc.). Ein ähnlicher Hinweis sollte auf unsere Erörterung des biologischen Wachstumsmodells gemacht werden. Auch hier ist unsere Absicht nicht, summarisch alle Entwicklungsbiologen als Vertreter eines einfachen reifungs-persönlichkeitsbezogenen Wachtstumsmodells zu klassifizieren. Das wäre nicht zutreffend (LERNER, 1976). Gemeint ist vielmehr, daß diese Konzeption, historisch gesehen, außerordentlich einflußreich war.

(Überblicke finden sich bei Löwe, 1977; Thomae, 1959, 1979) immer wieder betont worden, daß „einfaktorielle" (biologische) und eindimensionale (Wachstum-Abbau-) Modelle der Entwicklung über die gesamte Lebensspanne hin unangemessen seien. Die deutschen Autoren haben im Gegenteil eine Position vertreten, in der Multidimensionalität, Multidirektionalität und Diskontinuität als wesentliche Merkmale in einer Theorie der menschlichen Entwicklung über die Lebensspanne hin angesehen werden.
Die Abbildungen 1a und 1b stammen aus Baltes und Willis (1978). Sie veranschaulichen eine Auffassung von Entwicklung, die komplexer ist als diejenige, nach der Entwicklung einfach nur kumulativ und unidirektional verläuft. Abbildung 1a (oberer Teil) spiegelt die Vorstellung wider, daß *interindividuelle Variabilität* im Verhalten über den Lebensablauf hin zunimmt.[5] Durch den unteren Teil von Abbildung 1a wird darüber hinaus nahegelegt, daß Veränderungen im Verlauf der Lebensspanne ihrer Natur nach sehr unterschiedlich sein können: *Multidimensionalität* und *Multidirektionalität* von Prozessen der Verhaltensveränderung sind häufige Ergebnisse.
Abbildung 1b gibt ebenfalls die Komplexität von Entwicklungsverläufen über die Lebensspanne hin wieder. Hier wird neben der Vorstellung von großen interindividuellen Unterschieden, Multidimensionalität und Multidirektionalität (Abbildung 1a) die mögliche *Diskontinuität* aufgrund verschiedener *Lebensabschnitte (life course grading*; Neugarten, 1969) graphisch dargestellt. Weder ziehen sich Veränderungen im Verhalten über die gesamte Lebensspanne hin, noch sind sie immer Ergebnis kontinuierlicher Einflüsse und Prozesse. Solche Veränderungsprozesse können also, betrachtet man den gesamten Lebensablauf, nach Beginn, Dauer und Ende differieren. Darüber hinaus wird durch die Formulierung der Entwicklungsaufgaben durch Havighurst (1948) nahegelegt, daß neue Prozesse der Verhaltensveränderung an vielen Punkten des Lebensablaufs, auch im hohen Alter, auftreten können.
Von den derzeitigen Forschungsbereichen kann man vielleicht am besten anhand der Intelligenzforschung die Auffassung von Entwicklung illustrieren, die in Abbildung 1 vertreten wird. In diesem Bereich ist von einer ganzen Anzahl von Autoren (z.B. Baltes & Schaie, 1976; Baltes & Willis, 1978; Labouvie-Vief & Chandler, 1978; Riegel, 1973b) die Meinung vertreten worden, daß es sich bei der Intelligenzentwicklung über die gesamte Lebensspanne hin weniger um eine unidirektionale Weiterentwicklung der Intelligenz mit universal gültigen Sequenzen von der Kindheit ab handelt, sondern daß sie vielmehr Merkmale der Multilinearität, Multidimensionalität, große interindividuelle Unterschiede und Plastizität je nach Zusammenhang (contextual plasticity) zeigt. Die Befunde über Kohorteneffekte, unterschiedliche Veränderungsfunktionen für unterschiedliche Dimensionen der Intelligenz und die Sensitivität gegenüber Interventionen bei älteren Personen stützen übereinstimmend diese Schlußfolgerung.
Wenn man also die Entwicklung nach der Kindheit untersuchen will, so ist eine Konzeption notwendig, in der die traditionelle Sichtweise von Entwicklung als Wachstum zwar als eine wichtige, aber eben nur als eine spezielle Klasse von entwicklungsbedingten Phä-

[5] Obwohl die Hinweise darauf weniger klar sind, ist es vielleicht doch möglich zu sagen, daß eine mit Alter einhergehende Zunahme an *inter*individuellen Unterschieden von einer mit Alter einhergehenden Abnahme an *intra*individueller Variabilität (Plastizität) begleitet wird. Der Autor beabsichtigt, diesen Aspekt in späteren Arbeiten weiterzuverfolgen.

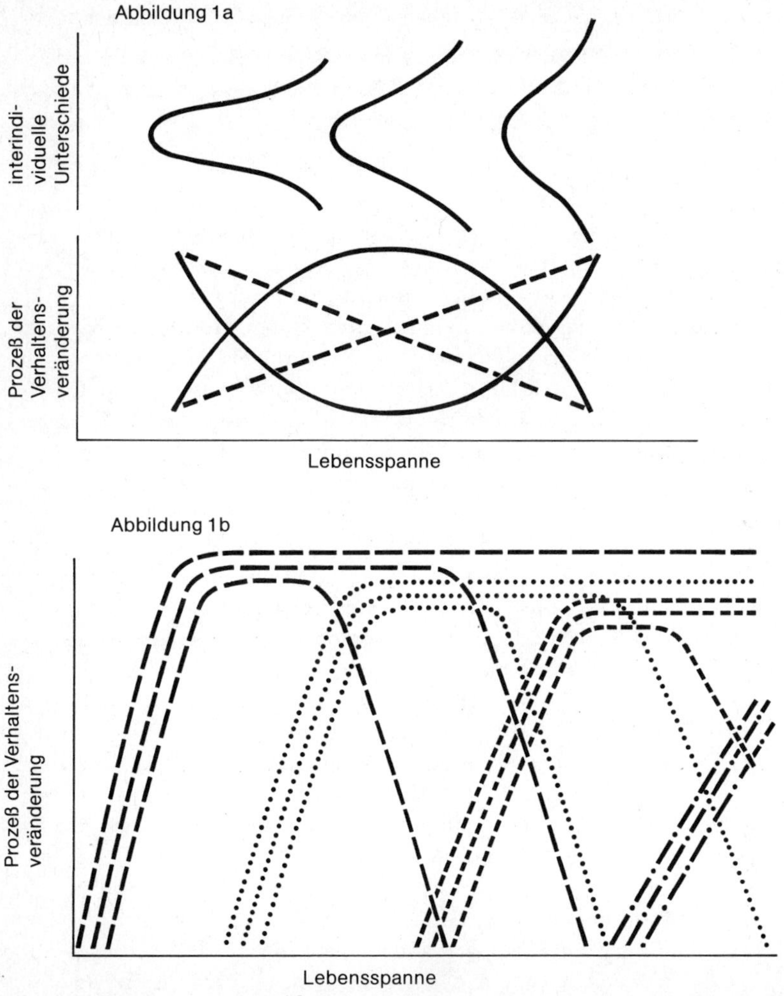

Abb. 1: Ausgewählte Beispiele für Entwicklungsprozesse über die gesamte Lebensspanne hinweg: Abbildung 1a veranschaulicht Multidimensionalität, Multidirektionalität und mit Alter einhergehende Zunahme interindividueller Variabilität. Abbildung 1b faßt die Vorstellung von verschiedenen Lebensabschnitten und Diskontinuität zusammen. Entwicklungsfunktionen (Prozesse der Verhaltensveränderung) unterscheiden sich nach Beginn, Dauer und Ende, wenn man sie im Bezugssystem des Lebensablaufs verfolgt; darüber hinaus implizieren sie sowohl quantitative wie qualitative Aspekte der Veränderung (s. auch *Baltes, Cornelius & Nesselroade,* 1979; *Baltes & Willis,* 1978).

nomenen berücksichtigt wird. Wir brauchen eine umfassendere Taxonomie von Modellen entwicklungsbedingter Veränderungen, um die Grenzen überschreiten zu können, die früher durch unsere Kollegen in der Biologie gesetzt und die so uneingeschränkt von vielen Kinderpsychologen akzeptiert worden sind. Zwar wissen wir in bezug auf die meisten Bereiche noch nicht, welches die wesentlichen Dimensionen für Modelle der Verhaltensentwicklung über die Lebensspanne hin sind; klar scheint jedoch zu sein, daß es eher ein Hindernis als eine Hilfe ist, wenn man als entwicklungsbedingte Ereignisse nur die ansieht, die die Merkmale des biologischen Wachstumsmodells von Entwicklung haben.

0.3.1.2 Erklärung von Entwicklung

Diese Ausweitung oder Modifikation eines gleichsam ,,monolithischen" Konzepts von Entwicklung ist nicht nur wichtig für die Beantwortung der deskriptiven Frage: Wie sieht der Entwicklungsverlauf aus? Ebenso gilt sie für die entsprechende Frage nach der Erklärung von Entwicklung, nämlich: Woher kommt Entwicklung? Hier haben wiederum Quetelet, schon 1835, und natürlich Pressey *et al.* im Jahre 1939 eine Position vertreten, nach der es für Entwicklung viele Ursachen gibt (multicausal position), und sie haben eine lange Liste möglicher Determinanten für Veränderungen während des Lebensablaufs aufgestellt, von denen wiederum nur wenige in sinnvoller Beziehung stehen zu einfachen, kumulativ aufgefaßten, mit Alter zusammenhängenden Faktoren und Mechanismen. In ähnlicher Weise haben diese Autoren Erklärungsansätze verwendet, die auf Interaktionen und Zusammenhänge abzielen und nicht-persönlichkeitsbezogen sind.
Derzeit läßt sich eine ähnliche umfassende Sichtweise in bezug auf die Erklärung von Entwicklungsphänomenen feststellen. Beispielsweise haben Hultsch und Plemons (1979) überblicksartig das Konzept der ,,bedeutungsvollen Lebensereignisse" als eines strukturierenden Erklärungsprinzips für Veränderungen im Erwachsenenalter behandelt; Bengtson und Black (1973) sowie Riley (1976) haben strukturelle und funktionelle Merkmale von Beziehungen zwischen Generationen und Alterskohorten als Erklärungsprinzipien für ontogenetische Veränderungen benutzt; und Reese (1976) und Kohlberg (1973) haben darauf hingewiesen, daß in den Bereichen der Gedächtnisforschung bzw. des moralischen Urteilens Erklärungsmechanismen vorherrschen, die Diskontinuität beinhalten. Für die Erklärung von Veränderungen in verschiedenen Lebensabschnitten werden unterschiedliche Ansätze (z. B. mechanistische vs. organismische, reifungs- vs. umweltbezogene) attraktiv. Um ein letztes Beispiel zu nennen: In ihrem Überblick über die kognitive Entwicklung während des Lebensablaufs betont Labouvie-Vief (1977) die Notwendigkeit alternativer Konzeptionen der Intelligenz, und zwar anstelle der traditionellen Modelle, in denen einfache kumulative, auf invarianten Mechanismen basierende Erklärungen verwendet werden, eher solche Ansätze, die multilineare und Kontext-Merkmale mitberücksichtigen.
Abbildung 2, die modifiziert übernommen worden ist, gibt einen Überblick über die Sichtweise, nach der es anscheinend notwendig ist, zur Erklärung der Komplexität der Entwicklung über die gesamte Lebensspanne hinweg viele Ursachen anzunehmen. In dem Schema, das Abbildung 2 darstellt und das lediglich als Modell mit heuristischem Wert, nicht jedoch als Theorie betrachtet werden sollte, werden drei Arten von Antezedenz-Bedingungen angenommen, die auf die Entwicklung des Individuums einwirken: ontogenetische *nach Alter* gestufte Faktoren, evolutions*geschichtlich* gestufte Faktoren und *nicht-normative* Faktoren. Diese drei Arten von Einflüssen bewirken durch ihr Zusammenspiel die Veränderungsprozesse während der Entwicklung.

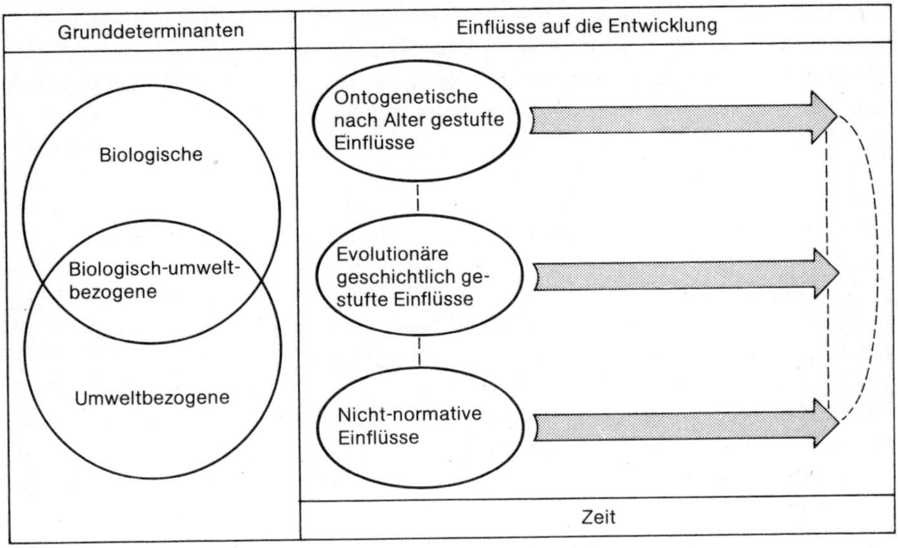

Abb. 2: Veranschaulichung der Beziehung zwischen Entwicklung über die Lebensspanne hin, Kohorten und drei wesentlichen Einflußsystemen: ontogenetischen (nach Alter gestuften), evolutionären (geschichtlich gestuften) und nicht-normativen (nicht-entwicklungsbedingten). Eine ausführlichere Erläuterung dieser Abbildung findet sich in *Baltes, Cornelius* und *Nesselroade* (1979) sowie *Baltes* und *Willis* (1978).

Bei den *nach Alter gestuften Einflüssen (age-graded influences)* handelt es sich um biologische und umweltbezogene Determinanten, die stark mit chronologischem Alter zusammenhängen und üblicherweise in der traditionellen Entwicklungspsychologie berücksichtigt werden. Beispiele dafür sind biologisch bedingte Reifungsprozesse und Sozialisationsvorgänge, insofern als man darunter den Erwerb einer Reihe von normativen, mit Alter korrelierenden Rollen oder Kompetenzen versteht. Bei den *nach Geschichte gestuften Einflüssen (history-graded influences)* handelt es sich um normative und allgemeine Ereignisse oder ganze Ereignisabfolgen, die eine bestimmte kulturelle Einheit in bezug auf bio-sozialen Wandel betreffen und sich z. B. in Kohorteneffekten niederschlagen (Baltes, Cornelius & Nesselroade, 1978). Solche Effekte bio-sozialen Wandels variieren je nach historischer Zeit und können für die jeweilige betroffene Kohorte einheitliche Einfluß-Konstellationen bewirken (Elder, 1979; Riley, 1976). Bei den *nicht-normativen Einflüssen* auf den Lebensablauf schließlich handelt es sich um biologische und umweltbezogene Determinanten, die in ihrem Effekt für die individuelle Lebensgeschichte zwar bedeutungsvoll, aber eben nicht normativ sind. Sie betreffen nicht jeden und treten nicht notwendigerweise in leicht unterscheidbaren und invarianten Sequenzen auf. Einzelne Ereignisse oder ganze Ereignisabfolgen im Zusammenhang mit der beruflichen Karriere (Arbeitslosigkeit), dem Familienleben (Scheidung, Tod eines wichtigen Partners) oder dem Gesundheitszustand (schwere Krankheit) sind Beispiele dafür.

Nach Abbildung 2 interagieren diese drei Arten von Einflüssen. Die Pfeile auf der rechten Seite zeigen darüber hinaus an, daß sich ihre Effekte akkumulieren und über die Zeit hin verändern können. Wichtig ist auch, daß man erkennt, daß eine Konvergenz besteht zwischen der Komplexität der Entwicklung über die Lebensspanne hin, wie sie in Abbildung 1 dargestellt ist, und dem Einfluß-System, das Abbildung 2 zeigt und das viele Ursachen enthält. Das ergibt sich, weil Vielfältigkeit und Diskontinuität in den Einflüssen (nach Inhalt, Abfolge, Dauer, jeweiliger Verknüpfung etc.) Voraussetzungen sind für die Verschiedenartigkeit von Entwicklungsergebnissen.

Darüber hinaus könnte es nützlich sein, Vermutungen darüber anzustellen, welches die relative Bedeutung von altersgestuften, geschichtlich gestuften und nicht-normativen Einflüssen auf die Entwicklung an verschiedenen Punkten des Lebensablaufs oder auf einen bestimmten Prozeß der Verhaltensveränderung ist. Man könnte beispielsweise die Hypothese aufstellen, daß altersgestufte Einflüsse während der Entwicklung in der Kindheit und im vorgerückten Alter von größter Bedeutung sind, während geschichtlich gestufte und nicht-normative Einflüsse im frühen und mittleren Erwachsenenalter dominant sind. Ein solches Profil der relativen Stärke der Einflußsysteme während des Lebensablaufs würde erklären, warum viele Untersuchungen zur Kinderentwicklung auf altersgestufte Einflüsse abzielten, während das Umgekehrte für die jüngeren Arbeiten zur Entwicklung im Erwachsenenalter gilt (s. auch HULTSCH & PLEMONS, 1978).

Um noch einmal kurz zusammenzufassen: Ein biologisches Konzept von Entwicklung als Wachstum, das früher in dem Bereich vorherrschend war, wird zunehmend als ein Spezialfall oder als Subklasse einer umfassenderen Klasse von Entwicklungsphänomenen aufgefaßt. Überdies wird, in Übereinstimmung mit der Grundposition, die die Vorläufer eines die gesamte Lebensspanne einbeziehenden entwicklungspsychologischen Ansatzes vertreten haben, angenommen, daß einfache persönlichkeitsbezogene und kumulative Formen der Beschreibung und Erklärung von nur begrenztem Wert sind. Nun ist der Trend in Richtung auf komplexe, multilineare und multivariate Modelle der Entwicklung zwar sicherlich nützlich und sinnvoll, es ist aber auch notwendig, sich der möglichen Gefahren bewußt zu sein, die aus einer Übergeneralisierung dieses Trends herrühren könnten. Beispielsweise wäre es unklug, wenn die Ausweitung des Entwicklungskonzepts zu einem völligen Mangel an Spezifizierung führen würde, d. h., wenn jede Verhaltensveränderung mit entwicklungsbedingter Veränderung gleichgesetzt werden würde. Es wird in der Tat wichtig sein, ein Minimum an definitorischen Kriterien oder Grenzen zu spezifizieren, damit die Einzigartigkeit einer Orientierung auf Entwicklungsphänomene insgesamt nicht verloren geht.

0.3.2 Ausdehnung der Geltungsbreite entwicklungspsychologischer Konstrukte

Die Ausweitung des Konzepts von Entwicklung geht einher mit einer Ausweitung wesentlicher entwicklungspsychologischer Konstrukte. Ein auf die Lebensspanne bezogener Ansatz eignet sich dazu, die Aufmerksamkeit auf neue Klassen entwicklungsbedingten Verhaltens zu ziehen. Wiederum haben die Vorläufer wie QUETELET (1835) und PRESSEY *et al.* (1939) viel mehr wesentliche Fragestellungen als in den Bereich der Entwicklungspsychologie gehörig eingeordnet, als das in den zeitgenössischen Standard-

Textbüchern getan wird. Im Buch von PRESSEY *et al.* (1939) beispielsweise werden Bereiche wie Arbeit, Beruf, Freizeit, Familienleben viel stärker berücksichtigt, als das in einem aktuellen Überblick über Entwicklungspsychologie (vor allem Kinderpsychologie) unserer Tage der Fall wäre.

Die Ausweitung von Klassen entwicklungsbedingten Verhaltens, die durch die Forschung im Bereich der gesamten Lebensspanne nahegelegt wird, erfolgt im Prinzip in zwei Richtungen. Eine Möglichkeit ist, ein spezielles Konstrukt in seinem Geltungsbereich so auszuweiten, daß es Perspektiven der Lebensspanne einschließt; die andere Möglichkeit ist, Verhaltensklassen zu berücksichtigen, die von denjenigen, die auf altersspezifischen Bereichen wie der Kinderpsychologie arbeiten, leicht übersehen werden.

Als Beispiel für die erste Strategie möchte ich das Konzept „Anhänglichkeit/Zuneigung" (attachment) benutzen, bei dem sehr wahrscheinlich eine Ausweitung der Geltungsbreite des Konstrukts auftritt, wenn es im Rahmen der gesamten Lebensspanne betrachtet wird. Wie erst kürzlich von LERNER und RYFF (1978; s. auch HARTUP & LEMPERS, 1973) erörtert worden ist, tauchen Verhaltensweisen der Anhänglichkeit nicht nur im frühen Lebensabschnitt im Zusammenhang von Eltern-Kind-Beziehungen auf, sondern können an vielen Punkten der Lebensspanne und bei vielen Gelegenheiten entwickelt werden wie beispielsweise bei der Bildung und Veränderung von Freundschaften im Jugend- und Erwachsenenalter, von beruflichen Umfeldern, Familiensystemen etwa bei der Heirat, Scheidung oder Wiederheirat sowie dem Tod von Ehegatten oder Freunden. Sobald man erkennt, daß Anhänglichkeit im Verlauf des gesamten Lebens auftreten kann, wird deutlich, daß die Methodologie und Theorie der Anhänglichkeit bezüglich der deskriptiven und explanatorischen Geltungsbreite ausgeweitet werden muß. Mehr noch: Die den Lebensablauf umfassende Perspektive läßt deutlich werden, daß man mit der Untersuchung des Erwerbs von Verhaltensweisen der Anhänglichkeit nur *ein* bedeutungsvolles Merkmal erfaßt. Wahrscheinlich macht das Anhänglichkeitsverhalten in der Folge eine Fülle von Transformationen durch, wobei Aspekte des Aufrechterhaltens, der Auflösung und des Transfers relevant werden können. In gleicher Weise könnten auch andere Konstrukte wie Leistungsmotivation, Liebe, das Selbst-Konzept oder die Entwicklung von Lebensideologien ausgeweitet werden. Im Falle der Leistungsmotivation beispielsweise ist nahegelegt worden, daß die traditionelle Betrachtungsweise des Erwerbs von Leistungsmotivation in der Kindheit ergänzt werden muß durch Untersuchungen der entsprechenden Verhaltensveränderungen in der Lebensmitte, die abklären würden, ob Leistungsmotivation aufrechterhalten wird (oder verschwindet) und welche Transformationen in alternative Verhaltenskonstrukte für eine erfolgreiche Anpassung im Erwachsenenalter erforderlich sind.

Die zweite mögliche Strategie, nämlich neue Verhaltensklassen aufzudecken, die durch eine Lebensablauf-Perspektive nahegelegt werden, ist leicht zu verdeutlichen anhand der klassischen Forschungen zu Biographien oder Lebensgeschichten (BÜHLER, 1933; DOLLARD, 1949), aber ebenso auch anhand von Beispielen aus der Forschung zur Erwachsenenentwicklung und zum Altern. Was die Erforschung von Lebensgeschichten betrifft, so hat ELDER (1977, 1979) in allerjüngster Zeit einen umfassenden und kompetenten Überblick darüber gegeben, wie notwendig zeitbezogene Konstrukte (temporal constructs) sind, mit deren Hilfe man Lebensabläufe unter sozialen Aspekten aufzeichnen kann.

Diese Strategie der Identifizierung neuer Verhaltensklassen wird ebenso durch einige Untersuchungen zur Erwachsenenentwicklung und zum Altern anschaulich gemacht. Beispiele dafür sind die Arbeiten von CLAYTON (1975) über die Altersweisheit, von MUNNICHS (1966b) und MARSHALL (1975) über Endlichkeit, von BORTNER und HULTSCH (1974) über Zeitperspektive, von BRIM (1975) über das Gefühl für die persönliche Kontrolle über sein eigenes Leben, von NEUGARTEN, HAVIGHURST, FISKE und CHIRIBOGA über Lebensstile (NEUGARTEN, 1964; LOWENTHAL *et al.*, 1975) oder von BENGTSON und BLACK (1973) über Beziehungen zwischen Generationen. Bei einem einfachen altersspezifischen Ansatz, insbesondere, wenn er auf die Kindheit abzielt, würde man solche Konstrukte leicht übersehen. Sie springen jedoch unmittelbar ins Auge, wenn man eine Perspektive einnimmt, die den gesamten Lebensablauf umfaßt.

0.3.3 Verknüpfung von ontogenetischem und bio-kulturellem Wandel

Ein weiteres Thema ergibt sich aus einem historischen Überblick und einer Betrachtung der zeitgenössischen Forschungsszene, nämlich, daß Individuen sich in einem sich wandelnden bio-kulturellen Kontext verändern. Beispiele dafür sind Untersuchungen zu Kohorteneffekten und Beziehungen zwischen Generationen. Daraus ergibt sich, daß man bei der Erforschung der Entwicklung mindestens zwei miteinander interagierende, sich wandelnde Systeme berücksichtigen muß: Individuum und Gesellschaft im weitesten Sinne oder Ontogenese und bio-kulturelle Evolution (z. B. BALTES, 1968; BALTES, CORNELIUS & NESSELROADE, 1978; ELDER, 1975; NEUGARTEN & DATAN, 1973; RIEGEL, 1976a, 1976b; RILEY, 1976; SCHAIE, 1965, 1979; VAN DUSEN & SHELDON, 1976). Die Zentrierung auf altersgestufte und geschichtlich gestufte Einflüsse in Abbildung 2 zeigt ebenfalls eine Berücksichtigung dieser Verknüpfung von individuellem und bio-sozialem Wandel. Wiederum erhält durch die extremen Bedingungen einer Perspektive, die den gesamten Lebensablauf umfaßt, dieses Thema seine besondere Bedeutung. Wenn Langzeit-Prozesse im Mittelpunkt stehen, dann ist es im allgemeinen wenig fruchtbar anzunehmen, das bio-kulturelle oder ökologische Umfeld sei invariant.
Die Rolle, die historische Veränderungen innerhalb von Untersuchungen der Individualentwicklung spielen, kann unterschiedlich sein und je nach den konzeptuellen Überzeugungen, die in einem bestimmten Forschungsbereich vorherrschen, variieren. BALTES, CORNELIUS und NESSELROADE (1978) beispielsweise schlagen vor, Kohorteneffekte auf die Verhaltensentwicklung konzeptuell auf viererlei Weise zu behandeln. Ihrer Meinung nach kann die Kohorten-Variable oder Kohorten-Varianz angesehen werden als (a) Fehlervarianz, (b) Ausdruck einer vorübergehenden Störung, (c) eine Dimension quantitativer Generalisierung und (d) eine theoretische Prozeßvariable, und zwar in dem Sinne, in dem man auch chronologisches Alter als einen Prozeß betrachtet. Keine dieser Sichtweisen ist richtig oder falsch. Allerdings ist es bei einem auf die Lebensspanne bezogenen Ansatz weniger wahrscheinlich – und zwar aufgrund seiner Erstreckung in der individuellen und historischen Zeit (NEUGARTEN & DATAN, 1973) –, daß Geschichte für irrelevant oder aber Kohorteneffekte als Fehlervarianz betrachtet werden können (s. auch ELDER, 1979). Wiederum ist man beeindruckt, wenn man liest, wie unsere Vorläufer dieses Problem be-

handelt haben. QUETELET beispielsweise diskutiert bereits 1835 ausführlich die Rolle evolutionärer Veränderungen und historischer Perioden als Modifikatoren spezifischer nach Alter ausgerichteter Entwicklungsfunktionen. Und ebenso umfangreich läßt er sich über die Bedingungen aus, unter denen es möglich wäre, in einer sich wandelnden Welt das zu erkennen, was er „allgemeine Entwicklungsgesetze" („general developmental laws") nennt. So wie er sie definiert, haben allgemeine Entwicklungsgesetze über die Abweichungen hin Geltung, die durch perioden-spezifische Effekte verursacht werden. Nebenbei gesagt, ähnelt QUETELETS Auffassung von allgemeinen Entwicklungsgesetzen der Konzeptualisierung von Entwicklungsfunktionen, die WOHLWILL (1973) vornimmt.

Dasselbe gilt für diejenigen, die nach QUETELET in der Geschichte der Entwicklungspsychologie der Lebensspanne folgen. So ist HOLLINGWORTH (1927, S. 34) anscheinend der erste amerikanische Entwicklungspsychologe, der ausführlich die relativen Vorteile von Querschnitt- und Längsschnitt-Methoden untersucht. Er tut das darüber hinaus im Zusammenhang mit zwei Arten von Veränderungen, und zwar individueller und gesellschaftlich-institutioneller Art. Das Problem historisch-kultureller Veränderungen steht auch im Textbuch von PRESSEY, JANNEY und KUHLEN (1939) an erster Stelle. Diese Autoren wenden beträchtliche Aufmerksamkeit darauf, die Effekte der sich wandelnden Bedingungen eines molaren kulturellen Umfeldes auf die Art der menschlichen Entwicklung über die Lebensspanne hin auszuarbeiten. Es ist deshalb nicht überraschend, daß R. B. KUHLEN (1940, 1963) im Jahre 1940 den vielleicht klassischen historischen Artikel über Kohorteneffekte schrieb und damit im Prinzip die Arbeit vieler heutiger Wissenschaftler vorwegnahm.

Kurz gesagt, gibt es eine beeindruckende Kontinuität in den Publikationen zur Beziehung zwischen individuellen und bio-kulturellen Veränderungen im Rahmen der Entwicklung über die Lebensspanne hin. Ein Verständnis von heute geführten Diskussionen über Sinn und Bedeutung von Kohorteneffekten wird durch eine historische Perspektive sehr erleichtert. Beispielsweise hilft sie, wesentliche Argumente für eine Entwicklungstheorie von relativ trivialen Fragen nach der empirischen Wichtigkeit von Kohorteneffekten zu trennen. In Abwandlung des klassischen Artikels von ANASTASI (1958) über die Anlage-Umwelt-Problematik wäre die zentrale Frage nicht „Wie groß ist die Kohortenvarianz?", sondern vielmehr „*Wie* interagieren historische und ontogenetische Faktoren bei der gemeinsamen Bestimmung der individuellen Entwicklung?"

0.3.4 Ausarbeitung einer den Entwicklungsproblemen angemessenen Methodologie

Das vierte Thema sowohl in der Geschichte der Entwicklungspsychologie der Lebensspanne als auch heute handelt davon, daß Methoden notwendig sind, die sich speziell für die Analyse von ontogenetischen Veränderungen eignen.

Als Beispiel haben Hayne REESE, John NESSELROADE und der Autor (BALTES, REESE & NESSELROADE, 1977) versucht, entwicklungsspezifische Forschungsmethoden überblicksartig zusammenzustellen. Die allgemeine Schlußfolgerung (s. auch NESSELROADE

& Baltes, 1979; Petermann, 1978; Rudinger, 1978) lautete, daß viele der Methoden, die aus der allgemeinen Psychologie herstammen, für eine Untersuchung von entwicklungsbedingten Veränderungen nur schlecht geeignet sind. Tatsächlich ist es so, daß die vorliegenden Methoden oft dazu führen, daß das Phänomen Entwicklung entweder *a priori* methodisch ausgeschlossen oder aber nur sehr unvollkommen erfaßt wird wegen des Mangels an entsprechend sensitiven Methoden. Zu dieser Situation ist es gekommen, weil traditionellerweise im Zentrum der psychologischen Forschungsmethoden solche Merkmale stehen wie optimale Vorhersage (anstelle von Repräsentation von Veränderungen), Stabilität (anstelle von Veränderungen) und interindividuelle Unterschiede (anstelle der Patterns von intraindividuellen Veränderungen).

Wiederum wird durch die radikale Formulierung eines entwicklungspsychologischen Ansatzes, der sich auf die Lebensspanne bezieht, die fehlende Angemessenheit der bestehenden Methoden besonders deutlich. Die Suche nach neuen Methoden stellt sich dann als kritische Aufgabe heraus, wenn man beispielsweise erkennt, daß Veränderungen überall stattfinden; daß Individuen in einem sich wandelnden bio-kulturellen Umfeld leben; daß die Erklärung von Langzeit-Prozessen wahrscheinlich komplexe Paradigmen erfordert, bei denen weit zurückliegende Antezedenz-Bedingungen berücksichtigt werden müssen („historical paradigms"); und daß Langzeit-Prozesse wahrscheinlich eher als diskontinuierliche und nicht als einfache kumulative, kausal zu erklärende Phänomene aufgefaßt werden müssen. Die Betrachtung der Entwicklung unter der Perspektive des Lebensablaufs läßt so sehr deutlich werden, wie notwendig die Ausarbeitung neuer, für Entwicklungsprobleme spezifischer Methoden ist, daß diese Frage nicht mehr übersehen werden kann.

Bei unserem historischen Überblick war festzustellen, daß das Problem entwicklungsspezifischer Methoden von praktisch allen Vorläufern unmittelbar berücksichtigt wurde. Von Quetelet (1835), über Hollingworth (1927) bis zu Pressey, Janney und Kuhlen (1939) gab es wiederholte Anstrengungen, methodologische Probleme zu diskutieren und angemessene Methoden zu formulieren. Das bereits erwähnte Interesse von Quetelet (1842) an kritischen Perioden im Lebensablauf (S. 31, 37), selektiver Populationsveränderung (S. 62–63), Äquivalenz von Messungen (S. 72–74) und dem Einfluß des sozialen Wandels und speziellen historischen Ereignissen auf Altersfunktionen (S. 33, 97–100) liefert ein anschauliches Beispiel für dieses unmittelbare Interesse an entwicklungsspezifischen Methoden. Ebenso schenkten, wie schon gesagt, Hollingworth, Pressey und Kuhlen dem Problem entwicklungsspezifischer Methoden beträchtliche Aufmerksamkeit, desgleichen Charlotte Bühler (1933), die vorschlug, Biographien als wesentliches entwicklungspsychologisches Analyseinstrument zu verwenden.

So ist es nicht sonderlich erstaunlich, daß diese Suche nach Methoden, die für das Studium von Entwicklungsprozessen angemessen sind, von den zeitgenössischen Entwicklungspsychologen, die an der Entwicklung im Rahmen der gesamten Lebensspanne interessiert sind, fortgesetzt wird. Beispielsweise gibt es neben methodologischen Diskussionen über Kohorten-Sequenz-Strategien Bemühungen, Modelle zu entwickeln, die darauf abzielen, entwicklungsbedingte Veränderungen in der Validität von Messungen zu erfassen (Schaie, 1978); externe Validität als eine Forschungsdimension aufzufassen, die nicht nur ebenso bedeutungsvoll ist wie interne Validität, sondern als eine Kontext-

Komponente jeder entwicklungspsychologischen Erklärung inhärent ist (HULTSCH & HICKEY, 1978); sowie die Verwendung von strukturellen Gleichungsmodellen voranzutreiben, um langzeitige Kausalketten aufzudecken (KOHN & SCHOOLER, 1977; LABOUVIE, 1974; ROGOSA, 1979). Jeder dieser Fälle enthält die Logik des Denkens im Bezugssystem der Lebensspanne in einer Weise, durch die meiner Meinung nach die Ausformulierung einer entwicklungsspezifischen Methodologie über einen Punkt hinausgetrieben wird, der wahrscheinlich von keiner altersspezifischen entwicklungspsychologischen Teildisziplin wie Kinderpsychologie oder Gerontologie je erreicht werden wird. Mit anderen Worten: Es ist kein Zufall, daß viele Entwicklungspsychologen, die an der Erforschung der Entwicklung im Rahmen der gesamten Lebensspanne interessiert sind, sich für theoretische und methodologische Probleme interessieren; vielmehr spiegelt das die Anregungen wider, die aus den extremen konzeptuellen Bedingungen dieser Perspektive resultieren. Mehr noch: Die konzeptuell extremen Anforderungen aufgrund von Fragen im Zusammenhang mit der Erforschung der Entwicklung über die gesamte Lebensspanne hinweg erfordern die Ausarbeitung neuer Methoden, die ihrerseits wahrscheinlich die entwicklungspsychologische Untersuchungsplanung im allgemeinen einen Schritt voranbringen werden.

0.4 Schlußfolgerungen

Alle diese Beispiele aus der Geschichte und der heutigen Stellung der Entwicklungspsychologie der Lebensspanne veranschaulichen zwei Merkmale. Erstens: Eine auf die gesamte Lebensspanne gerichtete Perspektive interessiert immer mehr Wissenschaftler, so daß sie allmählich so weit ist, daß ihre Grenzen und Möglichkeiten ausgetestet werden. Zweitens: Die strenge historische Kontinuität in den Themen, die im Rahmen einer derartigen Perspektive bearbeitet werden, könnte für die Wahl zukünftiger Forschungsaktivitäten hilfreich sein. Diese Themen können dazu beitragen, daß man wieder sozusagen „Land sieht", wie SCHAIE und BALTES (1977) am Beispiel der Intelligenzentwicklung gezeigt haben. Damit steigt auch die Wahrscheinlichkeit, daß die mit der Perspektive der Lebensspanne arbeitenden Entwicklungspsychologen ihren Kollegen in den Verhaltens- und Sozialwissenschaften etwas präsentieren können, was in seiner Art einzig ist. Darüber hinaus wird durch die Herausforderung in konzeptueller Hinsicht durch die historischen Themen, wie wir sie im Bereich der Entwicklung im Bezugssystem des Lebensablaufs aufgedeckt haben, besonders deutlich herausgestellt, was in der klassischen Entwicklungspsychologie verstreut existiert. Das heißt: Die Grundlage, die grundlegenden Paradigmen und möglichen Schwächen eines entwicklungspsychologischen Ansatzes werden nur dann leichter faßbar, wenn sie in dem alle Aspekte vergrößernden Kontext einer Entwicklungspsychologie der Lebensspanne gesehen werden.
Zugleich wird durch die Geschichte des entwicklungspsychologischen Denkens im Bezugsrahmen des Lebensablaufs die Notwendigkeit einer engen Interaktion zwischen Theorie und Methodologie betont, wie sie sich in der Bedeutung der Vorstellungen und

Ideen widerspiegelt, die wir beispielsweise hier vorgestellt haben und die die Prüfung durch die Geschichte sozusagen bestanden haben. In den USA ist die Entwicklungspsychologie des 20. Jahrhunderts in Gefahr gewesen, ihre konzeptuell einzigartige Stellung oder die ,,Herausforderungen" zu vergessen, wie McCall (1977) es in einem jüngst erschienenen Heft der Zeitschrift *Child Development* so treffend formuliert hat. Bei den oft rein pragmatisch angesetzten experimentellen Untersuchungen individueller Altersdifferenzen anstelle der Untersuchung individuellen Wandels und entwicklungspsychologischer Prozesse wird leicht viel von der einzigartigen und historischen Grundlage der entwicklungspsychologischen Forschung vernachlässigt. Eindrucksvoll an diesem historischen Exkurs ist deshalb die klare Erkenntnis, daß durch die Wahl von abkürzenden Strategien nicht viel gewonnen wird, wenn man Verhaltensentwicklung beschreiben und erklären will. Nicht ausreichende Daten, rein pragmatisch mit nur geringem Nutzen für die entwicklungspsychologische Methodologie und mit geringer Berücksichtigung aufgenommen, ob sie im Bezugssystem der Lebensspanne sinnvoll sind, können schnell zu einer übermäßigen Fülle anwachsen, wobei derartige Untersuchungen aber kaum die Zeiten überdauern und rasch wieder an Bedeutung verlieren.
Was es bedeutet, Entwicklung zu untersuchen, und wie ein bestimmtes Entwicklungsereignis in den größeren Bezugsrahmen der Entwicklung im Lebensablauf eingebettet ist – diese Vorstellungen haben eine lange Tradition. Sie haben mehr oder weniger unangetastet die Zeiten überdauert und warten noch darauf, daß echte Entwicklungspsychologen sie vertreten, die meinen, was sie sagen. In diesem Sinne, wenn man meiner Zusammenstellung historischer Beobachtungen traut, kann ein entwicklungspsychologischer Ansatz, der sich auf die Lebensspanne bezieht, gerade weil er die Grenzen viel weiter steckt, als es traditionellerweise der Fall ist, dabei behilflich sein, daß wir als Entwicklungspsychologen ehrlich und offen bleiben, und auf diese Weise in konzeptueller Hinsicht als Richtschnur für die Bewertung der Bedeutung von Ideen dienen. Wenn man die Entwicklung aus der Perspektive des Lebensablaufs untersucht, dann wird man nicht so leicht die paradigmatischen Grundlagen sowie den größeren Kontext von Entwicklungspsychologie vergessen und wird nicht so leicht der Versuchung erliegen, einen nur pragmatisch auf unmittelbare Effekte ausgerichteten Zugang zu wählen, sondern wird sich vielmehr für das entscheiden, was ,,richtig" oder auch, auf lange Sicht, sinnvoll und nützlich ist.
Ich möchte diese Betrachtungen zur Geschichte und Theorie der Entwicklungspsychologie der Lebensspanne schließen mit einem Zitat aus dem Prolog zum *Archipel Gulag* von Solschenizyn (1973). Solschenizyn erwähnt dort ein russisches Sprichtwort, das passend auch das Dilemma und die Gefahren veranschaulichen kann, denen sich Entwicklungspsychologen gegenübersehen, wenn sie zu wählen haben zwischen dem ,,richtigen", aber mühevollen entwicklungspsychologisch-historischen Ansatz und den pragmatischen, entwicklungspsychologischen Problemen im Grunde nicht angemessenen kurzzeitigen Lösungswegen. Solschenizyn sagt: ,,An Vergangenem rühren – ein Auge verlieren! Vergangenes vergessen – beide Augen verlieren" (Solschenizyn, 1973, S. 10). So steht es auch mit der Erforschung der Entwicklung und des Alterns in der Zukunft. Auf der einen Seite wird, wenn wir uns für eine Orientierung an der gesamten Lebensspanne entscheiden, die Anwendung richtiger entwicklungspsychologischer Paradigmen

sowie komplexerer Modelle der Entwicklung gefördert; das geschieht jedoch auf Kosten der Einfachheit des Vorgehens. Auf der anderen Seite können wir, wenn wir eine der vielen Abkürzungen auf dem Wege zur Lösung wählen, im Moment produktiv sein und dadurch zwar Gewinn in der unmittelbaren Gegenwart, dafür aber um so weniger für die Zukunft haben.

1 Ortsbestimmung und Systematisierung der Fragen einer Entwicklungspsychologie der Lebensspanne

PAUL B. BALTES, West Virginia University, Morgantown, West Virginia
L. R. GOULET, University of Illinois, Urbana, Illinois

Zum Inhalt

Ziel einer Entwicklungspsychologie der Lebensspanne ist die Beschreibung und Erklärung ontogenetischer (mit Alter einhergehender) Veränderungen im Verhalten in der Zeit von der Geburt bis zum Tode. Darin ist sie anderen entwicklungstheoretischen Disziplinen verwandt, die sich hinsichtlich ihres spezifischen Untersuchungsgegenstandes, der Merkmale, die sie erfassen sowie der Antezedenz-Konsequenz-Beziehungen, die sie zur Erklärung des zeitlichen Kontinuums heranziehen, voneinander unterscheiden. Im folgenden werden die wesentlichen Ziele und Annahmen eines auf die gesamte Lebenszeit bezogenen Ansatzes zur Erforschung ontogenetischer Veränderungen dargestellt und wichtige Implikationen für Methodologie und Theorie daraus abgeleitet. Im Vordergrund steht dabei vor allem die Diskussion experimenteller Strategien bei der Untersuchung von Phänomenen der Entwicklung.

1.1 Einführung

In den letzten zehn Jahren ist eine geradezu explosionsartige Zunahme von Untersuchungen zu verzeichnen, die sich mit entwicklungsbedingten Veränderungen befassen. Dieser Wandel im Forschungsinteresse, wie er z. B. in der unverhältnismäßig starken Zunahme von einschlägigen Verweisen in den „Psychological Abstracts" zum Ausdruck kommt, geht einher mit Veränderungen in der Schwerpunktsetzung und der Wahl der Perspektiven. Ein Aspekt dieses Interessenwandels betrifft die Hinwendung zu altersspezifischen Verhaltensweisen auf den unterschiedlichsten Abschnitten der Lebensspanne. Von wenigen Ausnahmen abgesehen (vgl. etwa M. BLOOM, 1964; BÜHLER & MASSARIK, 1968; HURLOCK, 1968; PRESSEY & KUHLEN, 1957), ist allerdings kaum je der Versuch unternommen worden, eine die gesamte Lebenszeit umfassende Entwicklungspsychologie auszuarbeiten, in der die ontogenetischen Veränderungen von der Zeugung bis zum Tode berücksichtigt werden. Im Gegenteil ordnet sich für die breite Mehrheit der an

Entwicklung interessierten Forscher ontogenetische Veränderung als Forschungsgegenstand einer Reihe zwar nominell aufeinander bezogener, funktionell jedoch eigenständiger Disziplinen zu, die sich entweder mit Teilabschnitten der Altersspanne (Säuglingsalter, Kindesalter, Adoleszenz, Erwachsenenalter, Greisenalter) oder aber mit den psychischen Prozessen beschäftigen, die dem menschlichen Verhalten zugrundeliegen (Lernen, Wahrnehmung, Gedächtnis etc.). In der Tat spezialisiert sich der einzelne Forscher typischerweise immer nur auf einen ganz bestimmten Ausschnitt aus der durch Altersabschnitte und Prozesse gebildeten Matrix (etwa Lernen bei Neugeborenen, Altern und Gedächtnis).

Im vorliegenden Band ist nun eine Reihe von Forschungsarbeiten zusammengestellt worden, die sich nicht nur, wie bisher, auf spezifische Altersgruppen beziehen. Im Gegensatz zu diesen Beiträgen wollen wir im folgenden versuchen, aus einer allgemeineren Sicht den Standort einer Entwicklungspsychologie der Lebensspanne zu charakterisieren. Dabei wollen wir als erstes das Konzept einer derartigen Psychologie selbst näher erläutern und sie dann in den allgemeineren Bezugsrahmen der vergleichenden Entwicklungsforschung stellen; zweitens soll der Versuch unternommen werden, Gemeinsamkeiten in den Untersuchungen aufzufinden, die sich bislang nur auf bestimmte Abschnitte des Alterskontinuums erstreckten; und drittens sollen einige generelle methodologische Probleme sowie einige der wichtigsten Fragen, die mit der Erforschung von langfristigen entwicklungsbedingten Veränderungen verbunden sind, zusammenfassend dargestellt werden. Zum Schluß werden dann noch Implikationen einer die Lebenszeit umfassenden Entwicklungspsychologie für andere Verhaltenswissenschaften angesprochen. Unserer Darstellung liegt dabei die Auffassung zugrunde, daß der menschliche Organismus ein System ist, das während der Dauer seiner Existenz Stabilität wie auch kontinuierliche Veränderungen aufweist.

1.2 Entwicklungsforschung: Die Untersuchung von Veränderungen

Von Seiten der Psychologen wird leicht vergessen, daß es viele wissenschaftliche Disziplinen gibt (z. B. Geschichte, Geologie, Anthropologie), die sich primär mit Veränderung befassen. Man darf sogar bezweifeln, ob es überhaupt Wissenschaftszweige gibt, die ausschließlich stabile, unveränderliche Phänomene zum Forschungsgegenstand haben. In diesem Sinne orientieren sich alle mit Entwicklungsphänomenen beschäftigten Disziplinen (zumindest von ihrer Konzeption her) an einem Zeitkontinuum und erfüllen damit das grundlegende entwicklungstheoretische Paradigma $C = f(T)$, wobei C für beobachtete Veränderung in einem bestimmten Merkmal, T für Zeit und f für funktionale Beziehung zwischen C und T steht.

Unter Bezug auf Begriffe der Meßtheorie (z. B. Torgerson, 1958) wie auch der allgemeinen Systemtheorie (z. B. J. E. Anderson, 1957; J. G. Miller, 1955; Nagel, 1957;

von Bertalanffy, 1968; vgl. auch Reese & Overton, 1970, Kapitel 2 dieses Bandes) schlagen wir zur Systematisierung vor, die Forschungsansätze der verschiedenen Disziplinen, die sich mit Entwicklung befassen, vor allem hinsichtlich der drei folgenden Aspekte voneinander zu unterscheiden:

1. der *Analyseeinheit (entity,* System), auf die sich die Untersuchung richtet;
2. der *Merkmale (attributes,* Meßvariablen), die man an dieser Untersuchungseinheit zur Messung auswählt; und
3. der *Art, wie das Zeitkontinuum expliziert wird* (Art der unabhängigen oder Prozeßvariablen).

Natürlich gibt es daneben noch andere Unterscheidungskriterien, aber im vorliegenden Zusammenhang scheinen diese drei die bedeutsamsten zu sein. Sehr vereinfachend gesagt, bezieht sich „Analyseeinheit" oder „System" darauf, *wer* sich verändert, während die „Merkmale" spezifizieren, *was* an dem Untersuchungsgegenstand sich verändert. Wie das Zeitkontinuum erklärt wird, spiegelt schließlich das *Wann* und das *Warum* jeder beobachteten Veränderung wider.

Speziell wird der Begriff der Analyseeinheit hier zur Umschreibung einer funktionalen Einheit verwendet, die eine eigene Realität besitzt (z. B. eine Menge von Elementen, die natürlicherweise ein integriertes Ganzes bilden, das sich in Zeit und Raum fortbewegt); diese Einheit kann einer wissenschaftlichen Untersuchung dadurch zugänglich gemacht werden, daß ihre Merkmale beobachtet werden. Handelt es sich um lebende Organismen, so bezeichnet man die Analyseeinheiten zumeist als Systeme. Im Hinblick auf die Merkmale empfiehlt es sich, zu unterscheiden zwischen den konstituierenden oder grundlegenden Variablen, die das System definieren, und den Merkmalen, die für die Beschreibung der Veränderungen benutzt werden, die innerhalb des Systems auftreten.

Die Explikation des Zeitkontinuums ist deshalb von fundamentaler Bedeutung, weil Zeit selbst selten als Verursachungsfaktor aufgefaßt wird. Zeit dient vielmehr in der Regel als vorläufiger Indikator für das komplexe Beziehungsgefüge sich wechselseitig beeinflussender Faktoren, die im Laufe der Zeit ihre Wirksamkeit entfalten (vgl. dazu u. a. Birren, 1959b; Bromley, 1970; Wohlwill, 1970a, b; Zigler, 1963). Die erste Aufgabe einer entwicklungsorientierten Disziplin besteht daher in der Spezifizierung funktionaler Beziehungen zwischen der Zeit und den Merkmalen des Untersuchungsgegenstandes. Eine derartige Beschreibung muß allerdings ergänzt werden durch die nähere Bestimmung des „Warum" der Veränderung, nämlich der Beziehungen, die zwischen Antezedenzien, dem Prozeß und den Konsequenzen bestehen; um damit schließlich zu einem System von Erklärungszusammenhängen zu kommen. Bei einem Vergleich verschiedener Entwicklungsdisziplinen erscheint es außerdem sinnvoll, eine weitere Unterscheidung zwischen zwei mit der Erklärung des Zeitkontinuums verknüpften Aspekten vorzunehmen. Der erste betrifft die Art der berücksichtigten unabhängigen Variablen (etwa genetische, situative Variablen), während sich der zweite auf die Art der Prozesse oder Mechanismen bezieht, die zur Verknüpfung von Antezedenz-Bedingungen mit nachfolgenden Veränderungen in den Merkmalen benutzt werden.

So könnte z. B. ein Entwicklungsbiologe an Organismen einer bestimmten Spezies als Analyseeinheit oder System interessiert sein, und als Merkmale bestimmte Aspekte der

Morphologie oder des Zentralnervensystems dieser Organismen untersuchen. Geht es nun darum, das Zeitkontinuum zu erklären, so könnte der Biologe in erster Linie auf physiologische Mechanismen (und damit zugleich auf weitgehend anlagebedingte Prozesse wie etwa Reifung) verweisen, um dadurch die ontogenetischen Veränderungen zu erklären. Der Anthropologe mag demgegenüber einen bestimmten afrikanischen Volksstamm als Analyseeinheit wählen, und als Merkmale dessen religiöse Einstellungen untersuchen. Bei der Erklärung des Zeitkontinuums könnte er dann hauptsächlich auf Prozeßkonzepte wie Akkulturation oder Innovation zurückgreifen.
Die Lebensspanne des Untersuchungsgegenstandes bestimmt in hohem Maße die Unterteilung des Zeitkontinuums. Man vergleiche etwa die Lebensdauer ganzer Kulturen, die oft in Jahrhunderten gemessen wird, mit der biologischer Einheiten wie etwa Zellen, die in Stunden oder Tage aufgeteilt wird. Das soll nun nicht heißen, daß chronologische Unterteilungen der Lebensspanne einer Analyseeinheit grundsätzlich artifiziell und unnötig seien. Auch wenn das in vielen Fällen zutrifft, richten sich Anzahl und Position solcher Abschnitte doch häufig nach der je besonderen Analyseeinheit, dem theoretischen Rahmen und den Merkmalen, die der Forscher untersucht.
Zugegebenermaßen ist die Darstellung der Unterschiede und Gemeinsamkeiten zwischen den verschiedenen entwicklungsorientierten Disziplinen hier stark vereinfacht. Es ist bestimmt nicht leicht, zu einem Konsensus darüber zu gelangen, was nun im Einzelfall die Analyseeinheit und was die Merkmale konstituiert. Die Diskussion kann darüber hinaus, wie jede metatheoretische Erörterung, als recht willkürlich angesehen werden, weil sie nicht darum herumkommt, dem Gegenstandsbereich entwicklungsorientierter Disziplinen eine bestimmte Struktur aufzuzwingen. Dem läßt sich jedoch entgegenhalten, daß eine der wesentlichen Aufgaben der Theorienbildung innerhalb jeder Entwicklungsdisziplin darin besteht, das grundlegende, zur Verknüpfung der Daten benutzte System (R. B. CATTELL, 1966a) nach Analyseeinheiten, Merkmalen sowie den zur Erklärung des Zeitkontinuums verwendeten Variablen und Mechanismen zu strukturieren.
Derartige Bemühungen werden im folgenden auch bei unserer begrifflichen Klärung von Entwicklungspsychologie von Nutzen sein; sie haben auch Einfluß auf die Konzeption anderer Entwicklungsdisziplinen. Die Diskussion dieser Konsequenzen für andere Disziplinen soll hier jedoch nur am Rande vorgenommen werden. Auf jeden Fall dürfte die Skizzierung der wesentlichsten verwandten Disziplinen, die sich ebenfalls mit Entwicklung befassen, neue theoretische und methodologische Perspektiven im Zusammenhang mit der Untersuchung entwicklungsbedingter Veränderungen eröffnen.

1.3 Allgemeine Entwicklungspsychologie

Insgesamt herrscht Einstimmigkeit darüber, daß die Analyseeinheit oder das System, das den Gegenstand psychologischer Forschung bildet, der lebende, insbesondere der menschliche Organismus ist. Auf den ersten Blick ist der lebende Organismus leicht identifizierbar; er bildet eine funktionelle Einheit, die sich von der Geburt bis zum Tode ge-

schlossen in Raum und Zeit oder in „Zeiträumen" fortbewegt und leicht zu unterscheiden ist von der Umwelt.
Schwierigkeiten tauchen allerdings dann auf, wenn verschiedene Wissenschaftler (oder Wissenschaften) diese Analyseeinheit qualifizieren müssen, nämlich angeben sollen, was sie als konstituierende Elemente, Merkmale und deren Beziehungen ansehen. In diesem Zusammenhang ist kurz anzumerken, daß keine der mit der Untersuchung lebender Organismen befaßten Wissenschaften den Organismus in seiner *Gesamtheit* betrachtet. Vielmehr erforscht und systematisiert (konstruiert) jede Einzelwissenschaft selektiv immer nur die Merkmale der Analyseeinheit, die als relevant für das in Frage stehende theoretische System (Biologie, Soziologie, Psychologie) angesehen werden. Organismen werden daher, im Prozeß der wissenschaftlichen Untersuchung durch Forscher unterschiedlicher Fachrichtungen, aufgefaßt als je spezifische Abstraktionen, die ein System miteinander in Beziehung stehender Konstrukte repräsentieren.
Für unsere Zwecke muß hier die Feststellung genügen, daß ein entwicklungstheoretischer Ansatz dann „rein" psychologischer Natur ist, wenn sowohl die Merkmale als auch das Zeitkontinuum mit Hilfe psychologischer Konstrukte erklärt werden, d. h., wenn die jeweils in Betracht gezogenen unabhängigen Variablen, Prozeßmechanismen und abhängigen Variablen allgemein als Teil der Psychologie gelten können. Spiegelt auch nur einer dieser Aspekte, die bei der Beschreibung von Veränderungen eines Organismus benutzt werden, Konstrukte einer anderen Disziplin wider, so können wir bereits von einem interdisziplinären entwicklungsorientierten Ansatz sprechen.

1.3.1 Struktur der Analyseeinheiten

Eine die Lebenszeit umfassende Entwicklungspsychologie des menschlichen Organismus, wie sie im vorliegenden Band diskutiert wird, stellt nun nicht die Entwicklungspsychologie insgesamt dar. Sie ist vielmehr nur ein Teil einer allgemeinen Entwicklungspsychologie im Sinne von Yerkes (1913) und H. Werner (1948), die beide betonten, daß Entwicklungspsychologie *alle* lebenden Organismen in ihrer Entwicklung über die Zeit hin umfaßt. Eine solche Position erfordert zwangsläufig die Klassifikation von Organismen in Untereinheiten (Subsysteme).
Der Prozeß der Aufgliederung lebender Organismen in Untereinheiten (ähnlich der Klassifikation von Karl von Linné in der Biologie) auf der Basis psychologischer Kriterien steckt freilich erst in den Anfängen. Die Implikationen einer solchen Klassifikation werden deutlich, wenn wir uns drei solche Untereinheiten ansehen, die Unterschiede hinsichtlich ihres Alters aufzuweisen scheinen. Es handelt sich dabei um die *Spezies* (vgl. Bitterman, 1965; Schneirla, 1957), die *Generation* (vgl. Bakwin, 1964; Schaie, 1970, siehe auch Kapitel 11 dieses Bandes) und die *Kultur* (vgl. Holtzmann, 1965; Piaget, 1966; H. Werner, 1948). Die daraus sich ergebende Einteilung von Organismen hinsichtlich ihrer Gattungs-, Kultur- und Generationszugehörigkeit ist in Tabelle 1 zusammenfassend dargestellt.

Tab. 1: Allgemeine Entwicklungspsychologie und ihre formale Beziehung zu spezifischen Entwicklungspsychologien[a]

Spezies *(S)*	Kultur *(K)*	Lebensspanne		
		Generation$_1$	Generation$_2$	Generation$_m$
S_1	K_1			
	K_2	$R_{1,2...,r}$	$R_{1,2...,r}$	$R_{1,2...,r}$
		$R_{1,2...,r}$	$R_{1,2...,r}$	$R_{1,2...,r}$
S_2	K_k			
S_n	K_k			

[a] Es wird ein fünfdimensionales Bezugssystem dargestellt; dadurch lassen sich spezifische Entwicklungspsychologien voneinander unterscheiden, die ihrer Natur nach alle auf die gesamte Lebenszeit bezogen sind. Nähere Erläuterungen finden sich im Text.

Eine solche vorläufige Klassifikation von Organismen veranschaulicht die begrenzte Reichweite konventioneller Lehrbücher über Entwicklungspsychologie, die eigentlich immer nur eine Spezies (z. B. den Menschen), eine Generation (z. B. die 1950 geborene Kohorte) und einen Kulturbereich (z. B. Nordamerika) zum Gegenstand haben. Daneben gestattet diese erste Klassifikation die Spezifizierung einer Reihe je besonderer Entwicklungspsychologien, die sich alle mit Verhaltensveränderungen im Verlauf der Lebensspanne beschäftigen. Man kann nämlich die Organismen aus jeder Untereinheit (Spezies, Generation, Kultur) zu einer Gruppe zusammenfassen, und dabei die jeweiligen anderen beiden Untereinheiten außer acht lassen. Damit käme man dann zu einer *speziesspezifischen*, einer *generations-* und einer *kulturspezifischen* Entwicklungspsychologie. Alle diese an der Entwicklung im Verlauf des Alters orientierten Psychologien haben natürlich Anspruch auf eine gesonderte Betrachtung. Es muß allerdings angemerkt werden, daß sich die Forschung bis jetzt lediglich auf einige wenige der in Tabelle 1 aufgeführten Elemente konzentriert hat.

Eine zweite, aus der Tabelle ersichtliche Gruppe von Lebenszeit umfassenden Entwicklungspsychologien kann als ihrer Art nach vergleichend beschrieben werden. Auf der einen Seite bestünde damit die Möglichkeit, die Altersentwicklung innerhalb der einzelnen Untereinheiten miteinander zu vergleichen und so zu einer *vergleichenden speziesspezifischen*, einer *vergleichenden generationsspezifischen* und einer *vergleichenden kulturspezifischen* Entwicklungspsychologie zu gelangen. Andererseits wäre aber auch denkbar, daß man zwischen den einzelnen Untereinheiten Vergleiche anstellt, ein Ansatz, der kaum je in Erwägung gezogen worden ist.

Wir wollen nochmals betonen, daß die hier vorgeschlagene Strukturierung der Untereinheiten nicht als endgültig anzusehen ist, sondern lediglich als der Versuch, eine gewisse Systematik in die Fülle der Fragen zu bringen, die sich auf die Entwicklung über die gesamte Lebensspanne hin beziehen, und die Aufgaben zu veranschaulichen, die noch zur Bewältigung anstehen. Wie für alle Modelle gilt auch hier, daß Korrekturen notwendig werden, wenn neuere Informationen eine andere Art der Klassifikation nahelegen. Interessant wäre insbesondere die Entwicklung von Klassifikationen auf der Basis von Verhaltensaspekten, da sich die bislang unternommenen Einteilungsversuche weitgehend auf Kriterien stützen, die außerhalb des psychologischen Bereichs (nämlich z. B. in der Biologie oder Soziologie) formuliert wurden.

1.3.2 Struktur der Merkmale

Einmal abgesehen von den Problemen, die bei der Abgrenzung psychologischer Merkmale von denen verwandter Disziplinen auftauchen, scheinen sich Psychologen darüber einig zu sein, daß sich psychologische Merkmale auf Verhaltensweisen (Responses, *R)* des Organismus beziehen. Diese Einschränkung führt zu einer Transformation des ursprünglichen entwicklungspsychologischen Paradigmas in $C_R = f(T)$, wobei C_R anzeigt, daß Veränderungen (change, *C*) im Verhalten des Organismus als eine Funktion von Zeit den eigentlichen Gegenstand (oder die anhängige Variable) der Entwicklungspsychologie bilden (vgl. BALTES, 1968b; KESSEN, 1960). Die mögliche Zahl solcher Verhaltensweisen oder Merkmale ($R_{1,2...,r}$) ist allerdings sehr groß. Genauer gesagt, da die Merkmale als konstruiert (eingeführt) und nicht als empirisch vorgefunden gedacht werden müssen, ist das Universum psychologischer Merkmale bisher noch nicht definiert. Und da auch die Bestimmung der grundlegenden Struktur psychologischer Merkmale noch in den Anfängen steckt, kann jeder Vorschlag zur Bildung einer Anzahl von Kategorien nur vorläufige Geltung beanspruchen und lediglich die speziellen Vorlieben einer Gruppe oder eines einzelnen widerspiegeln.

Die Einbeziehung der Komponente der „Merkmalskategorien“ erweitert das ursprüngliche System der möglichen Daten der Entwicklungspsychologie und führt zur Formulierung zweier weiterer Entwicklungspsychologien, die ebenfalls Tabelle 1 zu entnehmen sind. Die eine Gruppe könnte als *verhaltensspezifisch* bezeichnet werden und repräsentiert alle diejenigen Ansätze, bei denen über die Lebensspanne hin auftretende Veränderungen im Rahmen bestimmter Merkmalskategorien untersucht werden, wie entwicklungsbedingte Wahrnehmung, entwicklungsbedingtes Lernen, entwicklungsbedingte Intelligenz oder Kognition. Ein zweiter Ansatz ist wiederum vergleichender Natur und könnte als *verhaltensvergleichende* Entwicklungspsychologie bezeichnet werden. Dabei würde man schwerpunktmäßig Vergleiche zwischen entwicklungsbedingten Veränderungen in spezifischen Kategorien wie etwa Wahrnehmung und Intelligenz (z. B. PIAGET, 1947a) vornehmen.

Bei der Klassifikation des Merkmale-Universums in Verhaltenskategorien besteht eine der wesentlichen Aufgaben darin, zu prüfen, inwieweit die Struktur der Merkmale als entwicklungsinvariant gesetzt werden kann, und zwar sowohl in ontogenetischer als auch in phylogenetischer Hinsicht. Mit anderen Worten: Die Frage ist, ob die im Verlauf des Lebens beobachteten Veränderungen in bestimmten Merkmalen lediglich Niveauveränderungen sind (quantitative Veränderung) oder ob die Struktur der Merkmale selbst entwicklungsbedingten Transformationen unterliegt (was die Anzahl der Merkmale und ihre Beziehungen zueinander anbelangt), ob es sich also um eine strukturelle Veränderung handelt (vgl. BALTES & NESSELROADE, 1970; NESSELROADE, 1970), wie sie z. B. bei der PIAGETschen Theorie der kognitiven Entwicklung impliziert ist. Leider ist das Problem der Invarianz der Struktur von Merkmalen (über Analyseeinheiten und Altersstufen hinweg) bisher kaum behandelt worden; eine Ausnahme bildet lediglich eine Reihe von Untersuchungen im Bereich der Intelligenz (vgl. HORN, 1970, siehe auch Kapitel 10 dieses Bandes; REINERT, 1970) und der Persönlichkeitsentwicklung (vgl. etwa EMMERICH, 1968; SCHAIE & MARQUETTE, 1970). Allerdings gibt es in jüngster Zeit auch Untersuchungen zum Problem der Invarianz linguistischer Fähigkeiten bei Kindern verschiedener Kulturen (z. B. McNeill, 1968; Palermo, 1970; Slobin, 1966b). Besonders fruchtbar erscheinen in diesem Zusammenhang einige neuere Arbeiten auf dem Gebiet der kulturvergleichenden Psychologie (z. B. Berrien, 1968; Boesch & Eckensberger, 1969). Die Vorschläge, die dabei zur Prüfung der transkulturellen Äquivalenz von Meßinstrumenten gemacht werden, dürften beachtlichen Einfluß auf die entwicklungsorientierte Forschungsmethodologie haben.

1.3.3 Explikation des Zeitkontinuums

1.3.3.1 Die Untersuchung der mit Alter einhergehenden Veränderungen

Der deskriptive Aspekt der Explikation des Zeitkontinuums betrifft die Ermittlung altersabhängiger Beziehungen nach dem von Kessen (1960) formulierten Paradigma $C_R = f(A)$, wobei A das chronologische Alter des untersuchten Organismus bezeichnet. Das Paradigma impliziert eine Abgrenzung, welche mit Zeit einhergehenden Veränderungen als Entwicklung zu bezeichnen sind.

Im wesentlichen läßt sich das Entwicklungskonzept sowohl auf die Biologie als auch auf die Philosophie zurückführen (vgl. etwa J. E. Anderson, 1957; D. B. Harris, 1957b; ferner Charles, 1970; Groffman, 1970), und entsprechend ist es als theoretisches Konzept mehrdeutig (s. Reese & Overton, 1970, siehe auch Kapitel 2 dieses Bandes). Verwendet man „Entwicklung" als theoretisches Konzept, so impliziert der Begriff einige grundsätzliche Vorstellungen vom Wesen der Veränderung, wie z. B. Veränderung zu höherer Komplexität oder zu einem Endzustand in der Organisation. In diesem Zusammenhang wird der Begriff der Entwicklung des öfteren von dem des Alterns unterschieden (so z. B. bei Birren, 1959 b), wobei letzterer alle die Veränderungen umfaßt, die nach der Reifezeit auftreten, ersterer dagegen diejenigen, die mit der Wachstumsperiode in Zusammenhang stehen.

Wir möchten behaupten, daß diese Unterscheidung zwischen Veränderungen im Verlauf der Entwicklung (developmental change) und Veränderungen im Verlauf des Alterns (aging change) mehr Verwirrung stiftet als Klarheit schafft. Das einzige wesentliche Kriterium, das zur Definition entwicklungsbedingter Veränderungen notwendig erscheint, ist das Vorhandensein einer systematischen altersabhängigen Beziehung (Kessen, 1960; Spiker, 1966) vom Zeitpunkt der Geburt an bis zum Tode, wie immer der Verlauf einer derartigen Beziehung auch sein mag (linear, nicht-linear, ansteigend, abfallend, U-förmig, umgekehrt U-förmig etc.). Sollen entwicklungsbedingte Veränderungen näher spezifiziert werden, so kann dies dadurch geschehen, daß man sie auf die Merkmale beschränkt, die langzeitige Veränderungen zeigen, d. h. Veränderungen, die sich über einen Großteil der Lebensspanne hinweg vollziehen. Mit einer solchen Einschränkung würde man eine Reihe kurzzeitiger Verhaltensveränderungen außer acht lassen, nämlich alle diejenigen, die zwar mit der Zeitvariablen verknüpft sind, ihrem Wesen nach aber keine (im Hinblick auf die Lebensspanne insgesamt) großen Zeiträume umfassen. Beispiele für solche Kurzzeitveränderungen wären etwa der Menstruationszyklus, Schwankungen in der Aufmerksamkeit, motivationale Zyklen (Hunger, Durst) oder der Wechsel vom Schlaf- zum Wachzustand. Solche kurzzeitigen Veränderungen können natürlich auch innerhalb eines entwicklungstheoretischen Rahmens bedeutungsvoll sein, dann nämlich, wenn es erforderlich wird, Alter als Parameter bei der Beschreibung individueller Unterschiede zu berücksichtigen.

1.3.3.2 Die Altersvariable und Erklärungsmechanismen

Der nächste mit der Explikation des Zeitkontinuums zusammenhängende Aspekt betrifft die Bedeutung der Altersvariablen. Bei Birren (1959 b) und Wohlwill (1970) finden sich ausgezeichnete Darstellungen der wichtigsten Probleme, die bei der Untersuchung solcher altersabhängiger Beziehungen auftauchen; diese Autoren weisen darauf hin, daß es nötig sei, die Altersvariable völlig neu zu definieren.
Ein erster Schritt zur Spezifizierung und Erklärung altersabhängiger Beziehungen besteht in der Aufgliederung des Universums von Antezedenz-Bedingungen, die mit Alter verknüpft sind, in einige wesentliche Grundkategorien. Longstreth (1968) beispielsweise schlägt eine Einteilung in drei Kategorien vor: Anlage, frühere Umwelt und gegenwärtige Umwelt. Das Entwicklungsparadigma würde sich damit erweitern zu
$C_R = f(H, E_{pa}, E_{pr})$;
H steht dabei für Anlage (heredity), E_{pa} für die Umweltereignisse der Vergangenheit (past environment) und E_{pr} für die gegenwärtigen Umweltbedingungen (present environment). Zweifellos muß nun ein solches Paradigma näher spezifiziert werden. Eines der entscheidenden Probleme dabei ist allerdings, daß die maßgeblichen Dimensionen „Anlage" und „Umwelt" weitgehend unbekannt und die sie bestimmenden Variablen, von einigen Elementen von E_{pr} abgesehen, ihrem Wesen nach biotisch sind und sich daher der Kontrolle des Experimentators teilweise entziehen. Die Untersuchung am Menschen ist infolgedessen vorwiegend auf indirekte Methoden zur Ermittlung der Anlage-Umwelt-Beziehungen angewiesen. Beispiele dafür sind die Untersuchungen über die Auswirkungen verschiedener Strategien des Aufziehens von Kindern (gemeinsam mit einem anderen Kind oder allein) und von Variationen in der Familienkonstellation (eineiige Zwillinge, zweieiige Zwillinge, Geschwister, nicht miteinander verwandte Kinder), wie sie etwa gefordert werden bei der „Multiple Abstract Variance Analysis" von Cattell (R. B. Cattell, 1960; Vandenberg, 1966a, b). Allerdings muß darauf hingewiesen werden, daß die meisten Untersuchungen zur Anlage-Umwelt-Problematik im strengen Sinne *keine* entwicklungspsychologischen Untersuchungen sind, da die Altersvariable (oder mit Alter einhergehende Veränderung) kaum je in die Untersuchungspläne aufgenommen wurde. Andererseits erscheint die Annahme durchaus sinnvoll, daß die jeweiligen Anteile von Anlage und Umwelt in Abhängigkeit von Alter und darüber hinaus in Abhängigkeit von der jeweiligen Spezies, Generation und Kultur variieren.
Der letzte Gesichtspunkt bei der Explikation des Zeitkontinuums schließlich betrifft die Spezifizierung der Mechanismen oder Prozesse, die bei der Verknüpfung der Antezedenz- mit den Konsequenz-Bedingungen eine Rolle spielen. Grundsätzlich können solche Prozesse nicht direkt beobachtet werden, sondern müssen erschlossen und auf der Basis prozeßspezifischer Antezedenzien und Konsequenzen unterschieden werden.

Auch wenn diese Aufgabe zumindest für den experimentell orientierten Psychologen, äußerst reizvoll erscheint, so ist sie doch andererseits nur schwer zu bewältigen. Die wichtigsten Prozesse, die bislang postuliert wurden, sind *Lernen* und *Reifen*, von denen man zusätzlich annimmt, daß sie miteinander interagieren (vgl. etwa SPIKER, 1966). Diese Unterscheidung wirft allerdings eine Fülle neuer Probleme auf. Eines z. B. ist, daß Lernen und Reifen keine einheitlichen Prozesse sind, sondern als Indikatoren für eine ganze Reihe sehr unterschiedlicher Mechanismen – wie z. B. den speziellen und den nicht-speziellen Transfer im Falle des Lernens – aufgefaßt werden müssen. Des weiteren erhebt sich die Frage, ob diese Prozesse über alle Altersstufen hinweg invariant sind oder ob die Mechanismen, die Antezedenzien und Konsequenzen miteinander verknüpfen, von Altersstufe zu Altersstufe jeweils andere sind (vgl. BOTWINICK, 1970; COMALLI, 1970; MUNSINGER, 1970; RIEGEL, 1970). Insgesamt läßt sich wohl sagen, daß Untersuchungen zu Veränderungen in den Prozeßmechanismen in einem Rahmen, in dem Entwicklung in Abhängigkeit von Alter betrachtet wird, äußerst dünn gesät sind. Wenn man jedoch lebende Organismen als *offene* Systeme (und damit im Unterschied zu Maschinen als nicht endgültig determiniert) auffaßt, die sich in ständigem Austausch mit der Umwelt befinden, dann erscheint die Annahme durchaus berechtigt, daß auch die Mechanismen einer Veränderung unterliegen. In diesem Zusammenhang gewinnt die Diskussion von organismischen und mechanistischen Modellen (vgl. REESE & OVERTON, 1970, siehe auch Kapitel 2 dieses Bandes) zentrale Bedeutung.

1.4 Entwicklungspsychologie der menschlichen Lebensspanne

Eine vorläufige Definition der Thematik des vorliegenden Bandes könnte demnach folgendermaßen lauten: ,,Die Entwicklungspsychologie der menschlichen Lebensspanne zielt ab auf die Beschreibung und Erklärung ontogenetischer (mit Alter einhergehender) Verhaltensveränderungen von der Geburt bis zum Tode".

Diese Definition legt nahe, daß entwicklungsbedingte Veränderungen innerhalb der gesamten Lebensspanne stattfinden können, während in der konventionellen Entwicklungspsychologie der Schwerpunkt auf die ersten beiden Lebensjahrzehnte gelegt worden ist. Des weiteren wird in der Definition die Notwendigkeit der Erklärung, d. h. der Aufdeckung von Antezedenz-Konsequenz-Beziehungen, und nicht nur der Deskription betont. Im allgemeinen hatte man sich in der Entwicklungspsychologie bisher auf die Beschreibung von Altersfunktionen im Hinblick auf Art und Geschwindigkeit des Wachstums beschränkt, und erst im letzten Jahrzehnt etwa (z. B. BIRREN, 1969; BRONFENBRENNER, 1963; MCCANDLESS & SPIKER, 1956; ZIGLER, 1963) vollzog sich eine Wendung innerhalb der Entwicklungspsychologie hin zur Erklärung ontogenetischer Veränderung im Rahmen kausaler Beziehungsgefüge. Ohne Zweifel ist das zunehmende Interesse experimentell ausgebildeter Psychologen an entwicklungstheoretischen Fragen einer der wichtigsten Gründe für diese historische Tendenzwende. Sie weist damit allerdings zugleich auf den Beginn ausgereifter Theorienbildung im Bereich der Entwicklungspsychologie.

1.4.1 Die wichtigsten Annahmen und Zielsetzungen

Im Grunde genommen unterscheiden sich die hauptsächlichen Annahmen und Ziele eines Lebenszeit umfassenden Ansatzes zur Erforschung der menschlichen Entwicklung in keiner Weise von denen jeder anderen altersspezifischen Entwicklungspsychologie (wenn man einmal von der Erweiterung der Altersspanne absieht), denn hier wie dort wird in erster Linie eine Untersuchung der *intraindividuellen Variabilität* angestrebt.
Im allgemeinen basiert die Untersuchung der intraindividuellen Variabilität (FISKE & RICE, 1955) auf zwei Hauptannahmen, nämlich (a) daß intraindividuelle Variabilität systematisch und nicht zufällig ist und (b) daß intraindividuelle Variabilität, wenn man sie mit dem Ausmaß interindividueller Unterschiede vergleicht, nicht vernachlässigbar ist. Für einen Lebenszeit umfassenden Ansatz gelten daneben die weiteren Annahmen, daß (c) der menschliche Organismus kontinuierliche intraindividuelle Veränderungen zeigt und (d) ein wesentlicher Teil der intraindividuellen Variabilität mit Alter einhergeht, d. h. ontogenetischer Natur ist. Die beiden letzten Annahmen werden durch zahlreiche, wenn auch zum größten Teil nicht miteinander verknüpfte Untersuchungen bestätigt. deren Ergebnisse alle darauf hinweisen, daß in allen Altersperioden deutliche Veränderungen auftreten (z. B. BIRREN, 1964; BOTWINICK, 1967; BROMLEY, 1966; KAGAN & MOSS, 1962; PRESSEY & KUHLEN, 1957). Allerdings umfassen nur sehr wenige Untersuchungen auch wirklich die gesamte Lebensspanne und verwenden eine der Untersuchung ontogenetischer Veränderungen angemessene Methode.
Das zweite Ziel einer Entwicklungspsychologie der Lebensspanne ist, *integrativ die Gesamtheit ontogenetischer Verhaltensveränderungen begrifflich zu fassen.* Wie bereits gesagt, sind bislang die meisten Untersuchungen im Bereich der Entwicklungspsychologie so durchgeführt worden, daß man sich primär auf ganz bestimmte Altersperioden (wie etwa die Säuglingszeit) konzentrierte, ohne daß es umfassendere Versuche gegeben hätte, die Befunde in einen das gesamte Leben umfassenden Rahmen zu integrieren. Als Folge davon sind diese altersspezifischen Untersuchungen mit wenigen Ausnahmen bisher isoliert und unkoordiniert geblieben, auch wenn sie durch ihr gemeinsames Ziel, die Untersuchung der mit Alter einhergehenden Veränderungen, inhaltlich aufeinander bezogen erscheinen.
Schließlich gibt es ein drittes Ziel jeder Entwicklungspsychologie, das, oberflächlich betrachtet, allerdings eher von allgemeiner Bedeutung und nicht eigentlich rein entwicklungspsychologisch ist. Es handelt sich dabei um die Überprüfung der *Generalisierbarkeit von Verhaltensdaten und gesetzmäßigen Beziehungen* über Personen hinweg, also etwas, was D. T. CAMPBELL und STANLEY (1963) als „externe Validität" bezeichnet haben. Die vorliegenden Verhaltensdaten und die Gesetze oder Phänomene, die allgemein bekannt sind, wurden zum großen Teil im Rahmen der Untersuchung junger Erwachsener gewonnen und formuliert, und man weiß nur wenig Systematisches über ihre generelle Gültigkeit. Inwieweit aber, so ist zu fragen, sind bei Säuglingen, Kindern, Jugendlichen, Erwachsenen und Greisen die Phänomene der Wahrnehmung, des Lernens und der Kognition dieselben oder inwieweit sind dieselben Prozesse beteiligt? Man erinnere sich nur an die Kontroverse zwischen einem nomothetischen und einem idiographischen Ansatz in der Psychologie, und der Stellenwert der Frage, ob Verhaltensdaten und -prozesse

subjektinvariant sind oder nicht, ist unmittelbar evident. Aus einer anderen Perspektive wiederum zeigt die Frage nach der Generalisierbarkeit die innere Verwandtschaft zwischen Entwicklungspsychologie, Vergleichender Psychologie und Differentieller Psychologie.

1.4.2 Problembereiche der Theorienbildung

Wie REESE und OVERTON (1970, siehe auch Kapitel 2 dieses Bandes) überzeugend darlegen, gibt es eine ganze Reihe von Grundorientierungen oder Modellen (z. B. das organismische und mechanistische Modell), zwischen denen man bei der Konstruktion entwicklungstheoretischer Systeme zu wählen hat. Jede umfassende Entwicklungstheorie muß jedoch die grundlegenden Kriterien der allgemeinen Entwicklungspsychologie miteinbeziehen. Darüber hinaus wird die Lebensdauer solcher Theorien durch ihre operationale Eindeutigkeit, die Sparsamkeit ihrer Formulierung sowie ihren prognostischen Wert bestimmt.

Wenden wir uns nun einigen Problembereichen zu, die für die Theorienbildung innerhalb einer Entwicklungspsychologie der Lebensspanne besonders bedeutsam erscheinen. Zunächst muß allerdings gesagt werden, daß bislang wohl keine integrative Theorie vorliegt, deren System von Gesetzen und Konzepten (vgl. BROMLEY, 1970) für die gesamte Lebensspanne Geltung hätte; das trifft insbesondere dann zu, wenn man erwartet, daß eine Theorie viele verschiedene Verhaltensmerkmale umfaßt und den oben genannten Kriterien genügt. Man darf sogar bezweifeln, ob es überhaupt einen Theorieansatz gibt, der die Durchführung einer in sich logisch konsistenten Analyse erlauben würde, wie sie von BROMLEY (1970) anhand der Disengagement-Theorie von CUMMING und HENRY (1961), die sich allerdings nur auf den späteren Teil des Lebens bezieht, demonstriert wurde.

Was uns bis jetzt zur Verfügung steht, sind Theorien, die sich auf einzelne Altersabschnitte beziehen, z. B. die Theorie der kognitiven Entwicklung von Piaget, die wenig aussagekräftig oder sogar völlig unergiebig wird (s. FLAVELL, 1970), wenn man sie einmal auf ihre Implikationen für eine die Lebenszeit umfassende Entwicklungspsychologie hin betrachtet. Es ist in der Tat die Frage, ob Entwicklungstheorien, die sich nur auf einzelne Altersabschnitte beziehen, ohne weiteres auf die Lebensspanne insgesamt ausgedehnt werden können oder ob nicht jeder Ansatz, der sich auf die gesamte Lebenszeit bezieht, eine ganz neue Konzipierung intraindividueller Verhaltensveränderungen erfordert. Können wir, anders ausgedrückt, überhaupt damit rechnen, daß eine Entwicklungspsychologie der Lebensspanne einfach aus einer Art Addition altersspezifischer Ansätze besteht, oder ist es nicht eher so, daß sie alternative Strategien bei der Organisation und Konstruktion der Realität erfordert? An dieser Stelle taucht die alte, aber noch lange nicht gelöste Streitfrage „Reduktionismus versus Konstruktivismus" auf und verlangt sorgfältige Überlegungen. Erhält man allein schon dadurch eine Entwicklungspsychologie der Lebensspanne, daß man ein und dieselben Fragen in bezug auf verschiedene Altersabschnitte stellt und daß man die mit Kindern, Jugendlichen, Erwachsenen und alten Menschen durchgeführten Untersuchungen einfach miteinander kombiniert? Ein derar-

tiges Vorgehen ist zweifellos ein erster Schritt, aber dennoch kann man berechtigterweise davon ausgehen, daß ein auf die gesamte Lebenszeit bezogener Ansatz in nicht allzu ferner Zukunft zu Fragestellungen führen muß, die aus altersspezifischen Entwicklungstheorien nicht unmittelbar abzuleiten sind.
In diesem Zusammenhang scheinen vor allem zwei miteinander zusammenhängende Gesichtspunkte relevant zu werden; der eine betrifft den Status der Altersvariablen im Rahmen der entwicklungspsychologischen Theorienbildung, der andere die Frage der Homologie, und zwar im Hinblick auf die Struktur der Merkmale und die Prozesse, die für die Erklärung von Antezedenz-Konsequenz-Beziehungen postuliert werden. Wie bereits früher angedeutet, könnte man Alter (als organismische, subjektbezogene Variable) auffassen als einen der vielen Parameter (KESSEN, 1962), den man zusätzlich zu ansonsten unveränderten Antezendenz-Konsequenz-Beziehungen berücksichtigt (vgl. etwa HULL, 1943; NOBLE, BAKER & JONES, 1964). Andererseits kann die systematische Explikation des Alterskonzepts die Notwendigkeit deutlich machen, für verschiedene Entwicklungsniveaus jeweils unterschiedliche, vielleicht sogar miteinander unvereinbare Theorien-Systeme zu erstellen (in denen die strukturellen Veränderungen in den Merkmalen und Prozessen berücksichtigt werden), um zu sparsam formulierten Aussagen über langzeitige ontogenetische Veränderungen zu gelangen. Hier gewinnt der Begriff der Homologie (vgl. etwa NISSEN, 1951), der den Grad der Invarianz von Konzepten, Prozessen und Gesetzen sowie von quantitativen im Gegensatz zu qualitativen Veränderungen angibt, entscheidende Bedeutung (vgl. u. a. BEILIN, 1969; siehe auch NESSELROADE, 1970), und er sollte daher wieder stärker in das Zentrum des Interesses rücken, insbesondere bei methodologisch interessierten Forschern.

1.4.3 Problembereiche der Forschungsmethodologie

Der erste Band (GOULET & BALTES, 1970), der aus den West Virginia Conferences on Life-Span-Developmental Psychology hervorgegangen ist, enthält eine Reihe von Beiträgen, die direkt oder indirekt spezifische methodologische Probleme bei der Untersuchung entwicklungsbedingter Veränderungen behandeln (z. B. KAUSLER, 1970; NESSELROADE, 1970; WOHLWILL, 1970; SCHAIE, 1970, siehe auch Kapitel 11 dieses Bandes). Die dort angesprochenen Probleme (Konstruktvalidierung, Messung von Veränderung, Analyse von Entwicklungsfunktionen, Analyse sequentieller Veränderung, sequentielle Strategien, Messung der vielfältigen Verhaltensdeterminanten, Strukturierung von Veränderung etc.) zeigen deutlich, daß die Entwicklungspsychologie eine spezielle Methodologie braucht, die auf die Untersuchung struktureller und quantitativer Veränderung abgestellt ist.
Ein erster Aspekt des konventionellen Forschungsansatzes, der neu überdacht werden muß, ist der *Status der Altersvariablen*; WOHLWILL (1970) hat das außerordentlich überzeugend dargelegt. In der Tat ist es wichtig, die Altersvariable aus einer anderen Perspektive zu betrachten. Das chronologische Alter, wenn auch ein aufschlußreicher Index, ist im Rahmen entwicklungspsychologischer Theorienbildung allem Anschein nach von recht begrenzter Aussagekraft (vgl. MCCANDLESS & SPIKER, 1956). Es handelt sich dabei

um eine nicht-psychologische Variable, deren psychologische Bedeutung – wie bereits gesagt – immer erst aus weiteren Untersuchungen abgeleitet werden muß, die auf die systematische Explikation durch die mit Alter einhergehenden Bedingungen und Prozesse abzielen.
Das chronologische Alter ist, wie alle biotischen (organismischen) Variablen, darüber hinaus für experimentelle Zwecke insofern nicht brauchbar, als es vom Experimentator nicht kontrolliert werden kann. Außerdem wird in nur wenigen altersbezogenen Entwicklungstheorien einem bestimmten Lebensalter (etwa der Gruppe der Fünfjährigen) besondere Bedeutung oder ein theoretischer Status beigemessen. Das Interesse des Entwicklungspsychologen gilt vielmehr in erster Linie der Sequenz von Veränderungen. Die Tatsache, daß diese Veränderungen an ganz bestimmten Zeitpunkten nach der Geburt auftreten, ist nicht notwendigerweise relevant, noch mindert das etwa die Bedeutung oder ändert das die Art der entwicklungspsychologischen Forschung. Alle Versuche, alternative Alterskonzepte – biologisches, soziologisches oder psychologisches Alter (z. B. Birren, 1959 b) – anzubieten, sind deshalb zu begrüßen.
Andererseits ist es theoretisch möglich, mit Hilfe bestimmter experimenteller Verfahren „Alter zu simulieren". So haben beispielsweise Parrish, Lundy und Leibowitz (1968) die Fruchtbarkeit der Manipulation von Alter mit Hilfe hypnotischer Altersregression untersucht. Goulet (1968 a, b) hat „verstärktes Üben" (massed practice) vorgeschlagen, um damit die Auswirkungen unterschiedlicher Vorerfahrungen (Lernerlebnisse) auszugleichen, die für Personenstichproben aus verschiedenen Altersgruppen charakteristisch sind. Es ist klar, daß sich Hypnose als eine mögliche Methode auf retrospektive Untersuchungen (z. B. die Untersuchung des Verhaltens, das auf einer früheren Entwicklungsstufe charakteristisch war) beschränken muß und daß die Verwendung dieser Technik im Rahmen der Entwicklungspsychologie noch der Validierung bedarf. Verstärkte Übung als Technik zum Ausgleich differentieller Effekte vorangegangener Lernerfahrungen bleibt dagegen auf prospektive Untersuchungen beschränkt. Die Methode würde im übrigen die biologische Reifung selbst nicht beeinflussen können.
Solche Ansätze können sowohl die Art der an Alter orientierten entwicklungspsychologischen Untersuchungen modifizieren als auch ein neues Verständnis der psychologischen Bedeutung von Veränderungen mit dem Alter vermitteln. Eine der Implikationen für die Forschungsstrategie, die aus einer derartigen Neubewertung der Altersvariablen folgt, ist beispielsweise, daß alle beobachteten deskriptiven Altersunterschiede oder Veränderungen mit dem Alter keineswegs als endgültig betrachtet werden dürfen. Die Erkenntnisbemühungen sollten sich vielmehr auf die Parameter richten, die, wenn sie manipuliert werden, den ontogenetischen Veränderungsvorgang beeinflussen. Womit erreicht man z. B. eine Beschleunigung oder gar Umkehrung der mit Alter einhergehenden Veränderungen im Kurzzeitgedächtnis zwischen dem 20. und 80. Lebensjahr? Oder welche Manipulationen sind erforderlich, um 20- und 80jährige hinsichtlich ihrer Gedächtnisleistungen auf gleiches Niveau zu bringen, vorausgesetzt, die Ergebnisse der deskriptiven altersspezifischen Entwicklungsforschung legen nahe, daß markante Altersunterschiede bestehen?
Ein zweiter Aspekt der Forschungsmethodologie betrifft die *Messung intraindividueller Veränderungen*, ein Problem, das neuerdings im Zusammenhang mit der Unterschei-

dung zwischen Veränderungen mit dem Alter und Altersunterschieden aufgeworfen worden ist (z. B. BROMLEY, 1966; SCHAIE, 1967), sowie mit der Feststellung, daß sowohl die Querschnitt- als auch die Längsschnitt-Methode vorexperimentelle Pläne im Sinne der Definition von D. T. CAMPBELL und STANLEY (1963) sind. WOHLWILL (1970) wie auch SCHAIE (1970, siehe auch Kapitel 11 dieses Bandes) widmen sich diesem Problem in aller Ausführlichkeit.

Im vorliegenden Beitrag wird nachdrücklich betont, daß das Hauptziel jeder ontogenetisch orientierten Entwicklungspsychologie die Untersuchung intraindividueller Veränderungen ist. Beim überwiegenden Teil entwicklungspsychologischer Untersuchungen werden allerdings immer noch Pläne verwendet, die am ehesten für das Studium interindividueller Unterschiede geeignet sind, z. B. die konventionelle Querschnitt-Methode. Sie muß jedoch als unzureichende Strategie angesehen werden, solange mehr Informationen als ein bloßer Vergleich von Mittelwertsunterschieden zwischen verschiedenen Altersgruppen gewünscht werden. Darüber hinaus werden bei konventionellen Querschnitt-Untersuchungen (zumal dann, wenn sie die gesamte Lebensspanne abdecken) die Altersunterschiede mit einer Reihe unkontrollierter Faktoren konfundiert, z. B. individuellen Unterschieden in der Lebensdauer (selektives Überleben), Unterschieden zwischen den Generationen oder altersspezifischen selektiven Stichproben-Effekten, was eine Vergleichbarkeit der erfaßten Altersgruppen von vornherein unmöglich macht. Nur in seltenen Fällen ist daher die Annahme zulässig, daß die mit einer Querschnitt-Untersuchung ermittelten Altersunterschiede Folgen des Alternsprozesses sind, d. h. tatsächlich mit Alter einhergehende Veränderungen widerspiegeln. Unbedingt notwendig ist bei derartigen Untersuchungen deshalb die Einbeziehung von Kontrollgruppen; nur so kann die Annahme überprüft werden, daß die mit Hilfe von Querschnitt-Plänen ermittelten Altersunterschiede *durchschnittliche* und unverzerrte intraindividuelle Veränderungen mit dem Alter widerspiegeln.

Die direkte Messung intraindividueller Variabilität (und natürlich auch der interindividuellen Unterschiede in der ontogenetischen intraindividuellen Variabilität) erfordert natürlich Pläne mit Meßwiederholung. WOHLWILL (1970) und NESSELROADE (1970) haben einige der hierfür in Frage kommenden Strategien diskutiert. Hier ist noch einmal darauf aufmerksam zu machen, daß auch eine einzelne Längsschnitt-Untersuchung für sich genommen zu wenig befriedigenden Ergebnissen führt, solange nicht eine Reihe von Kontrollgruppen mitgetestet wird zur Überprüfung von Effekten, wie sie durch eine selektierte Ausgangsstichprobe, selektive Stichprobenveränderung oder die wiederholte Anwendung desselben Testverfahrens zustandekommen. Weiterhin gilt zu beachten, daß die Verwendung eines Plans mit abhängigen Stichproben allein nicht ausreicht; vielmehr wird es daneben notwendig, die in den abhängigen Messungen enthaltenen Informationen im Rahmen der Datenanalyse zu nutzen. Weit größere Beachtung sollten dabei Strategien finden, in denen explizit Alter und Testzeitpunkte variiert werden, wie dies z. B. bei CATTELLS *O*-, *P*-, *S*- und *T*-Technik der Fall ist (vgl. NESSELROADE, 1970; WOHLWILL, 1970). Außerdem dürften sich aufschlußreiche Informationen gewinnen lassen, wenn man die verschiedenen Korrelationstechniken miteinander kombiniert, um nicht nur die intraindividuelle Variabilität bei einem einzelnen Individuum (*O*, *P*), sondern auch um die interindividuellen Unterschiede in der intraindividuellen Variabilität aufzudecken.

Die Probleme, die bei der Untersuchung von langzeitigen intraindividuellen Veränderungen auftreten, lenken die Aufmerksamkeit zwangsläufig auch auf Fragen, die mit den *Methoden und Instrumenten zur Datenerhebung* zusammenhängen. Es besteht die Möglichkeit, den Beobachtungszeitraum zu „stauchen", der zur Ermittlung von Daten über ontogenetische Veränderungen notwendig ist. Normalerweise wird eingewendet, daß langzeitige Längsschnitt-Untersuchungen daran kranken, daß die Probanden länger leben als der Experimentator. Ein solches Argument trifft allerdings nur dann zu, wenn man davon ausgeht, daß der Beobachtungsvorgang und das beobachtete Verhalten selbst unbedingt im selben Zeitraum oder in unmittelbarer zeitlicher Nähe liegen müssen. Die unmittelbare Beobachtung eines Verhaltens kann zwar für die meisten Fragestellungen zweifellos von Vorteil sein, zumal dann, wenn experimentelle Maßnahmen vorgesehen sind, aber ein auf die Lebenszeit bezogener Ansatz muß auch die Fruchtbarkeit anderer, alternativer, Beobachtungsstrategien prüfen. So könnte es unter bestimmten Umständen möglich sein, das erforderliche Zeitintervall dadurch zu stauchen, daß man retrospektive und prospektive Berichte des Probanden selbst verwendet (vgl. AHAMMER, 1970). C. BÜHLER (1935), eine der ersten, die sich für eine die Lebenszeit umfassende Entwicklungspsychologie eingesetzt hat, stützt ihre Theorien in der Tat weitgehend auf retrospektive Berichte in Form von Autobiographien. Reliabilität und Validität derartiger retrospektiver (vgl. ROBBINS, 1961; ROSENTHAL 1963) und prospektiver Daten müssen jedoch noch sehr viel genauer geprüft werden. Ein interessanter Ansatz zur retrospektiven Messung ist die früher bereits erwähnte Strategie der hypnotischen Alteresregression (BARBER, 1962). Ferner erscheint es sinnvoll, zu überprüfen, ob nicht auch andere Informanden (Eltern, Freunde, Lehrer) als der Proband selbst, dessen ontogenetische Veränderung untersucht werden soll, nützliche Daten liefern können. In diesem Zusammenhang empfiehlt es sich vor allem auch, in anderen entwicklungsorientierten Wissenschaftszweigen (z. B. Geschichte, Antropologie oder sogar Geologie) nach geeigneten Modellen zu suchen.

Eine zweite, mit dem Problem der Datenerhebung zusammenhängende Frage ist die nach der Entwicklung von Meßinstrumenten, die bezüglich ihrer Validität und Reliabilität altersinvariant sind. Im Idealfall liefern derartige Testaufgaben oder Meßinstrumente, von denen man annimmt, daß sie äquivalent für verschiedene Altersgruppen sind, Meßwerte für dieselben Merkmale und Prozesse bei Probanden aus allen Abschnitten der Lebensspanne. Mit etlichen Beobachtungsverfahren oder Aufgaben (etwa Fragebögen) wäre das freilich nicht zu machen, da die Anforderungen der Aufgaben immer die Fähigkeiten mindestens einiger Probanden übersteigen. Auf der anderen Seite garantiert die Verwendung ein und derselben Aufgabe (z. B. Konditionierung des Augenlids) nicht notwendigerweise, daß die Maße auch dann noch dieselben Prozesse widerspiegeln, wenn man Alter variiert (siehe BOTWINICK, 1970; COMALLI, 1970; KAUSLER, 1970). Hier werden die verschiedenen Strategien zur Abschätzung der Validität eines Tests (inhaltsbezogene, konkurrente, prognostische Validität und Konstruktvalidität) wichtig, und es zeigt sich, daß der systematischen Erforschung von Altersunterschieden in solchen Testcharakteristika mehr Beachtung geschenkt werden muß. In diesem Zusammenhang interessiert besonders die Frage, ob die Altersunterschiede in der Validität (und damit auch in der Reliabilität) mit Veränderungen in den Meßinstrumenten oder aber in den beobachteten

Personen verknüpft sind. Weisen z. B. Altersunterschiede, die bei der Beantwortung von Fragebögen auftreten, darauf hin, daß der Fragebogen bei verschiedenen Altersgruppen unterschiedliche Eigenschaften mißt, oder aber spiegeln sie lediglich die (mehr oder weniger) veränderte Position eines Probanden im Hinblick auf dasselbe Merkmal wider? In Übereinstimmung mit der Unterscheidung zwischen einem physikalischen und einem funktionalen Stimulus können beide Annahmen sinnvoll sein, solange es keine Pläne gibt, die die mit Alter einhergehenden Veränderungen in der Validität der Meßinstrumente von den mit Alter einhergehenden Veränderungen in Personen trennen.
Für den Fall, daß sich die Entwicklung einer Testaufgabe bzw. eines Meßinstruments mit einer für die gesamte Lebensspanne äquivalenten Validität als undurchführbar erweisen sollte, muß die Möglichkeit sich überlappender Meßinstrumente (cross-linking measurement instruments) ins Auge gefaßt werden. Dieser Ansatz könnte die systematische Variation von Merkmalen und entsprechenden Instrumenten einschließen, so wie es CAMPBELL und FISKE in ihrem Ansatz zur konvergenten versus diskriminanten Validierung mit Hilfe der „multitrait-multimethod"-Matrix (CAMPBELL & FISKE, 1959) vorschlagen. Damit die Lebensspanne wirklich vollständig erfaßt wird, ist es darüber hinaus notwendig, jeweils spezielle Altersstufen für die sich überlappenden Messungen auszuwählen. Beispielsweise gibt man Aufgabe A auf den Altersstufen I und II, Aufgabe B auf den Altersstufen II und III, Aufgabe C auf den Altersstufen III und IV, um auf diese Weise die Validität für die Aufgaben zu prüfen, die sich auf bestimmten Altersstufen überlappen (z. B. A und B auf Altersstufe II). Hier sind dann Vergleiche von Faktorenstrukturen (BALTES & NESSELROADE, 1970; KRISTOF, 1967; vgl. auch NESSELROADE, 1970) sowie Strategien zur Aufklärung der Varianz zu Lasten der Methode von der Varianz zu Lasten der Merkmale (vgl. etwa JACKSON, 1969) eine wertvolle Hilfe. Daß solche Validitätsuntersuchungen in der Entwicklungspsychologie fehlen, wird allein schon aus der Tatsache ersichtlich, daß die Frage der Validität von den Entwicklungspsychologen, die sich mit Prozeßvariablen (Lernen, Wahrnehmung, Kognition) befassen, weitestgehend unbeachtet gelassen wird.

1.5 Schlußbemerkungen und Ausblick

Geht man davon aus, daß entwicklungsbedingte Veränderungen über die gesamte Lebensspanne hin untersucht werden sollten, so erkennt man schnell, wie begrenzt unser bisheriges Konzept von Entwicklungspsychologie ist. Das scheint auch einer der Hauptgründe dafür zu sein, daß die Herausgeber entwicklungspsychologischer Fachzeitschriften (z. B. SIEGEL, 1967) darüber klagen, daß immer wieder dieselben wenigen Altersgruppen die stärkste wissenschaftliche Beachtung finden. Noch deutlicher wird diese Begrenzung, wenn man die humane Entwicklungspsychologie im Rahmen der Allgemeinen Entwicklungspsychologie sieht, die sich mit Spezies, Generationen und langzeitigen kulturellen Veränderungen befaßt.

Obwohl sich die Fragestellungen und Forschungsprobleme einer Entwicklungspsychologie der Lebensspanne im Prinzip nicht von denen jeder altersspezifischen Entwicklungspsychologie unterscheiden, gibt es doch einige methodologische, inhaltliche und mit der Theorienbildung zusammenhängende Aspekte, die einen besonderen Stellenwert erhalten, wenn man sie aus der Perspektive der gesamten Lebensspanne betrachtet. Erstens deutet der vergleichende Ansatz einer Lebenszeit umfassenden Psychologie darauf hin, daß es notwendig ist, alle Merkmale und Prozesse systematisch zu analysieren, die die Matrix zur Beschreibung ontogenetischer Veränderungen definieren. Dabei sollten die Fragen besonders berücksichtigt werden, die die strukturellen und die quantitativen Veränderungen betreffen, wenn z. B. Kinder mit Erwachsenen und älteren Menschen verglichen werden. Weiterhin gilt es, die Untersuchung der Altersunterschiede in der Validität und Reliabilität der Meßinstrumente voranzutreiben und die Aufmerksamkeit auf die Entwicklung von Meßsystemen zu lenken, welche die kreuzweise Verknüpfung von Beobachtungen, die andernfalls auf bestimmte Altersbereiche beschränkt blieben, möglich machen. Und nicht zuletzt erscheint es unbedingt wünschenswert, die Brauchbarkeit von Meßinstrumenten zu prüfen, die es erlauben, den Beobachtungszeitraum mit Hilfe von retrospektiven, aber auch prospektiven Techniken zu stauchen.
Zum zweiten wird durch die Untersuchung langzeitiger, intraindividueller Veränderungen die inzwischen sehr gut begründete Forderung nach noch besseren Untersuchungsplänen für die Analyse von Antezedenz-Konsequenz-Beziehungen unterstrichen, insbesondere für den Fall, daß Ursache-Wirkungs-Sequenzen aufgedeckt werden sollen.
In dieser Hinsicht kann man die Begrenzung der konventionellen deskriptiven (Querschnitt- wie auch Längsschnitt-)Untersuchungen kaum unterschätzen, und Versuche, die auf eine Manipulation und Kontrolle von Veränderungen mit dem Alter abzielen, sind für ein weiteres Vorantreiben der Theorienbildung in der Entwicklungspsychologie unerläßlich. Ein auf die gesamte Lebenszeit bezogenes Modell lenkt hier die Aufmerksamkeit außerdem auf systematische Veränderungen in der Zusammensetzung der untersuchten Population, und zwar im Hinblick sowohl auf mit Alter einhergehende Veränderungen innerhalb einer einzelnen Kohorte (z. B. selektives Überleben) als auch auf Veränderungen über Generationen hinweg. Bedenkt man, wie wichtig die Erfahrung für entwicklungsbedingte Veränderungen ist, so müssen gerade im Zusammenhang mit Generationsveränderungen die beträchtlichen Wirkungen berücksichtigt werden, die von den ständig sich weiter ausbreitenden Kommunikationsmedien, der kontinuierlichen Erhöhung des Ausbildungsniveaus, des Lebensstandards etc. auf das Verhalten ausgehen. Die Fortschritte in der Medizin führen außerdem zu einem besseren Gesundheitsniveau und einer längeren Lebenserwartung (vgl. etwa Platt & Parkes, 1967; Pressey & Kuhlen, 1957), Faktoren, die die Merkmale der untersuchten Population verändern können. Vor diesem Hintergrund wird deutlich, in welchem Maße die vorhandenen Theorien über entwicklungsbedingte Veränderungen generations- und kulturspezifisch sind, von den einschlägigen Textbüchern gar nicht zu reden.
Eine Entwicklungspsychologie der Lebensspanne wirft darüber hinaus eine Reihe interessanter Hypothesen und Fragestellungen auf, die im Zusammenhang mit altersspezifischen Konzeptionen nicht unbedingt sichtbar werden. Man stelle etwa, um zwei Beispiele zu nennen, die Behauptung Lipsitts (1970), das Kindesalter sei die für das Lernen

günstigste Periode, der Feststellung FLAVELLS (1970) gegenüber, daß in der Zeitspanne zwischen Erwachsenenalter und Tod Umwelteinflüsse auf das Verhalten von primärer Bedeutung sind, während in der davorliegenden Zeit den Reifefaktoren die größte Bedeutung zukäme. Oder man vergleiche die allgemein herrschende Vorstellung von Kontinuität und Stabilität innerhalb des Veränderungsprozesses mit der Behauptung NEUGARTENS (1969), ein Blick auf die gegenwärtige Forschung zur Entwicklung über die Lebenszeit hin zeige, daß eher Diskontinuität als Kontinuität im Verhalten vorherrscht. Wenn solche Meinungsunterschiede auch zum Teil durch den Mangel an Daten bedingt sein mögen, so sind sie andererseits doch anschauliche Beispiele für bestimmte Annahmen hinsichtlich des Wesens der Veränderungen, die während der gesamten Lebensspanne stattfinden, und heben ein Problem hervor, welches wir bereits im vorhergehenden Abschnitt angesprochen haben: Kann eine Entwicklungspsychologie der Lebensspanne aus einer einfachen Addition der Phänomene und Gesetzmäßigkeiten, die für altersspezifische Entwicklungspsychologien gelten, bestehen, oder erfordert eine solche, die Lebenszeit umfassende Entwicklungspsychologie eine alternative, (in ihren Konzepten und Gesetzen) völlig neue Konzeption, um die langzeitigen ontogenetischen Veränderungen integrieren zu können? Trifft letzteres zu, dann ist der vorliegende Band natürlich nur als ein erster Versuch anzusehen, denn die meisten der hier diskutierten Hypothesen und Daten sind noch immer aus der altersspezifischen Forschung abgeleitet.

Zum Schluß mag es vielleicht ganz interessant sein, einige Implikationen der Entwicklungspsychologie der Lebensspanne für verwandte Disziplinen (und umgekehrt) zu betrachten. Es sollte dabei nicht übersehen werden, daß die Tendenz zur Orientierung an der Gesamtlebenszeit bei der Beschäftigung mit ontogenetischer Veränderung keine Besonderheit der Psychologie allein darstellt. Im Gegenteil, andere Wissenschaftszweige wie etwa die Biologie, die Medizin, die Psychiatrie, die Soziologie und die Pädagogik, die allesamt den lebenden Organismus zum Gegenstand haben, teilen dieses Interesse. Deshalb dürften etwa Informationen über Veränderungen im Erwachsenen- und hohen Alter im Hinblick auf Lernen oder Wahrnehmung auch für die Pädagogische Psychologie wichtig werden, die sich in zunehmendem Maße um die Ausarbeitung von Curricula für die Erwachsenenbildung bemüht. Umgekehrt werden diese verstärkten Bemühungen um Erwachsenenbildung zu signifikanten Veränderungen der Altersfunktionen führen, die man beispielsweise bei der lebenszeitorientierten Erforschung der kognitiven Fähigkeiten künftiger Generationen erwarten muß. Ähnlich wird die Untersuchung der mit Alter einhergehenden Veränderungen in der Physiologie der Sinnesorgane zweifellos zum Verständnis von den ebenfalls mit Alter einhergehenden Veränderungen in psychologischen Wahrnehmungsaspekten beitragen und umgekehrt. Diese Beispiele zeigen, daß ein multidisziplinärer Ansatz notwendig ist, um zu einer sparsamen Formulierung von Entwicklungsphänomenen und -gesetzmäßigkeiten zu kommen.

2 Modelle der Entwicklung und Theorien der Entwicklung[1]

Hayne W. Reese, University of Kansas, Lawrence, Kansas
Willis F. Overton, State University of New York, Buffalo, N. Y.

Zum Inhalt

Modelle auf metaphorischer Grundlage gibt es auf verschiedenen Niveaus; sie reichen von alles umfassenden metaphysischen Modellen bis zu eng umschriebenen Modellen für spezielle Merkmale von Theorien. Modelle auf den allgemeineren Niveaus bilden den determinierenden logischen Bezugsrahmen für Modelle auf niedrigeren Niveaus. Dieser kategoriale Determinismus reicht vom metaphysischen Niveau über die wissenschaftlichen Theorien bis hin zu der Art und Weise, wie man analysiert, interpretiert und Schlüsse aus empirischen Daten zieht. Zwei grundlegend verschiedene Modelle, die eine durchschlagende Wirkung auf die Psychologie im allgemeinen und die Entwicklungspsychologie im besonderen gehabt haben, sind das organismische und das mechanistische Weltbild. Im folgenden werden wir die Geschichte und das Wesen dieser Modelle diskutieren und darauf eingehen, wie daraus Folgesätze abgeleitet werden, die dann das metatheoretische Fundament für die Theorienbildung abgeben. Theorien, die auf verschiedenen Weltbildern basieren, sind logisch unabhängig voneinander und können nicht ineinander überführt werden. Sie spiegeln unterschiedliche Weisen der Weltbetrachtung wider und sind als solche in ihren Implikationen unvereinbar.

2.1 Einführung

Viele Psychologen sind anscheinend der Meinung, die Operationalisten und logischen Positivisten hätten ein unabdingbares Gebot, sozusagen einen ,,kategorischen Imperativ" aufgestellt und unter anderem verlangt, daß man Konzepte auf ganz bestimmte Weise zu definieren und das Zutreffen oder Nicht-Zutreffen von Behauptungen auf ganz spezifische Weise zu bestimmen habe. Wie Bridgman allerdings selbst betont hat, ,,besteht kein Grund zu der Befürchtung, daß der Operationalismus jemals die Freiheit des theoretischen Physikers beschneiden würde, die Konsequenzen einer Theorie, die er

[1] Der Erstautor legt Wert auf die Feststellung, daß dieser Artikel das Ergebnis gemeinsamer Bemühungen ist, und daß nicht etwa ein Senior-Junior-Verhältnis zwischen den Autoren besteht.

konstruiert hat, zu untersuchen. Es sollte vielmehr daran erinnert werden, daß sich der Operationalismus gerade aufgrund von Beobachtungen anbot, die Physiker bei ihrer Arbeit machten" (Bridgman, 1954; 1961, S. 79f; vgl. auch P. G. Frank, 1954; 1961, S. 25f). Das Wesentliche ist, daß der Operationalismus keine Richtlinie für wissenschaftliches Arbeiten, sondern eher eine historische Entwicklung darstellt; als solche mag er richtungweisende Funktion haben, aber nur wie jede andere Art von Geschichte auch. (Vielleicht ist hier der Hinweis angebracht, daß der Operationalismus keine Wissenschaftsphilosophie ist, sondern, in der Terminologie Bergmanns (1954), lediglich eine ,,Fußnote" im Rahmen der logischen Analyse der Entstehung wissenschaftlicher Konzepte darstellt.)

Die operationale Analyse paßt zu den Aktivitäten mancher Psychologen, für andere wiederum ist sie nicht angemessen. Sie beschreibt, was Behavioristen, nicht aber was Vertreter der ,,kognitiven" Psychologie wie Piaget und Werner zu leisten versuchen. Ziel des folgenden Beitrags ist nun, die Unterschiede zwischen diesen Ansätzen näher zu beleuchten. Wir werden dabei sehen, daß der Unterschied so fundamental ist und eine solche Fülle von Implikationen in sich birgt, daß eine Verschmelzung der Ansätze unmöglich ist und die einzig mögliche Annäherung vergleichbar wäre dem parallel verlaufenden Spiel von Vorschulkindern, wobei die Beteiligten unabhängig voneinander, aber gleichberechtigt sind und sich gegenseitig tolerieren. Wir werden auch feststellen, daß die häufig diskutierte Suche nach einer ,,gemeinsamen Sprache" in der Psychologie angemessen nur innerhalb der einzelnen Modelle Erfolg haben kann. Über diese Modelle hinweg kann es niemals eine derartige gemeinsame Sprache geben, weil die verschiedenen Modelle ihrem innersten Wesen nach einfach eine unterschiedliche Sprache fordern. Im folgenden beschäftigen wir uns zunächst mit den Modellen und Theorien im allgemeinen, dann mit dem Konzept ,,Entwicklung" und schließlich mit dem mechanistischen (,,reaktiver Organismus") und dem organismischen Modell (,,aktiver Organismus") im Rahmen der Entwicklungspsychologie.

2.2 Modelle und Theorien

2.2.1 Modelle

2.2.1.1 Modellebenen

Eine wissenschaftliche ,,Theorie" besteht aus einer Reihe von Aussagen, nämlich (a) allgemeinen Gesetzen und Prinzipien, die als Axiome fungieren, (b) anderen Gesetzen und Theoremen, die aus den Axiomen ableitbar sind, und (c) Definitionen von Konzepten. Ein ,,Modell" ist strukturell etwas anderes als eine Theorie, funktionell jedoch ist es Teil ihrer Axiome (s. Lachman, 1960; Toulmin, 1962). Nach A. Kaplan (1964) ,,sind genau definierte Konzepte Voraussetzung für die Formulierung einer guten Theorie, doch brauchen wir eine gute Theorie, um Konzepte genau definieren zu können" (S. 53). Wie andere Paradoxien, so hebt sich auch dieses ,,Paradoxon der Konzeptbildung" auf, wenn man erkennt, daß es verschiedene Ebenen der Konzept-, der Modell- und der Theorienbildung gibt. Jede Theorie setzt ein allgemeineres Modell voraus, in bezug auf das die theoretischen Konzepte formuliert werden. Auf dem allgemeineren Niveau sind die Konzepte meistens weniger explizit ausformuliert, dennoch determinieren sie notwendigerweise die Konzepte auf den darunterliegenden Niveaus. Dieser kategoriale Determinismus reicht von den metaphysischen und epistemologischen Niveaus über die wissenschaftlichen Theorien bis ,,hinunter" zu der Art und Weise, wie man analysiert, interpretiert und Schlüsse aus empirischen Daten zieht.

Die allgemeinsten Modelle, verschiedentlich ,,Paradigmen" (,,paradigms") (Kuhn, 1962), ,,Voreingenommenheiten" (presuppositions") (Pap, 1949), ,,Weltbilder" (,,world views") (Kuhn, 1962; Seeger, 1954) oder auch ,,Hypothesen über die Realität" (,,world hypotheses") (Pepper, 1942) genannt, beeinflussen ganz entschieden alle darunterliegenden, zunehmend spezifischeren Niveaus, wie Kessen (1966) und andere vor ihm festgestellt haben (Black, 1962; Pepper, 1942; Toulmin, 1962). Die verschiedenen Modellebenen sind durch unterschiedliche Grade der Allgemeinheit, Offenheit und Bestimmtheit gekennzeichnet. Ein Extrem bilden implizierte und psychologisch unterlegte Modelle von solcher Allgemeinheit, daß sie in der Lage sind, *jedes* Phänomen in sich aufzunehmen. Diese metaphysischen Systeme stellen die obengenannten Hypothesen über die Realität dar. Bei ihnen handelt es sich um grundlegende Modelle über die Wesensmerkmale des Menschen, ja, des Wesens von Realität überhaupt. Beispiele dafür, die wir in Abschnitt 2.4 ausführlicher behandeln werden, sind das mechanistische und das organismische Weltbild. Innerhalb des mechanistischen Weltbildes ist das Modell für alle Phänomene die Maschine; innerhalb des organismischen Weltbildes ist es der unter biologischen Aspekten betrachtete Organismus und seine Aktivitäten.

Weniger allgemein, spezifischer und anschaulicher sind demgegenüber die Modelle, die als ,,Ideale der Natur" (,,ideals of nature") oder ,,Prinzipien" (,,principles"; Toulmin, 1962), ,,Wissenschaftsparadigmen" (,,paradigms of science"; Kuhn, 1962) oder ,,Annahmen" (,,suppositions"; A. Kaplan, 1964) bezeichnet worden sind. Sie sind keine ,,philosophischen" Modelle, d. h., sie gehören nicht in die Wissenschaftslogik, sondern sind eher Teil der Wissenschaftspsychologie oder Wissenschaftspragmatik (s. Bergmann, 1954; Grünbaum, 1954; Margenau, 1954; Pap, 1949). Sie könnten,,pragmatische Modelle" genannt werden. Auf ihre nähere Erläuterung wird in diesem Beitrag weitgehend verzichtet.

Das andere Extrem bilden die vergleichsweise spezifischen und präzisen Modelle; sie hat man in der Vergangenheit am häufigsten gemeint, wenn von ,,Modell" die Rede war. Wir können sie ,,theoretische" Modelle nennen, vorausgesetzt, daß diese Bezeichnung nur zu ihrer Unterscheidung von den allgemeineren metaphysischen und den ,,pragmatischen" Modellen dienen soll. Die ,,theoretischen" Modelle umfassen, auf einer Skala vom Allgemeinen und Abstrakten zum Spezifischen und Konkreten angeordnet, (a) rein sprachlich formulierte Modelle, (b) Analogiemodelle und (c) Skalenmodelle.

2.2.1.2 *Theoretische Modelle*

(a) Das Wesen theoretischer Modelle

Erkenntnistheoretiker und Naturwissenschaftler sind sich grundsätzlich darüber einig, daß allgemeine theoretische Modelle metaphorischen Charakter haben (z. B. BLACK, 1962; BRAITHWAITE, 1953; CHAPANIS, 1961; FERRÉ, 1963; LACHMAN, 1960; RASHEVSKY, 1955; SCHON, 1963; SEEGER, 1954; TOULMIN, 1962). Als Beispiel sei BRAITHWAITE (1953) zitiert: „Die Gewinnung wissenschaftlicher Theorien mit Hilfe von Modellen ist immer ein *Als-ob*-Denken" (S. 93).

Modellbegriffe sind nicht dasselbe wie theoretische Begriffe. Nach MARGENAU (1954) können Konzepte zwar nach nicht-empirischen Kriterien in sich widerspruchsfrei formuliert oder zur Bildung einer Theorie verwendet, nicht aber mit deren Hilfe validiert werden. Die Validierung von Konzepten ist ein empirisch zu lösendes Problem. Allerdings vertrat Margenau die Ansicht, daß jedes gültige Konzept, das per definitionem einer befriedigend ausgearbeiteten Theorie angehören muß, zweierlei Definitionen zu genügen hätte, nämlich einer formalen oder „konstitutiven" und einer instrumentalen oder operationalen Definition.[2] Die Situation erscheint jedoch noch um einiges komplizierter, andererseits aber auch wieder einfacher. Ein Konzept kann immer nur eine Definition haben; zwei Definitionen müssen sich daher auf zwei verschiedene Konzepte beziehen (z. B. BERGMANN, 1957). Das formal definierte und das operational definierte Konzept sind daher nicht notwendigerweise deckungsgleich und, logisch gesehen, sicherlich nicht identisch. Dadurch also vereinfacht sich das Bild. Komplizierter wird der Sachverhalt dadurch, daß nicht zwei, sondern drei Arten von Konzepten berücksichtigt werden müssen: Formal oder rational definierte theoretische Konzepte, operational definierte deskriptive Konzepte *und* schließlich noch die Konzepte, die Merkmale des Modells beschreiben. Es ist nicht notwendig, daß diese drei Arten von Konzepten dieselbe Bezugsgröße haben, zumal wenn man als „Bezug" die unmittelbare Empfindung oder aus direkter Beobachtung gewonnene Daten hat. Sinnvoller ist vielmehr, wenn man davon ausgeht, daß bestimmte Konzepte, eines von jeder Art, miteinander korrelieren.

So ist z. B. „Hemmung" ein theoretisches Konzept innerhalb der HULLschen Theorie, das mit dem empirischen Konzept der Hemmung oder der Verringerung der Reaktionshäufigkeit zusammenhängt. Das konkrete Modell, das diese Korrelation veranschaulicht, könnte etwa wie in Abbildung 1 aussehen. Die Frage, wie gut dieses Modell funktioniert, soll uns hier nicht interessieren; im wesentlichen besagt es, daß eine Annäherungsreaktion auf den Stimulus konditioniert wurde, der mit Belohnung verknüpft ist, und eine Hemmungsreaktion auf den Stimulus konditioniert wurde, der mit Nicht-Belohnung verknüpft ist.

[2] BERGMANN (1957) hat darauf aufmerksam gemacht, daß ein Konzept, strenggenommen, nicht „gültig" oder „ungültig" sein kann, sondern immer nur die Beweisführung als solche. Es scheint jedoch klar zu sein, daß MARGENAU sinngemäß „die Feststellung des wahrscheinlichen Wahrheitsgehaltes von Aussagen über ein Konzept" meint, wenn er von „Validierung eines Konzepts" spricht.

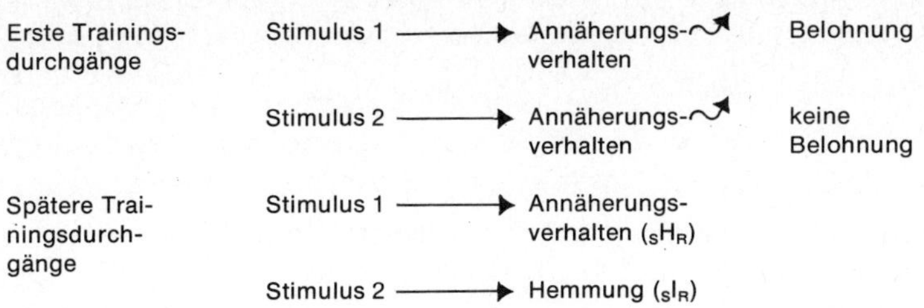

Abb. 1: Ein Modell für den Aufbau von Hemmungsverhalten beim Diskriminationslernen.

(b) *Funktionen theoretischer Modelle:*

(1) *Repräsentation.* CHAPANIS (1961) berichtet: ,,Kürzlich. . . stieß ich auf eine Artikelüberschrift, die auf ein Modell über hypothesen-orientiertes Verhalten im Bereich des diskriminativen Lernens hinwies (LEVINE, 1959). Beim Lesen des Artikels mußte ich allerdings enttäuscht feststellen, daß das Modell des Verfassers vornehmlich eine empirische Methode zur Lösung simultaner Gleichungen darstellte" (S. 118). LEVINE hat jedoch tatsächlich ein Modell beschrieben, nach dem Verhalten durch ,,Hypothesen" (in dem von KRECHEVSKY, 1932, beschriebenen Sinne) darstellbar erscheint; die Gleichungen, auf die sich CHAPANIS bezieht, sind dabei nicht Teil dieses Modells, sondern zeigen lediglich, wie es anzuwenden ist.

Skalen- und Analogiemodelle repräsentieren zwar Phänomene, aber nur in gleichnishaftem Sinne. Skalenmodelle repräsentieren dabei Elemente sowie deren Relationen zueinander; Analogiemodelle repräsentieren dagegen nur Relationen zwischen den Elementen. Diese Repräsentation ist nicht metaphorisch, sondern gleichsam deskriptiv; und man kann sagen, daß solche Modelle insoweit brauchbar sind, als der jeweils gezogene Vergleich zutrifft, d. h. in dem Maße, in dem die Repräsentation eine wahrheitsgetreue Beschreibung ist. (Der Terminus ,,Beschreibung" wird hier zur Bezeichnung von beobachteten oder gemessenen Eigenschaften verwendet; s. ALEXANDER, 1963.) Wenn die Skalen- und Analogiemodelle im oben definierten Sinne zutreffen, dann können sie für den Wissenschaftler von Nutzen sein. Ein Beispiel wäre etwa der praktische Wert von Modellflugzeugen im Windkanal zur Erprobung bestimmter technischer oder vielleicht sogar noch grundlegenderer Prinzipien.

Bei anderen, allgemeineren theoretischen Modellen erfolgt die Repräsentation in metaphorischer Form; Modelle dieser Art sind als Behauptungen zu interpretieren, daß ,,*X* sich so verhalte, *als ob* es *Y* sei". Dieser Sachverhalt bleibt allerdings oft unklar. So wird z. B. häufig die Maschine als Modell in der Psychologie verwendet, obgleich W. S. MCCULLOCH (1955) dic Ansicht vertrat, daß ,,alles, was wir über Organismen lernen, uns zu dem Schluß führt, daß sie nicht nur wie Maschinen funktionieren, sondern daß sie selbst Maschinen sind. ... Organismen, ja sogar Gehirne, sind Maschinen" (S. 39). Behauptungen dieser Art sind – abgesehen von anderen, mit der Verwendung von Modellen verbundenen Gefahren – dazu angetan, zu zeigen, wie wichtig es ist, bei der Verwendung von Modellen ,,beständig auf der Hut zu sein" (z. B. BRAITHWAITE, 1953).

(2) *Reichweite.* Es wurde immer wieder behauptet (vgl. dazu die Überblicksartikel von BLACK, 1962 FERRÉ, 1963), jedes Modell schränke die Erfahrungen ein und führe zu ei-

nem eingeschränkten Blickwinkel. Ist man von einem bestimmten Modell überzeugt, so kann man in der Tat blind für dessen Unzulänglichkeiten werden und bei seinen empirischen Bemühungen in Sackgassen geraten. Ein gutes Modell erweitert jedoch den Horizont, denn eine seiner Funktionen besteht darin, zur Entwicklung oder Erweiterung seiner Theorie beizutragen (s. LACHMAN, 1960; TOULMIN, 1962). Ein gutes Modell arbeitet wie ein Fernglas. Das hängt mit seiner metaphorischen Funktion zusammen. Modelle liefern Regeln für Schlußfolgerungen, mit deren Hilfe neue Relationen entdeckt werden, und sie enthalten Hinweise darauf, wie die Reichweite der Theorie vergrößert werden kann. Genau diese Funktion ist es, die ein gutes Modell zu mehr als einer schlichten Analogie werden läßt.

Modelle können auch, wie aus dem oben Gesagten bereits hervorgeht, Ableitungen erleichtern. Sie zeigen, *wie* die Theorie angewendet werden muß. Dies wurde als ihre stützende Funktion (z. B. BLACK, 1962) bezeichnet; dabei handelt es sich allerdings nicht nur um eine Erleichterung für den dummen oder faulen, sondern durchaus auch für den tüchtigen Wissenschaftler.

Die Besonderheit von Modellen, die es möglich macht, sie für die Entwicklung und die Vergrößerung der Reichweite von Theorien zu nutzen, liegt darin begründet, daß sie gewissermaßen „ein Mehr" an Bedeutung besitzen. In ihrer Eigenschaft als Analogien schließen sie Elemente oder Relationen ein, die nur „zufällig" in ihnen enthalten sind. Dieses Mehr an Bedeutung kann nützlich sein; so bildet es etwa im Falle des KOPERNIKANISCHEN Modells die Grundlage für die späteren Entdeckungen KEPLERS und NEWTONS. Ein solches Mehr an Bedeutung hat allerdings dann einen schwerwiegenden Nachteil, wenn das Modell fälschlicherweise als Beschreibung interpretiert wird.

(c) *Bewertung*. Die Verwendung von Modellen hat Vor- wie auch Nachteile. Einige Gefahren – die Konkretisierung des Modells und die Übetragung der Modelleigenschaften auf das im Modell repräsentierte Phänomen – wurden bereits erwähnt. Eine andere Gefahr ist darin zu sehen, daß dem Modell Eigenschaften zugeschrieben werden, die nur im Zusammenhang mit dem Phänomen einen Sinn ergeben, das durch das Modell erklärt werden soll. Die Frage nach dem Bewußtsein von Automaten wäre dafür ein Beispiel (LACHMAN, 1961). Weitere Gefahren hat CHAPANIS (1961) genannt.

Wenn man davon ausgeht, daß Modelle metaphorischen Charakter haben, dann können sie nicht als richtig oder falsch, sondern nur als mehr oder weniger nützlich bezeichnet werden. Ihre Bewertung richtet sich daher nach pragmatischen Gesichtspunkten (LACHMAN, 1960; TOULMIN, 1962): Wie gut erfüllt das Modell seine Funktionen? Einige Erkenntnistheoretiker haben dennoch von der „Validität" eines Modells gesprochen (z. B. BLACK, 1962; PEPPER, 1942). Wenn sie damit das Ausmaß meinen, in dem ein Modell zuverlässig die Realität *beschreibt*, so beziehen sie sich allerdings im Grunde genommen nicht auf die Validität des Modells, sondern auf die Genauigkeit oder die Angemessenheit der Beschreibung. Wir wollen festhalten, daß es im Prinzip keineswegs darauf ankommt, daß die Metapher Gültigkeit oder Genauigkeit besitzt. Es wird ja nicht behauptet, daß die Realität so oder so *beschaffen ist*, sondern nur, daß die realen Gegebenheiten sich so verhalten, *als ob* sie so oder so beschaffen seien. Zwar mag es durchaus zutreffen, daß lediglich genaue Metaphern nützlich sind, doch handelt es sich dabei um ein empirisches Problem und keine selbst-evidente oder notwendige Wahrheit.

2.2.1.3 *Metaphysische Modelle*

(a) *Merkmale.* PAP (1949) hat behauptet: „Es ist eine Sache, zu sagen, der feste Glaube an ein ‚deterministisches Universum' hätte beispielsweise LAPLACE dazu bewogen, die Astronomie mit Hilfe der Mathematik zu vervollkommnen; und es ist eine andere, zu behaupten, die Lehrsätze der Astronomie seien von der Gültigkeit solcher leidenschaftlichen Überzeugungen abhängig" (S. 407). Mit dieser Feststellung verfehlte PAP nun aber genau den Gesichtspunkt, auf den es hier ankommt, nämlich, daß die von LAPLACE entwickelte mathematische Theorie der Astronomie nur in einem deterministischen Universum sinnvoll ist. Das deterministische Universum ist ein Modell und keine Beschreibung der Realität. Als Modell kann es weder richtig noch falsch, sondern lediglich mehr oder weniger nützlich sein. Ob das Universum „wirklich" deterministisch ist oder nicht, spielt hierbei keine Rolle. Die Bemühungen von LAPLACE stützten sich auf den Glauben an ein deterministisches Universum, zumindest auf die Annahme oder die Voraussetzung, daß das Universum deterministisch sei, eine Annahme, die ihn nicht nur zu seiner Arbeit motivierte, sondern auch den Erfolg möglich machte.

Nun könnte man vielleicht so argumentieren, der Erfolg von LAPLACE rechtfertige induktiv den Schluß, das Universum sei deterministisch, und deshalb handle es sich hier um ein empirisches und nicht um ein metaphysisches Problem. Das Argument wirkt überzeugend, ist aber nicht stichhaltig, weil – mindestens prinzipiell – auch andere Annahmen denkbar sind, die zur Bildung ebenso erfolgreicher Systeme führen könnten. Alle Weltbilder, sofern sie adäquat sind, lassen sich auf die geschilderte Weise induktiv rechtfertigen. Wo das nicht gelingt, wird das betreffende Weltbild verworfen.

Nach KUHN (1962) und PEPPER (1942) sind die verschiedenen Weltbilder miteinander unvereinbar und die Unterschiede, die zwischen ihnen bestehen, verhindern sogar, daß man sich restlos über sie verständigen kann. So sind auch Versuche einer Synthese solcher Ansätze wie etwa dem PIAGETs auf der einen und dem des amerikanischen Behaviorismus auf der anderen Seite zwecklos (z. B. KAPLAN, 1966). Nach Ansicht PEPPERS muß diese Art von Synthese oder Eklektizismus zwangsläufig zu Verwirrung führen, weil sie eine Vermischung verschiedener Hypothesen über die Realität bedeutet. Unterschiedliche Weltbilder haben unterschiedliche Kriterien für die Bestimmung des Wahrheitsgehaltes ihrer Aussagen; deshalb werden bei einer Synthese, bei der Weltbilder vermischt werden, auch verschiedene Wahrheitskriterien miteinander vermischt. Allerdings ist hier wichtig, festzuhalten, daß die *Übersetzung* einer Theorie von einem Modell auf ein anderes nicht dasselbe ist wie eine Synthese oder Assimilation. Bei einer Übersetzung werden die Begriffe und Aussagen einer bestimmten Theorie (und ihres Modells) entsprechend dem neuen Modell neu definiert und mit den anderen Begriffen der neuen Theorie in Verbindung gebracht. Übersetzung bedeutet also nichts anderes als die Bildung einer völlig neuen Theorie aufgrund eines unvermischten Modells.

Besonders klar beschreibt KUHN (1962), daß es unmöglich ist, sich miteinander zu verständigen, wenn man verschiedene Weltbilder hat:

„In dem Maße – einem ebenso bezeichnenden wie lückenhaften Maß –, in dem die Auffassungen zweier wissenschaftlicher Schulen darüber, was ein Problem und was eine Lösung ist, auseinandergehen, werden sie zwangsläufig aneinander vorbeireden, wenn sie über die relativen Vorzüge ihrer jeweiligen Paradigmen debattieren. In den sich regelmäßig ergebenden, teilweise im Kreis laufenden Argumenten wird für jedes Paradigma gezeigt, daß es mehr oder weniger den Kriterien, die es sich selbst vorschreibt, gerecht wird und einigen jener Kriterien, die ihm von seinen Gegnern zudiktiert werden, nicht völlig genügt. Es gibt auch noch andere Gründe für die Lückenhaftigkeit logischer Kontakte, die durchweg die Paradigmadebatten charakterisiert. Da beispielsweise kein Paradigma jemals alle von ihm definierten Probleme löst und da keine zwei Paradigmen genau dieselben Probleme ungelöst lassen, bringen Paradigmadebatten immer die Frage mit sich: die Lösung welcher Probleme ist bedeutsamer? Wie der Streit konkurrierender Normen kann diese Frage nach den Werten nur im Rahmen von Kriterien entschieden werden, die außerhalb der normalen Wissenschaft liegen und gerade diese Zuflucht zu äußeren Kriterien macht ganz offensichtlich die Paradigmadebatten revolutionär" (S. 150). Und weiter: ,,In erster Linie werden die Befürworter konkurrierender Paradigmen oft nicht über die Rangfolge der Probleme, welche jeder Paradigma-Anwärter lösen muß, übereinstimmen. Ihre Normen oder Definitionen der Wissenschaft weichen voneinander ab" (S. 196). Und: ,,Da neue Paradigmen aus alten geboren werden, schließen sie gewöhnlich Vieles vom Vokabular und der Ausrüstung ein – sowohl begrifflich wie auch verfahrensmäßig –, was vom traditionellen Paradigma vorher bereits verwendet wurde. Selten aber verwenden sie diese geborgten Elemente völlig im traditionellen Sinne" (S. 197). Im Grunde genommen ,,üben die Befürworter konkurrierender Paradigmen ihren Beruf in verschiedenen Welten aus... Beide betrachten sie die Welt, und was sie anschauen, hat sich nicht verändert. Aber in manchen Bereichen sehen sie verschiedene Dinge, und sie sehen sie in unterschiedlichen Beziehungen zueinander. Darum kann ein Gesetz, das der einen Gruppe von Wissenschaftlern nicht einmal demonstriert werden kann, der anderen gelegentlich intuitiv als evident erscheinen" (198f.).

Pepper (1942) hat bei seiner Analyse in ähnlicher Weise argumentiert.
Ein besonders gutes Beispiel für solche ,,revolutionären" Paradigmen-Diskussionen findet sich auf dem Gebiet der Sprachentwicklung, und zwar in einer Kontroverse zwischen Behavioristen wie etwa Staats (1968), C. E. Osgood (1968) oder Jenkins und Palermo (1964) auf der einen und den Psycholinguisten auf der anderen Seite (s. Palermo, 1970a). Das Paradigma der Behavioristen ist selbstverständlich mechanistisch; das der Vertreter der Generativen Grammatik ist ,,kontextualistisch" und seine Grundannahmen sind Veränderung und Neuheit (Pepper, 1942). (Für ein intuitives Verständnis des Kontextualismus mag vielleicht der Hinweis eine Hilfe sein, daß auch die Gestalttheorie kontextualistisch ist, obwohl Pepper (1942, S. 219) sie als im Grunde mechanistisch identifizierte. Anscheinend hatte ihn die pseudo-physikalische Analyse von *Gestalten* zu diesem Schluß verleitet.)
(b) *Bewertung.* Verschiedene Hypothesen über die Realität können nicht miteinander verglichen werden, da eine gegenseitige Verständigung grundsätzlich unmöglich ist, da sich der Forschungsgegenstand nur teilweise überlappt und da die Wahrheitskriterien jeweils andere sind. Jedes Weltbild muß für sich bewertet werden, und zwar entsprechend seinen eigenen Grundprinzipien. Es ist also nur eine ,,interne" Beurteilung möglich. Die Angemessenheit einer Hypothese über die Realität bestimmt sich nach ihrer Präzision und Reichweite. Präzision bedeutet die Fähigkeit, eine adäquate oder zwingende Interpretation eines Tatbestandes zu liefern, und zwar lediglich eine einzige derartige Interpretation (oder allenfalls einige wenige). Eine Hypothese über die Realität, die nur vage Interpretationen von Fakten oder aber eine Fülle solcher Interpretationen für ein und denselben Sachverhalt zuläßt, ist demnach nicht präzise. Reichweite bezieht sich auf das Spektrum von Fakten, die interpretiert werden können: ,,Eine Hypothese über die Realität mag viele Tatsachenbereiche offensichtlich präzise interpretieren, aber dennoch keine

sonderliche Reichweite haben, da sie für bestimmte andere Bereiche keinerlei Interpretationen anzubieten hat" (PEPPER, 1942, S. 118).
Abschließend muß noch ein letzter Aspekt der Paradigmen-Diskussionen hervorgehoben werden. Es versteht sich von selbst, daß eine Verständigung nicht *notwendigerweise* unmöglich ist; andernfalls hätten KUHN und PEPPER die Unterschiede zwischen den Paradigmen überhaupt nicht verstehen und über sie schreiben können. Zukünftige Wissenschaftler sollten daher vielleicht eine eklektische Ausbildung erhalten, im Verlauf derer sie, anders als bei der herkömmlichen eingleisigen Ausbildungspraxis, mit mehreren Paradigmen gleichzeitig vertraut gemacht werden. Diese Art Eklektizismus ist nicht gleichbedeutend mit derjenigen, vor der PEPPER gewarnt hat und bei der verschiedene Weltbilder miteinander vermischt werden. Es gibt vielmehr einen anderen Eklektizismus, der durchaus wünschenswert wäre und der sich womöglich als notwendig erweist und dem Plädoyer für eine eklektische Ausbildung noch mehr Nachdruck verleihen würde. Es gibt nämlich eklektische Theorien, die mehrere Weltbilder in sich vereinen; wenn jedoch in einer solchen Theorie die einzelnen Paradigmen auseinander gehalten werden und jeweils spezifiziert wird, wann welches Paradigma anzuwenden ist, dann wird damit der unerwünschte Eklektizismus vermieden, bei dem die Weltbilder vermischt und so auch die Wahrheitskriterien konfundiert werden.
Wahrscheinlich sind die vorhandenen Beispiele für diesen „wünschenswerten" Eklektizismus nur zufällig entstanden, denn es gibt bisher wohl keine gezielten Versuche, die unerwünschte Spielart des Eklektizismus zu vermeiden. Sehen wir uns dazu vier Beispiele an. (a) Das eine ist S. H. WHITES (1965) Analyse des Übergangsstadiums, das bei Kindern etwa zwischen dem fünften und dem siebten Lebensjahr zu beobachten ist. In der Zeit vor dem Übergangsstadium wird das Verhalten anhand eines mechanistischen, assoziativen Modells erklärt; in der Zeit danach scheint ein kognitives Modell notwendig zu sein. (b) Ein anderes Beispiel ist KOHLBERGS (1968) Analyse verschiedener Entwicklungen im kognitiven Bereich, wo geltend gemacht wird, daß die Entwicklung bestimmter Fähigkeiten wie Lesen und Schreiben mit einem lerntheoretischen (mechanistischen) Modell, andere dagegen, wie etwa die logischen Operationen in der Theorie PIAGETS, mit einem kognitiven (organismischen) Modell erklärt werden könnten.[3] (c) Als drittes Beispiel ist das weniger formalisierte Vorgehen zahlreicher Autoren und Wissenschaftler zu nennen, die implizit auf das eine Modell – das mechanistische – Bezug nehmen, wenn es um die Erklärung zumindest des pränatalen und Kleinkindverhaltens, oft aber auch des kindlichen Verhaltens im allgemeinen geht, und dann wieder auf ein anderes – oft organismisches, mitunter kontextualistisches (z. B. die Generative Grammatik) oder formales (z. B. ein mathematisches) – Modell zurückgreifen, wenn das Verhalten des Jugendlichen und des Erwachsenen erklärt werden soll. Und der Kreis schließt sich, wenn das Verhalten im hohen Alter wiederum mit Hilfe des mechanistischen Modells erklärt wird, wie das so häufig geschieht. (d) Unser letztes Beispiel ist UZNADZES (1966) Theorie der geistigen Tätig-

[3] KOHLBERG (1968) scheint sich auf ein Modell zu beziehen, in dem verschiedene Weltbilder in unzulässiger Weise vermischt werden, wenn er sagt, die Entwicklung bestimmter Konzepte „repräsentiere eine organische Mischung struktureller Veränderungen und Veränderungen von Informationen" (S. 1035). Strukturelle Veränderungen können nur im organismischen Modell vorkommen, und mit dem Hinweis auf Informationsveränderungen bezieht sich KOHLBERG auf das mechanistische, lerntheoretische Modell.

keit. Nach UZNADZE verläuft das menschliche Verhalten so lange mechanisch oder gewohnheitsmäßig, bis sich ihm ein Hindernis oder ein Problem entgegenstellt (oder, wie amerikanische Psychologen sagen würden, bis das gewohnheitsmäßige Verhalten frustriert wird oder mit anderen habituellen Verhaltensweisen, die gleichfalls aktiviert werden, in Konflikt gerät). Ist das der Fall, dann begibt sich der Mensch auf eine andere Handlungsebene, eine „Objektivierungs-" oder kognitive Ebene. Seine Theorie, die CLAPARÈDES (1951) *prix de conscience* ähnelt, enthält also explizit ein mechanistisches und implizit ein organismisches Modell, und sie macht überdies genaue Angaben darüber, wann jedes Modell angewendet werden soll.

Bei unserem gegenwärtigen Wissensstand scheinen eklektische Theorien dieser Art notwendig zu sein, um der ganzen Vielfalt menschlicher Verhaltensweisen innerhalb der gesamten Lebensspanne Rechnung zu tragen. Ob es jemals gelingen wird, eine alles umfassende Theorie aufgrund nur eines Modells zu konstruieren, zumal eine, die mit einem mechanistischen Modell arbeitet, ist keine Frage, über die es sich zu streiten lohnt. Es ist dies eine empirische Frage, auf die nur die Zukunft eine Antwort geben kann.

2.2.2 Theorien

2.2.2.1 Funktionen von Theorien

Theorien werden in der Wissenschaft zur Erklärung und Vorhersage von Phänomenen verwendet. Die Bedeutung von „Erklärung" und „Vorhersage" kann dabei leider nicht völlig eindeutig festgelegt werden. Im logischen Positivismus werden die Begriffe nahezu synonym gebraucht, denn sie unterscheiden sich ja nur im Hinblick auf den Zeitpunkt des Auftretens des fraglichen Phänomens. Liegt der Tatbestand zum Zeitpunkt seiner Betrachtung bereits vor, dann muß er *erklärt* werden; ist er noch nicht eingetreten, muß er *vorhergesagt* werden. Das Vorgehen ist in beiden Fällen das gleiche. Das Explanandum (die Beschreibung des Phänomens) oder die Vorhersage wird durch *Deduktion* aus Prämissen abgeleitet, die folgendes beinhalten: (a) Aussagen über antezedente Bedingungen, (b) eine Reihe von Sätzen, die allgemeine Gesetze oder theoretische Prinzipien repräsentieren, und (c) – in der Regel implizit – eine Reihe von Definitionen der in den Gesetzen oder Prinzipien enthaltenen Begriffe (s. FRANK, 1954, 1961, S. 13; HEMPEL & OPPENHEIM, 1948; LINDSAY, 1954). TOULMIN (1962) hat dagegen die Auffassung vertreten, daß Deduktion nicht immer, ja, sogar üblicherweise nicht impliziert ist und stellt fest: „Die *Begriffe*, die in den Aussagen auf der einen Ebene erscheinen, und nicht die Aussagen selbst, sind mit den Aussagen auf der darunterliegenden Ebene logisch verknüpft" (S. 85). Eine Vorhersage wird nicht aus Gesetzen deduziert; sie wird vielmehr durch die *Anwendung* von Gesetzen gewonnen. Diese unterschiedlichen Auffassungen widersprechen sich nicht, da sie für je unterschiedliche Paradigmen gelten können.

„Verstehen" bedeutet für manche die Fähigkeit, etwas vorhersagen oder erklären zu können, aber diese Verwendung des Begriffs ist umstritten. Verschiedentlich ist die Meinung vertreten worden, „echtes" Verstehen innerhalb der Psychologie erfordere die Reduktion von Erklärungen auf eine physikalisch-chemische oder mindestens physiologische Basis, obwohl man, logisch gesehen, auch für eine Reduktion auf eine subatomare Basis eintreten könnte. Vielleicht kommen wir einer annähernd eindeutigen Sinngebung nahe, wenn wir „Verstehen" als Integration von Wissen bezeichnen; wir könnten dann sagen, daß die Funktion einer Theorie sei, Wissen und Erkenntnisse zu integrieren und richtungsweisend für die Forschung zu sein.

2.2.2.2 *Theorienfamilien*

Auch innerhalb eines einzigen Wissensgebietes können Theorien in „Familien" klassifiziert werden. Eine Theorienfamilie wird gebildet aus Theorien, die sich auf dasselbe Modell, wenn auch nicht notwendigerweise auf denselben Gegenstandsbereich beziehen. So gehören z. B. die Theorien von PIAGET (1960) und von ERIKSON (1950) zu einer Familie von Theorien, die im Zusammenhang mit dem organismischen Weltbild und dem Modell des aktiven Organismus entwickelt wurden; die Arbeiten von MOWRER (1960), BIJOU & BAER (1961) und SEARS (SEARS, RAU & ALPERT, 1965) gehören dagegen zu einer Theorienfamilie, die im Kontext des mechanistischen Weltbildes und des Modells des reaktiven Organismus formuliert worden ist.
Kontroversen über Theorien verschiedener Familien laufen auf Paradigma-Debatten hinaus, die, wie wir gesehen haben, zwecklos sind. Kontroversen über Theorien ein und derselben Familie können dagegen keine metaphysischen, epistemologischen oder modelltheoretischen Probleme, sondern lediglich Fragen der Theorie oder der Empirie implizieren. In Abschnitt 2.4 soll dieser Punkt noch ausführlicher zur Sprache kommen.

2.2.3 Bewertung von Theorien

Wie CHAPANIS (1961) treffend bemerkte, werden „Modelle... nach Kriterien der Brauchbarkeit beurteilt; Theorien dagegen nach Wahrheitskriterien" (S. 113). Präziser gesagt: Abgesehen von der logischen Konsistenz der in ihr enthaltenen Sätze, muß eine Theorie nach pragmatischen Gesichtspunkten bewertet werden.[4] Es wäre also zu fragen: Wie adäquat sind Erklärungen und Vorhersagen aufgrund einer Theorie (HEMPEL & OPPENHEIM, 1948)? Ermöglicht die Theorie ein besseres Verstehen (TOULMIN, 1962)? Man ist sich mittlerweile wohl darüber einig, daß Theorien nicht verifiziert, sondern lediglich durch empirische Evidenz erhärtet werden können.
Für eine wissenschaftliche Theorie hat P. G. FRANK (1954) die folgenden Kriterien vorgeschlagen: (a) „Übereinstimmung mit den beobachtbaren Fakten, die logisch aus der Theorie ableitbar sind" (s. FRANK, 1961, S. 13). Ein „Faktum" ist ein Sinneseindruck (P. G. FRANK, S. VII), wohl dasselbe wie ein *Datum* im PEPPERschen (1942) Sinne. (b) Einfachheit: Die Theorie sollte wenige und einfache Prinzipien enthalten, zumal wenn „einfach" im mathematischen Sinne verstanden wird. (c) Fruchtbarkeit: „... die Eignung einer Theorie, sich generalisieren zu lassen; Grundlage einer neuen Theorie zu sein, die aus

[4] Für die logische und vielleicht auch für die pragmatische Analyse kann die von BROMLEY (1970) vorgeschlagene Methode verwendet werden.

der ursprünglichen nicht logisch folgt; und ihre Eignung zur Prognose weiterer beobachtbarer Fakten" (P. G. FRANK, 1961, S. 16). (d) Übereinstimmung mit dem gesunden Menschenverstand und mit den „selbstevidenten" Naturgesetzen (zu diesen „selbstevidenten" Gesetzen vgl. dagegen PEPPER, 1942). (e) Interpretierbarkeit der Theorie im Sinne der Stützung moralischer Normen. Dieses letztgenannte Kriterium ist allerdings trivial, denn es gibt zwar zweierlei Arten gültiger Werturteile, zu denen aber die beschriebene Art nicht gehört. Gültig sind diejenigen, die bei KUHN (1962) erwähnt werden, nämlich zum einen in Verbindung mit Entscheidungen darüber, welchen Problemen vordringliche Bedeutung zukomme, und zum anderen im Zusammenhang mit statistischen Signifikanzentscheidungen.
Bei einer Auseinandersetzung mit wertenden Urteilen in der Wissenschaft kam RUDNER (1954) zu der Feststellung, daß alle Naturwissenschaften die Validierung (Annahme oder Zurückweisung) von Hypothesen implizieren und daß die Validierung zwangsläufig Werturteile mit sich bringe. In der Psychologie hängt die Validierung z. B. im allgemeinen davon ab, ob ein Wahrscheinlichkeitswert von .05 erreicht worden ist. Dieses Argument ist jedoch trivial, denn es geht an den Einwänden gegen die Werturteile der dritten Art vorbei. Die zweifelhaften Werturteile haben die Form: „*X* ist wahr, weil es wahr sein *soll*". Es ist nichts dagegen zu sagen, daß man für wichtigere Entscheidungen größere statistische Sicherheit verlangt als für weniger wichtige, egal ob diese Wichtigkeit theoretisch oder sozial begründet ist. Der Psychologe fällt keine Werturteile, wenn er Forschungsarbeiten zitiert, die nachweisen, daß sich typische Schulsysteme an der Mittelschicht orientieren und daß Kinder der Unterschicht darin schlechter abschneiden als Kinder der Mittelschicht. Eine Wertung trifft er erst dann, wenn er behauptet, aus den Befunden gehe hervor, daß die Ausrichtung der Schulsysteme geändert werden müsse.

2.3 Das Konzept „Entwicklung"

2.3.1 Verwendung des Begriffs „Entwicklung"

Es gibt unterschiedliche Auffassungen darüber, wie man den Begriff *Entwicklung* definieren soll. Für Heinz WERNER bedeutet er „zunehmende Differenzierung und hierarchische Integration"; er begrenzt ihn damit nicht einmal nur auf Prozesse, die sich über die Zeit hin entfalten (B. KAPLAN, 1966, S. 662). Da sich „eine zunehmende Differenzierung und hierarchische Integration" der Strukturen, denen das WERNERsche Interesse galt, nicht direkt beobachten läßt, ist klar, daß „Entwicklung" für WERNER kein empirischer Begriff war.
Aus der Sicht NAGELS (1957) enthält der Begriff vielfach „die Vorstellung eines Systems mit einer ganz bestimmten Struktur und ganz bestimmten bereits vorhandenen Fähigkeiten; weiterhin die Vorstellung von sequentiellen Veränderungen innerhalb des Systems, die zu relativ dauerhaften, aber doch immer wieder neuen Verbesserungen nicht nur in der Struktur, sondern auch in den Wirkungsweisen des Systems führen" (S. 17). Man stellt sich also vor, daß es eine Struktur mit bestimmten Funktionen gibt und daß sich

diese Struktur in ihrer Organisation oder Form verändert, was wiederum Veränderungen in der Funktion nach sich zieht. Für viele Psychologen, unter ihnen vor allem die sogenannten „Entwicklungspsychologen" („developmental psychologists", siehe z. B. REESE, 1970), gilt darüber hinaus, daß die Veränderungen unidirektional, irreversibel und auf bestimmte Endzustände oder Entwicklungsziele hin gerichtet sind.
Als Alternative zu dieser organismischen Definition bietet SPIKER (1966) eine Fassung des Begriffs, wie sie von den „experimentellen Kinderpsychologen" (experimental child psychologists", siehe REESE, 1970) verwendet wird. Danach sind die oben erwähnten Konnotationen des Begriffs unnötig und unerwünscht. Der Begriff impliziert hier weder irgendeine Art von Organisation noch teleologische Aspekte, sondern er bezieht sich auf die beiden Arten von Veränderung, die man methodisch als Ontogenese und Phylogenese unterscheidet, die aber speziell das *Verhalten* betreffen. Das heißt: Funktionen verändern sich im Laufe des Lebens, und sie haben sich im Verlauf der Evolution verändert. Von diesem Standpunkt aus erscheint die Annahme, daß die Ontogenese auf ein Ziel hin gerichtet sei, genauso entbehrlich wie der Glaube, die Evolution sei auf die Entstehung des Menschen hin ausgerichtet worden.
Im Rahmen der behavioristischen Definition von Entwicklung – als Gegensatz zur organismischen Definition – stellen Entwicklungstheorien im allgemeinen nur Verfeinerungen oder Erweiterungen allgemeiner behavioristischer Theorien dar. In bezug auf die Erweiterung der Lerntheorie beispielsweise gibt es im wesentlichen einen quantitativen Unterschied, nämlich die betrachtete Zeitspanne. Entwicklungspsychologie aus dieser Perspektive beschäftigt sich mit Verhaltensveränderungen, die über Wochen, Monate oder Jahre hin stattfinden; Lernpsychologie dagegen mit Veränderungen innerhalb von Sekunden, Minuten oder Tagen (ZIGLER, 1963). Ein Charakteristikum dieses Ansatzes ist, daß Alter nicht als psychologische Variable angesehen wird; es wird auf Zeit reduziert, und Zeit als solche verursacht nichts. Veränderungen können mit der Zeit oder dem Alter korrelieren, aber nicht dadurch ausgelöst werden; Alter ist ein Index und keine kausale Variable. Daher müssen andere Variablen identifiziert werden, die mit Alter korrelieren und die beobachteten Verhaltensveränderungen verursacht haben können. Da sich jedoch viele der „kausalen" Variablen erwiesenermaßen der experimentellen Manipulation, ja sogar der direkten Beobachtung entziehen, muß man bei der Erklärung der Verhaltensveränderungen, die mit Alter korrelieren, wahrscheinlich auf Prozesse inferieren, von denen man nur vermuten kann, daß sie sich mit dem Alter verändern.
Die organismische Definition hat nun den Vorteil, daß sie auf mehr als nur Verhaltensveränderungen mit dem Alter anwendbar ist, so z. B. auf Entwicklungen in der Musik, der Kunst, der Literatur, der Naturwissenschaft, der Philosophie und der Geschichte. Sie teilt allerdings den Nachteil mit der behavioristischen Definition: Veränderungen in der Organisation einer Struktur, im Sinne der organismischen Definition, sind direkter Beobachtung nicht zugänglich. Sie müssen aus dem Verhalten (oder, bei den anderen oben erwähnten Entwicklungsarten: aus den vorliegenden Produkten) erschlossen werden.
Der letztgenannte Aspekt ist für ein Verständnis der gegensätzlichen Standpunkte von entscheidender Bedeutung. Obgleich für beide die Bedeutung des Begriffs Entwicklung vom Kontext des jeweils akzeptierten Modells bestimmt wird, ist der Terminus für die Behavioristen deskriptiv, für Vertreter des organismischen Modells dagegen theoretisch.

Bei den Behavioristen bezeichnet er die Phänomene, die zu erklären sind, bei den organismisch orientierten Psychologen erscheint er dagegen in den Erklärungen der beobachteten Verhaltensveränderungen. Auf die Konsequenzen dieser Unterscheidung werden wir im Abschnitt 2.4 eingehen.
Allerdings müssen wir zugeben, daß die Trennung der behavioristischen von der organismischen Position oft nicht so deutlich vorgenommen wird, wie wir das hier getan haben, denn einige Behavioristen etwa haben Entwicklung so definiert, daß anstelle eines deskriptiven ein Modellbegriff daraus wird. So sagt z. B. Baer (1966): ,,Entwicklung ist Verhaltensveränderung, die Programmierung erfordert"; und er fügt hinzu: ,,Programmierung erfordert Zeit, aber nicht so viel, um sie Alter zu nennen". Programmierung bedeutet die Bereitstellung einer Sequenz von Erfahrungen in optimaler Reihenfolge. Bei diesem Ansatz liegt das Gewicht auf der Untersuchung von Entwicklungs*prozessen*, nicht bloß von deren Ergebnis oder ihrer ,,typischen zeitlichen Abfolge". Die Untersuchung von Verhaltensveränderungen als Funktion des Alters ist hier gleichbedeutend mit der Untersuchung der Ergebnisse einer in der natürlichen Umgebung offensichtlich ineffizienten Programmierung (s. auch Bijou & Baer, 1963, S. 198). Eine frühere Definition von Bijou & Baer (1961) lautet: ,,Mit ,psychologischer Entwicklung' meinen wir progressive Veränderungen in der Art, wie das Verhalten eines Organismus mit der Umwelt interagiert. Eine *Interaktion* zwischen Verhalten und Umwelt bedeutet einfach, daß in Abhängigkeit von der Stimulation durch die Umwelt eine bestimmte Reaktion zu erwarten ist oder nicht" (S. 1). Die progressiven Veränderungen ,,treten auf im Laufe der Zeit zwischen Zeugung und Tod" (S. 2). Diese Definitionen verweisen eindeutig auf ein Entwicklungsmodell.

2.3.2 Das Konzept der Entwicklungsstufen

Spiker (1966) untersuchte ,,zwei allgemein bekannte prototypische" Entwicklungsgesetze. Bei dem einen handelt es sich um die Ei-Raupe-Kokon-Schmetterling-Sequenz, ein Spezialfall der allgemeinen Sequenz Embryo-Larve-Puppe-Imago. Das ist ein *Stufen*gesetz, bei dem das exakte Alter, in dem eine Stufe erreicht wird, nicht unbedingt festgelegt werden muß. Das andere Gesetz bezieht sich auf Regelmäßigkeiten wie etwa Gewicht, Höhe oder Volumen einer Pflanze in Abhängigkeit von der Zeit seit ihrer Anpflanzung oder die Anzahl verschiedener Phoneme, die typischerweise von Kleinkindern auf verschiedenen Altersstufen produziert werden. Bei dieser Art von Entwicklungsgesetz finden sich schon genauere Altersangaben. Dennoch besteht der wesentliche Unterschied zwischen beiden Gesetzen nicht darin, wie genau sie Alter berücksichtigen, sondern darin, ob Entwicklung in Stufen oder Stadien oder aber als Kontinuum gesehen wird.
Stufen sind innerhalb eines Weltbildes ein Merkmal bestimmter Modelle. Dabei wird allerdings niemals behauptet, daß die Entwicklung tatsächlich in Stufen verlaufe, sondern lediglich, daß sie in Stufenform dargestellt werden kann (Reese, 1970). Eine Frage ist, ob diese Art der Darstellung angemessen oder zweckdienlich sei; eine andere, ob sie nicht sehr leicht als deskriptiv mißverstanden werden könne; völlig irrelevant aber ist die Frage,

ob sie richtig ist. Mit der Einsicht, daß Stufe in diesem Sinne ein Modellbegriff ist, hätten viele nutzlose Streitereien darüber, ob die Entwicklung nun „wirklich" in Stufen verlaufe, vermieden werden können. Die Kontroverse entstand aufgrund einer falschen Anwendung oder unzuverlässigen Verallgemeinerung von Modellaussagen auf empirische Fragen und theoretische Probleme.
Vom Standpunkt eines anderen Weltbildes aus erscheint Stufe nicht als Modell-, sondern als theoretischer Begriff. Auch hier ist die Frage, ob Aussagen über Stufen richtig sind, irrelevant. Die relevante Frage bleibt pragmatisch: Ist das theoretische Konzept „Stufe" fruchtbar, d. h., läßt es sich in adäquaten Erklärungen und Vorhersagen verwenden? In Abschnitt 2.4 sollen diese beiden Ansätze zum Stufenbegriff noch ausführlicher behandelt werden.

2.3.3 Strittige Fragen zum Entwicklungskonzept

Im Zusammenhang mit Entwicklungsmodellen und Entwicklungstheorien ist eine Reihe von strittigen Fragen aufgetaucht. Allerdings sind nur einige davon relevant.

2.3.3.1 Entwicklung als deskriptiver Begriff

In bezug auf „Entwicklung" als deskriptiver, auf Veränderung bezogener Begriff gibt es keine relevanten Probleme. Dagegen könnte eingewendet werden, es sei ein sehr bedeutsames empirisches Problem, ob Veränderung als kontinuierlich oder diskontinuierlich angesehen werden soll; wie wir gerade gesehen haben, geht es bei dieser Streitfrage aber um Modelle und Theorien, und das Problem ist deshalb nicht empirischer, sondern pragmatischer Natur. Die eigentliche Frage ist also nicht die, ob Entwicklung kontinuierlich oder in Stufen verläuft, sondern welche Konzeption fruchtbarer ist. Probleme tauchen also erst dann auf, wenn man beginnt, entwicklungsbedingte Veränderungen zu spezifizieren oder zu interpretieren; wenn man diese Interpretationen aber vornimmt, hat man es sofort mit Modellen oder theoretischen Bedeutungen von Entwicklung zu tun. Ein anschauliches Beispiel für diese Problematik zeigt ein Vergleich der Interpretationen durch Behavioristen auf der einen und Vertreter des organismischen Modells auf der anderen Seite. So fordert etwa SPIKER (1966) dazu auf, den Begriff der Entwicklung nur anzuwenden auf „. . .Veränderungen im Verhalten, die normalerweise mit zunehmendem chronologischen Alter des Kindes einhergehen" (S. 41). Organismische Psychologen neigen demgegenüber dazu, den Begriff allein auf Veränderungen in der Form oder Organisation eines Systems anzuwenden, wobei diese Veränderungen auf gewisse Endzustände oder Ziele hin gerichtet sind. In beiden Fällen hat sich Entwicklung von einem Begriff mit rein deskriptivem Status zu einem neuen Begriff gewandelt, der implizit Modell- und theoretische Bedeutungen, d. h. Prinzipien mitenthält, die zur Ordnung der Welt benutzt werden. Auf allgemeinstem Niveau implizieren diese Begriffsveränderungen das mechanistische und das organismische Modell. In Abschnitt 2.4 werden wir darauf zurückkommen.

2.3.3.2 Entwicklung als theoretisches Konzept

Wenn man also davon ausgehen kann, daß es keine Probleme in bezug auf den deskriptiven Begriff von Entwicklung gibt, dann müssen die offensichtlich bestehenden Meinungsverschiedenheiten mit anderen Aspekten zusammenhängen. Wie bereits gesagt, ist es anscheinend so, daß die theoretische Kontroverse die Tatsache widerspiegelt, daß die beiden Gruppen von Psychologen – die Behavioristen und organismisch orientierten Psychologen – radikal verschiedene Weltbilder haben. Diese radikale Spaltung bestimmt nicht nur die Definition von Entwicklung, sondern ist darüber hinaus auch der Grund für andere Kontroversen, die man in der Psychologie im allgemeinen und der Entwicklungspsychologie im besonderen finden kann.

Zwischen zwei Vertretern unterschiedlicher Grundmodelle kann es keine fruchtbaren Auseinandersetzungen geben; ihre Standpunkte sind miteinander unvereinbar. Über Theorien ein und derselben Familie kann es dagegen zu Diskussionen und Unstimmigkeiten kommen, aber hier wird es niemals um Probleme der Theorienbildung – also um metatheoretische Fragen – gehen. Ein Beispiel für eine theoretische Auseinandersetzung wäre die zwischen McNeill (1966) und Slobin (1966a), die verschiedener Meinung darüber waren, inwieweit eine angeborene Struktur anzunehmen sei. Ein anderes Beispiel bieten die Meinungsverschiedenheiten darüber, ob Sprachstrukturen die Grundlagen für allgemeine kognitive Strukturen bilden (so die Psycholinguisten und Bruner) oder ob nicht eher die allgemeinen kognitiven Strukturen grundlegend seien (Piaget).

Aus dem Vorhergehenden wird deutlich, daß es keine philosophisch wesentlichen theoretischen Probleme gibt, womit aber nicht gesagt sein soll, daß es gar keine theoretischen Probleme gäbe. Vielmehr soll das heißen, daß es sich hierbei um pragmatische Fragen handelt, so z. B. um die Auffassung von Psychologie des Wissenschaftlers, der einer bestimmten theoretischen Richtung den Vorzug vor einer anderen gibt, oder um die Adäquatheit, mit der eine Theorie die Phänomene innerhalb ihrer Reichweite abdeckt. Was als ein Problem nicht-empirischer Natur erscheint, löst sich auf, sobald man erkennt, daß Begriffe unterschiedlich benutzt werden, so daß aus diesem Grund keine gemeinsame Basis für eine Kommunikation gegeben ist.

2.3.3.3 Irrelevante Probleme

Es sind verschiedene Punkte genannt worden, in bezug auf die behavioristisch und organismisch orientierte Entwicklungspsychologen sich unterscheiden; diese Punkte sind im Zusammenhang mit Modellproblemen jedoch irrelevant. Derartige irrelevante Fragestellungen sind etwa (a) angewandte versus Grundlagenforschung, (b) experimentelle versus nicht-experimentelle Methoden und (c) das Kind als Proband versus das Kind als solches. Der letztgenannte Punkt ist nicht nur irrelevant, sondern auch trivial, denn er bezieht sich auf die Absichten oder Interessen des Forschers und nicht auf die Ergebnisse seiner Untersuchungen (für einen Überblick siehe Reese, 1970).

2.4 Das mechanistische und das organismische Modell der Entwicklung

2.4.1 Einführung

Ziel dieses Abschnittes ist es, den Leser mit den beiden genannten Modellen bekannt zu machen und die daraus sich ergebenden wissenschaftlichen Positionen zu benennen, die die Psychologie im allgemeinen und die Entwicklungspsychologie im besonderen am nachhaltigsten beeinflußt haben. Zu diesem Zweck wollen wir uns zunächst noch einmal kurz das Wesen und den Ursprung von Modellen in Erinnerung rufen. Wie bereits gesagt, sind alle Modelle metaphorischen Ursprungs. Der Prozeß des Verstehens läuft so ab, daß man zuerst einem Problembereich gegenübersteht, in dem es einige beobachtete Fakten und Regelmäßigkeiten gibt. In dem Bemühen, diesen Problembereich zu verstehen und zu erklären, wendet man sich einem anderen Wissensgebiet zu, in dem es weniger Probleme gibt oder das besser strukturiert ist, Dieses zweite Gebiet wird zum Modell für das erste, und der Untersucher steht nun vor der Aufgabe, die formalen Eigenschaften des Modellbereichs aufzudecken und zu formulieren, die dem ursprünglichen Forschungsbereich entsprechen, und die anderen, die nicht dazu passen, auszusondern. Das Modell wird damit, wie BLACK (1962) es darstellte, zu einer Linse, durch die wir unseren Gegenstandsbereich in einer ganz neuen Weise betrachten.

Für unsere Zwecke ist es nun wichtig, sich klarzumachen, daß die Formulierung der am engsten umschriebenen und konkretesten Modelle abhängig ist von der Verfügbarkeit allgemeinerer Modelle, die wiederum noch allgemeinere Modelle voraussetzen und so fort, in ständig sich erweiternder Folge, die erst mit dem allgemeinsten und damit den eigentlich grundlegenden – den metaphysischen – Modellen ihren Abschluß findet. So verstanden, werden wir uns daher weder heute noch wohl auch in aller Zukunft von philosophischen Grundannahmen freimachen können. Die Spezifizierung vermittelnder Reaktionen (r_m) beispielsweise basiert auf dem *S-R*-Modell, in dem gefordert wird, daß alles Verhalten, gleichgültig ob intern oder extern, denselben logischen Status hat (FODOR, 1965). Das *S-R*-Modell seinerseits repräsentiert ein Modell, das den Menschen als reaktiven Organismus begreift, und ist ein epistemologisches Korrelat des *Naiven Realismus.* Dieses Modell hat seinen Ursprung letzten Endes in dem Modell, nach dem das Universum eine große NEWTONsche Maschine ist. Im Gegensatz dazu basiert die PIAGETsche Spezifizierung von „Operation" auf einem biologischen Modell (FURTH, 1969), in dem ein grundsätzlicher Unterschied zwischen Verhalten und Operation gemacht wird. Das biologische Modell wiederum ist enthalten in einem Modell des Menschen als eines spontanen aktiven Organismus und basiert auf der damit verbundenen erkenntnistheoretischen Position des *Konstruktivismus*. Letztlich geht dieses Modell auf das metaphysische System von LEIBNIZ zurück, in dem Aktivität als das wesentliche Merkmal aller Substanz angesehen wird.

Die allgemeineren Modelle bilden also den bestimmenden logischen Rahmen, innerhalb dessen die spezifischeren Modelle formuliert und ausgearbeitet werden.

2.4.2 Das mechanistische Modell in Psychologie und Entwicklungstheorie

Das dem mechanistischen Modell zugrundeliegende Bild ist die Maschine. Wie PEPPER (1942) darlegte, kann die besondere Gestalt des mechanistischen Modells mit dem Typus der Maschine – etwa Uhr oder Computer –, an welchem sich seine Entwicklung jeweils orientiert, variieren, doch bleiben die Grundkategorien immer die gleichen und resultieren damit letzten Endes in den gleichen theoretischen Positionen. Das Maschinenmodell wurde bereits anderweitig in aller Ausführlichkeit analysiert (MATSON, 1964; PEPPER, 1942; SCHON, 1963), so daß wir hier lediglich auf einige seiner hervorstechendsten und für unsere Zwecke relevantesten Merkmale hinzuweisen brauchen.
Als Kosmologie stellt das Modell das Universum als eine Maschine dar, die aus diskreten Teilen besteht, welche in einem räumlich-zeitlichen Feld funktionieren. Die einzelnen Teile – in Bewegung befindliche Elementarteilchen – und ihre Beziehung zueinander bilden die Grundrealität, auf die alle anderen komplexeren Erscheinungen letztlich rückführbar sind. Bei der Arbeit der Maschine werden Kräfte freigesetzt, und es läuft eine unterscheidbare Sequenz von Ereignissen ab, die wie in einer Kette aufeinanderfolgen. Diese Kräfte stellen die einzigen wirkenden oder unmittelbaren Ursachen dar; der Zweck ihres Einsatzes wird als mittelbare oder abgeleitete Ursache aufgefaßt. Setzt man das voraus, so bedarf es nur eines kleinen Schrittes zu der Erkenntnis, daß eine vollständige Vorhersage *im Prinzip* möglich ist, denn die völlige Kenntnis des Zustands der Maschine zu einem bestimmten Zeitpunkt erlaubt den Schluß auf ihren Zustand zum nächsten Zeitpunkt, vorausgesetzt, daß die dabei zum Einsatz kommenden Kräfte bekannt sind. Ein weiteres Merkmal der Maschine und damit auch des in dieser Weise dargestellten Universums liegt darin, daß es sich außerordentlich gut zur Quantifizierung eignet: Es lassen sich funktionale Gleichungen aufstellen, in denen die Beziehungen zwischen den Teilen im Verlauf ihrer Arbeit ausgedrückt werden.
Das mechanistische Modell des Universums ist inzwischen ständig erweitert und für andere Modellkonstruktionen in den verschiedensten Forschungsbereichen nutzbar gemacht worden, so etwa in den Naturwissenschaften, der Geschichte, der Theologie, der Ästhetik, der Epistemologie und der Psychologie (CASSIRER, 1951). Bei seiner Übernahme in die Epistemologie und Psychologie erfuhr es eine Abwandlung, die verschiedentlich mit dem Begriff des *reaktiven*, passiven, des Robotermodells oder auch des *Modells vom Menschen* als einem ,,unbeschriebenen Blatt" (empty organism) bezeichnet wurde. In seiner Idealform beschreibt dieses Modell den Organismus wie auch die anderen Teile der universellen Maschine als etwas, was für sich genommen im Ruhezustand verharrt. Aktivität wird als Resultante von außen wirkender oder peripherer Kräfte angesehen. Damit im Zusammenhang steht auch die Darstellung der psychischen Funktionen wie Denken, Wollen, Wünschen und Wahrnehmung, die sich auch als komplexe Phänomene auf einfachere Phänomene zurückführen lassen, welche durch wirkende Ursachen (und die Vergangenheit der Maschine) gesteuert werden.
Ein für die Entwicklungspsychologie besonders bedeutsames Merkmal dieses Modells ist, daß Veränderungen in den Produkten der Maschine bzw. im Verhalten des Organismus nicht als eine Folge von Veränderungen innerhalb der Struktur des Organismus selbst gesehen werden. Qualitative Veränderungen erscheinen hier entweder als Epiphä-

nomene oder aber als reduzierbar auf quantitative Veränderungen, da der Organismus, wie die Elementarteilchen in der klassischen Physik, zu keinen grundsätzlichen qualitativen Veränderungen fähig ist. Wie aus den übrigen Merkmalen dieses Modells ersichtlich, sind quantitative Veränderungen ausschließlich durch wirkende Ursachen determiniert. Im Modell vorgesehen ist allerdings die Möglichkeit qualitativ verschiedener *Operationen*, die je nach der Dauer, der Intensität oder der besonderen Art der Reizzufuhr ausgelöst werden oder nicht. Die Annahme solcher Mechanismen liefert nun aber die entscheidenden Erklärungen für entwicklungsbedingte Veränderungen im Verhalten.

Die erkenntnistheoretische Position, die sich aus diesem Modell herleitet, ist die des *Naiven Realismus,* eine Abbild-Erkenntnistheorie: Der Erkennende spielt im Erkannten keine aktive Rolle und nimmt die Welt zwangsläufig in vorherbestimmter Weise wahr.

Zum Schluß dieses Abschnitts sollte noch darauf hingewiesen werden, daß das Modell vom menschlichen Organismus als einem reaktiven oder passiven Reizempfänger in seinen grundlegenden Kategorien gleich geblieben ist, auch wenn es im Laufe der Zeit Veränderungen erfahren hat. Der relativ junge Trend zum Konzept der vermittelnden Reaktion (r_m), das zugegebenermaßen effizienter ist als die ursprüngliche einfache *S-R*-Konzeption, verändert in keiner Weise das zugrundeliegende Modell-Ideal. Historisch geht dieses Modell auf John LOCKE zurück, der sich gegen die Praxis des 17. Jahrhunderts wandte, Probleme mit dem Hinweis auf Erscheinungen zu lösen, die der Erfahrung noch weniger zugänglich waren (so etwa DESCARTES' Lösung des Erkenntnisproblems durch Rekurs auf Gott als die Quelle aller Erkenntnis); LOCKE übernahm das NEWTONsche Ideal als Modell, indem er seinen berühmten Satz von der *tabula rasa* formulierte: ,,Nichts ist im Verstande, was nicht zuvor im Sinneswahrnehmen gewesen wäre." Selbst LOCKE allerdings ging nicht so weit, wie es die Logik seines Modells eigentlich vorgeschrieben hätte; auch bei ihm behält der Mensch die ihm eigentümliche Fähigkeit zur Reflexion, die sich aus den Vorgängen des Vergleichens, Unterscheidens, Urteilens und Wollens zusammensetzt (CASSIRER, 1951). Von da an kann die empirizistische Bewegung in Philosophie und Psychologie des Bischofs BERKELEY und von HUME über die MILLS bis zu den Behavioristen des 20. Jahrhunderts als ein Versuch angesehen werden, das Modell des reaktiven Organismus mehr und mehr der Logik des mechanistischen Modells vom Universum anzunähern. Die jüngsten Veränderungen im Neobehaviorismus sind darauf gerichtet, das allgemeine Modell beizubehalten und seine Reichweite auszudehnen.

2.4.3 Das organismische Modell in der Psychologie und der Entwicklungsforschung

Die dem organismischen Modell zugrundeliegenden Metapher ist der Organismus, das lebende, organisierte System, wie es der Erfahrung in vielerlei Formen begegnet.

Als Kosmologie wurde dieses Modell zuerst von LEIBNIZ systematisch ausgearbeitet. In seiner Monadenlehre ging LEIBNIZ von einer organischen Basis aus und behauptete, das Wesen aller Substanz sei Aktivität und nicht das statische Elementarteilchen, wie im mechanistischen Modell angenommen. Diese Aktivität bestand bei LEIBNIZ ,,in einem kontinuierlichen Wechsel von einem Zustand in einen anderen, wobei sie diese Zustände aus sich selbst in unaufhörlicher Folge hervorbringt" (CASSIRER, 1951, S. 29; vgl. auch ALLPORT 1955). Von diesem Standpunkt aus kann ein Element niemals so sein wie das andere, und infolgedessen wird die Logik der Erkenntnis der Realität nach dem analytischen Ideal, das die mannigfaltigen qualitativen Verschiedenheiten auf ein einziges reduzieren will, zurückgewiesen. An ihre Stelle tritt die Suche nach der Einheit in der Vielfalt, d. h., das pluralistische Universum wird durch ein monistisches ersetzt, und es ist die Vielfalt, welche die Einheit konstituiert. Diese Einheit wird bei der Entdeckung der Regeln des Übergangs von einer Form in die andere und bei der Errichtung des Systems gefunden, in dem diese Übergänge auftreten. Einheit ist also in der Vielheit, Sein im Werden, Konstanz im Wechsel begründet.

Nach dieser Darstellung ist das *Ganze* organischer, nicht mechanischer Natur. Das Wesen des Ganzen ist danach nicht die Summe seiner Teile, sondern wird vielmehr vorausgesetzt durch die Teile; das Ganze bildet somit die Bedingung für die Bedeutung und die Existenz der Teile (CASSIRER, 1951, S. 31). Ein letzter, für unsere Zwecke wichtiger Aspekt dieses organismischen Modells des Universums betrifft das Wesen der Ursache. Entsprechend dem Prinzip der Aktivität befindet sich die Monade durch fortschreitende Differenzierung oder Individuierung in kontinuierlichem Übergang von einem Zustand in einen anderen. Diese Vorstellung von einer progressiven Entwicklung impliziert nicht den mechanischen Zusammenhang von wirkender Ursache und additiven Effekten, sondern eher eine teleologische Beziehung. Für LEIBNIZ ist diese Beziehung ihrem eigentlichen Wesen nach präformistisch oder vitalistisch, also nicht epigenetisch. Von Einzelheiten abgesehen, ist hier vor allem wichtig, daß die wirkende Ursache ersetzt wird durch die formale Ursache (d. h. Verursachung durch die wesensmäßige Beschaffenheit einer Form). Dies und die zuvor erwähnte Tatsache der Annahmen qualitativer Unterschiede schließen die Möglichkeit eines genau vorhersagbaren und quantifizierbaren Universums aus.

Wie das mechanistische Modell, so ist auch das organismische Modell des Universums über die Zeit hin weiterentwickelt und für andere Modellkonstruktionen in zahlreichen verschiedenen Gebieten angewendet worden. In der Erkenntnistheorie und in der Psychologie führte dies zur Bildung des *Modells vom Menschen als einem aktiven Organismus.*

Ein wesentliches Merkmal dieses Modells ist, daß es den Organismus als aus sich selbst heraus spontan darstellt, daß der Organismus selbst als Ursache aller Tätigkeiten und nicht nur als der Ort des Zusammenspiels von Tätigkeiten erscheint, die von externen (peripheren) Kräften ausgelöst werden.

Ein zweites wichtiges Merkmal des Modells ist, daß es den Menschen als eine strukturierte Wesenheit, als eine Konfiguration von Teilen darstellt, die ihren Sinn, ihre Funktion aus dem Ganzen gewinnen, in das sie eingebettet sind. Hier kommt die Kategorie der Form (vgl. MERLEAU-PONTY, 1963) als eine Grundkategorie für die Analyse und das Verstehen von Verhalten ins Spiel. Von daher erhalten die Begriffe der psychischen Struktur und Funktion oder Mittel und Zweck einen unmittelbar zentralen Stellenwert, werden also nicht von etwas anderem hergeleitet. Die Forschungsbemühungen richten sich auf die Aufdeckung der Organisationsprinzipien, auf die Erklärung der Eigenart und der Relationen von Teilen und Ganzheiten, Strukturen und Funktionen, und nicht auf deren Ableitung aus elementaren Prozessen.

Für die Entwicklungspsychologie ist nun von größtem Interesse, wie in diesem Zusammenhang Veränderung dargestellt wird. In dem hier besprochenen Modell wie auch in dessen kosmologischer Entsprechung wird Veränderung selbst als gegeben angenommen. Das bedeutet: Veränderung ist als solche nicht durch wirkende, materielle Ursachen erklärbar; wirkende Ursachen können Veränderungsprozesse hemmen oder fördern, grundlegend wichtig für Entwicklung ist jedoch die formale, nicht die wirkende Ursache. Aus einer derartigen Auffassung resultiert, daß die vollständige Vorhersagbarkeit menschlichen Verhaltens verneint wird. Darüber hinaus erscheint hier Veränderung in ihrem Wesen gleichermaßen qualitativ und quantitativ. Wie in kosmologischer Sicht Substanz fortlaufend von einem Zustand in einen anderen übergeht, so repräsentiert auch das Modell vom aktiven Organismus den Menschen als ein System, in dem sich die Anordnung der Teile wie auch die Teile selbst fortlaufend verändern. Auf jeder neuen Stufe psychischer Organisation kommen neue Systemeigenschaften zum Vorschein, die auf frühere Stufen nicht rückführbar und daher qualitativ verschieden sind.

Die epistemologische Position, die sich vom Modell des Menschen als einem aktiven Organismus herleitet, ist die des *Konstruktivismus*. Ihr liegt die Annahme zugrunde, daß der Erkennende aufgrund seiner ihm eigenen Aktivität und Organisation die erkannte Realität aktiv konstruiert. Zwar leugnet diese Position die Möglichkeit einer Abbild-Erkenntnistheorie oder auch eines Erkennens der Dinge „an sich", dennoch bestreitet sie nicht die Existenz einer äußeren Realität, wie das eine streng idealistische Position tun würde. Vielmehr vertritt sie die Auffassung, daß die Welt als erkannte Realität ein Produkt der Interaktion zwischen dem aktiv Erkennenden und den Dingen an sich darstellt. Der Organismus kann die Welt nur durch die sein Verhalten bedingenden Strukturen wahrnehmen. Entwicklungspsychologisch gesehen gibt es also qualitative Veränderungen in der Art, wie Welt wahrgenommen wird, wenn sich die psychischen Strukturen verändern.

Die Übernahme des Modells vom aktiven Organismus hat bestimmte Implikationen für die Übernahme verschiedener Theorien und Techniken. Wer sich diesem Modell verpflichtet, wird dazu tendieren, die Bedeutung von Prozessen über die von Ergebnissen, die Bedeutung qualitativer über die der quantitativen Veränderung zu stellen. Ergebnisse (Verhalten) oder Leistungen wird er dazu benutzen, um Rückschlüsse auf die für deren Erscheinen notwendigen Bedingungen zu ziehen, d. h., um auf psychische Strukturen zu schließen. Veränderungen in den psychischen Strukturen werden zum primären Gegenstand des entwicklungspsychologischen Interesses, indem sie die grundlegenden qualitativen Veränderungen anzeigen, die als ein Wechsel im Organisationsniveau oder ein Wechsel von einer Stufe zur anderen verstanden werden müssen. Überdies wird man dazu neigen, die Bedeutung der Erfahrung für die Förderung oder Hemmung des Verlaufs der Entwicklung zu betonen und nicht den Effekt von Training als Ursache für Entwicklung interpretieren. Insgesamt wird man eine strukturelle oder eine Struktur-Funktionsanalyse des Verhaltens einer funktionalen Analyse vorziehen. Das Wesentliche dieser Art von Analyse besteht in der Beschreibung von Strukturen zu einem bestimmten Zeitpunkt, in der Ordnung solcher Zeitabschnitte, der Aufdeckung von Regeln für den Übergang von einem Zeitabschnitt zum anderen und der Festlegung von experimentellen

Bedingungen, die für eine Erleichterung oder Hemmung struktureller Veränderung in Frage kommen.
Wie das Modell des reaktiven Organismus wurde auch das Modell des aktiven Organismus beständig weiterentwickelt, wobei jedoch seine fundamentalen Kategorien unangetastet blieben. So ist heute z. B. an die Stelle des früheren Präformismus und Vitalismus eine echte Epigenese getreten (vgl. von BERTALANFFY, 1962), doch wurde innerhalb dieses Zusammenhangs die Grundkategorie der formalen im Gegensatz zur wirkenden Ursache beibehalten. Die Ausarbeitung und Entwicklung des Modells begann mit den psychologischen und epistemologischen Spekulationen von LEIBNIZ. Nach seiner Kosmologie bestand das innerste Wesen des Geistes in dessen Aktivität. LEIBNIZ betrachtete den Geist als ein aus gestaltenden Kräften gefügtes Ganzes, und diese Vorstellung bildete den Orientierungshintergrund für die Aufgabe der deutschen Aufklärer des 18. Jahrhunderts, die darin bestand, diese Kräfte in ihren speziellen Strukturen näher zu bestimmen und ihre gegenseitigen Beziehungen verstehen zu lernen (CASSIRER, 1951, S. 124). Auf dieser Grundlage errichtete später KANT seinen kritischen Idealismus und fügte eine empirische Dimension hinzu, die er so treffend in seinem berühmten Aphorismus zum Ausdruck brachte: „Begriffe ohne sinnliche Erfahrung sind leer, sinnliche Erfahrung ohne Begriffe ist blind"; und HEGEL wiederum erweiterte dies zu seinem eigenen entwicklungstheoretischen Konzept der Dialektik. Das beste heutige Beispiel für dieses Modell bietet die Philosophie Ernst CASSIRERS (1953). Auch in der Psychologie wurde das Modell weiterentwickelt und manifestiert sich historisch in der „Akt-Psychologie" BRENTANOS und der Würzburger Schule. In jüngster Zeit wird es von Theorien wie der allgemeinen Systemtheorie VON BERTALANFFYS (1967, 1968), den Entwicklungstheorien WERNERS und PIAGETS und auch von den Ichpsychologen wie etwa ERIKSON (1950) repräsentiert.

2.4.4 Modellkonsequenzen

Nach dieser allgemeinen Darstellung der Modelle können wir nun ausführlicher auf die präskriptiven Implikationen eingehen, die aus der Annahme des einen oder anderen Modells folgen. Wir wollen diese Implikationen als Modellkonsequenzen (corollary model issues) bezeichnen, um damit unserer Auffassung Nachdruck zu verleihen, daß die auf dieser Ebene sich stellenden Probleme modellartigen oder vortheoretischen Charakter haben und von daher einer empirischen Prüfung nicht zugänglich sind. Es soll allerdings nicht bestritten werden, daß diese Fragestellungen daneben auch präskriptiven Wert für die Theorienbildung und die empirische Arbeit haben. Eines unserer hauptsächlichen Anliegen besteht gerade darin, zu zeigen, wo empirische Überprüfungen möglich sind und wo nicht. Damit verbindet sich unsere Hoffnung, daß ein solcher Nachweis dem Entwicklungspsychologen erlaubt, genauer zu erkennen, was überprüfbar ist, so daß nutzlose Polemik vermieden wird, die aus der mangelnden Einsicht entsteht, daß verschiedene Modelle zu verschiedenen Arten von Theorien und verschiedenen Definitionen dessen führen, was als bedeutungsvoll anzusehen ist.

Wir werden daher in diesem Abschnitt einige solcher Modellkonsequenzen beschreiben, ferner aufzeigen, in welcher Weise sie die Analyse und das Verständnis von Entwicklung beeinflussen, sowie die Verwirrungen zu schildern versuchen, die sich aus einem Mißverständnis ihres logischen Status ergeben haben. Da die sich aus dem mechanistischen Modell ergebenden Konsequenzen hinlänglich bekannt sein dürften und die meist recht abwegige Polemik in der Vergangenheit auf ein mangelhaftes Verständnis der Implikation des organismischen Modells zurückzuführen sind, werden wir unsere Aufmerksamkeit hier im wesentlichen diesem Modell zuwenden und das mechanistische Modell nur zur Hervorhebung von Unterschieden heranziehen.

2.4.4.1 Holismus versus Elementarismus

Die Annahme des Holismus leitet sich vom Modell des aktiven Organismus her. Sie ergibt sich insbesondere aus der Vorstellung des Organismus als einer *strukturierten* Ganzheit (*organized* totality), eines Systems, dessen Teile dergestalt miteinander interagieren, daß das einzelne Teil seine Bedeutung aus dem Ganzen bezieht. Seine klarste Formulierung fand der Begriff bei WERNER und KAPLAN (1963): Die holistische Position

„unterstellt, daß jedes an einem bestimmten Ort tätige Organ (oder jede Aktivität) abhängig ist von dem Kontext, dem Feld oder dem Ganzen, dessen konstitutiver Teil es (sie) ist: Die Eigenschaften und der funktionale Stellenwert (die Bedeutung) dieses Organs oder der Aktivität sind in hohem Maße durch diesen umfassenderen Kontext oder das umfassendere Ganze bestimmt" (S. 3).

Diese Annahme bildet das regulative Prinzip für die allgemeine Analyse des Verhaltens. Akzeptiert man sie nämlich, so schreibt sie bestimmte Verfahrensweisen vor und verbietet andere. Negativ ausgedrückt, verhindert sie, anzunehmen, daß zwei Verhaltensweisen dieselbe Bedeutung haben, nur weil sie äußerlich gleich sind. So wäre es z. B. bei der Untersuchung der Entwicklung des Sozialverhaltens vom holistischen Standpunkt aus nicht richtig, die hochgezogenen Mundwinkel des Säuglings, des Vorschulkindes und des Erwachsenen von vornherein gleichzusetzen und als Ausdruck der Herstellung eines positiven Sozialkontaktes zu verstehen. Die Reaktion des „Lächelns" kann nämlich ebenso sinnvoll im Zusammenhang mit einer Magen-Darm-Verstimmung wie mit positivem Sozialkontakt oder mit einer nervösen Störung auftreten. Ähnlich kann auch, von diesem Standpunkt aus, das verbale Verhalten von bestimmten Tieren, von Kindern und von Erwachsenen niemals von vornherein als gleich angesehen werden.
Da der Holismus in seiner Eigenart und seinem Status oft falsch verstanden wurde, ist er auch oft nicht richtig angewendet worden. Erstens handelt es sich nämlich bei dieser Position keineswegs darum, nun das Kind oder irgend etwas anderes immer nur in seiner Gesamtheit zu untersuchen. Es bestehen keinerlei Einwände gegen eine Analyse oder Untersuchung von Teilprozessen. Bei seiner Erörterung der Rolle des Holismus forderte WERNER (1948) sogar die „kreative Analyse", d. h. eine Analyse von Teilvorgängen, allerdings immer im Zusammenhang mit dem Ganzen, von dem sie ein Teil sind. Zum zweiten ist diese These nicht gleichbedeutend mit der Feststellung eines Entwicklungstrends hin zur „Individuierung" (vom Komplexen oder Globalen zum Spezifischen). Motorische Bewegungen oder Wahrnehmungen mögen anfänglich globaler Natur sein oder auch nicht, sie sind jedenfalls bestimmt nicht *holistisch*.

Bis jetzt haben wir den Holismus lediglich negativ gekennzeichnet durch das, was er verbietet; wir haben noch nicht charakterisiert, was er fordert. Positiv gewendet, können wir also fragen, welche Vorschriften für die Analyse des Verhaltens mit der Annahme der holistischen These verbunden sind. Bevor wir jedoch zu diesem Punkt kommen, wollen wir zunächst einmal herausstellen, welchen Wert der richtig verstandene Holismus für die Theorienbildung und die Interpretation hat.
Alle Theorien, die sich auf das Modell des aktiven Organismus stützen, werden in gewisser Weise die holistische Grundannahme in ihre theoretischen Konzepte übersetzen, genauso wie die auf dem Modell des reaktiven Organismus aufbauenden Theorien die elementaristische Grundannahme in ihre Konzepte übernehmen werden. Die Erkenntnis dieses Sachverhalts führt zu der weiteren Einsicht, daß Theorien, denen verschiedene Modelle zugrundeliegen, auch nicht ineinander überführt werden können, ohne daß damit der logische Rahmen einer der Theorien gewaltsam zerstört wird. Wird das übersehen, so kommt es zu falschen Generalisierungen und allgemeiner Begriffsverwirrung. Zur Illustration mag ein Aspekt der PIAGETschen Theorie dienen. PIAGET akzeptiert das Holismus-Postulat, das in seiner Theorie unter dem Konzept der „Organisation" erscheint, einer der beiden wesentlichen funktionalen Invarianten. „Organisation" dient hier zur grundsätzlichen logischen Unterscheidung zwischen internen kognitiven Strukturen (Schemata und Operationen) und externen Reaktionen. Diese logische Unterscheidung kann nun natürlich in Theorien, die eine elementaristische Auffassung widerspiegeln, nicht auftreten, denn in Theorien dieser Art – einschließlich derjenigen, die interne Vermittlungsprozesse gelten lassen – erscheinen Reaktionen als physikalische Prozesse, gleichgültig, ob sie beobachtet oder erschlossen werden. Hier liegt also ein fundamentaler und sehr wichtiger Unterschied zwischen den beiden Arten von Theorien begründet. In jüngster Zeit vertritt jedoch eine Reihe mechanistisch orientierter Psychologen die Ansicht, die Theorie von PIAGET sei im Rahmen der „allgemeinen Verhaltenstheorie" durchaus vereinbar mit dem Modell des reaktiven Organismus. Diese Auffassung ist jedoch völlig ungerechtfertigt und erfordert praktisch, daß man das grundlegende Konzept der Organisation nicht beachtet und dafür andere, aber untergeordnete Aspekte der Theorie besonders hervorhebt.
Wenden wir uns nun der positiven Charakterisierung der holistischen Position zu. Anstatt auf die äußerlich-materielle Identität von Verhalten lenkt der Holismus den Blick eher auf die Funktion, die das Verhalten innerhalb des Ganzen hat, in das es eingebettet ist, d.h., die das Verhalten in seiner Relation zu der Funktion, den Zwecken oder Zielen des Organismus oder den jeweils untersuchten Teilprozessen hat. Damit kommen wir zur nächsten Modellkonsequenz, nämlich dem Problem von Struktur und Funktion.

2.4.4.2 Struktur-Funktion versus Antezedenz-Konsequenz

Aus dem bisher Gesagten folgt, daß das Modell des aktiven Organismus zu der Auffassung führt, daß der Organismus als Ganzes sowie auch die Teilprozesse des Organismus definierbare Funktionen besitzen. Damit stehen wir aber vor der Aufgabe, diese Funktionen oder Ziele zu beschreiben und die Strukturen oder Mittel, die ihrer Durchsetzung dienen, zu untersuchen. In der Biologie ist das entsprechende Paradigma bekannt: Der

Biologe handelt so, *als ob* jedes Organ oder jede Struktur eine Funktion hätte. Er definiert die Funktion und untersucht die Wirkungsweise der Struktur im Dienste dieser Funktion. In der Psychologie gilt ein ähnliches Paradigma, nur sind hier die Strukturen psychischer und nicht physikalischer oder physiologischer Natur. Dabei bezeichnet man als psychische Struktur die relativ stabilen Eigenschaften oder Organisationsmuster bestimmter Verhaltenssysteme.

Wie der Holismus, so ist auch der Struktur-Funktions-Begriff in jeder Theorie enthalten, die auf dem Modell des aktiven Organismus basiert. Bei PIAGET ist dies ganz explizit der Fall. Er definiert die allgemeine Funktion intelligenten Verhaltens im Sinne einer biologischen Anpassung und faßt die Strukturen, die dieser Funktion dienen, als sensumotorische Schemata und logische Operationen auf. Das bildet für ihn den Hintergrund für die Bewertung der Strukturtätigkeit, wie sie sich in verschiedenen Leistungsbereichen zeigt. Außerdem hat er damit eine Basis für die Unterscheidung von Prozeß und Ergebnis, denn qualitativ verschiedene Strukturen, Prozesse und Operationsmodi können dieselben Verhaltensergebnisse zeitigen. So hat PIAGET (INHELDER & PIAGET, 1964) beispielsweise die Vermutung geäußert, daß Aufgaben mit unvollständigen Matrizen mit Hilfe von Wahrnehmungs-Schemata oder logischen Operationen zu lösen seien. (OVERTON & BRODZINSKY, 1969, haben diese Hypothese durch Veränderung von Aufgabenvariablen empirisch überprüft.)

Geht man vom Modell des reaktiven Organismus aus, bilden Antezedenz-Konsequenz-Beziehungen den Gegenstand der Analyse (vgl. etwa BIJOU & BAER, 1963). In jüngerer Zeit ist das Modell erweitert worden, und zwar aus der ursprünglichen einstufigen Form $S \rightarrow R$ zu dem Zweistufenmodell $S \rightarrow r_m - s_m \rightarrow R$, wobei r_m eine intervenierende Variable oder ein hypothetisches Konstrukt darstellen soll. Diese Modifikation erlaubt Unterscheidungen ähnlich der zwischen Prozeß und Ergebnis und erlaubt überdies die Behandlung einer großen Zahl von Daten, die anderenfalls nur durch Struktur-Funktions-Zusammenhänge erklärbar wären (BERLYNE, 1966). Zu beachten ist jedoch, daß dadurch die beiden Ansätze nun nicht etwa miteinander vereinbar wären. Auf der allgemeinsten Ebene bleiben auch bei dieser Modifikation, wie bereits früher schon erwähnt, die Grundkategorien des Modells des reaktiven Organismus unverändert. Infolgedessen sind sowohl Ursprung als auch Beschaffenheit von „Struktur" und andererseits „r_m" radikal verschieden.

KOHLBERG (1968) hat in jüngerer Zeit verschiedene Positionen im Hinblick auf den Ursprung der Struktur analysiert, und wir wollen kurz anmerken, daß es innerhalb des Modells vom aktiven Organismus zwei unterschiedliche Standpunkte gab und heute noch gibt. (Diese beiden Sichtweisen spiegeln modellimmanente theoretische Probleme wider.) Die *nativistische* Position, wie sie gegenwärtig von CHOMSKY und seinen Kollegen repräsentiert wird (MCNEILL, 1966), geht davon aus, daß die psychischen Strukturen von Geburt an vollständig vorhanden seien; die von PIAGET (1968) vertretene *interaktionistische* Position dagegen behauptet, daß bei der Geburt zwar eine gewisse Struktur (Organisation) bereits vorliege, die eigentliche Entwicklung von Strukturen jedoch aufgrund komplexer Interaktionen zwischen der jeweiligen Organisation und der ablaufenden Aktivität des Individuums stattfinde. Im Gegensatz dazu liegt dem Modell des reaktiven Organismus die Annahme zugrunde, die Funktionstätigkeit von r_m erfolge allein auf der Ba-

sis von Umweltdeterminanten. Wir begegnen hier also wieder einmal der modellspezifischen Kontroverse über formale versus wirkende Ursachen.
Zur Struktur-Funktions-Analyse wäre abschließend festzustellen, daß eine derartige Auffassung eindeutig teleologisch ist, da hier dem Organismus ein Zweck, ein Ziel oder eine Funktion zugeschrieben wird. Es handelt sich allerdings weder um eine subjektive Zweckgerichtetheit (subjective purposivism), noch werden irgendwelche ontologischen Behauptungen aufgestellt (TAYLOR, 1964). Es handelt sich dabei vielmehr, wie im Falle des Holismus, um ein regulatives Prinzip, das einen dazu veranlaßt, sich so zu verhalten, *als ob* es Funktionen gäbe, genauso wie man bei Einnahme der elementaristischen Position so handelt, als ob es diese Funktionen nicht gäbe. So gesehen ist Zweck (oder allgemeiner: Form) für eine Theorie, die auf dem Modell des aktiven Organismus aufbaut, eine grundlegende Kategorie; in einer Theorie, die auf dem Modell des reaktiven Organismus basiert, wird Zweck dagegen lediglich abgeleitet. SPIKER (1966) machte darauf aufmerksam, daß die allgemeine Verhaltenstheorie Begriffe wie „Trieb", „Ziel" und „antizipatorische Zielreaktion" eingeführt hat, um damit Verhalten zu erklären (abzuleiten), das zweckgerichtet zu sein scheint. Wird Zweck als abgeleitete Kategorie behandelt, so bleibt die Möglichkeit eines vollständigen Verhaltensdeterminismus erhalten. PIAGET und WERNER führen demgegenüber Zweck als theoretische Grundkategorie ein, die zur Erklärung der Strukturtätigkeit herangezogen wird. Die Möglichkeit eines vollständigen Determinismus wird damit verneint.
Diese Analyse leitet über zu dem für die Entwicklungspsychologie interessantesten Problem, nämlich der Eigenart und Richtung entwicklungsbedingter Veränderungen.

2.4.4.3 Strukturveränderung versus Verhaltensveränderung

Bisher sind wir in diesem Kapitel noch mit keinem Wort auf das eingegangen, was in der Entwicklungspsychologie am meisten interessiert: Weder Holismus noch Struktur und Funktion als solche beziehen sich auf Veränderung, und es ist deshalb auch durchaus möglich, Theorien darauf aufzubauen, ohne den Aspekt der Entwicklung zu berücksichtigen (z. B. G. KELLY, 1963, im Bereich der Persönlichkeitspsychologie). Ähnlich verhält es sich mit Theorien, die auf Elementarismus und Antezedenz-Konsequenz-Relationen basieren; auch hier gibt es, für sich genommen, keine Beziehungen zu Veränderungen.
Wir können die in diesem Zusammenhang auftauchenden Probleme in zwei Fragen kleiden: Was verändert sich eigentlich im Laufe der Entwicklung? und: Worin bestehen Eigenart und Richtung solcher Veränderungen? Die Antwort auf die erste Frage ergibt sich aus der jeweiligen Zentrierung der beiden behandelten Modelle. Beim Modell des aktiven Organismus geht es um Veränderungen in Strukturen und Funktionen, beim Modell des reaktiven Organismus dagegen um Veränderungen in den Reaktionen (einschließlich impliziter Reaktionen). Hiermit stoßen wir nun in der Tat auf die den verschiedenen Definitionen von Entwicklung zugrundeliegende Logik, wie sie bereits an früherer Stelle erörtert wurde: Im Rahmen des Modells vom aktiven Organismus bezieht sich Entwicklung auf Veränderungen in der Form, der Struktur oder der Organisation eines Systems, wobei diese *Veränderungen auf Endzustände oder Ziele hin gerichtet sind;* innerhalb des

Modells vom reaktiven Organismus bezieht sich Entwicklung auf *Veränderungen, die mit zunehmendem chronologischen Alter im Verhalten auftreten.* Die jeweils kursiv hervorgehobenen Teilsätze dieser Definitionen müssen wir nun näher untersuchen, um Aufschluß über die Eigenart und die Richtung von entwicklungsbedingten Veränderungen zu bekommen.

Zunächst ist daran zu erinnern, daß Veränderung im Modell des aktiven Organismus wie auch in seinem kosmologischen Vorbild determiniert ist durch die Frage der Organisation. In bezug auf Struktur und Funktion bedeutet dies, daß Art und Richtung von Veränderungen dadurch gegeben sind, daß Veränderung als eine allgemeine funktionale Voraussetzung angesehen wird. Entwicklung ist also in diesem Sinne ein *apriorisches* Konzept. Es wird ein allgemeiner Endzustand oder ein allgemeines Ziel gesetzt, und damit hat man dann ein Prinzip, nach dem man Veränderungen ordnen kann. Auch hier ist, wie weiter oben, der teleologische Aspekt regulativ, nicht ontologisch. ,,Um einen Entwicklungsverlauf verstehen zu können", so KESSEN (1966), ,,muß man den Endpunkt der Entwicklung angeben" (S. 63).

Der Endpunkt der Entwicklung oder die funktionale Vorbedingung kann nun auf verschiedene Weise formuliert werden, je nachdem, welches Analyse-Niveau man betrachtet. Auf der allgemeinsten, unmittelbar aus dem Modell des aktiven Organismus abgeleiteten Ebene wird man die von H. WERNER und KAPLAN (1963) formulierte Annahme einer Gerichtetheit voll akzeptieren; dabei heißt es u. a., Organismen entwickeln sich ,,auf einen Zustand der relativen Reife" (S. 5) hin. Ist Reife erst einmal definiert, so bewegt man sich von der Ebene der metatheoretischen Aussagen hin zur Theorie selbst. So definiert WERNER wie auch PIAGET Reife im Sinne einer intellektuellen oder kognitiven Funktionstüchtigkeit, in der psychoanalytischen Theorie wird Reife dagegen im Sinne der sexuellen oder genitalen Funktionstüchtigkeit definiert. In jeder Theorie steht diese Funktionstüchtigkeit im Zentrum und bildet den Endpunkt der Entwicklung. In diesem Zusammenhang hat WERNER das spezielle theoretische Endstadium der Differenzierung und hierarchischen Integration (orthogenetisches Prinzip) formuliert, das zur Ordnung ,,analoger Prozesse" (Strukturen) dient. PIAGET verwendet das Konzept des Gleichgewichtsprozesses zur Ordnung veränderlicher Strukturen (Schemata und Operationen). In der psychoanalytischen Theorie ist es das Realitätsprinzip, durch das die Strukturen von Es, Ich und Überich geordnet werden.

Aus dieser Perspektive erscheinen also Veränderungen selbst und ihre Richtung vorgegeben. Dies ist jedoch keineswegs so zu verstehen, daß dadurch die Möglichkeit empirischer Nachprüfung ausgeschlossen wäre. Zwar wird bestritten, daß eine Suche nach Umwelt*determinanten* sinnvoll ist, es wird jedoch in keiner Weise bezweifelt, daß es sehr wichtig ist, die Arten von Erfahrung zu isolieren, die Veränderungen erleichtern oder hemmen. Darüber hinaus spielen empirische Untersuchungen, wie WOHLWILL (1963a) zeigt, eine bedeutende Rolle, wenn es darum geht, festzustellen, ob die Sequenz der strukturellen Veränderungen auch wirklich so ist, wie sie von der speziellen Theorie vorhergesagt wird und ob verschiedene Verhaltensweisen auch ausreichend miteinander verknüpft sind, um sie als Widerspiegelung ein und derselben zugrundeliegenden Struktur auffassen zu können.

Im Modell des reaktiven Organismus werden Veränderungen durch wirkende Ursachen bestimmt. Da man sich innerhalb dieses Modells auf Reaktionen konzentriert, bedeutet dies, daß Reaktionsveränderungen – sei es innerhalb einiger Versuchsdurchgänge oder über Jahre hinweg – als Ergebnis externer Stimulation oder aufgrund von Reizzufuhr nach erfolgter Reaktion (Verstärkungskontingenzen) auftreten. Aus dieser Sicht wird Entwicklungspsychologie zu einem willkürlich abgetrennten Teil der allgemeinen Verhaltenstheorie (ZIGLER, 1963). Sie soll einen Bereich repräsentieren, der

„speziell auf die Untersuchung der Fortschritte in den Interaktionen zwischen Verhalten und Umweltereignissen ausgerichtet ist. Sie befaßt sich, anders ausgedrückt, mit den historischen Variablen, die das Verhalten beeinflussen, d. h. mit dem Einfluß vergangener auf gegenwärtige Interaktionen" (BIJOU & BAER, 1961, S. 14).

Der Aufbau von Interaktionen erfordert Zeit, und überdies beeinflussen die früher zustandegekommenen Interaktionen die späteren, so daß eine bestimmte Gerichtetheit (nämlich eine Korrelation mit Alter) resultiert. Andere Autoren wie etwa BERLYNE (1966) haben vorgeschlagen, Richtung als eine abgeleitete Kategorie aufzufassen, wobei dann Alter als intervenierende Variable anzusehen wäre, die sich von anderen intervenierenden Variablen dadurch unterscheiden würde, daß sie von Stimulusbedingungen unabhängig und unidirektional ist sowie linear mit Zeit verläuft. Alter wäre dann ein Begriff wie „Trieb", „Verstärkung" oder „r_m" und würde in derselben Weise zur Erklärung (Ableitung) der Richtung herangezogen wie die anderen Begriffe zur Erklärung (Ableitung) des Zwecks.
In unserer Analyse des Wesens von Veränderung ist bislang ein Merkmal noch unerwähnt geblieben, das sonst häufig diskutiert wird. Gemeint ist hier die Frage, ob Veränderung als völlig kontinuierlich oder aber als diskontinuierlich ablaufend vorzustellen sei. Zwar betrifft dies ebenfalls das Wesen von Veränderung, dennoch wollen wir diese Frage wegen der großen Aufmerksamkeit, die ihr zuteil wurde, gesondert behandeln.

2.4.4.4 Diskontinuität versus Kontinuität

Das zentrale Problem, um das es hier geht, ist folgendes: Lassen sich die aufeinanderfolgenden Formen des Verhaltens auf die jeweils vorangegangenen zurückführen (Kontinuität), oder sind sie nicht rückführbar (Diskontinuität) auf vorangegangene Verhaltensweisen (H. WERNER, 1957). Vom Modelltheoretischen her ist es dabei völlig irrelevant, ob die Veränderung graduell oder abrupt, ob sie groß oder klein ist, ob sie mit Hilfe der einen oder anderen Methode erfaßt wird. Solche Erwägungen erhalten erst dann Gewicht, wenn wir die Modellebene verlassen und auf die empirische Dimension überwechseln. Entsprechend dem Modell des aktiven Organismus und seinen holistischen Implikationen besitzt eine Organisation Systemeigenschaften, die für diese Organisation als Ganzes, aber nicht für jedes Einzelteil kennzeichnend sind. So ist z. B. das Sehvermögen eine Eigenschaft des visuellen Systems in seiner Interaktion mit anderen Systemen und nicht etwa eine Eigenschaft der Cornea, der Retina, des Sehnervs oder der Kleinhirnrinde. Darin liegt auch die eigentliche Bedeutung des oft zitierten Satzes, das Ganze sei etwas anderes als die Summe seiner Teile. Wenn sich Teile und die Organisation verändern, dann hat die resultierende neue Organisation auch wieder neue oder neuartige Systemeigenschaften. Das läßt sich an einem Beispiel aus der Physik verdeutlichen, wo aus der

Verbindung von Wasserstoff und Sauerstoff Wasser entsteht: Wasser besitzt Eigenschaften wie etwa Feuchtigkeit, die für seine Komponenten nicht charakteristisch sind. Die neuen Eigenschaften *entstehen* in der Weise, daß sie nicht in einfachere Komponenten zerlegt und daher auch nicht daraus abgeleitet oder vorhergesagt werden können. Daraus ergibt sich, daß eine grundsätzliche Diskontinuität zwischen verschiedenen Niveaus der Organisation besteht.

NAGEL brachte diesen Gesichtspunkt in den allgemeinen entwicklungstheoretischen Zusammenhang (vgl. Abschnitt 4.3.1), und LANGER (1969) brachte ihn in den spezifischen Kontext der Humanentwicklung ein:

„Formal betrachtet, sind sie (die Menschen) Organ- oder Handlungssysteme...; sie sind ausgestattet mit (a) den notwendigen Systemen, um mit der Umwelt in Interaktion zu treten... und (b) den Eigenschaften zur Fortpflanzung, die ihre eigene Entwicklung gewährleisten... Natürlich *bilden sich die verschiedenen Systeme* zu jeweils verschiedenen Zeiten im Leben heraus. Entwicklungstheoretisch betrachtet, sind Menschen Handelnde, die fortwährend dafür tätig sind, daß sie angepaßt mit der Umwelt interagieren und die dabei ihre ihnen eigene *Organisation bewahren, während sie sie gleichzeitig verändern*. . . .Eine neue Entwicklungsstufe ist dann erreicht, wenn ein neues oder verändertes System dominant wird und die zuvor existierenden Systeme funktional untergeordnete Bedeutung erhalten oder in das neue System integriert werden." (S. 87; zitiert mit Erlaubnis).

Auf einzelne Theorien übertragen, bildet die Diskontinuitätsthese die logische Basis für die Behauptung, daß qualitative Unterschiede zwischen den verschiedenen Ebenen der Organisation und den Modi der Operation bestehen. In der PIAGETschen Theorie z. B. erfährt das Kind, das sich auf der Ebene sensumotorischer Schemata befindet, seine Umwelt in qualitativ anderer Weise als das auf der Stufe der logischen Operationen stehende Kind, weil die letztgenannten Strukturen Systemeigenschaften besitzen, die in den erstgenannten Strukturen nicht vorhanden sind, nämlich etwa Eigenschaften der Assoziativität, Komposition, Identität und Reversibilität.

Da es sich um modelltheoretische Probleme handelt, sind Diskontinuität und qualitative Veränderung einer empirischen Prüfung nicht zugänglich. In der Vergangenheit ist diese Tatsache oft nicht beachtet worden, was dazu führte, daß häufig behauptet wurde, man habe Diskontinuität festgestellt oder nicht, je nachdem, ob man bei den untersuchten Phänomenen abrupte Veränderungen fand oder nicht, ob also eine sprunghafte oder aber eine graduelle Entwicklung z. B. der Lokomotion zu beobachten war. Solche Befunde mögen relevant sein für die Frage, ob die Konzepte einer bestimmten Theorie brauchbar sind, aber sie sagen nichts aus über die *modellspezifische* Diskontinuität. Qualitative Veränderungen können, wie H. WERNER (1957) deutlich machte, auch nach und nach zu ihrer vollen Ausprägung gelangen.

Ähnlich impliziert die im Modell postulierte Diskontinuität durchaus nicht, daß Kontinuität nun auf gar keinem Niveau auftaucht. Auf der theoretischen Ebene, wo die allgemeinen Funktionen eingeführt werden, ergibt sich durch nähere Bestimmung solcher Funktionen als Ordnungsprinzipien für Veränderung zwangsläufig eine Art von Kontinuität. So werden hier z. B. alle Strukturen und Funktionen in einer kontinuierlichen Folge gesehen, die zu hierarchischer Integration, zu Äquilibration oder zu genitaler Reife führt. Auf der empirischen Ebene andererseits begegnen wir vielleicht einem Kontinuum in Form allmählicher Übergänge von einem Verhalten zum anderen, ohne daß irgendwelche Brüche dabei sichtbar wären. In beiden Fällen handelt es sich aus der Sicht des hier geschilderten Modells um Kontinuität im Rahmen von Diskontinuietät, d. h. um Kontinuität im Zusammenhang mit der Behauptung, daß spätere Formen des Verhaltens nicht auf frühere zurückgeführt werden können.

Im Rahmen des Modells vom reaktiven Organismus und des damit implizierten Elementarismus werden alle Veränderungen als strikt kontinuierlich aufgefaßt in dem Sinne, daß spätere Zustände immer auf vorangegangene Zustände rückführbar sind (d. h. aus ihnen vorhergesagt werden können). Anscheinend neuartige Verhaltensformen erweisen sich in der Analyse als Folge antezendenter Ereignisse. Im Falle der Motivation beispielsweise können, wenn man diese Position in die Theorie übersetzt, die Ziele von Erwachsenen als sekundäre oder gelernte Triebe betrachtet werden, die sich in der Analyse als ,,Fassade" herausstellen, ,,hinter der sich die Funktionen von zugrundeliegenden angeborenen Trieben verbergen" (DOLLARD & MILLER, 1950, S. 32). Entwicklungsbedingte Veränderungen können dann lediglich *nur anscheinend* neu auftauchende qualitative Unterschiede implizieren, so z. B. den Unterschied zwischen einem Kind, das in Diskriminationsaufgaben vermittelndes Verhalten zeigt, und einem Kind, das kein vermittelndes Verhalten zeigt. Was wie eine Neuentwicklung aussieht, ist in Wirklichkeit ableitbar aus der Lebensgeschichte des Kindes, d. h. aus der Kenntniss seiner Interaktionen mit der Umwelt und seiner grundlegenden Verhaltens- (Operations-) Merkmale. Dieselben theoretischen Prinzipien bleiben im übrigen für die gesamte Entwicklungszeit gültig.

Die Konzepte ,,Organisationsniveau" (Diskontinuität) und ,,Kontinuität", die in diesem Abschnitt dargestellt wurden, bilden nun das dem Modell zugrundeliegende logische Grundprinzip, nach dem in verschiedenen Theorien das Stufenkonzept als eine theoretische Grundkategorie übernommen wird oder nicht. Damit kommen wir zu der letzten unserer Modellkonsequenzen.

2.4.4.5 Das Konzept ,,Entwicklungsstufe"

KESSEN (1962) hat auf mehrere Verwendungsmöglichkeiten des Begriffs ,,Stufe" oder ,,Stadium" hingewiesen, von seinem literarisch-evokativen Gebrauch (etwa: ,,Das Kind befindet sich im Schimpansen-Stadium") über seine Verwendung als Umschreibung für Beobachtungen auf bestimmten Altersstufen (,,Johnny ist in seinem negativistischen Stadium") bis hin zu seiner Verwendung als theoretisches Konstrukt. Wir akzeptieren diese verschiedenen Möglichkeiten, interessieren uns hier jedoch nur für die Frage, ob das Modell, dem man sich verpflichtet fühlt, verlangt, daß man in die entsprechenden Theorien das Stufenkonzept als grundlegende theoretische Kategorie einführt, oder aber ob das Modell zu einer Ablehnung von Stufen als einem Grundelement einer Theorie führt.

Im Modell des aktiven Organismus vollziehen sich Veränderungen in den Struktur-Funktions-Beziehungen oder in der Organisation. Wenn sich die Organisation so weit verändert, daß neue Systemeigenschaften (neue Strukturen und Funktionen) auftreten oder wirksam werden, dann sprechen wir von einem neuen Organisationsniveau, das eine grundsätzliche Diskontinuität gegenüber den frühreren Niveaus aufweist.

Theorien, denen das Modell des aktiven Organismus zugrundeliegt, werden demnach logischerweise davon ausgehen, daß es Organisationsniveaus gibt. Diese Annahme wird dann in ein theoretisches Konzept von Stufe übersetzt, und „Stufe" enthält dann ihre spezifische Bedeutung durch andere theoretische Begriffe in der jeweiligen Theorie. H. Werner, Erikson und Piaget beispielsweise gehen logisch alle von der Existenz von Organisationsniveaus aus, aber bei jedem führt das zu einem ganz spezifischen theoretischen Stufenkonzept, je nach den speziellen Zielen und Inhalten der übrigen Theorien. Im Rahmen des Modells vom aktiven Organismus besteht also eine notwendige Beziehung zwischen dem im Modell formulierten „Organisationsniveau" und der in der Theorie auftretenden „Stufe". Wenn man das erkennt, klären sich etliche Probleme in bezug auf die Anwendung und das Verständnis von Theorie. Ein Beispiel wäre etwa die Frage der Relevanz empirischer Daten für das theoretische Stufenkonzept. B. Kaplan (1966) ist der Meinung, daß „Stufe" als theoretisches Konzept einen Wert hat, unabhängig davon, ob damit empirische Verhaltenssequenzen definiert werden oder nicht. Kohlberg (1968) erwähnt Kaplans Position, vertritt aber seinerseits die Ansicht, es sei „außerordentlich wichtig, zu prüfen, ob theoretisch formulierte Stufen. . . tatsächlich empirische Kriterien erfüllen" (S. 1022). Der anscheinende Widerspruch zwischen diesen beiden Positionen löst sich auf, wenn man erkennt, daß sich beide zwar auf das Modell des aktiven Organismus stützen, Kaplan jedoch eine empirisch nicht prüfbare modelltheoretische Aussage über Organisationsniveaus macht, während sich Kohlberg auf spezifische Stufen bezieht, die innerhalb einer speziellen Theorie definiert sind. Vom empirischen Standpunkt kann man sich fragen, ob die von Piaget formulierten Stufen die geeignete Darstellung der intellektuellen Entwicklung sind, aber man kann nicht empirisch überprüfen, ob es bestimmte Stufen gibt, wie sie durch modellspezifische Organisationsniveaus definiert werden.

Ein zweites Beispiel dafür, wie wertvoll ein Verständnis der Beziehungen zwischen Organisationsniveaus und Stufen sein kann, betrifft die Unabhängigkeit von Theorien, die eine derartige Unterscheidung erlauben, von solchen Theorien, die diese Unterscheidung nicht gelten lassen, d. h. die Unabhängigkeit von Theorien, die auf dem Modell des aktiven, und solchen, die auf dem Modell des reaktiven Organismus basieren. Das genannte Problem wurde auch schon mit Bezug auf den Holismus erörtert. Im vorliegenden Zusammenhang nun ist zu beachten, daß die Übersetzung von Organisationsniveaus in die Theorie, wo sie als Stufen erscheinen, gleichbedeutend ist damit, daß „Stufe" zu einer zentralen und grundlegenden Kategorie für die Theorienbildung wird. Diesen Status von „Stufe" zu ignorieren und sie als untergeordnet und unwesentlich abzutun, hieße der logischen Grundlage und der logischen Eigenständigkeit der Theorie Gewalt anzutun. Wenn Berlyne (1966) z.B. behauptet, es sei „ein schwerwiegendes Mißverständnis, zu glauben, es gehe Piaget ganz wesentlich darum, zu betonen, daß es Stufen gebe" (S. 73), dann unterläuft ihm damit etwas, was man als „Assimilationsfehler" bezeichnen könnte. Er versucht nämlich, die Piagetsche Theorie der allgemeinen Verhaltenstheorie zu assimilieren, indem er ein Konzept aus seiner zentralen Position innerhalb des einen Modells verdrängt und ihm statt dessen einen abgeleiteten Stellenwert innerhalb eines anderen Modells zuweist.

Betrachtet man das Modell des reaktiven Organismus im allgemeinen, so ist wohl deutlich, daß aufgrund der Annahme strikter Kontinuität kein logisch zwingender Grund für die Einführung des Stufenkonzeptes in die Theorie besteht. Wenn „Stufe" in diesem Zusammenhang überhaupt verwendet wird, dann nur als eine der eigentlichen Theorie untergeordnete Hilfskonstruktion. So dient ,,Stufe" beispielsweise zur bequemen zusammenfassenden Beschreibung von Phänomenen oder wird als empirisches Gesetz oder auch, neuerdings (BIJOU, 1968), als ein naturalistisch-empiristisches Phänomen aufgefaßt, das auf ,,empirisch definierten biologischen, physikalischen und sozialen Interaktionen" basiert (S. 423). Ungeachtet der jeweiligen speziellen Ausformulierungen hat der Begriff der Stufe jedoch innerhalb des Modells des aktiven Organismus einen anderen Status und einen anderen Wert, als wenn er innerhalb des Modells des reaktiven Organismus definiert wird.

2.5 Zusammenfassung und Schlußbemerkungen

Ziel dieses Artikels war, zu zeigen, daß vortheoretische Modelle einen außerordentlich starken Effekt auf die Theorienbildung ausüben. Theorien, die auf radikal verschiedenen Modellen aufbauen, sind logisch unabhängig voneinander und können nicht ineinander überführt werden. Sie spiegeln verschiedene Arten der Betrachtung von Welt wider und sind als solche in ihren Implikationen unvereinbar. Unterschiedliche Weltsichten enthalten auch unterschiedliche Vorstellungen darüber, was *Wissen* und damit, was *Wahrheit* sei. Eine Synthese von Modellen stiftet daher bestenfalls Verwirrung.

Theorien, die auf ein und demselben Modell basieren, können als *Theorienfamilien* angesehen werden. Sie können inhaltlich voneinander abweichen (so legt z. B. PIAGET Gewicht auf die intellektuelle Entwicklung. ERIKSON dagegen auf die Entwicklung des Sozialverhaltens und der Persönlichkeit), oder sich auch im Hinblick auf bestimmte theoretische Fragen unterscheiden (so vergleiche man z. B. die unterschiedlichen Auffassungen CHOMSKYS und PIAGETS zu der Frage, inwieweit ursprünglich vorhandene Strukturen anzunehmen seien), aber solche Unterschiede lassen sich entweder miteinander vereinen oder auflösen. Das ist jedoch nicht möglich bei Unterschieden *zwischen* verschiedenen Theorienfamilien, und zwar wegen der unterschiedlichen Voraussetzungen, von denen diese Theorien jeweils ausgehen.

Unsere Analyse der ,,Modellkonsequenzen" könnte und sollte eigentlich, um das Gesamtbild der kategorialen Festlegung der Modelle abzurunden, auf bestimmte Implikationen der Modelle für einzelne Forschungsstrategien ausgedehnt werden. Auf einige Aspekte haben wir bereits hingewiesen, eine ausführliche Behandlung würde jedoch den Rahmen des vorliegenden Beitrags sprengen. Wir möchten schließen mit einem Hinweis auf den Anfang unseres Artikels: Die Suche nach einer gemeinsamen Sprache innerhalb der Psychologie ist eine Suche nach gemeinsamen Modellen, nicht eine Frage der wechselseitigen Assimilation verschiedener theoretischer Konzepte.

3 Die Forschungsparadigmen einer Entwicklungspsychologie der Lebensspanne: Rückblick und Ausblick

PAUL B. BALTES, Pennsylvania State University, University Park, Pennsylvania
K. WARNER SCHAIE[1], West Virginia University, Morgantown, West Virginia

Zum Inhalt

Im folgenden werden einige Modelleigenschaften eines die gesamte Lebenszeit umfassenden Ansatzes zur Untersuchung der psychischen Entwicklung zusammenfassend dargestellt und diskutiert. Im Mittelpunkt stehen dabei ausgewählte Modelleigenschaften, die mit den drei Aufgaben der Beschreibung, Erklärung und Modifikation intra- und interindividueller Entwicklungsmuster zusammenhängen (Kontinuität versus Diskontinuität von Antezedenz-Konsequenz-Beziehungen; Paradigmen, in denen die Antezedenz-Konsequenz-Variablen praktisch gleichzeitig erfaßt werden, versus Paradigmen, in denen die Bedingungen weit zurückliegen; zeitverzögerte Beziehungen; Interaktionen zwischen Treatment und Lebensgeschichte; etc.). Was die Beschreibung von Entwicklungsphänomenen betrifft, so behaupten wir, daß die Nützlichkeit eines auf die gesamte Lebensspanne bezogenen Entwicklungskonzeptes dadurch bewiesen wird, daß in den meisten Verhaltensklassen im Verlauf des gesamten menschlichen Lebens entwicklungsbedingte Veränderungen zu beobachten sind. Was dagegen die Erklärung und die Modifikation anbelangt, so sind die Möglichkeiten einer die gesamte Lebenszeit umfassenden Perspektive zwar primär abhängig von der Bedeutung zeitlich weit auseinanderliegender (zeitverzögerter) Beziehungen in ihrer Interaktion mit unmittelbaren Antezedenzien und der damit verbundenen Entscheidung, welches Modell ontogenetischer Entwicklung man akzepiert, ein diskontinuierliches oder ein kontinuierliches; dennoch möchten wir behaupten, daß eine auf die gesamte Lebenszeit gerichtete Orientierung in der Entwicklungspsychologie unbedingt erforderlich und auch unmittelbar nützlich ist, wenn das Ziel die Optimierung der Entwicklung des Menschen in einer sich wandelnden Gesellschaft sein soll.

Wir werden zeigen, wie ein auf die gesamte Lebenszeit bezogener Ansatz bei der Untersuchung von Entwicklung die Inhalte und die Methodologie altersspezifischer Entwicklungsmodelle modifiziert und zu einer Neuorientierung der gegenwärtigen entwick-

[1] Derzeitige Adresse: Ethel Percy Andrus Gerontology Center, University of Southern California, Los Angeles, California.

lungspsychologischen Forschung beiträgt. Zwar kommen wir zu dem allgemeinen Schluß, daß die empirische Genauigkeit und die Reichweite der Paradigmen einer Lebenszeit umfassenden Entwicklungspsychologie erst noch nachgewiesen werden müssen, zumal, wenn es um die Erklärung von Entwicklungsprozessen geht. Doch können wir immerhin schon feststellen, daß ein an der gesamten Lebenszeit orientiertes Entwicklungskonzept im äußersten Fall einige der allgemeinen Irrtümer und Gefahren aufdecken kann, die potentiell in jedem entwicklungspsychologischen Ansatz stecken. Wir möchten sogar behaupten, daß solche theoretischen und methodologischen Grenzen leichter übersehen werden, wenn man bei der Untersuchung von Entwicklungsphänomenen einen altersspezifischen und nicht einen auf die gesamte Lebenszeit ausgerichteten Ansatz wählt.

3.1 Einführung

In der jüngeren Vergangenheit gibt es zwar zunehmend Versuche, eine Lebenszeit umfassende Entwicklungstheorie auszuformulieren und empirisch zu überprüfen, dennoch sind wir der Meinung, daß trotz dieser zahlreichen Bemühungen eine derartige Theorie noch lange nicht den Reifegrad erreicht hat, daß eine knappe und prägnante Darstellung ihrer Konzepte und der entsprechenden empirischen Daten möglich wäre. Ein zu großer Optimismus, wie er teilweise bei der Übernahme einer Lebenszeit umfassenden entwicklungspsychologischen Perspektive zu beobachten ist, könnte leicht die wissenschaftliche Fruchtbarkeit dieses Ansatzes in Frage stellen, wenn die Forschungsbemühungen nicht adäquat angesetzt und die Konzepte und Methoden nicht entsprechend sorgfältig den Erfordernissen angepaßt werden.

Es ist deshalb das Ziel dieses Beitrages, die begriffliche und methodische Klärung des auf die gesamte Lebenszeit ausgerichteten entwicklungspsychologischen Ansatzes weiter voranzutreiben, indem die hauptsächlichen Paradigmen dargestellt werden, welche die Forschung in diesem Bereich leiten sollten. Wir hoffen, dadurch (1) das Spezifische eines entwicklungspsychologischen Ansatzes im allgemeinen und eines auf die gesamte Lebenszeit bezogenen entwicklungspsychologischen Ansatzes im besonderen zu explizieren; (2) theoretische und methodische Besonderheiten, aber auch Gefahren deutlich zu machen, die eine auf die gesamte Lebensspanne bezogene Entwicklungspsychologie kennzeichnen; und (3) Forschungsvorhaben zu stimulieren, die deutlicher als bisher die Tragfähigkeit von Entwicklungsmodellen prüfen, in denen Entwicklung als ein Prozeß gesehen wird, der sich über das gesamte Leben hin erstreckt. In diesem Sinne stellt der vorliegende Beitrag eine logische Weiterentwicklung der Gedanken dar, die bereits im Einführungskapitel (Baltes & Goulet, 1970, Kapitel 1 dieses Bandes) des ersten Bandes (Goulet & Baltes, 1970) über die West-Virginia-Konferenzen geäußert worden sind. Entsprechend unserer Absicht, die theoretischen und methodologischen Grundlagen einer auf die gesamte Lebenszeit bezogenen entwicklungspsychologischen Analyse deutlicher herauszuarbeiten, wird im ersten Teil dieses Beitrages der Versuch unternommen, das eigentliche Wesen der Paradigmen und Fragestellungen zu charakterisieren, die prototypisch sind für eine Lebenszeit umfassende Entwicklungspsychologie. Zum anderen werden wir einige Empfehlungen für künftige Forschungen geben, wobei wir insbesondere an eine Intensivierung und Verfeinerung der Bemühungen denken, die von besonderer Bedeutung sein könnten für eine Klärung des Wertes von Entwicklungsmodellen, die für die gesamte Lebensspanne gelten.

3.1.1 Entwicklung über die gesamte Lebenszeit hin betrachtet

Man kann wohl mit Recht sagen, daß das in den letzten Jahren immer stärker werdende Interesse an einer auf die gesamte Lebenszeit bezogenen Entwicklungspsychologie und an anderen Bereichen der menschlichen Entwicklung nur eine Fortsetzung dessen ist, was einige bedeutende Wissenschaftler schon z. T. etliche Jahrzehnte zuvor, wenn auch weitgehend vereinzelt und allein, begonnen haben (z. B. BAYLEY, 1963; BÜHLER, 1933; BÜHLER & MASSARIK, 1968; HAVIGHURST, 1948; HOFSTÄTTER, 1938; NEUGARTEN, 1968, 1969; PRESSEY & KUHLEN, 1957).

Aber auch wenn der Lebenszeit bezogene entwicklungspsychologische Ansatz mittlerweise anscheinend außerordentlich viele Wissenschaftler interessiert, sind die theoretischen und empirischen Grundprinzipien eines solchen Ansatzes doch immer noch recht verschwommen und vielleicht sogar mißverstanden worden. Die Bemühungen um eine Entwicklungspsychologie, bei der die gesamte Lebensspanne berücksichtigt wird, galten wohl in erster Linie einem wesentlichen Ziel: Einigung darüber zu erzielen, daß Entwicklung auf *allen* Altersstufen stattfindet (im Säuglings-, im Kindesalter, in der Adoleszenz, im Erwachsenen- und im Greisenalter) und daß es, von der Theorienbildung aus gesehen, nicht nur kurzsichtig, sondern mitunter sogar sinnlos und nachteilig ist, altersspezifische Entwicklungsmodelle zu konstruieren, in denen die Beziehungen zwischen den verschiedenen Altersstufen sowie andere Aspekte von Verknüpfungen über große Zeiträume der Ontogenese hinweg nicht berücksichtigt werden.

Zum größten Teil ist dieses Ziel wohl erreicht worden, und die meisten Entwicklungspsychologen teilen in der Tat die Auffassung, daß entwicklungsbedingte Veränderungen nicht auf einen bestimmten Abschnitt der Lebensspanne beschränkt sind, sondern daß, je nach der psychischen Funktion und dem Umweltkontext, auf allen Altersstufen einschneidende und rasche Verhaltensveränderungen stattfinden können. Die verschiedenen Beiträge in den Bänden über die West-Virginia-Konferenzen, von denen hier eine Auswahl vorgelegt wird, zeigen in aller Deutlichkeit die Einstellung gegenüber diesem Aspekt einer auf die gesamte Lebenszeit bezogenen Entwicklungspsychologie. Man kann sogar der Auffassung begegnen (z. B. BAYLEY, 1963), daß es durchaus begründet sei, anzunehmen, das Tempo der Veränderung sei am größten in der frühen Kindheit und im hohen Alter. Die Intelligenzentwicklung (für einen Überblick über diesen Forschungsbereich s. BALTES & LABOUVIE, 1973; HORN, 1970; SCHAIE, 1970) liefert ein praktisches Beispiel für diesen vermuteten Zusammenhang: Das Tempo der Intelligenzentwicklung nimmt während des ersten Abschnitts der Lebensspanne systematisch ab (z. B. BLOOM, 1964), und es kommt im Erwachsenenalter nur noch zu relativ geringen Veränderungen

(z. B. Nesselroade, Schaie & Baltes, 1972; Owens, 1966), so daß Erwachsene hier über größere Zeitabschnitte hinweg einen hohen Grad an Stabilität zeigen, ähnlich wie bei Eigenschaften. Die Jahre vor dem Tod sind dagegen wieder durch ein deutlich beschleunigtes Tempo der Veränderungen charakterisiert, was oft mit dem Begriff der „Veränderungen vor dem Ende" („terminal change", z. B. Riegel & Riegel, 1972) bezeichnet wird.

Ein anderes typisches Beispiel wäre das von Havighurst (1973) diskutierte Modell der Entwicklungsaufgaben. Diesem Modell liegt die Auffassung zugrunde, daß verschiedene Abschnitte des menschlichen Lebens durch unterschiedliche Arten von Aufgaben zu charakterisieren seien (s. auch Havighurst, 1948). Ausgehend von der Vorstellung „eines aktiv Lernenden, der mit einer aktiven sozialen Umwelt interagiert [1973, S. vi]", postuliert Havighurst, daß das Individuum sein ganzes Leben hindurch die verschiedensten Aufgaben zu meistern habe. Man kann sich also vorstellen, daß die Gesamtveränderung, die ein Individuum während seines Lebens zeigt, sich zusammensetzt aus Veränderungen in einer Vielzahl von Verhaltenssubkategorien. Inwieweit sich ein solches Modell in die Empirie übertragen läßt, hängt natürlich von der Skalierbarkeit der Reaktionsmaße und anderen Annahmen bezüglich der Additivität der Meßwerte ab. Auf jeden Fall bietet das Modell der Entwicklungsaufgaben jedoch ein anschauliches Beispiel für eine Lebenszeit umfassende Perspektive von Entwicklung und zeigt, wie verfälschend und unfruchtbar eine aufgabenspezifische Sichtweise ist in dem Sinne, daß geglaubt wird, eine bestimmte Altersperiode (z. B. das Kindesalter) sei, was die Bedeutung der Entwicklungsprozesse betrifft, die kritische Phase. Der Artikel von Emmerich (1973) über die Entwicklung von Geschlechtsrollen liefert ein weiteres überzeugendes Argument, indem darauf hingewiesen wird, daß ein dynamisches Modell notwendig sei, wenn die Geschlechtsrollen-Entwicklung über das ganze Leben hin betrachtet wird.

Weniger klar ist dagegen vielen Entwicklungspsychologen, ob die Veränderungen, die im Verlauf des Lebens auftreten, alle von der Art sind, daß man sie als „entwicklungsbedingte Veränderungen" bezeichnen könnte. Dieses Problem ist zwar im Hinblick auf die Geschichte und die Verschiedenartigkeit der mit dem Konzept „Entwicklung" verknüpften Weltbilder von einiger Bedeutung (z. B. Harris 1957; Looft, 1973, Kapitel 12 dieses Bandes; Overton & Reese, 1973; Reese & Overton, 1970, Kapitel 2 dieses Bandes), im vorliegenden Zusammenhang spielt es jedoch nur eine untergeordnete Rolle. Wie schon früher (s. Baltes & Goulet, 1970, s. auch Kapitel 1 dieses Bandes; 1971), so möchten wir auch jetzt behaupten, daß die Unterscheidung zwischen entwicklungsbedingten Veränderungen (developmental change) und Veränderungen, die im Verlauf des Alterns auftreten (aging change), im wesentlichen metatheoretischer Natur ist. Eine Diskussion dieser Frage würde uns kaum weiterbringen, da a priori festgelegt ist, daß in bestimmten Altersabschnitten ein „Verhaltenszuwachs" und in anderen ein „Verhaltensabbau" auftritt. Unsere Auffassung, daß nämlich die Unterscheidung zwischen Entwicklung und Altern nur von untergeordneter Bedeutung ist, darf jedoch nicht dahingehend mißverstanden werden, daß wir den möglichen Nutzen von Abbau-Modellen gänzlich leugnen würden. Unsere Position besagt lediglich, daß man keine vorurteilsfreien Modelle der Ontogenese bilden kann, wenn Entwicklung auf das Kindesalter und die Adoleszenz und Altern auf die Erwachsenenzeit und das höhere Alter bezogen wird;

diese Modelle dürften, wenn man sie empirischen Daten gegenüberstellt, nur geringe Validität haben.

3.1.2 Erklärung von Veränderungen, die im Verlauf des Lebens auftreten

Wenn wir also davon ausgehen können, daß wirklich auf allen Altersstufen deutliche Veränderungen zu finden sind, d. h., daß es auf der Beschreibungsebene in der Tat über das gesamte Leben hin Veränderungen gibt, dann zielen die wissenschaftlichen Bemühungen in erster Linie darauf ab, solche während der gesamten Lebensspanne auftretenden Veränderungen durch die jeweiligen Antezedenz-Bedingungen und die mit ihnen verbundenen Mechanismen zu erklären. Natürlich ist dieser Prozeß der Erklärung von Veränderungen mühselig. Die Verfasser teilen ganz allgemein die Ansicht von RIEGEL (1966, S. 99), daß es in der Entwicklungspsychologie bis jetzt noch keine Theorie gibt, die das „Warum" von Entwicklung erklären würde, auch wenn die meisten unserer Kollegen wohl behaupten würden, daß es bereits eindrucksvolle Fortschritte in dieser Richtung gibt. Vor allem gilt unsere skeptische Haltung in bezug auf die Merkmale der ontogenetischen Veränderung beim älteren Menschen, d.h. für den Vorgang des Alterns[2]; hier beschränken sich die meisten Psychogerontologen immer noch auf das „Zählen und Klassifizieren der ‚Runzeln im Seniorverhalten'" (KASTENBAUM, 1968, S. 280) und erwarten anscheinend, die Zeit selbst würde allein durch ihren Ablauf schon die Erklärung liefern. Es gibt viele Versuche, die Sequenzen von Verhaltensveränderungen zu erklären; alle basieren sie jedoch auf der Annahme, daß Zeit selbst kein Kausalfaktor sei (s. BALTES & GOULET, 1971; BENGTSON & BLACK, 1973; RIEGEL, 1972; WOHLWILL, 1970a; s. auch NEUGARTEN & DATAN, 1973, Kapitel 13 dieses Bandes). Zeit ist, wie chronologisches Alter, keine psychologische Variable; man muß ihre theoretische Bedeutung immer aus weiteren Untersuchungen ableiten, die ihrerseits abzielen auf die systematische Erklärung von Verhaltensveränderungen durch die im Verlauf der Zeit auftretenden Antezedenz-Bedingungen und Prozesse. Bei einer solchen Strategie reduziert man die Zeitdimension auf eine Aneinanderreihung von Ereignissen und Ereigniskombinationen. BALTES und GOULET (1971) sowie WOHLWILL (1970a), BAER (1970) und SUTTON-SMITH (1970) haben einige maßgebliche Forschungsparadigmen diskutiert, die eine derartige analytische Erklärung von entwicklungsbedingten Veränderungen ermöglichen. Im Zusammenhang mit Alternsprozessen hat BIRREN (1959, 1970) diesen Sachverhalt sehr klar ausgesprochen und festgestellt, daß „der Begriff des Alterns zur Umschreibung der Zusammenhänge, die mit chronologischem Alter einhergehen, nur unter der stillschweigenden Voraussetzung verwendet werden könne, daß solche Zusammenhänge anschließend durch andere Variablen erklärt werden, ohne daß dabei der Begriff ‚Alter' verwendet wird" (BIRREN, 1959, S. 8).
Die Suche nach der Erklärung ontogenetischer Veränderungen durch Antezedenz-Bedingungen oder die mit Zeit korrelierenden Prozesse führt zu einer Spezifizierung der Pa-

[2] Hier wird vielleicht die Anmerkung wichtig, daß die Autoren Altern nicht mit Abbau gleichsetzen. Die im hohen Alter auftretenden Veränderungen im Verhalten können, was ihre strukturelle Qualität und Richtung angeht, viele Formen annehmen, je nach dem Kontext und den untersuchten Verhaltensklassen.

radigmen, die charakteristisch sind für eine entwicklungspsychologische Sichtweise innerhalb einer analytischen Verhaltensforschung. Natürlich wird das Vorgehen dabei beeinflußt von dem Weltbild und den Vorstellungen, die man in bezug auf Methodologie und Theorienbildung in den Verhaltenswissenschaften hat (vgl. KLAUSNER, 1973; LOOFT, 1973, Kapitel 12 dieses Bandes; REESE & OVERTON, 1970, Kapitel 2 dieses Bandes). Aber auch wenn die Gefahr einer metatheoretischen Voreingenommenheit gegeben ist, scheint eine zusammenfassende Diskussion dennoch in dem Fall von Nutzen zu sein, in dem sie das Bezugssystem zu verdeutlichen hilft, aus dem heraus ein Rationale für eine Lebenszeit umfassende Perspektive von Entwicklung abgeleitet werden kann. Im folgenden werden wir daher versuchen, das Bezugssystem zu skizzieren, das wir in den Jahren ausgearbeitet haben, in denen wir graduierte Studenten mit dem entwicklungspsychologischen Ansatz zur Untersuchung des Verhaltens vertraut gemacht haben. Ziel der folgenden Ausführungen ist dabei nicht in erster Linie die Darstellung einer theoretischen Position; vielmehr wollen wir veranschaulichen, was wir als die „*entwicklungspsychologische Orientierung*" in den Verhaltenswissenschaften bezeichnen könnten.

3.2 Paradigmen der Entwicklungsforschung

Betrachtet man Entwicklung über die gesamte Lebensspanne hinweg, so wird deutlich, daß das Verhalten eines Individuums und die interindividuellen Unterschiede im Verhalten Ergebnis der Ontogenese sind, daß die Vergangenheit das Vorspiel für die Gegenwart und die Gegenwart das Vorspiel für die Zukunft ist. Was bedeutet eine solche Auffassung nun im Hinblick auf die Forschungsparadigmen und die theoretischen Folgesätze?

3.2.1 Grundlegende Paradigmen

Es ist bereits an anderer Stelle festgestellt worden, daß Forschungsparadigmen immer innerhalb eines Metamodells entwickelt und nicht als wahr oder falsch bezeichnet werden können. Es ist für die folgenden Überlegungen wesentlich, daß dieser relativierte Standpunkt im Auge behalten wird, denn das Forschungsmodell, das wir im folgenden zur Charakterisierung einer Lebenszeit umfassenden Perspektive von Entwicklung verwenden, muß nicht unbedingt auch das sein, das andere Forscher ihrerseits bevorzugen würden. Unsere Absicht ist also nicht, ein bestimmtes Metamodell für die Forschung zu propagieren, sondern die allgemeinen Merkmale einer entwicklungspsychologischen Orientierung systematisch darzustellen.
Von Vertretern deterministischer und mechanistischer Metamodelle beispielsweise wird vorgeschlagen, die Forschungsparadigmen in den Verhaltenswissenschaften entsprechend den im oberen Teil von Abbildung 1 dargestellten Elementen zu gliedern: Reaktionsvariablen *(R)*, Stimulusvariablen *(S)* und Organismusvariablen *(O)*. Andere Klassi-

fikationen sind ebenso denkbar (s. dazu die Diskussionen von KERLINGER, 1964; SPENCE, 1963); und es ist auch möglich, daß es für einige Forscher ganz unannehmbar ist, überhaupt mit der vorgeschlagenen Aufteilung in die drei Arten von Variablensystemen zu beginnen (vgl. dazu die Zentrierung auf den ,,echten“ Interaktionismus sensu PIAGET oder auf die Systemtheorie).

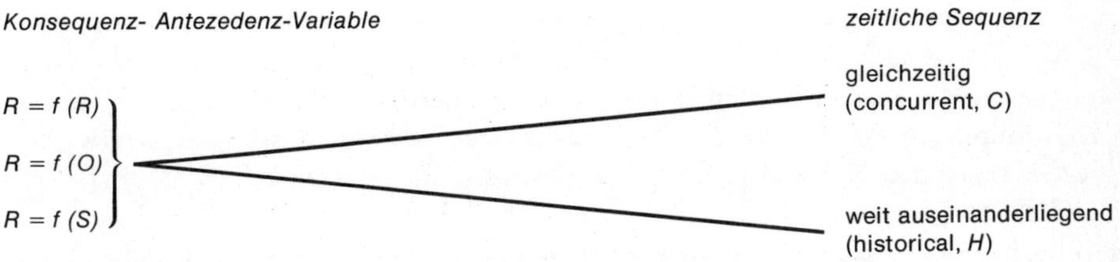

Multivariate Erweiterung
$R(1, 2, \ldots, r) = f[(R1, 2, \ldots, r), (O1, 2, \ldots, o), (S1, 2, \ldots, s)]_{C,H}$

Entwicklungspsychologische Formel
$R(1, 2, \ldots, r)_{Tt} = f(R, O, S)_{Tt}, g(R, O, S)_{Tt-1}, h(R, O, S)_{Tt-2}, i(R, O, S)_{Tt-t}$

Abb. 1: Darstellung möglicher Beziehungen zwischen Variablen, die den Gegenstand psychologischer Forschung bilden. (Paradigmen, in denen Antezedenz- und Konsequenz-Variablen durch große Zeiträume voneinander getrennt sind, werden als prototypisch für die entwicklungspsychologische Forschung angesehen; Ziel der Erklärung ist die Art der im Verlauf der Entwicklung auftretenden ,,kumulierten Effekte“ oder ,,Verknüpfungen“.) Die Entwicklungsforschung zielt ab auf die Erklärung intraindividueller Veränderungen und interindividueller Unterschiede in intraindividuellen Veränderungen.

In dem in Abbildung 1 dargestellten Metamodell wird zum einen postuliert, daß Reaktionen *(R)* die abhängige Variable (das *Explanandum)* psychologischer Untersuchungen konstituieren. Zum zweiten wird postuliert, daß man sich bei der Erklärung und der Vorhersage von Verhalten auf Antezedenz-Bedingungen bezieht und die Zielvariable, d. h. die abhängige Variable (das Verhalten, *R*), in Beziehung setzt entweder zu anderen *Reaktionsvariablen* [$R = f(R)$] zu *organismischen Variablen* [$R = f(O)$] oder aber zu *Stimulusvariablen* [$R = f(S)$]. Anschauliche Beispiele für diese drei Paradigmen sind die Versuche, eine bestimmte abhängige Variable, z. B. ,,Angst“, durch andere Reaktionskategorien (z. B. Aggression, Schuldgefühl), durch organismische Variablen (z. B. Blutdruck, Pulsfrequenz) oder durch Stimulusvariablen (z. B. Dunkelheit, Isolation) zu erklären und vorherzusagen.

Zum dritten impliziert das Metamodell in Abbildung 1, daß die Variablen entweder in einer *unmittelbaren (concurrent, C)* oder aber in einer *historischen (historical, H)* Beziehung zueinander stehen. Mit anderen Worten: Man kann versuchen, die abhängige Variable oder das resultierende Verhalten durch Antezedenz-Variablen zu erklären, die in unmittelbarer oder mindestens in sehr großer zeitlicher Nähe von der Zielvariablen auftreten; man kann sich bei der Erklärung aber auch auf Antezedenzien stützen, die im Zeitablauf sehr viel weiter zurückliegen. Die Beziehungen, bei denen ein großes Zeitintervall zwischen dem resultierenden Verhalten und Antezendenz-Bedingungen liegt, werden manchmal auch ,,distale" Beziehungen genannt. Diese Unterscheidung zwischen unmittelbaren und historischen Beziehungen ist natürlich etwas willkürlich und muß im jeweiligen Kontext interpretiert werden. Pragmatisch gesehen, ist sie allerdings nützlich. Man betrachte dazu etwa die folgende Situation, in der es um die erklärende Interpretation des Angstkonzepts geht: Aufdeckung einer zeitlich unmittelbaren Beziehung bedeutet hier den Versuch, ,,Angst" vorherzusagen aus der Konfrontation des Probanden mit einer angsterzeugenden Stimulus-Situation (z. B. einem drohenden Vater); der Versuch, Angst durch eine weiter zurückliegende angsterregende Stimulus-Situation (etwa dem Erlebnis eines bedrohlichen Vaters in der frühen Kindheit) zu erklären, wäre ein Beispiel für eine historische Antezedenz-Konsequenz-Beziehung.

Schließlich deutet die entwicklungspsychologische Formel in Abbildung 1 darauf hin, daß die Hauptaufgabe der Entwicklungsforschung die Erklärung intraindividueller Veränderungen (in der Konsequenz-Variablen, dem Verhalten) und der dabei zu beobachtenden interindividuellen Unterschiede ist, und zwar unter Bezug auf die im Verlauf der Zeit auftretenden Interaktionen zwischen Reaktions-, Organismus- und Stimulus-Variablen. Das Ergebnis derartiger Interaktionen über die Zeit hin bestimmt das Verhalten eines Individuums sowie die interindividuellen Unterschiede zu einem gegebenen Zeitpunkt *(T)*. In diesem Zusammenhang ist folgendes zu beachten: T_t und T_{t-1} in Abbildung 1 entsprechen den Beziehungen zwischen unmittelbar gleichzeitig gemessenen Variablen bzw. historischen Beziehungen; die Verwendung mehrerer Indizes *(f, g, h, i)* soll es darüber hinaus möglich machen, charakteristische Funktionen zu verschiedenen Zeitpunkten zu berücksichtigen (s. unten die Diskussion zum Problem von Kontinuität und Diskontinuität). Außerdem ist zu beachten, daß das entwicklungspsychologische Paradigma schwerpunktmäßig auf eine Analyse des Zusammenhangs von Variablen *(S, O, R)* des Veränderungsprozesses ausgerichtet ist, denn es wird nicht etwa ein starres Organismus-Umwelt-System vorausgesetzt, sondern vielmehr explizit darauf hingewiesen, daß auch im Verlauf der Zeit auftretende Veränderungen in der Umwelt *(S)* berücksichtigt werden sollten. Diese Konzeption eines dynamischen Mensch-Umwelt-Verhältnisses ist nicht typisch für den amerikanischen Behaviorismus (BALTES & NESSELROADE, 1973, siehe Kapitel 6 dieses Bandes), aber dennoch von außerordentlicher Bedeutung für das Verständnis der Merkmale eines Ansatzes, bei dem Entwicklung über die gesamte Lebenszeit hin betrachtet wird.

Diese Darstellung von Forschungsparadigmen ist selbstverständlich nicht vollständig. Einerseits ist klar, daß natürlich in bezug auf jede beliebige Response-Kategorie eine Vielzahl von unmittelbar zur selben Zeit auftretenden und historischen Antezedenz-Bedingungen wirksam sein kann, denen nicht notwendigerweise eine endliche Menge von Elementen zugrundeliegt, wie es das multivariate Modell in Abbildung 1 nahelegt. Andererseits müßte noch genauer geklärt werden, wie Bedingungen, die es in der Vergangenheit einmal gegeben hat (das Wesen von *f* und *g* etc.), in den gegenwärtigen Zusammenhang übertragen oder übermittelt werden. Ein solches sich veränderndes System von Antezedenz-Konsequenz-Beziehungen, das im Verlauf der Zeit ein bestimmtes Verhalten-

sergebnis, ja, eine ganze Reihe solcher Ergebnisse hervorbringt (RIEGEL, 1972), ist aber genau das Kernstück der entwicklungspsychologischen Theorienbildung.
Im folgenden wollen wir deshalb versuchen aufzuzeigen, welche Aspekte der im vorhergehenden beschriebenen Paradigmen für entwicklungspsychologische Überlegungen fruchtbar sind und bei welchen sich die Schwächen, die der entwicklungspsychologischen Formel selbst anhaften, am stärksten auswirken. Soweit möglich, wollen wir das am Beispiel der Intelligenzentwicklung demonstrieren, einem Forschungsbereich, in dem die beiden Verfasser selbst arbeiten.

3.2.2 Allgemeine Ziele der Entwicklungsforschung

Wir haben also festgestellt, daß, wenn man eine entwicklungstheoretische, auf die gesamte Lebensspanne gerichtete Sichtweise der psychischen Ontogenese wählt, man bei der Umsetzung in die Empirie historische Paradigmen verwenden muß. Umgekehrt könnte man sagen, daß eine die gesamte Lebenszeit umfassende Perspektive nichts Besonderes wäre, wenn sich ontogenetische Phänomene ausreichend durch Pradigmen erklären ließen, bei denen unabhängige und abhängige Variablen unmittelbar zur selben Zeit erfaßt werden können. Außerdem behaupten wir, daß man sich bei einer auf die Lebenszeit bezogenen Entwicklungspsychologie auf eine kumulative Prozeß-Analyse von Response-Organismus-Stimulus- (Mensch-Umwelt-)Systemen konzentrieren muß. Das aber führt zu der weiteren Konsequenz, daß sich eine derartige Entwicklungspsychologie konzeptuell nicht von anderen entwicklungspsychologischen Ansätzen zur Untersuchung des Verhaltens unterscheidet, etwa dem Versuch, die Entstehung der PIAGETschen Konservationsurteile bei Kindern zu erklären. Der einzige Unterschied besteht in der Dauer und der Anzahl der involvierten historischen Beziehungen. Dieser Schluß, obwohl theoretisch naheliegend, ist sehr wesentlich, denn oft wird die Lebenszeit umfassende Entwicklungspsychologie als konzeptuell verschieden von der, sagen wir, konventionellen Kinderpsychologie gesehen, um nur eine der altersspezifischen Forschungsrichtungen zu nennen.
Die Überprüfung der Brauchbarkeit eines solchen historischen, auf eine kumulative Prozeß-Analyse ausgerichteten Ansatzes zur Untersuchung der psychischen Ontogenese wollen wir in zwei Schritten vornehmen. Zuerst werden einige allgemeine Ziele entwicklungspsychologischer Theorienbildung im Sinne der bereits dargestellten Forschungsparadigmen beschrieben. Anschließend wollen wir dann Fragen ableiten, die als prototypisch angesehen werden können für eine Entwicklungspsychologie, die auf die Erforschung ihrer Phänomene über die gesamte Lebensspanne hin ausgerichtet ist.
Bezugsrahmen für die Erörterung der prototypischen Fragen bildet die Forderung, daß idealiter Reichweite, Präzision, und Format von Theorien die *Beschreibung*, *Erklärung* und *Modifikation* eines bestimmten Phänomens ermöglichen müssen, wie es BALTES und GOULET (1970, s. Kapitel 1 dieses Bandes) beschrieben haben. Dort ist außerdem erklärt worden, daß entwicklungspsychologische Untersuchungen – ausgedrückt in Varianzkomponenten – immer gerichtet sind auf die Beschreibung und Vorhersage *intraindividueller Veränderungen* und *interindividueller Unterschiede in intraindividuellen Verän-*

derungen. Die Frage ist nun, wie sich diese Ziele der Entwicklungsforschung unter Bezug auf die oben beschriebenen Forschungsparadigmen explizieren lassen, wobei abschließend nochmals daran erinnert sei, daß die folgenden Ausführungen in erster Linie didaktischen, nicht also metatheoretischen oder metamethodischen Wert haben sollten.

3.2.2.1 Beschreibung entwicklungsbedingter Veränderungen

Im vorliegenden Zusammenhang wird Beschreibung verstanden als empirisch fundierte, systematische Erfassung entwicklungsbedingter Veränderungen (sowohl hinsichtlich intra- als auch interindividueller Aspekte), wie sie im Verlauf des Lebens eines Individuums auftreten. In Abbildung 1 wird dieser Aspekt der Theorienbildung durch den linken Teil der Paradigmen sowie der Komponenten auf der rechten Seite, die sich auf das Response-System beziehen, wiedergegeben. Mit anderen Worten: Beschreibung ist eine Frage (a) der Festlegung der Response-Kategorien *(R1, 2,...,r),* die das Verhaltenssystem konstituieren, und (b) der Quanitifzierung der mit Zeit einhergehenden Veränderungen *(T1, 2, 3,..., t)* innerhalb dieser Response-Kategorien durch quantitative und strukturelle Attribute sowie die Parameter für intra- vs. interindividuelle Unterschiede (vgl. BALTES & NESSELROADE, 1973, Kapitel 6 dieses Bandes; VAN DEN DAELE, 1969). Häufig konzentriert man sich beim ersten Versuch einer Beschreibung auf Beziehungen, die eine Funktion von Alter sind (age-functional relationships). Prinzipiell bildet jedoch die geordnete, mit Zeit einhergehende Sequenz von Verhaltensereignissen den eigentlichen Gegenstand entwicklungspsychologischer Beschreibung (z. B. BAER, 1970; RIEGEL, 1972; WOHLWILL 1970 a).

Solange die beschriebenen, im Verlauf der Zeit auftretenden Verhaltenssequenzen vom *R-R*-Typus sind, kann man, auch wenn sie historische Beziehungen implizieren, davon ausgehen, daß derartige Aussagen in erster Linie auf eine Vorhersage und weniger eine erklärende Beschreibung abzielen. Diese Unterscheidung ist allerdings eher eine Geschmacksfrage als logisch wirklich notwendig.

3.2.2.2 Erklärung und Vorhersage entwicklungsbedingter Veränderungen

Im vorliegenden Beitrag bezieht sich Erklärung von Phänomenen der Entwicklung auf die Explikation oder Aufschlüsselung von Verhaltensergebnissen und Veränderungen in interindividuellen Unterschieden, indem nämlich deren Beziehungen zu gleichzeitig auftretenden und/oder in der Vergangenheit liegenden Ereigniszusammenhängen aufgewiesen werden. Im Zentrum steht dabei die Frage, welche Antezedenz-Bedingungen *(S, O,* andere *R)* oder welche Prozesse (Lernen, Reifen etc.) als hinreichend und/ oder notwendig anzusehen sind, um das Auftreten eines Entwicklungsereignisses zu erklären. Während bei der Beschreibung die unvoreingenommene Beobachtung von zentraler Bedeutung ist, liegt der Akzent bei der erklärenden oder analysierenden Darstellung darauf, den Erklärungswert von Beziehungen zwischen Variablen für die Aufschlüsselung intraindividueller Veränderungen und interindividueller Unterschiede in solchen Veränderungssequenzen abzuschätzen. In diesem Zusammenhang scheint es entbehrlich zu sein, auf die relativen Vorzüge anderer Aspekte der erklärenden Analyse einzugehen, wie z. B.

die Frage, ob die gewählte Strategie „konstruktiv" oder „reduktiv" ist. Wichtig ist jedoch, daß Erklärungsversuche keineswegs auf *R-R*-Beziehungen allein beschränkt sind. Wie bereits angedeutet, besteht die Aufgabe der Erklärung in erster Linie darin, daß der rechten Seite des in Abbildung 1 dargestellten Paradigmas der Status von antezedenten Bedingungen zugewiesen wird, ungeachtet der Frage, ob die unabhängigen und abhängigen Variablen unmittelbar zur selben Zeit gemessen werden oder aber durch einen großen zeitlichen Abstand voneinander getrennt sind. Die Erklärung bekommt prognostischen Gehalt, wenn man eine bestimmte Beziehung zwischen Variablen dazu benutzt, um Aussagen über die Zukunft zu machen statt ex post facto die Vergangenheit zu erklären. Der Ansatz zur Erklärung (und Vorhersage) ist dann als entwicklungspsychologisch zu bezeichnen, wenn die Beziehungen zwischen den Variablen so geartet sind, daß zurückliegende (distale oder historische) Ereignisse oder Prozesse derart miteinander verknüpft werden, daß sie intraindividuelle Veränderungen und interindividuelle Unterschiede erklären können, die zu einem bestimmten Zeitpunkt auftreten. Hier wird deutlich, daß die Kenntnis von Veränderungen im Verlauf der Zeit oder auch das Fehlen derartiger Veränderungen in *S-O-R*-Bedingungen, d. h. also „entwicklungsbezogene" Information, unbedingt notwendig ist, wenn es um Vorhersage geht. Mit anderen Worten: Die Vorhersage zukünftigen Verhaltens wird immer unpräziser, je weniger man über den *S-O-R*-Zusammenhang weiß, der sich innerhalb des Zeitraums „entwickelt" und verändert, für den die Vorhersage gemacht werden soll. Für einige, vor allem die „streng" entwicklungspsychologisch orientierten Psychologen (s. HARRIS, 1957; KOHLBERG, 1973, Kapitel 14 dieses Bandes; REESE & OVERTON, 1970, Kapitel 2 dieses Bandes); hat ein solcher Ansatz zur Erklärung und Vorhersage besonders dann einen hohen Erklärungswert, wenn die jeweils untersuchten Antezedenz-Bedingungen sog. „Basis"-Prozesse (z. B. PIAGETS Assimilation und Akkommodation) implizieren und wenn sie universelle, gerichtete und irreversible Veränderungssequenzen in der psychischen Struktur (wie sie z. B. in Stufen-Modellen abgebildet werden) erklären. Bei solchen gerichteten Veränderungssequenzen kann auch impliziert sein, daß bestimmtes Folgeverhalten ganz bestimmte antezedente Verhaltensweisen, die in der Vergangenheit aufgetreten sind, voraussetzt.

Die multivariate Erweiterung des in Abbildung 1 dargestellten entwicklungspsychologischen Paradigmas weist auf einen Aspekt hin, der die Analyse verkompliziert. Das multivariate Paradigma besagt nämlich nicht nur, daß sich Anzahl und Struktur der Variablen im Verlauf der Ontogenese verändern können, sondern außerdem, daß ein bestimmtes Entwicklungsphänomen aus den verschiedensten Antezedenzen-Kombinationen resultieren kann; diese Kombinationen setzen sich wiederum nicht nur aus verschieden gearteten und verschieden vielen Antezedenzien zusammen, sondern diese gelangen auch bei verschiedenen Individuen zu verschiedenen Zeiten zur Wirkung. Es ist zu beachten, daß ein solcher Ansatz die herkömmliche Definition der Kontinuität-Diskontinuitäts-Dichotomie erweitert[3], denn normalerweise ist diese Dichotomie ja nur auf die Aspekte der Messung des Kontinuums der abhängigen Variablen beschränkt.

---

[3] Die Begriffe Kontinuität und Diskontinuität werden im vorliegenden Beitrag in vielfältiger Weise verwendet, und zwar um Kontinuität oder Diskontinuität in bezug auf Beschreibung, Erklärung, Prävention und Intervention zu bezeichnen. In allen diesen Fällen geht es aber immer darum, daß die Phänomene nicht einfach mit Hilfe

Die hier vorgetragene Auffassung, die mit der von KAGAN (1969) übereinstimmt, impliziert, daß sich eine entwicklungspsychologische Analyse des Kontinuität-Diskontinuitäts-Problems vor allem auch auf das Ausmaß an Homologie konzentrieren sollte, das innerhalb der sequentiellen Verknüpfung von Antezedenz-Konsequenz-Beziehungen in der *S-O-R*-Matrix gegeben ist. BALTES und NESSELROADE (1973, s. Kapitel 6 dieses Bandes) haben diesen Aspekt erörtert und darauf hingewiesen, daß die inter- und intraindividuelle Homogenität in der Auswirkung von Entwicklungsmatrizen in Wirklichkeit viel geringer sein dürfte, als es in nomothetischen Modellen der ontogenetischen Entwicklung im allgeneinen angenommen wird. Die durchschlagenden Effekte der historischen Zeit oder die Kohorteneffekte (BENGTSON & BLACK, 1973; KOGAN, 1973, Kapitel 9 dieses Bandes; NEUGARTEN & DATAN, 1973, Kapitel 13 dieses Bandes) zeigen in der Tat, daß große Unterschiede in der Homogenität entwicklungsbedingter Antezedenz-Patterns bestehen.

3.2.2.3 Modifikation und Prävention (Optimierung) von entwicklungsbedingten Veränderungen[4]

Entsprechend den in Abbildung 1 dargestellten Forschungsparadigmen besteht die dritte und letzte wesentliche Aufgabe einer entwicklungspsychologischen Theorienbildung darin, eine Wissensgrundlage zu schaffen, die nicht nur die Erklärung, sondern auch eine a priori (Prävention) oder a posteriori vorgenommene (Korrektur) Änderung oder Modifikation von Phänomenen der Entwicklung erlaubt, und zwar auf der Ebene von Dimensionen intra- wie auch interindividueller Unterschiede. Es ist klar, daß solche Modifikationsversuche ein Wissen darüber voraussetzen, wie entwicklungsbedingte Veränderungen zu beschreiben und zu erklären sind, auch wenn Modifikationsansätze nicht allein auf derartige ,,entwicklungspsychologische" Daten angewiesen sind.
Prinzipiell kann man bei dem Versuch einer *Modifikation* die Kenntnis unmittelbar bestehender (concurrent) und in der Vergangenheit gültiger (historical) Beziehungen zwischen Stimulus-, Response- und Organismus-Variablen sowie deren Interaktion verwenden. Das Wissen um die ,,naturalistischen" Antezedenz-Bedingungen (ob unmittelbar in der Gegenwart oder weiter zurück in der Vergangenheit liegend) kann jedoch möglicherweise für eine erfolgreiche Intervention nicht ausreichend oder gar nicht brauchbar sein; beispielsweise in dem Fall, in dem einige Antezedenzien (etwa Heredität, physisches Trauma) zwar von durchschlagender Wirkung, aber nur schwer zu manipulieren sind. Weiterhin kann das Ergebnis der Entwicklung, insbesondere wenn es sich um das Ergebnis eines lang andauernden Prozesses handelt und wenn der Organismus bereits über die kritischen Phasen der Sensitivität gegenüber bestimmten Reizen hinaus ist, irre-

---

simpler additiver Modelle zu erklären sind, sondern daß die Berücksichtigung von Interaktionen, von nicht-nomothetischen und nicht-homologen Beziehungen sinnvoll ist. Wir geben offen zu, daß durch diese wechselnde Verwendung kein präzises theoretisches Konzept, sondern nur eine theoretische Richtung angegeben wird.

[4] Leser, deren Terminologie primär durch die Literatur zur operanten Psychologie geprägt ist, die in so eindrucksvoller Weise zu einem besseren Verständnis des logischen Grundprinzips der Modifikation beigetragen hat, mögen bei der Diskussion von Modifikationszielen vielleicht andere Begriffe bevorzugen. Die Autoren schlagen vor, in diesem Fall von korrigierender versus präventiver versus optimierender Modifikation entwicklungsbedingter Veränderungen zu sprechen.

versibel und chronisch sein. Darüber hinaus kann es sich als sinnvoll erweisen, Treatment-Variablen (z. B. Drogen) einzusetzen, die nicht direkt mitgewirkt haben bei der Entstehung der Matrix entwicklungsbedingter Unterschiede.
Im allgemeinen geht man davon aus, daß ein entwicklungspsychologisch orientierter Ansatz zur Modifikation von Entwicklungsphänomenen dann den größten Nutzen hat, wenn man ihn auf *Prävention* (z. B. BIRREN & WOODRUFF, 1973; HARSHBARGER, 1973; URBAN & LOOFT, in Vorbereitung) und *Optimierung* (BRANDTSTÄDTER & SCHNEEWIND, in Vorbereitung) und nicht auf die Korrektur von bereits vorliegenden Fehlentwicklungen ausrichtet. Diese Einstellung impliziert, daß – mindestens auf dem Niveau der Individualanalyse – die wirksamste Methode zur Beeinflussung des Entwicklungsverlaufs darin besteht, den Mensch-Umwelt-Kontext *(S, O, R)*, der diesen Verlauf bestimmt, zu verändern und präventiv Entwicklungsumwelten zu planen, die unter Verwendung von Optimierungsprinzipien die psychische Ontogenese positiv zu steuern vermögen. Eine derartige Perspektive ist ohne Frage reizvoll, denn dann würde man – mindestens theoretisch – Fehlentwicklungen direkt während ihrer Entstehung, sozusagen „an der Wurzel", angreifen statt durch Verbesserung der nicht-entwicklungspsychologisch orientierten Modifikationsstrategien dazu beizutragen, daß sie sich noch weiter entwickeln können.
Die Forschungsparadigmen zeigen also, daß Modifikationsversuche im Prinzip entwicklungspsychologische (historische) Aspekte miteinschließen können, daß sie sich auf unmittelbar gegebene (nicht-historische) Beziehungen zwischen Variablen stützen können und daß sie auch keinerlei Bezug zu der Entwicklungsgeschichte zu haben brauchen, durch die das beobachtete Verhaltensergebnis zustande gekommen ist. Man kann weiterhin die Effektivität von Modifikationsansätzen dadurch zu maximieren versuchen, daß man sich auf Prävention und Optimierung und nicht auf Therapie konzentriert. Diese Strategie erfordert aber, daß man die gesamte Entwicklungsmatrix *(S, O, R)* ganz genau im voraus kennt.
Zur Illustration unserer Auffassung von Modifikation, Prävention und Optimierung von Entwicklungsmustern betrachten wir einmal den Fall einer älteren Person, die eine Abnahme des Hörvermögens zeigt (für einen Überblick s. MCFARLAND, 1968). Zunächst könnte man sich, entsprechend einer nicht-entwicklungspsychologisch orientierten Modifikationsstrategie und ohne weiter die Entwicklungsgeschichte des Hörverlusts zu berücksichtigen, dafür entscheiden, der Person ein Hörgerät anzupassen (eine unmittelbare prothetische Maßnahme, wie sie LINDSLEY, 1964, vorschlägt), um dadurch den Hörverlust zu kompensieren. Zweitens: Steht die Prävention im Mittelpunkt, dann könnte man die Person dahingehend beraten, künftig hohe Geräuschpegel zu meiden, denn wahrscheinlich hat deren kumulativer Effekt wesentlich zum Hörverlust im Verlauf des Lebens beigetragen. Geht es schließlich um die Optimierung der Ontogenese künftiger Kohorten, so könnte man sich dafür einsetzen, daß während der gesamten Lebensspanne eines Individuums die Lärmbelastung kontrolliert wird, Lärmschutz-Maßnahmen getroffen und/oder Erziehungsprogramme entwickelt werden (etwa solche, in denen differentielles Reinforcement vorgesehen ist), welche die Sensitivität älter werdender Menschen für die Frequenzen erhöht, in bezug auf die normalerweise deutliche Verluste im vorgerückten Alter zu beobachten sind.

3.3 Prototypische Fragestellungen einer Entwicklungspsychologie der Lebensspanne

Unter besonderer Berücksichtigung der Aufgaben der Beschreibung, Erklärung und Modifikation menschlicher Entwicklung erscheinen die folgenden Fragen als kritisch für die Überprüfung der Brauchbarkeit eines auf die gesamte Lebensspanne bezogenen Ansatzes zur Erforschung der psychischen Entwicklung. Die zur Veranschaulichung herangezogenen Beispiele entstammen zum größten Teil dem Bereich der über die gesamte Lebenszeit hin durchgeführten Intelligenzforschung. Auf spezielle Verweise im laufenden Text haben wir grundsätzlich verzichtet; der Leser, der sich einen Überblick über dieses Thema verschaffen will, kann das anhand einschlägiger Arbeiten tun (BALTES & LABOUVIE, 1973; BALTES & NESSELROADE, 1973, Kapitel 6 dieses Bandes; BAYLEY, 1970; CATTELL, 1971; CHARLES, 1973; HORN, 1970; JARVIK & COHEN, 1973; SCHAIE, 1970, Kapitel 7 dieses Bandes).

3.3.1 Modelle, in denen Entwicklung durch gleichzeitige (concurrent) vs. weit zurückliegende (historical) Bedingungen beschrieben wird

In welchem Maße läßt sich das jeweils betrachtete Entwicklungsphänomen (z. B. Intelligenz, Persönlichkeitsvariablen, soziale Prozesse) umfassender und/oder differenzierter beschreiben, wenn man es zu früheren Abschnitten in der Lebensspanne eines Individuums in Beziehung setzt?

Nehmen wir Intelligenz als Beispiel. Es gibt typische theoretische Modelle sowohl für den Fall, daß Entwicklung durch gleichzeitige Bedingungen, als auch für den Fall, daß Entwicklung durch weit zurückliegende Bedingungen beschrieben wird. Zum einen gibt es das Intelligenzstruktur-Modell von GUILFORD, das, zumindest was seine strukturellen Eigenschaften betrifft, grundsätzlich nicht-entwicklungspsychologisch orientiert ist, da es ein ontogenetisch invariantes System von Fähigkeiten postuliert. Andererseits gibt es PIAGETS Theorie der kognitiven Entwicklung, die historisch ausgerichtet ist und in der eine bestimmte Anzahl kognitiver Stufen definiert wird, die in einer unveränderlichen Entwicklungssequenz mit minimalem Variationsspielraum aufeinanderfolgen. Und schließlich gibt es das CATTELL-HORN-Modell (HORN, 1970), bei dem der Schwerpunkt auf hierarchisch angeordneten Fähigkeitsstrukturen gelegt und in dem zwischen fluider und kristalliner Intelligenz unterschieden wird, was prinzipiell sowohl strukturelle als auch quantitative ontogenetische Veränderungssequenzen zuläßt; die Sequenzen sind hier allerdings weniger starr konzipiert als im Modell von PIAGET.

Die Beschreibung fällt unterschiedlich aus, je nachdem in welchem Maße die Modelle der Entwicklung quantitative wie auch strukturelle Veränderungen während der Ontogenese berücksichtigen. Weder das eine noch das andere Modell ist für sich genommen etwas wert, bevor nicht seine relative Brauchbarkeit bestimmt worden ist. Auf den ersten Blick könnte es z. B. so aussehen, als sei der historische Ansatz brauchbarer, denn er erlaubt, daß die Beschreibung sich auf ein *System* von Veränderungen bezieht, die im Verlauf der Zeit auftreten, wobei jedes Phänomen mit vorangehenden (vergangenen) und nachfolgenden (zukünftigen) Phänomenen im Sinne eines Kontinuitätsmodells verknüpft ist. Vertritt man die Auffassung, daß die Entwicklung der Intelligenz kontinuierlich über die gesamte Lebensspanne hin verläuft, so stellt man das Phänomen aber zugleich auch in einen größeren Zusammenhang, der das Wesen der Beschreibung verändert; eine solche Auffassung sorgt nicht nur für Kontinuität der Beschreibung, sondern leistet möglicherweise auch einer falschen Darstellung oder einer Unempfindlichkeit für die einzigartigen Aspekte eines Phänomens Vorschub.

Für den Bereich der Intelligenzforschung läßt sich in der Tat feststellen, daß durch die Ausrichtung auf die gesamte Lebensspanne Beschreibungsansätze gelegentlich fehlgeleitet worden sind, denn man hat sich allzu sehr auf die Anwendung von Meßinstrumenten und Verfahren konzentriert, die für jüngere Populationen entwickelt worden waren. Da sich hier das Modell durchgesetzt hat, in dem Kontinuität über die gesamte Lebensspanne hin angenommen wird (in erster Linie, weil man an der Vorhersage von *R*-*R*-Beziehungen interessiert war), dürfte die Intelligenz im Alter nicht gerade adäquat erfaßt worden sein. Umgekehrt mag die Tatsache, daß ein Intelligenz-Modell fehlt, in dem Erwachsene berücksichtigt werden (der Kreativitätsbereich bietet da ein gutes Beispiel, vgl. KOGAN, 1973, Kapitel 9 dieses Bandes), dazu geführt haben, daß im Zuge der Ausarbeitung von Modellen für die kognitive Entwicklung bei Kindern eine Kinderentwicklungsforschung resultierte, bei der man weitestgehend kindzentriert blieb und Endzustände bei Erwachsenen nicht berücksichtigte.

Wie fragwürdig die Annahme von kontinuierlich verlaufenden Verhaltensveränderungen innerhalb einer auf die gesamte Lebensspanne bezogenen Enticklungspsychologie ist, zeigt auch die häufige Verwendung eines Regressionsmodells, das für ältere Populationen einen „Abbau" vorhersagt, wobei die Veränderungen, wie sie im höheren und hohen Alter auftreten, nach Dimensionen und Kriterien beurteilt werden, die im Rahmen jüngerer Altersabschnitte entwickelt wurden. NEUGARTEN (1969) faßte dagegen sehr überzeugend die Tatsache in Worte, daß eine „Diskontinuität" zu bestehen scheint: „Wir werden. . . das Erwachsenenalter nicht dadurch verstehen, daß wir die Fragen, die im Kindesalter vordringlich erscheinen, auf eine höhere Ebene projizieren" (S. 121); und weiter: „Was am meisten ins Auge fällt, ist die Tatsache, daß es unmöglich ist, vom Kindes- auf das Erwachsenenalter Vorhersagen zu machen bezüglich der Zustände, wie sie sich später zeigen werden" (S. 128). Alle diese Beispiele sollen der weitverbreiteten Auffassung entgegenwirken, Kontinuitäts-Modelle seien Diskontinuitäts-Modellen notwendigerweise überlegen (s. auch WOODRUFF, 1973). Ganz im Gegenteil wird eine Entwicklungspsychologie der Lebensspanne dann besonders attraktiv, wenn Kontinuitäts- und Diskontinuitäts-Modelle nebeneinander bestehen können, wenn auch für verschiedene Zeitabschnitte und Verhaltensklassen.

3.3.2 Modelle, in denen Entwicklung durch gleichzeitige (concurrent) vs. weit zurückliegende (historical) Bedingungen erklärt wird

In welchem Maße läßt sich ein Entwicklungsphänomen durch Bezug auf unmittelbar gegebene oder aber in der Vergangenheit liegende Antezedenzien (kumulativ und in langen Zeiträumen wirkende Beziehungen zwischen Variablen) bestimmen oder erklären?

Nehmen wir wieder Intelligenzleistungen des älteren Menschen als konkretes Beispiel. Wenn wir einmal von dem Dilemma absehen, daß die gesamte Vorgeschichte auf den jeweiligen Zustand des Organismus in der Gegenwart übermittelt werden muß, um wirksam zu sein, dann bleibt die Frage, ob der Intelligenzabbau bei älteren Menschen auf in der Gegenwart oder aber in der Vergangenheit liegende Systeme von Antezedenzien (*S, O, R)* zurückzuführen ist. BUTTLER (1968) bemerkt dazu in anderem Zusammenhang: „Es gibt Beweise . . . für die Richtigkeit der Behauptung, daß die momentane . . . Situation die Anpassung des alten Menschen beeinflußt" (S. 234); und: „Die . . . Anpassung von Individuen jeglichen Alters hängt ab . . . von der momentanen Situation und den Erlebnissen in der Vergangenheit" S. 247). In der Literatur zur Intelligenzentwicklung im Kindesalter lassen sich ähnliche Feststellungen finden.

Bei einer empirischen Anwendung eines Erklärungsmodells, bei dem man sich auf unmittelbar in der Gegenwart vorliegende Bedingungen stützt, werden z. B. Intelligenzabbau und interindividuelle Unterschiede im Intelligenzabbau bei älteren Menschen in Zusammenhang gebracht mit den Veränderungen im psychophysischen Zustand des Organismus, die mit Alter einhergehen, mit der in bezug auf Bildungsaspekte reizarmen Umwelt alter Menschen oder auch mit ihrer großen Angst vor Tests oder ihrer Vorsicht bei der Beantwortung von Intelligenztests.

Bei Erklärungsansätzen, bei denen man auf weit in der Vergangenheit liegende Bedingungen zurückgreift, konzentriert man sich im Gegensatz dazu auf die leistungshemmenden Prozesse, die ein Ergebnis kumulativen Lernens über lange Zeiträume hinweg sind, wie dies durch verschiedene Interferenzkonzepte nahegelegt wird. Der dominante kumulative Effekt, den die im Verlauf des Lebens auftretenden Unterschiede im Bildungs- und im sozialen Milieu auf die Intelligenzleistung des alternden Menschen haben (s. CHARLES, 1973; SCHOENFELDT unveröffentlicht), kann benutzt werden, um die Schwierigkeiten des alten Menschen bei der Bearbeitung kognitiver Aufgaben und die interindividuellen Unterschiede in der kognitiven Leistungsfähigkeit zu erklären. Die Auffassung, daß eine bestimmte Intelligenz-Reaktion notwendigerweise auf eine bestimmte vorangegangene Reaktion folgen müsse, wie es in kognitiven Stufen-Modellen impliziert ist, stellt übrigens den einfachsten Fall einer Erklärung der Intelligenzentwicklung durch in der Vergangenheit liegende Bedingungen dar, die einfachste deshalb, weil sie sich allein im Rahmen von *R-R*-Beziehungen bewegt.

Die prototypischen Fragestellungen, die den historischen Ansatz ins Extrem treiben, betreffen die Erklärung von stark *zeitverzögerten (time-lag)* Phänomenen wie z. B. kritische Perioden (KESSEN, 1968) und Schläfer-Effekte (KAGAN & MOSS, 1962). Betrachten wir wiederum den Bereich der Intelligenz. Hier finden sich Beispiele für deutlich zeitverzögerte Beziehungen in den Daten, die Aufklärung darüber geben sollen, welchen Anteil Vererbung am Verhalten des Erwachsenen hat, in Daten über die Beziehungen zwischen

Sozialisationsbedingungen in der Kindheit und der Intelligenz im Erwachsenenalter und in Ergebnissen zur Beziehung zwischen der beruflichen Position des Erwachsenen und seiner Intelligenzleistung im hohen Alter. Ähnliche Zusammenhänge gibt es beim Phänomen der senilen Demenz. So stellt z. B. KRAL (1972) aufgrund eines Überblickartikels als wesentlichstes Ergebnis fest, daß eine genetische Disposition (zur Senilität) und Stress in der ferneren oder jüngeren Vergangenheit von größerer ätiologischer Bedeutung sein dürften als die Effekte des physiologischen Alterns des Gehirns.
Auf allgemeinerem theoretischen Niveau ist der *Schläfer-Effekt* (KAGAN & MOSS, 1962) ähnlich wie die *antizipatorische Sozialisation* ein Konzept zur Erklärung zeitverzögerter Beziehungen, insbesondere dann, wenn es um die Unterscheidung zwischen Kompetenz und Performanz geht. Beiden Konzepten liegt die Annahme zugrunde, daß sich bestimmte, zu einem früheren Zeitpunkt wirkende Bedingungen erst dann im Verhalten zeigen, wenn der dafür geeignete Handlungskontext gegeben ist. Die Unterscheidung zwischen erworbener Fähigkeit (Kompetenz) und Verhalten (Performanz) verdeutlicht diesen Gesichtspunkt in aller Schärfe. Um ein Beispiel zu nennen: Verhaltensweisen, die man später als Großeltern zeigt, mögen schon früh im Leben erworben werden, und zwar durch Mechanismen wie etwa Lernen durch Beobachtung. Die meisten großelterlichen Verhaltensweisen selbst werden allerdings zumeist nicht vor Eintritt ins späte Erwachsenen- oder hohe Alter sichtbar werden. Andere Beispiele für Beziehungen, die über ausgedehnte Zeitspannen hinweg bestehen, finden sich in der biophysiologischen Literatur zur Entwicklung, wo es eine Fülle eindrucksvoller Daten dafür gibt, wie sich Ernährungs- und Hormon-Mängel im frühen Alter auf die späte Entwicklung auswirken (vgl. z. B. FINCH, in Vorbereitung).

3.3.3 Wechselwirkungen zwischen Entwicklungsgeschichte und Treatment (Intervention) bei Modifikationsversuchen

In welchem Maße läßt sich das Entwicklungsphänomen effektiver manipulieren, wenn man bei der Interventionsstrategie Wechselwirkungen mit der Entwicklungsgeschichte des Individuums berücksichtigt?
Wie bereits weiter oben gesagt, hat diese Frage mindestens zwei Aspekte. Der eine betrifft ein a posteriori gesetztes Treatment bei bereits vorliegenden Fehlentwicklungen; der andere *vorbeugende* Maßnahmen und/oder die Optimierung (Verbesserung) des Verlaufs der Entwicklung. Wir haben ebenfalls bereits festgestellt, daß präventive Maßnahmen die genaueste Kenntnis der Matrix der im Verlauf des Lebens auftretenden Entwicklungsphänomene erfordern.
Insgesamt muß man wohl sagen, daß es wegen der Vielfalt und der Dynamik der Antezedenzien, die zu ein und demselben Verhaltensergebnis führen können, und wegen der Wechselwirkung in Mensch-Umwelt-Systemen fraglich ist, ob die Verhaltenswissenschaft jemals in der Lage sein wird, die Art von Treatment und Präventionserfolgen vorzuweisen, die für einen Großteil der klassischen biologischen und medizinischen Wissenschaften kennzeichnend ist (z. B. die präventive Pädiatrie und die Familienhygiene; s. PATTISHALL, in Vorb.). Die Probleme, die beim Eingreifen in die menschliche Entwick-

lung auftauchen, sind so komplex, daß sie umfassende multivariate Behandlungsstrategien erfordern, wie sie etwa in Ansätzen, die auf der Systemtheorie basieren, zum Ausdruck kommen (Urban & Looft, in Vorb.), und daß sie Erziehungs- (Birren & Woodruff, 1973) und ökologische Programme notwendig machen, die wesentliche Komponenten des Mensch-Umwelt-Systems berücksichtigen (Harshbarger, 1973). Das gilt insbesondere dann, wenn es um langfristige Effekte geht, wie es immer der Fall ist, wenn man versucht, die Entwicklung über die gesamte Lebensspanne hin zu optimieren.
Nehmen wir wiederum den Bereich der Intelligenz als Beispiel. Wenn es hier um ein a posteriori gesetztes Treatment geht, also die Beeinflussung bereits vorliegender Fehlentwicklungen, dann wäre zu fragen: Gibt es Daten, die beispielsweise darauf hindeuten, daß Personen auf bestimmte Treatments (den Organismus selbst, die Umwelt etc. betreffend) je nach Entwicklungsgeschichte unterschiedlich reagieren? Das vorliegende Datenmaterial ist in dieser Hinsicht leider sehr spärlich. Trotzdem gibt es einige vorläufige Hinweise, die die Annahme zu rechtfertigen scheinen, daß ältere Kohorten bei Retests besser abschneiden, wenn sie eine durchschnittliche oder eher unterdurchschnittliche Ausbildung hatten, als wenn ihre Ausbildung in bezug auf Dauer und Qualität überdurchschnittlich war. Ähnlich gibt es Anzeichen und Hypothesen dafür, daß ältere Probanden weniger gut auf biologische Behandlungsmethoden zur Steigerung der kognitiven Leistungsfähigkeit ansprechen, wenn sie in ihrer medizinischen Vorgeschichte biophysiologische Traumata aufweisen. Entsprechend einer kognitiven phänomenologischen Sichtweise der Persönlichkeit im fortgeschrittenen Erwachsenenalter (z. B. Thomae, 1970) könnte ebenfalls angenommen werden, daß eine bestimmte Intervention im Bildungsbereich differentiell wirksam ist, je nach den kognitiven Erwartungen, die der einzelne dem Phänomen des Alterns gegenüber hat; bei den meisten Menschen westlicher Kulturen ist das wohl gleichbedeutend mit der Erwartung eines Intelligenzabbaus (s. Nardi, 1973). Da es jedoch bei älteren Menschen Unterschiede in der Intensität solcher Erwartungen gibt, sind hier entsprechend Wechselwirkungen zwischen der personenspezifischen Lebensgeschichte und dem Treatment vorherzusagen. Ähnliches ließe sich in bezug auf die großen Unterschiede zwischen Kohorten im Bereich des geistigen Alterns feststellen (Nesselroade *et al.*, 1972). Wenn das Ausbildungssystem, in dem die heutige ältere Generation groß geworden ist, signifikant schlechter ist als das für die kommenden älteren Generationen, dann liegt die Vermutung nahe, daß eine bestimmte Interventionsstrategie zwar vielleicht bei der heutigen älteren Population, nicht aber bei den älteren Menschen in der Zukunft Erfolg haben wird.
Die Wechselwirkungen zwischen Lebensgeschichte und Intervention zeigen sich besonders deutlich, wenn eine ,,strenge" entwicklungspsychologische Theorie gewählt wird, was bedeutet, daß eine sorgfältige Abstimmung von Theorie und Intervention erforderlich ist (z. B. Kohlberg, 1968; Rohwer, 1970; Sigel, 1971). Angenommen, in einer bestimmten Intelligenztheorie werden vier strukturelle, sequentiell angeordnete Stufen postuliert (wie z. B. bei Piaget). Wenn nun eine Subgruppe älterer Personen die vierte, eine andere aber nur die dritte Stufe erreicht hätte, dann würde ein auf die vierte Stufe abgestimmtes Interventionsprogramm natürlich ganz unterschiedliche Effekte haben, je nachdem welche Stufe der einzelne erreicht hat. Vom Design her gesehen, wäre das Ergebnis wieder eine Wechselwirkung zwischen Treatment und Lebensgeschichte.

Dieses dritte prototypische Paradigma und das Problem, auf das die damit verbundene Frage abzielt, lassen sich in ihrer Aussage folgendermaßen zusammenfassen: Die Effekte eines bestimmten Treatments sind nicht im strengen Sinne nomothetisch, sondern werden durch personenspezifische historische „Moderator"-Variablen beeinflußt; und je weiter in die Vergangenheit eines Individuums solche personenspezifischen Variablen zurückreichen, desto deutlicher wird der Nutzen von Entwicklungsmodellen, die sich auf die gesamte Lebensspanne beziehen.

Die Frage nach Prävention und Optimierung ist zugleich die Frage nach der Anwendung des Modells einer Wechselwirkung zwischen Entwicklungsgeschichte und Treatment (Baltes & Goulet, 1971) in der Empirie. Dabei sollen die Bemühungen um Optimierung nicht allein so aufgefaßt werden, daß es rückblickend zu einem besseren Verständnis des konkreten Entwicklungsverlaufs kommen soll; im Gegenteil geht es eher darum, die Wirksamkeit von Interventionen für die Zukunft (im Hinblick auf Prävention also) abzuschätzen sowie den Mensch-Umwelt-Kontext, in dem Entwicklung verläuft, neu zu strukturieren.

Natürlich ist es der Traum eines jeden Wissenschaftlers – so auch eines jeden Entwicklungspsychologen – Art, Zeitpunkt und Wirkungsfolge von Antezedenz-Bedingungen für die Entwicklung im Hinblick auf bestimmte Verhaltensergebnisse mit zufriedenstellender Genauigkeit vorhersagen zu können, denn dadurch wird – konzeptuell und empirisch – neues Wissen erworben und zugleich angewendet. Man kann sich nun vielleicht auf den Standpunkt stellen, daß solche Hoffnungen in bezug auf die Entwicklungspsychologie der Lebensspanne verfrüht sind. Etliche Arbeiten über programmatische Interventionsversuche innerhalb eines solchen Ansatzes (vgl. Birren & Woodruff, 1973; Harshbarger, 1973) enthalten jedoch eine Reihe von ganz neuen Vorschlägen, die dazu geeignet sind, Form und Struktur von derzeit durchgeführten entwicklungspsychologischen Interventionsansätzen zu verändern.

In diesen Arbeiten wird die Aufmerksamkeit eher auf umweltbezogene (ökologische) und die Gemeinschaft betreffende Interventionsprogramme gelenkt und nicht so sehr auf Programme, die nur jeweils auf einen einzelnen zugeschnitten sind; ferner geht es um eine Neuaufteilung von Bildungsbemühungen über die gesamte Lebensspanne hinweg, um die Notwendigkeit, Bildungsziele für Erwachsene und Senioren bereits im vorhinein in der Kindererziehung mitzuberücksichtigen, um eine Fortführung der Erwachsenenbildung und eine Erweiterung des zweiten Bildungsweges und schließlich um die nachteiligen Auswirkungen, die der rasche kulturelle Wandel auf den Langzeiterfolg von Erziehungsprogrammem hat, die gehäuft im ersten Drittel der menschlichen Lebensspanne liegen. Das Wirkungsgefüge derartiger Bildungsbemühungen, die sich zu Anfang des Lebens häufen, wird z. B. besonders deutlich im Bereich der kognitiven Leistungen, wo es immer mehr und deutlichere Hinweise darauf gibt (für einen Überblick s. Baltes & Labouvie, 1973), daß die im fortgeschrittenen und hohen Alter zu beobachtenden Intelligenzdefizite nicht nur auf Kohorten-Effekte, sondern auch auf einen Mangel an Reinforcement und einen Mangel an Übung zurückzuführen sind (Labouvie, Hoyer, Baltes & Baltes, 1973), der typisch ist für die Bildungsökologie dieser Altersschichten.

Eine Entwicklungspsychologie der Lebensspanne zeigt daher gerade im Zusammenhang mit Maßnahmen, die präventiv in die menschliche Entwicklung eingreifen sollen, ihre

Stärke, indem sie nämlich die außerordentliche Begrenztheit und Oberflächlichkeit der gängigen Modifikationsansätze deutlich werden läßt. Kurz gesagt, scheinen die konventionellen Erziehungsmaßnahmen und sonstigen Interventionen, obgleich fest etabliert, hoffnungslos veraltet zu sein, denn sie richten sich weitgehend auf eine stabile, unveränderliche Gesellschaft, auf das Kindes- und Jugendalter und auf den Bereich der kognitiven Entwicklung. Das Paradigma einer Entwicklungspsychologie der Lebensspanne verweist dagegen auf die Bedeutung von Interventionen, die kulturellen Wandel anstelle von Stabilität berücksichtigen, auf die Bedeutung, die eine Fortbildung über die gesamte Lebensspanne hin hat, und auf die Bedeutung einer ganzen Reihe von nicht-kognitiven Entwicklungszielen. Wenn wir uns gemeinsam bemühen, eine Antwort auf die zu Beginn des Abschnitts gestellte Frage zu finden, so wird uns das zu Plänen für Interventionsprogramme führen, die über die gesamte Lebensspanne hin Geltung haben.[5]

3.4 Schlußfolgerungen

Wesentlichstes Ziel dieses Beitrags war es, die Klärung der logischen Grundlage einer Entwicklungspsychologie der Lebensspanne ein Stück weiter voranzutreiben, dadurch daß wir den grundsätzlichen Bezugsrahmen entwicklungspsychologischer Forschung, die sich auf alle Abschnitte der Lebensspanne bezieht, abgesteckt haben. Dabei hat sich gezeigt, daß es mehr Fragen als Antworten gibt. Das ist auch nicht verwunderlich, denn eine Entwicklungspsychologie der Lebensspanne ist erst im Entstehen begriffen. Tröstlich mag dabei vielleicht sein, daß eines der Kriterien für die Beurteilung der Brauchbarkeit einer neuen theoretischen Richung gerade ihre potentielle heuristische Fruchtbarkeit und ihre Fähigkeit ist, Fragen der Modellbildung weiter anzuregen und zu deren Klärung beizutragen.

Wir wollen die Aussage dieses Beitrags in zwei Punkten zusammenfassen. Der erste betrifft die Brauchbarkeit eines auf die gesamte Lebenszeit bezogenen entwicklungspsychologischen Ansatzes selbst; der zweite die Implikationen für die derzeitige Entwicklungspsychologie im allgemeinen.

3.4.1 Das logische Grundprinzip von Paradigmen einer Entwicklungspsychologie der Lebensspanne

(1) Unter deskriptivem Aspekt basiert eine Entwicklungspsychologie der Lebensspanne auf dem Phänomen, daß Verhaltensveränderungen, die passender als entwicklungsbedingte Veränderungen bezeichnet werden können, in allen Abschnitten der Lebens-

[5] Im Original schließen sich an dieser Stelle zwei weitere Abschnitte an, in denen unter der Überschrift „Persönlichkeitsvariablen" und „Soziale Prozesse" die Beiträge zu dem von Baltes und Schaie (1973) herausgegebenen Band „Life-span developmental psychology. Personality and socialization" kritisch kommentiert werden. Die Autoren tun das vor dem Hintergrund ihrer im vorhergehenden geführten Paradigma-Diskussion, indem sie die dort entwickelten theoretischen Kategorien auf die Inhalte der einzelnen Kapitel anwenden.

spanne zu beobachten sind. Das Tempo, die Richtung und die Abfolge solcher Veränderungen sind nicht vom Alter des Organismus abhängig, sondern von der relativen Stabilität innerhalb des Mensch-Umwelt-Kontextes, der für eine bestimmte Verhaltensklasse während eines bestimmten Zeitraums relevant ist. Eine die gesamte Lebenszeit umfassende Perspektive lenkt außerdem die Aufmerksamkeit darauf, daß das Individuum und seine Umwelt gleichzeitig als sich verändernde Systeme beschrieben werden müssen.

(2) Unter dem Aspekt der Erklärung repräsentiert eine Entwicklungspsychologie der Lebensspanne jeden entwicklungstheoretischen Ansatz in seiner Extremform. Ob eine solche Perspektive brauchbar ist, hängt davon ab, inwieweit „kontinuierliche" und „diskontinuierliche" Antezedenz-Konsequenz-Modelle ineinandergreifen. Von den Paradigmen her liegt der Schwerpunkt eher auf Veränderung als auf Stabilität, auf zeitlich weit auseinanderliegenden (potentiell zeitverzögerten) Beziehungen, auf nicht-homologen oder nicht-nomothetischen Prinzipien, auf Wechselwirkungen zwischen Lebensgeschichte und Treatment sowie auf der Analyse von Mensch-Umwelt-Systemen. Die Erweiterung solcher Paradigmen wird häufig raffiniertere Methoden erfordern, als sie uns bis jetzt zur Verfügung stehen, so etwa die Verwendung experimenteller, multivariater Strategien, der Systemanalyse, bestimmter Modelle zur Verknüpfung von genotypischen und phänotypischen Analysen sowie von Untersuchungsplänen, die auf die Erklärung des dynamischen Wechselspiels zwischen ontogenetischen und historischen Bedingungen von Veränderungen abzielen.

(3) Was die Fehlentwicklungen korrigierende oder einer Prävention oder Optimierung dienende Modifikation anbetrifft, so lenkt eine die gesamte Lebenszeit umgreifende entwicklungspsychologische Perspektive das Augenmerk darauf, daß die Entwicklung in allen Lebensabschnitten außerordentlich stark modifizierbar ist. Konkret wird hierdurch nahegelegt, Interventionsbemühungen so anzusetzen, daß sie auf die gesamte Lebensspanne verteilt sind; weiterhin wird dadurch deutlich, daß viel stärkeres Gewicht als bisher auf die massiven, molaren Umwelt- (und genetischen) Modifikationen gelegt werden muß und daß entwicklungsgeschichtliche Variablen (sowohl in retro- als auch in prospektiver Hinsicht) weit stärker bei der Planung von Interventionsprogrammen berücksichtigt werden müssen. Schließlich ist eine die gesamte Lebensspanne umfassende Perspektive wie geschaffen dafür, die wissenschaftlichen Bemühungen um Prävention und Optimierung anstelle a posteriori durchzuführender Maßnahmen zu stimulieren, vor allem im Hinblick auf das Erwachsenenalter, das höhere Alter sowie nicht-kognitive Verhaltensklassen.

3.4.2 Implikationen für die Entwicklungspsychologie

(1) Durch die Orientierung auf die gesamte Lebensspanne scheint deutlich geworden zu sein, wie wenig fruchtbar das Begriffsgefüge der Entwicklungsforschung insgesamt geworden ist durch die nur auf spezifische Altersgruppen (vor allem die Entwicklung des Kindes) ausgerichtete Entwicklungspsychologie, die im wesentlichen durch folgende Merkmale charakterisiert wird: Persönlichkeitsmodelle organismischer wie mechanistischer Art, unidirektionale Ursachen-Wirkungs-Gefüge, Zentrierung auf Stabilität an-

statt Veränderung während der Entwicklung, kognitive Verhaltensklassen und fehlendes Interesse an der Aufdeckung prospektiver und retrospektiver Verhaltensergebnisse.

(2) In methodologischer Hinsicht verlangt die Orientierung auf die gesamte Lebensspanne zunehmend alternative Methoden der Datenerhebung. Sie lenkt die Aufmerksamkeit darauf, daß eine Neubelebung phänomenologischer Strategien zur Erfassung der Vorstellungen, die Personen von Veränderungen haben, möglicherweise fruchtbar sein kann; daß nicht nur synchron, sondern auch retrospektiv und prospektiv Daten erhoben werden sollten; daß Probleme der Äquivalenz von Messungen (Altersinvarianz von Reliabilitäts- und Validitätskriterien) und der Skalierbarkeit wesentlich stärker berücksichtigt werden müssen; daß Sequenzmodelle anstelle der einfachen Querschnitt- und Längsschnitt-Pläne eingesetzt werden sollten, wenn die Erfassung ontogenetischer Veränderungen im Mittelpunkt steht; und schließlich, daß die Entwicklung von alterssensitiven Meßmethoden zur Erfassung von Umweltbedingungen oder Mensch-Umwelt-Kontexten dringend notwendig ist.

(3) Im Hinblick auf die entwicklungspsychologische Theorienbildung wird durch die Orientierung auf die gesamte Lebensspanne nahegelegt, Theorien und Modelle zu formulieren, die dynamisch und nicht-persönlichkeitspsychologisch zentriert sind. Der Schwerpunkt verlagert sich hier deutlich auf Modelle von Mensch-Umwelt-Beziehungen, die weit über die eher statischen (nicht-dynamischen) *S*-*R*-Schemata hinausreichen, auf Modelle, in denen die Interaktionen zwischen Individuum und Gesellschaft sowie kulturell-biologische Parameter der Veränderung mitkonzipiert sind und die bei der Beschreibung und der Erklärung Diskontinuitäten zulassen. Jüngere Arbeiten über den Nutzen dialektischer Modelle, über das Entstehen und Verändern von Eigenschaften und Zuständen während der Entwicklung, die Trennung von ontogenetischen und historischen Komponenten der Veränderung, die Anwendung von Systemtheorie und kybernetischen Konzepten sowie die Verknüpfung psychologischer und soziologischer Konzeptionen von Entwicklung liefern nur einige wenige Beispiele für die Art von metatheoretischer Neuorientierung, die der Entwicklungspsychologe, der sich mit der Entwicklung über die gesamte Lebensspanne hin befaßt, als eine Aufforderung zum Umdenken begrüßt.

3.4.3 Ausblick

In den dreißiger Jahren waren es vor allen anderen Charlotte BÜHLER und Sidney W. PRESSEY sowie deren Mitarbeiter, die sich darum bemühten, innerhalb der Entwicklungspsychologie gleichsam „revolutionär", Entwicklung über das gesamte Leben hin zu untersuchen. Die Beiträge zu den drei Bänden, die aus der Reihe der West Virginia Conferences on Life-Span Developmental Psychology (GOULET & BALTES, 1970; NESSELROADE & REESE, 1973; BALTES & SCHAIE, 1973, siehe Kapitel 3 dieses Bandes) hervorgegangen sind, bestätigen die Tatsache, daß es offenbar leichter ist, eine Revolution auszulösen, als sie voranzutreiben oder gar zum Erfolg zu führen. Immerhin hoffen wir, daß der beobachtbare Fortschritt in dieser Richtung groß genug ist, um einen Rückschritt in die Zeiten vor der entwicklungspsychologischen Orientierung auf die Lebensspanne zu

verhindern. Weiterhin hoffen wir, daß die vorgetragenen Daten, Theorien und Schlußfolgerungen überzeugend und anregend genug sind, um noch mehr Wissenschaftler für die Durchführung von zwar aufwendigen, dafür aber u. U. doch sehr aufschlußreichen Untersuchungen über längere Zeitspannen hin zu interessieren, die die Grundlage eines auf die gesamte Lebensspanne bezogenen entwicklungspsychologischen Ansatzes darstellen.
Aber dieser Beitrag sollte nicht nur einen Eindruck von unserem großen Optimismus bezüglich der Vorteile einer Lebenszeit umgreifenden Perspektive von Entwicklung vermitteln, sondern auch dazu beitragen, unser Bewußtsein für die Notwendigkeit methodologischer Reflexion zu schärfen, damit die Ideen, die in zunehmendem Maße zur Entwicklungspsychologie der Lebensspanne geäußert werden, auch wissenschaftlich überprüfbar bleiben. Die weitere Diskussion und Klärung der Paradigmen, die den auf die gesamte Lebenszeit bezogenen Forschungsansätzen zugrundeliegen, wird mit Sicherheit dazu beitragen, daß es zu Fortschritten in diesem Bereich kommt.

Danksagung

Die Autoren möchten Margret M. BALTES, Elizabeth M. BARTON, Donald H. FORD, William R. LOOFT und John R. NESSELROADE für das kritische Lesen einer ersten Version dieses Beitrags danken. Auch wenn sie nicht immer einer Meinung mit uns waren, haben sie mit ihren klugen Kommentaren doch wesentlich zur Verbesserung unseres Artikels beigetragen.

4 Forschungsstrategien und Meßmethoden zur Untersuchung der menschlichen Entwicklung

JUM C. NUNNALLY, Vanderbilt University, Nashville, Tennessee

Innerhalb der Entwicklungspsychologie, die sich auf die Erforschung der gesamten Lebensspanne konzentriert, zeigt sich – wie bei anderen Disziplinen, wenn sie sich etabliert haben, – das Bemühen, sich über die Ziele, Theorien, Forschungsmethoden und bisherigen Ergebnisse klar zu werden. Ziel des vorliegenden Beitrags ist es, eher allgemein die Forschungsstrategien und Meßmethoden zur Untersuchung der menschlichen Entwicklung zu diskutieren. Eine detailliertere Behandlung der einzelnen Punkte findet sich in der Literatur, auf die wir jeweils verweisen werden; bereits vorhandene Hinweise und Empfehlungen zur Forschung werden wir kritisch kommentieren und darüber hinaus einige neue Methoden und Strategien kurz skizzieren.

4.1 Veränderungswerte

Da man sich im Bereich der Entwicklungspsychologie der Lebensspanne im wesentlichen mit Veränderungen in der Zeit beschäftigt, liegt die Vermutung nahe, daß Veränderungswerte die wesentlichen psychometrischen Größen sind, mit denen man arbeitet. Vergleicht man etwa zwei zu verschiedenen Zeitpunkten gewonnene Intelligenztestwerte (symbolisiert durch X_1 und X_2), so wird dabei unterstellt, daß X_2–X_1 die interessierende Größe sei und daß die Berechnung solcher Werte einer der ersten Schritte bei der Durchführung von Analysen sein müßte. Die Geschichte dieses Problems wie auch die Forschungslogik zeigen indessen, daß man vermeiden sollte, in derartigen Veränderungswerten zu denken oder mit ihnen zu rechnen, solange das Problem, das zur Lösung ansteht, es nicht absolut erforderlich macht. Wie allgemein bekannt, ist das Hauptproblem, wenn man direkt mit Veränderungswerten arbeitet, daß sie mit einem *Regressionseffekt* belastet sind. Die Variablen X_1 und X_2 kann man sich als Rohwerte denken, die mit demselben Test zu zwei verschiedenen Zeitpunkten gewonnen wurden oder aber auch als Rohwerte aus Parallelformen eines Tests, die zu zwei verschiedenen Zeitpunkten gegeben worden sind. Notwendigerweise muß es hier eine Regressionsgerade geben; und wenn die Korrelation kleiner als eins ist, liegt eine Regression zum Mittelwert vor. Das bedeutet: Wenn man Veränderungswerte berechnet, so stellt man fest, daß diejenigen, deren Werte zuerst über dem Mittelwert lagen, negative Veränderungswerte, und diejenigen, deren Werte bei der ersten Testung unter dem Mittelwert lagen, positive Veränderungswerte zeigen. Dabei handelt es sich um ein reines Artefakt, das aufgrund der Art, wie die Werte berechnet werden, und aufgrund des Phänomens der Regression zur Mitte zustandekommt.

Als eine Modifikation der Veränderungswerte sind am häufigsten die *residualen Veränderungswerte* vorgeschlagen worden. Solche residualen Veränderungswerte sind ganz einfach Abweichungen der Werte aus der zweiten Testung von den Werten, die durch die Regressionsanalyse aus den Werten der ersten Testung vorhergesagt worden sind. Dabei würden alle auf der Regressionsgeraden liegenden Individuen positive, alle unterhalb dieser Geraden liegenden Individuen negative residuale Veränderungswerte haben. Der Vorteil der residualen Veränderungswerte besteht darin, daß man dadurch den Regressionseffekt, der bei den absoluten Veränderungswerten (X_2–X_1) auftritt, vermeidet. Damit ist jedoch nicht genug, denn es gibt eine lange Debatte darüber, wie denn nun solche residualen Veränderungswerte exakt zu berechnen seien. (Eine umfangreiche Übersicht über die entsprechenden Vorschläge findet der Leser bei CRONBACH & FURBY, 1970). Mit den residualen Veränderungswerten sind nämlich sowohl konzeptuelle als auch psychometrische Probleme verknüpft.

Das wesentlichste Problem psychometrischer Art besteht darin, daß bei residualen Veränderungswerten der Meßfehler, der beiden Messungen anhaftet, nicht berücksichtigt wird. Würde etwa X_2 direkt einen Tag nach X_1 und nicht zu einem späteren Zeitpunkt ermittelt, dann wären die erhaltenen Werte nicht genau gleich, die Korrelation läge wahrscheinlich erheblich unter eins, und dennoch könnten residuale Veränderungswerte berechnet werden. Natürlich wären sie in diesem Fall fast ausschließlich auf den Meßfehler zurückzuführen und nicht auf irgendwelche systematischen Veränderungen bei den Probanden (es sei denn, das untersuchte Merkmal hätte sich tatsächlich über Nacht verändert). Um den Meßfehler bei residualen Veränderungswerten zu berücksichtigen, wurde der Vorschlag gemacht, die Korrelation zwischen X_1 und X_2 vor Berechnung der residualen Veränderungswerte einer Minderungskorrektur (correction für attenuation) zu unterziehen. Die Frage ist, wie das im einzelnen zu machen sei.

Ein direkter Ansatz zur Untersuchung von Veränderungswerten liegt da vor, wo eine Kontrollgruppe mit einer oder mehreren Gruppen verglichen wird, die ein Treatment erhalten hatten. Ein einfaches Beispiel wäre die Einführung eines neuen Lernprogramms in Mathematik für Fünftklässler. Da in der Schule routinemäßig Leistungstests durchgeführt werden, liegen Testwerte von Anfang und vom Ende des Schuljahres vor. Die Schüler könnten nun nach Zufall einer experimentellen Gruppe und einer Kontrollgruppe zugeteilt werden; die Kontrollgruppe entwickelt sich ganz normal in dem Sinne, daß sie kein spezielles Treatment erhält. Ähnliche Untersuchungspläne könnte man benutzen, um den Effekt eines Trainings von motorischen Fertigkeiten und Wahrnehmungsfähigkeiten gegenüber sich ganz normal entwickelnden Kontrollgruppen zu testen. Für die *Kontroll*gruppe ließe sich zwischen Vor- und Nachtest ein Korrelationskoeffizient und eine Regressionsgleichung ermitteln, wobei diese Statistiken angeben, was zu erwarten wäre, wenn das *Treatment* keinen Effekt hätte. Würde das Treatment dagegen tatsächlich Einfluß haben, würde sich das in Unterschieden zwischen den Regressionsgleichungen für die beiden Gruppen zeigen. Die Unterschiede könnten dabei in den Korrelationen, den Mittelwerten und/oder Varianzen auftreten. Die statistischen Methoden, mit denen man diese Unterschiede berechnen kann, sind den meisten Statistik-Büchern zu entnehmen. Ein logisch sinnvoller und direkter Ansatz zur Berechnung der residualen Veränderungswerte für die Gruppe, die ein Treatment erhalten hat, ist, diese Werte mit Hilfe der Konstanten der Regressionsgleichung für die Kontrollgruppe zu bestimmen. Das Problem in der entwicklungspsychologischen Forschung ist freilich, daß Gruppen mit Treatment nicht untersucht werden und man sich im wesentlichen auf die Kontrollgruppen beschränkt.

Zusammenfassend ist zu sagen, daß man klugerweise Veränderungswerte, falls irgend möglich, nicht benutzt. Die hauptsächlichen Schwächen solcher Werte sind folgende: (1) Sie basieren auf manchmal zweifelhaften Annahmen über die Schätzung des Meßfehlers und die Charakteristika der bivariaten Beziehung zwischen zwei Variablen. (2) Sie werden von manchen nicht richtig verstanden und können falsch interpretiert werden. (3) Ihre Berechnung ist nicht ganz einfach, wie aus dem Vorhergehenden zu ersehen ist. CRONBACH und FURBY (1970) haben gezeigt, daß die meisten Probleme bezüglich der Messung von Veränderungen zu lösen sind, auch ohne daß man dabei in residualen Veränderungswerten denkt oder mit ihnen arbeitet. Das gilt für fast alle Alterstrendanalysen sowie auch für die Untersuchung der Struktur individueller Unterschiede zu verschiedenen Zeitpunkten.

4.2 Experimentelle Pläne zur Untersuchung von Altersfunktionen

Ja nach dem Ziel einer Untersuchung lassen sich zahlreiche experimentelle Pläne unterscheiden, die für das Studium von Variablen, die sich mit Alter verändern, in Frage kommen. Im wesentlichen handelt es sich dabei um Varianten der Trendanalyse, in erster Linie Bestandteile varianzanalytischer Pläne. Es gibt dazu eine Fülle statistischen Materials und sehr unterschiedliche Ansichten darüber, welche Methode unter welchen Umständen anzuwenden sei. (Zur Information seien die ausgezeichneten von HARRIS, 1963, GOULET & BALTES, 1970, sowie NESSELROADE & REESE, 1973, herausgegebenen Bände empfohlen. Der Leser findet dort weiterführende Literatur zu speziellen Fragestellungen.)

Die Zahl der Probleme und der Umfang der entsprechenden Literatur ist zu groß, als daß wir alles ansprechen könnten; wir beschränken uns in der folgenden Diskussion deshalb notwendigerweise auf nur einige wesentliche Aspekte. Zu den Problemen, auf die wir hier nur kurz eingehen, werden wir jedoch Hinweise auf weiterführende Literatur geben.

4.2.1 Veränderungen in einer Variablen über die Zeit hin

Die typische Problemstellung im Rahmen der Entwicklungspsychologie ist die Untersuchung der mit Alter einhergehenden Veränderungen in einer Variablen. Im folgenden Abschnitt wollen wir einige der wichtigsten Ansätze zur Untersuchung solcher Veränderungen in einer Variablen über die Zeit hin darstellen.

4.2.1.1 Querschnitt-Pläne

Ein Ansatz zur Untersuchung von Veränderungen in einer Variablen über die Zeit hin ist der Vergleich von Meßwerten für diese Variable für verschiedene Altersgruppen, die etwa zum gleichen Zeitpunkt untersucht worden sind. Ein klassisches Beispiel findet sich in Abbildung 1, die die gemittelten Standardwerte für verschiedene Altersgruppen vom Kindesalter bis hin zum Alter von 65 Jahren auf der WECHSLER-BELLEVUE-Intelligenz-Skala zeigt. Der Verlauf der Kurve legt nahe, daß die Intelligenz in den ersten 20 Lebensjahren sehr schnell zunimmt, bis sie ein bestimmtes Niveau erreicht hat, von dem aus sie bis ins hohe Alter allmählich abnimmt.

Es gibt zwei wesentliche Gründe dafür, eine bestimmte Variable mit Hilfe einer Querschnitt-Untersuchung zu erfassen. Zum einen will man damit einfach Unterschiede feststellen, die zwischen Individuen verschiedenen Alters zu einem bestimmten Zeitpunkt im Hinblick auf eine Eigenschaft bestehen, die von gegenwärtigem wissenschaftlichen oder praktischen Interesse ist. Auch wenn man daraus keinerlei Aufschlüsse über Prozesse des Reifens oder Alterns erhält, ist es doch wichtig, solche mit Alter zusammenhängenden Probleme in unserer heutigen Bevölkerung zu erforschen. Längsschnitt-Untersuchungen (die im nächsten Abschnitt erörtert werden sollen) wären hier in der Tat nicht sinnvoll.

Will man mit Hilfe von Querschnitt-Untersuchungen allein die Unterschiede aufdecken, die zu einem bestimmten Zeitpunkt zwischen Individuen bestehen, so sind die hauptsächlichen Probleme, (1) vergleichbare Stichproben auf den verschiedenen Altersstufen zusammenzustellen, und (2) sicherzustellen, daß die Messungen auf den verschiedenen Altersstufen auch tatsächlich dasselbe bedeuten. Vergleichbare Stichproben zusammenzustellen, ist relativ einfach, auch wenn dabei einige praktische Schwierigkeiten auftreten können, denn man muß aus derselben Population eine zumindest quasi-zufällige Stichprobe auf jeder Altersstufe ziehen. Die Population kann dabei gebildet werden aus allen Bürgern des Landes, allen weißen College-Studenten, weiblichen Grundschullehrern oder wem auch immer. Für die repräsentative Auswahl der Stichproben auf jeder Altersstufe sollte man die Regeln beachten, die üblicherweise dafür gelten.

Das zweite Problem, nämlich das der vergleichbaren Messungen auf den verschiedenen Altersstufen, ist dagegen theoretisch komplexer und auch praktisch schwieriger zu lösen. Wir wollen darauf später ausführlicher zu sprechen kommen.

Der zweite Grund für die Durchführung von Querschnitt-Untersuchungen ist der, abzuschätzen oder mindestens gewisse Hinweise darauf zu gewinnen, ob Entwicklungssequenzen vorliegen, die an sich nur mit Hilfe von Längsschnitt-Untersuchungen aufgedeckt werden können. Die in Abbildung 1 dargestellte Kurve sollte z. B. – zumindest annäherungsweise – die Zu- und Abnahme der Intelligenz beim Individuum repräsentieren.

Man könnte diese Darstellung nun so interpretieren, daß man sagt, die Intelligenz eines heute Achtjährigen wird aller Erwartung nach bis etwa zu dessen 20. Lebensjahr stark zunehmen, dann auf dem erreichten Niveau bleiben und etwa vom 30. Lebensjahr an allmählich abnehmen.
Es gibt daneben zahlreiche andere Fälle, in denen man Querschnitt-Untersuchungen zur Abschätzung längsschnittlicher Veränderungen mit dem Alter durchgeführt hat. Natürlich weiß man heute, daß bei Querschnitt-Untersuchungen Testzeiteffekte, also das Alter zum Zeitpunkt der Testung, und Generationseffekte konfundiert werden. So hat man etwa in Abbildung 1 die Testergebnisse von Individuen vor sich, die sich nicht nur hin-

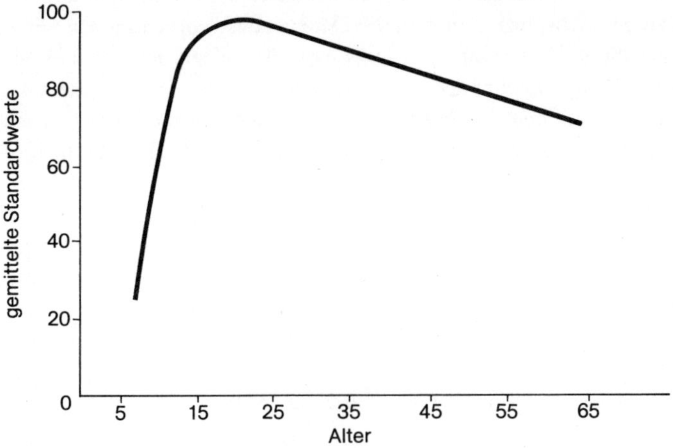

Abb. 1: Altersdifferenzen auf der *Wechsler-Bellevue*-Intelligenz-Skala. (Nach *Wechlser*, 1944.)

sichtlich ihres Alters, sondern auch im Hinblick auf das Leben, das sie bis zum Testzeitpunkt geführt haben, voneinander unterscheiden. Es besteht deshalb kein Grund, z. B. anzunehmen, daß bei den Individuen, die zum Zeitpunkt der Testung 20 Jahre alt waren, die gemessene Intelligenz in den darauffolgenden Jahren abnehmen würde. Echte Längsschnitt-Untersuchungen haben vielmehr gezeigt, daß viele der für das Intelligenz-Konzept maßgeblichen Funktionen im Alter von Mitte bis Ende Zwanzig nicht auf einem Niveau bleiben und dann abnehmen, sondern noch über das mittlere Alter hinaus weiter zunehmen. (Siehe dazu die Diskussionen bei Baltes, 1968, sowie die Kapitel von Schaie, Wohlwill und anderen Autoren in dem von Goulet & Baltes, 1970, herausgegebenen Band; andere Artikel zu diesem Thema sind in dem von Harris, 1963, herausgegebenen Band zu finden.)

4.2.1.2 Längsschnitt-Pläne

Wenn es möglich ist, Längsschnitt-Untersuchungen durchzuführen, dann haben sie gegenüber Querschnitt-Untersuchungen bei der Aufdeckung von Veränderungen, die mit Alter einhergehen, die folgenden drei Vorteile: Erstens erlauben sie, direkt die *Verände-*

rungen, die mit Alter einhergehen, unabhängig von Generationsunterschieden zu erfassen. Zweitens sind hier die Probleme bei der Auswahl von Probanden weniger gravierend. Bei Querschnitt-Plänen besteht das eigentliche Auswahlproblem darin, vergleichbare Stichproben auf jeder Altersstufe zusammenzustellen, eine Aufgabe, die nicht leicht zu lösen ist. Bei Längsschnitt-Untersuchungen ergeben sich keine derartigen Schwierigkeiten, denn dabei werden ja auf jeder Altersstufe immer *dieselben* Probanden untersucht. (Wenn allerdings im Verlauf der entwicklungspsychologischen Untersuchung aus irgendeinem Grunde von einer zur anderen Altersstufe eine deutliche Abnahme in der Zahl der Probanden auftritt, dann kann man die Relation zwischen Älter und der fraglichen Variablen selbstverständlich nur bei den Probanden untersuchen, die über alle Altersstufen hinweg bis zu dem Zeitpunkt, zu dem die Datenanalyse vorgenommen wird, am Leben geblieben sind. Sind die Ausfälle allerdings so groß, daß auf den höheren Altersstufen nur noch sehr wenige Probanden zur Verfügung stehen, dann ist die Vergleichbarkeit der Stichproben auf den verschiedenen Altersstufen natürlich auch hier ein echtes Problem. Dieser Aspekt wird ausführlich diskutiert durch BALTES, SCHAIE & NARDI, 1971).

Der dritte Vorteil, den Längschnitt- gegenüber Querschnitt-Untersuchungen haben, ist der, daß sie die Anwendung von statistischen Methoden erlauben, die aussagekräftiger sind. Einer reinen Längsschnitt-Untersuchung liegt ein Plan mit Meßwiederholung (within-subjects design) zugrunde, bei dem der Fehlerterm definiert ist durch die Interaktion von Probanden und Altersstufen und nicht durch die gepoolte Varianz (pooled variance) von individuellen Unterschieden. Dieser Vorteil ist besonders dann groß, wenn die Meßwerte von Altersstufe zu Altersstufe beträchtlich korrelieren, wie das bei den meisten Maßen der Fall ist.

Gegen die Verwendung von Längsschnitt-Plänen innerhalb der Entwicklungspsychologie der Lebensspanne sind hauptsächlich zwei Einwände erhoben worden (vgl. die Diskussionen von SCHAIE, 1970, und BALTES, 1968). Bei dem einen handelt es sich um das handfeste Problem, daß die wiederholten Testungen durch „Übungseffekte" beeinflußt werden könnten, ein Problem, mit dem man allerdings in den meisten Fällen fertig werden kann. So lassen sich etwa Übungseffekte innerhalb relativ kurzer Zeitspannen (von beispielsweise einem Monat) testen. Zeigen sich dabei zum Zeitpunkt des Retests keine wesentlichen Übungseffekte, dann läßt sich daraus schließen, daß derartige Effekte bei Tests, die einmal jährlich oder noch seltener durchgeführt werden, wahrscheinlich gar nicht auftreten. Werden bei einem Testverfahren (z. B. einem Wortschatz-Test) starke Übungseffekte festgestellt, dann gibt es durchaus Methoden, diese Effekte zu kompensieren. Hauptsächlich geht man dabei so vor, daß man Parallelformen des Tests verwendet und diese über die Subgruppen und Testsituationen so ausbalanciert, daß man auf jeder Altersstufe nicht-verfälschte mittlere Reaktionen erhält.

Der zweite Einwand gegen Längsschnitt-Untersuchungen ist ziemlich esoterisch und betrifft eher die Theorie als praktische Probleme der Forschung. Dabei geht es darum, daß bei solchen Untersuchungen die genetisch gesteuerte Herausbildung von Verhaltensmerkmalen einerseits und die kumulativen Effekte der Interaktion von Zuständen des Organismus mit der Umwelt (z. B. Ernährung, Lernen) andererseits konfundiert werden. Hält man dieses Problem für bedeutsam, und möchte man deshalb (mit Hilfe irgendeiner Methode) diese beiden Prozesse voneinander trennen, so ist die Längsschnitt-Untersuchung hier in der Tat völlig unbrauchbar. Im folgenden Abschnitt werden wir mehr dazu sagen.

Längsschnitt-Pläne würden in der Entwicklungspsychologie der Lebensspanne zweifellos vorrangig angewendet werden, wenn ihre praktische Durchführung nicht ein solches Problem darstellen würde. So finden sich aber nur wenige bereit, Untersuchungen zu beginnen, die sie womöglich nicht einmal während ihres eigenen Lebens zum Abschluß bringen können. Hinzu kommt auch, daß es sehr schwer ist, Forschungsgelder und Unterstützung von seiten der Universitäten und anderer Institutionen für so außerordentlich langfristige Projekte zu bekommen. Ausnahmen sind so selten, daß wir sie unerwähnt lassen können. (Eine Diskussion solcher Projekte findet sich bei CHARLES, 1970.)

4.2.1.3 Misch-Pläne

Da Querschnitt-Untersuchungen für die Abschätzung von Längsschnitt-Trends unzulänglich sind und da sich echte Längsschnitt-Untersuchungen in vielen Fällen einfach nicht durchführen lassen, wäre es sehr nützlich, wenn man Pläne verwenden würde, die eine Kombination aus den ökonomischen Querschnitt-Plänen und den konzeptuell sauberen Längsschnitt-Plänen darstellen. Solche Misch-Pläne können außerdem u. U., wie wir noch sehen werden, nützliche Informationen liefern, die mit Querschnitt- oder Längsschnitt-Plänen allein nicht zu gewinnen wären.

Eines der Ziele derartiger Forschungsstrategien wäre, den Verlauf echter Längsschnitt-Kurven aus Daten zu schätzen, die teilweise aus Querschnitt-Untersuchungen stammen. Ein Beispiel zeigt Abbildung 2. Dabei handelt es sich um die Werte für verschiedene Ge-

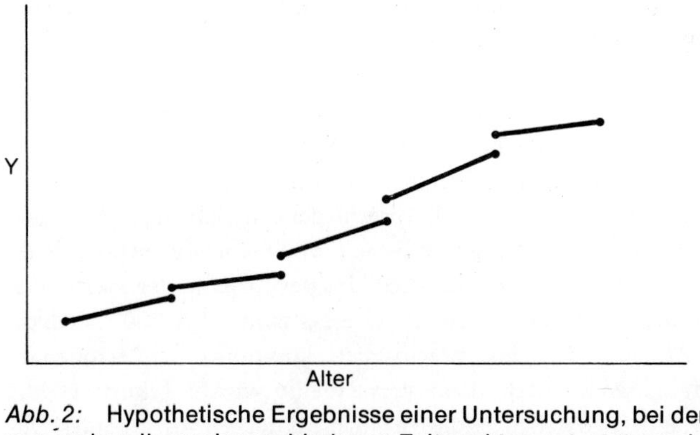

Abb. 2: Hypothetische Ergebnisse einer Untersuchung, bei der verschiedene Altersgruppen zu jeweils zwei verschiedenen Zeitpunkten getestet wurden.

nerationen (Kohorten), die zweimal getestet wurden und nicht nur einmal, wie es für reine Querschnitt-Untersuchungen typisch ist. Man erkennt beispielsweise, daß die erste Kohorte zum Zeitpunkt ihrer zweiten Testung leicht unterhalb der zweiten Kohorte liegt. Die Steigung der Kurve läßt sich nun bestimmen für die Zunahme, die bei jedem der beiden Testdurchgänge für jede Kohorte zu verzeichnen war. Die Tatsache, daß die jeweils folgenden Kohorten nicht den gleichen *Y*-Wert haben, den die jeweils vorangegangene Kohorte bei der zweiten Testung hatte, deutet auf Generationsunterschiede hin. Wie kann man nun aber diese Kenntnis von Generationsunterschieden dazu benutzen, um aus der Mischung von Längsschnitt- und Querschnitt-Effekten eine reine Längsschnitt-Funktion zu schätzen? (Diskussionen dieser Frage und Versuche ihrer Lösung finden sich bei Baltes, 1968; Schaie, 1965, 1970.)

Es gibt verschiedene Versuche, die Methoden zu präzisieren, mit denen man echte Entwicklungstrends mit Hilfe von Plänen aufdecken kann, die sowohl Längsschnitt- als auch Querschnitt-Daten liefern (vgl. Baltes, 1968; Schaie, 1965, 1970). Die vorliegenden Modelle bieten zwar interessante Schätzungen von Längsschnitt-Kurven, aber die Ergebnisse können doch nur als sehr grobe Annäherungen verstanden werden. Für präzise Schätzungen muß man eine Reihe von an sich unhaltbaren Annahmen machen. Um ein Beispiel zu nennen: Bei Abbildung 2 kann man zwar sehen, daß eventuell ein positiver Generationseffekt vorliegt (jede nachfolgende Generation tendiert zu höheren *Y*-Werten), es würde jedoch zu viele Annahmen erfordern, um die Querschnitt-Daten auch nur durch eine additive Konstante anzupassen. Man müßte dann nämlich von der Voraussetzung ausgehen, daß für die verschiedenen Generationen der Kurvenverlauf in allen Punkten gleich wäre, die Maxima an derselben Stelle lägen, die Werte im hohen Alter in derselben Weise abnehmen würden etc. Außerdem würden sich die Annahmen, die man machen müßte, natürlich auch noch in bezug auf die zu überprüfenden Merkmale (z. B. Dogmatismus oder Kurzzeitgedächtnis) unterscheiden. Um diese sehr komplexen und schwach fundierten Annahmen mit einiger Sicherheit machen zu können, müßte man die entsprechenden Längsschnitt-Daten aufnehmen. Hätte man diese Daten aber, dann wäre es nicht nötig, die weitgehend aus Querschnitt-Untersuchungen stammenden Daten auf statistisch zweifelhafte Weise anzupassen, um die echten Längsschnitt-Daten vorherzusagen.

Solange man keine umfassenden Längsschnitt-Daten hat, ist jeder Versuch, solche Daten zu schätzen, gleichbedeutend mit dem Versuch, die Zukunft vorherzusagen. In jedem Fall sind zahllose Annahmen erforderlich über Variablen, die konstant bleiben, und Variablen, die sich so verändern, wie es aus den Ereignissen vorhersagbar ist, die bis zu einem bestimmten Zeitpunkt eingetreten sind. Viele verschiedene Variablen spielen dabei eine Rolle, z. B. verschiedene Aspekte des Gesamtbestands von Genen (gene pool) in einer bestimmten Population, die Entwicklung der Medizin, der Zustand der materiellen Umwelt und vieles andere mehr. Würden beispielsweise bis zum Jahre 2000 Medikamente entwickelt, die den Abbau in den sensumotorischen Funktionen bei Personen im Alter von über 60 Jahren aufhalten könnten, dann würde die Entwicklungskurve für die heute Dreißigjährigen ganz anders aussehen als die, die man aus derzeit vorliegenden Daten schätzen würde.

Misch-Pläne können zwar nur ungefähre Schätzungen von Längsschnitt-Kurven liefern, sie dienen dafür aber noch zwei weiteren nützlichen Zielen. Zum einen finden sie nämlich Verwendung in mathematischen Modellen, und zwar bei der Extrapolation der verschiedenen Komponenten von Querschnitt- und Längsschnitt-Kurven. Stehen einem *beide* Arten von Daten zur Verfügung, so lassen sich interessante Schätzungen vornehmen, welchen Anteil Generationseffekte und welchen Anteil kulturelle Effekte der menschli-

chen Entwicklung haben. (Diskussionen dieser Modelle finden sich bei BALTES, 1968; SCHAIE, 1965, 1970.)
Zum anderen lassen sich solche Pläne sehr praktisch zur Prüfung einfacher Hypothesen über bestimmte Aspekte von Längsschnitt-Kurven verwenden, die aus einer Mischung von Längsschnitt- und Querschnitt-Plänen gewonnen worden sind. Ein ausgezeichnetes Beispiel hierfür bieten SCHAIE und STROTHER (1968). Die von ihnen untersuchte Hypothese bezieht sich auf den angeblich von etwa Mitte Zwanzig an bis ins hohe Alter auftretenden Rückgang der geistigen Fähigkeiten. Einem Querschnitt-Sample von Personen im Alter zwischen 20 und 70 Jahren wurde eine Anzahl von Tests gegeben, und sieben Jahre später wurden alle noch erreichbaren Probanden erneut getestet. Obwohl, wie bereits gesagt, die Daten keine genauen Schätzungen der Entwicklungsverläufe in der Zukunft liefern, reichen sie doch für die Überprüfung der genannten Hypothese aus. Würden nämlich die geistigen Fähigkeiten bei Individuen im Alter von 30, 40 und 50 Jahren tatsächlich abnehmen, dann müßte sich diese Veränderung auch innerhalb von Sieben-Jahres-Abschnitten zeigen. Statt dessen ergab sich jedoch, daß die Hypothese in ihrer allgemeinen Form nicht haltbar ist: Einige Fähigkeitsfaktoren nehmen bis weit ins mittlere Alter hinein stetig zu, andere nehmen noch bis in das Alter von 60 Jahren nur geringfügig ab, und bei den Fähigkeiten, die schon in früheren Jahren nachlassen, zeigte sich, daß sie im wesentlichen eine Schnelligkeitskomponente enthalten.
Ob Misch-Pläne kritische Daten in bezug auf Hypothesen über tatsächliche Entwicklungskurven liefern können, hängt von der jeweiligen Hypothese ab. Hypothesen, die komplexer sind als die im Beispiel zitierte, ließen sich wahrscheinlich nicht auf diese Weise untersuchen.

4.2.1.4 Wiederholte Anwendung von Längsschnitt-Plänen

Nach Meinung des Autors wird man, auf lange Sicht gesehen, anstelle der bisher in diesem Abschnitt erörterten Pläne eher wiederholte Male Längsschnitt-Pläne anwenden, wobei der Längsschnitt entweder über einen größeren oder aber auch nur einen begrenzten Abschnitt der Lebensspanne reicht. Es ist denkbar, daß in nicht allzu ferner Zukunft ganze Serien von Längsschnitt-Untersuchungen ohne zeitliche Restriktionen in Angriff genommen werden. Ein Beispiel wäre etwa die Untersuchung von Faktoren menschlicher Fähigkeiten vom zehnten bis zum 80. Lebensjahr. Alle zwanzig Jahre könnte dabei eine neue Längsschnitt-Untersuchung angesetzt werden, was zu einer Reihe von Längsschnitt-Kurven führen würde, die Jahrhunderte überspannen. Veränderungen dieser Kurven würden Aufschluß geben über den Stand der Fähigkeiten auf verschiedenen Altersstufen sowie über den sich verändernden Einfluß genetischer Faktoren und verschiedener Umweltbedingungen.

4.2.2 Vergleiche von Veränderungen in zwei oder mehreren Variablen über die Zeit hin

Sehr häufig ist man im Rahmen der Entwicklungspsychologie der Lebensspanne nicht nur an einer einzigen Variablen interessiert, sondern untersucht die Unterschiede im Wachstumstempo und der Veränderung zweier Variablen. Ein typisches Beispiel wäre der Vergleich der Altersfunktionen für zwei Arten des Gedächtnisses – das Sich-Erinnern und das Wiedererkennen. Viele Gesichtspunkte, die bei der Untersuchung einer Variablen über die Zeit hin relevant sind, gelten auch für die Untersuchung mehrerer Variablen; allerdings sind im letztgenannten Fall noch weitere Überlegungen nötig, auf die wir hier aus Platzgründen aber leider nicht ausführlicher eingehen können. Der einfachste Plan ist hier, kurz gesagt, ein Plan mit Meßwiederholung, bei dem alle Messungen zu allen Zeitpunkten bei derselben Gruppe von Probanden vorgenommen werden. Eng damit verwandt sind Pläne, bei denen verschiedene *a priori* zusammengestellte oder nach Zufall parallelisierte Gruppen jeweils einen anderen Test bekommen, jede Gruppe aber zu allen Testzeitpunkten denselben. Schließlich können Misch-Pläne beispielsweise bei *a priori* zusammengestellten Gruppen angewendet werden, wobei jeder Gruppe alle Tests zu allen Testzeitpunkten gegeben werden. Es leuchtet ein, daß der zuerst genannte Plan, sofern möglich, am ehesten vorzuziehen ist; kann man ihn nicht anwenden, so sind Misch-Pläne am wünschenswertesten.
Diese Pläne können außerdem für die Untersuchung von Treatments verwendet werden, die Alter überlagern. Eine ausführliche Erörterung der entsprechenden Forschungslogik und -methodologie findet sich bei BALTES und GOULET (1971; s. auch CAMPBELL & STANLEY, 1966).

4.2.3 Trennung von Gruppen a posteriori mit Hilfe multivariater Analyse

Der weitaus beste Ansatz, individuelle Differenzen in Alterstrends zu untersuchen, ist der, zunächst Hypothesen über bestimmte Unterschiede zwischen verschiedenen Personentypen zu formulieren und diese dann mit Hilfe von Längsschnitt-Untersuchungen zu überprüfen. Es gibt z. B. zahlreiche Untersuchungen der Unterschiede zwischen den Kurvenverläufen für Männer und für Frauen. Mit solchen Plänen werden also Veränderungen in einer Variablen bei zwei oder mehreren *a priori* bestehenden Gruppen erfaßt, ein Problem, auf das wir bereits eingegangen sind.
Nun gilt in vielen Fällen das Interesse weniger der Prüfung von Hypothesen in bezug auf *a priori* getrennte Gruppen als vielmehr der Trennung von Gruppen oder Personentypen auf statistischem Wege. Das Gesamtergebnis jeder Längsschnitt-Untersuchung kann man sich in Form von *N* Kurven vorstellen, eine Kurve für jeden Probanden, der untersucht worden ist. Die Kurven unterscheiden sich im Hinblick auf ihr allgemeines Niveau, ihre Steigung auf den verschiedenen Altersstufen, ihre Wendepunkte und andere Charakteristika, und die Frage ist nun, ob sich diese *N* Kurven zu einer relativ kleinen Zahl von Kurventypen zusammenfassen lassen, und wenn ja, wie diese Kurven aussehen. Zur Lösung dieser Frage gibt es einige einfache statistische Ansätze, bei denen Faktoren oder

Cluster von Individuen und nicht wie sonst von Tests gebildet werden. (TUCKER, 1966 a, geht auf dieses Problem im Zusammenhang mit der Faktorisierung von Lernkurven ein.) Die Problematik, um die es hier geht, kann man als *generalisierte Komponentenanalyse* bezeichnen. (Logik und Verrechnungsmethode werden bei NUNNALLY, 1967, S. 372–388 dargestellt.) Mathematisch gibt es dabei keine anderen Probleme wie bei jeder anderen Art von Profilanalyse, bei der Individuen nach Ähnlichkeit und Unterschieden bei der Bearbeitung von Tests oder auch nach anderen Variablen gruppiert werden. Jedes Individuum hat so viele Werte, wie es Testzeitpunkte in der Längsschnitt-Untersuchung gibt. Würde man z. B. einen Test zur Prüfung der motorischen Koordination alles sechs Monate insgesamt 40mal geben, dann hätte jeder Proband 40 Werte. Ausgangspunkt der Analyse wäre dann eine $40 \times N$-Matrix (N = Anzahl der Probanden). Methodisch ist diese Analyse leicht durchzuführen (NUNNALLY, 1967). Man berechnet Produktsummen der Rohwerte zwischen den Individuen, was zu einer symmetrischen $N \times N$-Matrix der Rohwert-Kreuzproduktsummen führt. Diese werden dann, wie üblich, faktoranalysiert. Dabei kann jede beliebige Faktorenanalyse durchgeführt werden, und die resultierenden Faktoren können entweder nach theoretischen Überlegungen rotiert werden oder aber so, daß bestimmte statistische Merkmale der Lösung optimiert werden.

Hypothetisch mögliche Ergebnisse zeigt Abbildung 3. In diesem Fall hat man sich vorzustellen, daß zwei starke Faktoren gefunden worden sind, und daß die folgenden Faktoren

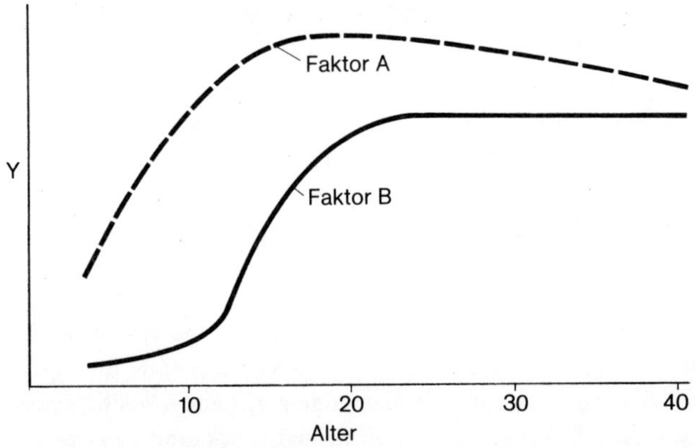

Abb. 3: Hypothetisches Beispiel für die Altersfunktionen zweier faktorenanalytisch bestimmter Personentypen.

nur schwache Ladungen hatten und kaum zu interpretieren waren. Jeder Faktor bildet eine hypothetische Kurve, die den individuellen Unterschieden zugrundeliegt. Die Ladung jedes Individuums auf jedem Faktor gibt Auskunft darüber, inwieweit es dem einen oder anderen Typus „angehört" oder eine Mischung aus beiden darstellt. Bei der Analyse von Individuen haben die Individuen Faktorenladungen und die Variablen Faktorscores. In diesem Fall sind die Variablen Zeitpunkte, an denen derselbe Test (oder auch Parallelformen davon) gegeben worden ist (vgl. NUNNALLY, 1967, S. 358–361). Abbildung 3 zeigt Faktorscores für zwei Personentypen, die den beiden aus der Faktorenanalyse gewonnenen Faktoren entsprechen. Die Kurve für Faktor *A* repräsentiert Individuen, die in bezug auf eine bestimmte Variable (z. B. eine bestimmte motorische Fertigkeit) gleich von Beginn an auf einem relativ hohen Niveau stehen, sich gleichmäßig verbessern, im Alter von etwa 16 Jahren ihr Leistungsmaximum erreichen und danach in ihrer Leistung allmählich wieder schwächer werden. Faktor *B* charakterisiert Individuen, die von vornherein auf einem niedrigeren Niveau stehen als Individuen auf Faktor *A*, die bis in die frühen Jugendjahre hinein eine nur langsame Entwicklung zeigen, danach aber einen ganz plötzlichen Leistungsanstieg haben und dann auf einem niedrigeren Niveau als Individuen auf Faktor *A* stehenbleiben, ohne sich allerdings in ihrer Leistung wieder zu verschlechtern.

Natürlich ist bei Analysen wie in diesem Beispiel zu bedenken, daß die meisten Individuen eher Mischtypen als reine Typen sind. Dennoch dürfte es einen beachtlichen Prozentsatz von Individuen geben, deren Altersfunktion ziemlich genau einem der Faktoren entspricht. Es handelt sich dabei um die Individuen, die auf einem Faktor sehr hoch und auf dem anderen nahe dem Nullpunkt laden.

Es gibt zahlreiche verfahrenstechnische Einzelheiten, wie die Personen-Faktorisierung der Altersfunktionen im einzelnen durchgeführt werden sollte. Einige Überlegungen hat Nesselroade (1970) zusammenfassend dargestellt, der auch auf ausführlichere Literatur verweist. R. B. Cattell beschäftigt sich ebenfalls umfassend mit verschiedenen multivariaten Plänen, die zur Untersuchung individueller Unterschiede in Wachstumskurven verwendet werden können (s. beispielsweise Cattell, 1952 b, 1963 b).

Wichtiger als detailliert auf die feinen Unterschiede in den Ansätzen zur Trennung von Gruppen *a posteriori* auf statistischem Wege einzugehen, ist es vielmehr, die Logik dieser Analysemethoden, ihre Eignung für empirische Untersuchungen und ihre bisherigen Erfolge bei der Erforschung der gesamten Lebensspanne zu prüfen. Trotz der eleganten mathematischen Methoden, die uns heute zur Verfügung stehen, und auch wenn nicht zu leugnen ist, daß es bestimmte Entwicklungstypen (-subgruppen) geben mag, sind die bisherigen Hinweise auf den Nutzen dieser Methoden m. E. nicht allzu ermutigend. Im folgenden seien einige Probleme genannt:

Die Methoden basieren auf der Annahme, daß der Gesamtmenge der individuellen Unterschiede in Wachstumsfunktionen tatsächlich reine Typen, wie in Abbildung 3, zugrundeliegen. Sollte das der Fall sein, so ist es bisher niemandem gelungen, solche Typen tatsächlich zu finden. Mir ist jedenfalls kein einziges Beispiel dafür bekannt, daß sich zugrundeliegende Wachstumskurven so deutlich voneinander trennen lassen wie in Abbildung 3. Normalerweise ist es eher so, daß der größte Teil individueller Unterschiede in Wachstumsfunktionen durch Unterschiede im Niveau, ausgedrückt durch den über alle Testdurchgänge hinweg gemittelten Wert für jedes Individuum, erklärt werden können. Dieser gemittelte Wert wäre dasselbe wie die Ladung jedes Indivduums auf dem ersten Zentroidfaktor in einer Rohwert-Komponentenanalyse und wäre dasselbe wie die Ladung auf dem ersten Faktor bei einer Hauptachsen-Rotation. Wenn der erste Faktor sehr hohe Ladungen und eine große Varianz der Ladungen im Vergleich zu den folgenden Faktoren hat, so bedeutet das, daß nahezu alle individuellen Unterschiede in den Wachstumsfunktionen resultieren aus durchgängigen Unterschieden in den Niveaus. Natürlich kann man die Varianz des ersten Faktors bei der Rotation aufteilen, oder, wenn man sich

nicht für die Unterschiede im Niveau, sondern nur für die Unterschiede im Kurvenverlauf interessiert, lediglich Faktoren betrachten und/oder rotieren, die auf den ersten Faktor folgen. Wenn die Faktoren allerdings keine Informationen außer denen über die Niveaus enthalten, dann dürften diese statistischen Überlegungen kaum helfen.
Andere Probleme tauchen auf, wenn man die allgemeine Komponentenanalyse bei *a priori* getrennten Gruppen verwendet. Ein Problem ist die Schwierigkeit, die Analysen, die erforderlich sind, überhaupt durchzuführen. Bei einer Längsschnitt-Untersuchung müßte das Sample mindestens 200 Individuen umfassen. Würde man mit allen Probanden Analysen durchführen, dann müßte man mit einer symmetrischen 200×200-Matrix von Rohwert-Kreuzprodukten arbeiten. Würden fünf Faktoren extrahiert, was den besten Computer überfordert, hätte man am Ende 1000 Faktorenladungen, und schon allein der Gedanke daran läßt einen zurückschrecken. Andere Schritte bei der Analyse würden ebenso schwierig durchzuführen und zu interpretieren sein. Mit der Komplexität der Analyse hängt zusammen, daß man leicht per Zufall Faktoren gewinnen kann, die sich dann bei einer anschließenden Untersuchung als nicht haltbar erweisen. Komplexität und Zufall können also leicht dazu führen, daß man zuviel in die Daten hineininterpretiert und zu falschen Schlußfolgerungen kommt.
Trotz dieser Schwierigkeiten sollte man dennoch den Methoden, mit denen man *a posteriori* Personengruppen bilden kann, die ihnen angemessene Beachtung schenken. Obwohl ihre Anwendung in den vergangenen Jahren immer wieder empfohlen wurde, gibt es bis heute nur wenige Anwendungsbeispiele, und sie hatten alle keine nennenswerten Auswirkungen auf die Entwicklungspsychologie. Es bleibt zu hoffen, daß multivariate Methoden zur Trennung von Gruppen *a posteriori* noch eingehender geprüft werden und daß dadurch die Forschung neue Impulse erhält.

4.2.4 Die Struktur der individuellen Unterschiede über Altersspannen hinweg

Neben der Untersuchung von Entwicklungskurven für Individuen allgemein und dem Vergleich von Kurven verschiedener Personengruppen ist es auch wichtig, Korrelationen zwischen den individuellen Unterschieden über die Lebensspanne hinweg zu betrachten. Die Untersuchung solcher Korrelationen ist sowohl für die Grundlagenforschung als auch für die Lösung von Fragen der angewandten Forschung von Bedeutung. Beziehen wir uns auf die Grundlagenforschung, so würden etwa hohe Korrelationen zwischen Messungen im frühen Kindesalter und Messungen im Erwachsenenalter darauf hindeuten, daß die in Frage stehenden Eigenschaften genetisch bedingt und durch Lernen nicht veränderbar sind. Niedrige Korrelationen würden demgegenüber die Interpretation nahelegen, daß Trainingsprogramme erfolgreich die in Frage stehende Eigenschaft verbessern könnten. Was die angewandte Forschung betrifft, so hat die Stabilität individueller Unterschiede wichtige Implikationen. Ist z. B. die Korrelation zwischen den Intelligenztestwerten eines Achtjährigen und denen eines Zwanzigjährigen sehr hoch, dann können die Ergebnisse der ersten Testung für langfristige Vorhersagen und Empfehlungen sowie für Entscheidungen im Hinblick auf erzieherische Maßnahmen verwendet werden. Auf solche Tests, die in jüngerem Alter gegeben werden, und die relativ hohe Korrelationen mit späteren Kriterien, wie etwa dem Erfolg im College aufweisen, kann man sich im allgemeinen eher verlassen als auf Verfahren, die Erfolg in der Zukunft weniger genau vorhersagen.

4.2.4.1 Vergleich von Faktoren

Bei der Untersuchung der Struktur individueller Unterschiede über die Zeit hin beschäftigen sich Psychologen normalerweise eher mit Konstrukten als mit einzelnen Variablen. Ihr Interesse gilt so umfassenden Konstrukten wie Intelligenz, Angst, Dogmatismus oder Extraversion, die auch in der Regel durch faktorenanalytische Untersuchungen individueller Unterschiede in Tests bestätigt werden. Bei der Untersuchung, wie sich solche Konstrukte über die gesamte Lebenszeit hin verhalten, sind nun zwei sehr wichtige Fragen aufgetaucht, die bisher noch nicht gelöst werden konnten. Erstens: Bleibt die Faktorenstruktur, die den Konstrukten in einem bestimmten Variablenbereich zugrundeliegt, über die gesamte Lebensspanne hinweg die gleiche? Zweitens: Wenn die Antwort auf die erste Frage positiv ist, wie kann man dann die Konstrukte auf verschiedenen Altersstufen in vergleichbarer Weise erfassen? Auf die erste Frage wollen wir in diesem Abschnitt, auf die zweite später eingehen. Leider können wir auch keine endgültige Lösung bieten; wir wollen jedoch versuchen, die Problemstellung zu klären und prinzipiell mögliche Wege für eine endgültige Lösung aufzuzeigen. (Siehe zu diesem Problemkreis auch BALTES & NESSELROADE, 1970, und CATTELL, 1966 c.)
Die Versuche, das erstgenannte Problem zu lösen, bestehen weitgehend darin, Matrizen von Faktorenladungen von Tests zu vergleichen, die zur Überprüfung eines bestimmten Bereichs auf verschiedenen Altersstufen gegeben worden sind. So würde man z. B. Matrizen von Faktorenladungen für schlußfolgerndes Denken bei Zehnjährigen und Achtzehnjährigen miteinander vergleichen und versuchen, zu Aussagen über die Ähnlichkeit der Faktorenstruktur (bzw. die Zusammensetzung von Konstrukten) bei den beiden Gruppen zu kommen. Wie ich bereits an anderer Stelle gesagt habe (NUNNALLY, 1967, S. 367f), kann man aus dem Vergleich von Matrizen von *Faktorenladungen* keine präzisen Aufschlüsse gewinnen über die Ähnlichkeit von Faktoren, die aus verschiedenen Analysen stammen. Jeder entsprechende Versuch verstößt gegen ein logisches Prinzip und führt zu Widersprüchlichkeiten. Bei dem logischen Prinzip handelt es sich darum, daß Faktoren (entweder direkt bestimmt oder nur geschätzt) mathematische Kombinationen von Variablen darstellen, wobei es sich in der Regel um Linearkombinationen handelt. Faktoren aus verschiedenen Analysen – ob nun aus verschiedenen Populationen, die zum gleichen Zeitpunkt untersucht worden sind, oder aus Populationen einer Entwicklungssequenz – können deshalb, streng genommen, nur verglichen werden dadurch, daß man die Korrelation zwischen den Faktorscores, die die Faktoren definieren, untersucht. Infolgedessen ist es hoffnungslos, Faktorenanalysen, die auf verschiedenen Altersstufen durchgeführt wurden, miteinander vergleichen zu wollen, es sei denn, man hat auf allen Altersstufen dieselben Probanden untersucht.
In der Praxis findet man zudem sehr leicht den Fall, daß in zwei Untersuchungen die Patterns der Faktorenladungen sehr ähnlich sind, die Variablen jedoch ganz unterschiedliche Inhaltsbereiche betreffen. Das würde z. B. für alle Variablen gelten, die zu einem g-Fak-

tor gehören, oder alle Variablen, die eine hierarchische Ordnung der Faktorenladungen implizieren. In beiden Fällen könnten die Faktorenladungen genau dasselbe Verteilungsmuster zeigen, aber die Faktoren als solche stünden in keinerlei Beziehung zueinander. Wie bereits gesagt, kann die Untersuchung von Faktorenladungsmatrizen zu falschen Schlußfolgerungen führen, einfach deshalb, weil die Ladungen nicht die Faktoren selbst sind; Faktoren werden entweder direkt durch Faktorscores repräsentiert oder geschätzt. Vergleiche von Faktorenladungsmatrizen auf verschiedenen Altersstufen sind interessant, und sie geben auch gewisse Hinweise auf die Ähnlichkeit von Faktoren auf verschiedenen Altersstufen, aber man kann sie auf keinen Fall für präzise Aussagen benutzen.

Stehen für eine Testbatterie Längsschnitt-Daten zur Verfügung, dann läßt sich die Ähnlichkeit von Faktorenstrukturen auf verschiedene Altersstufen direkt statistisch feststellen. Logik und Methodik solcher statistischen Vergleiche sind bekannt. Das eigentliche Problem besteht hier darin, ob dieselben (oder vergleichbare) Tests auf den verschiedenen Altersstufen auch wirklich dasselbe erfassen, ungeachtet der „wahren" zugrundeliegenden Faktorenstrukturen. Wie wir weiter unten noch ausführlicher erläutern werden, ist es häufig so, daß in *demselben* Test jeweils bei leichten Items *andere* Faktoren eine Rolle spielen als bei schwierigen Items. So mag es zwar (zumindest theoretisch) möglich sein, auf allen Altersstufen dieselben Faktoren zu erfassen, aber allein die bloße Itemanordnung kann zu anscheinend unterschiedlichen Faktorenstrukturen führen. Wie bei anderen in diesem Beitrag erörterten Problemen sind die Schwierigkeiten auch hier allerdings nur dann gravierend, wenn man einen großen (z. B. zehn oder mehrere Jahre umfassenden) Abschnitt der Lebensspanne untersucht. Die Probleme sind vor allem dann schwerwiegend, wenn man Kinder unter – sagen wir – zwölf Jahren mit älteren Probanden vergleicht, und nicht so sehr dann, wenn man mit Altersgruppen oberhalb etwa des 13. Lebensjahres arbeitet.

Um die logischen und empirischen Probleme zu vermeiden, auf die man bei der Prüfung der Ähnlichkeit von Faktorenstrukturen auf verschiedenen Altersstufen stößt, ist es besser, einen anderen Ansatz zu wählen. Dabei definiert man zunächst die Faktorenstruktur für jeden Variablenbereich in der Reifezeit, d. h. zwischen dem 18. und 25. Lebensjahr. Es besteht an sich keinerlei Notwendigkeit, gerade diesen Altersbereich für die Definition der Faktorenstruktur auszuwählen, aber man kann sich vorstellen, daß er einen interessanten Richtwert für die Untersuchung von Eigenschaften bei jüngeren und älteren Individuen liefert. Hat man diese Faktorenstruktur für einen Variablenbereich bestimmt, dann kann man die Positionen von Individuen unterschiedlicher Altersstufen in bezug auf die Indikatoren jedes einzelnen Faktors untersuchen. Auf diese Weise könnte man den Reifezustand von Individuen bezüglich der Indikatoren eines Faktors messen und außerdem die Veränderungen prüfen, die eventuell in den Korrelationen zwischen den Indikatoren eines Faktors von Altersstufe zu Altersstufe auftreten. Die Erforschung der gesamten Lebensspanne unter Bezug auf solche „Referenz"-Faktoren erscheint sehr viel sinnvoller und fruchtbarer als die Suche nach Methoden zur Bestimmung der Ähnlichkeit von Faktorenstrukturen auf verschiedenen Altersstufen, was doch nur zu trügerischen Ergebnissen führt. Selbst wenn solche Methoden praktikabler wären, würde man doch immer nur feststellen, daß Faktorenstrukturen auf den verschiedenen Altersstufen in mancher Hinsicht gleich und in mancher Hinsicht verschieden sind. Und was läßt sich mit einem solchen Ergebnis schon anfangen?

4.2.4.2 Statistische Methoden

Was die Untersuchung individueller Unterschiede über die gesamte Lebensspanne hinweg betrifft, so sind hinsichtlich der statistischen Methodenprobleme zwei Überlegungen besonders wichtig. Erstens: Es gibt zahlreiche mathematische Modelle für die Struktur individueller Unterschiede über die Zeit hin. Ein in dieser Hinsicht ziemlich vielversprechendes Modell ist der *Simplex*. Daneben gibt es aber noch etliche andere mathematische Modelle, die einer Untersuchung wert sind. Wenn ein Modell den Daten angemessen ist, so ist das zugleich ein Hinweis darauf, daß die vermuteten zugrundeliegenden Prozesse die mit Alter einhergehenden Veränderungen erklären können.
Zum zweiten gibt es eine sehr allgemeine Analysetechnik zur Untersuchung von Korrelationen zwischen den Bedingungen für individuelle Differenzen zu verschiedenen Zeitpunkten. Diese Technik – *das schrittweise Herauspartialisieren (progressive partialing analysis)* – wird im einzelnen bei NUNNALLY (1967, S. 151–171) erläutert. Die Analyse kann sich z. B. beziehen auf eine Gruppe von Prädiktor-Variablen und die Werte für eine bestimmte Variable, die über einen großen Abschnitt der Lebensspanne hinweg untersucht wird. Die progressive Partialanalyse würde einem erlauben, den jeweiligen Einfluß der verschiedenen Prädiktor-Variablen auf die in der entwicklungspsychologischen Untersuchung gemessenen Leistungen zu bestimmen und die prognostische Validität von Meßwerten, die zu einem früheren Zeitpunkt in der Entwicklungssequenz gewonnen, wurden, für die später erhobenen Daten zu ermitteln.

Tab. 1: Beispiel für die Verwendung der progressiven Partialanalyse zum Verständnis von Korrelationen zwischen Variablen zu verschiedenen Zeitpunkten des Lebens

Tests	„Square-root"-Faktoren			
	I	II	III	IV
Prädiktortest				
Lesetest 1	.70			
Lesetest 2	.60	.50		
Lesetest 3	.50	.45	.30	
Lesetest 4	.40	.35	.25	.20

Tabelle 1 zeigt, wie durch schrittweises Herauspartialisieren Entwicklungssequenzen aufgedeckt werden können. Die erste Variable ist hier ein Intelligenztest, der in der 2. Klasse gegeben worden ist. Die restlichen vier Variablen sind Leseleistungstests, die jeweils am Ende des 3., 6., 9. und 12. Schuljahres durchgeführt wurden. Die schrittweise Herauspartialisierung besteht nun im wesentlichen in der Berechnung einer „Square-root"-Faktorenanalyse (Darstellung s. NUNNALLY, 1967, S. 318–321). Die erste Spalte der Faktorenmatrix enthält die Korrelationen des Prädiktors mit jeder der vier Messungen der Leseleistung. Wie zu erwarten, korreliert der Prädiktor-Test höher mit den früheren Tests als mit den späteren. Die folgenden Spalten der Faktorenmatrix enthalten die Korrelationen zwischen jedem der früheren mit den späteren Tests, wobei der Einfluß des Prädiktor-Tests und der früheren Testungen auspartialisiert ist. Wenn der Prädiktor-Test auspartialisiert ist, zeigt sich eine Residual-Korrelation zwischen dem ersten und dem zweiten Test von .50. In der dritten Spalte finden sich entsprechend die Korrelationen zwischen der zweiten und der dritten und vierten Testung, jeweils ohne Einfluß des Prädiktor- wie auch des ersten Tests. Die progressive Partialanalyse ist also eine flexible Methode zur Zerlegung von Korrelationsmatrizen, die sich auf Entwicklungstrends beziehen.

4.3 Einige wichtige Probleme innerhalb der psychometrischen Theorie für die Entwicklungspsychologie der Lebensspanne

Bei der bisherigen Diskussion von Untersuchungsstrategien und -methoden zur Erforschung der Entwicklung über die gesamte Lebenszeit hinweg haben wir einige wichtige Probleme in bezug auf die psychometrische Theorie absichtlich nicht erwähnt; wir wollen im folgenden darauf eingehen.

4.3.1 Reliabilität

Meßfehler verkomplizieren die Untersuchung der Entwicklung über die gesamte Lebensspanne hinweg. Häufig unterschieden sich die Verteilung der Testscores auf den verschiedenen Altersstufen nämlich nicht nur in bezug auf Mittelwerte, Streuungen und faktorielle Zusammensetzung, sondern auch in bezug auf ihre Reliabilität. Reliabilität wird hier im üblichen Sinne verstanden als das Ausmaß, in dem Messungen replizierbar und damit frei von Meßfehlern sind. (Die Schätzung von Reliabilitätskoeffizienten und Formeln zur Berechnung des Meßfehlers werden z. B. bei NUNNALLY, 1967, Kap. 6 und 7 diskutiert.) Bei der Erforschung der Entwicklung über die gesamte Lebenszeit hinweg stellt sich im Hinblick auf den Meßfehler zunächst das Problem, gute Schätzungen der Reliabilität der zu verschiedenen Zeitpunkten verwendeten Meßinstrumente zu bekommen. Zu beachten ist dabei, daß der Reliabilitätskoeffizient von Populationen gewonnen werden sollte, die denen ähnlich sind, welche später in die entwicklungspsychologische Untersuchung aufgenommen werden sollen; die Zahl der Probanden sollte mindestens 300 betragen. Werden diese Bedingungen nicht erfüllt, dann kann die geschätzte Reliabilität falsch sein. Nicht selten findet man umfangreiche statistische Korrekturen (z. B. Minderungskorrekturen) in bezug auf Reliabilitätskoeffizienten, die anhand kleiner, unrepräsentativer Stichproben und mit völlig unzureichenden Methoden der Reliabilitätsschätzung gewonnen worden sind.
Reliabilitätskoeffizienten werden unterschiedlich benutzt, je nachdem ob es in einer Untersuchung um die Feststellung von Gruppentrends oder aber um die Korrelationen zwi-

schen individuellen Unterschieden über die Zeit hin geht. Was die Feststellung von Gruppentrends anbelangt, so wird der Meßfehler hier Teil des Fehlerterms bei der Untersuchung jeder Art von Gruppentrend. Vielfach wurde vorgeschlagen, den Meßfehler zu verwenden, um bei Varianzanalysen die Signifikanz verschiedener Aspekte des experimentellen Designs zu korrigieren; aber dieses Problem ist noch nicht gelöst, und folglich werden Varianzanalysen durchgeführt, ohne daß mangelnde Reliabilität als spezifische Fehlerquelle berücksichtigt wird. Den Meßfehler zu kennen, ist jedoch nütztlich, bei der Interpretation der Ergebnisse von Trendanalysen. Sind nämlich beispielsweise die Reliabilitäten eher niedrig, so ist nicht zu erwarten, daß klare Trends über die Zeit hin auftreten.

Reliabilitätskoeffizienten können nicht nur Hinweise bei der Untersuchung der Struktur individueller Differenzen über die Zeit hin liefern, sondern führen darüber hinaus auch manchmal tatsächlich zu ,,Korrekturen". Wir schreiben das in Anführungszeichen, denn der Korrekturvorgang besteht darin, daß man schätzt, wie die statistischen Zusammenhänge aussehen würden, wenn sie meßfehlerfrei wären. Die wichtigste Korrektur, die es in dieser Hinsicht in Untersuchungen der Entwicklung über die gesamte Lebenszeit hin gibt, ist die Minderungskorrektur. So ist es z. B. normalerweise sinnvoll, vor einer schrittweisen Herauspartialisierung jede Korrelation innerhalb der Korrelationsmatrix einer Minderungskorrektur zu unterziehen. Natürlich sind dafür gute Relaibilitätsschätzungen für jede Variable Voraussetzung, darauf hatten wir ja bereits hingewiesen. Eine solche Korrektur sollte gerade in Untersuchungen der Entwicklung über die gesamte Lebensspanne hin vorgenommen werden, weil es hier darum geht, die ,,tatsächlichen" Korrelationen zu schätzen und nicht solche, die künstlich (und in unterschiedlichem Ausmaß) durch den Meßfehler verringert sind.

4.3.2 Faktorielle Zusammensetzung von Meßwerten

Die Kontrolle des Meßfehlers und entsprechende Korrekturen sind mit Hilfe verschiedener einfacher Methoden durchzuführen; dagegen ist die Prüfung der ,,Validität" im weiteren Sinne in Untersuchungen der Entwicklung über die Lebensspanne hin ein Problem, das sehr viel komplexer und schwerer zu lösen ist. Die Komplexität des Sachverhalts ist direkt proportional zur Zahl der Jahre, die in einer Untersuchung erfaßt werden. Vergleich man z. B. Sieben- und Achtjährige miteinander, so ergeben sich praktisch keine Probleme; vergleicht man dagegen Vierjährige mit Personen in den Sechzigern, dann gibt es extreme Schwierigkeiten.

Gleichgültig, ob man nun tatsächlich faktorenanalytische Verfahren verwendet oder nicht: Man verbindet mit psychologischen Messungen individueller Unterschiede praktisch unvermeidlich die Vorstellung, ihnen müßten nur einige wenige konzeptuell sinnvolle Dimensionen oder Faktoren zugrundeliegen. Man kann darüber streiten, welches die geeignetsten Methoden zur Gewinnung solcher Faktoren sind und welche Faktoren für einen bestimmten Variablenbereich die besten sind. Schwieriger wird es dagegen, die Behauptung zu entkräften, bei der Untersuchung der Struktur individueller Differenzen benötige man diese wenigen Grundstrukturen, wie sie durch einfache Faktorengleichungen veranschaulicht werden. Akzeptiert man diesen Standpunkt, dann wird man bei entwicklungspsychologischen Untersuchungen, in denen ein *großer Abschnitt der Lebensspanne* erfaßt wird, auf eine Reihe von Problemen stoßen. Bei der Untersuchung von Entwicklungstrends etwa besteht das Problem darin, daß der exakte Verlauf der meisten Kurven bis zu einem gewissen Grade abhängt von den Faktorengewichten auf den verschiedenen Altersstufen. Nehmen wir als Beispiel die (Längsschnitt- oder Querschnitt-) Untersuchung der Alterskurve für die Entwicklung von quantitativen Fertigkeiten. Nehmen wir weiter an, es würde ein sehr langer Test, der viele Schwierigkeitsgrade umfaßt, Schülern der 2. bis 12. Klasse vorgelegt. (Natürlich würden normalerweise nicht alle Schüler denselben Test erhalten, denn für die jüngeren Probanden läge dann der größere Teil der Aufgaben jenseits ihres Leistungsvermögens, während die älteren viele für sie banale Aufgaben zu lösen hätten.) Aber selbst wenn man allen Schülern genau denselben Test vorlegte; würde man damit auf allen Altersstufen auch dasselbe messen? Wahrscheinlich müßte man antworten: „Nicht exakt dasselbe". Es ist immer wieder beobachtet worden, daß – egal bei welchem Test – die leichteren Aufgaben, faktorenanalytisch gesehen, etwas anderes messen als die schweren Aufgaben. Wir haben einen Test zur Messung der quantitativen Fertigkeiten deshalb extra als Beispiel gewählt, weil man hier für die leichteren Aufgaben in der Regel eine andere faktorielle Zusammensetzung findet als für die schwierigeren Aufgaben. Die leichteren Items messen eher einfache mathematische Fertigkeiten, wie man sie für das Addieren, Subtrahieren, Ziehen von Quadratwurzeln etc. braucht. Die schwierigeren Items dagegen erfassen, zusätzlich zu der mathematischen Fertigkeit, eher Sachwissen, spezifische schulische Qualifikationen und verschiedene Denkfaktoren. Alterskurven für mathematische Fertigkeit zu untersuchen kann daher so ähnlich sein, wie drei Äpfel zu einem Zeitpunkt mit vier Bananaen zu einem anderen Zeitpunkt zu vergleichen. Das Problem ist nicht so gravierend, daß alle derartigen Vergleiche sinnlos wären; es macht aber doch nötig, die allzu genaue Interpretation exakter Kurvenverläufe, wie sie in graphischen Darstellungen erscheinen, mit Vorsicht zu betrachten.

Neben der sich ändernden Bedeutung von Faktoren auf verschiedenen Altersstufen hat auch die Art, wie die Items für die Meßinstrumente ausgewählt werden, Einfluß auf den Verlauf von Entwicklungstrends. Um eventuelle Probleme im Hinblick auf Veränderungen in der faktoriellen Zusammensetzung über die Zeit hin auszuschalten, wollen wir als Beispiel ein sehr einfaches Merkmal betrachten, das Rechtschreibvermögen. Man könnte Schülern der 1. bis 12. Klasse einen sehr langen Rechtschreibtest vorlegen, wobei die Items Wörter sind, die jeweils auf zwei verschiedene Weisen geschrieben worden sind. Die Aufgabe des Probanden bestünde darin, anzukreuzen, welches die richtige Schreibweise ist. Die Analyse der Ergebnisse würde zur ausgezogenen Kurve in Abbildung 4 führen. Wie man sieht, steigt die Kurve in den Grundschulklassen steil an, nimmt dann weniger schnell zu in den Klassen 5 bis 7, und in der High-School vermindert sich die Wachstumsfunktion noch weiter. Den eigentlichen Verlauf dieser Kurve könnte man jedoch entscheidend dadurch verändern, daß man die Items für den Test in besonderer Weise auswählt. Ein drastisches Beispiel wäre der Fall, daß man nur sehr leichte und sehr schwere Aufgaben wählt. Die Kurve dürfte dann etwa so verlaufen wie die gestrichelte Linie in Abbildung 4. Da es leichte Wörter gibt, wird die Wachstumskurve für die Schüler

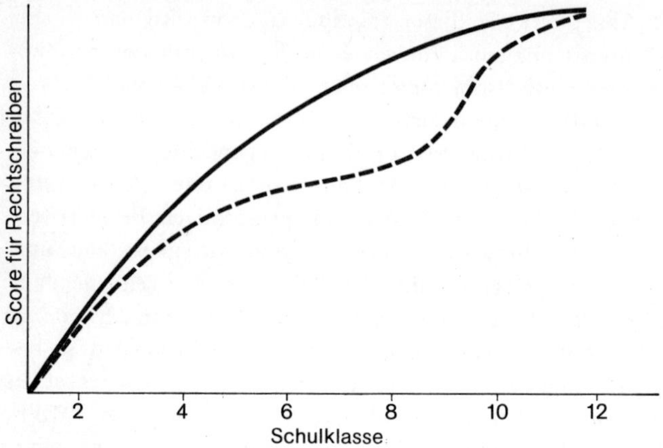

Abb. 4: Vergleich von Alterskurven für Rechtschreibfertigkeit im Originaltext (——) und in einem modifizierten Text (– – –).

der Grundschulklassen nicht wesentlich beeinträchtigt; und da der durchschnittlich begabte High-School-Schüler mit den relativ schwierigen Wörtern im allgemeinen gut zurechtkommt, bleibt der Kurvenabschnitt von der 10. Klasse an aufwärts ebenfalls weitgehend unverändert. Der dazwischenliegende Abschnitt indessen würde unter diesen Bedingungen völlig anders aussehen als bei einem Test, in dem alle Schwierigkeitsgrade repräsentiert sind.

Natürlich würde niemand auf den Gedanken kommen, einen so verrückten Test zu konstruieren, der zur einen Hälfte aus sehr schwierigen und zur anderen aus sehr leichten Items bestünde. Aber wie sollte die Verteilung des Schwierigkeitsgrades der Items denn nun aussehen? (Vgl. die Diskussion dieser Frage bei Nunnally 1967, Kap. 8). Der gängige Ansatz zur Konstruktion von Tests auf der Basis von Itemstatistiken besteht darin, eine homogene Skala für einen bestimmten Fähigkeits- oder Persönlichkeitsfaktor zu entwickeln. Dabei gilt das Interesse fast ausschießlich den individuellen Unterschieden, die durch den Test, nicht also durch Mittelwertsunterschiede von Alters- oder anderen Gruppen hervorgerufen werden. Soweit ich weiß, gibt es bisher keine Tests, die speziell auf die Erforschung von Alterstrends abzielen. Sollte es dennoch welche geben, bezweifle ich ernsthaft, daß dabei das kritische Problem der Verteilung der Itemschwierigkeiten gelöst wurde. Sollte jemand die Lösung tatsächlich einfach in Angriff genommen haben, nach welchen Regeln hätte er dann die Items nach Schwierigkeit geordnet? Natürlich kann ich diese Frage nicht beantworten, aber immerhin doch zwei Grundprinzipien in diesem Zusammenhang nennen: (1) Es ist angesichts der gegenwärtig zur Verfügung stehenden Meßinstrumente nicht zu rechtfertigen, die Merkmale von Altersfunktionen bis ins einzelne hinein zu interpretieren; (2) man sollte stärker die Beziehungen zwischen den psychometrischen Eigenschaften von Meßinstrumenten und den Ergebnissen der Lebenszeit umfassenden Entwicklungspsychologie beachten.

Was den ersten Punkt anbelangt, so gibt es hier einige positive Anzeichen. Erstens: Werden mit verschiedenen Meßinstrumenten relativ ähnliche Altersfunktionen gewonnen, so kann man allmählich doch mit einigem Vertrauen die Interpretation dieser Altersfunk-

tionen vornehmen. Zweitens: Es müssen keineswegs alle Maße, die für die Entwicklungspsychologie der Lebensspanne von Interesse sind, statistisch in Form von Testitems zusammengefaßt werden. Beispielsweise ist es kein Problem, die Wahrnehmung tachistoskopisch dargebotenen Materials oder visuo-motorische Koordination (z. B. pursuit rotor) zu untersuchen.
Was die zukünftigen psychometrischen Untersuchungen von Maßen betrifft, die in der Lebenszeit umfassenden Entwicklungspsychologie verwendet werden, so gibt es hierfür einige theoretische Modelle, die sich als nützlich erweisen könnten. Man könnte z. B. Meßmodelle entwickeln, nach denen man mit dem Prozentsatz der Veränderungen arbeitet, die von Altersstufe zu Altersstufe in den Reaktionen auftreten, etwa so, daß der Prozentsatz der Probanden, die eine Aufgabe korrekt lösen, bei den Neunjährigen 50, bei den Zehnjährigen 62, bei den Elfjährigen 68 % beträgt etc. Hat man es mit Items zu tun, in bezug auf die keine Altersgruppe um 0% oder 100% rangiert, dann könnte man Skalen entwickeln, die auf überlappenden Prozentsätzen basieren. Wie das im einzelnen zu geschehen hätte, ist jedoch noch nicht restlos geklärt. Daneben gibt es andere mögliche Ansätze zur Gewinnung von „altersäquivalenten" Tests. Sie konstituieren einen wichtigen Bereich der psychometrischen Forschung.

4.4 Zusammenfassung und Vermutung über zukünftige Tendenzen

Betrachten wir noch einmal rückblickend unsere Darstellung von Strategien und Meßmethoden der Entwicklungspsychologie der Lebensspanne, so wird eine Reihe von Punkten klar. Damit wir diese Punkte im folgenden zusammenfassend darstellen können, sei vorab daran erinnert, daß eine entwicklungspsychologische Erforschung der gesamten Lebenszeit zumindest die folgenden wichtigen Schritte voraussetzt: (1) die Entwicklung von Meßmethoden für wesentliche menschliche Eigenschaften; (2) die Auswahl und Anwendung von Forschungsplänen, in denen diese Meßmethoden ihren Platz haben; und (3) die Analyse der Ergebnisse mit angemessenen und aussagekräftigen Methoden. Dabei wird deutlich, daß die Punkte (2) und (3) zumindest theoretisch relativ leicht zu bewältigen sind, manchmal allerdings viel Zeit, Aufwand und finanzielle Mittel erfordern.
Kehrt man die Reihenfolge der Punkte einmal um, so ist zunächst festzustellen, daß es in bezug auf die meisten Analysetechniken, die hier in Frage kommen, keine nennenswerten Probleme gibt. (Die eigentliche Schwierigkeit besteht vielmehr in der Gewinnung von sinnvollen Daten.) Die beiden üblichen Analyseverfahren sind die Trendanalyse bei Altersfunktionen und die Korrelationsanalyse zur Aufdeckung der Struktur individueller Unterschiede über die Zeit hin. In der Psychologie gibt es für dieses Zwecke eine Fülle geeigneter Analysetechniken. (Wenn überhaupt, dann ist hier das Problem eher in den unnötig aufgeblähten statistischen Berechnungen – à la Rube GOLDBERG – zu sehen, die derart häufig sind, daß sie uns von den eigentlichen, wirklich komplizierten Problemen ablenken.)

Was die Forschungspläne anbelangt, so wäre es, wenn man einmal die praktischen Probleme außer acht läßt, leicht, die adäquaten Ansätze zu spezifischen, nämlich etwa Längsschnitt-Untersuchungen mit großem *N* über die gesamte Lebensspanne hinweg. Nun leben allerdings die Untersucher nicht ewig; das Wohlwollen, der Institutionen, die die Forschung finanziell unterstützen, hat seine Grenzen, und die allgemeine ,,Publikationswut" macht es kompetenten Forschern schwer, in ihrem Arbeitsbereich akzeptiert zu werden, ohne etliche Jahre nichts zu veröffentlichen. Deshalb müssen in vielen Fällen Kompromisse geschlossen werden im Hinblick auf die ideale Forschungsstrategie. Immer wieder wird man Querschnitt-Untersuchungen mit heranziehen müssen, weil sich alles andere als undurchführbar erweist und/oder weil kein Grund zu der Annahme besteht, daß die Generationseffekte groß sind.
Wahrscheinlich wird man auch weiterhin – wie in der Vergangenheit – besonders den Längsschnitt-Untersuchungen vertrauen, die über kritische Perioden und nicht einfach nur über große Abschnitte der Lebensspanne hinweg durchgeführt worden sind, also etwa den Untersuchungen der PIAGETschen Konzepte während des Kindesalters, der Veränderungen im Sozialverhalten während der Pubertät und der Veränderungen, die bei Personen im Alter von über 70 Jahren auftreten. Solche Untersuchungen sind nicht nur einfacher durchzuführen als Längsschnitt-Untersuchungen, in denen ein großer Zeitabschnitt erfaßt wird, sondern man umgeht damit auch einen Großteil der schwierigen Probleme, die bei Untersuchungen über große Zeiträume hinweg auftreten, z. B. das der Vergleichbarkeit von Messungen auf verschiedenen Altersstufen.
Wie bekannt, werden bei Querschnitt-Untersuchungen Generationseffekte und Alterseffekte und bei Längsschnitt-Untersuchungen die Alterseffekte wiederum mit den Effekten aufgrund des sozio-kulturellen Wandels konfundiert. Zur Isolierung der Generationseffekte und der kulturellen Effekte wurden verschiedene Pläne empfohlen, in denen Längs- und Querschnitt-Daten miteinander kombiniert werden. Solche Pläne sollten drei Zielen dienen: (1) Schätzungen von Längsschnitt-Daten ermöglichen, (2) Informationen über Hypothesen zu umgrenzten Aspekten von entwicklungspsychologischen Daten liefern; und (3) die Erklärungsmöglichkeit mathematischer Modelle für verschiedene Komponenten der menschlichen Entwicklung prüfen. Im Hinblick darauf hat man festgestellt: (1) Man erhält auf diese Weise zwar interessante Hinweise auf echte Entwicklungstrends, sie basieren aber auf unprüfbaren Annahmen darüber, wie die Menschen und die Welt in der Zukunft sein werden; (2) die Pläne liefern in der Tat wichtige kritische Informationen über bestimmte Hypothesen, z. B. über das vermutete Nachlassen der allgemeinen Fähigkeiten ab Anfang Dreißig; und (3) die mathematischen Modelle sind interessant, aber sehr abstrakt und eher dazu geeignet, Forschung zu stimulieren als echte Daten zu analysieren oder künftige Trends vorherzusagen.
Es ist vorgeschlagen worden, zur Erforschung des größten Teils der Lebensspanne in Zukunft eine ganze Serie von Untersuchungen zu starten, und zwar so, daß jeweils eine neue Untersuchung nach etwa 20 Jahren begonnen wird. Jede Kurve würde etwas über die entsprechende Generation aussagen, und mit Hilfe von Vergleichen zwischen den Kurven wäre es möglich, die Effekte der verschiedenen Kausalfaktoren zu ermitteln.
Aber selbst wenn man ideale Forschungsstrategien und Analysetechniken verwenden würde, hat man bei entwicklungspsychologischen Untersuchungen, die sich auf die ge-

samte Lebensspanne beziehen, beträchtliche Schwierigkeiten mit den psychologischen Messungen. Zum einen gibt es Probleme mit der differentiellen Reliabilität auf verschiedenen Altersstufen. Glücklicherweise sind diese Probleme aber nicht allzu schwerwiegend, und es liegen einige Ansätze vor, mit denen man sie lösen kann. Weit schwerer wiegen die Probleme in bezug auf die faktorielle Zusammensetzung von Maßen auf verschiedenen Altersstufen. Rein logisch und anhand von Beispielen läßt sich zeigen, daß der Verlauf von Entwicklungskurven bis zu einem gewissen Grade davon abhängig ist, wie die Meßinstrumente zusammengesetzt sind. Deshalb sollte man an die Entwicklung von mathematischen Modellen für die Gewinnung altersäquivalenter Tests denken, womit der psychometrischen Forschung ein wichtiges und völlig neues Gebiet erschlossen würde. Das Problem der faktoriellen Zusammensetzung von Meßinstrumenten für verschiedene Altersgruppen belastet auch die Untersuchungen der Korrelation individueller Unterschiede über die Zeit hin. Leider hat man sich bei den meisten Vergleichen von Faktorenstrukturen auf verschiedenen Altersstufen irrtümlicherweise auf Vergleiche von Faktorenladungsmatrizen gestützt. Wir haben jedoch bereits darauf hingewiesen, daß sich Faktorenstrukturen allein anhand von Faktorscores vergleichen lassen, und die Voraussetzung für derartige Vergleiche sind Längsschnitt-Untersuchungen. Aber selbst wenn solche Längsschnitt-Daten zur Verfügung stünden, würde ich immer noch bezweifeln, daß sich präzise Aussagen über Ähnlichkeiten und Unterschiede in der faktoriellen Struktur auf verschiedenen Altersstufen machen lassen. Das liegt vor allen Dingen daran, daß entweder verschiedene Meßinstrumente auf verschiedenen Altersstufen verwendet werden, oder aber daran, daß die verschiedenen Schwierigkeitsniveaus der Items verschiedene Faktoren implizieren. So ist z. B. die Frage, ob es einen bestimmten Faktor der räumlichen Wahrnehmung vom Kindes- bis zum Erwachsenenalter hin gibt, beinahe hoffnungslos konfundiert mit dem Problem, das sich im Hinblick auf die Vergleichbarkeit der Meßinstrumente stellt. Andere Schwierigkeiten haben wir im Zusammenhang mit der Untersuchung dieses Problems genannt und dabei vorgeschlagen, daß es im allgemeinen sinnvoller ist, die Faktorenstruktur für eine bestimmte Altersstufe (z. B. das frühe Erwachsenenalter) zu bestimmen und dann die Alterstrends bis zu diesem Punkt und über diese Altersstufe hinaus zu untersuchen.

Zusammenfassend läßt sich sagen, daß Probleme mit der Vergleichbarkeit von psychologischen Messungen vor allem dann auftreten, wenn (1) große Abschnitte der Lebensspanne untersucht werden, z. B. die Altersspanne zwischen 15 und 70 Jahren, und/oder wenn (2) in die Untersuchung Kinder (etwa unter zehn Jahren) oder alte Leute (etwa über 70 Jahre) einbezogen werden. Bei der Untersuchung über große Abschnitte der Lebensspanne hinweg sind vor allem Übungseffekte, veraltete Testinstrumente und große Veränderungen in der sozialen und materiellen Umwelt problematisch. Bei der Untersuchung von Kindern und alten Leuten ist es schwierig, aufgrund der ausgeprägten Unterschiede in den Fähigkeiten und Persönlichkeitsmerkmalen von Kindern und Erwachsenen vergleichbare Messungen vorzunehmen (z. B. treten Artefakte in der Zusammenstellung der Tests auf, wie wir es am Beispiel der Auswahl von Testitems nach Schwierigkeit gezeigt haben). Einige der genannten Probleme dürften auch auftreten bei einem Vergleich von jüngeren Erwachsenen mit Personen, die sich im letzten Lebensabschnitt befinden, in dem die Leistungen rasch absinken.

Die Entwicklungspsychologie der Lebensspanne unterscheidet sich weder von der Psychologie insgesamt noch von irgendeiner anderen neu entstehenden Wissenschaft in nennenswerter Weise: Interessante Ideen reichen weit über die bisher vorliegenden Methoden zu ihrer Untersuchung hinaus; Meßinstrumente sind außerordentlich wichtig, aber in vielen Fällen nur schwierig zu entwickeln; Forschungsstrategien führen entweder zwangsläufig zu widersprüchlichen Ergebnissen oder erweisen sich in Relation zu den verfügbaren Ressourcen und technischen Entwicklungen als undurchführbar; aber trotz all dieser Schwierigkeiten sind die Probleme interessant, und es ist reizvoll, Lösungen zu suchen.

5 Strategien zur Untersuchung von Veränderungen des Verhaltens in der Zeit

Todd R. Risley, University of Kansas, Lawrence, Kansas
Montrose M. Wolf, University of Kansas, Lawrence, Kansas

Entwicklungspsychologie wird durch Beobachtung, Beschreibung und Messung von Veränderungen, die im Verlauf der Zeit im Verhalten auftreten, charakterisiert, wenn nicht sogar definiert. Eine Fülle von Längsschnitt-Daten liegt inzwischen vor, und immer neue Daten kommen hinzu. In der Entwicklungspsychologie sind sie bisher zum größten Teil nur in normativen und korrelationsstatistischen Untersuchungen verwendet worden. Dabei kann auch die *experimentell* orientierte Entwicklungspsychologie die Verfahren der längsschnittlichen Beobachtung, Beschreibung und Messung nutzen.
Experimente unterscheiden sich von anderen Forschungsstrategien dadurch, daß man nachweisen kann, daß das experimentelle Vorgehen die Veränderung in dem gemessenen Verhalten hervorgerufen hat, d. h., man kann damit Ursachenzusammenhänge (causality) aufzeigen. Kausalbeziehungen werden nachgewiesen durch den Vergleich zwischen dem im Experiment gemessenen Verhaltensniveau und der Schätzung, wie das Verhaltensniveau ohne Einführung der experimentellen Bedingungen ausgesehen hätte. Normalerweise ist dieser experimentelle Vergleich so durchgeführt worden, daß man zu einem bestimmten Zeitpunkt den Mittelwert für eine Gruppe von Individuen, die der experimentellen Bedingung ausgesetzt waren, verglichen hat mit dem Mittelwert für eine Kontrollgruppe, die der experimentellen Bedingung nicht ausgesetzt war. Stellt man nun fest, daß die beiden Gruppen bis auf die experimentelle Bedingung als identisch bezeichnet werden können, dann ist der Unterschied zwischen den Gruppen wirklich auf die experimentelle Bedingung zurückzuführen.
Inzwischen gibt es im Bereich der Entwicklungspsychologie Alternativen zu derartigen statischen Gruppen-Plänen. So können heute etwa Pläne verwendet werden, mit denen sich Kausalbeziehungen zwischen experimentellen Vorgehensweisen und Veränderungen im Verhalten über die Zeit hin nachweisen lassen. Bei diesen experimentellen Zeitreihen-Plänen gibt es in der Regel auch einen experimentellen Vergleich zwischen Verhaltensniveaus unter den experimentellen Bedingungen und Verhaltensniveaus, wie sie ohne die experimentelle Bedingung auftreten. Darüber hinaus werden aber auch die *Implikationen* eines solchen Kausalitätsnachweises – daß nämlich der Experimentator die kausalen Variablen spezifiziert hat und kontrolliert – explizit wiederholte Male vom Experimentator demonstriert, indem er die Effekte bei demselben Probanden oder derselben Probandengruppe repliziert.

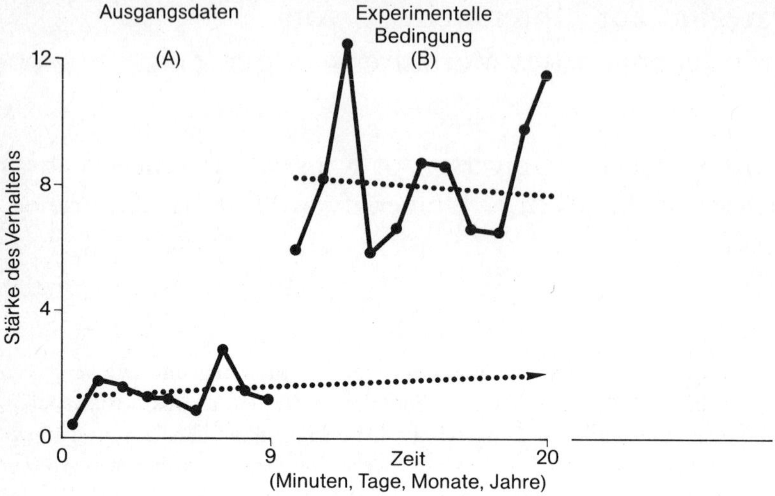

Abb. 1: Zur Ermittlung der Ausgangsdaten (baseline) wird das interessierende Verhalten zunächst wiederholte Male über die Zeit hin gemessen. Unter der experimentellen Bedingung wird dann das neue Verhaltensniveau gleichfalls wiederholte Male gemessen und mit dem Niveau vergleichen, das aufgrund der Vorhersage aus den Ausgangsdaten zu erwarten gewesen wäre.

Bei allen Zeitreihen-Plänen wird das Verhalten vor Setzung und unter der experimentellen Bedingung mehrfach gemessen, wie es Abbildung 1 zeigt. Zuerst wird das interessierende Verhalten über die Zeit hin wiederholte Male gemessen, um die *Ausgangsdaten (baseline)* zu ermitteln. Damit hat man eine Grundlage für die Vorhersage, welches Verhaltensniveau der Proband in der Zukunft gezeigt hätte, wenn die experimentelle Bedingung nicht eingeführt worden wäre. (Eine ausführliche Diskussion der Vorhersage aufgrund von Zeitreihen findet der Leser bei Box & Jenkins, 1970.) Das neue Verhaltensniveau, das man durch wiederholte Messungen des Verhaltens unter der experimentellen Bedingung bestimmt, wird dann mit dem aufgrund der Ausgangsdaten vorhergesagten Verhaltensniveau verglichen.

Es muß allerdings darauf hingewiesen werden, daß ein einfacher Vergleich von Mittelwert und Varianz der Ausgangsdaten mit Mittelwert und Varianz der Daten, die unter der experimentellen Bedingung aufgenommen wurden, sinnlos ist, wie Abbildung 2 zeigt. Vielmehr ist der *Trend* in den Daten über die Zeit hin der wichtigste Aspekt bei der Analyse derartiger Daten. Beispielsweise hätten die Daten in Abbildung 3 dieselben Mittelwerte und Varianzen wie die Daten in Abbildung 1; die Schlußfolgerungen bezüglich der Wahrscheinlichkeit, daß die experimentelle Variable die Veränderung im Verhalten bewirkt hat, wären in beiden Fällen jedoch ganz unterschiedlich. In Abbildung 3 weicht das Verhalten unter der experimentellen Bedingung nur wenig von dem ab, das aufgrund des ansteigenden Verlaufs der Ausgangsdaten vorhergesagt worden ist; im Gegensatz dazu ist das Verhaltensniveau in Abbildung 1 unter der experimentellen Bedingung ganz anders als das aufgrund der Ausgangsdaten vorhergesagte Verhaltensniveau.

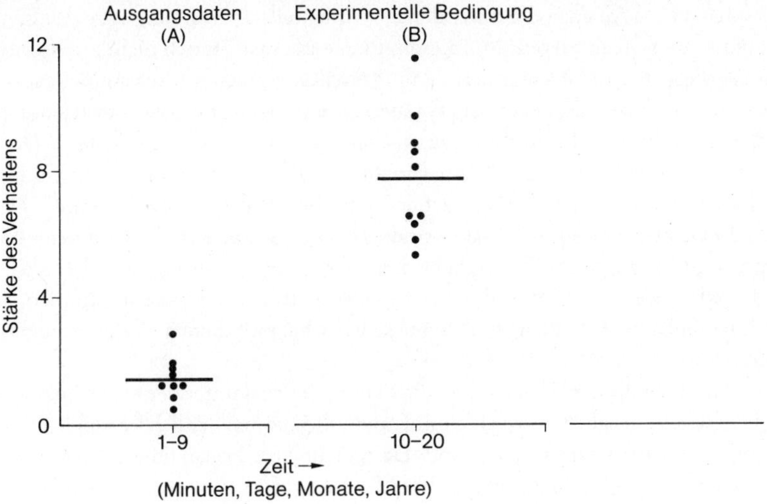

Abb. 2: Vergleich von Mittelwert und Varianz der Ausgangsdaten mit Mittelwert und Varianz der Daten, die unter der experimentellen Bedingung ermittelt wurde. Es gibt keinerlei Informationen über den Trend der Daten innerhalb jeder der beiden Bedingungen.

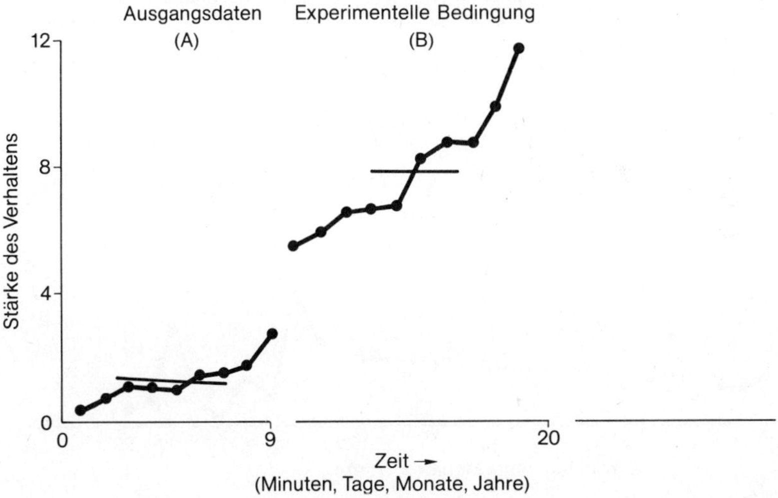

Abb. 3: Dieselben Daten wie in Abbildung 2. Sie sind hier jedoch so dargestellt, daß man den Verlauf der Daten, also den Trend im Verhlten, unter jeder der beiden Bedingungen erkennen kann.

Dieser *A-B*-Plan (*A* = Ermittlung der Ausgangsdaten; *B* = Messungen unter der experimentellen Bedingung) reicht aus, um zu bestimmen, ob eine *Veränderung* im Verhaltensniveau eingetreten ist und wie groß diese Veränderung in etwa ist. Je mehr Messungen man unter jeder Bedingung vornimmt und je stabiler diese Messungen ausfallen, desto genauer kann man das Ausmaß der unter der experimentellen Bedingung auftretenden Verhaltensveränderung spezifizieren. Mit diesem Plan kann man jedoch nicht zwingend nachweisen, daß die festgestellte Veränderung im Verhalten tatsächlich nur auf die experimentelle Bedingung zurückzuführen ist. CAMPBELL und STANLEY (1966) bezeichnen diesen einfachen *A-B*-Plan in ihrem Buch ,,*Experimental and Quasi-Experimental Designs for Research*" deshalb als ,,quasi"-experimentellen Plan. Zwar gibt es statistische Tests, die man ohne weiteres auf solche einfachen Zeitreihen-Daten anwenden kann (vgl. BOX & TIAO, 1965; HANNAN, 1960), dabei sind aber nur große, plötzlich auftretende Veränderungen signifikant, da ja die mögliche Streubreite der Vorhersage aus den Ausgangsdaten mit jedem weiteren Zeitpunkt nach der letzten Baseline-Messung exponentiell zunimmt. Der einfache *A-B*-Plan ist also nur sensitiv bei plötzlichen Veränderungen im Verhalten.

Der schwache Punkt bei diesem Plan ist, daß die Daten, die man unter der experimentellen Bedingung gewinnt, verglichen werden mit Daten, die aus den zeitlich zurückliegenden Ausgangsdaten vorhergesagt worden sind. Damit hängt die Feststellung, daß die experimentelle Bedingung die Veränderung im Verhalten bewirkt hat, von der Genauigkeit dieser Vorhersage ab. Ein überzeugender Nachweis von Kausalbeziehungen erfordert deshalb eine zusätzliche Absicherung dieser Vorhersage. Man erreicht sie dadurch, daß man den *A-B*-Plan erweitert.

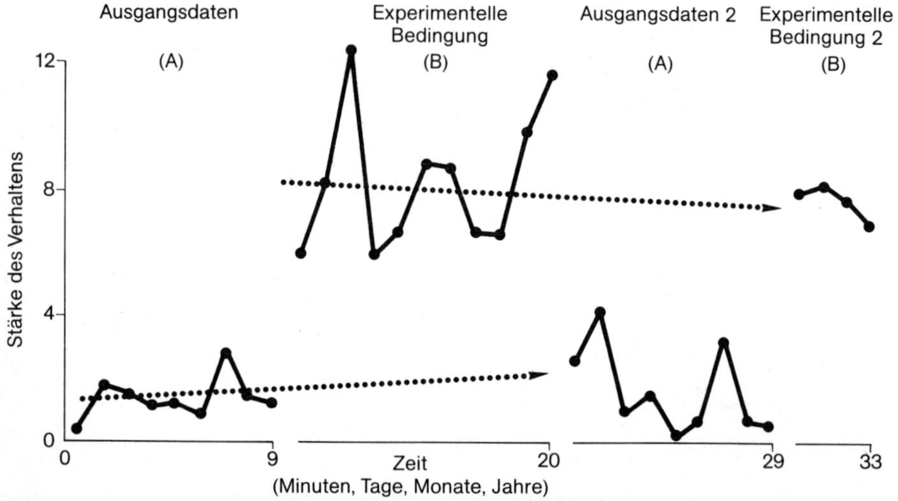

Abb. 4: Ein *Reversions*-Plan, bei dem *A* die Ausgangsdaten und *B* die experimentellen Bedingungen repräsentieren. Die zweiten Ausgangsdaten sichern die Vorhersage aufgrund der Daten aus der ersten *A*-Bedingung ab; die Daten der zweiten *B*-Bedingung sichern die Vorhersage aufgrund der Daten aus der ersten *B*-Bedingung ab.

Das üblichste Vorgehen bei einer solchen Erweiterung besteht darin, das Experiment gewissermaßen ,,rückgängig" zu machen, indem man das Treatment wieder zurücknimmt, wie es in Abbildung 4 dargestellt ist. Daß hier das Verhalten auf das Ausgangsniveau zurückfällt, erhärtet die ursprüngliche Vorhersage, daß der Proband das Verhalten unverändert beibehalten hätte, wäre die experimentelle Bedingung nicht, wie geschehen, eingeführt worden. Dieser *A-B-A*-Plan wird in der Regel durch erneute Setzung des Treatments nochmals erweitert zu einem *A-B-A-B*-Plan, womit sich noch deutlicher nachweisen läßt, daß der Experimentator die kausalen Variablen spezifiziert hat und kontrolliert. Wir wollen an dieser Stelle darauf aufmerksam machen, daß es bei einem erweiterten *A-B-A-B-A-B-*... etc.-Plan, bei dem derselbe Proband (oder dieselbe Probandengruppe) dem experimentellen Treatment wiederholt ausgesetzt wird, zwei Ebenen des experimentellen Vergleichs gibt. Auf der einen Ebene nennen CAMPBELL und STANLEY (1966) solche Zeitreihen-Pläne „äquivalente Zeitstichproben-Pläne" („equivalent time-samples designs") und sind der Meinung, daß man sie mit einem *t*-Test (mit so viel Freiheitsgraden wie Zahl der *A*- und *B*-Bedingungen minus zwei) angemessen überprüfen kann. Verglichen wird hierbei die Verteilung der Mittelwerte unter der *A*-Bedingung mit der Verteilung der Mittelwerte unter der *B*-Bedingung. Der Verlauf der Datenpunkte *innerhalb* jeder einzelnen *A*- oder *B*-Bedingung wird auf dieser Vergleichsebene nicht berücksichtigt. Auf der anderen Ebene dagegen werden diese Verläufe berücksichtigt, und jede *A-B-A*- oder *B-A-B*-Sequenz kann für einen experimentellen Vergleich benutzt werden. Diese Vergleichsebene, auf der Zeitreihen-Vorhersagen verwendet werden, erlaubt es, gesetzesförmige Aussagen über die Ursache jeder einzelnen Veränderung von *A* nach *B* oder von *B* nach *A* zu machen.

In den meisten Fällen ist man vor allem an der *ersten* Veränderung von *A* nach *B* interessiert. Und wenn man den Trend der Ausgangsdaten (Bedingung *A*) berücksichtigt und die aus diesem Trend abgeleitete Vorhersage zusätzlich absichert, dann kann man gerechtfertigte Aussagen über die Wahrscheinlichkeit machen, daß das experimentelle Treatment die Veränderung im Verhalten in der ersten *B*-Bedingung bewirkt hat.

Nun gibt es bei entwicklungspsychologischen Untersuchungen häufig Verhaltensveränderungen, die von Dauer sind, d. h., die auch dann bestehen bleiben, wenn das experimentelle Treatment aufgehoben worden ist. (Beispielsweise kann eine Veränderung, falls sie signifikant ist, durch Variablen aufrechterhalten werden, die dieses Verhalten bei älteren Kindern stützen. Auch nach Aufhebung des experimentellen Treatments geht das Verhalten dann nicht oder nur teilweise auf das Ausgangsniveau zurück.) Für solche Fälle gibt es eine andere Art des erweiterten *A-B*-Plans, den „multiplen Baseline-Design", mit dessen Hilfe sich die Kausalbeziehungen zwischen experimentellen Bedingungen und Verhaltensweisen eines einzelnen oder einer Gruppe über die Zeit hin bestimmen lassen. Bei einem multiplen Baseline-Design werden zwei oder mehr Verhaltensweisen eines einzelnen Probanden oder einer Probandengruppe simultan gemessen. Nachdem die Ausgangsdaten erhoben worden sind, wird das experimentelle Treatment eingeführt, und zwar zunächst nur in bezug auf eine der in Frage kommenden Verhaltensweisen. Jede Veränderung im Niveau dieser Verhaltensweise wird mit dem Verhaltensniveau verglichen, das aufgrund der Ausgangsdaten für diese Verhaltensweise vorhergesagt wurde. Die Genauigkeit dieser Vorhersage wird bestimmt dadurch, daß man diese vorhergesagten Daten mit den fortlaufend erhobenen Messungen der anderen Verhaltensweise(n) vergleicht. Bleibt das Niveau dieser anderen Verhaltensweisen relativ ähnlich dem Niveau, das aufgrund ihrer entsprechenden Ausgangsdaten vorhergesagt worden ist (und kann man unterstellen, daß eventuelle nicht-kontrollierte Variablen alle gemessenen Verhaltensweisen in gleichem Maße affiziert hätten), so wird dadurch die Vorhersage für die erste Verhaltensweise aufgrund von deren Ausgangsdaten gestützt. CAMPBELL und STANLEY (1966) bezeichnen einen ähnlichen multiplen Zeitreihen-Plan als „quasi"-experimentellen Plan.

Der Plan, den wir hier eben besprochen haben, ist etwas schwächer als der *A-B-A*-Plan, denn er impliziert die folgende Zusatzannahme: Alle gemessenen Verhaltensweisen sprechen auf dieselben Variablen an. Diese Annahme kann man jedoch dadurch absichern, daß man nachweist, daß die anderen Verhaltensweisen ebenso von den experimentellen Maßnahmen beeinflußt werden wie die erste Verhaltensweise. Man erreicht das, indem man das Treatment nacheinander auf die übrigen Verhaltensweisen anwendet. Der Nachweis, daß der Experimentator die verursachenden Variablen spezifiziert hat und kontrolliert, erfolgt dadurch, daß die experimentellen Bedingungen nacheinander auf die einzelnen Ausgangsdaten angewendet werden, während die übrigen Ausgangsdaten jeweils die Genauigkeit der Vorhersage aus den vorhergehenden Ausgangsdaten stützen. Zu beachten ist, daß der strengste experimentelle Vergleich nicht der *zwischen* den Datensätzen ist, sondern der *innerhalb* eines jeden Datensatzes zwischen den Verhaltensweisen unter Bedingung *B* und der Vorhersage des Verhaltens aufgrund der Daten, die unter Bedingung *A* gewonnen wurden. Die übrigen Daten dienen zur Absicherung der Vorhersage aus den Ausgangsdaten des ersten Datensatzes. Bei den Daten in Abbildung 5 kann man bezüglich der Rolle, die das experimentelle Treatment bei der Veränderung der Baseline spielt, für die obere Hälfte viel entschiedener Aussagen machen als für die untere Hälfte, da die Vorhersage aus den Ausgangsdaten in der unteren Hälfte nicht (z. B. durch eine dritte Baseline einer noch wieder anderen Verhaltensweise) abgesichert worden ist. Multiple Baseline-Designs können nicht nur bei verschiedenen Verhaltensweisen desselben Individuums oder derselben Gruppe in einer bestimmten Situation verwendet werden, sondern auch bei ein und derselben Verhaltensweise eines Individuums oder einer Gruppe in verschiedenen Stimulus-Situationen. Selbst gleiche Verhaltensweisen verschiedener Individuen oder Gruppen, zur gleichen Zeit in der gleichen Situation gemessen, können die Ausgangsdaten bilden. Der Leser wird vielleicht bemerken, daß diese Form eines multiplen Baseline-Designs mit bestimmten gruppenstatistischen experimentellen Plänen Ähnlichkeit hat.

Der „ideale" experimentelle Plan würde erlauben, das Verhalten eines einzelnen oder einer Gruppe sowohl während des Treatments als auch ohne Treatment simultan zu messen und zu vergleichen. Üblicherweise versucht man diesen Idealfall in der Weise anzustreben, daß man die Durchschnittswerte zweier Personengruppen, von denen eine dem experimentellen Treatment unterzogen wurde, die andere nicht, miteinander vergleicht. Die „Reversions"-Pläne („reversal" designs; *A-B-A-B)* und die „multiplen Baseline"-Designs, die im Rahmen von Untersuchungen zur Verhaltensmodifikation benutzt werden, sind alternative und in mancher Hinsicht bessere Annäherungen an diesen „idealen" experimentellen Plan. Diese beiden Pläne können jeweils noch erweitert werden, und zwar mit dem Ziel, (1) die Funktion jeder Komponente des ursprünglichen experimentellen Treatments, (2) die Funktion verschiedener Niveaus der experimentellen Variablen oder (3) die Effekte von irgendwelchen anderen Veränderungen des experimentellen Vorgehens zu analysieren.

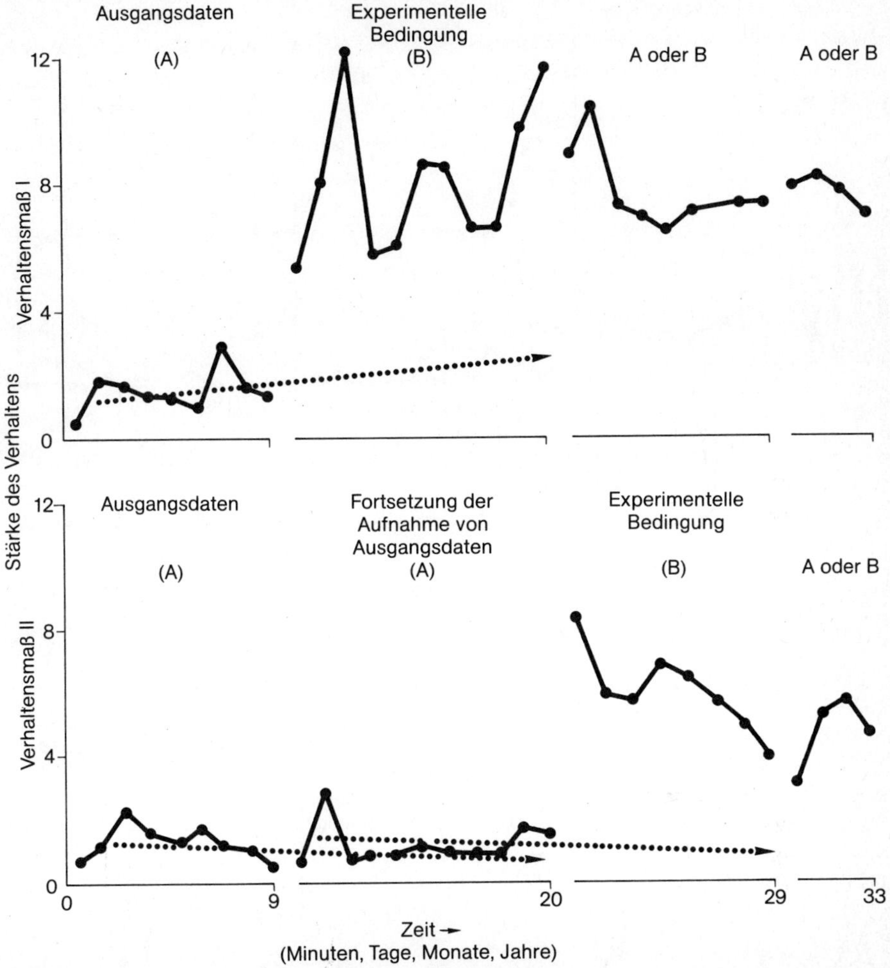

Abb. 5: Anordnung der Daten entsprechend einem multiplen Baseline-Design: Für zwei oder mehr Verhaltensweisen werden simultan Ausgangsdaten ermittelt. Dann werden nacheinander die Treatments eingeführt, erst für die eine, dann für die andere Verhaltensweise. Die Fortsetzung der Aufnahme von Ausgangsdaten für Verhaltensmaß II bestätigt erwartungsgemäß die Vorhersage, die aufgrund der Ausgangsdaten für Verhaltensmaß I gemacht wurde.

Wir wollen ein Beispiel für die Verwendung eines multiplen Baseline-Designs wie auch eines Zeitreihen-Reversions-Planes betrachten, um die kausalen Variablen für die Entwicklung der Schreibfertigkeiten bei einem kleinen retardierten Mädchen namens Marie aufzuzeigen (s. Abbildung 6). Tom SAJWAJ hat diese Untersuchung vor einigen Jahren mit uns zusammen durchgeführt.

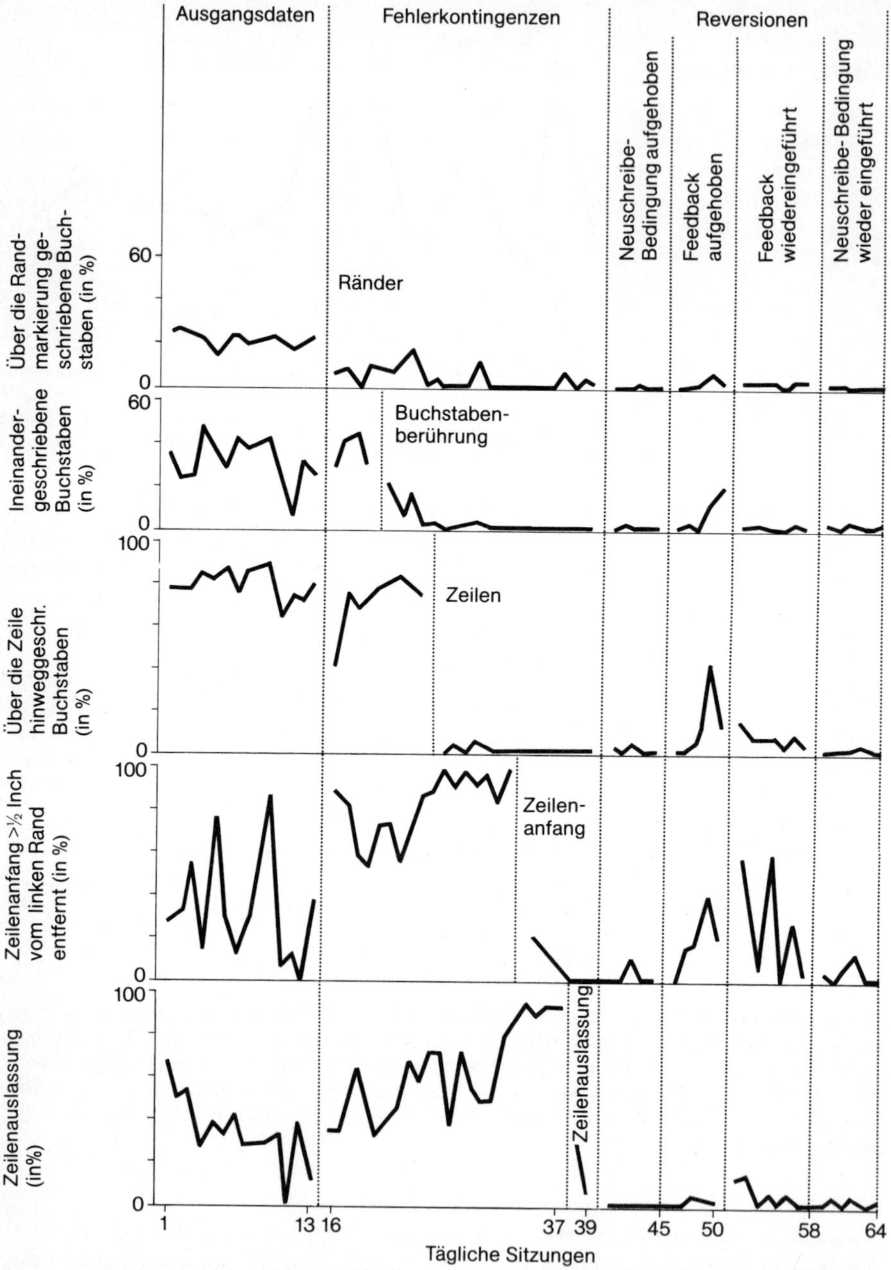

Abb. 6: Beispiel für eine Untersuchung, in der ein multipler Baseline-Design und auch ein Reversions-Plan verwendet wurden.

Marie war zwar in der Lage, einzelne Buchstaben lesbar zu schreiben, aber ihre Wörter und Sätze verteilten sich frei über das ganze Blatt, ohne Rücksicht auf Ränder, Linien oder bereits geschriebene Wörter oder Buchstaben.

Zur *Aufnahme der Ausgangsdaten (baseline conditions)* wurde Marie aufgefordert, das Alphabet (von A bis Z) in Blockschrift zu schreiben, und wurde dabei für jeden Buchstaben gelobt, egal, wie oder wohin sie ihn schrieb. Es gab keine anderen Konsequenzen oder Anweisungen. Mit Beginn der *Bedingung „Ränder nicht berühren" (margins condition)* erhielt Marie die Instruktion, das Alphabet eine bestimmte Anzahl von Malen (in der Regel zwei- bis sechsmal) zu schreiben, und es wurde ihr gesagt, daß sie nach Erledigung ihrer Aufgabe ein Lied ihrer Wahl von einer ihrer Lieblingsschallplatten abspielen dürfe. Sie wurde außerdem angewiesen, keine Buchstaben über die vier rot markierten Ränder zu schreiben. Immer wenn Marie ein Alphabet fertig geschrieben hatte, prüfte der Experimentator jeden einzelnen Buchstaben. Wenn Marie einen Buchstaben, und sei es noch so wenig, über einen der vier Ränder geschrieben hatte, wurde der betreffende Buchstabe rot angestrichen und Marie gesagt, daß dieses Alphabet nicht zähle und daß sie es noch einmal zu schreiben habe. Hatte Marie keinen Fehler dieser Art gemacht, wurde ihr gesagt, dies sei das *n*te richtige Alphabet, und sie könne mit dem Schreiben des nächsten beginnen. War die erforderliche Anzahl fehlerfreier Alphabete erreicht, durfte Marie eine Schallplatte hören. Ein Fehler hatte hier also zwei Konsequenzen: Er wurde rot angestrichen (Feedback), und das gesamte Alphabet mußte neu geschrieben werden (Neuschreiben), was das Abspielen der Platte hinauszögerte. Darüber hinaus wurde weiter nichts beachtet oder gelobt.

Nach fünf Sitzungen kamen *Berührungsfehler (touching errors)* als weitere Bedingung hinzu. Marie bekam nun die Instruktion, nicht außerhalb der vier Ränder zu schreiben und darauf zu achten, daß sich die Buchstaben nicht berührten. Machte Marie einen Fehler, egal welchen, dann wurde das angestrichen, und sie mußte das gesamte Alphabet neu schreiben. Nach fünf Sitzungen wurden die Kontingenzen auch noch auf *Zeilenfehler (out-of-lines errors)*, d. h. das Hineinschreiben in die obere oder untere Zeile, ausgedehnt. Die Anweisung an Marie lautete jetzt, weder über die Ränder zu schreiben, noch die Buchstaben einander berühren zu lassen, noch mit den Zeilen durcheinander zu kommen. Machte sie dennoch einen der Fehler, so wurde das angestrichen, und sie mußte das Alphabet neu schreiben. Nach weiteren acht Sitzungen wurden die *Zeilenanfangsfehler (start errors)*, d. h., Beginn mit einer Zeile weiter als 1/2 Inch vom linken Rand entfernt, dazugenommen, und nach weiteren fünf Sitzungen schließlich noch die *Zeilenauslassungsfehler (skip errors)*, d. h. das Überspringen von mehr als einer Zeile pro Seite. Wenn Marie nun auch nur einen von diesen Fehlern machte, wurde das rot angestrichen, und sie hatte das gesamte Alphabet noch einmal zu schreiben. Das Feedback und das Neuschreiben, wenn einer der fünf Fehler aufgetreten war, war Teil eines multiplen Baseline-Designs, mit dem die Funktion des Vorgehens bei der Verringerung eines jeden Schreibfehlers demonstriert wurde.

Drei Sitzungen, nachdem die Zeilenauslassungsfehler hinzugekommen waren, wurde die Forderung nach Neuschreiben des Alphabets *(rewrite requirement)* fallen gelassen. Die Fehler wurden zwar immer noch rot angestrichen, aber nun wurden alle Alphabete zu der für das Abspielen der Schallplatte erforderlichen Summe addiert. Nach weiteren sechs

Sitzungen wurde auch das *Feedback auf Fehler (feedback for errors)* nicht mehr gegeben: Fehler wurden nicht mehr rot angestrichen. Sie hatten also keine festgesetzten Konsequenzen mehr, aber es wurde zu Beginn jeder Sitzung weiterhin die *Instruktion* gegeben, alle angeführten Fehlerarten zu vermeiden. Das *Feedback* wurde nach sechs, die *Neuschreibe-Bedingung* nach weiteren acht Sitzungen wieder in den Behandlungsplan aufgenommen; damit waren die einzelnen Schritte des experimentellen Reversions-Planes vollständig durchgeführt, mit dem die Funktion der verschiedenen Komponenten der ursprünglichen Therapiemaßnahmen geprüft wurden.

Das Vorgehen war bei diesem Therapieprogramm ziemlich komplex; es bestand aus Instruktionen, Feedback und der Forderung nach Neuschreiben des Alphabets, wobei diese letztgenannte Komponente nicht nur einfach die nochmalige Niederschrift des Alphabets bedeutete, sondern zugleich auch die Gelegenheit zum Abspielen einer Schallplatte hinauszögerte. Der Anteil der Instruktionen an der Effektivität des Programms war gering: Alle Fehler nahmen zu, als das Feedback und die Forderung nach Neuschreiben des Alphabets in der Reversions-Phase wegfielen und allein die Instruktionen beibehalten wurden. Von seiten der Experimentatoren war ursprünglich angenommen worden, daß das Neuschreiben die wirkungsvollste Komponente der Therapie sein würde. Die Reversions-Bedingungen zeigten jedoch, daß es verhältnismäßig ineffizient und das Feedback weitaus wichtiger war.

Man hätte neben den beiden Zeitreihen-Plänen zur Durchführung zweier verschiedener Analysearten, wie wir es in unserer Untersuchung getan haben, auch so vorgehen können, daß man das Kind innerhalb einer ganzen experimentellen Schulklasse behandelt hätte. Das Feedback und die Forderung nach Neuschreiben des Alphabets hätte dann für alle Kinder gegolten, und die Niederschriften wären mit denen der Kinder einer Kontrollklasse, die andere Instruktionen bekommen hätten, verglichen worden.

Abschließend möchten wir noch einmal hervorheben, was ohnehin bereits klar geworden sein dürfte: Solche experimentellen Zeitreihen-Pläne sind nur einfach ein weiterer Beitrag zur gegenwärtigen Technologie für die Erforschung von Phänomenen der Entwicklung. Dennoch eignen sich die Reversions-Pläne und multiplen Baseline-Designs ganz besonders gut für die Beobachtung, Beschreibung und Messung im Längsschnitt, also die Arbeitsschritte, die für eine entwicklungspsychologische Forschung so charakteristisch sind.

6 Die entwicklungspsychologische Analyse von individuellen Unterschieden in mehreren Meßgrößen[1]

Paul B. Baltes[2] und John R. Nesselroade[2]
West Virginia University, Morgantown, West Virginia

6.1 Einführung

Die Forschungsansätze zur Untersuchung von Veränderungen unterscheiden sich hinsichtlich des Analyseniveaus, auf dem man Entwicklungsergebnisse und -prozesse sowie Antezedenz-Bedingungen strukturiert. Im Prinzip basiert die Unterscheidung verschiedener Analyseniveaus bei der Untersuchung eines bestimmten Gegenstandsbereichs oder Ereignisses auf den folgenden Annahmen: (1) Es gibt keine absoluten Kriterien dafür, auf welchem Komplexitätsniveau eine Analyse vorzunehmen wäre; (2) da die Untersuchungsvariablen und untersuchten Merkmale vom Untersuchenden selbst konstruiert (eingeführt) und nicht entdeckt werden, sind unterschiedliche Analyseniveaus berechtigt und können für die Erklärung eines bestimmten Problems von Nutzen sein. Es wäre daher zu begrüßen, wenn die wissenschaftlichen Ansätze möglichst vielfältig wären und auf verschieden komplexen oder unterschiedlich molaren Niveaus liegen würden, denn es läßt sich anscheinend aus keinem Modell heraus gerechtfertigterweise ausschließlich ein bestimmtes Analyseniveau vertreten. Kurz gesagt, wird ein Analyseniveau nämlich niemals allein durch die Präzision einer Theorie oder eines Modells, sondern immer auch durch die Komplexität des Untersuchungsgegenstandes und die Intentionen des Forschers bestimmt.

Man kann wohl mit Recht sagen, daß die meisten bekannten Entwicklungspsychologen univariate experimentelle Ansätze verwendet haben, um entwicklungsbedingte Unterschiede in relativ eng definierten Verhaltenseinheiten zu erklären oder zu kontrollieren. Dabei läuft man jedoch Gefahr, komplexe Interaktionen und Wechselbeziehungen zwischen Verhaltenssystemen zu vernachlässigen und so ein lediglich fragmentarisches Bild des sich entwickelnden Organismus zu erhalten. Insbesondere im Bereich des Lernens ist in den Untersuchungen zur ontogenetischen Veränderung das Gewicht häufig nur auf ausgewählte altersinvariante Prozesse und Mechanismen gelegt worden (z. B. vermit-

---

[1] Dieser Artikel wurde mit Hilfe der Unterstützung des U. S. Office of Education geschrieben (OEG-0-9-580289-4415 (010)). Die Autoren möchten Gisela V. Labouvie für ihre wertvolle Hilfe bei den bibliographischen Arbeiten danken.

[2] Derzeitige Adresse: College of Human Development, The Pennsylvania State University, University Park, Pennsylvania.

telnde Prozesse, Aufmerksamkeit) und nicht auf den gesamten Organismus, der sich hinsichtlich vieler Reaktionssysteme verändert. Wir sind deshalb einer Meinung mit COAN (1966), der im Rahmen seiner Erörterung von Zielen entwicklungspsychologischer Forschung feststellte:

„. . .Wir müssen in der Lage sein, sowohl die Wechselbeziehungen zu erkennen, die an jedem Punkt für eine organische Einheit im Verhaltenssystem sorgen, als auch die Wechselbeziehungen, die gewährleisten, daß das Verhaltenssystem, längsschnittlich gesehen, über viele Jahre hin unverändert bleibt. Wenn wir nun versuchen, die Ursachen von Veränderungen aufzudecken, so stehen wir vor der Aufgabe, diese Veränderungen zum einen mit einem außerordentlich komplizierten System biologischer Prozesse und zum anderen mit einem ganzen Kosmos sozialer und physikalischer Einflüsse in Beziehung zu setzen, die im Verlauf der Zeit auf das Individuum einwirken" (S. 372).

Multivariate Forschung als Modell wissenschaftlichen Vorgehens basiert auf drei Annahmen, die, zumindest bei oberflächlicher Betrachtung, völlig anders sind als bei univariaten Ansätzen:

(a) *Jede abhängige Variable (oder Konsequenz) ist potentiell eine Funktion von vielen Determinanten.*
(b) *Jede Determinante oder Antezedenz hat potentiell viele Konsequenzen.*
(c) *Die Untersuchung vieler Antezedenz-Konsequenz-Beziehungen liefert ein nützliches Modell dafür, wie komplexe Systeme aufgebaut sind.*

Im folgenden ist zu beachten, daß multivariate Forschung nicht so aufgefaßt wird, daß sie notwendigerweise die Verwendung einer bestimmten Untersuchungsstrategie, wie etwa der Korrelationsanalyse, implizieren würde. Im Gegenteil sind wir, ähnlich wie CRONBACH (1957), CATTELL (1966 a) und COFFIELD (1970), der Meinung, daß die Tatsache, daß multivariate Modelle vorwiegend deskriptiv und in korrelationsstatistischen Zusammenhängen verwendet wurden, historisch bedingt ist und korrigiert werden sollte. Ob multivariate Forschung experimentell oder korrelativ ist, hängt primär von dem Untersuchungsgegenstand und dem Untersucher ab (s. auch FRUCHTER, 1966). Eines der Hauptanliegen dieses Kapitels ist deshalb auch, eine Reihe von prinzipiellen Überlegungen darzustellen, die dazu beitragen könnten, die disparaten Forschungsansätze, – korrelativ vs. experimentell; univariat vs. multivariat – zu integrieren.

6.2 Grundlegende Konzepte und Methoden

Immer häufiger begegnet man in der entwicklungspsychologischen Literatur dem Hinweis darauf, wie nützlich multivariate Forschungsstrategien sein könnten (z. B. BALTES & NESSELROADE, 1970; CATTELL, 1969; COAN, 1966; EMMERICH, 1968, 1969; McCALL, 1970; NESSELROADE, 1970; WOHLWILL, 1970 b, 1971).

Im folgenden wollen wir eine begrenzte Anzahl solcher multivariaten Ansätze darstellen, um damit eine Basis zu haben für die Erörterung einer Reihe interessanter und wesentlicher Probleme im Zusammenhang mit bestimmten Entwicklungspatterns. Als Orientierungshilfe für das, was später folgt, sei zunächst ein kleiner Exkurs erlaubt, mit dem wir dem Leser einige Grundtatsachen noch einmal ins Gedächtnis rufen wollen.

6.2.1 Wesen der Datenmatrizen

Von einigen bemerkenswerten Ausnahmen wie etwa der *P*-Technik abgesehen, implizieren die integrierenden multivariaten Analyseverfahren bei den meisten Fragestellungen, die in irgendeiner Weise auf Entwicklung bezogen sind, mindestens zwei Datenmatrizen (s. BENTLER, 1973). Die Elemente dieser Matrizen können Werte aus abhängigen Messungen sein, die an zwei verschiedenen Testzeitpunkten (z. B. Altersstufen oder vor und nach einem Treatment) vorgenommen wurden; sie können aber auch Werte für zwei unabhängige Stichproben repräsentieren, die sich im Alter oder hinsichtlich anderer, mit Alter korrelierender Treatments voneinander unterscheiden. Eine dritte Möglichkeit ist, daß eine Datenmatrix die Werte aus einer Reihe von Messungen für eine Probandengruppe und die andere Matrix die Werte für dieselben oder andere Meßverfahren für eine andere Probandengruppe enthält, die mit der ersten Gruppe nicht identisch ist, ihr aber isomorph zugeordnet werden kann (z. B. Werte für Kinder in der einen und Werte für die Eltern in der anderen Matrix). Dies sind nur einige von vielen möglichen Beispielen; sie vermitteln jedoch einen Eindruck davon, welche Daten sich für eine multivariate Analyse wie etwa die vergleichende Faktorenanalyse eignen. Solche paarweisen Datenmatrizen können getrennt, nacheinander oder zusammen analysiert werden, je nachdem welche Ziele der Untersucher verfolgt.

6.2.2 Wechselbeziehungen zwischen mehreren Meßgrößen

Ein zweiter Aspekt, der beachtet werden muß, ist der, daß es bei mehreren, sagen wir n, Maßen in einem Untersuchungsplan nicht nur n Mittelwerte und n Varianzen gibt, sondern daß daneben auch noch $n(n-1)/2$ Kovarianzen zu berücksichtigen sind. COOLEY und LOHNES (1971) haben daran erinnert, daß man bei multivariaten Untersuchungen mindestens ebenso sehr an diesen Kovarianzen wie an Mittelwerten und Varianzen interessiert sei. Mehrere Maße müssen dann in den Plan aufgenommen werden, wenn man, wie wir in unserer Einführung, die Auffassung vertritt, daß viele Determinanten und Konsequenzen berücksichtigt werden müssen.

Es ist durchaus möglich, daß Veränderungen auch in einzelnen Maßen mit Gewinn untersucht werden können. Wenn man es jedoch mit abstrakteren Konzepten zu tun hat, wie etwa komplexeren Veränderungsmustern (patterned change) – Veränderungen in den Wechselbeziehungen zwischen einer ganzen Reihe von Maßen – so ist unbedingt ein multivariater Ansatz erforderlich. Gerade aus diesen Wechselbeziehungen zwischen verschiedenen Maßen (z. B. Kovarianzen), die in der entwicklungspsychologischen Forschung so häufig nicht beachtet worden sind, können wir nämlich letzten Endes die Informationen gewinnen, die zur Formulierung allgemeiner, aber dennoch aussagekräftiger Konstrukte nötig sind, welche die wissenschaftliche Untersuchung der Entwicklung vorantreiben. Ähnlich verhält es sich, wenn das Forschungsinteresse primär auf die Veränderung in mehr molaren Verhaltensmustern wie z. B. Angst oder Aggression gerichtet ist; auch hier kann nicht eine einzelne Variable als Indikator für das Zielkonstrukt dienen. Die Verwendung vieler Indikatoren (also Maße) ermöglicht dagegen, die Maße derart zu kombinieren, daß das Konstrukt präziser „lokalisiert" werden kann. (Eine weitergehende Diskussion der Vorzüge eines multivariaten Ansatzes findet der Leser bei CATTELL, 1966a).

6.2.3 Intra- und interindividuelle Variation

Es sind schon zahlreiche Definitionen, Klassifikationen und die verschiedensten Techniken angeboten worden, um intra- und interindividuelle Veränderungen als unterschiedliche Varianzquellen voneinander zu unterscheiden. Es sind aber noch viele Probleme zu lösen, bis beide in einen konsistenten entwicklungspsychologischen Rahmen integriert werden können. Auffällig ist allerdings, daß immer mehr Forscher (z. B. WOHLWILL, 1970 c) zu der Überzeugung gelangen, gerade die Untersuchung der intraindividuellen Veränderungen und der interindividuellen Unterschiede in intraindividuellen Veränderungen bildeten das Kernstück entwicklungspsychologischer Methodologie.
Auf dem einfachsten Niveau stellen inter- und intraindividuelle Schwankungen Varianz im üblichen Sinne dar; interindividuelle Variation bezieht sich auf Unterschiede zwischen Personen, interaindividuelle Variation auf Differenzen innerhalb jeder einzelnen Person. Zusätzliche Klärung wird dadurch erreicht, daß man die Zeitdimension miteinbezieht und interindividuelle Variation als Unterschiede zwischen Personen zu einem bestimmten Zeitpunkt auffaßt, und intraindividuelle Variation als Unterschiede, die bei einer einzelnen Person über eine Reihe von Zeitpunkten hinweg auftreten. Bei Berücksichtigung der Zeitdimension zeigt sich allerdings, daß vom entwicklungspsychologischen Standpunkt aus die Interpretation von interindividuellen Schwankungen, die mit Hilfe von Querschnitt-Untersuchungen festgestellt worden sind, eine schwache Stelle hat. Ein reiner Querschnitt-Design gibt nämlich keinerlei Auskunft darüber, ob es sich bei den ermittelten interindividuellen Unterschieden um relativ stabile Merkmale handelt oder nicht – beides wäre aber möglich. Sicher ist anscheinend lediglich, daß gemessene interindividuelle Unterschiede, die größer sind als willkürlich bestimmte *Ausgangs*unterschiede zwischen Individuen, nur vorher bestehende intraindividuelle Variation widerspiegeln können.
Man könnte nun fragen, ob die Forderung nach Daten über intraindividuelle Veränderungen, die ja nur durch Längsschnitt-Untersuchungen zu ermitteln sind, eine Lebenszeit umfassende Entwicklungspsychologie unmöglich macht. In gewissem Sinne ist das so, denn es dürften nur sehr wenige Wissenschaftler dazu bereit sein, ihre und ihrer Nachfolger Lebenszufriedenheit zu riskieren, um eine Gruppe von Probanden (hoffentlich unterteilt in Experimental- und Kontroll-Gruppe) von der Geburt bis zum Tode zu beobachten und zu untersuchen. Wir vertreten deshalb den Standpunkt, daß solche Daten über Langzeit-Veränderungen entweder durch Kombination mehrerer kurzzeitiger Längsschnitt-Studien (s. SCHAIE, 1973, Kapitel 7 dieses Bandes) gewonnen oder aber einigen wenigen überlassen werden sollten, die in der Lage sind, die dafür erforderlichen Mittel zu beschaffen. Anders ausgedrückt: Dieser unbefriedigende Zustand deutet darauf hin, daß akzeptable alternative Strategien benötigt werden und daß mehr Aufmerksamkeit solchen Verfahren wie etwa der Analyse von simulierten intraindividuellen Verände-

rungsmustern (siehe z. B. BAER, 1973; BALTES & GOULET, 1971) geschenkt werden sollte, von denen man annimmt, daß sie den Langzeit-Veränderungen entsprechen, die anhand einiger beispielhafter Längsschnitt-Untersuchungen bestimmt worden sind.

6.3 Modelle für Faktorenvergleiche und entwicklungsbedingte Veränderungen

Im vorliegenden Kapitel werden wir uns schwerpunktmäßig mit faktorenanalytischen Modellen beschäftigen, obwohl wir uns bewußt sind, daß es dabei eine Reihe von Problemen gibt (z. B. Linearitäts- und Additivitätsannahmen, Probleme der Faktorenidentifikation und -rotation, methodische Artefakte), die viele daran hindert, faktorenanalytische Ansätze ohne Einschränkung zu befürworten. In der Tat teilen wir einige dieser Vorbehalte, müssen uns jedoch aus räumlichen Gründen darauf beschränken, auf einige Artikel zu verweisen, die sich kritisch mit den Grenzen der Faktorenanalyse auseinandersetzen (z. B. CRONBACH, 1967; DIGMAN, 1966; KALLINA, 1967; NESSELROADE & BALTES, 1970; NESSELROADE, BALTES & LABOUVIE, 1971; OVERALL, 1964).
Die Verwendung des Faktorenvergleichs als Analyse-Strategie in der Entwicklungspsychologie ist in jüngster Zeit von uns selbst und von anderen Autoren diskutiert worden (z. B. BALTES & NESSELROADE, 1970; CATTELL, 1969; NESSELROADE, 1970). Im wesentlichen geht es darum, daß bestimmte faktorenanalytische Techniken ein wirkungsvolles Instrumentarium zur Unterscheidung von strukturellen und quantitativen Veränderungen in Entwicklungsdaten darstellen. Im Mittelpunkt der Auseinandersetzung stehen Fragen der Interpretation und der spezifischen Implikationen, die *Faktorenladungspatterns, Faktorscores* und *Faktoren-Interkorrelationen* für die Untersuchung der Ontogenese haben. Das Spektrum der Möglichkeiten und deren Bedeutung für die Entwicklungsforschung ist in der Tat sehr groß, und vieles ist auch bis jetzt noch nicht erforscht. Auf einige Implikationen solcher faktorenanalytischen Modelle für die multivariate Untersuchung ontogenetischer Veränderungen wollen wir in den folgenden Abschnitten eingehen.

6.3.1 Konzepte der Veränderung von Faktoren

Die verschiedensten Modelle sind vorgeschlagen worden, um die komplexen Merkmale von Daten über entwicklungsbedingte Veränderungen zu integrieren, z. B. Stufen, Sequenzen, Meilensteine, Differenzierung. COAN (1966) war einer der ersten, der Veränderung in Faktoren und ontogenetische Überlegungen konzeptuell zu integrieren versuchte. Er war der Überzeugung, daß wir, weil alle die Verhaltensweisen, die wir messen können, von Altersstufe zu Altersstufe variieren, akzeptieren müßten, daß sich auch der Verhaltensniederschlag (z. B. das Ladungsmuster) eines Faktors notwendigerweise über

Altersstufen hinweg ändere, auch wenn die „eigentliche Natur" des Faktors unverändert bliebe (s. auch NUNNALLY, 1973, Kapitel 4 dieses Bandes). Leider verdeutlichte COAN nicht, was er unter der „eigentlichen Natur" eines Faktors verstand und wie man nachweisen kann, daß sie tatsächlich über die Zeit hin konstant bleibt. Er lieferte jedoch einige interessante Beschreibungen bestimmter Typen der Faktorenveränderungen, wie sie in idealisierten entwicklungspsychologischen Untersuchungen zu beobachten sein mögen. Eine der Veränderungen, die über die Zeit hin in Faktoren auftreten können, ist nach COAN (1966) die *Umwandlung von Faktoren (factor metamorphosis)*, ein Prozeß, durch den sich ein Faktor allmählich so verändert, daß er auf verschiedenen Altersstufen qualitativ anders erscheint, obwohl es sich historisch um einen kontinuierlichen Vorgang handelt. Ein anderer von COAN postulierter Prozeß der Faktorenveränderung ist das *Auftauchen von Faktoren (factor emergence)*, d. h., ein Faktor wird auf einer bestimmten Altersstufe durch Meßgrößen gebildet, die auf früheren Altersstufen unkorreliert waren. *Konvergenz von Faktoren (factor convergence)* definiert Coan als den Veränderungsprozeß, bei dem die Faktoren alle erhalten bleiben, auf den höheren Alteresstufen jedoch so hoch interkorrelieren, daß sie einen einzigen Faktor zweiter Ordnung definieren, der dann auf noch höheren Altersstufen wiederum zu einem Faktor erster Ordnung wird. Der gegenläufige Prozeß wird als *Desintegration von Faktoren (factor disintegration)* bezeichnet; er besteht in einer Verringerung der Interrelation von Meßgrößen bis zu dem Punkt, an dem ein Faktor, der auf jüngeren Altersstufen vorhanden ist, auf einer höheren Altersstufe in eine Reihe unkorrelierter Komponenten zerfällt. Darüber hinaus stellt COAN noch andere Arten der Veränderung von Faktoren dar, doch zeigen bereits die wenigen angeführten Beispiele, wie vielfältig die Möglichkeiten sind, die bei dem Versuch, entwicklungsbedingte Veränderungen durch faktorenanalytische Methoden systematisch zu erklären, berücksichtigt werden müssen (s. auch CATTELL, 1973).

6.3.2 Stabilität und Veränderung in Faktorenstrukturen und Faktorscores

Wünschenswert sind also Modelle und Techniken, die die Untersuchung solcher Konzepte von Veränderung erlauben, die wir oben genannt haben. Im Rahmen der Diskussion einiger Modelle zur Unterscheidung zwischen stabilen interindividuellen Unterschieden und intraindividuellen Veränderungen über kurze Zeitabschnitte hinweg hat NESSELROADE (1967b) folgende Vierfach-Klassifikation vorgeschlagen (s. auch Abbildung 2, S. 154):

(a) invariante Ladungsmuster – stabile Faktorscores
(b) invariante Ladungsmuster – veränderliche Faktorscores
(c) veränderliche Ladungsmuster – stabile Faktorscores
(d) veränderliche Ladungsmuster – veränderliche Faktorscores

Nach NESSELROADE handelt es sich hier um deskriptive Aussagen darüber, wie Faktoren zu einem bestimmten Zeitpunkt konzeptuell beschaffen sind. Man hat damit die Möglichkeit, entweder auf die Invarianz der Ladungsmuster oder auf die Stabilität der Faktorscores zu achten, und es gibt eine ganze Reihe von Modellen (s. BENTLER, 1973), die verlangen, daß man sich *a priori* entscheidet, was wichtiger sein soll. Die „beste" Lösung hängt letzten Endes von den (auch vom Untersucher festzulegenden) Kriterien ab, nach denen die Ergebnisse bewertet werden. Die korrekte Klassifikation eines Faktors nach diesem Schema ist natürlich nur dann möglich, wenn Daten aus mehr als einer Testung vorliegen.

Faktoren vom Typ (a) (invariante Ladungsmuster – stabile Faktorscores) haben die Merkmale idealer Eigenschaften (traits) im üblichen Sinne. Die invarianten Ladungsmuster weisen darauf hin, daß die Interrelationen von Reaktionen zumindest über relativ kurze Zeiträume hinweg sehr genau replizierbar sind. Die stabilen Faktorscores bedeuten, daß Probanden ihre relative Position auf den Dimensionen behalten, die aus diesen gut replizierbaren Reaktionspatterns abgeleitet werden.

Die Faktoren vom Typ (b) (invariante Ladungen – veränderliche Faktorscores) zeigen ebenfalls, daß die Reaktionspatterns gut replizierbar sind; die Tatsache jedoch, daß sich die Faktorscores verändern, deutet darauf hin, daß Probanden ihre relative Position auf dem Kontinuum der Faktorscores über die Zeit hin nicht beibehalten. Faktoren dieses Typs entsprechen am ehesten dem traditionellen Konzept der Zustandsdimensionen (state dimensions). So könnten wir vielleicht, um das an einem Beispiel zu verdeutlichen, mit geeigneten Maßen ein sehr konsistentes und allgemein bekanntes Verhaltenspattern erfassen, bei dem ein College-Student, der am Samstagabend hohe Werte auf der entsprechenden Dimension erhält, am Sonntagmorgen auf derselben Dimension niedrigere Werte erreicht als seine weniger unternehmungslustigen Kommilitonen. Ähnlich könnten wir im Rahmen einer Entwicklungspsychologie der Lebensspanne von der Annahme ausgehen, daß das Variablen-Cluster, das die Eigenschaft „Anhänglichkeit/Abhängigkeit" (dependency) umschreibt, altersinvariant ist, während altersspezifische situationsbedingte Variationen (vgl. z. B. Kagan & Moss, 1962) beträchtliche intraindividuelle Schwankungen, d. h. geringe Langzeit-Stabilität, zur Folge haben.

Faktoren vom Typ (c) (veränderliche Ladungsmuster – stabile Faktorscores) scheinen eine konkrete Parallele beispielsweise in Verhaltenspatterns zu haben, wie sie in Übergangsphasen, in kritischen Perioden oder während Krisen auftreten. Nehmen wir an, die Probanden in einer Stichprobe verteilten sich bei der Lösung von Konservationsaufgaben derart, daß einige von ihnen konsistent nur drei, andere fünf oder sechs und wieder andere neun oder zehn Aufgaben bewältigen. Aber ungeachtet der Anzahl der von ihnen jeweils gelösten Aufgaben würden sie zu verschiedenen Zeiten immer wieder andere Aufgaben lösen. Solche Daten könnten zu Faktoren vom Typ (c) führen, wenn sich die Ladungsmuster von einer Testsituation zur anderen unterscheiden, die Reihenfolge der Probanden auf dem Kontinuum, das die Fähigkeit zu Konservationsurteilen repräsentiert, aber unverändert bleibt. Harris (1963) beispielsweise verwendete genau diese Art von stabilen Faktorscores bei seiner Konstruktion eines faktorenanalytischen Verfahrens zur Untersuchung von Veränderungen in Reaktionspatterns über die Zeit hin.

Faktoren vom Typ (d) (veränderliche Ladungsmuster – veränderliche Faktorscores) können in kurzzeitigen Untersuchungen als Fehlerfaktoren, situationsspezifische Faktoren oder als sonstige nicht replizierbare „Übergangsphänomene" vernachlässigt werden. Aus der Perspektive einer Entwicklungspsychologie der Lebensspanne können solche Faktoren jedoch durchaus sinnvoll sein. So könnte man z. B. annehmen, daß am Anfang der Ontogenese die Reaktionen relativ instabil *und* voneinander unabhängig sind, also vergleichbar wären einem leicht chaotischen Zustand. Im weiteren Verlauf der Ontogenese würde es dann zu einer Ordnung des ursprünglichen Zustands kommen, in dem es nur spezifische Reaktionen gegeben hatte.

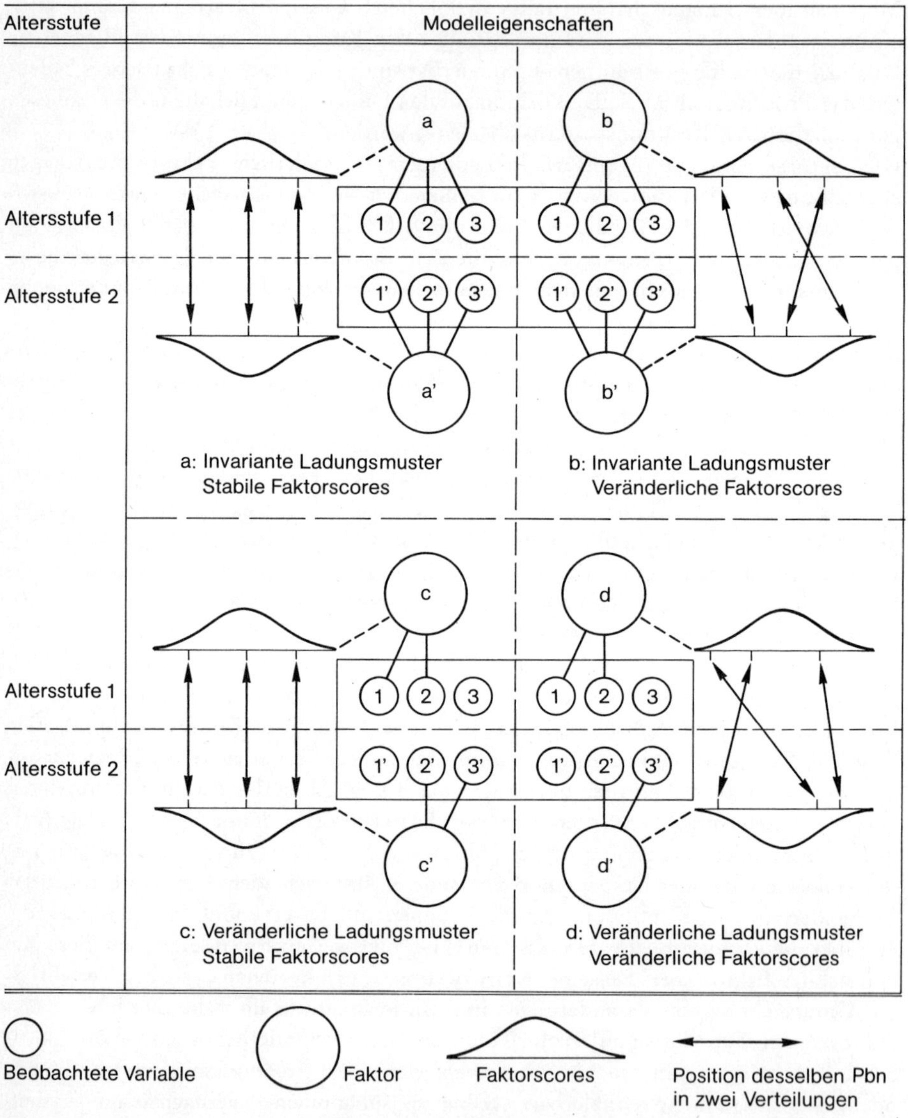

Abb. 1: Hypothetische Vergleiche zwischen zwei Altersstufen mit Kombinatinen von invarianten versus veränderlichen Ladungsmustern und stabilen versus veränderlichen Faktorscores.

In Abbildung 1, in der die Beziehungen zwischen beobachtbaren Variablen, Faktorenladungsmustern und Faktorscores dargestellt sind, wird dieses Klassifikationsschema mit zweiseitigem Zugang zusammengefaßt, unter besonderer Berücksichtigung einiger Aspekte, die für die entwicklungspsychologische Forschung relevant sind. Jeder Quadrant repräsentiert einen der vier beschriebenen Fälle im Rahmen einer Längsschnitt-Untersuchung, die zwei Altersstufen umfaßt. Die Quadranten a und b (sie entsprechen den Faktoren vom Typ (a) bzw. (b)) repräsentieren Faktoren, bei denen die Ladungsmuster von der einen Altersstufe zur anderen invariant sind. Der Unterschied zwischen den beiden Quadranten besteht in den Verteilungen der Faktorscores. Im einen Fall (Quadrant a) behalten die Probanden über die Zeit hin ihre relative Position in der Verteilung der Faktorscores bei, im anderen Fall (Quadrant b) nicht. Auch wenn die entsprechenden Verteilungen anscheinend dieselben Mittelwerte haben, muß das nicht unbedingt so sein. Vielmehr kann gerade die Veränderung der Mittelwerte der Faktorscores von einer Altersstufe zur anderen das sein, was einen in einer Untersuchung besonders interessiert. Die Quadranten c und d zeigen in ähnlicher Weise die beiden übrigen Möglichkeiten, nämlich Veränderungen in den Ladungsmustern von Altersstufe 1 nach Altersstufe 2. Die beiden Arten von Faktoren unterscheiden sich wiederum hinsichtlich der Stabilität der zugehörigen Faktorscores.

6.3.3 Ontogenese von Faktorenstrukturen und Faktorscores

Die Einbettung der im vorangegangenen Abschnitt beschriebenen Modelle von Faktorenveränderung in den Kontext von Längsschnitt-Untersuchungen wirft eine Reihe konkreter Probleme auf. Im folgenden wollen wir uns einigen davon zuwenden, und zwar insbesondere denen, die für die *Simulationsdaten* relevant sind, auf die wir später noch eingehen werden. Um die Punkte, auf die es uns ankommt, leichter hervorheben zu können, haben wir in Abbildung 2 ein mögliches Beispiel von Faktorenveränderung dargestellt.

Jedes der drei Rechtecke in Abbildung 2 repräsentiert die zuvor diskutierten Faktorentypen; sie sollen die Faktoren charakterisieren, die man aufgrund vieler Messungen an einer Stichprobe zu einem bestimmten Zeitpunkt gewonnen hat. Obwohl es sich hier nur um ein Beispiel von vielen handelt, und zudem um ein ziemlich einfaches, können wir damit doch folgende Entwicklungssequenz veranschaulichen:

Phase 1: Der durch Punktierung hervorgehobene Faktor spiegelt kein geordnetes Verhalten wider in dem Sinne, daß das Ladungsmuster invariant und die Faktorscores stabil wären. Mit anderen Worten: Das beobachtete Verhalten ist sehr labil, und zwar sowohl was die Kovariationspatterns als auch was die individuellen Unterschiede im Reaktionsniveau betrifft.

Phase 2: Aus dem „Chaos" der vorangegangenen Phase hat sich eine gewisse Ordnung herausgebildet, insofern als ein Faktor (punktiert), der aus den Messungen gewonnen wurde, ein invariantes Ladungsmuster zeigt, auch wenn die Faktorscores nicht stabil sind. Das haben wir im vorhergehenden als eine Zustandsdimension bezeichnet, d. h. ein stabiles Pattern, wobei die Probanden von einer Situation zur anderen unterschiedlich im

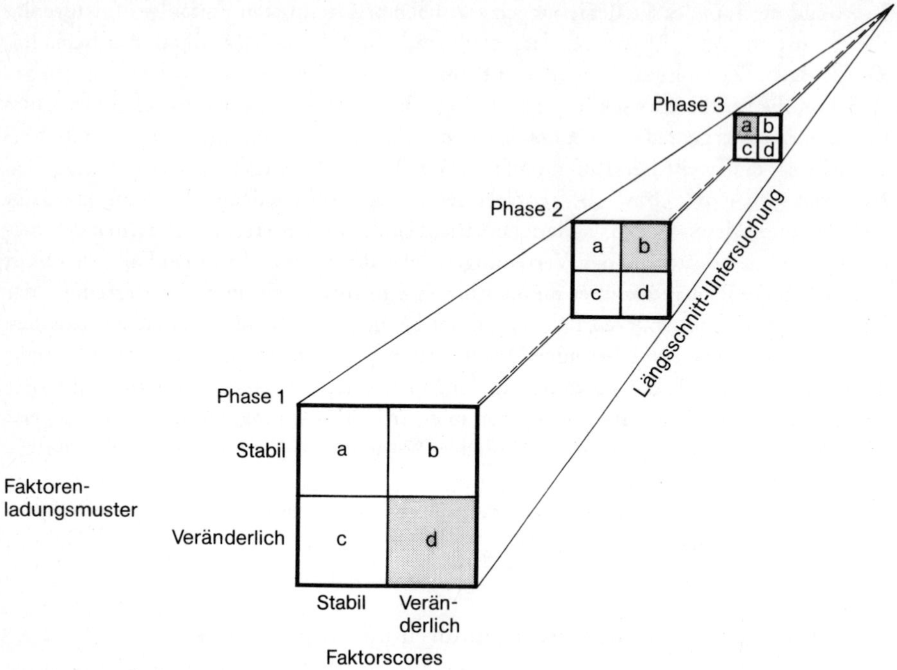

Abb. 2: Hypothetische mit Alter einhergehende Veränderungssequenzen in Faktorenlösungen: Chaos → Zustand → Eigenschaft. (Es ist zu beachten, daß auf verschiedenen Stufen der Entwicklung bei verschiedenen Reaktionssystemen verschiedene Arten von Faktoren auftreten können.)

Niveau variieren. Ein konkretes Beispiel dafür wäre etwa die situationsbedingte Angst, zu der ein Verhaltenspattern gehört, das über Personen hin gleich ist, bei der jedoch intraindividuelle Unterschiede im Niveau auftreten, und zwar in Abhängigkeit von Veränderungen der Situation.

Phase 3: Der Faktor fällt hier in den Quadranten, der durch invariantes Ladungsmuster und stabile Scores gebildet wird (punktiert) und den wir im vorhergehenden als Umschreibung für das konventionelle Konzept der Eigenschaft interpretiert hatten. Beispielsweise könnte es so sein, daß sich die Dimension für den Zustand Angst in Phase 2 im Laufe der Entwicklung stabilisiert hat zu einer Angstdimension, auf der interindividuelle Differenzen festgestellt werden können.

Bei der hier dargestellten Entwicklungssequenz haben wir herausgearbeitet, wie sich intraindividuelle Veränderungen über die Zeit hin schließlich in ein Pattern stabiler interindividueller Differenzen umwandeln. In den folgenden Abschnitten werden wir die möglichen Mechanismen diskutieren, durch die solche Verhaltenspatterns entstehen, sich mit der Zeit verändern, stabilisieren und aufrechterhalten werden. Darüber hinaus werden wir am Beispiel der Intelligenz Hinweise auf die Explikation solcher Veränderungssequenzen geben.

6.4 Ein Beispiel: Ontogenese der Intelligenz

6.4.1 Allgemeiner Überblick

Interesse an vielen Meßgrößen für ontogenetische (intraindividuelle, mit Alter korrelierende) Veränderungen waren immer schon charakteristisch für die entwicklungspsychologische Forschung, wie z. B. die frühe, weitverbreitete Verwendung von komplexen Fragebögen oder Batterien von Intelligenztests zeigt (vgl. etwa CHARLES, 1970). Das lag an einer Reihe miteinander zusammenhängender Faktoren.

Zum einen gab es die umfassenden Bemühungen um die Verbreitung eines vergleichenden Modells der Entwicklung (s. BALTES & GOULET, 1970; siehe auch Kapitel 1 dieses Bandes; LANGER, 1970; REESE & OVERTON, 1970, siehe auch Kapitel 2 dieses Bandes; WERNER, 1948), dessen holistische Merkmale eine Konvergenz molarer Verhaltenssysteme in ihrer ganzen Komplexität implizieren, und zwar sowohl auf der Ebene ontogenetischer als auch der auf der Ebene phylogenetischer Veränderungen. Zum zweiten bemühten sich die Psychometriker innerhalb der Entwicklungsforschung, in der es um Messung geht, darum, das chronologische Alter als wichtigen Parameter bei der Behandlung individueller Differenzen zu berücksichtigen. Zum dritten war eine ganze Reihe prototypischer Entwicklungstheorien (s. die Übersicht bei EMMERICH, 1968) wie etwa die von WERNER, FREUD oder PIAGET im Prinzip multivariat, denn dabei wurden Konzepte wie Stufen, Strukturen, Integration, Differenzierung, Eigenschaften oder Typen betont. Und schließlich gab es noch den bedeutenden Einfluß der Längsschnitt-Untersuchungen. Aufgrund des außerordentlich großen Aufwandes, der für solche langfristigen Projekte nötig ist (s. SCHAIE, 1973, Kapitel 7 dieses Bandes), lag es nahe, dabei wenigstens von Beginn an viele Antezedenz-Bedingungen und viele abhängige Variablen zu berücksichtigen.

Im folgenden wollen wir an einem der wesentlichsten historischen Beiträge den möglichen Nutzen eines multivariaten Modells für die Analyse entwicklungsbedingter Veränderungsmuster aufzeigen. Unser Beispiel bezieht sich auf ontogenetische Veränderungen in der Struktur der Intelligenz, wie sie in BURTS und GARRETTS Differenzierungsphypothese der Intelligenz ausgedrückt worden sind. Wir wollen dabei zu zeigen versuchen, wie in der multivariaten Forschung auf diesem Gebiet anstelle eines deskriptiven allmählich ein erklärender Ansatz benutzt worden ist.

6.4.2 Ontogenetische Veränderungen in Intelligenzstrukturen

Faßt man Intelligenz als Bezeichnung für eine bestimmte Klasse kognitiver Leistungen auf, so ist sie das klassische Beispiel für ein komplexes, multidimensionales Konstrukt. In verschiedenen jüngeren Arbeiten (ANASTASI, 1970; BALTES & LABOUVIE, 1972; HORN, 1968, 1970; REINERT, 1970; RIEGEL & RIEGEL, 1971; SCHAIE, 1970) ist die Geschichte der Erforschung der Ontogenese intellektueller Strukturen dargestellt worden.

6.4.2.1 Deskriptive Daten

Der Grund dafür, daß man sich mehreren Meßgrößen zuwendete, ist, historisch gesehen, darin zu suchen, daß man nicht genügend präzise Daten erhielt, wenn man eine einzelne ontogenetische Intelligenzfunktion ermittelte (wobei man ein globales IQ-Maß als abhängige Variable benutzte). Tatsächlich ist in jüngeren Analysen und Überblicksartikeln (z. B. BALTES & LABOUVIE, 1972; BAYLEY, 1970; RIEGEL & RIEGEL, 1971; SCHAIE & STROTHER, 1968 b) nachgewiesen worden, daß Entwicklungsfunktionen, die auf mehreren Maßen für Intelligenz basieren, nicht nur Abweichungen im Maximum und im Kurvenverlauf, sondern auch in der allgemeinen Richtung der ontogenetischen Veränderungen zeigen. So legte HORN (1970) z. B. Daten vor, die darauf hindeuten, daß sich die Entwicklungsfunktionen für Dimensionen der fluiden und kristallinen Intelligenz auffällig voneinander unterscheiden: Fluide Intelligenz nimmt vom ungefähr zwanzigsten Lebensjahr an ab, kristalline Intelligenz dagegen nimmt bis ins späte Erwachsenenalter hinein zu. In ähnlicher Weise haben NESSELROADE, SCHAIE und BALTES (1972) unter Verwendung von sequentiellen Strategien, die eine Serie von sieben Jahren dauernden Längsschnitt-Studien umfassen, gezeigt, daß bei der Untersuchung der Ontogenese von vier wesentlichen Dimensionen kognitiven Verhaltens im Erwachsenenalter zwei davon (kognitive Flexibilität und Vorstellungsvermögen) keine signifikanten langzeitigen und mit Alter einhergehenden Veränderungen aufweisen, während die Entwicklungsfunktionen für kristalline Intelligenz und visuo-motorische Flexibilität zwar verschiedene, aber in jedem Fall mit Alter korrelierende Trends aufweisen. Alle diese Daten liefern überzeugende Hinweise darauf, daß Ansätze, bei denen mehrere Meßgrößen berücksichtigt werden, notwendig sind, zumindest im Bereich der Intelligenzforschung.

Es gibt daneben eine zweite Forschungsrichtung, bei der noch direkter entwicklungspsychologische Aspekte einer multivariaten Konzeption von Intelligenz berücksichtigt werden. Angeregt durch BURT (1954) und GARRETT (1946) haben etliche Forscher (für Übersichtsartikel s. ANASTASI, 1970; HORN, 1968; REINERT, 1970) untersucht, ob die Annahme eines altersinvarianten Intelligenzmodells haltbar sei oder ob faktorenanalytische Intelligenzmodelle explizit bestimmte Vorstellungen über ontogenetische Veränderungen in den Wechselbeziehungen zwischen mehreren Maßen miteinschließen sollten. Auf der Beobachtungsebene betreffen solche Veränderungen das Auftauchen neuer Response-Systeme und die Veränderungen in den korrelativen Beziehungen zwischen den Response-Variablen. Auf der Ebene der multivariaten Konstrukte beziehen sich solche Veränderungen auf Unterschiede in Zahl und Eigenart der zugrundeliegenden Dimensionen (Faktoren) und deren Wechselbeziehungen (Faktoren-Interkorrelationen).

Bisher ist die Evidenz für die Brauchbarkeit der Leistungsdifferenzierungshypothese der Intelligenz recht widersprüchlich. Aber sowohl ANASTASI (1970) wie auch REINERT (1970) haben überzeugend dargelegt, daß der Mangel an aussagekräftigen, eindeutigen Daten wohl primär darauf zurückzuführen ist, daß die Methoden inadäquat sind (Art der verwendeten faktorenanalytischen Techniken; fehlende Faktorenvergleiche; ungeeignete Testbatterien; vorwiegend Querschnitt- anstelle von Längsschnitt-Untersuchungen etc.). ANASTASI (1970) ist darüber hinaus der Ansicht, daß eine weitere Unzulänglichkeit vieler Untersuchungen zur Differenzierungshypothese daher rühre, daß die Art der

präexperimentellen Erfahrungen (Lernen) nicht berücksichtigt würde, was eine Trennung von reifungs- und erfahrungsbedingten Antezedenzien erlaubt hätte.
Trotzdem kann man wohl sagen, daß die meisten interpretierbaren Untersuchungen die Hypothese stützen, daß das strukturelle Intelligenzmodell nicht altersinvariant ist, sondern systematische ontogenetische Transformationen erfährt, auch wenn die Art dieser Transformationen bisher noch nicht zufriedenstellend geklärt worden ist. Solche Altersveränderungen in der faktoriellen Struktur der Intelligenz werden vor allem dann deutlich, wenn die Entwicklung über die gesamte Lebensspanne hin betrachtet wird. In Übereinstimmung mit den integrativen Darstellungen von Reinert (1970, S. 472) und Horn, (1970) läßt sich der allgemeine Trend wohl am besten wiedergeben durch die Sequenz *Integration – Differenzierung – Reintegration* (s. auch Balinsky, 1941; Lienert & Crott, 1964; Steinhagen, 1970). Im frühen Kindesalter scheint sich die Entwicklung vor allem auf den „Aufbau" von Strukturen zu richten, und zwar in dem Sinne, daß ursprünglich spezifische (voneinander relativ unabhängige) Response-Systeme immer stärker interkorrelieren und schließlich eine ausgeprägte „allgemeine" Fähigkeitsdimension ergeben. Daran anschließend, im späteren Kindes- und im Erwachsenenalter, scheint die Veränderung in Richtung einer zunehmenden Differenzierung oder Reintegration zu gehen. Dieser Abschnitt der Ontogenese ist bislang noch am wenigsten untersucht worden.
Welches sind nun die wesentlichsten methodischen und theoretischen Implikationen der Erforschung der Ontogenese der Intelligenz, und zwar im Hinblick auf differentielle Altersfunktionen wie auch auf die mit Alter korrelierenden Veränderungen in der Struktur der Fähigkeiten? Es gibt hier zwei Implikationen:
(a) Es empfiehlt sich, Intelligenz als *Konstrukt* aufzufassen, das *multidimensional* ist und dessen Ontogenese darüber hinaus – auf deskriptivem Niveau – strukturelle Veränderungen in der Zahl der Dimensionen (z. B. Faktoren) und deren Beziehungen untereinander (z. B. Faktoren-Interkorrelationen) impliziert.
(b) Es ist sinnvoll, zwischen zwei Arten von entwicklungsbedingten Veränderungen zu unterscheiden – *quantitativen* und *strukturellen* Veränderungen. Quantitative Veränderungen beziehen sich auf die mit Alter korrelierenden, intraindividuellen Differenzen in der Größe (z. B. in bezug auf Faktor-Scores), und strukturelle Veränderungen auf die mit Alter korrelierenden Veränderungen im Pattern (z. B. dem korrelativen Pattern der Variablen, Zahl der Faktoren, Faktoren-Interkorrelationen) von Intelligenzmaßen.
Faßt man die Ontogenese der Intelligenz als multidimensionales Konstrukt auf, so hat das auch eine Reihe von Implikationen für die Bewertung vorhandener Theorien oder Modelle der Intelligenz. Die erste und wichtigste Tatsache ist, daß die meisten derjenigen, die Intelligenz-Modelle entwickelt haben (etwa Spearman, Thurstone, Guilford), keine Entwicklungspsychologen gewesen sind und deshalb so gut wie gar nicht ontogenetische Veränderungen berücksichtigt haben. Zum zweiten impliziert die Möglichkeit von strukturellen Veränderungen, daß keines der verschiedenen „klassischen" Intelligenz-Modelle (z. B. das von Burt, Guilford, Spearman, Thurstone, Cattell) universelle Gültigkeit beanspruchen kann. Man ist vielmehr versucht – wiederum in Übereinstimmung mit Reinert (1970) – die verschiedenen Modelle den verschiedenen Abschnitten der Lebensspanne zuzuordnen, so z. B. das Modell von Spearman der frühen Kindheit und das Modell von Thurstone dem frühen Erwachsenenalter.

6.4.2.2 Nachweis von Erklärungszusammenhängen

Im Rahmen der meisten multivariaten Modelle hat man sich so gut wie gar nicht um eine erklärende Analyse der Differenzierungshypothese bemüht, wenngleich es immerhin vereinzelte frühe Studien und Artikel gibt (z. B. ANASTASI, 1936; TRYON, 1935), in denen darauf hingewiesen wird, daß „Untersuchungen der Bedingungen, die für die Entstehung oder Modifikation von Eigenschaften verantwortlich sind" (ANASTASI, 1958 a, S. 371), vonnöten seien.

a. Vererbungsmechanismen., Natürlich werden in der Ontogenese von Eigenschaftspatterns Anlage- wie auch Umwelt-Komponenten und deren Interaktion in Form von Reifungs- und Lernprozessen widergespiegelt. Der Schwerpunkt dieses Kapitels liegt auf den Umweltbedingungen, da CATTELL (1973) bereits ausführlich die entwicklungspsychologischen Implikationen der Anlage-Umwelt-Forschung diskutiert hat. Hier genügt es, kurz darzustellen, inwiefern die Existenz und die Ontogenese von Strukturen tatsächlich zum Teil auf genotypische Patterns zurückgeführt werden kann.

TRYON (1935) beispielsweise machte auf die Möglichkeit aufmerksam, daß die Korrelation zwischen unabhängigen Gen-Gruppen (aufgrund von Ähnlichkeitswahl bei der Partnerauswahl) einer der Mechanismen für die Entstehung von Eigenschaftspatterns sein könnte. In eine ähnliche Richtung weist die Arbeit von VANDENBERG (1969), in der verschiedene Aspekte der Vererbung spezifischer Fähigkeiten und Persönlichkeitspatterns erörtert und detailliertere Daten zur Vererbbarkeit verschiedener komplexer Fähigkeits- und Persönlichkeitsdimensionen vorgelegt werden. Beispielsweise publiziert VANDENBERG Daten, die auf eine signifikante Vererbungskomponente bei Wortflüssigkeit, verbalem Verstehen und räumlichem Vorstellungsvermögen hindeuten; individuelle Unterschiede bei schlußfolgerndem Denken und Gedächtnis werden dagegen allem Anschein nach kaum durch Vererbung bestimmt.

Es sollte allerdings darauf hingewiesen werden, daß die meisten Untersuchungen zur Anlage-Umwelt-Problematik aus entwicklungspsychologischer Sicht nicht sonderlich überzeugen. Erstens sind Zwillingsforschungen bzw. Verfahren der „Multiple abstract variance analysis" (MAVA) für die Erforschung der Ontogenese von Fähigkeiten nicht besonders hilfreich, da bei solchen Untersuchungen Heredität lediglich im Hinblick auf allgemeine Ähnlichkeit und nicht in bezug auf speziellere Aspekte der Genanordnung variiert wird. Zum zweiten hat man in den meisten Untersuchungen zur Anlage-Umwelt-Problematik chronologisches Alter oder mit Alter korrelierende Treatments nicht explizit als Parameter in die Pläne aufgenommen (s. allerdings CATTELL, 1973). Schließlich, und das ist vielleicht der wichtigste Punkt, stellen die sich aus solchen Untersuchungen ergebenden Verhältniszahlen für Anlage- und Umweltkomponenten (nature-nurture-ratios) Sample-Statistiken dar (s. beispielsweise JENSEN, 1969), die lediglich die Wirkung ausgewählter (auf ein Entwicklungsniveau festgelegter) Anlage- und Umweltbedingungen widerspiegeln. Demgegenüber ist einerseits festzustellen, daß Entwicklungsprozesse kontinuierlich genetisch gesteuert werden, wobei im Verlauf der Ontogenese verschiedene Gene zu unterschiedlichen Zeiten ihre Wirkung zeigen. Andererseits besteht aber auch Umwelt niemals nur aus altersinvarianten Dimensionen, sondern verändert sich ebenfalls fortlaufend. Ein lerntheoretischer Ansatz zur Erforschung der Ontogenese (wonach ontogenetische Veränderungen weitgehend die kumultaiven Effekte von Lernerfahrungen repräsentieren) hätte dementsprechend von der Annahme auszugehen, daß das Verhältnis von Anlage zu Umwelt nicht feststehend ist, sondern sich systematisch mit Alter verändert. Es wäre darüber hinaus durchaus sinnvoll, anzunehmen, daß solche Lerneffekte nicht notwendigerweise entsprechend einem linearen Wachstumsmodell ablaufen müssen. KESSEN (1968), MCCLEARN (1970) sowie THOMPSON und GRUSEC (1970) haben z. B. bei einem Überblick über Untersuchungen, die im Rahmen der Vergleichenden Psychologie zu Effekten früher Erfahrung und zu kritischen Perioden gemacht wurden, überzeugend dargelegt, wie notwendig Entwicklungsmodelle sind, die Gen×Alter×Umwelt-Interaktionen berücksichtigen, auch wenn die derzeitigen Hinweise hierfür nur univariater Natur sind und sich bislang auf die Arbeit mit infrahumanen Spezies beschränken. Schließlich legt die Kenntnis kultureller und/oder generationsbedingter Komponenten der Veränderung (vgl. etwa BALTES, 1968; CATTELL, 1970b; RIEGEL & RIEGEL, 1971; RYDER, 1965; SCHAIE, 1965, 1970) nahe, daß das Verhältnis von Anlage-Umwelt sich nicht nur mit zunehmendem Alter, sondern auch in Verbindung mit säkularen Trends in den Umwelt- und Vererbungsmerkmalen verändert.

Kurz gesagt: Es darf zwar als gesichert gelten, daß genetische Mechanismen eine bedeutende Rolle bei der Bildung von Intelligenzstrukturen spielen, detailliertere Daten über Anlagefaktoren und daraus folgende Ergebnisse über Entwicklungsverläufe liegen jedoch derzeit praktisch nicht vor. Die genetische Erforschung multivariater Veränderungsphänomene setzt allerdings auch ein recht umfasendes Verständnis von Vererbung auf einem Kontinuum von Ähnlichkeiten (eineiige und zweieiige Zwillinge, Geschwister, nichtverwandte Kinder etc.) sowie die Kenntnis der Genörter, der Gen-Koppelung und Gen-Repulsion (z. B. VANDENBERG, 1969) voraus.

b. Molare Umweltbedingungen. Etwas mehr Evidenz gibt es für den Effekt von Umweltbedingungen auf die Ontogenese der Intelligenz über die gesamte Lebensspanne hinweg, und zwar gilt das insbesondere für die Untersuchung quantitativer ontogenetischer Veränderungen. Ziel dieses Abschnitts ist es nicht, die Forschung zu globalen Effekten von Umweltvariationen (Anreicherung und massive Stimulation versus Deprivation und Restriktion) auf die univariate Intelligenzentwicklung ausführlich darzustellen; solche Untersuchungen, die im großen und ganzen zu eindrucksvollen Ergebnissen führten, sind z. B. von BAYLEY (1970), LONGSTRETH (1968) und THOMPSON und GRUSEC (1970) zusammenfassend dargestellt worden. Hier sollen lediglich die besonders bedeutsamen Richtungen in der empirischen und theoretischen Forschung beleuchtet werden, die unmittelbar zum Verständnis der Ontogenese struktureller Aspekte der Intelligenz beitragen können.

Eine dieser Forschungsrichtungen, bei der man sich mit den Auswirkungen wechselnder Umweltbedingungen auf die Ontogenese von Intelligenzstrukturen beschäftigt, impliziert die vergleichende Analyse von Korrelations- und Faktorenstrukturen, die an Kriteriumsgruppen gewonnen wurden, von denen anzunehmen ist, daß sie sich in ihrer präexperimentellen Lerngeschichte oder in der Art ihrer Umwelt unterscheiden. Es gibt eine große Zahl von Untersuchungen, die (wenn auch meist mit unzulänglichen Methoden) auf Vergleiche innerhalb einzelner und zwischen verschiedenen Kulturen abzielen (s. auch ECKENSBERGER, 1973) und in denen die Effekte von Unterschieden in kulturellen, sozialen, bildungsmäßigen, beruflichen und familiären Bedingungen auf die Entwicklung der Begabungsstruktur nachgewiesen wird. ANASTASI (1970) und HORN (1970) haben Untersuchungen zusammenfassend dargestellt, die das „Ausformen (shaping) bestimmter Fähigkeiten" und das „Auftauchen (emergence) von Struktur" in Verbindung mit dem Prozeß der Akkulturation veranschaulichen. In ähnlicher Weise hat CHILD (1968) Untersuchungen zusammengefaßt, die zeigen, „wie verschieden die Relationen zwischen Persönlichkeitsvariablen in verschiedenen Kulturen sind" (S. 126). Ähnlich geht LEVINE (1969) vor, der die Ontogenese im Rahmen eines gesellschaftlichen Bezugssystems diskutiert und ein Modell der „Variation – Selektion" à la DARWIN mit vier Umwelt-Anpassungsprozessen verknüpft, um damit die entwicklungsbedingte Transformation von genotypischen in differenziertere phänotypische Verhaltensmuster zu erklären. Darüber hinaus können Modelle der Sozialisation über die gesamte Lebensspanne hinweg (vgl. BRIM, 1966; NEUGARTEN, 1968; RILEY, FONER, HESS & TOBY, 1969), in denen kontinuierliche ontogenetische Veränderungen bei Sozialisationsagenten, in Sozialisationszielen, -ergebnissen und -mechanismen beschrieben werden, als indirekte Bestätigung für die Annahme gelten, daß die Herausbildung von Strukturen nicht im frühen Erwachsenenalter zum Stillstand kommt, sondern in Übereinstimmung mit altersabhängigen Werten und Rollenschemata bis ins hohe Alter hinein anhält. Und schließlich erscheint es durchaus sinnvoll, die selektive Desintegration von Umweltsystemen und biologischen Systemen im hohen Alter (vgl. etwa die Effekte des selektiven Überlebens und die Hypothese des Leistungsabfalls vor dem Tode, wie sie von RIEGEL & RIEGEL, 1971, diskutiert wurde) als zusätzlichen Beweis für die Möglichkeit systematischer struktureller Transformationen in den Wechselbeziehungen kognitiver Variablen zu werten.

Ein sowohl vom Untersuchungsplan als auch vom Inhalt her bemerkenswerter Beitrag zum Verständnis der Auswirkungen molarer Umweltbedingungen (Lebensgeschichten) auf multivariate Verhaltenspatterns sind die Tierstudien von DENENBERG und seinen Mitarbeitern (z. B. DENENBERG, KARAS, ROSENBERG & SCHELL, 1968; WHIMBEY & DENENBERG, 1967). Durch die Zuordnung von vier verschiedenen Umwelten zu Zufallsstichproben aus einer homogenen Gruppe von Ratten gelang ihnen die „Schöpfung" heterogener Gruppen erwachsener Ratten, und zwar im Hinblick auf insgesamt 23 Kriteriumsmaße, die am 220. Lebenstag der Ratten ermittelt wurden. Nachdem festgestellt worden war, daß die 16 verschieden programmierten Lebensgeschichten deutliche Effekte auf die meisten abhängigen Variabeln hatten, wurde eine Faktorenanlyse der Daten durchgeführt; die resultierenden Faktoren besaßen nach Meinung der Autoren eine auffallende Ähnlichkeit mit denen, die bei der Analyse der Daten von ansonsten unbehandelten heterogenen Gruppen erwachsener Ratten ermittelt wurden. Der interessanteste Aspekt dieser Untersuchungen ist die Tatsache, daß die Entwicklung individueller Unterschiede experimentell kontrolliert wurde. Insbesondere war aufgrund der Zufallszuordnung der Ratten zu den verschiedenen Erfahrungsbedingungen und der Beseitigung der Varianz innerhalb der Gruppen (durch Verwendung von Mittelwerten) die Schlußfolgerung möglich, daß – abgesehen von Fehlerfaktoren – alle individuellen Unterschiede nicht auf genetische Varianz zurückgeführt werden konnten.

c. Evidenz aufgrund experimentell gesetzter kurzzeitiger Treatments. Die meisten Untersuchungen, die wir in den vorangegangenen Abschnitten dargestellt haben und die alle auf die Erklärung von langzeitigen ontogenetischen Veränderungen abzielten, waren zwangsläufig präexperimenteller Natur, da hier natürlich-gegebene Variationen als Antezedenz-Variablen benutzt wurden. Die Untersuchung experimentell gesetzter kurzzeitiger Treatments, von denen dann auf die Antezedenzien für individuelle Unterschiede rückgeschlossen wird, kann ebenso relevant sein für die Konzeptualisierung der Ontogenese über lange Zeiträume hinweg, allerdings nur dann, wenn man davon ausgeht, daß es möglich ist, Langzeit-Veränderungen durch kurzzeitige Veränderungsphänomene zu „simulieren" (s. dazu beispielsweise BALTES & GOULET, 1971). „Der Wissenschaftler versucht dann", wie ANASTASI (1970) feststellt, „den Prozeß der Bildung von Eigenschaften, auf denen von beobachteten Veränderungen mit dem Alter rückgeschlossen werden kann, zu reproduzieren" (S. 906). Vom theoretischen Standpunkt aus ist die Frage der Homologie und/oder Isomorphie von ontogenetischen und kurzzeitigen, experimentell erzeugten Veränderungen zwar noch längst nicht gelöst (s. auch BAER, 1973), es läßt sich jedoch immerhin schon so viel sagen, daß für die Explikation der molaren Ontogenese die Untersuchungen tatsächlich außerordentlich fruchtbar waren, die auf der Annahme basierten, daß kurzzeitige und langzeitige Veränderungen identischen oder zumindest sehr ähnlichen Verhaltensgesetzen folgen.

Was liegt nun an experimenteller Evidenz über kurzzeitige Veränderungen vor, die zur Erklärung der mit Alter einhergehenden strukturellen Veränderungen der Intelligenz herangezogen werden könnte? Die Strategie solcher Untersuchungen bestünde primär darin, Fähigkeitsmaße als abhängige Variablen zu wählen und Treatments (wie etwa Aufgabenparameter, Übungsdauer, Verstärkungen), die von verschiedenen Lern- oder Entwicklungsmodellen vorgeschrieben werden, zu manipulieren. Die Effekte solcher Manipulationen könnten dann durch den Vergleich der strukturellen Veränderungen in Korrelationsmatrizen oder Faktorenpatterns überprüft werden. Eine Forschungsrichtung hat die strukturellen Veränderungen untersucht, die in den Beziehungen zwischen Lernleistung und intellektuellen Fähigkeiten im Verlauf einer Versuchsreihe auftreten. Insgesamt zeigen diese Untersuchungen (z. B. ANASTASI, 1970; DUNHAM, GUILFORD & HOEPFNER, 1968; FREDERICKSEN, 1969; LABOUVIE, FROHRING, BALTES & GOULET, 1973; ROBERTS, 1968/69) nicht nur, daß eine bestimmte Leistung (wie etwa die Gedächtnisleistung bei einer verbalen Lernaufgabe) vielfältig determiniert ist, sondern auch daß sich die faktorielle Zusammensetzung einer Lernleistung mit zunehmender Zahl der Durchgänge und/oder zunehmender Übung erheblich verändern kann. Solche Befunde sind insofern relevant, als sie darauf hindeuten, daß eine „phänotypisch" gleiche Leistung unterschiedliche Fähigkeiten oder Prozesse widerspiegeln kann, wenn verschiedene Altersgruppen miteinander verglichen werden (LIENERT & CROTT, 1964; NUNNALLY, 1973, s. auch Kapitel 4 dieses Bandes). In diesem Fall wären die verschiedenen Phasen oder Durchgänge des Lernprozesses vergleichbar verschiedenen Altersstufen oder verschiedenen Stufen der ontogenetischen Entwicklung.

Aus der Perspektive eines Simulationsansatzes gibt es eine zweite verwandte Forschungsrichtung, bei der noch unmittelbarer ontogenetische Prozesse der Integration und Differenzierung untersucht werden, da man nicht von einer *feststehenden* Menge von Wechselbeziehungen zwischen den Fähigkeiten selbst ausgeht. Im Anschluß an frühe Arbeiten von ANASTASI (1936) und WOODROW (1939) haben FLEISHMAN und Mitarbeiter (s. den

Überblicksartikel von FLEISHMAN & BARTLETT, 1969) den Einfluß allgemeiner und spezieller Übungen auf die faktorielle Zusammensetzung verschiedener Batterien kognitiver und visuo-motorischer Aufgaben untersucht. Auch wenn die kritischen Anmerkungen von CORBALLIS (1965), der auf Artefakte aufgrund der Simplexstruktur hinweist, anscheinend definitive Aussagen zum gegenwärtigen Zeitpunkt verbieten, kann man die Daten vielleicht dennoch als Anzeichen dafür werten, daß über die Durchgänge hin einige echte Veränderungen in den Faktorenstrukturen als Folge von vermehrter Übung auftreten. Gerade der Umstand, daß die Veränderungen in Richtung zunehmender Differenzierung mit fortschreitender Übung zu weisen scheinen, legt den Schluß nahe, daß die experimentell erzeugten Veränderungen in der Faktorenstruktur tatsächlich den strukturellen Veränderungen entsprechen, die man in entwicklungspsychologischen Querschnitt- und Längsschnitt-Untersuchungen findet.

d. Theoretische Modelle und Erklärungsversuche. Bisher sind wir noch nicht eingegangen auf die umweltorientierten Erklärungen und Modelle, die formuliert worden sind zur Aufdeckung der Ontogenese struktureller Veränderungen in Verhaltenssystemen mit vielen Variablen, wie sie die Integrations-Differenzierungshypothese der Intelligenzentwicklung impliziert. Abgesehen von sehr allgemeinen Aussagen wie denen, daß strukturelle Veränderungen in Fähigkeitssystemen die erlebten Sozialisations- oder Erziehungsstrategien widerspiegeln würden, liegt nur wenig an Diskussionen oder Formalisierungsversuchen vor (z. B. ANASTASI, 1970; CARROL, 1966; FERGUSON, 1954, 1956; HORN, 1970; TRYON, 1935; WHITEMAN, 1964).

Wie bereits gesagt, war TRYON (1935) einer der ersten, der feststellte, daß die Faktorenanalyse als Methode keine Aufschlüsse gibt über die Ursprünge von Eigenschaftsformationen. In diesem Zusammenhang diskutierte er verschiedene Ursachen und Mechanismen für das Clustern von Reaktionen und das Auftauchen von Faktoren. Einer der drei von ihm angesprochenen Mechanismen verweist auf das Konzept der miteinander zusammenhängenden Umweltbereiche (correlated environmental fields). Mit anderen Worten: Es wird angenommen, daß Individuen vielen Umwelten ausgesetzt sind, die über eine Reihe von Verhaltenssystemen hinweg miteinander Ähnlichkeit haben (z. B. viel, mäßig, wenig). Beispielsweise können in einer allgemein wenig entwickelten kulturellen Umwelt zahlreiche spezifische Bedingungen fehlen, die für die Bildung *sowohl* von verbalen *als auch* von mathematischen Konzepten notwendig wären. Ontogenetische Veränderungssequenzen würden dementsprechend ein recht hohes Maß relativer Stabilität innerhalb und zwischen Reaktionsclustern zeigen.

In einem zweiten wichtigen Ansatz werden Transfer-Konzepte verwendet (FERGUSON, 1954, 1956; vgl. auch HORN, 1970; WHITEMAN, 1964), um die Entstehung und Aufrechterhaltung von Fähigkeitssystemen zu erklären. Nach FERGUSON ist der wesentlichste Prozeß in der Ontogenese solcher Fähigkeiten der (allgemeine und spezifische) Transfer, wobei Lernen ein spezifischer Fall von Transfer ist. Transfer-Prozesse werden als bedeutungsvoll angesehen sowohl bei dem Erwerb als auch bei den anschließenden Effekten von Fähigkeitssystemen. Dabei wird die Stärke der Korrelationen zwischen Fähigkeiten in erster Linie durch das Ausmaß an positivem Transfer definiert, das den vorausgegangenen Erfahrungsprozessen gemeinsam ist, sowie durch die Art der Transfer-Komponenten, die für eine bestimmte Aufgabenklasse charakteristisch sind. Das Auftauchen

und die anschließende Entwicklung von Fähigkeitssystemen werden daher zurückgeführt auf die kumulativen Effekte, die der präexperimentelle Transfer auf die zu einem bestimmten Zeitpunkt gegebenen Aufgabenbedingungen hat. Diese Effekte sind nicht nur kumulativ, sondern auch differentiell, da sich die Reaktionskategorien im Hinblick auf ihre gegenseitige (reziproke) Förderung oder Hemmung unterscheiden. Besonders interessant sind die kritischen Anmerkungen, die FERGUSON (1954) zu Aspekten der Differenzierung macht: ,,Wir können Transfer und die Differenzierung von Fähigkeiten durch den Lernprozeß selbst erklären, der nach der hier dargestellten Theorie in der Weise wirkt, daß er Differenzierung erleichtert" (S. 110).
In der Literatur gibt es zusätzlich einige explizite Versuche, Lernforschung und Fähigkeitskonzepte zu integrieren, um damit die Prozesse zu erklären, die der Leistung in Fähigkeitstests und der Ontogenese von Intelligenzstrukturen zugrundeliegen. So untersuchte beispielsweise WHITEMAN (1964) die Beziehungen zwischen Intelligenzfaktoren und solchen Prozessen wie dem ,,Learning-set" sowie kognitiven Operationen sensu PIAGET. In bezug auf Faktoren z. B. stellte er fest, daß frühe Erfahrungen, die in einer Vielzahl von Situationen mit dem ,,Lernen, wie man lernt", gemacht werden, zu relativ stabilen individuellen Unterschieden in der Stärke von Learning-sets führen. In ähnlicher Weise betrachtete CARROLL (1966) in seiner Diskussion verbaler Leistungsfaktoren das logische Extrem eines lernorientierten Ansatzes zur Entwicklung von Fähigkeiten. Nachdem er vier Quellen für das gemeinsame Auftreten von Reaktionsclustern und die daraus resultierenden Faktoren aufgezählt hat (Lernen, bei dem sich Inhalte überlappen oder einander voraussetzen, Transfer, Lernen mehrerer Reaktionen gleichzeitig, genetische Faktoren), stellte er die Hypothese auf, daß, wann immer man einen Faktor ,,mit Hilfe faktorenanalytischer Verfahren (identifizieren würde), man die Quelle dieser Varianz in differentiellen Lernerfahrungen finden wird" (S. 409). Weiter behauptete er, die Bedeutung differentieller Lernerfahrungen für das Auftauchen von Faktoren ließe sich experimentell nachweisen: ,,Wenn wir von einer Anzahl von Verhaltensweisen ausgehen, dann könnte man eine Trainingssituation tatsächlich so anordnen, daß man anschließend jede gewünschte Faktorenstruktur erhält" (S. 408). Solche Vorschläge, die immerhin von einem bekannten Faktorenanalytiker stammen, überraschen vor allem deswegen, weil hier Faktoren und Veränderungen in Faktoren klar der Status von abhängigen Variablen zugeschrieben wird, die unter situative Kontrolle gebracht werden könnten.

6.5 Organismus-Umwelt-Interaktionen als Quelle für strukturelle Veränderungen: Ein Simulationsexpertiment

Aufgrund der vorangegangenen Abschnitte ist hoffentlich deutlich geworden, wie notwendig experimentelle Untersuchungen sind, die auf die Explikation von Antezedenz-Konsequenz-Beziehungen im Rahmen der entwicklungspsychologischen Analyse von

Systemen, die viele Reaktionen umfassen, abzielen. Allerdings haben wir auch darauf hingewiesen, daß die Einzelheiten der Austauschprozesse, die bei den Organismus-Umwelt-Interaktionen eine Rolle spielen, erst noch erforscht werden müssen.

6.5.1 Untersuchungsziele und Untersuchungsplan

Es wäre natürlich am besten, wenn wir echte Daten vorlegen könnten, die sich explizit auf die experimentelle Explikation struktureller Veränderungen als Funktion von Organismus-Umwelt-Interaktionen beziehen würden. Stehen solche Daten jedoch nicht zur Verfügung, so ist es durchaus üblich, einen Simulationsansatz zu Hilfe zu nehmen, und dieses Vorgehen wird oft sogar ausdrücklich befürwortet, und zwar sowohl im Bereich der Psychologie wie auch in anderen Fachkreisen. Zur Lösung unseres Problems benutzen wir also eine hypothetische Simulationssituation, um die Ontogenese von Integrations- und Differenzierungsprozessen durch Organismus-Umwelt-Interaktionen zu explizieren, die kumulative Effekte von alters- und individuumabhängigen Umweltunterschieden beinhalten.
Tabelle 1 zeigt ein Flußdiagramm des Simulationsexpertiments. Es umfaßt insgesamt 20 hypothetische Probanden *(Pbn)*; jeder Proband hat einen Wert für je sechs Verhaltensvariablen *(R)*. Die simulierte Ontogenese der 20 Probanden in bezug auf diese sechs Variablen lief in fünf Phasen (A–E) ab.

6.5.2 Art der simulierten Veränderungen: Integration – Differenzierung

Entsprechend dem von uns ausgewählten Modellfall haben wir uns auf Veränderungen in den Prozessen der Integration und Differenzierung konzentriert; insbesondere die Simulation einer Veränderungssequenz, die zuerst *Integration* und dann *Differenzierung* impliziert. Außerdem haben wir die Unterscheidung in *Eigenschafts-* und *Zustands*dimensionen in den Differenzierungsprozeß einbezogen, entsprechend unserer vorangehenden Darstellung eines faktorenanalytischen Veränderungsmodells, in dem die Variation von Faktorenstrukturen wie auch von Faktorscores auf den Dimensionen von Invarianz und Stabilität vorgesehen ist (vgl. Abbildung 2). Mit anderen Worten: Wir gehen davon aus, daß nach einer Integrationsphase der Prozeß der ontogenetischen Differenzierung entweder zu bestimmten Eigenschaftsdimensionen (invariante Ladungspatterns, stabile Faktorscores) oder Zustandsdimensionen (invariante Ladungspatterns, veränderliche Faktorscores) führt. In den Phasen A bis C wird Integration simuliert, in den Phasen D und E Differenzierung und die Herausbildung von Eigenschafts- und Zustandsdimensionen.

Tab. 1: Flußdiagramm der Simulation multivariater Veränderungen als Funktion von Umwelten, die Unterschiede im Verhalten bewirken

Phase		Datenmatrix	Treatment
A	Pbn	*R* 1 2,,,6 1 2 , , , 20	
B	Pbn	*R* 1 2,,,6 1 2 , , , 20	Allgemeine Umweltdifferenzen: kurzzeitig
C	Pbn	*R* 1 2,,,6 1 2 , , , 20	Allgemeine Umweltdifferenzen: langzeitig
D	Pbn	*R* 1 2,,,6 1 2 , , , 20	Verhaltensspezifische Umweltdifferenzen
E	Pbn	*R* 1 2,,,6 1 2 , , , 20	Umweltstabilität: hoch – niedrig

6.5.3 Art der simulierten Treatments und deren Effekte

Wir haben uns dafür entschieden, alle Antezedenz-Bedingungen für die Ontogenese struktureller Veränderungen auf die gleiche, bewußt einfache Art zu behandeln. Im Analyseniveau haben wir uns auf molare Umweltbedingungen beschränkt und dabei drei Arten von Unterschiede produzierenden Merkmalen in Umweltstrukturen gewählt: (1) *allgemeine Umweltdifferenzen*, (2) *verhaltensspezifische Umweltdifferenzen* und (3) *Stabilität versus Labilität von Umweltdifferenzen.*
Die erste Bedingung (allgemeine Umweltdifferenzen) entspricht in etwa der, die man oft mit kumulativer während der Ontogenese stattfindender Umweltanreicherung versus Deprivation bezeichnet. Die zweite Bedingung (verhaltenssspezifische Umweltdifferenzen) stellt eine Operationalisierung des Konzepts der miteinander zusammenhängenden Umweltbereiche von TRYON (1935) dar und besitzt darüber hinaus eine gewisse Ähnlichkeit mit WHITEMANS (1964) aufgabenspezifischen Learning-sets und CARROLLS (1966) differentiellen Lernerfahrungen. Die dritte Bedingung (Stabilität versus Labilität von Umweltdifferenzen) entspricht am ehesten Überlegungen von BLOOM (1964), MISCHEL (1969) und EMMERICH (1969), die die Auffassung vertreten, daß situative Konsistenz oder Labilität eine der wichtigsten Antezendez-Bedingungen für die Aufrechterhaltung bzw. die Vorhersagbarkeit von Merkmalen über lange Zeiträume hinweg bilden.
Wir haben nicht versucht, die Mechanismen näher zu spezifizieren, die die Effekte von Unterschieden in der Umwelt vermitteln. Vom ergebnisorientierten Standpunkt her werden die Effekte der Umweltstruktren durch ein einfaches *additives Wachstumsmodell* repräsentiert, bei dem die Zuwächse jeweils die kumulativen Effekte der Umweltmerkmale, die Unterschiede produzieren, widerspiegeln. Wie den Tabellen 2 und 3 zu entnehmen ist, haben wir den verschiedenen Umweltkontingenzen willkürlich Werte von 0 bis 5 zugeordnet, die systematisch zu den Ausgangsleistungswerten addiert wurden. Diese Simulation soll natürlich nicht das gesamte Spektrum von Variablen und Prinzipien repräsentieren, das „in der Realität" Entwicklungsveränderungen bewirkt. Wir simulieren vielmehr einen ganz bestimmten Ausschnitt von Bedingungen, die den multidimensionalen Veränderungen zugrundeliegen könnten, die wir vorab diskutiert haben.
Man kann sich die fünf Phasen, die wir in Analogie zu Entwicklungssequenzen simulieren, als Entwicklungsbedingungen vorstellen, die auf dem Alterskontinuum im Sinne von nach Alter gestaffelten Umweltveränderungen angeordnet sind (vgl. z. B. EMMERICH, 1969). Man kann sich aber auch vorstellen, daß sie dasselbe Altersintervall umspannen. Im einzelnen sind die fünf Phasen (s. Tabelle 1) das Ergebnis der folgenden Simulationsschritte:

6.5.3.1 Phase A

Ausgangsunterschiede zwischen Individuen. In der ersten Phase sind wir davon ausgegangen, daß alle Probanden im Hinblick auf alle sechs Variablen Zufallsverhalten zeigen. Und wir haben nicht versucht, die Entstehung dieser Ausgangsunterschiede näher zu spezifizieren. Der *Simulationsschritt* bestand hier darin, jedem einzelnen Probanden für jede der sechs Variablen nach Zufall Werte zwischen 1 und 5 zuzuordnen.

6.5.3.2 Phase B

Allgemeine Umweltdifferenzen: Kurzzeitig. Die zweite Phase enthielt drei Niveaus allgemeiner Umweltanreicherung: stark, mittel, schwach. Bei diesem Treatment sind wir davon ausgegangen, daß es individuumsspezifische Unterschiede in bezug darauf gibt, wie fördernd oder stimulierend die Umwelt bezüglich aller Verhaltensweisen ist, die untersucht werden.
Der hier vorgenommene *Simulationsschritt* sah so aus, daß alle sechs Werte eines Probanden einen Zuwachs von entweder 3 (stark), 2 (mittel) oder 1 (schwach) erhielten, wobei wieder nach Zufall vorgegangen wurde. Es handelt sich in diesem Fall um ein allgemeines Treatment, da dieselbe Bedingung auf alle sechs Verhaltensdimensionen eines Probanden angewendet wurde.

6.5.3.3 Phase C

Allgemeine Umweltdifferenzen: Langzeitig. Die dritte Phase sollte die Langzeiteffekte der in Phase B simulierten allgemeinen Umweltbedingungen, die Unterschiede produzieren, repräsentieren. Der *Simulationsschritt* bestand darin, wiederum, und zwar denselben Personen in derselben Weise wie in der vorangegangenen Phase B Zuwachsraten von 3, 2 oder 1 zuzuordnen. Dieses Treatment sollte ein Beispiel sein für den kumulierten Effekt von Umweltbedingungen, die Unterschiede produzieren.

6.5.3.4 Phase D

Verhaltensspezifische Umweltdifferenzen. In der vierten Phase haben wir eine weitere Klassifikation der Umwelt im Hinblick auf ihre selektive Einwirkung auf bestimmte Cluster von Verhaltensweisen vorgenommen. Willkürlich wurde ein Cluster von Variablen R_1 und R_2 sowie R_3 und R_4 gebildet, die Variablen R_5 und R_6 wurden dagegen als getrennte Reaktionssysteme belassen. Der *Simulationsschritt* bestand darin, Probanden nach Zufall einen Zuwachswert von 5, 3 oder 1 für beide Variablen R_1 und R_2 zuzuordnen. Unabhängig davon wurden ebenso Zuwachswerte von 5, 3 oder 1 nach Zufall den Variablen R_3 und R_4 zugeordnet. Wiederum unabhängig davon wurden Zuwachswerte derselben Höhe (nämlich 5, 3 und 1) nach Zufall der Variablen R_5 und ebenfalls nach Zufall der Variablen R_6 zugeordnet. Wir haben die Werte 5, 3 und 1 anstelle der Werte 3, 2 und 1 gewählt, um die gewünschten Effekte in einem anstatt in zwei Schritten hervorrufen zu können.

6.5.3.5 Phase E

Verhaltensspezifische Umweltstabilität: Hoch – niedrig. In der letzten Phase haben wir noch einmal zwei Arten von Umwelt unterschieden. Bei der einen wird ein hohes Maß an situativer Stabilität im Hinblick auf die Erhaltung des Entwicklungsergebnisses erwartet, was impliziert, daß dieselben Probanden immer denselben Ausschnitten aus dem Gesamt aller möglichen Situationen ausgesetzt sind, die mit einem bestimmten Verhaltenspattern verknüpft sind. Was die zweite Art von Umwelt betrifft, so haben wir angenommen, daß es hier einige Variationen gibt, und das impliziert, daß dieselben Probanden nicht immer dieselben Situationsausschnitte erleben, sondern bei verschiedenen Gelegenheiten immer etwas anderen situativen Gegebenheiten ausgesetzt sind. Der *Simulationsschritt* bestand darin, daß einem Teil der Variablen, nämlich R_3, R_4 und R_6 ein Zuwachs von 0 zugeordnet wurde (hohe Umweltstabilität). In bezug auf eine zweite Teilmenge der Variablen – R_1 und R_2 – wurden die Probanden auf der Basis ihrer zusammengesetzten Scores in zwei Gruppen eingeteilt, und innerhalb jeder Gruppe wurden die Werte der Probanden nach Zufall ausgetauscht, um damit einen Wechsel zwischen benachbarten Umwelten anzudeuten. Bei R_5 wurde ebenso vorgegangen. Zu beachten ist, daß dabei die meisten gruppenspezifischen Statistiken der *inter*individuellen Unterschiede, die sich in Phase D bis Phase E ergeben haben (Mittelwert, Varianzen, Kovarianzen innerhalb der Cluster) unangetastet bleiben und lediglich Veränderungen eingeführt werden, die mit der *intra*individuellen Variabilität von Phase D bis Phase E zusammenhängen.

6.5.4 Ergebnisse

6.5.4.1 Datenanalyse

Im Normalfall, bei echten Daten, würde man zunächst die Mittelwertsunterschiede betrachten und versuchen, getrennte Altersgradienten zu ermitteln. Da wir die Effekte aber bereits kennen und da es bei der vorliegenden Arbeit vor allem um die multivariaten Aspekte von entwicklungsbedingten Veränderungen geht, werden wir uns hier auf die Untersuchung von multivariaten strukturellen Veränderungen konzentrieren und uns zunächst den Prozeß der Integration und Differenzierung und anschließend die Herausdifferenzierung von Eigenschaften und Zuständen ansehen.

Wo es angebracht erschien, haben wir zur Überprüfung der Integrations- und Differenzierungsprozesse für jede Phase getrennt die folgenden Berechnungen vorgenommen: (1) Interkorrelationen der Variablen, (2) Hauptachsen-Faktorenanalysen und (3) Varimax-Rotationen. Um das Auftauchen von Unterschieden zwischen Eigenschaften und Zuständen zu verdeutlichen, wurden außerdem (4) Faktorscores für die Phasen D und E geschätzt und miteinander korreliert, um auf diese Weise Retest-Stabilitäten zu ermitteln. Alle Faktorenanalysen erfüllten das KAISER-GUTTMAN-Kriterium, nach dem so viele Faktoren zu extrahieren sind, wie Eigenwerte ≥ 1 aus der vollständigen Korrelationsmatrix gewonnen werden können. Zusätzlich wurden die Lösungen der Phasen D und E, aus denen zwei statistisch gesicherte Faktoren hervorgingen, mit Hilfe eines Varimax-Verfahrens rotiert. Die Ergebnisse sind in den Tabellen 2 und 3 wiedergegeben.

6.5.4.2 Integration

Den Integrationsprozeß haben wir in den Phasen A, B und C simuliert. Tabelle 2 zeigt die Korrelationsmatrix, die aus der Analyse der Daten von *Phase A* hervorgegangen ist. Entsprechend der Zufalls-Zuordnung von Treatments enthält die Korrelationsmatrix eine

Zufallsverteilung von Koeffizienten um Null herum, die annähernd zur Hälfte positives und negatives Vorzeichen haben (mittleres $r = .05$). Prinzipiell würde eine Faktorisierung dieser Matrix keine stabile Grundstruktur aufdecken, sondern eher etliche Dimensionen, die nur wenig Varianz aufklären würden.
Die Analyse der Daten von *Phase B* ergibt dagegen ein anderes Bild. Die Einführung kurzzeitiger allgemeiner Umweltunterschiede bewirkt, daß die Korrelationsmatrix anstelle von positiven und negativen Korrelationen nur positive Korrelationen enthält

Tab. 2: Simulation von Integration (Phase A bis C): Datenmatrizen, Treatments und resultierende Merkmale der individuellen Unterschiede[a]

Phase	Datenmatrix							Treatment und Korrelationen						
	Pbn	R_1	R_2	R_3	R_4	R_5	R_6							
	1	1	4	3	1	3	4	Zufallszuordnung der Werte						
	2	5	1	1	3	3	3	(1–5) zu 6 Variablen						
	3	3	3	1	4	3	3	(*R*) und 20 Probanden (*Pbn*)						
	4	3	2	4	3	3	1							
	5	5	3	5	5	2	1							
	6	3	5	5	2	5	3							
	7	5	2	4	3	3	2							
	8	3	4	1	3	2	3							
	9	2	1	4	5	2	3		R_1	R_2	R_3	R_4	R_5	R_6
A	10	1	5	5	5	4	1							
	11	4	3	2	5	3	2	R_1	—	–.26	–.11	.02	–.15	–.13
	12	3	1	5	5	2	3	R_2		—	.26	–.08	.49	.09
	13	3	3	4	4	5	4	R_3			—	.25	.19	.20
	14	3	2	4	3	3	5	R_4				—	.10	–.14
	15	4	2	2	2	1	1	R_5					—	.09
	16	1	3	3	4	3	1	R_6						—
	17	3	2	5	4	2	5							
	18	3	2	2	5	5	1							
	19	5	5	5	4	4	3							
	20	2	5	5	5	4	5							
	1	3	6	5	3	5	6	(a) Allgemeine Umweltdifferenzen:						
	2	8	4	4	6	6	6	kurzzeitig						
	3	5	5	3	6	5	5	(b) Zufallszuordnung von Zuwachswerten						
	4	4	3	5	4	2	2	(1, 2, 3) zu allen 6 Variablen						
	5	8	6	8	8	5	4							
	6	4	6	6	3	6	4							
	7	8	5	7	6	6	5							
	8	6	7	4	6	5	6							
	9	3	2	5	6	3	4		R_1	R_2	R_3	R_4	R_5	R_6
B	10	3	7	7	7	6	3							
	11	5	4	3	6	4	3	R_1	—	.09	.15	.38	.26	.13
	12	6	4	8	8	5	6	R_2		—	.28	.17	.56	.10
	13	5	5	6	6	7	6	R_3			—	.38	.26	.17
	14	4	3	5	4	4	6	R_4				—	.37	.05
	15	6	4	4	4	3	3	R_5					—	.14
	16	4	6	6	7	6	4	R_6						—
	17	5	4	7	6	4	7							
	18	6	5	5	8	8	4							
	19	7	7	7	6	6	5							
	20	3	6	6	6	5	6							

Tab. 2 (Fortsetzung)

Phase	*Pbn*	R_1	R_2	R_3	R_4	R_5	R_6
	1	5	8	7	5	7	8
	2	11	7	7	9	9	9
	3	7	7	5	8	7	7
	4	5	4	6	5	5	3
	5	11	9	11	11	8	7
	6	5	7	7	4	7	5
	7	11	8	10	9	9	8
	8	9	10	7	9	8	9
	9	4	3	6	7	4	5
C	10	5	9	9	9	8	5
	11	6	5	4	7	5	4
	12	9	7	11	11	8	9
	13	7	7	8	8	9	8
	14	5	4	6	5	5	7
	15	8	6	6	6	5	5
	16	7	9	9	10	9	7
	17	7	6	9	8	6	9
	18	9	8	8	11	11	7
	19	9	9	9	8	8	7
	20	4	7	7	7	6	6

Treatment und Korrelationen

(a) Allgemeine Umweltdifferenzen langzeitig
(b) Weitere Zuordnung von Zuwachswerten (1, 2, 3) zu allen 6 Variablen

	R_1	R_2	R_3	R_4	R_5	R_6
R_1	—	*.51*	*.53*	*.68*	*.53*	*.54*
R_2		—	*.57*	*.55*	*.76*	.47
R_3			—	*.65*	*.58*	.49
R_4				—	*.69*	.49
R_5					—	*.54*
R_6						—

Faktorenladungsmatrix[b]

Phase	*R*	FI	FII	h^2
A	keine Faktorenanalyse			
B	R_1	.39	–.29	.24
	R_2	*.63*	.49	*.64*
	R_3	.46	–.08	.22
	R_4	*.63*	*–.46*	*.62*
	R_5	*.72*	.18	*.55*
	R_6	.20	.00	.04
C	R_1	*.76*	—	*.57*
	R_2	*.76*	—	*.57*
	R_3	*.74*	—	*.54*
	R_4	*.82*	—	*.67*
	R_5	*.87*	—	*.75*
	R_6	*.64*	—	.41

[a] *Pbn* = Probanden; *R* = Reaktionen. Treatments beziehen sich auf die nacheinander vorgenommenen Simulationsschritte zur Erzeugung einer bestimmten phasenspezifischen Matrix. Beispiel: Simulationsschritt in Phase B, angewendet auf die Datenmatrix von Phase A, führte zur Datenmatrix von Phase B.

[b] Koeffizienten, die höher sind als .50, sind kursiv gedruckt zur Hervorhebung besonders hoher Korrelationen und Ladungen. h^2 bezeichnet Kommunalitäten.

(„positive manifold“, mittleres $r = .23$). Die Faktorisierung dieser Matrix erbringt zwei gesicherte Faktoren, wobei der erste wie ein allgemeiner Faktor aussieht, bei dem alle Variablen positive Ladungen haben (was bei der Anwendung eines Hauptachsen-Verfah-

rens auf eine Matrix mit ausschließlich positiven Korrelationen auch zu erwarten war). Die Herausbildung eines solchen allgemeinen Faktors indessen kann als beginnende Integration der sechs in Betracht gezogenen Variablen gewertet werden.
In *Phase C*, die langzeitige allgemeine Umweltunterschiede impliziert, wird dieser Integrationsprozeß noch deutlicher. Die Korrelationsmatrix zeigt nur hohe positive Interkorrelationen mit einer absoluten Streuung von .47 bis .76 und einem mittleren *r* von .58. Darüber hinaus ist die Faktorlösung noch klarer; sie repräsentiert einen einzigen starken allgemeinen Faktor. Die Eindeutigkeit dieser Lösung ist auch in der Verteilung der Eigenwerte zu erkennen, die den erwünschten starken Abfall zwischen dem ersten und allen übrigen Eigenwerten zeigt. Man beachte, daß die Simulation dieser entwicklungsbedingten Herausbildung von Integration durch die Berücksichtigung einer einzigen einfachen Antezedenz – nämlich individuellen Differenzen im allgemeinen Umweltangebot – erzielt wurde.

6.5.4.3 Differenzierung

In den Phasen D und E haben wir den Differenzierungsprozeß simuliert, der in Faktorenanalytischem Sinne die sukzessive Aufspaltung eines allgemeinen Faktors in spezifischere Gruppenfaktoren und/oder die Herausbildung einer größeren Faktorenzahl, wie in Abschnitt 6.3 erörtert, impliziert.
Auf der Korrelationsebene sind nun bei *Phase D* zwei Aspekte besonders hervorzuheben. Erstens: Die Charakteristik der Matrix, wie sie sich von Phase A bis Phase C „entwickelt" hat, d. h., daß immer höhere positive Ladungen auftreten, bleibt nicht erhalten, sondern geht verloren. Die durchschnittliche Korrelation in Phase D beträgt .37 im Vergleich zu .58 in Phase C. Zweitens: Es bilden sich zwei Variablencluster ($R_1 + R_2$ versus $R_3 + R_4$) heraus, und zwar in Verbindung mit dem verhaltensspezifisch vorgenommenen Treatment. Bei den Variablen 1 und 2 erhöht sich die Korrelation auf .78; bei den Variablen 3 und 4 auf .82. Keine der übrigen Korrelationen übersteigt .48.
Der Effekt schlägt sich auch in der resultierenden Faktorenstruktur nieder. Für die Beschreibung der Datenmatrix sind nun nicht mehr ein, sondern zwei Faktoren notwendig. Die Varimax-Rotation führt zu einem überzeugenden Ladungsmuster, das in hohen Ladungen (.81, .96) im ersten Faktor für die Variablen 1 und 2 und in ebenfalls hohen Ladungen (.79, .88) im zweiten Faktor für die Variablen 3 und 4 besteht. Keine der übrigen Ladungen übersteigt .43, was darauf hindeutet, daß die Variablen 5 und 6 sich weder den beiden Faktoren zuordnen lassen, noch miteinander korrelieren, sondern gänzlich eigenständige Dimensionen darstellen.

6.5.4.4 Eigenschaft versus Zustand

In *Phase E* schließlich wird eine der Möglichkeiten simuliert, die in Phase D erkennbaren Strukturen weiter zu differenzieren, nämlich durch Rückgriff auf die Unterscheidung zwischen Eigenschafts- und Zustandsdimensionen. Wie aus Tabelle 3 zu ersehen ist, geschieht das in der Weise, daß dieselbe korrelative Beziehung zwischen den Variablenclustern 1 und 2 (.78) sowie 3 und 4 (.82) erhalten bleibt. Die Varimax-Rotationen führen dann entsprechend der Tatsache, daß keine wesentlichen Veränderungen im genannten Korrelationsmuster stattgefunden haben, zu ganz ähnlichen Faktorenstrukturen in den Phasen D und E.

Allerdings zeigt sich ein deutlicher Unterschied in den Stabilitätskoeffizienten der Faktorenwerte von Phase D nach Phase E. Der Stabilitätskoeffizient für Faktor I, geschätzt anhand der Zusammensetzung seiner Markier-Variablen (1 und 2), beträgt .57, was darauf

Tab. 3: Simulation von Differenzierung und Auftauchen von Eigenschaften und Zuständen (Phase D bis E): Datenmatrizen, Treatments und resultierende Merkmale der individuellen Unterschiede[a]

Phase	Datenmatrix							Treatment
	Pbn	R_1	R_2	R_3	R_4	R_5	R_6	
	1	8	11	8	6	10	9	(a) Verhaltensspezifische Umweltdifferenzen
	2	16	12	8	10	14	10	(b) Zufallsordnung von Zuwachswerten (1, 3, 5)
	3	10	10	6	9	8	12	zu $R_{1,2}$ und unabhängig davon zu $R_{3,4}$;
	4	6	5	11	10	6	8	dann noch einmal unabhängig davon
	5	16	14	16	16	9	10	zu R_5 und R_6.
	6	6	8	10	7	12	6	
	7	16	13	11	10	14	11	
	8	12	13	12	14	11	12	
	9	9	8	9	10	7	8	
D	10	8	12	14	14	11	10	
	11	11	10	5	8	6	5	
	12	12	10	12	12	9	12	
	13	8	8	13	13	10	13	
	14	6	5	9	8	8	12	
	15	11	9	9	9	8	10	
	16	12	14	12	13	10	8	
	17	10	9	14	13	11	12	
	18	10	9	11	14	16	12	
	19	14	14	14	13	13	8	
	20	5	8	8	8	9	10	
	1	10	9	8	6	8	9	(a) Verhaltensspezifische Umweltstabilität:
	2	16	12	8	10	10	10	Hoch – niedrig.
	3	6	5	6	9	8	12	(b) Beibehalten der Werte für $R_{3,4\ \text{und}\ 6}$;
	4	10	10	11	10	10	8	in bezug auf $R_{1,2}$ wurden die Pbn
	5	12	10	16	16	11	10	auf der Basis ihrer zusammengesetzten
	6	8	8	10	7	6	6	Werte in zwei Gruppen geteilt, und
	7	16	13	11	10	16	11	innerhalb jeder Gruppe wurden
	8	8	12	12	14	9	12	die Werte nach Zufall
	9	9	8	9	10	6	8	ausgetauscht. Bei R_5 wurde ebenso
E	10	11	9	14	14	11	10	vorgegangen.
	11	14	14	5	8	13	5	
	12	11	10	12	12	14	12	
	13	10	9	13	13	10	13	
	14	8	11	9	8	11	12	
	15	16	14	9	9	8	10	
	16	12	14	12	13	9	8	
	17	5	8	14	13	7	12	
	18	6	8	11	14	12	12	
	19	12	13	14	13	14	8	
	20	6	5	8	8	9	10	

Tab. 3 (Fortsetzung)

Phase		Korrelationsmatrix[a]						Matrix der Faktorenladungen[b]			
		R_1	R_2	R_3	R_4	R_5	R_6	R	FI	FII	h^2
D	R_1	—	*.78*	.26	.45	.39	.08	R_1	*.81*	.13	*.68*
	R_2		—	.36	.48	.44	–.05	R_2	*.96*	.10	*.93*
	R_3			—	*.82*	.32	.28	R_3	.26	*.79*	.69
	R_4				—	.32	.38	R_4	.39	*.88*	*.93*
	R_5					—	.27	R_5	.41	.27	.24
	R_6						—	R_6	–.01	.43	.19
E	R_1	—	*.78*	–.04	–.03	.45	–.30	R_1	*.90*	–.17	*.84*
	R_2		—	.09	.12	.44	–.28	R_2	*.89*	–.03	*.80*
	R_3			—	*.82*	.20	.28	R_3	.11	*.81*	*.67*
	R_4				—	.27	.38	R_4	.15	*.97*	*.97*
	R_5					—	.12	R_5	.50	.22	.30
	R_6						—	R_6	–.24	.43	.25

[a] Der Stabilitätskoeffizient (Phase D nach E) beträgt .57 für Faktor I, 1.00 für Faktor II und .28 bzw. 1.00 für die Variablen 5 und 6.

[b] Koeffizienten, die höher sind als .50, sind kursiv gedruckt zur Hervorhebung besonders hoher Korrelationen und Ladungen. h^2 bezeichnet Kommunalitäten.

hindeutet, daß es sich bei diesem Faktor um Zustandsmerkmale handelt. Die Werte von Faktor II (Variablen 3 und 4) zeigen dagegen perfekte Stabilität zwischen den Phasen D und E (r = 1.00). Dieselbe Differenz (auf der Basis von Rohwerten) ergibt sich für die beiden ,,eigenständigen" Variablen 5 und 6, wobei Variable 5 nur eine geringe Stabilität von Phase D nach Phase E hat (r = .28).

Es ist zu beachten, daß diese Differenzierung in einen Zustands- und einen Eigenschaftsfaktor ebenfalls durch die Simulation von bestimmten Umweltbedingungen zustande gekommen ist. Im Falle des Eigenschaftsfaktors ist eine hohe Umweltstabilität simuliert worden, wobei alle Probanden immer denselben Umwelten ausgesetzt wären. Im Falle des Zustandsfaktors war demgegenüber geringe Umweltstabilität angenommen worden, mit einem recht häufigen willkürlichen ,,Pendeln" zwischen einander benachbarten Umwelten.

6.5.5 Diskussion

Dem Leser sollte von Anfang an klar sein, daß wir mit der geschilderten Simulation keinesfalls beabsichtigten, das gesamte Spektrum von Variablen und Prinzipien darzustellen, das ,,wirkliche" Entwicklungsveränderungen bewirkt. Ein erstes Bündel von Implikationen ergibt sich speziell im Zusammenhang mit unserer Arbeit und betrifft die Frage, ob es uns gelungen ist, ein gutes umweltorientiertes Modell für Integrations- und Differenzierungsprozesse anzubieten. Ein zweites Bündel von Implikationen ist allgemeiner und betrifft die Frage, inwieweit man Konzepte, wie z. B. Faktoren, in denen mehrere

Reaktionen gleichzeitig berücksichtigt werden (multiple response-concepts), in ihrem wissenschaftlichen Renommee heben könnte dadurch, daß man sie in einen Antezedenz-Konsequenz-Bezugsrahmen stellt und Faktoren als Ergebnisse von historischen Unterschieden in Organismus-Umwelt-Interaktionen auffaßt.
Was die für unsere Arbeit spezifischen Implikationen anbelangt, so wäre festzustellen, daß unsere Simulation von Integrations- und Differenzierungsprozessen recht überzeugend zu sein scheint, insofern, als es uns gelungen ist, einige hinreichende, wenn auch nicht notwendige, Umweltbedingungen ausfindig zu machen, die zu systematischen Faktorenveränderungen führen. Simulationen bringen uns einen Schritt weiter als die deskriptive Analyse von Veränderungen, die mit Alter korrelieren, und zeigen, wie multivariate strukturelle Veränderungen verstanden werden können, nämlich als die Widerspiegelung von relativ einfachen Umweltkontingenzen, die im Verlauf von Lernprozessen wirksam sind. Wir sind mit unserem Ansatz daher in der Lage, einige der abstrakten (und oft vagen) Vorstellungen von TRYON (1935), WHITEMAN (1964), CARROLL (1966) und COAN (1966) über die Mechanismen von Faktorenveränderungen zu operationalisieren, und zwar dadurch, daß wir einige, allerdings wichtige, Annahmen hinsichtlich der Organismus-Umwelt-Interaktionen und ihrer Effekte auf Verhaltenssysteme mit mehreren Reaktionen spezifiziert haben. Wir sind selbst überrascht, wie einfach die beteiligten Austauschprozesse sind. Und deshalb hoffen wir auch, daß unsere Simulationsstudie deutlich macht, wie man multivariate Konzepte individueller Differenzen als Ergebnisse historischer Unterschiede in den Organismus-Umwelt-Interaktionsmustern verstehen kann.
Jeder Versuch, „reale" Phänomene zu simulieren, hat natürlich seine Mängel. Damit unsere Daten auch richtig interpretiert werden, scheint es uns angebracht zu sein, einige dieser Mängel zu nennen. Beispielsweise muß man erkennen, daß unsere Simulationen von Integration und Differenzierung nicht notwendigerweise die Organismus-Umwelt-Interaktionsmuster in derselben Weise, Punkt für Punkt, wiedergeben, wie sie in der Realität vorkommen. Ebenso haben wir nicht nachgewiesen, daß unsere Annahmen über die Unterschiede produzierenden Umweltbedingungen und ihre Effekte von einem entwicklungstheoretischen Standpunkt her gerechtfertigt sind. Wir haben in der vorliegenden Simulationsstudie auch nicht untersucht, ob etwa andere Unterschiede produzierende Umweltbedingungen zu identischen oder ähnlichen Veränderungen führen würden. Darüber hinaus sind wir uns der Tatsache bewußt, daß unsere Simulation nur ergebnis-orientiert war, da keine Parameter aufgenommen worden sind, die auf differentielle Lernprozesse wie etwa den spezifischen oder den nicht-spezifischen Transfer abgezielt hätten. Insgesamt gesehen, können jedoch nur weitere Untersuchungen, die sich explizit auf solche multivariaten experimentellen Interventionsprogramme stützen, die notwendigen Hinweise darauf liefern, wie die Simulationsergebnisse direkt mit realen Entwicklungsphänomenen zu verknüpfen sind, um auf diese Weise dann die zahlreichen Lücken in dem hier vorgestellten Modell zu schließen oder das Modell zu verändern, falls die neuen Daten das nahelegen sollten.

6.6 Abschließende Bemerkungen

6.6.1 Rückblick: Notwendigkeit experimenteller Forschung

Unsere eingehende Analyse, welcher Status den Konstrukten zukommt, die – wie z. B. Faktoren – mehrere Reaktionen gleichzeitig umfassen, mag für die enttäuschend gewesen sein, die nur an Experimentieren im strengen Sinne des Wortes interessiert sind. Obwohl es beeindruckend ist, wie sich die Modelle zunehmend verfeinern, die sich auf Veränderungen beziehen, welche gleichzeitig in mehreren Reaktionen stattfinden, und wenn auch die noch vereinzelten Anfänge einer systematischen Erforschung von Antezedenzien und Konsequenzen vielversprechend zu sein scheinen, so zeigt sich doch deutlich die Notwendigkeit programmatischer experimenteller Forschung.

Historisch gesehen, ist die hauptsächliche Schwäche konventioneller multivariater Forschung wohl darin zu sehen, daß man den Schwerpunkt auf die querschnittliche Analyse komplexer Verhaltenssysteme an einem einzigen Punkt im Zeitablauf gelegt hat. Bei einem solchen statischen Ansatz werden die Einzelheiten der Sequenzen im Wechselspiel von Organismus und Umwelt vernachlässigt. Darüber hinaus hat man sich im wesentlichen wohl nur auf die Konzeptualisierung „der einen Seite" (GEWIRTZ, 1969 b, S. 126) des Beziehungsgeflechts konzentriert, und das bedeutet, daß zwar viele Konsequenzen spezifiziert wurden, daß aber ausreichende Versuche fehlten, diese Konsequenzen mit den entpsrechenden Antezedenzien zu verknüpfen. Insbesondere die in anderem Zusammenhang vorgebrachten Argumente von GEWIRTZ (1969 b) führen das eindringlich vor Augen. GEWIRTZ hat an den vorhandenen Eigenschaftskonzepten kritisiert, daß sie „einseitig" seien, „die verschiedenen Seiten des S-R-Wechselspiels" und „die sich verändernden Bedingungen der Umwelteinflüsse im Verlauf der Entwicklung" vernachlässigten (S. 149 f). Statt dessen plädierte er für einen funktionalen lerntheoretischen Ansatz zur Untersuchung der Entwicklung, der explizit auf die Bildung von zweiseitigen Beziehungssystemen abzielt und zu einer „Schwerpunktverlagerung auf Details des sequentiellen Ablaufs von Organismus-Umwelt-Interaktionen, d. h. Stimuli, Reaktionen und ihren Wechselbeziehungen" führt, wobei dann „Umweltbedingungen, unter denen die kindlichen Verhaltensweisen erworben, aufrechterhalten, gelöscht und anderweitig modifiziert werden können" (S. 197) im Mittelpunkt stehen.

Es ist nebensächlich, ob man die Konzepte von GEWIRTZ mit ihrer Verankerung im operanten Bezugssystem übernehmen will oder nicht. Die Bedeutung, die er einer Forschung zu Antezedenzien-Prozessen-Konsequenzen zumißt, scheint auf jeden Fall richtungsweisend und verbindlich zu sein für künftige Untersuchungen der Ontogenese von Veränderungen, die gleichzeitig in mehreren Reaktionen stattfinden. In den folgenden Abschnitten wollen wir versuchen, einige der Gesichtpunkte zu beleuchten, die für Entwicklungstheoretiker relevant werden könnten, wenn sie Verhaltenssysteme mit mehreren Reaktionen in einem Bezugsrahmen von antezedenten und konsequenten Ereignissen konzipieren wollen.

6.6.2 Strukturierung und Messung der Umwelt

Die Schlußfolgerung, daß eine entwicklungspsychologische Analyse multivariater Konstrukte in einer Explikation der entsprechenden empirischen Referenzgrößen im Hinblick sowohl auf Antezedenz- als auch Konsequenz-Bedingungen bestehen sollte, wirft nun eine Menge von Fragen im Zusammenhang mit der Messung von Umwelt und den mit Alter einhergehenden Veränderungen in den Umweltstrukturen auf. WILLEMS (1973) hat bereits ausführlich die Vorzüge eines ökologischen Ansatzes zur Untersuchung von Entwicklungsphänomenen diskutiert; dennoch scheint es angebracht, einen solchen Ansatz auch im Kontext multivariater Forschung einer Prüfung zu unterziehen.

6.6.2.1 Parallelisierung von Umwelt- und Verhaltensanalysen

Umweltorientierung ist innerhalb der Psychologie selbstverständlich nichts Neues, wie dies z. B. aus der weitverbreiteten Anerkennung des S-R-Paradigmas und dem in jüngerer Zeit zu beobachtenden Wiederaufleben der ökologischen und/oder umweltorientierten Tradition hervorgeht (z. B. BARKER, 1968; BLOOM, 1964; SELLS, 1963; WILLEMS, 1965, 1973; WOHLWILL, 1970 b). Was im gegenwärtigen Zusammenhang allerdings neu zu sein scheint, ist die wachsende Einsicht in die Notwendigkeit, die Erhebung und Analyse von Verhaltens-*(R)* und Umwelt-*(S)*-Systemen auf konzeptuell äquivalenten Dimensionen vorzunehmen.

Unser Eindruck ist der, daß die konventionelle S-R-Psychologie, auch wenn sie sich explizit auf Stimulus-Aspekte der Umwelt bezieht, nicht gerade die wesentlichsten Informationen für die Bildung von multivariaten Veränderungssystemen liefert. Zum einen wird hier der Schwerpunkt definitionsgemäß auf Prozesse und Prinzipien gelegt (z. B. GAGNÉ, 1968; GOULET, 1970 b) anstatt auf eine umfassende Erhebung der Umwelt und des Organismus (vgl. dazu allerdings BIJOU, PETERSON & AULT 1968; GEWIRTZ, 1968, 1969 a). Zum anderen sind die bislang entwickelten Prinzipien großenteils uni- oder bivariater Natur und deshalb verhältnismäßig molekular und dürften daher für die Strukturierung der Ontogenese von molaren Verhaltenssystemen wie etwa Faktorenmustern relativ ungeeignet sein.

Diese kritische Sicht der klassischen S-R oder R-S-Psychologie sollte nun aber nicht dahingehend verstanden werden, daß der Ansatz grundsätzlich für nutzlos erklärt würde, sondern lediglich als ein Hinweis darauf, daß S-R- oder R-S-Ansätze wahrscheinlich nicht mit dem gleichen Grad an Präzision für alle Komplexitätsebenen gelten können. Mit anderen Worten: Eine molare Analyse von Reaktionssystemen sollte am besten ergänzt werden durch eine molare Analyse von Umwelt- und genetischen Antezedenzien. Diese Auffassung ähnelt der, die GEWIRTZ (1969 a, b) in bezug auf die lernorientierte Umwelt-Interaktionsforschung vertreten hat. Kurz gesagt, stehen wir auf dem Standpunkt, daß wesentliche Fortschritte in der Theorienbildung dann auftreten werden, wenn versucht wird, Antezedenzien, Prozesse und Konsequenzen auf äquivalenten Analyse-Niveaus zu koordinieren.

6.6.2.2 Molare Analyse von Umweltveränderungen, die mit Alter korrelieren

BLOOM (1964) hat als einer der ersten darauf hingewiesen, wie wichtig es ist, die Umwelt zu kennen, wenn man Langzeit-Prognosen machen will; und er betonte nachdrücklich, daß adäquate Maße der Umwelt für Langzeit-Vorhersagen fehlen. Abgesehen von der Untersuchung relativ globaler (aber unstrukturierter) Unterschiede, z. B. in der sozialen Schicht, im Bildungsniveau der Eltern, in Umwelt-Anreicherung oder Deprivation, läßt die Erforschung der Umwelt in der Tat noch viel zu wünschen übrig. Das gilt vor allem für die gleichzeitige Analyse mehrerer Aspekte der Umwelt. Es ist jedoch zu hoffen, daß verschiedene Versuche in dieser Richtung (s. etwa BEATTIE, 1970; DOGAN & ROKKAN, 1969; DUNCAN, 1968; LAWTON, 1970; SCHOOLER, 1970; SELLS, 1963) hier bald einen echten Fortschritt bringen.
Allgemein erwarten wir, daß die multivariate Erforschung der Umwelt und der Umweltveränderungen nach dem Muster der Untersuchung individueller Differenzen in Verhaltenssystemen mit mehreren Reaktionen erfolgt und daß dabei ähnliche Probleme auftreten werden. Zunächst wird es notwendig sein, die vorhandene Literatur nach theoretischen Konzepten durchzusehen, die auf ein strukturelles System der Gesamtheit von Umweltvariablen abzielen (z. B. soziale, materielle, psychologische Variablen etc.). Dann wird es notwendig werden, zu prüfen, inwieweit sich Konzepte wie das der altersgestaffelten Umwelten oder der altersgeschichteten Sozialisationsmuster operationalisieren lassen, die auf die Analyse von mit Alter korrelierenden Umwelten abzielen. Was z. B. Umweltmerkmale der älteren Bevölkerung betrifft, so extrahierte SCHOOLER (1970), als er die Umwelt älterer Menschen in verschiedenen Gemeinden von Massachusetts strukturierte, fünf multivariate Dimensionen (s. auch LAWTON, 1970). In eine ähnliche Richtung weist der Versuch von SELLS (1963), eine vorläufige Taxonomie der gesamten Stimulussituation zu entwerfen.
Aus der Perspektive einer Entwicklungspsychologie der Lebensspanne betreffen die wichtigsten Fragen, die sich zu Anfang stellen, die genaue Beschreibung nicht nur eines allgemeinen Modells von Umwelt, sondern auch der mit Alter korrelierenden Umweltveränderungen. (s. etwa BEATTIE, 1970). Insbesondere wird es sich, gerade auch in Anbetracht der hier vorgestellten Faktorenveränderungsmodelle, empfehlen, zwischen quantitativen und strukturellen Aspekten von Umweltveränderungen zu unterscheiden. Darüber hinaus könnte es für die Beschreibung der Merkmale von Umweltveränderungen vonnutzen sein, zwischen verschiedenen Arten von Umweltdimensionen im Sinne ihrer Position auf Invarianz- und Stabilitätskontinua zu differenzieren.
Einige Cluster von Umweltvariablen (z. B. geographische Umwelt, Klima, etc.) können weitestgehend altersinvariant sein, andere nur teilweise invariant und in unterschiedlichem Ausmaß von Alter abhängig sein (z. B. differentielle Sozialisationsmuster, die von den Sozialisationsagenten gefördert werden, welche für die verschiedenen Altersstufen zuständig sind, also Eltern, Kindergärtnern, Grundschullehrern, College-Dozenten, Gleichaltrigen etc.). Ein drittes Cluster von Umweltbedingungen (z. B. die grundlegenden Normensysteme) mögen sich anfangs als relativ stabil erweisen, mit zunehmendem Alter jedoch immer stärker differenzieren. Tatsächlich könnte eine der möglichen Annahmen eines Modells der Integration-Differenzierung – Integration sein, daß es sinnvoll

wäre, parallele Prozesse für die Charakterisierung von Umwelt-„Ontogenese" und Ontogenese von Verhaltenssystemen zu konzipieren. Mit anderen Worten: Das systematische Aufeinanderabstimmen von Umweltaspekten, die mit Alter korrelieren, auf die Entwicklung von Reaktionssystemen scheint für die Explikation von entwicklungsbedingten Veränderungen in komplexen Verhaltenssystemen am erfolgversprechendsten zu sein.

Ähnliches ließe sich natürlich auch zu den Prozessen sagen, die zwischen den komplexen Systemen von Umweltantezedenzien und komplexen Verhaltenssystemen vermitteln. Hier dürften nicht so sehr molekulare Lerneinheiten, sondern eher molarere Prozeß-Konzepte für die entwicklungspsychologische Analyse von Reaktionssystemen mit mehreren Variablen brauchbar sein. Ein gutes Beispiel dafür sind Untersuchungen zu Eltern-Kind-Interaktionen. So zeigte etwa BECKER (1960, 1964), wie sich komplexe Dimensionen des Elternverhaltens mit komplexen Dimensionen des Kindverhaltens verknüpfen lassen, was KAGAN und MOSS (1962, s. auch LONGSTRETH, 1968) in der Fels-Längsschnitt-Studie auch getan haben. In dieser zuletzt genannten Untersuchung wurden vier Dimensionen des mütterlichen und fünf Dimensionen des Kindverhaltens miteinander verknüpft.

Ähnlich den Bemühungen, die optimale Umwelt für Kinder zu bestimmen, wird schließlich auch die Untersuchung der Effekte von Umweltbereichen, die mit Alter korrelieren, besondere Bedeutung für Modifikationsversuche im Erwachsenen- und Greisenalter bekommen (s. etwa BALTES & LABOUVIE, 1972). Es ist deshalb zu hoffen, daß die molare Analyse von Organismus-Umwelt-Interaktionen Grundlage wird für die Planung von Erziehungsprogrammen, die sich über die gesamte Lebensspanne erstrecken und die sowohl für junge als auch für ältere und alte Menschen die Art von Umweltstimulation und -feedback liefern, die für die Erhaltung einer adäquaten Leistungsfähigkeit nötig sind.

7 Methodische Probleme bei der deskriptiven entwicklungspsychologischen Untersuchung des Erwachsenen- und Greisenalters[1]

K. Warner Schaie, West Virginia University, Morgantown, West Virginia

7.1 Einführung

Etwa zum Zeitpunkt der Veröffentlichung des Handbuchs von Birren (1959 a) haben viele von uns sicherlich geglaubt, daß man bei der Untersuchung der Entwicklung der Erwachsenenpersönlichkeit in bezug auf taxonomische Fragen ein Niveau erreicht habe, auf dem die experimentelle Arbeit beginnen könnte. Mittlerweile hat man aber doch erkennen müssen, daß ein Großteil der in diesem Handbuch veröffentlichten Literatur nur wenig zu einem besseren Verständnis des Alternsprozesses beiträgt, so wie er *beim einzelnen Individuum* abläuft. Vielmehr wird dort nur dargestellt, wie Individuen, die sich im chronologischen Alter unterscheiden, zu einem bestimmten Zeitpunkt auch hinsichtlich anderer Dimensionen voneinander abweichen. Die wenigen Arbeiten, die ihrem Wesen nach Längsschnitt-Untersuchungen sind, helfen in diesem Punkt auch nicht weiter, denn sie enthalten so viele methodische Probleme, daß sie eigentlich nur als biographische Berichte über ausgewählte Subgruppen während ganz bestimmter Beobachtungszeiträume anzusehen sind. Einige dieser methodischen Probleme sollen in diesem Kapitel angesprochen werden.

In einer früheren Arbeit haben wir versucht, Möglichkeiten aufzuzeigen, durch verschiedene Arten der Reanalyse bereits vorliegender Literatur brauchbarere Daten zu gewinnen (Schaie, 1970). Im Gegensatz dazu wenden wir uns im vorliegenden Kapitel an diejenigen, die gerade eine eigene Untersuchung der Veränderungen im Erwachsenenverhalten beginnen wollen. Dabei setzen wir voraus, daß eine sinnvolle Fragestellung formuliert und die unabhängigen und abhängigen Variablen definiert worden sind; wir werden uns dann im folgenden ausführlicher mit verschiedenen Fragen der Untersuchungsdurchführung beschäftigen, die – wenn sie auch bei jedem entwicklungspsychologischen Forschungsproblem implizit eine Rolle spielen – ganz spezifische Konsequenzen für die Arbeit mit Stichproben von Erwachsenen haben. Wir werden in diesem Zusammenhang Fragen der Stichprobengewinnung und der Generalisierbarkeit, des Nutzens von repräsentativen Stichproben und der Bedeutung alternativer hypothetisch-deduktiver Modelle

[1] Dieser Artikel wurde mit finanzieller Unterstützung des National Institute of Child Health and Human Development (HD 04766–02) geschrieben.

für die praktische Durchführung von Untersuchungen der Entwicklung im Erwachsenenalter ansprechen.
Die Beschreibung des allgemeinen Entwicklungsmodells (Schaie, 1965) wollen wir hier nicht wiederholen, sondern einen weiteren Ansatz zur Lösung der Frage von Altersdifferenzen versus Altersveränderungen vorstellen, indem wir dieses Problem im Zusammenhang mit der Unterscheidung zwischen Forschungsfragen zu Veränderungen innerhalb einer Generation auf der einen und Fragen zur Differenzierung zwischen Spezies auf der anderen Seite diskutieren. Dieses Grundproblem werden wir weiter dadurch klären, daß wir unterscheiden, welche Implikationen die Untersuchung kohortenspezifischer, spezies-spezifischer und kulturspezifischer Veränderungen für die jeweiligen Forschungsstrategien haben. Im Anschluß daran werden einige Spezialfragen erörtert, die im Zusammenhang mit Plänen für die Untersuchung einer einzelnen Kohorte (Längsschnitt-Plänen) auftreten und Effekte des soziokulturellen Wandels, Effekte von Plänen mit abhängigen Messungen und Veränderungen in der Faktorenstruktur über die Zeit hin betreffen. Ähnlich wird es bei Plänen für die Untersuchung verschiedener Kohorten (Querschnitt-Plänen) erforderlich sein, daß wir innerhalb und zwischen verschiedenen Querschnitt-Untersuchungen vergleichen, prospektive und retrospektive Schätzungen betrachten sowie die Frage erörtern, ob zur Messung bestimmter Variablen eher alters- oder kohortenangemessene Meßinstrumente zu verwenden seien. Zum Abschluß werden wir einige Anmerkungen dazu machen, in welcher Reihenfolge diese Fragestellungen am besten bearbeitet werden müßten, damit wir wirklich einen Schritt aus unseren gegenwärtigen methodischen Schwierigkeiten herauskommen.

7.2 Einige Fragen zum Problem der Stichprobengewinnung und der Generalisierbarkeit

7.2.1 Welche Altersveränderungen sollten untersucht werden?

Wer Erwachsenenverhalten untersuchen will, hat mindestens drei Möglichkeiten, seine Stichprobe auszuwählen. Diese Wahlmöglichkeiten ergeben sich, weil ein Ausfall von Probanden (attrition of samples) unvermeidlich ist, da Alter mit Sterblichkeit korreliert und da es nur sehr wenige „bereitwillige" Erwachsene gibt, bei denen es dem Untersucher gelingt, ihr zufälliges oder absichtliches Fernbleiben von der Untersuchung zu verhindern. Der Untersucher kann daher seine Stichprobe zu Beginn so aussuchen, daß sie repräsentativ ist für die Population, auf die er generalisieren möchte; er kann nur die Individuen der Stichprobe berücksichtigen, für die Daten von allen Untersuchungszeitpunkten vorliegen (d. h. die Individuen der Reststichprobe am Ende der Untersuchung); oder er kann auch ganz selektiv vorgehen und eine Stichprobe auswählen, die für die Variable repräsentativ ist, die untersucht werden soll, und nicht für irgendeine Population als solche.

7.2.1.1 Erforschung des Alternsprozesses anhand von repräsentativen Stichproben

Die Definition einer „repräsentativen Stichprobe" ist bei einer Längsschnitt-Untersuchung verhältnismäßig einfach. Es geht darum, eine Zufalls- (oder stratifizierte) Auswahl aus einem Verzeichnis aller Mitglieder der Populationskohorte vorzunehmen, die ein bestimmtes chronologisches Alter haben und innerhalb der demographischen Grenzen liegen, die für die entsprechende Untersuchung sinnvoll erscheinen. Generalisieren auf größere Populationen hängt hier davon ab, was wir über die demographischen Merkmale der Grundgesamtheit wissen, aus der die Stichproben gezogen werden. Hier ist zu beachten, daß die Repräsentativität der Stichprobe nur für die erste Testung gilt, da Stichprobenschwund aufgrund natürlicher Ursachen oder experimenteller Artefakte selten zufällig ist. Deshalb wollen wir zwei grundsätzlich verschiedene Techniken der Stichprobengewinnung vorschlagen, je nachdem, ob man Altersveränderungen bei einzelnen Individuen untersuchen oder aber Populationsparameter für Altersveränderungen schätzen will, um allgemeine Gesetze zu ermitteln.

Im ersten Fall, wenn die vollständige Kontrolle über die Probanden fehlt, wird es notwendig sein, Begleituntersuchungen über die Effekte der experimentellen Stichprobenveränderung (auf die wir noch ausführlicher zu sprechen kommen) vorzunehmen, um bestimmen zu können, in welcher Hinsicht die Stichprobe zu den nachfolgenden Untersuchungszeitpunkten ihre Repräsentativität verloren hat. Allerdings muß auch festgestellt werden, ob die verbleibende Stichprobe zu den späteren Testzeitpunkten noch repräsentativ ist für die Ursprungspopulation. Zusätzlich können sich die Merkmale dieser Ursprungspopulation über die Zeit hin systematisch verändern (sog. selektive Populationsveränderung, z. B. durch Tod, Krankheit etc.), aber das müssen nicht notwendigerweise dieselben Merkmale sein, wie die, die sich bei der aus der Population ausgewählten Stichprobe verändern. Bei jeder Untersuchung mit abhängigen Messungen (Stichproben) ist darüber hinaus die Stichprobe nach ihrer ersten Testung nicht mehr repräsentativ für ihre Ursprungspopulation, denn nach der ersten Untersuchung haben sich zwangsläufig die Response-Merkmale bei der Stichprobe so verändert, daß sie nicht mehr typisch sind für die Grundgesamtheit. Mit anderen Worten: Zu allen folgenden Untersuchungszeitpunkten unterscheidet sich diese Stichprobe von jeder anderen Zufallsstichprobe aus derselben Population eben dadurch, daß sie die Testinstrumente bzw. die Testsituation schon kennt.

Ist man an der Schätzung von Populationsparametern interessiert und will individuelle Altersgradienten nicht berücksichtigen, so sollte man für die Längsschnitt-Untersuchung den Weg über unabhängige Zufallsstichproben wählen. Dabei zieht man zum Zeitpunkt 1 aus einer bestimmten Kohorte eine Zufallsstichprobe und vergleicht sie zu späteren Untersuchungszeitpunkten mit neuen Zufallsstichproben, die aus derselben Kohorte ausgewählt worden sind. Je nach den Mobilitätsmerkmalen der Grundgesamtheit würde dieser Ansatz ein Modell der Stichprobengewinnung erfordern, bei dem die Stichprobe jeweils entweder wieder ergänzt oder nicht ergänzt wird. Es ist anzunehmen, daß die letztgenannte Möglichkeit den einzigen Fall darstellt, in dem die Verwendung einer repräsentativen Stichprobe bei der Untersuchung entwicklungspsychologischer Probleme logisch überhaupt zu rechtfertigen ist.

Theoretisch ist es möglich, bei einer Querschnitt-Untersuchung ein repräsentatives Sample der Gesamtpopulation zu einem bestimmten Zeitpunkt zusammenzustellen. Die Substichprobe für eine bestimmte Altersgruppe in einer solchen Untersuchung kann jedoch nicht repräsentativ sein für alle Individuen der speziellen Kohorte. Das kann man anhand von Versicherungsstatistiken nachweisen, die zeigen, daß in Erwachsenenstichproben bei aufeinanderfolgenden Kohorten auf derselben Altersstufe ein differentieller Ausfall an Personen auftritt. Mit anderen Worten: Es wäre gewagt, zu behaupten, eine Stichprobe von Fünfzigjährigen, die 1970 getestet wird, sei für 1920 geborene Individuen so repräsentativ wie die Stichprobe von Vierzigjährigen für die 1930 geborenen Individuen.

Zusammenfassend läßt sich sagen, daß Stichproben, die anfangs repräsentativ waren für eine bestimmte Kohorte, nach und nach diese Repräsentativität verlieren, weil die Stichprobenveränderung nicht notwendigerweise denselben Gesetzen folgt wie die Populationsveränderung. Eine querschnittliche Stichprobe einer Population zu einem bestimmten Zeitpunkt kann keine Allgemeingültigkeit haben, weil sich das Ausmaß der mit Alter zunehmenden traumatischen Veränderungen und anderen Faktoren, die ein Ausscheiden der Probanden bedingen, von einer Generation zur anderen verändert.

7.2.1.2 Erforschung des Alternsprozesses anhand von Stichproben mit vollständigen Daten (intact populations)

Die hauptsächliche Alternative zur repräsentativen Stichprobe wäre, Individuen nach ihren Stabilitätsmerkmalen zu einer Stichprobe zusammenzustellen, so daß man beispielsweise nur diejenigen untersucht, die eine bestimmte Untersuchungsdauer auch wirklich überstehen. Will man die Verhaltensveränderungen bei sehr alten Menschen untersuchen, so läßt sich ein solcher Ansatz mit Hilfe von Kriterien wie etwa Prädiktoren für Langlebigkeit realisieren (vgl. PLATT & PARKES, 1967). Allerdings kennen wir nicht generell in ausreichendem Maße die Faktoren, die eine Vorhersage darüber gestatten, ob ein bestimmter Proband nun bis zum Schluß an der jeweiligen Untersuchung teilnimmt oder nicht. Eine derartige Untersuchung ist deshalb häufig entweder eine retrospektive Studie einer gegenwärtig zur Verfügung stehenden Stichprobe oder aber eine Analyse von Daten, die von den noch verbliebenen Individuen aus einer gegebenen Längsschnitt-Stichprobe stammen. Die Allgemeingültigkeit der Ergebnisse aus solchen Untersuchungen ist im erstgenannten Fall darum wieder durch die Einwände in Frage gestellt, die schon gegen die repräsentative Querschnitt-Stichprobe erhoben worden sind; und im letztgenannten Fall sind wieder die üblichen Begleituntersuchungen nötig, um die Unterschiede zwischen den in der Studie verbliebenen und den ausgeschiedenen Individuen zu ermitteln.

Interessieren eher Populationsparameter und nicht individuelle Altersgradienten, so ergibt sich die weitere Möglichkeit, die in der Untersuchung verbliebenen Individuen zum letzten Testzeitpunkt als eine Zufallsstichprobe ihrer Populationskohorte zu behandeln und ihre Mittelwerte mit dem Mittelwert für die gesamte Stichprobe zum Zeitpunkt des Beginns der Untersuchung zu vergleichen. Das wäre jedoch wahrscheinlich nur ein schlechter Ersatz für das oben vorgeschlagene Vorgehen, unabhängige Zufallsstichpro-

ben zu ziehen. Die meisten Längsschnitt-Untersuchungen werden eben einfach durch die Art ihrer Rest-Stichproben in ihrer Aussagekraft begrenzt sein, und die Ergebnisse sollten deshalb auch nur für ähnliche Populationen Geltung haben.
Hat ein Untersucher seine Ziele sehr genau definiert, so kann es entsprechend vielleicht günstiger sein, Extremgruppen zu wählen; die Explikation bestimmter Beziehungen ist dann allerdings auch nur in bezug auf sehr eingeschränkte Grundgesamtheiten erlaubt. Werden Populationsparameter geschätzt, so ist klar, daß hier aber Sequenz-Strategien erforderlich sind, die eine Generalisierung über verschiedene Generationen hinweg erlauben; und es ist ebenso plausibel, daß man die Stichprobe im Hinblick auf demographische Merkmale, die niedrig mit den zu untersuchenden Variablen korrelieren, stratifizieren muß, wenn man eine Zufallsauswahl in bezug auf die experimentellen Variablen wünscht.

7.2.1.3 Die Erforschung des Alternsprozesses anhand von Extremfällen

In vielen Fällen ist der Untersucher nicht an Populationsparametern interessiert, sondern möchte wissen, wie verschiedene Verhaltensweisen auf unterschiedlichen Entwicklungsstufen unter Idealbedingungen oder erschwerten Bedingungen aussehen. In diesen Fällen können verzerrte Stichproben eher wünschenswert als nachteilig sein. Wenn man beispielsweise Daten über die optimale intellektuelle Leistungsfähigkeit im hohen Alter ermitteln möchte, um Trainingsprogramme für alte Menschen entwickeln zu können, scheint es sehr viel sinnvoller zu sein, anstelle einer repräsentativen Stichprobe ein Sample aktiver, intelligenter und rüstiger alter Menschen zu wählen, um bei ihnen die maximalen Parameter für die Leistung von Individuen auf einer bestimmten Altersstufe festlegen zu können.
Im Gegensatz zur repräsentativen Stichprobe, die so heterogen sein soll wie möglich, ist die Anforderung an die Extremgruppe, größtmögliche Homogenität zu zeigen. Speziell ausgesuchte Informanden (special panel) oder aber sorgfältig ausgewählte Individuen, die sich freiwillig zur Untersuchung gemeldet hatten, stellen hier die geeignetsten Probanden dar. Je nach den Variablen, die untersucht werden sollen, kann ein geradezu planmäßiges Aussortieren der Probanden erforderlich sein. Will man beispielsweise optimale Leistungsniveaus bestimmen, so können die Ausleseverfahren etwa Routinetätigkeiten enthalten, die alle Freiwilligen abschrecken, die nicht in höchstem Maße motiviert sind. Und will man umgekehrt minimale Leistungsniveaus definieren, die gerade noch zum Überleben reichen, so können vielleicht Anstaltsinsassen die idealen Probanden sein. Ein Beispiel für eine Untersuchung, in der mit Extremgruppen gearbeitet worden ist, stellt die Arbeit von Schaie und Strother (1968c) dar.
Auch wenn die Frage nach der Allgemeingültigkeit der Ergebnisse geradezu im Widerspruch steht zur Bildung von Extremgruppen, ist es dennoch notwendig, die Relation der Stichprobe zu ihrer Grundgesamtheit zu kennen. Beispielsweise kann das Problem der Grundwahrscheinlichkeiten (base rates) auftreten, d.h. die Frage, wie häufig die extremen Individuen in der Population vorkommen und in welchem Ausmaß diese Probanden vom Durchschnitt der Bevölkerung abweichen. Die letzte Frage ist insbesondere dann wichtig, wenn anschließende parameterische Untersuchungen des gesamten Spektrums der interessierenden Verhaltensweisen in Betracht gezogen werden.

Selbst bei Extremgruppen wird der Untersucher vor der Frage stehen, ob er eine Zufallsstichprobe aus der Klasse der Extremfälle ziehen oder ob er seine Klasse zu untersuchender Probanden so eng definieren sollte, daß die vollständige umfassende Untersuchung dieser endlichen Population möglich ist. Entscheidet man sich für die Zufallsstichprobe, so steht man wieder vor dem Dilemma, ob man sich nur auf die Probanden stützen sollte, die zu allen Testzeitpunkten zur Verfügung gestanden haben oder ob man nicht eher die Mittelwerte der Probanden miteinander vergleichen sollte, wobei man die jeweiligen Probanden zu den verschiedenen Untersuchungszeitpunkten als repräsentative Stichprobe der Grundgesamtheit auffaßt. Ein solches Dilemma taucht nicht auf, wenn man die Extremgruppe als endliche Population behandelt. In diesem Fall müssen die Messungen von Veränderungen auf die Individuen beschränkt werden, die bis zum Schluß an der Untersuchung teilgenommen haben, denn es wäre absurd, Daten über Individuen einzubeziehen, die der sich verändernden endlichen Population nicht mehr angehören. Aus ähnlichen Überlegungen heraus müßten dann allerdings auch die Meßwerte für den Zustand der Population zu jedem Untersuchungszeitpunkt auf die Gesamtpopulation bezogen werden.

7.2.2 Entwicklungsbedingte Veränderungen versus Auftreten pathologischer Erscheinungen

Die meisten Entwicklungspsychologen, die sich für das Erwachsenenalter und das Greisenalter interessieren, haben implizit ein Modell des Alternsprozesses, in dem kumulative traumatische Erfahrungen und Funktionsverluste aufgrund pathologischer Erscheinungen postuliert werden, die mit den spezies-spezifischen biologischen Grundlagen oder auch einfach mit dem Zeitablauf kausal verknüpft werden oder auch nicht. In den meisten Plänen zur Stichprobengewinnung wird dagegen ein solches Modell nicht berücksichtigt, oder es werden explizit Auswahlkriterien angegeben, die bestenfalls konventioneller Art sind. Im allgemeinen ist man der Ansicht, daß kein Proband zu einer Untersuchung ausgewählt werden sollte, der körperlich behindert ist oder gerade psychiatrisch betreut wird. In Anbetracht der Tatsache, daß körperliche Gebrechen und psychiatrische Erkrankungen systematisch mit Alter zunehmen, würde eine solche Auswahl aber dazu führen, daß in Querschnitt-Untersuchungen die aufeinanderfolgenden Kohorten unterschiedlich repräsentiert sind und daß in Längsschnitt-Untersuchungen eine selektive Stichprobenveränderung (systematic experimental attrition) auftritt. Mit anderen Worten: Wenn es stimmt, daß entwicklungsbedingter Abbau durch körperliche und emotionale Traumata beschleunigt wird, dann würden die Veränderungen, die man bei den im oben definierten Sinne „normalen" Populationen feststellt, zu einer schwerwiegenden Unterschätzung der zu erwartenden entwicklungsbedingten Veränderungen in den Stichproben führen, die auf Altersstufen untersucht wurden, auf denen pathologische Erscheinungen selten sind.
Ein ähnliches Ziel, nämlich die Effekte sozialer Pathologie zu kontrollieren, wird häufig auf die Weise angegangen, daß man die in Anstalten lebenden Individuen von der Untersuchung ausschließt. Auch hier ist die Repräsentativität der Stichprobe nicht mehr ge-

währleistet, denn der Anteil von institutionalisierten Individuen in aufeinanderfolgenden Kohorten dürfte beträchtlich mit dem chronologischen Alter korrelieren, und sei es auch nur aufgrund der gesetzlichen Bestimmungen für die Vorsorge behinderter und alter Menschen. Ob ein solcher Ausschluß zu rechtfertigen ist, hängt wiederum von dem hauptsächlichen Untersuchungsziel des Forschers ab: Wenn Populationsparameter geschätzt werden sollen, dann müssen auch die in Institutionen lebenden Individuen in die Stichprobe einbezogen werden; ist das nicht der Fall, dann kann man mit Hilfe von Begleituntersuchungen feststellen, in welcher Weise sich institutionalisierte und nicht-institutionalisierte Populationen hinsichtlich der interessierenden Variablen voneinander unterscheiden.

Natürlich könnte man auch argumentieren, daß bestimmte körperliche Gebrechen und/oder institutionelle Zwänge sekundär auch zu einer Beeinträchtigung der psychischen Funktionen führen können. A priori anzunehmen, dies sei tatsächlich der Fall, dürfte jedoch eher auf persönlichen Mutmaßungen eines Untersuchers als auf empirischen Daten beruhen. Ein Großteil der wichtigsten experimentellen Untersuchungen zum Alternsprozeß ist sogar gerade mit Stichproben von Anstaltsbewohnern und körperlich kranken Menschen durchgeführt worden. Wenn die Ergebnisse nicht repliziert werden konnten, dann lag das gewöhnlich eher an speziellen Design-Fehlern und nicht so sehr an den ungewöhnlichen Merkmalen der verwendeten Stichprobe.

Die Häufigkeit pathologischer Erscheinungen nimmt mit dem Alter zu, und bei allen alternden Menschen lassen sich Auswirkungen solcher Erkrankungen beobachten. Es dürfte deshalb sinnlos sein, „pathologie-freie" Entwicklungsprozesse aufdecken zu wollen, ausgenommen die Fälle, in denen nachgewiesen werden kann, daß das Auftreten einer bestimmten pathologischen Erscheinung *nicht* mit dem chronologischen Alter korreliert. In diesem Fall ist eine experimentelle oder statistische Kontrolle des Ausmaßes solcher Erkrankungen selbstverständlich ein Muß. In allen anderen Fällen jedoch ist es wichtiger, das Vorkommen pathologischer Erscheinungen auf verschiedenen Altersstufen in Relation zu den interessierenden Variablen zu untersuchen als nach einer „gesunden" Population zu suchen, die es gar nicht gibt.

7.3 Modelle des Alternsprozesses und daraus folgende Forschungsstrategien

Wenn man die Ergebnisse aus Untersuchungen über die Entwicklung beim Erwachsenen verallgemeinern will, dann muß dem Untersuchungsplan und dem daraus folgenden Plan zur Stichprobengewinnung implizit ein Modell des Alternsprozesses zugrundeliegen. Würde der Forscher sein Modell noch in der Planungsphase explizieren, dann wäre das zweifellos besser, als wenn er versucht, im nachhinein zu bestimmen, welche Art von Modell in seinem Design wohl intuitiv zum Ausdruck gekommen sei. In jedem Plan einer entwicklungspsychologischen Untersuchung müssen zwei verschiedene, aber gleich

wichtige Punkte berücksichtigt werden. Zum einen muß der Untersucher genau spezifizieren, welche Entwicklungsdimension untersucht werden soll. Wenn er daran interessiert ist, über Reifungsprozesse hinweg zu generalisieren, dann wird er wahrscheinlich eine Untersuchung planen, in der Altersveränderungen innerhalb von Generationen beobachtet werden. Geht es ihm eher darum die Leistung von Individuen auf verschiedenen Reifungsniveaus zu einem historischen Zeitpunkt zu beschreiben, oder geht es um Daten für sofort durchzuführende sozialpolitische Entscheidungen, dann wird er nach Altersdifferenzen suchen müssen. Geht es jedoch darum, die Stabilität von Verhaltensphänomenen auf bestimmten Entwicklungsniveaus oder den Effekt von Treatment-Variablen auf reifungsunabhängige entwicklungsbedingte Phänomene zu bestimmen, so wird er die Zeitwandelmethode in Betracht ziehen müssen.
Die zweite grundlegende Frage, die in jedem entwicklungspsychologischen Untersuchungsplan expliziert werden sollte, betrifft die Art der angenommenen Altersfunktion. Auch wenn man dieses Problem wohl am liebsten übergehen würde und gar keine Annahmen machen möchte, wären die Folgen einer solchen Entscheidung für die Qualität des Untersuchungsplans verhängnisvoll. Implizit führt sie nämlich zu Plänen, in denen man versucht, die Nullhypothese zurückzuweisen! Sehr viel besser ist es also, eine experimentelle Hypothese oder Alternativ-Hypothesen zu formulieren, und dann zu prüfen, ob die beobachteten Daten der spezifizierten Funktion entsprechen.
Den meisten empirischen Untersuchungen scheint eines von drei verschiedenen Modellen für Altersfunktionen zugrundezuliegen. Im ersten Modell wird postuliert, daß, wenn die Reife erst einmal erreicht ist, das Erwachsenenverhalten stabil bleibe. Im zweiten Modell geht man von der Annahme aus, daß der Alternsprozeß beim Erwachsenen mit Abbauphänomenen einhergeht, und zwar in der Weise, daß alte Menschen im Vergleich zu jungen Menschen irreversibel benachteiligt sind, d. h. so, daß die Benachteiligung nicht mehr rückgängig zu machen ist. Das dritte Modell impliziert ebenfalls einen Abbau; die „Irreversibilitäts-Annahme" des zweiten Modells wird jedoch eingeschränkt dadurch, daß zusätzlich kumulative kompensierende Umwelteffekte postuliert werden. Jedes Modell kann nun weiter ausgebaut werden, denn „Stabilität" kann einen zyklischen Verlauf innerhalb eines gewissen Rahmens zeigen, und Abbau-Funktionen können sehr verschiedene Verläufe haben. Die Frage nach der Art der Entwicklungsfunktion muß immer gestellt werden, gleichgültig ob Altersveränderungen, Altersdifferenzen oder Zeitwandel-Phänomene untersucht werden. In den beiden letzten Fällen wäre es jedoch wohl präziser, wenn man von Generations-Gradienten oder Testzeit- (historischen Zeit-)Gradienten und nicht von Altersfunktionen sprechen würde.

7.3.1 Stabilität des Erwachsenenverhaltens

Stabilität kann bei einer Reihe von Funktionen auftreten, die für den Psychologen interessant sind. Wir haben bereits an anderer Stelle ausgeführt (SCHAIE, 1970), daß das „Stabilitäts-Modell" für Maße der kristallinen Fähigkeiten (CATTELL, 1963 c) durchaus sinnvoll zu sein scheint, denn hier wird angenommen, daß der Organismus zum Zeitpunkt der Reife alle die Informationen aus der Umwelt aufgenommen hat, die für die Meßvariable von Bedeutung sind, und daß es keinen Grund gäbe, zu vermuten, das Verhältnis von einkommenden neuen Informationen zum Veralten bereits vorhandenen Wissens weiche wesentlich von Eins ab. Würde das Verhältnis von Informationsgewinn und Wissensverlust über Eins liegen, wäre ein leichter Anstieg innerhalb einer Generation zu erwarten; würde es unter Eins liegen, wäre eine Funktion für leichten Abbau zu erwarten. Säkulare Schwankungen in diesem Verhältnis würden dagegen zu Altersfunktionen führen, die ihrem Wesen nach zyklisch sind.

Zu beachten ist, daß das „Stabilitätsmodell" auch auf die wenigen Verhaltensweisen paßt, die primär biologisch bedingt sind und deren biologische Grundlage von der Reifezeit bis zum Tode unverändert gegeben ist. Reversible Effekte aufgrund von vorübergehendem Verlust an Zellen oder Gewebe sowie deren Regeneration würde wiederum zu einer zyklischen Funktion innerhalb einer Generation führen.

Weiterhin ist zu beachten, daß im „Stabilitätsmodell" postuliert wird, der Normalzustand des Organismus sei Stabilität von der Reifezeit bis zum Tode, und daß irreversible Veränderungen mit einem solchen Modell unvereinbar sind. Um das Modell übernehmen zu können, muß der Untersucher entweder postulieren, daß keine Korrelation zwischen der Leistung in den interessierenden Variablen und pathologischen Erscheinungen besteht, oder er muß praktisch „pathologie-freie" und damit in bezug auf chronologisches Alter nicht-repräsentative Stichproben untersuchen.

Es wäre nun allerdings falsch, anzunehmen, die durch das „Stabilitätsmodell" nahegelegten Altersfunktionen seien identisch oder auch unveränderlich. Wie wir bereits festgestellt haben, können solche Funktionen nämlich implizieren, daß entweder von der Reifezeit an ein konstantes Niveau gehalten wird oder zyklische Bewegungen um ein Optimum herum als Funktion interner und externer Vorgänge auftreten. Außerdem kann sich die Funktion in bezug auf das Alter ändern, in dem die Asymptote erreicht wird, sowie die Altersstufe, auf der die Leistung mit pathologischen Erscheinungen zu korrelieren beginnt oder auf der keine pathologie-freien Probanden mehr gefunden werden können. Sobald man sich jedenfalls für das „Stabilitätsmodell" entschieden hat, beschäftigt man sich nicht mehr mit Altersfunktionen innerhalb einer Generation oder mit Altersdifferenzen, da diese ja für die interessierende Altersspanne gleich Null gesetzt werden. Statt dessen befaßt man sich mit den Generationsveränderungen auf dem asymptotischen Niveau, das mit der Reifezeit erreicht worden ist, und damit, wie man solche Veränderungen von den vorübergehenden zyklischen Ereignissen unterscheiden kann, die in Abhängigkeit von zeitspezifischen Einflüssen auftreten. Die Quer-Sequenz-Methode (SCHAIE, 1965; SCHAIE & STROTHER, 1968 a) wäre in diesem Fall die experimentelle Strategie der Wahl, denn sie erlaubt die Trennung von Kohorten- und Testzeiteffekten, immer unter der Voraussetzung, daß die Altersdifferenzen Null sind.

7.3.2 Irreversibler Abbau

Wenn wir die gesamte Lebensspanne untersuchen würden, dann müßten wir zwischen Entwicklungsfunktionen unterscheiden, die linear oder kurvilinear sind, und bei letzteren noch einmal zwischen solchen, die konkav oder J-förmig verlaufen. Natürlich tritt bei einigen Funktionen von Geburt an ein kumulativer Abbau auf (z. B. bei der Zahl der Zellen im Zentralnervensystem), aber bei den meisten Variablen, die den Psychologen interessieren, läßt sich zeigen, daß es einen Leistungshöhepunkt gibt, der (wenn auch nicht immer) im frühen Erwachsenenalter auftritt. Im Modell des ,,irreversiblen Abbaus" wird notwendigerweise postuliert, daß die Leistung von diesem Höhepunkt bis zum Tode untersucht werden muß. Ähnlich wie im ,,Stabilitätsmodell" wird auch angenommen, daß Effekte von Erkrankungen nicht mit den interessierenden Variablen korrelieren, oder – im Gegensatz zum ,,Stabilitätsmodell" – daß die Stichprobe auf allen Altersstufen einen repräsentativen Ausschnitt aus allen Erkrankungen enthält, die für die Grundgesamtheit charakteristisch sind. Diese letztgenannte Annahme ist insbesondere dann wichtig, wenn man bedenkt, daß Abbau als kumulativ pathologischer Prozeß aufgefaßt wird.

Ein weiteres Problem beim Modell des ,,irreversiblen Abbaus" ist, daß man bei univariaten Untersuchungen den Leistungshöhepunkt oder in multivariaten Untersuchungen den Gesamtbereich der Leistungsspitzen kennen muß. Das Alter der größten Leistungsfähigkeit muß aber nicht konstant bleiben, sondern kann sich ebenfalls über Generationen hin verschieben. Am sinnvollsten ist das Modell des ,,irreversiblen Abbaus" wohl bei den Variablen anzuwenden, bei denen die Leistung überwiegend durch periphere sensorische Funktionen und psychomotorische Geschwindigkeit bestimmt wird. Das ließe sich so begründen, daß Altersfunktionen in diesem Fall wohl wahrscheinlich biologisch bedingt sind und nur wenig durch die zyklischen Ereignisse beeinflußt werden, die im Lebensablauf eines einzelnen Individuums auftreten, auch wenn sich die Funktion als Folge von Ereignissen verändern mag, die die Spezies oder eine ihrer Subgruppen über große Zeiträume hinweg betreffen.

Da im Modell des ,,irreversiblen Abbaus" angenommen wird, daß Altersveränderungen eine Funktion von Reifungsprozessen sind und Umwelteinflüsse keine Rolle spielen, ist es erforderlich, zu unterscheiden zwischen Varianz zu Lasten der Reifungsvorgänge und Varianz, die generationenspezifisch ist, d. h. zwischen Niveau und Alter, in dem die größte Leistungsfähigkeit erreicht wird. Mit der Kohorten-Sequenz-Methode läßt sich diese Trennung vornehmen. Allerdings hat Wohlwill (1970c) darauf aufmerksam gemacht, daß diese Methode bei entwicklungspsychologischen Untersuchungen am schwierigsten zu handhaben ist, und es folgt daraus, daß das Modell des ,,irreversiblen Abbaus" nur mit größten Schwierigkeiten getestet werden kann. Vom psychologischen Standpunkt aus erscheint es darüber hinaus nicht sehr wahrscheinlich, daß Umwelteinfluß nur eine so geringe Bedeutung haben soll, wie im Modell postuliert. Zyklische Phänomene, falls vorhanden, würden zu Funktionen führen, die im Falle eines hohen Zuwachs-Abbau-Verhältnisses Pseudostabilität und im Falle eines niedrigen Zuwachs-Abbau-Verhältnisses einen steilen Abbau-Gradienten anzeigen.

7.3.3 Abbau mit Möglichkeiten der Kompensation

Eher vertretbar als das Modell des ,,irreversiblen Abbaus" scheint ein Modell zu sein, in dem davon ausgegangen wird, daß Reifungsvorgänge Phasen des Wachstums und des Abbaus einschließen, wobei jede dieser Phasen annäherungsweise durch quasi-lineare

Funktionen beschrieben werden kann; darüber hinaus würden in einem solchen Modell aber alternativ auch kurvilineare Zusammenhänge postuliert werden, bei denen nicht erforderlich ist, daß der Leistungshöhepunkt früh im Erwachsenenalter auftritt. Außerdem könnte man kurvilineare Verläufe durch kompensatorisch wirkende Umwelteinflüsse erklären, die während einer Abbau-, aber nicht während einer Aufbauphase eines über die gesamte Lebensspanne hin aufgezeichneten Gradienten ihren Einfluß zeigen. Mit anderen Worten: Während der Wachstums- oder Aufbauphase wirkt sich der Umwelteinfluß nur minimal auf die beobachtete Leistung aus, weil der Organismus dann noch nicht seine biologisch bedingten Leistungsgrenzen erreicht hat. Während der Abbauphase könnte der biologisch determinierte Leistungsrückgang dagegen teilweise durch Umwelteinfluß kompensiert werden, wie man das zumindest bei komplexen psychologischen Maßen beobachtet hat.

Das Modell „Abbau mit Möglichkeiten der Kompensation" dürfte insbesondere für Maße der fluiden Intelligenz und für viele andere psychologische Variablen, bei denen die Reaktionszeit eine Rolle spielt, geeignet sein. Es paßt außerdem auch generell auf Variablen, bei denen Veränderungen während des Erwachsenenalters zu erwarten sind, bei denen Langzeit-Veränderungen über Generationen hin unwahrscheinlich sind, bei denen aber Umwelteinflüsse ganz wesentlich zu zyklischen Verläufen führen. Bei allen diesen Variablen ist es wichtig, zwischen Varianz aufgrund von Reifungsvorgängen und Varianz aufgrund vorübergehender Umwelteinflüsse, die den Reifungsprozeß überdecken könnten, zu unterscheiden. Die Methode der Wahl für eine solche Trennung wäre im allgemeinen die Testzeit-Sequenz-Methode – die praktikabelste der Sequenz-Strategien – die, unter der Annahme, daß Generationsunterschiede gleich Null sind, die Aufklärung von Varianz zu Lasten von Alter und Varianz zu Lasten von Testzeit erlaubt (SCHAIE, 1965; SCHAIE & STROTHER, 1968b).

Wir wollen darauf hinweisen, daß dieses Modell sowohl bei repräsentativen Stichproben wie auch bei Längsschnitt-Stichproben, für die von allen Untersuchungszeitpunkten Daten vorliegen, verwendet werden kann, denn Auftreten oder Fehlen von Erkrankungen, die mit Alter zusammenhängen, spielen dabei keine Rolle. Vielmehr geht man von der Annahme aus, daß es pathologische Erscheinungen aufgrund von biologisch bedingten Abbauprozessen gibt, daß solche Phänomene aber durch Umwelteinflüsse kompensiert werden können. Je nach Steigung des zugrundeliegenden Reifungsgradienten kann man bei diesem Modell erwarten, daß ein mäßig beschleunigter Abbau-Gradient zu beobachten ist oder daß im Extremfall Abbau erst kurz vor dem Tode auftritt, d. h. dann, wenn es den kompensatorischen Einflüssen nicht länger gelingt, das in Frage stehende Verhalten zu stabilisieren. Im letztgenannten Fall wäre es natürlich schwierig, zu entscheiden, ob nicht auch das „Stabilitätsmodell" passen würde. Mit einem sinnvollen Untersuchungsplan würde man deshalb Daten aufnehmen, mit denen man das „Stabilitätsmodell" und das Modell „Abbau mit Möglichkeiten der Kompensation" als alternative experimentelle Hypothesen testen könnte.

7.3.4 Begrenzung des allgemeinen Entwicklungsmodells auf die Periode der Entwicklung im Erwachsenenalter

Wir müssen an dieser Stelle zu der grundlegenden Frage zurückkehren, was genau der Entwicklungspsychologe untersuchen möchte, und zwar unter dem speziellen Aspekt der Analyse der Erwachsenenphase im Lebensablauf. Im allgemeinen Entwicklungsmodell wird zunächst einmal einfach festgestellt, daß die Ausprägung einer Reaktion (wie sie der Entwicklungspsychologe untersucht) bestimmt wird durch das Alter des Individuums, die Kohorte (Generation), zu der das Individuum gehört, und den Zeitpunkt, zu dem die Reaktion gemessen wird. Obwohl die drei Komponenten der entwicklungsbedingten Veränderungen theoretisch unabhängig voneinander sind, sind sie empirisch insofern konfundiert, als jeweils zwei Indizes die dritte Komponente determinieren. Da es drei Möglichkeiten gibt, drei Komponenten zu jeweils einer Zweiergruppe zu kombinieren, folgt aus dem allgemeinen Entwicklungsmodell, daß es auch drei Wege der empirischen Datenerhebung geben muß, wobei jeder Ansatz zu anderen, wenn auch verwandten Konfundierungen führt. Es handelt sich dabei natürlich um die Querschnitt-, Längsschnitt- und Zeitwandelmethode (SCHAIE, 1965). Bei jedem Ansatz werden zwei Komponenten entwicklungsbedingter Veränderungen konfundiert. Bei der Längsschnitt-Methode wird Alter mit Umwelteinfluß zwischen Testzeitpunkten konfundiert, bei der Querschnitt-Methode Alter mit Kohortendifferenzen, und bei der Zeitwandelmethode werden Kohortendifferenzen mit Umwelteinfluß zwischen Testzeitpunkten konfundiert.

Durch das allgemeine Entwicklungsmodell wird ferner auf die Tatsache aufmerksam gemacht, daß dem Untersucher für jeden Abschnitt der Lebensspanne ein „trapezförmiger" Populationsausschnitt zur Verfügung steht, der sich aus verschiedenen Generationen zusammensetzt und eine bestimmte Zeit lang zur Untersuchung verwendet werden kann. Der Untersucher hat daher die Wahl, verschiedene Kohorten über eine festgelegte Altersspanne hinweg zu untersuchen (Kohorten-Sequenz-Analyse), oder verschiedene Kohorten über eine festgesetzte Zeitspanne hinweg (Quer-Sequenz-Analyse) oder aber verschiedene Altersgruppen über eine festgesetzte Zeitspanne hinweg zu beobachten (Testzeit-Sequenz-Analyse). Mit den traditionellen Verfahren kann man natürlich, unter der Voraussetzung, daß eine Komponente gleich Null ist, immer nur Daten für eine der drei Komponenten erheben. Die Sequenz-Methoden haben demgegenüber den Vorteil, daß sie unter bestimmten Voraussetzungen Daten für zwei der drei Komponenten entwicklungsbedingter Veränderungen liefern.

Da die Altersfunktion für eine Variable durch die Kombination der Funktionen für die drei Komponenten entwicklungsbedingter Veränderungen (jeweils zwei zusammengenommen) bestimmt wird, muß es, bei wenigstens drei Untersuchungszeitpunkten, immerhin 243 verschiedene Modelle für jede Wachstumsfunktion geben, wenn man neun verschiedene Gradienten-Verläufe annimmt (null, positiv, negativ, konkav, konvex, positiv beschleunigt, negativ beschleunigt, positiv-asymptotisch, negativ-asymptotisch). Bei Untersuchungen, die die gesamte Lebensspanne umfassen, müssen diese Modelle alle berücksichtigt werden. Bezieht man „Entwicklung im Erwachsenenalter" jedoch auf die Periode, die nach Vollendung der Reife beginnt, dann wird der Sachverhalt sehr viel einfacher. Wir können dann alle die Modelle außer acht lassen, die positive, konkave, konvexe, positiv beschleunigte oder positiv-asymptotische Verläufe spezifizieren, und haben es dann nur noch mit 153 verschiedenen Modellen zu tun. Wenn wir weiterhin annehmen, daß der Umwelteinfluß (kurz- oder langfristig) auf eine bestimmte Variable unidirektional ist, d. h. entweder nur positiv oder nur negativ ist, dann reduziert sich die Zahl der Modelle auf höchstens 24 Komponentenkombinationen, mit denen sich Variationen im Erwachsenenverhalten erklären lassen. Genauer gesagt: Das „Stabilitätsmodell" würde 16 Kombinationen von Kohorten- und Testzeit-Gradienten zulassen (jeweils null, positiv, positiv beschleunigt, und positiv-asymptotisch); das Modell des „irreversiblen Abbaus" würde vier Kombinationen zulassen (negativen Verlauf bei dem Altersgradienten und entweder null, positiven, positiv beschleunigten oder positiv-asymtotischen Verlauf beim Kohorten-Gradienten); und das Modell „Abbau mit Möglichkeiten der Kompensation" ebenfalls vier Kombinationen (negativen Verlauf beim Altersgradienten und null, positiven, positiv beschleunigten oder positiv-asymptotischen Verlauf beim Gradienten für Umwelteinfluß).

7.3.5 Implikationen der Modelle für die Wahl von Untersuchungsstrategien

In früheren deskriptiven Untersuchungen hat man häufig falsche Daten aufgenommen, um eine eigentlich richtige Fragestellung zu beantworten, oder, schlimmer noch, richtige Daten gesammelt, ohne zu wissen, welche Fragen mit derartigen Daten hätten beantwortet werden können. Es dürfte daher wohl angebracht sein, einmal in aller Deutlichkeit festzustellen, daß eine richtige Untersuchungsstrategie und ein angemessener Plan nur dann entwickelt werden können, wenn (a) die spezielle entwicklungspsychologische Fragestellung expliziert, und (b) der hypothetische Verlauf der Altersfunktion spezifiziert wird. Die erste Bedingung ergibt sich daraus, daß man notwendigerweise wissen muß, welche Daten erhoben werden müssen, und ist von daher selbstverständlich. Die zweite Bedingung ist nicht ganz so leicht einsichtig, aber unbedingt erforderlich, wenn aus den Daten entwicklungspsychologische Schlußfolgerungen abgeleitet werden sollen. Deshalb muß man bei deskriptiven entwicklungspsychologischen Untersuchungen einen hypothetico-deduktiven Ansatz wählen, weil man bei Beobachtungsdaten notwendigerweise verschiedene Dimensionen entwicklungsbedingter Veränderungen konfundiert und keine induktiven Verfahren, wie sie in nicht-entwicklungspsychologischen Wissenschaften möglich sind, benutzen kann.
Aus den einschränkenden Annahmen, die wir in diesem Kapitel gemacht haben, läßt sich nun eine Reihe von Empfehlungen für die Forschung ableiten. Wir wollen zu diesem Zweck die verschiedenen Strategien der Datenerhebung klassifizieren, und zwar danach, wie sehr sie sich für deskriptive Zwecke bei den Fragestellungen eignen, zu denen Entwicklungspsychologen unter den jeweiligen Annahmen kommen, die für die drei Modelle der Entwicklung im Erwachsenenalter notwendig sind.

7.3.5.1 Kohortenspezifische Veränderungen

a. *Gibt es Altersveränderungen im allgemeinen?* Diese Frage kann mit keiner kohortenspezifischen Strategie beantwortet werden.

b. *Treten Altersveränderungen bei einer bestimmten Kohorte auf? (postdiktiv)*

(i) *Stabilitätsmodell:* Es wird angenommen, daß es keine Altersveränderungen als solche gibt; allerdings würde man in einer *Längsschnitt*-Untersuchung zyklische Schwankungen im Verhältnis von Aufbau und Abbau aufdecken, die Unterschieden in der Testzeit zuzuschreiben sind.

(ii) *Modell des „irreversiblen Abbaus":* Da angenommen wird, daß Testzeiteffekte gleich Null sind, würde eine *Längsschnitt*-Untersuchung die Altersfunktion für die fragliche Kohorte liefern.

(iii) *Modell des „Abbaus mit Möglichkeiten der Kompensation":* Die *Testzeit-Sequenz*-Methode erlaubt hier die Unterscheidung von Veränderungen aufgrund von Reifungsprozessen und Veränderungen aufgrund spezieller zeitlich bedingter kompensatorischer Umwelteinflüsse.

c. *Treten Altersveränderungen bei einer bestimmten Kohorte auf? (prädiktiv)*

(i) *Stabilitätsmodell:* Da keine reifungsbedingten Veränderungen erwartet werden, wird die Konfundierung von Generations- und Testzeitdifferenzen benötigt, um die zukünftige Leistung einer bestimmten Kohorte unter dieser Bedingung vorauszusagen. Das würde kulturelle Wandlungsprozesse implizieren, und folglich wird die *Quer-Sequenz*-Methode benötigt, um genügend viele zurückliegende Wandlungsprozesse für realistische Schätzungen erfassen zu können.

(ii) *Modell des „irreversiblen Abbaus":* Hier sollen reifungsbedingte Veränderungen vorhergesagt werden, die von Generation zu Generation verschieden ausfallen können. Dazu ist die *Kohorten-Sequenz*-Methode erforderlich.

(iii) *Modell des „Abbaus mit Möglichkeiten der Kompensation":* Die Leistung einer bestimmten Kohorte auf bestimmten Altersstufen kann aufgrund von Veränderungen in den Umwelteinflüssen variieren. Die Schätzungen müssen deshalb basieren auf Stichproben aus verschiedenen Altersstufen und Testzeitpunkten; das leistet die *Testzeit-Sequenz*-Methode.

7.3.5.2 Spezies-spezifische Veränderungen

a. *Gibt es Altersveränderungen im allgemeinen?*

(i) *Stabilitätsmodell:* Es werden keine Altersveränderungen postuliert, aber mit Hilfe der *Querschnitt*-Methode würde man Aufschluß über Generationsdifferenzen erhalten.

(ii) *Modell des „irreversiblen Abbaus":* Die *Kohorten-Sequenz*-Methode wäre erforderlich, um sowohl Alterfunktionen als auch Generationsdifferenzen in Altersfunktionen zu beschreiben.

(iii) *Modell des „Abbaus mit Möglichkeiten der Kompensation":* Da postuliert wird, daß Kompensation im Hinblick auf spezies-spezifische Veränderungen unerheblich ist, und Generationsdifferenzen im Kompensationsmodell keine Bedeutung zukommt, würde in diesem Fall die *Längsschnitt*-Methode eine adäquate Altersfunktion liefern.

b. *Benötigen Individuen auf verschiedenen Altersstufen zum gegenwärtigen Zeitpunkt unterschiedliche Treatments?*

(i) *Stabilitätsmodell:* Unterschiedliches Treatment wäre nötig, wenn Generationsunterschiede vorliegen. Sind Altersdifferenzen nicht vorhanden, kann man Generationsunterschiede direkt mit Hilfe der *Querschnitt*-Methode aufdecken.

(ii) *Modell des „irreversiblen Abbaus":* Gegenwärtig bestehende Unterschiede wären auf Altersdifferenzen, Kohortendifferenzen oder beides zurückzuführen. Da eine genauere Trennung zur Beantwortung der Frage nicht nötig ist, reicht wiederum die *Querschnitt*-Methode.

(iii) *Modell des „Abbaus mit Möglichkeiten der Kompensation":* In diesem Modell wird postuliert, daß Generationsdifferenzen nicht vorhanden sind; die *Querschnitt*-Methode liefert daher angemessene Schätzungen der Altersdifferenzen.

c. *Wird man die Sozialpolitik im Hinblick auf verschiedene Altersgruppen in Zukunft modifizieren müssen?*

Diese Frage betrifft unmittelbar das Problem der Generationsunterschiede. Zu ihrer Beantwortung ist es nötig, zwischen Alters- und Generationsveränderungen zu unterscheiden. Dazu kann man dieselben Pläne benutzen, wie unter 2a für die Frage nach Altersveränderungen im allgemeinen vorgeschlagen.

7.3.5.3 Kulturspezifische Veränderungen

Die grundlegende Frage ist hier, ob Individuen auf bestimmten Altersstufen Variationen im Verhalten in Abhängigkeit von der Zeit zeigen, in der das Verhalten erfaßt wird. Allgemein gesagt, geht es dabei um die Frage des *Zeitwandels.* Das postulierte Modell für die Altersfunktion spielt dennoch auch in diesem Fall eine wichtige Rolle bei der Planung der Datenaufnahme, wenn nämlich der Zeitwandel für mehr als eine Altersstufe erfaßt werden soll.

a. Stabilitätsmodell: Da keine Altersveränderungen postuliert werden, genügt ein einfacher *Zeitwandel*-Plan für jede der interessierenden Altersstufen und Zeitpunkte. Bei mehr als einer Altersstufe ist das formal äquivalent der Kohorten-Sequenz- oder der Testzeit-Sequenz-Methode, mit intensiver Stichprobengewinnung auf jeder Altersstufe entweder für bestimmte Kohorten oder aber bestimmte Testzeitpunkte.

b. Modell des „irreversiblen Abbaus": Hier müssen kulturelle Veränderungen in Form von Generationsunterschieden getrennt werden von Altersveränderungen. Die *Kohorten-Sequenz*-Methode eignet sich dazu am besten.

c. Modell des „Abbaus mit Möglichkeiten der Kompensation": In diesem Fall müssen Alterseffekte von Testzeiteffekten getrennt werden, und das leistet die *Testzeit-Sequenz*-Methode am besten.

7.3.5.4 Was leisten die deskriptiven entwicklungspsychologischen Strategien?

Auch auf die Gefahr hin, unnötig redundant zu sein, wollen wir diesen Abschnitt damit beenden, daß wir die Fragen zusammenfassen, die mit Hilfe der sechs verschiedenen Methoden der Datensammlung beantwortet werden können.

a. Längsschnitt-Methode: Historische Beschreibung von Altersveränderungen in einer bestimmten Kohorte unter der Annahme, daß Stabilität (Daten über zyklische Schwankungen im Verhältnis von Aufbau und Abbau) oder irreversibler Abbau vorliegt; Aufdeckung von spezies-spezifischen Altersveränderungen unter der Annahme, daß Abbau mit Möglichkeiten zur Kompensation gegeben ist.
b. Querschnitt-Methode: Aufdeckung von spezies-spezifischen Generationsdifferenzen unter der Annahme, daß Verhaltensstabilität besteht; Empfehlungen für die Behandlung von Individuen auf verschiedenen Altersstufen, wenn es um *sofortige* sozialpolitische Entscheidungen geht, und zwar unter allen Voraussetzungen; unter der Stabilitätsannahme Empfehlungen für langfristige sozialpolitische Maßnahmen.
c. Zeitwandel-Methode: Beschreibung des kulturellen Wandels unter der Annahme, daß das Verhalten des Erwachsenen nach Abschluß der Reife stabil bleibt.
d. Kohorten-Sequenz-Methode: Vorhersage der Leistungen einer bestimmten Kohorte; Aufdeckung von spezies-spezifischen Altersveränderungen und kulturspezifischen Veränderungen; Empfehlungen für langfristige sozialpolitische Entscheidungen unter der Annahme, daß irreversibler Abbau auftritt.
e. Testzeit-Sequenz-Methode: Historisch begründete Erklärung von Altersveränderungen in einer bestimmten Kohorte; Vorhersage von Leistungen einer bestimmten Kohorte und Aufdeckung kulturspezifischer Veränderungen im Modell des „Abbaus mit Möglichkeiten der Kompensation". Die Methode eignet sich außerdem zur Erhebung von Daten, auf deren Grundlage langfristige sozialpolitische Entscheidungen im Hinblick auf kulturelle wie auch altersbedingte Veränderungen getroffen werden können.
f. Quer-Sequenz-Methode: Vorhersage kohortenspezifischer Veränderungen im Stabilitätsmodell. Die Methode eignet sich ebenfalls dazu, kulturspezifische Veränderungen in die beiden Komponenten „Kohorte" und „Testzeit" zu zerlegen.

7.4 Untersuchungen der Entwicklung des Erwachsenen innerhalb einer Kohorte (Längsschnitt-Methode)

Wir wollen uns im folgenden einer Reihe von Problemen zuwenden, die im Rahmen der deskriptiven Untersuchung der Entwicklung des Erwachsenen auftauchen und vor allem für Ansätze relevant werden, in denen man sich mit der Beschreibung oder Vorhersage von Altersveränderungen innerhalb einer Generation befaßt, also mit Veränderungen, die mit der Längsschnitt-Methode oder den allgemeineren Sequenz-Methoden erfaßt werden können. Die meisten Probleme haben sowohl konzeptuelle als auch praktische Implikationen für den Untersuchungsplan.

7.4.1 Entwicklung und sozio-kultureller Wandel

Es gibt drei verschiedene Arten von Umwelteinfluß. Erstens: Einflüsse aufgrund der Messung selbst, die das Verhalten des Individuums modifizieren können, gleichgültig, ob der Untersucher das nun beabsichtigt oder nicht. Zweitens gibt es die experimentelle Modifikation oder den Einfluß von Treatments, die der Untersucher selbst setzt oder ausgewählt hat. Solche Treatment-Effekte treten häufig auch in der rein deskriptiven Forschung auf, wo eine Stichprobe ausgewählt worden ist, von der man weiß, daß sie zwischen den Testzeitpunkten ein anderes Treatment erfährt als die zugehörige Population. Und schließlich gibt es die Einflüsse durch die jeweilige Zeit, die auf nicht näher definierte Modifikationen in der Umwelt zurückgehen und die der Untersucher nicht kontrollieren kann oder die er nicht einmal kennt. Nun besteht die Möglichkeit, daß in allen drei Fällen entweder die Individuen aller Altersstufen gleichermaßen beeinflußt werden oder aber eine Alter × Treatment-Interaktion vorliegt, d. h. daß das Treatment Individuen auf einer Altersstufe beeinflußt, auf einer anderen aber nicht.

Die ersten beiden Treatment-Varianzquellen können mit der traditionellen Methode der Zufallszuordnung von Probanden zu verschiedenen Treatment- oder Übungsbedingungen kontrolliert werden (vgl. BALTES & GOULET, 1971). Diese Möglichkeit gibt es nicht in bezug auf die dritte Varianzquelle, den sozio-kulturellen Wandel, den der Untersucher nicht kontrollieren kann und der die Ursache dafür ist, daß jeder entwicklungspsychologische Untersuchungsplan notwendigerweise quasi-experimenteller Natur ist. Diese Dimension des sozio-kulturellen Wandels ist von allergrößter Bedeutung in der deskriptiven Alternsforschung. Vor allem bei Langzeit-Untersuchungen macht sie sich störend bemerkbar, denn es ist hinreichend bekannt, daß sich sowohl die Einstellungen der Probanden sich selbst und den experimentellen Verfahren gegenüber als auch die Einstellungen des Untersuchers verändern, was die Ergebnisse der Untersuchungen unterschiedlich beeinflussen kann.

Falls die Möglichkeiten dazu gegeben sind, sollte man ein gemischtes Modell in Erwägung ziehen, das die Untersuchung der Interaktionen zwischen Altersstufe, experimentellen und naturalistischen Treatment-Effekten (wobei letztere dem sozio-kulturellen Wandel zuzuschreiben wären) erlauben würde. Ein solches Modell erfordert allerdings, daß alle Altersstufen mehr als einmal und jeweils unter allen experimentellen Treatment- und Kontrollbedingungen getestet werden. Ein empirisches Beispiel für einen Plan zur Unterscheidung von Alters-, Testzeit- und Treatment-Effekten haben wir an anderer Stelle für die Dimensionen der Verhaltensrigidität gegeben (SCHAIE, 1971).

Wer deskriptive Untersuchungen durchführt, kann sich natürlich auf den Standpunkt stellen, es gäbe keine systematischen Interventionen, die kontrolliert werden müßten. Was bei der Alternsforschung aber dennoch guten Gewissens wohl nicht übersehen werden darf, ist die Tatsache, daß die Testungseffekte und allgemeine Umwelteffekte konfundiert sind. Deshalb ist es notwendig, Sequenz-Pläne zu benutzen, um Altersveränderungen (aufgrund von Reifungsvorgängen und/oder altersspezifischen, wenn auch von der Umwelt programmierten Verhaltenserwerb) von zeitlich gebundenen allgemeinen Umwelteinflüssen trennen zu können.

Interessiert sich der Untersucher in erster Linie für Populationsparameter, so kann er das

Problem der Testungs- oder Übungseffekte dadurch umgehen, daß er einen Plan mit unabhängigen Zufallsstichproben als die allgemeinste Form der Längsschnitt-Untersuchung wählt. Man würde in diesem Fall zu den verschiedenen Untersuchungszeitpunkten immer wieder neue Zufallsstichproben aus ein und derselben Kohorte ziehen und auf diese Weise jeden Probanden nur einmal testen. Es sollte dabei angegeben werden, welche Form der Stichprobengewinnung – mit oder ohne Stichprobenergänzung – gewählt wurde, obwohl es wenig wahrscheinlich ist, daß sich aus der Anwendung des einen oder anderen Stichprobenmodells praktische Konsequenzen ergeben. Komplikationen treten natürlich dann auf, wenn individuelle Altersveränderungen untersucht werden sollen, und zwar deshalb, weil dann ein Plan mit abhängigen Messungen erforderlich sein würde.

7.4.2 Effekte in Plänen mit abhängigen Stichproben (Messungen)

Obwohl es, wie wir bereits im vorhergehenden erörtert haben, viele Probleme der Stichprobengewinnung und -erhaltung gibt, haben viele, die Altersveränderungen innerhalb einer einzelnen Generation untersucht haben, Pläne mit abhängigen Stichproben bevorzugt, also Pläne, bei denen dieselben Probanden wiederholt getestet werden. Gleichgültig, ob man nun tatsächlich beabsichtigte, einzelne Probanden über die Zeit hinweg zu beobachten oder nicht, es wurde immer wieder behauptet, daß in den Fällen, in denen der experimentelle Fehler groß sei und die zu messenden Veränderungen klein sein würden, die Variabilität signifikant gesenkt werden könne dadurch, daß man einen Plan mit parallelisierten Stichproben (matched group design) verwendet; die Längsschnitt-Untersuchung mit abhängigen Stichproben ist davon nur eine Form der Anwendung.
Wenn man nicht davon ausgehen kann, daß die Meßvariablen von sozio-kulturellen Veränderungen unberührt bleiben, und wenn man nicht genau weiß, daß der Effekt einer Messung auf die folgende gleich Null ist, dann sind die Ergebnisse einer Untersuchung mit abhängigen Messungen an einer einzigen Stichprobe nicht interpretierbar, und ein solcher Plan darf für entwicklungspsychologische Untersuchungen nicht benutzt werden (vgl. auch Schaie, 1972). Diese Einschränkung gilt allerdings nicht für abhängige Messungen im Rahmen der Sequenz-Modelle. Dennoch wollen wir darauf hinweisen, daß ein Plan mit abhängigen Stichproben auch noch aus anderen Gründen weniger empfehlenswert erscheint als ein Ansatz, der auf unabhängigen Zufallsstichproben basiert. Gründe gegen einen Plan mit abhängigen Messungen wären: (1) geringere Effizienz, (2) irreführende Regressionseffekte, (3) Design-Probleme bei der Behandlung von Testungseffekten und (4) experimentelle Mortalität.

7.4.2.1 Effizienz von Plänen mit abhängigen Stichproben

Pläne mit abhängigen Stichproben sind nur dann effizient, wenn die Meßwerte hochreliabel sind oder wenn die Möglichkeit besteht, entweder auf vielen Altersstufen oder zu vielen Zeitpunkten Messungen durchzuführen. Das folgt aus dem Umstand, daß es bei gleicher Anzahl von Beobachtungen für wiederholte Messungen weniger Freiheitsgrade für den Fehlerterm gibt, der zur Überprüfung von Mittelwertsdifferenzen benutzt wird, als für unabhängige Messungen. Ein Plan mit abhängigen Stichproben wird sich daher erst dann als sinnvoll erweisen, wenn seine Sensitivität größer ist als die Nachteile, die aus der Überprüfung einer kleineren Anzahl von Probanden resultieren.

Diese Feststellung ist nicht einfach Ausdruck einer Voreingenommenheit zugunsten der unabhängigen Zufallsauswahl. Es läßt sich auch formal nachweisen, daß der für den Signifikanztest der Kohortendifferenzen benutzte Fehlerterm auf der Residualvarianz zwischen Probanden basiert, der bei der Kohorten-Sequenz-Methode $N - (N/A) - C(A - 1)$ Freiheitsgrade weniger hat als ein Plan mit unabhängiger Zufallsauswahl, der auf derselben Anzahl von Beobachtungen beruht (N bedeutet Anzahl der Testungen, A Anzahl der Altersstufen, und C Anzahl der Kohorten). In ähnlicher Weise wird der Fehlerterm, der für den Signifikanztest der Kohortendifferenzen bei der Quer-Sequenz-Methode benutzt wird, bei einem Plan mit abhängigen Messungen $N - (N/T) - C(T - 1)$ Freiheitsgrade weniger haben als bei einem Plan mit vergleichbaren unabhängigen Zufallsstichproben (T bedeutet hier Testzeitpunkte). Der Fehlerterm zur Überprüfung von Alter und Alter × Kohorte-Interaktionen im Rahmen der Kohorten-Sequenz-Methode wird $N - (N/T)$ weniger Freiheitsgrade haben. Zu beachten ist auch, daß man bei der Testzeit-Sequenz-Methode mit abhängigen Messungen vor dem Problem steht, bei der jeweils ersten oder letzten Altersstufe keine Meßwiederholung vornehmen zu können, und daß deshalb die Quadratsummen zwischen Probanden aus den Mittelwerten für die einzelnen Probanden errechnet werden müssen anstatt aus den Summen, wie das normalerweise der Fall ist. Hier ergeben sich $N - (A + 2)(N/AT)$ weniger Freiheitsgrade als bei dem entsprechenden Plan mit unabhängiger Zufallsauswahl.

7.4.2.2 Irreführende Regressionseffekte

Nach der traditionellen Testtheorie wären bei jeder Untersuchung, bei der dieselben Probanden wiederholte Male getestet werden, starke Regressionseffekte zu erwarten. Es gibt große Meinungsverschiedenheiten darüber, wie man Veränderungen unter diesen Umständen messen kann und ob sie überhaupt gemessen werden sollten (CAMPBELL & STANLEY, 1963; CRONBACH & FURBY, 1970). Der Regressionseffekt besteht hauptsächlich in der positiven Korrelation zwischen Meßfehler und beobachtetem Wert, unter der Voraussetzung, daß die Fehlerscores der Probanden aus verschiedenen Testungen unkorreliert sind. Bei der Schätzung von Populationsparametern ist der Regressionseffekt wohl nicht allzu gravierend; bei einer großen Anzahl von Beobachtungen kann er jedoch zu einer künstlichen Verringerung der Unterschiede zwischen Altersstufen, Kohorten oder Testzeitpunkten führen. Am schwersten wiegen solche Regressionseffekte allerdings anscheinend in Untersuchungen, in denen verschiedene Begabungsniveaus miteinander verglichen werden. So ist z. B. scheinbar recht eindeutig nachgewiesen worden, daß die Entwicklung der intellektuellen Leistungstätigkeit je nach Begabungsniveau variiert (vgl. etwa MILES & MILES, 1932; OWENS, 1966; RIEGEL, RIEGEL & MEYER, 1967b). BALTES, NESSELROADE, SCHAIE und LABOUVIE (1972) konnten jedoch mit Hilfe geeigneter Reversions-Verfahren (time-reversal procedures) nachweisen, daß die Relation des Begabungsniveaus zu Unterschieden in den ontogenetischen Intelligenzstrukturen des Erwachsenen – wie sie in einer Quer-Sequenz-Untersuchung mit abhängigen Messungen festgestellt worden waren (Schaie & Strother, 1968 a) – auf statistische Regressionseffekte zurückzuführen war. Darüber hinaus wurde, in Übereinstimmung mit Lord (1963), beobachtet, daß die Regressionseffekte für die am wenigsten reliablen Meßwerte am stärksten waren. Reversions-Verfahren oder ähnliche Techniken (Campbell & Stanley, 1963) empfehlen sich daher insbesondere für die Fälle, in denen die Unterschiede in entwicklungsbedingten Veränderungen in Abhängigkeit vom ursprünglichen Leistungsniveau untersucht werden sollen.

7.4.2.3 Design-Probleme bei der Behandlung von Testungseffekten

Wir haben bereits gesagt, daß bei der konventionellen Längsschnitt-Methode Alter, Umweltveränderungen und Testungs- oder Übungseffekte konfundiert werden. Die Sequenz-Strategien trennen demgegenüber die Komponenten entwicklungsbedingter Veränderungen; in ihrer einfachsten Form konfundieren sie allerdings auch Testungseffekte. Eine direkte Schätzung des Testungseffekts läßt sich mit Hilfe eines Kohorten-Sequenz-Designs mit abhängigen Messungen vornehmen, wenn man voraussetzen kann, daß Altersveränderungen gleich Null sind. Ähnlich könnten Testungseffekte auch im Quer-Sequenz-Design mit abhängigen Messungen geschätzt werden, wenn angenommen werden kann, daß Testzeitdifferenzen gleich Null sind. Gelten diese Voraussetzungen nicht, dann sind die Testungseffekte entweder mit Alters- oder mit Testzeiteffekten konfundiert.

Es ist möglich, unter allen genannten Bedingungen unabhängige Schätzungen der Untersuchungseffekte vorzunehmen, nämlich dann, wenn man einen Plan mit abhängigen Stichproben verbinden kann mit einem Plan mit unabhängiger Zufallsauswahl. Diese Schätzungen lassen sich dadurch ermitteln, daß man alle Stufen der Entwicklungskomponenten auf zwei oder mehr Testungsstufen untersucht. Um Übungseffekte bestimmten zu können, braucht man Daten aus mindestens drei Testdurchgängen bei der Quer- und der Testzeit-Sequenz-Methode und mindestens vier Testdurchgänge bei der Kohorten-Sequenz-Methode. Die Tabellen 1 bis 3 enthalten die notwendigen Pläne zur Stichprobengewinnung sowie die verallgemeinerten Modelle für die Varianzanalyse. Zu beachten ist dabei, daß die Schätzungen der Untersuchungseffekte auf Populationen basieren, die verschiedene Treatments erhalten, und nicht auf intraindividueller Varianz. Eine Analyse auf der Basis der intraindividuellen Varianz wäre zwar möglich, wenn man die Daten mit Hilfe der Quer-Sequenz- oder der Kohorten-Sequenz-Methode erhebt, würde aber noch kompliziertere Techniken der Stichprobengewinnung erfordern. Solche Pläne können vielleicht dann nötig werden, wenn man aus methodischen Gründen an der Schätzung der intraindividuellen Testungseffekte interessiert ist. Im allgemeinen jedoch dürfte man mit dem hier vorgeschlagenen Plan die Varianz aufgrund von Untersuchungseffekten auf geeignetste Weise aufklären können.

7.4.2.4 Experimentelle Mortalität

Die vielleicht am schwersten wiegende Begrenzung von Plänen mit abhängigen Stichproben ist die nicht vermeidbare selektive Stichprobenveränderung, für die Campbell und Stanley (1963) den Begriff der „experimentellen Mortalität" geprägt haben. Es ist viel-

Tab. 1: Plan für die Stichprobengewinnung und verallgemeinertes Modell der Varianzanalyse für die Kohorten-Sequenz-Methode mit Kontrolle der Testungseffekte

a. Plan der Stichprobengewinnung[a]

Testzeitpunkt	Getestete Stichproben
T_0	Zufallshälfte der Gruppe C_iA_m
T_1	C_iA_m insgesamt; Zufallshälften der Gruppen C_iA_n und C_jA_m
T_2	C_iA_n insgesamt; C_jA_m insgesamt; Zufallshälfte der Gruppe C_jA_n
T_3	C_jA_n insgesamt

b. Verallgemeinertes Modell der Varianzanalyse

Varianzquelle	Freiheitsgrade
Zwischen Kohorten (C)	C–1
Zwischen Altersstufen (A)	A–1
Zwischen Testungseffekten (P)	P–1
Kohorte×Alter	(C–1) (A–1)
Kohorte×Testungseffekt	(C–1) (P–1)
Alter× Testungseffekt	(A–1) (P–1)
Kohorte×Alter×Testungseffekt	(C–1) (A–1) (P–1)
Fehler	N–(C) (A) (P)
Gesamtvarianz	N–1

[a] Bei jeder Stichprobe werden die Werte aus der ersten Testung außer acht gelassen. Analysiert werden nur der zweite Datensatz für die Zufallshälften, die zuerst getestet worden sind, sowie der Datensatz für die Zufallshälfte ohne Testungseffekt.

leicht sinnvoll, hier zwei Arten der Stichprobenveränderung zu unterscheiden. Die erste Form der Stichprobenveränderung, die auch teilweise mit von der Fähigkeit des Untersuchers abhängen könnte, seine Probanden bei der Untersuchung zu halten, impliziert Altersdifferenzen in der experimentellen Mortalität aufgrund psychologischer und/oder soziologischer Ursachen, z.B. aufgrund von mangelndem Interesse, aktiver Weigerung, Wohnungswechsel oder einfachem Nichterscheinen. Die zweite Art der Stichprobenveränderung, auf die der Untersucher keinen Einfluß nehmen kann, impliziert Altersdifferenzen in der experimentellen Mortalität aufgrund biologischer Ursachen. Hierher gehören etwa der mit Alter zusammenhängende Verlust an Probanden aufgrund körperlicher Erkrankungen und individueller Unterschiede in der Lebenserwartung. Nicht alle Untersuchungen müssen durch dieses Problem belastet sein. In den Fällen jedoch, in denen eine Korrelation zwischen Stichprobenveränderung und interessierender Variablen besteht, könnten die Ergebnisse über ontogenetische Veränderungen dadurch erheblich beeinflußt werden. Das Problem scheint vor allem im Bereich der kognitiven Funktionen sehr schwerwiegend zu sein, da intelligentere Probanden anscheinend auch eine höhere Lebenserwartung haben (vgl. etwa Blum, Jarvik & Clark, 1970; Jarvik & Falek, 1963; Riegel, Riegel & Meyer, 1968).

Untersuchungen über Stichprobenveränderung aufgrund biologischer Faktoren zeigen, daß die in der Untersuchung verbleibenden Individuen im Hinblick auf Interessen und Einstellungen vergleichsweise mehr positive Eigenschaften besitzen (Riegel, Riegel &

Tab. 2: Plan für die Stichprobengewinnung und verallgemeinertes Modell der Varianzanalyse für die Testzeit-Sequenz-Methode mit Kontrolle der Testungseffekte

a. Plan der Stichprobengewinnung[a]

Testzeitpunkt	Getestete Stichproben
T_0	Zufallshälften der Stichproben A_mT_k und A_nT_k
T_1	A_mT_k und A_nT_k insgesamt; Zufallshälften von A_mT_1 und A_nT_1
T_2	A_mT_1 und A_nT_1 insgesamt

b. Verallgemeinertes Modell der Varianzanalyse

Varianzquelle	Freiheitsgrade
Zwischen Testzeitpunkten (T)	T–1
Zwischen Altersstufen (A)	A–1
Zwischen Testungseffekten (P)	P–1
Testzeit×Alter	(T–1) (A–1)
Testzeit×Testungseffekt	(T–1) (P–1)
Alter×Testungseffekt	(A–1) (P–1)
Testzeit×Alter×Testungseffekt	(T–1) (A–1) (P–1)
Fehler	N–(T) (A) (P)
Gesamtvarianz	N–1

[a] Bei jeder Stichprobe werden die Werte aus der ersten Testung außer acht gelassen. Analysiert werden also nur der zweite Datensatz für die Zufallshälfte, die zuerst getestet worden ist, sowie der Datensatz für die Zufallshälfte ohne Testungseffekt.

Meyer, 1968; Streib, 1966), gleichzeitig aber auch auf einem höheren sozialen Niveau und einem höheren Bildungsniveau stehen (Rose, 1965; Streib, 1966). Eine positive Auswahl von Reststichproben in einer Längsschnitt-Untersuchung geschieht jedoch nicht allein durch biologische Variablen, wie der Leser jetzt vielleicht denken könnte, sondern eine solche positive Auswahl – mindestens hinsichtlich des Intelligenzniveaus – kommt aufgrund von Ausfällen aus den verschiedensten Ursachen zustande (Baltes, Schaie & Nardi, 1971).

7.4.3 Veränderungen in der Faktorenstruktur über die Zeit hin

Außer der Tatsache, daß bei der Untersuchung von Entwicklungsphänomenen reliable Varianz durch Regressionseffekte verdeckt werden kann, ist ebenfalls problematisch, daß sich die Bedeutung der eigentlichen Komponente eines jeden ermittelten Wertes verändern kann. Man würde natürlich dann ganz sichergehen, wenn man einen Ansatz wählen würde, bei dem man sich nur auf die Maße stützt, von denen die faktorielle Struktur und Stabilität über die Zeit hin bekannt ist. Solche Maße sind allerdings selten, und es haben in der Vergangenheit noch weniger Untersucher die Vorteile von multivariaten Ansätzen zur Erforschung von entwicklungspsychologischen Problemen genutzt (vgl. auch Schaie & Marquette, 1972). Während bei spezies-spezifischen Untersuchungen, in

Tab. 3: Plan für die Stichprobengewinnung und verallgemeinertes Modell der Varianzanalyse für die Quer-Sequenz-Methode mit Kontrolle der Testungseffekte

a. Plan der Stichprobengewinnung[1]

Testzeitpunkt	Getestete Stichproben
T_0	Zufallshälften der Stichproben C_iT_k und C_jT_k
T_1	C_iT_k und C_jT_k insgesamt; Zufallshälften der Gruppen C_iT_1 und C_jT_1
T_2	C_iT_1 und C_jT_1 insgesamt

b. Verallgemeinertes Modell der Varianzanalyse

Varianzquelle	Freiheitsgrade
Zwischen Kohorten (C)	(C–1)
Zwischen Testzeitpunkten (T)	T–1
Zwischen Testungseffekten (P)	P–1
Kohorte×Testzeit	(C–1) (T–1)
Kohorte×Testungseffekt	(C–1) (P–1)
Testzeit×Testungseffekt	(T–1) (P–1)
Kohorte×Testzeit×Testungseffekt	(C–1) (T–1) (P–1)
Fehler	N–(C) (T) (P)
Gesamtvarianz	N–1

[1] Bei jeder Stichprobe werden die Werte aus der ersten Testung außer acht gelassen. Analysiert werden nur der zweite Datensatz für die Zufallshälften, die zuerst getestet worden sind, sowie der Datensatz für die Zufallshälften ohne Testungseffekt.

denen Generationsdifferenzen verglichen werden, vor allem die Frage der Äquivalenz der Testinstrumente relevant ist, taucht bei der Untersuchung von Leistungsvariationen, die innerhalb einer Kohorte im Verlauf des Alterns auftreten, die Frage nach der Äquivalenz der Faktorenstruktur desselben Testinstruments auf. Für diejenigen, die sich mit der Entwicklung des Erwachsenen beschäftigen, dürfte das Problem der Äquivalenz der Untersuchungsinstrumente nur in den Fällen wirklich ernst werden, in denen sie das Verhalten der Probanden während ihrer Kindheit mit dem Verhalten während des Erwachsenenalters verknüpfen wollen. Im letztgenannten Fall stellt sich auch die Frage nach der Äquivalenz der Faktorenstruktur innerhalb der Stichproben über verschiedene Testinstrumente hinweg (vgl. etwa SCHAIE & CATTELL, 1971).

Bei Untersuchungen innerhalb einer Generation tauchen im Zusammenhang mit der Frage der Invarianz der Faktorenstruktur drei Probleme auf. Sie betreffen die Unterscheidung von strukturellen Veränderungen in den Beziehungen zwischen Dimensionen und quantitativen Veränderungen im Leistungsniveau auf konzeptuell identischen Dimensionen (BALTES & NESSELROADE, 1970; CATTELL, 1969); die Beschreibung von Altersfunktionen für einzelne und idealiter orthogonale Dimensionen (BOTWINICK, 1967; REINERT, 1970; SCHAIE, ROSENTHAL & PERLMAN, 1953); und die Aufschlüsselung ontogenetischer und generationsbedingter Varianz bei faktoriell stabilen Dimensionen (NESSELROADE, SCHAIE & BALTES, 1972).

7.4.3.1 *Strukturelle Veränderungen in der Faktorenstruktur*

Das erste Problem bezieht sich auf die Möglichkeit, daß bei bestimmten beobachteten Phänomenen systematische Altersveränderungen (aufgrund von Beobachtungsartefakten) mit gleichzeitiger Stabilität der Faktorscores einhergehen können. Man muß also nicht nur wissen, ob die faktorielle Struktur eines Meßinstruments über verschiedene Testzeitpunkte hinweg invariant bleibt, sondern auch, ob sich Veränderungen in den Faktorscores aufgrund von Veränderungen in der differentiellen Gewichtung ergeben. Die Frage nach der Invarianz der Faktorenstruktur impliziert normalerweise den Vergleich der Korrelationspatterns aus der ersten mit den Korrelationspatterns aus den folgenden Messungen. Strukturelle Veränderungen liegen dann vor, wenn eine unterschiedliche Zahl von Faktoren für verschiedene Testsituationen und/oder keine Invarianz der Faktorenladungspatterns auftreten. Um die Möglichkeit auszuschalten, daß strukturelle Veränderungen als Funktion konstanter Beobachtungsfehler berichtet werden, empfiehlt es sich unbedingt, auch die Korrelationsmatrizen nullter Ordnung miteinander zu vergleichen, damit die Hypothese geprüft wird, daß ihre Abweichung voneinander nicht größer ist, als nach dem Zufall zu erwarten wäre (SCHAIE, 1958). Wenn man die Null-Hypothese nicht zurückweisen kann, dann erscheint der Schluß gerechtfertigt, daß die Veränderungen in der Zahl der Faktoren oder die Veränderungen in den Faktorenladungspatterns Zufallsvariationen darstellen und vernachlässigt werden können.
Hat man die Null-Hypothese in bezug auf die Äquivalenz der Korrelationsmatrizen nullter Ordnung zurückgewiesen, so impliziert das nicht notwendigerweise, daß man die Alternativ-Hypothese, es würden strukturelle Veränderungen vorliegen, akzeptiert. Um das mit Sicherheit behaupten zu können (woraus folgt, daß die Ergebnisse der Untersuchung in bezug auf quantitative Veränderungen im Leistungsniveau nicht interpretierbar wären), müßte man die Faktorenmatrizen für die verschiedenen Testzeitpunkte nach dem Verfahren von MEREDITH (1964) so rotieren, daß sie weitestgehend übereinstimmen, und anschließend das Faktorenpattern in eine Einfachstruktur transformieren, wobei man die Invarianz beibehält, die durch die Meredith-Rotation gewonnen wurde (NESSELROADE & CATTELL, 1970).

7.4.3.2 *Quantitative Veränderungen im Leistungsniveau*

Hat man erst einmal die Faktoren, die über die Zeit hin invariant bleiben, identifiziert, so wird es möglich und wünschenwert, Faktorscores zu schätzen, indem man die entsprechenden Gewichte aus den Faktorenladungen der ersten und folgenden Testungen mittelt (HARMAN, 1960). Bei entwicklungspsychologischen Untersuchungen ist allerdings wichtig, daß man die beobachteten Werteverteilungen gemeinsam über alle Testzeitpunkte hinweg standardisiert, bevor Faktorscores geschätzt werden. Das ist erforderlich, damit Mittelwertsdifferenzen zwischen den einzelnen Testzeitpunkten deutlich werden.
Der Vorteil von Altersfunktionen auf der Basis von Faktorscores gegenüber denen, die mit Hilfe der Rohwerte ermittelt werden, dürfte offensichtlich sein: Man vergleicht Individuen hinsichtlich idealisierter Variablen, von denen man festgestellt hat, daß ihre konzeptuelle Bedeutung über die Zeit hin invariant ist. Veränderungen im durchschnittlichen

Leistungsniveau, wie es sich in den Faktorscores abbildet, können deshalb valide als Veränderungen im Verhalten und nicht als eine eventuelle Veränderung in der Bedeutung der Meßvariablen interpretiert werden, wie das der Fall ist, wenn die untersuchten Variablen über die Zeit hin miteinander verglichen werden.
Interessant ist in diesem Zusammenhang auch die Stabilität der Faktorscores. Da die Faktorscores Schätzwerte der reliablen Varianzkomponenten darstellen, könnte ihre Höhe eher einen Hinweis geben auf die Stabilität des Verhaltens als auf die Reliabilität des Meßinstruments.

7.4.3.3 Ontogenetische und generationsbedingte Varianz bei faktoriell stabilen Dimensionen

Stellt man fest, daß faktorielle Invarianz bei einer Erwachsenenpopulation vorliegt, dann kann man das natürlich nicht als unmittelbaren Beweis für Stabilität über alle Altersstufen hinweg werten. Dennoch ist sehr wahrscheinlich, daß sowohl das Modell des „irreversiblen Abbaus" als auch das Modell „Abbau mit Möglichkeiten der Kompensation" in erster Linie auf beobachtbare Variablen passen, die eine komplexe Faktorenstruktur aufweisen und deren Komplexität (d. h. faktorielle Struktur) sich über die Zeit hin verändert. Das Stabilitätsmodell dürfte deshalb vor allem für faktoriell reine und folglich strukturell invariante Variablen gelten. Trifft diese Vermutung zu, dann würde daraus folgen, daß für die Analyse der Faktorscores die Quer-Sequenz-Methode am geeignetsten wäre. Diese Methode trennt den Varianzanteil, der auf Mittelwertsdifferenzen in den Generationsstufen zurückgeht, von dem Varianzanteil, der auf temporäre Variationen im Verhältnis von Aufbau und Abbau zurückzuführen ist und durch die ontogenetische Varianzkomponente repräsentiert wird.
Nesselroade *et al.* (1972) haben kürzlich ein empirisches Beispiel für einen solchen Ansatz im Zusammenhang mit verschiedenen Maßen für kognitives Verhalten vorgestellt. In ihrer Untersuchung wird nachgewiesen, daß es sowohl zwischen als auch innerhalb von Generationen signifikante Differenzen in den mittleren Faktorscores gibt. Allerdings zeigt sich auch – und zwar bei einem Plan, der den entsprechenden Vergleich erlaubt – daß der Varianzanteil innerhalb von Generationen (der vor allem bei Längsschnitt-Untersuchungen interessant ist) unbedeutend ist und kein Faktor mehr als 5 % der Gesamtvarianz aufklärt. Die Varianzkomponenten, die auf Generationsunterschiede zurückgehen, klären im Gegensatz dazu mindestens ein Drittel der Gesamtvarianz auf und dürften deshalb praktische und theoretische Implikationen besitzen.

7.5 Untersuchung der Entwicklung des Erwachsenen in verschiedenen Kohorten (Querschnitt-Untersuchung)

Der Leser mag mittlerweile zu dem Schluß gekommen sein, daß im Bereich der Entwicklung des Erwachsenenverhaltens eine Beschreibung von Altersfunktionen als solche wenig Aufschluß gibt und daß man eher kulturellen Wandel und dessen Einfluß auf das Verhalten von Erwachsenen unterschiedlicher Generationen zu verschiedenen historischen Zeitpunkten untersuchen sollte. Und der Leser hat hoffentlich ebenfalls festgestellt, daß Querschnitt-Untersuchungen zwar keine Altersfunktionen aufdecken können, dafür aber für die Untersuchung von Unterschieden zwischen Generationen sehr geeignet sind. Sowohl die traditionelle Querschnitt-Methode als auch die allgemeinere Form, die Testzeit-Sequenz-Methode, können für diesen Zweck verwendet werden. Allerdings gibt es bei der Untersuchung solcher Unterschiede zwischen Generationen auch bestimmte Probleme. Drei Aspekte wollen wir im folgenden betrachten: die Analyse der Unterschiede zwischen aufeinanderfolgenden Querschnitt-Untersuchungen; mögliche Pläne für prospektive wie auch retrospektive Daten; und die Frage, ob zur Ermittlung von Generationsunterschieden Testinstrumente verwendet werden sollten, die der Altersstufe oder eher der Kohorte angemessen sind.

7.5.1 Vergleiche innerhalb einzelner und zwischen verschiedenen Querschnitt-Untersuchungen

Wer sich bei der Untersuchung der Entwicklung des Erwachsenen auf das ,,Stabilitätsmodell" stützt, kann zur Beschreibung der Unterschiede im Verhalten aufeinanderfolgender Generationen eine einzelne Querschnitt-Untersuchung durchführen. Das bedeutet, daß ein Großteil der psychologischen Literatur über Altersdifferenzen sehr sinnvoll genutzt werden könnte, dann nämlich, wenn man sich die Mühe machen würde, in allen entsprechenden Tabellen und Graphiken die Altersangaben durch das jeweilige Geburtsjahr der Probanden zu ersetzen (und damit ihre Generationszugehörigkeit zu identifizieren). Mit anderen Worten: Wenn man der Meinung ist, daß eine Variable in der Periode des Erwachsenenalters keine signifikanten Altersveränderungen anzeigt, dann kann man die Ergebnisse von Querschnitt-Untersuchungen als direkte Beschreibungen der Unterschiede zwischen Generationen interpretieren. Von diesem Standpunkt aus wäre es nun notwendig, systematisch die Literatur durchzusehen, denn es wäre dann nicht mehr problematisch, wenn sich Ergebnisse über das Leistungsniveau von bestimmten Altersstufen nicht replizieren ließen. Woran man jetzt statt dessen interessiert sein müßte, das wäre die Replizierbarkeit der Ergebnisse für bestimmte Kohorten.
Was passiert aber, wenn sich herausstellen sollte, daß die Annahme, Erwachsenenverhalten sei stabil, falsch war? Überraschenderweise hat das keine schwerwiegenden Konsequenzen in den Fällen, in denen Querschnitt-Daten grundsätzlich am angemessensten sind. Da Querschnitt-Daten normalerweise nämlich nur bei den Fragestellungen herangezogen werden, bei denen es um Populationsunterschiede zum jeweils gegenwärtigen Zeitpunkt geht, wäre es nicht so problematisch, wenn eine der Komponenten des beobachteten Unterschieds zwischen aufeinanderfolgenden Generationen Veränderungen im Reifungsniveau zugeschrieben werden müßte. Hätte man fälschlicherweise Stabilität im Erwachsenenverhalten angenommen, dann wäre das jedoch außerordentlich kritisch, in den Fällen, in denen man die Querschnitt-Methode zur Aufdeckung von Generationsunterschieden zum Zweck langfristiger Planungen benutzt.
Untersuchungen, in denen man Daten als Grundlage für Planungen erhebt, basieren natürlich auf der Annahme, daß die Unterschiede zwischen Generationen, die man zum je-

weils gegenwärtigen Zeitpunkt feststellt, wahrscheinlich nicht konstant bleiben. Wenn sich der Leser einmal an unsere Analyse der wichtigsten Modelle zur Erklärung der Entwicklung im Erwachsenenalter erinnert, dann wird er feststellen, daß diese Annahme am ehesten mit dem Modell „Abbau mit Möglichkeiten der Kompensation" in Einklang zu bringen ist. Man will hier nämlich wissen, in welchem Ausmaß die Veränderung im Umwelteinfluß auf das Leistungsniveau auf verschiedenen Altersstufen einwirkt. Die Vergleiche, die man mit der Testzeit-Sequenz-Methode vornimmt, liefern in diesem Fall genau die hierfür notwendigen Informationen und erlauben die Isolierung der Varianzkomponenten, die auf Veränderungen im Reifungsniveau zurückzuführen sind, von denen, die auf Veränderungen im Umwelteinfluß zurückgehen, und von der Veränderung in Unterschieden zwischen Generationen, die durch den Interaktionsterm repräsentiert würde. Wiederholt man eine Querschnitt-Untersuchung über mehrere Testzeitpunkte hinweg, dann wird man feststellen, daß Altersdifferenzen, die an einem Untersuchungszeitpunkt ermittelt worden waren und die eigentlich Generationsunterschiede darstellen, verschwinden, wenn man sie über viele Testzeitpunkte mittelt. Wenn solche Altersdifferenzen aber wirklich Unterschiede im Reifungsniveau repräsentieren, dann werden sie bestehen bleiben, gleichgültig, wie häufig man die Untersuchung repliziert. Der Umwelteinfluß wird ermittelt, indem man den Unterschied zwischen Testzeiten über viele Alters- und Generationsstufen hinweg vergleicht, und es ist dann nach einigen Wiederholungsmessungen möglich, die Trends auszumachen, die für langfristige Vorhersagen nützlich sein können.
Es muß allerdings darauf hingewiesen werden, daß ein Vergleich von Querschnitt-Untersuchungen, die auf unabhängigen Stichproben basieren, nur im Rahmen des „Stabilitätsmodells" Aufschluß über die Stabilität von Leistungsniveaus innerhalb von Generationen geben kann. Um innerhalb anderer Modelle zu sinnvollen Aussagen zu kommen, wäre es notwendig, dieselbe Querschnitt-Untersuchung zu replizieren, indem man sukzessive, voneinander unabhängige Stichproben untersucht, die immer die gleiche Altersspanne derselben Grundgesamtheit abdecken.

7.5.2 Vergleiche mit Hilfe prospektiver und retrospektiver Schätzungen

Die nur einmal durchgeführte Querschnitt-Untersuchung ist zwar mittlerweile bis zum Überdruß kritisiert worden, dennoch erfreut sie sich weiterhin offensichtlich großer Beliebtheit bei denjenigen, die – wie etwa Doktoranden – ein Projekt innerhalb einer begrenzten Zeitspanne abschließen müssen. Deshalb hat man sich inzwischen auch sehr aufmerksam mit den Möglichkeiten beschäftigt, Angaben über das Erwachsenenalter mit Hilfe retro- und prospektiver Daten zu erhalten, die sich auf viele Punkte im Lebensablauf der Probanden beziehen, aber nur zu einem einzigen Zeitpunkt aufgenommen werden (vgl. dazu etwa Bell, 1960; Lehr, 1967; Yarrow, Campbell & Burton, 1970). Abgesehen von den schwerwiegenden Fragen, die sich im Hinblick auf Reliabilität und Validität solcher Daten stellen, muß allerdings auch darauf hingewiesen werden, daß derartige Untersuchungen unter den allgemeinen Problemen des Längsschnitt-Plans mit abhängigen Messungen (longitudinal repeated measurement model) leiden, wenn auch in

asymmetrischer Weise. Bei einem retrospektiven Verhaltensbericht wird nämlich jede weiter zurückliegende Episode, über die Auskunft gegeben wird, sowohl von der Darstellung kürzer zurückliegender Episoden als auch von der jeweiligen Verfassung des Probanden beeinflußt. Umgekehrt wird bei prospektiven Aussagen jede Episode, die später geplant wird, von früher geplanten Episoden beeinflußt werden. Ob man die Sequenz-Methoden bei retro- und prospektiven Untersuchungen verwenden kann, ist bislang noch nicht erforscht. Eines der wesentlichsten Probleme wäre wohl, daß es notwendig ist, Kohorten mit relativ ungleichen Vorstellungen von vergangenen und zukünftigen Lebensabschnitten auf vergleichbaren Altersstufen miteinander zu vergleichen. Ein Versuch, solche Modelle anzuwenden, findet sich bei BACK und BOURGUE (1970) in einer Untersuchung über Lebenszufriedenheit.
Bei der Erforschung des aktuellen Verhaltens mit Hilfe retro- und prospektiver Methoden wird man wohl auf Schwierigkeiten stoßen, aber für die Untersuchung von perzipiertem Alter und kulturellem Wandel scheinen sich diese Techniken dagegen um so besser zu eignen. Dieser Bereich, der neuerdings sehr in den Blickpunkt des Interesses gerückt ist, dürfte sich noch erheblich weiterentwickeln, wenn NEUGARTEN (1969) mit ihrer Behauptung Recht haben sollte, daß die Rollenwahrnehmung, die mit dem Alter verknüpft ist, wirklich eine der wichtigsten Determinanten für ontogenetische Veränderungen sei. Da die Rollenwahrnehmung von jeder Altersstufe aber von einem konstanten Punkt in der historischen Zeit aus betrachtet werden muß, scheint die Querschnitt-Methode hier durchaus angemessen zu sein, und die Testzeit-Sequenz-Methode könnte zur Überprüfung der Stabilität solcher Rollenwahrnehmungen herangezogen werden. (S. dazu auch AHAMMER & BALTES, 1970; BEKKER & TAYLOR, 1966; BRITTON & BRITTON, 1969.)

7.5.3 Altersangemessene versus kohortenangemessene Testinstrumente

Wann immer man Kohorten miteinander vergleicht, steht man vor der Frage, ob die Testinstrumente für die Angehörigen der verschiedenen Generationen in gleicher Weise angemessen sind. Dieses Problem hat man bereits im Zusammenhang mit Tests zu lösen versucht, die auf verschiedenen Altersstufen angewendet werden sollten. So wurden z. B. für den WECHSLER-Intelligenz-Test und für die faktorenanalytischen Persönlichkeitstests von CATTELL und seinen Mitarbeitern verschiedene Parallelformen ausgearbeitet, die für verschiedene Altersstufen geeignet sind. Wenn nun ein bestimmter Test für eine bestimmte Altersstufe angemessen ist, dann bedeutet das allerdings nicht, daß er für diese Altersstufe nun auch weiterhin immer angemessen bleibt. Im Gegenteil werden durch Veränderungen inhaltlich-kultureller Aspekte sich viele Tests für die jeweiligen Altersstufen nicht mehr eignen. In diesem Sinne ist es durchaus denkbar, daß der ursprüngliche WECHSLER-BELLEVUE-Test für ältere Menschen ein validerer Test ist als die jüngere revidierte Form, weil diese ältere Menschen gegenüber den heute Zwanzigjährigen benachteiligt, und zwar einfach aus dem Grunde, weil sich der Testinhalt verändert hat und für die verschiedenen Kohorten unterschiedlich adäquat ist.

Die vielleicht umfassendste Arbeit zum Problemkreis der Angemessenheit von Testmaterial für verschiedene Generationen, die für einen adäquaten Vergleich von Angehörigen verschiedener Generationen von entscheidender Bedeutung ist, wird derzeit an der „Syracuse University" durchgeführt.[2] MONGE und seine Mitarbeiter klassifizierten dabei Wörter nach ihrer Aufnahme in den allgemeinen Wortschatz, wie sich das bei einer entsprechenden Durchsicht von Wörterbüchern zeigt. Sie konnten nachweisen, daß sich der kohortenspezifische Gradient für Vertrautheit mit einem Wort für Slangausdrücke und andere Wörter leicht manipulieren ließ, und zwar in Abhängigkeit von der Zeit der Übernahme des jeweiligen Begriffs in den aktiven Wortschatz. Während nämlich Zwanzig- bis Dreißigjährige signifikant besser mit Ausdrücken zurechtkamen, die nach 1960 Eingang in die Sprache gefunden hatten, war die Leistung der Vierzig- bis Sechzigjährigen wesentlich besser bei Wörtern, die in den späten zwanziger Jahren aufgekommen waren. Unterschiede im verbalen Ausdrucksvermögen zwischen Generationen, wie sie sich charakteristischerweise in Querschnitt-Untersuchungen zeigen, könnten also sehr wohl Artefakte sein, die mit der Angemessenheit der verwendeten Testinstrumente für verschiedene Kohorten zusammenhängen.

7.6 Einige Bemerkungen zu dem Problem der Prioritätensetzung bei der Untersuchung der Entwicklung im Erwachsenenalter

Wir haben die vorliegende Erörterung methodischer Probleme bei der deskriptiven Untersuchung der Entwicklung im Erwachsenenalter mit der Feststellung begonnen, daß die Zeit für experimentelle Forschung im strengen Sinne noch nicht reif sei, weil sich erst einmal die Auffassung von dem, was zu manipulieren wäre, ändern müsse. Das bedeutet nun allerdings nicht, daß man die Möglichkeiten außer acht lassen sollte, natürlich ablaufende Veränderungen (experiments of nature) zu untersuchen, und das heißt auch nicht, daß man nun etwa, ähnlich wie früher, ziellos nach Unterschieden im Verhalten von älteren und jüngeren Probanden suchen sollte. Wir wollen vielmehr vorschlagen, daß ein hypothetico-deduktiver Ansatz vorgezogen werden sollte; dabei werden erst die Modelle spezifiziert, die den zu erwartenden Ablauf der Entwicklung im Erwachsenenalter charakterisieren, und dann die Daten aufgenommen, die das jeweilige Modell stützen oder widerlegen. Das bedeutet: Querschnitt-Ansätze sollen nicht ohne weiteres abgelehnt werden, sondern vielmehr durch angemessene Replizierungen dazu dienen, die Generalisierbarkeit solcher Daten zu prüfen. Außerdem empfiehlt es sich, verstärkt Extremgruppen zu untersuchen, weil das mit großer Wahrscheinlichkeit schneller zu den gewünschten Ergebnissen im Sinne einer Aufdeckung von Entwicklungsgesetzen für das Erwachsenenalter führt als die Suche nach repräsentativen Daten, die oft irrelevant oder unmöglich zu erheben sind. Auch wo es um Populationsschätzwerte geht, dürfte es sinnvoll

[2] Persönliche Mitteilung von R. F. MONGE, 1971.

sein, den jeweiligen Zweck, für den Daten gesammelt werden sollen, immer im Auge zu behalten. Und schließlich wollen wir dafür plädieren, daß alle, die sich mit der Untersuchung der Entwicklung im Erwachsenenalter beschäftigen, ihre Aufmerksamkeit – zumindest was die psychologischen Variablen betrifft, – in erster Linie den Unterschieden zwischen Generationen und dem kulturellen Wandel zuwenden, die wohl sehr viel aussagekräftigere Parameter sind als chronologisches Alter.

8 Die Erfassung kognitiver Prozesse über die gesamte Lebensspanne hinweg: Methodologische Implikationen des organismischen Ansatzes[1]

FRANK H. HOOPER, University of Wisconsin, Madison, Wisconsin

8.1 Einführung

Durch die Untersuchung der kognitiven Prozesse, durch die ein Organismus Bewußtsein und Kenntnis über Objekte außerhalb seiner selbst, über sich selbst und über bedeutsame Beziehungen zwischen sich selbst und Objekten erhält, wird für Kontinuität gesorgt zwischen dem präexperimentellen Bereich der epistemologischen Philosophie und dem gegenwärtigen Interesse (und der Beschäftigung mit) der experimentellen Analyse und Manipulation komplexer Prozesse. Wie populär der Bereich der Kognitionen zur Zeit ist, wird deutlich bei einer sorgfältigen Durchsicht zweier vor nicht allzu langer Zeit erschienenen Bände über Entwicklungspsychologie (MUSSEN, 1960, 1970), in denen eine große Zahl von Inhaltsbereichen, z. B. sensorische Prozesse und Wahrnehmung, Lernen, Problemlösen und Denken, Konzept-Entwicklung, Sprache und Psycholinguistik, standardisierte Erfassung von Fähigkeiten, Kreativität, Implikationen für die Erziehung, unter der Rubrik ,,kognitive Entwicklung" behandelt wird. Man könnte sich sogar fragen, welcher Psychologe sich *nicht* mit dem Problem der Kognitionen befaßt, wenn man an die treffende Äußerung von KOCH (1964) denkt, daß man sich im Neo-Neobehaviorismus wieder ,,einer Beschäftigung mit empirischen Problembereichen (zuwendet), die lange Zeit wegen ihres subjektivistischen ,,Anstrichs" vernachlässigt oder nur am Rande berücksichtigt worden waren" (S. 19). Wir können also festhalten, daß alle mit Kognitionen zusammenhängenden Fragen derzeit in der Psychologie starke Beachtung finden, und wollen uns nun im folgenden den spezifischen konzeptuellen und methodologischen Problemen zuwenden, die dann auftauchen, wenn man die kognitive Entwicklung über die gesamte Lebensspanne hin untersucht.

Da so viele Inhaltsbereiche dem Begriff ,,Kognitionen" subsumiert werden, gibt es natürlich auch eine Vielzahl spezieller methodologischer Bereiche, z. B. Psycholinguistik, Lernen, Problemlösen, standardisierte Erfassung von Fähigkeiten etc., wobei jeder Bereich seine eigenen Wertungen und spezifischen technischen Aspekte hat. Es ist ganz of-

---

[1] Der Autor dankt Irving E. SIGEL, William R. LOOFT und Jane A. GOLDMAN für die kritische Durchsicht früherer Versionen dieses Kapitels.

fenkundig, daß der zu häufige Gebrauch des Begriffs ,,Kognition" zu Verwirrung und unbegründeten Generalisierungen führt, aber abgesehen davon behaupten wir im vorliegenden Beitrag, daß *nicht* das inhaltliche Interesse eines Forschers die wesentliche Determinante für die methodologischen Probleme, Erhebungsstrategien und die damit verknüpften Fragen der Erhebungsinstrumente ist, sondern vielmehr die Art von Entwicklungsmodell oder von Weltbild (REESE & OVERTON, 1970, siehe auch Kapitel 2 dieses Bandes), das als möglicherweise gültig und geeignet für die Anwendung auf die gesamte Lebensspanne angesehen wird. Von diesem Standpunkt aus stellt das jeweils gewählte konzeptuell-theoretische Modell über die Relation des Menschen zu seiner Umwelt eine offensichtliche operationale Begrenzung für die Definition der kognitiven Tätigkeit und die allgemeine Konzeption entwicklungsbedingter Veränderungen dar, die für jeden, der im Bereich der menschlichen Entwicklung arbeitet, akzeptabel ist. Daraus folgt, daß die Design-Probleme und die methodologischen Probleme einer Entwicklungspsychologie der Lebensspanne (s. BIRREN, 1959b; GOULET & BALTES, 1970; INHELDER & MATALON, 1960; KESSEN, 1960; WOHLWILL, 1970a) untrennbar verknüpft sind mit entwicklungspsychologischen Modellen und damit zusammenhängenden konzeptuellen Fragen (z. B. BEILIN, 1969, 1971a; KESSEN, 1962; LANGER, 19691 NAGEL, 1957; PIAGET, 1960; REESE & OVERTON, 1970; VAN DEN DAELE, 1969; WERNER, 1967; ZIGLER, 1963).
Man könnte wohl eine Reihe von entwicklungspsychologischen Modellen, z. B. den klassischen oder neo-FREUDianischen psychoanalytischen Ansatz, den Ansatz von HULL, SKINNER, der sozialen Lerntheorie, ethologische Ansätze, in denen Reifung betont wird, systemtheoretische und psychometrische Ansätze, entsprechend ihrer methodologischen Implikationen für die kognitive Analyse miteinander vergleichen, aber der wirklich entscheidende Gegensatz besteht wahrscheinlich doch zwischen den organismischen und den verschiedenen neo-behavioristischen theoretischen Systemen (KAPLAN, 1967; REESE & OVERTON, 1970, siehe Kapitel 2 dieses Bandes). Zwar wäre es denkbar, daß es irgendwann einmal zu einer Annäherung und Synthese dieser Systeme kommt (s. beispielsweise die Arbeiten von BERLYNE, 1960, 1965, 1966), gegenwärtig führen diese Positionen jedoch zu ziemlich unterschiedlichen Forschungsrichtungen. Im folgenden Beitrag wollen wir die Implikationen des organismischen Modells der menschlichen Entwicklung für die Methodologie einer Entwicklungspsychologie der Lebensspanne untersuchen.

8.2 Die Konzeption entwicklungsbedingter Veränderungen im organismischen Modell

Im organismischen Modell wird kognitive Entwicklung unter einem relativistisch-interaktionistischen Blickwinkel als die zunehmende Fähigkeit des Menschen aufgefaßt, Wissen über die Welt zu erwerben, in der er lebt; die Arbeiten von WERNER und PIAGET können als Beispiel für diesen Standpunkt dienen. In diesem ,,konstruktiven Rationalismus" (BEILIN, 1971a) wird zwar die formal ähnliche Rolle der traditionellen Inhaltsbereiche

Wahrnehmung, Lernen und Kognition für Anpassungsverhalten erkannt, stärker jedoch werden die grundsätzlichen Unterscheidungsmerkmale betont, die diesen menschlichen Funktionsmodi zugrundeliegen. Daher haben PIAGET und INHELDER (1969) auch unterschieden zwischen der Rolle der Übung (exercise) und Erfahrungsfaktoren (experiential factors), die basieren auf:

„(a) materiell-physikalischen Erfahrungen, die darin bestehen, daß man mit Objekten umgeht, um deren Eingenschaften zu abstrahieren (z. B. zwei Gewichte unabhängig vom Volumen zu vergleichen); und (b) logisch-mathematischen Erfahrungen, die darin bestehen, daß man mit Objekten umgeht im Hinblick darauf, das Ergebnis der Koordination von Handlungen kennenzulernen (z. B. wenn ein Kind von fünf oder sechs Jahren auf empirischem Wege entdeckt, daß die Summe einer Anzahl von Objekten unabhängig ist von deren Anordnung im Raum oder der Weise, wie sie gezählt werden)" (S. 155).

PIAGET und INHELDER haben insbesondere den letztgenannten Bereich als ein Beispiel für kognitive Tätigkeit hervorgehoben. Wahrnehmung wird im System von PIAGET in Anbetracht des Ausmaßes an Äquilibration und der Anwendungsbreite, die Wahrnehmungsprozesse zeigen, eine ausgesprochen untergeordnete Rolle zugewiesen, obwohl hier doch gewisse parallele Entwicklungsmuster zu beobachten sind. In WERNERS Theorie werden ebenfalls in bezug auf die kognitive Entwicklung bestimmte Formen der Motorik, der Wahrnehmung und des Denkens (contemplation) unterschieden. Setzt man reflexartige Reaktionen *auf* Stimuli sowie sensu-motorische Handlungen *gegenüber* gezeigten Dingen dem Wissen *über* Objekte gegenüber, so wird nur die letztgenannte Kategorie als eigentliche Symbolbildung und -verwendung aufgefaßt (WERNER & KAPLAN, 1963). An solche Unterscheidungen muß man denken, wenn man die qualitative Analyse innerhalb des organismischen Modells betrachtet.
Welche Bedeutung eine solche organismische Orientierung für die Entwicklungspsychologie der Lebensspanne haben könnte, wird für die Organismiker weitestgehend durch die Bestimmungsstücke dafür definiert, was genau eine echte entwicklungsbedingte Veränderung in der kognitiven Tätigkeit konstituiert. Der Begriff *entwicklungsbedingt*, ist vorbehalten

„. . . den Veränderungen, die nicht einfach nur irreversibel sind oder eine zahlenmäßig größere Komplexität zeigen; solche Veränderungen müssen sich vielmehr zusätzlich in Organisationsformen abspielen, die vorher in der Geschichte des Systems, das sich entwickelt, nicht aufgetreten waren, etwa daß das System eine größere Fähigkeit zur Selbstregulierung oder etwa eine relativ größere Unabhängigkeit von Umweltveränderungen aufweist.
. . . Diese Konzeption von Entwicklung enthält also zwei wesentliche Komponenten: Zum einen die Vorstellung von einem System, das eine fest umrissene Struktur und eine umschriebene Menge vorher feststehender Fähigkeiten besitzt; zum anderen die Vorstellung von sequentiellen Veränderungen im System, die zu relativ dauerhaften, aber immer neuen Erweiterungen nicht nur in der Struktur, sondern auch in den Funktionsweisen des Systems führen" (NAGEL, 1957, S. 16f.).

Aus dieser Definition ist abzulesen, daß sich (im Gegensatz zu lernpsychologischen Modellen)

„. . . Entwicklungspsychologie . . . beschäftigt mit den Veränderungen, die in der Form oder in der Organisation von Reaktionen über die Zeit hin auftreten, und nicht mit Veränderungen in der Stärke oder der Genauigkeit von Reaktionen . . . Der Entwicklungspsychologe interessiert sich also für strukturelle Veränderungen in einer Reaktion, d. h. solche Veränderungen, die nicht einfach nur innerhalb einzelner Versuchsdurchgänge oder Stimulus-Darbietungen auftreten (ZIGLER, 1963, S. 345).

Im Gegensatz zu der hier vertretenen Auffassung verlaufen nach Ansicht des Behaviorismus kognitive Prozesse an allen Punkten der Lebensspanne, zumindest nach Erwerb der Sprache, grundsätzlich gleich (identisch?); Denken beim Kind stellt danach lediglich eine weniger komplexe und quantitativ nicht so umfangreiche Form des Denkens eines Erwachsenen dar (BEILIN, 1971b).

WOHLWILL (1970a) hat vor nicht allzu langer Zeit eine Abgrenzung von echten entwicklungsbedingten Verhaltensphänomenen vorgenommen; dabei bleiben mit Alter korrelierende Veränderungen unberücksichtigt, die explizit mit situationsspezifischen Erfahrungen als *notwendigen* Determinanten einhergehen. Von echten entwicklungsbedingten Veränderungen in kognitiven (oder anderen) Verhaltensbereichen wird nur ,,insoweit (gesprochen), als man es mit Verhaltensvariablen zu tun hat, deren allgemeiner Entwicklungsverlauf (Richtung, Form, Sequenz etc.) sowohl über ein breites Spektrum bestimmter Umweltbedingungen als auch über genetische Merkmale hinweg invariant ist" (WOHLWILL, 1970a, S. 52). Wie wir sehen werden, wirft diese generelle Ablehnung von Stimulus, Situation und Besonderheiten der Instruktion schwierige methodologische Probleme für ein Programm der Erfassung von Kognitionen über die gesamte Lebensspanne hinweg auf und läßt einen fragen, wie relevant möglicherweise Trainings-Studien, in denen Probanden systematisch Anreicherungs-Bedingungen ausgesetzt werden (training-enrichment-studies), als Informationsquelle für langzeitige entwicklungspsychologische Analysen sein könnten.

Aus dem bisher Gesagten folgt, daß typisches kognitives Verhalten, so wie es der Organismiker auffaßt, etwas ganz anderes ist als das, was Gegenstand von traditionellen neobehavioristischen Untersuchungen zur Konzept-Bildung ist.[2] In einer Diskussion des Unterschieds zwischen dem Konzept-Erwerb aus behavioristischer Sicht und kognitiven ,,Prozessen" sensu PIAGET hat BEILIN (1971a) folgendes ausgeführt:

,,Es ist notwendig, in bezug darauf zwei Arten von Neuheit zu unterscheiden – etwas Neues für die Spezies (species novelty) und etwas Neues für das Individuum (individual novelty). Bei der Entwicklung der Intelligenz oder Kognition ist etwas Neues im Sinne der Entwicklung neuer Prozesse oder Mechanismen des Denkens (z. B. Induktion) wahrscheinlich ein sehr seltenes Ereignis in der Geschichte der Spezies. Etwas derartiges Neues muß durch dieselben Theorien erklärt werden, die man auch zur Erklärung der Evolution der Spezies und des Auftauchens neuer Speziesmerkmale benutzt, nämlich Theorien der genetischen Kodierung, natürliche Auslese, Mutation etc. Neuheit in der individuellen Kognition kann zweierlei Bedeutung haben. Wenn eine Neuheit so selten auftaucht, wie eine Prozeßveränderung, dann ist sie mit Hilfe derselben Evolutionstermini explizierbar, wie wir sie oben benutzt haben" (S. 90).

Natürlich fallen diese Bereiche kognitiver Prozesse zusammen mit den Grundkategorien Raum, Zeit, relationales Denken und Kausalität, durch die die Neu-KANTische Philoso-

[2] Das setzt natürlich voraus, daß es eine gewisse Übereinstimmung darüber gibt, was man von neobehavioristischer Seite unter ,,Konzept" versteht. Nach dem Überblick, den FLAVELL vor nicht allzu langer Zeit gegeben hat, liegt eine allgemein akzeptierte Definition von Konzept-Bildung derzeit nicht vor (FLAVELL, 1970b, S. 983–991).

phie mit der modernen genetischen Epistemologie von PIAGET verknüpft wird. (Der Leser sei auf CAMPBELL, im Druck, verwiesen, der einen Überblick gibt über die Ansätze, in denen man versucht, die KANTische Epistemologie evolutionstheoretisch zu interpretieren.)

8.3 Qualitative Analyse

Geht man von unserer Definition von Kognition aus und berücksichtigt, was unserer Meinung nach entwicklungsbedingte Veränderungen sind, dann folgt daraus, daß die wesentliche Aufgabe bei einer Erforschung von PIAGET-Konzepten über die gesamte Lebensspanne hinweg natürlich die *qualitative* Analyse ist. In der Theorie von PIAGET gibt es zwei Aspekte, die als unveränderlich oder invariant über die Lebensspanne hin angesehen werden, und zwar sind das die funktionellen Konstanten der Organisation und Adaptation (Assimilation-Akkomodation). Zwischen diesen Komponenten und den stets wechselnden (unbestimmten?) Umwelteinflüssen steht theoretisch die Struktur des Organismus. Genau diese strukturelle Komponente ändert sich von der Geburt bis zur Reifezeit und bildet das Zentrum (und die definierenden Merkmale) für die qualitativen Veränderungen, die innerhalb einer organismischen Theorie unweigerlich zur Konzeption von „Stufen" führen. Die integrierende Funktion des unbedingt notwendigen Stufen-Konstrukts im System PIAGETs stellt für die Erfassung von Kognitionen über die gesamte Lebensspanne hinweg das hauptsächlich konzeptuelle und methodologische Problem dar.

Stufen-Konzepte zu verwenden (und ausführlich zu diskutieren) ist wohl derzeit genauso populär wie die Verwendung des Begriffs „kognitive Prozesse". In diesem Fall können wir jedoch sagen, daß, obgleich Psychologen Stufen-Konzepte immer häufiger verwenden, sie anscheinend immer mehr Probleme damit haben. Wir sollten in diesem Zusammenhang vielleicht darauf hinweisen, daß wir den theoretisch „laxeren" Gebrauch des Terminus Stufe (z. B. bei BIJOU & BAER, 1965, oder in dem hierarchischen Lernmodell von GAGNÉ, 1968) abgrenzen von der grundsätzlich „strengen" Verwendung des Begriffs bei PIAGET und seinen Kollegen. (GOULET, 1970, vertritt die entgegengesetzte Auffassung hinsichtlich der Unvereinbarkeit dieser Standpunkte.) Die definierenden Merkmale einer Entwicklungsstufe sind nach PIAGET Hierarchisierung, Integration, Konsolidierung, Strukturierung und Äquilibration (PINARD & LAURENDEAU, 1969).[3] Davon folgen drei Merkmale, nämlich Hierarchisierung, Integration und Strukturierung, direkt aus der oben zitierten Definition entwicklungsbedingter Veränderung (NAGEL, 1957), nach der den kumulativen, relativ andauernden, sequentiellen und neuartigen Verhaltensveränderungen das hauptsächliche Interesse entwicklungspsychologischer Untersuchungen gilt.

[3] Beschreibungen der Stufen-Kriterien nach PIAGET findet der Leser bei BEILIN (1969), INHELDER (1956, 1962) und PIAGET (1955, 1960).

Hierarchisierung bezieht sich auf das bekannte Postulat der Stufen-Invarianz oder Transitivität des Durchlaufens einer Entwicklungssequenz. Spätere Stufen oder Niveaus können danach niemals vor früher Erworbenem auftreten, d. h., in der Stufen-Sequenz A – B – C – D zeigen alle Individuen Fähigkeiten von Stufe C nach Durchlaufen von Stufe B und vor Stufe D. Ein eng damit verwandtes Konzept ist ,,Integration", wodurch ausgedrückt wird, daß auf nachfolgenden Stufen oder Niveaus das Verhalten, das auf früheren Stufen gezeigt wurde, in neue strukturelle Ganzheiten ,,transformiert" wird. Vorhergehende Stufen werden nicht einfach ersetzt, sondern werden vielmehr untergeordnet unter und einbezogen in die Funktionstätigkeit auf höherem Niveau. Das bedeutet, daß die Verhaltensweisen, die auf späteren Stufen gezeigt werden, nicht vollständig vorhersagbar oder kausal verknüpfbar sind mit den früher auftretenden Reaktionsformen; das Umgekehrte scheint dagegen wohl möglich zu sein.
Strukturierung bedeutet im vorliegenden Zusammenhang:

,,die tatsächliche Organisation der intellektuellen Verhaltensmerkmale eines bestimmten Funktionsniveaus. Entsprechend diesem Kriterium werden die typischen Handlungen oder Operationen auf einem bestimmten Niveau nicht einfach additiv aneinandergereiht, sondern sind organisch miteinander verknüpft durch Implikation und reziproke Abhängigkeit, wodurch sie zu Gesamtstrukturen verbunden und gruppiert werden – PIAGETS *structures d'ensemble*" (PINARD & LAURENDEAU, 1969, S. 136).

Die Vorhersage der Konvergenz von Operationen auf einer Stufe basiert auf diesem Merkmal (WOHLWILL, 1963), und seine ganz spezielle Beziehung zu den logischen Operationen ist erst kürzlich wieder zum Ausdruck gebracht worden:

,,Erstens: Wenn jede logische Operation so tiefgreifend und allgemein ist, wie sie nach PIAGETS Theorie sein soll, dann müßte sich ihr Erwerb so ausdrücken, daß ein Kind plötzlich die Fähigkeit zeigt, wirklich alle kognitiven Aufgaben zu lösen, auf die die Operation anwendbar ist. Mit anderen Worten: Es müßte sich in der Entwicklung eine deutliche Übereinstimmung bei den gesamten Aufgaben zeigen – entweder konsistent Erfolg oder konsistent Mißerfolg, je nachdem ob das Kind nun die zugrundeliegende Operation erworben hat oder nicht. Zweitens: Wenn diese sehr allgemeinen Operationen auch noch zu Strukturen verbunden sind (wobei die Strukturen wiederum eng miteinander verknüpft sind), dann würde man ebenfalls erwarten, daß in der Entwicklung die Operationen synchron auftreten. Deshalb müßte ein Kind, sowie es eine Aufgabe meistern kann, die eine Operation erfordert, auch in der Lage sein, jede andere Aufgabe zu lösen, die eine andere Operation erfordert, gleich, ob sie nun zur selben Gruppe gehört oder nicht. In dem Maße, in dem die entwicklungspsychologische Realität von diesem Idealbild abweicht, d. h. sich zahlreiche Asynchronien innerhalb oder zwischen Operationen zeigen, in dem Maße werden PIAGETS Schlüsselkonzepte wie ,,Stufe", ,,Operation" und ,,Struktur" unpräzise oder sogar irreführend" (FLAVELL, 1970b, S. 1037–1038).

Für die qualitative Analyse der kognitiven Tätigkeit, die aus dieser Verwendung des Stufen-Konstrukts folgt, wird *Alter* theoretisch (und empirisch?) irrelevant (WOHLWILL, 1970a). Was den Entwicklungspsychologen allein interessiert, ist die *Abfolge (order)*, in der konzeptuell miteinander verwandte Verhaltensweisen auftauchen, und das Ausmaß an Allgemeinheit oder Konvergenz auf einer Stufe über repräsentative Aufgabenstellungen hinweg. Es ist natürlich ganz wesentlich, daß diese verschiedenen Verhaltensweisen – neben allen zeitlichen Erwägungen – konzeptuell miteinander verknüpft sind (logisch zusammenhängen in der Mehrheit der interessierenden PIAGETschen Fälle). Die Tatsache, daß die Beherrschung der Differentialrechnung üblicherweise nach dem Erwerb der Lesefertigkeit auftritt, die wiederum üblicherweise auf die sinnvolle Vokalisierung im Verlauf der normativen Entwicklung folgt, besagt nichts über die Abhängigkeit der späteren kognitiven Fähigkeiten von den früheren Leistungen, auch wenn es sich hier um eine für westliche Kulturen universell gültige Abfolge des Erwerbs von Fertigkeiten handelt (s. Wohlwill, 1970c, für ähnliche Beispiele). Im Gegensatz dazu könnte eine Sequenz von konzeptuell miteinander verknüpften Fähigkeiten oder Verhaltensweisen, für die sich eine Entsprechung tatsächlich auch in normativen entwicklungspsychologischen Daten nachweisen läßt, unser Verständnis der Genese der betreffenden Verhaltenskomponenten beträchtlich erweitern. Beim allgemeinen Fall des Entwicklungsverlaufs auf Ordinalskalen-Niveau müssen die Reaktionsdimensionen in konzeptueller und operationaler Hinsicht *unabhängig* sein von Veränderungen mit dem Alter über die Lebensspanne hinweg (Wohlwill, 1970c). Unter den vielen Möglichkeiten für eine derartige Analyse würde man wahrscheinlich auch die allgemeinen Kategorien des logischen Denkens berücksichtigen, die von Piaget und seinen Mitarbeitern so sehr betont worden sind.

8.4 Untersuchungen zum Stufen-Konstrukt

Es gibt eine Fülle von Literatur über Untersuchungen, die auf die Bedingungen der sequentiellen Beziehungen im Bereich der Piagetschen Konzepte abzielen (s. Hooper, Goldman, Storck & Burke, 1971). Dabei sollte man beachten, daß in den meisten Fällen Verhaltensweisen *innerhalb* einer allgemeinen Entwicklungsperiode untersucht worden sind (z. B. die sechs Stufen der sensu-motorischen Phase oder die Stufen des Erwerbs der Klassifikationsfähigkeit innerhalb der Phase der konkreten Operationen) und nicht eine Verhaltensanalyse quer über die hauptsächlichen Stufen der menschlichen Entwicklung hinweg vorgenommen wurde. (Eine bemerkenswerte Ausnahme bildet Nassefat, 1963.) Es sind zwar einige wenige Längsschnitt-Untersuchungen im Bereich der logischen Operationen durchgeführt worden (Almy, Chittenden & Miller, 1967; Deal, 1969; Skard, Inhelder, Noelting & Murphy, 1960; Wohlwill, Fusaro & Devoe, 1969), meistens überwiegen jedoch die konventionellen Querschnitt-Strategien (einschließlich der Anwendung spezieller Skalierungsverfahren), so daß diese Untersuchungen alle an den möglichen theoretischen (Baltes, 1968; Schaie, 1965) und empirischen (Baltes & Reinert, 1969; Schaie & Strother, 1968b; c; Riegel, Riegel & Meyer, 1967a) Mängeln dieses Untersuchungsplans leiden. Skalogramm-Analyse und verwandte korrelative Strategien sind auf die folgenden Bereiche angewendet worden: Mengen-Konzepte (Davol, Chittenden, Plante & Tuzik, 1967; McRoy, 1967; Papalia & Hooper, 1971; Schwartz & Scholnick, 1970; Uzgiris, 1964), Raum-Konzepte (Laurendeau & Pinard, 1970), Zahlen-Konzepte (Dodwell, 1961; Mannix, 1960; Wohlwill, 1960), Klassifikationsfähigkeit (Kofsky, 1966), kausales Denken (Laurendeau & Pinard, 1962) sowie eine Reihe von Aufgaben im Bereich der konkreten und formal-logischen Operationen (Goldschmid & Bentler, 1968; Nassefat, 1963; Siegelman & Block, 1969). Beispiele für die Art von konzeptueller Verknüpfung, auf die wir hier im vorhergehenden hingewiesen haben, wären: die Rolle der visuo-motorischen Koordination als Vorläufer für die Konzepte der Objekt-Permanenz beim Kind (SCHOFIELD & UZGIRIS, 1969), der Erwerb der Distanz-Konservation vor der Fähigkeit, mit den Raum-Koordinaten der Horizontalen und Vertikalen umzugehen (FORD, 1970; PIAGET & INHELDER, 1956; PIAGET, INHELDER & SZEMINSKA, 1960; SHANTZ & SMOCK, 1966; VANDEVENTER, 1968), die Analyse des Zahlen-Konzepts durch WOHLWILL (1960), die Analyse des Klassifikations-Konzepts durch KOFSKY (1966), die Fähigkeit zu Konservationsurteilen, die entwicklungspsychologisch eher auftritt als die inhaltlich ähnliche Fähigkeit zur Transitivität (KOOISTRA, 1963; LOVELL & OGILVIE, 1961; SMEDSLUND, 1959, 1961a, 1963, 1964), die Relation der Fähigkeit zur Reihenbildung zu Fertigkeiten der schlußfolgernden Transitivität (BRAINE, 1959; MURRAY & YOUNISS, 1968) und die Sequenz der Entwicklung geometrischer Konzepte, von topologischen zu Projektions- und EUKLIDischen Konzepten (DODWELL, 1963; LOVELL, HEALY & ROWLAND, 1962) Die sequentiellen Muster innerhalb der Stufen der konkret-operativen Phase, die man für die Substanz-, Gewicht-, Volumen- und Mengen-Konzepte und bei der Längen-, Flächen- und Volumen-Messung gefunden hat (wobei die Volumen-Konzepte vielleicht korrekter der Phase der formal-logischen Operationen zugerechnet werden sollten), sind ebenfalls ein Beispiel für konzeptuelle Verknüpfung, d. h. die bekannte horizontale Verschiebung; allerdings müssen die logischen Wechselbeziehungen, über die dabei eine Rolle spielenden Hauptdimensionen hinaus, noch aufgeklärt werden.

Die Untersuchungen von DODWELL (1962), SHANTZ (1967) und SMEDSLUND (1963) werfen eine Reihe kritischer methodologischer Fragen auf in bezug auf das genaue Ausmaß an Übereinstimmung von Operationen auf einer Stufe, das aufgrund der Theorie von PIAGET zu erwarten ist. Ebenso stellt sich das Problem der spezifischen Gegebenheiten der allgemeinen Aufgabenstellung und Situation, die bei einer empirischen Erfassung von Leistungen in PIAGET-Aufgaben impliziert sein können.

Zwar mag man möglicherweise WOHLWILLS (1970a) Idealdefinition von der situativen Unabhängigkeit (situational nonspecificity) echter entwicklungsbedingter Phänomene zustimmen; bei der empirischen Erfassung irgendwelcher konzeptuell miteinander verknüpfter Verhaltensweisen müssen jedoch die allgemeinen methodologischen Probleme berücksichtigt werden, die mit der Instruktion, dem Stimulus-Umfeld, den Item-Schwierigkeiten, der internen Konsistenz, Retest-Reliabilität etc. zusammenhängen. Diese Fragen sind anscheinend besonders schwierig bei der Beurteilung der Übereinstimmung von Operationen auf einer Stufe. Im wesentlichen handelt es sich dabei darum, genau festzulegen, welche Niveaus der Wechselbeziehung in Anbetracht des zu erwartenden Meßfehlers erreicht werden müssen (und zwar sicherlich nicht ausgedrückt in Korrelationen, die signifikant von Null verschieden sind); dadurch würde das Konstrukt Stufe erhärtet werden. Es wären dazu Ansätze der Konstrukt-Validierung erforderlich, wobei die Varianz-Anteile zu Lasten der Methoden-Unterschiede im Vergleich zu den Varianz-Anteilen, die Eigenschaften oder Fähigkeits-Kommunalitäten repräsentieren, relativ geringer sein müßten (CAMPBELL & FISKE, 1959).

Die wenigen Untersuchungen, in denen diese Frage angegangen worden ist, stützen nicht eindeutig die in der PIAGETschen Theorie behauptete Konvergenz von Operationen auf einer Stufe (vgl. z. B. die Untersuchungen zu den Beziehungen zwischen Aufgaben der konkret-operativen Phase von DODWELL, 1960, 1962; LUNZER, 1960; MACKAY, FRASER & ROSS, 1970; NASSEFAT, 1963; SHANTZ, 1967; SMEDSLUND, 1964; und SIEGELMAN & BLOCK, 1969). Die neun logisch-symbolischen Gruppierungen, von denen man annimmt, daß sich davon das Denken in der mittleren Kindheit ableitet, (FLAVELL, 1963), haben bisher noch keine einheitliche oder zusammenhängende Struktur des Erwerbs von kognitiven Fertigkeiten ergeben. (Viele der empirischen Ergebnisse, die wir im vorhergehenden zu den Entwicklungssequenzen oder Verknüpfungen angeführt haben, sprechen sogar gegen das Konvergenz-Postulat.) Das gilt sogar, wenn man nur einen einzigen kognitiven Bereich – Egozentrismus – betrachtet. Hier ergab sich keine signifikante Wechselbeziehung zwischen einer Reihe von Aufgaben, von denen man aber annahm, daß sie (ungeachtet der ganz verschiedenen Aufgabenstellungen) dieselbe zugrundeliegende Fähigkeit erfassen würden (SHANTZ, 1968).

Der Aspekt, der bei diesen Forschungsansätzen die größten Schwierigkeiten macht, betrifft die verschiedenen Phasen des Erwerbs und der Konsolidierung von Fähigkeiten *auf* einer bestimmten kognitiven Stufe. In Diskussionen jüngeren Datums über das, was aus der konzeptuellen Verknüpfung und den Konvergenz-Korrespondenz-Merkmalen des Stufen-Konstrukts folgt, ist unterschieden worden zwischen der intra- und interindividuellen Variabilität in den Anfangs- und Endphasen einer Stufe und der größeren Variabilität, die in den Übergangs- oder Zwischenphasen zu erwarten ist (FLAVELL, 1970a, b; FLAVELL & WOHLWILL, 1969; PINARD & LAURENDEAU, 1969; TURIEL, 1969). Es ist in gewissem Sinne eine Ironie, daß die stärker interessierenden und grundsätzlich wichtigeren Aspekte der Stufen-Theorie, nämlich das Intervall der Stabilisierung auf einem allgemeinen Niveau oder in einer Phase und die kritischen Übergangspunkte zwischen bestimmten Stufen, zugleich auch die größten methodischen Schwierigkeiten bei ihrer Erfassung bereiten. Gerade bei diesen Entwicklungsintervallen erweisen sich die Konzepte der sequentiellen Verknüpfung und Konvergenz von größtem Wert, indem sie nämlich zum Verständnis der zugrundeliegenden Prozesse des Erwerbs der Fertigkeiten beitragen. Am vielversprechendsten sind in jüngster Zeit probabilistische Modelle. So unterscheidet TURIEL (1969) zwischen inhaltlichen und strukturellen Aspekten der Moralentwicklung; LOOFT (1972) hat eine ähnliche Unterscheidung für den Bereich des Egozentrismus vorgeschlagen; und FLAVELL und WOHLWILL (1969) haben ein Modell vorgestellt, in dem die Kompetenz- (strukturellen) und Performanz-Aspekte von Verhaltensveränderungen, die mit Alter einhergehen, einander gegenübergestellt werden. Alle diese Ansätze erfordern, daß zuerst explizit und genau die verschiedenen Möglichkeiten des Konzept-Erwerbs bestimmt werden (z. B. die Leistung in Aufgabe A kann entwicklungspsychologisch der Vorläufer für die Leistung in Aufgabe B sein; die Leistung in Aufgabe B kann die eher auftretende Leistung in Aufgabe A ersetzen oder miteinschließen; jede der Leistungen entwickelt sich mit Hilfe eines anderen vermittelnden Faktors, und sie tauchen gleichzeitig auf), ehe die zeitlichen Beziehungen genauer ermittelt werden. In diesem Zusammenhang bekommen offensichtlich die normativ festgelegten Alterszeitpunkte für den Erwerb einer Leistung Bedeutung. Beispielsweise kann man sich nur schwer vorstellen, daß man zu irgendwelchen endgültigen Schlußfolgerungen bezüglich der Relation kommt, die zwischen Fähigkeiten zur schlußfolgernden Transitivität und anderen logischen Leistungen besteht, wenn es nur wenig Übereinstimmung darüber gibt, was denn nun das in Frage stehende Verhalten eigentlich „definiert" (vgl. dazu die Kontroverse über logische Transitivität zwischen BRAINE, 1959, 1962, 1964, und SMEDSLUND, 1963, 1965; s. auch GRUEN, 1966).

Obgleich die deutlich auftretende Reaktionsvariabilität in den Intervallen des Übergangs von einer Stufe zu einer anderen Forscher wie beispielsweise TURIEL (1969) dazu veranlaßt hat, eine „Mischung" von Reaktionen, die zu verschiedenen Stufen gehören, als notwendig für die Entwicklung durch aufeinanderfolgende Strukturen anzusehen, ist es doch ganz deutlich, daß wir praktisch nichts wissen über die dimensionale Reliabilität und Homogenität unserer operationalen Indizes für kognitive Entwicklung. Im allgemeinen würde man erwarten, daß die Meßgrößen für jeden Konzeptbereich ihrer Natur nach eindimensional sind, ehe man an eine Bestimmung der funktionellen (synchron, parallel oder sequentiell verlaufenden) Relation zwischen verschiedenen Variablen über die Lebensspanne hin denkt (WOHLWILL, 1970c). Diese Fragen werden besonders dann sehr dringlich, wenn es um die Diskontinuitäts-Annahme und qualitative Unterscheidungen geht, die im allgemeinen zusammen mit Stufen-Konzepten auftauchen. Wie soll man z. B. realistisch die Probleme lösen, die im Zusammenhang mit entwicklungspsychologischen Vergleichen über Stufen hinweg auftreten, wenn man nicht in der Lage ist, erschöpfend die wesentlichen definierenden Merkmale einer bestimmten Unterstufe innerhalb einer ganzen ontogenetischen Stufen-Reihe zu beschreiben? Die Verwendung von korrelativen Erhebungsstrategien und damit verwandten multivariaten Analysetechniken scheint eine Möglichkeit zu sein, diese Probleme anzugehen (BALTES & NESSELROADE, 1970; NESSELROADE, 1970). Was die PIAGET-Aufgaben betrifft, so können auch Cluster-Analyse (DODWELL, 1963), Diskriminanz-Analyse (ORPET & MEYERS, 1970), Monotonicity-Analyse (BENTLER, 1969) sowie die konventionelle Faktorenanalyse (BERZONSKY, 1971; VERNON, 1965) dazu dienen, das Ausmaß an Homogenität auf einer bestimmten Stufe oder einem Niveau der kognitiven Entwicklung festzustellen.

FLAVELLS (1971) Analyse von Alternativen zu den Annahmen über Stufen-Sequenz und Entsprechung von Konzepten auf einer Stufe ist besonders erwähnenswert. FLAVELL hat darauf hingewiesen, daß sich die Leistungen eines Kindes, die das für eine Stufe X typische Verhalten repräsentieren, *allmählich* entwickeln und *nicht plötzlich* auftauchen. Aufgabenspezifisches Verhalten erreicht danach seine „funktionelle Reife" erst auf der Stufe, die derjenigen folgt, auf der sich das Verhalten zuerst zeigte.

„Die Tatsache, daß sich der Erwerb eines für eine Stufe spezifischen Items anscheinend über einen ausgedehnten Zeitraum hinzieht und nicht an einem bestimmten Zeitpunkt stattfindet, läßt das Konzept einer entwicklungsmäßigen Synchronie oder Übereinstimmung zweifelhaft erscheinen . . . Zwei Schlußfolgerungen haben wir in bezug auf die Übereinstimmung zwischen Items gezogen, nachdem wir diesen Terminus eingeschränkt haben auf das gleichzeitige Auftauchen (d. h. den gleichzeitigen *Beginn* der Entwicklung) von zwei oder mehreren Items. Erstens: Items derselben Stufe tauchen oft eher in einer invarianten oder fast invarianten Sequenz und nicht gleichzeitig auf; wir sagen das, obwohl schwerwiegende methodische Probleme den empirischen Beweis dafür verschleiern. Zweitens: Eine Stufen-Theorie wie die von PIAGET erfordert oder prognostiziert auf keinen Fall mehr als eine höchstens sehr vage Übereinstimmung zwischen Items; und Untersuchungen, in denen versucht wird, strenge Übereinstimmung aufzudecken, sind entsprechend prinzipiell falsch angesetzt" (FLAVELL, 1971, S. 450f.).

8.5 Implikationen für zukünftige Forschung

Angesichts dieser Äußerungen können wir wohl mit Recht fragen, in welche Richtung denn nun unsere künftigen Forschungsbemühungen verlaufen sollten. Geht man davon aus, daß es letztlich unser Ziel ist, die der normativen kognitiven Entwicklung zugrundeliegenden funktionalen Beziehungen wirklich zu verstehen (und damit auch genau vorhersagen und entsprechend kontrollieren zu können), dann sind bestimmte Implikationen klar. Zum gegenwärtigen Zeitpunkt wissen wir noch sehr wenig über die hauptsächlichen Faktoren und Variablen, die im alltäglichen menschlichen Leben den Verlauf der kognitiven Entwicklung bestimmen. Zum Verständnis dieser Faktoren sind unbedingt ökologische Analysen der spontanen Aktivitäten von Kindern in natürlichen Umwelten nötig. Idealiter sollten solche ökologischen Analysen im Rahmen von Längsschnitt-Untersuchungen mit entsprechenden Stichproben und Kontrollmessungen vorgenommen werden. In diesem Zusammenhang sollte angemerkt werden, daß nur sehr wenige Sekundäruntersuchungen zu PIAGET-Konzepten als Längsschnitt-Studien angelegt worden sind. Zwar geben wir ohne weiteres zu, daß Längsschnitt-Pläne, wie allgemein bekannt, Probleme bei der Durchführung sowie ökonomisch-finanzielle Probleme mit sich bringen; da die herausragenden kognitiven Veränderungen in der mittleren Kindheit aber in relativ kurzer Zeit ablaufen, ist dieser Mangel an relevanten Daten ganz besonders deutlich. Bei jeder Längsschnitt-Untersuchung der kognitiven Tätigkeit sollten zugleich auch ausdrücklich *nicht*-kognitive Entwicklungsaspekte wie Persönlichkeitsfaktoren, Sozialisationseinflüsse, Interaktionen mit Gleichaltrigen etc. berücksichtigt werden. Zum großen Teil sind nämlich in der Literatur zur kognitiven Entwicklung die affektiven Dimensionen der intellektuellen Entwicklung vernachlässigt worden, so daß ein ausgeprägt einseitiges und unrealistisches Gesamtbild entstanden ist. Kinder entwickeln ihre Kognitionen aber nicht in einem affektiven Vakuum!

Aus vielem, was im vorhergehenden gesagt worden ist, folgt, daß ein kritischer Problembereich noch völlig ungelöst ist, nämlich, wie Validierung von methodisch angemessenen Erhebungsindizes oder -instrumenten auszusehen hätten, wenn eine empirische Bewertung der über die Lebensspanne hinweg ablaufenden kognitiven Prozesse gewährleistet sein sollte. Vorrangiges Ziel müßte dabei wohl sein, funktionell vergleichbare und relevante Aufgaben für die verschiedenen, zu untersuchenden Altersintervalle zu finden. Eine genügend große Anzahl von Aufgaben zusammenzustellen, die vergleichbare funktionelle Leistungen bei kleinen Kindern wie auch bei Erwachsenen im reifen und hohen Alter erfassen, ist sicherlich eine beachtliche Leistung, und es ist im Hinblick auf dieses Ziel wichtig, sich zu erinnern an die bekannte (und oft nicht berücksichtigte) Unterscheidung zwischen Ähnlichkeit im absoluten Leistungsniveau und möglichen Unterschieden in den zugrundeliegenden Prozeßmechanismen, die für diese Leistungen auf ganz verschiedenen Altersstufen verantwortlich sind. WERNER (1937) hat diese Unterschiede zwischen „Prozeß" und „Leistung" thematisiert und dazu ausgeführt:

„Hier liegt ein grundsätzliches Problem. Bedeutet die Genese von „Lernen", „Abstraktion", „Denken" – oder welchen Begriff auch immer man wählt – daß sich eine einheitliche Funktion entwickelt? Oder bedeutet es, daß eine Leistung erreicht wird aufgrund von Prozeß-Patterns, die auf verschiedenen Niveaus ganz verschieden sind? Wenn man Entwicklung entsprechend der ersten Annahme interpretiert, ist es richtig, das Ausmaß des Erreichens einer Leistung als das objektive Maß für die Entwicklungsstufe der in Frage stehenden einheitlichen Funktion zu nehmen. Hält man dagegen, wie es zunehmend häufiger unter Psychologen getan wird, die zweite Annahme für richtig, so muß man den Schluß ziehen, daß die geistige Entwicklung, oder Übung, nicht so sehr in einer quantitativen Verbesserung der Leistung besteht, die auf einer einheitlichen Funktion basiert, sondern vielmehr in einer Reorganisation von Prozessen, die bedingt werden entweder durch die Einführung einer neuen Funktion oder durch eine Veränderung in der Dominanz der Funktionen in einem bestimmten Prozeß-Pattern" (S. 353).

Diese Auffassung bietet die Möglichkeit, daß den vergleichbaren Leistungen von stark differierenden Altersgruppen (z. B. jungen Kindern und Erwachsenen im hohen Alter) qualitativ ganz verschiedene Prozesse zugrundeliegen können. Neben den Implikationen für die vorliegende Literatur zur standardisierten Erfassung von Fähigkeiten legt dieser Ansatz die mögliche Nutzung von Aufgabenstellungen nahe, bei denen alternative Lösungsstrategien oder Prozesse zugelassen sind. Beispiele für Aufgaben, die den Einsatz von Problemlösungsstrategien erlauben, welche in unterschiedlicher Beziehung zu Entwicklungsniveaus stehen, bietet WAPNER (1969). Eine bemerkenswerte entwicklungsbedingte Veränderung in den kognitiven Mechanismen, die bei komplexen Lernaufgaben eingesetzt werden, hat KEMPLER (1964) beobachtet, und formal ähnliche Unterschiede in den Strategien haben WERNER und KAPLAN (1952) bei Kindern im Alter von 6 bis 13 Jahren in Untersuchungen zur Relation von Wort- und Kontext-Bedeutung festgestellt. In Klassifikations- und Kategorisierungs-Aufgaben, die – aufgrund des Stimulus-Materials und der verwendeten Instruktionen – eine ganze Anzahl gleichgut passender Antworten erlauben, hat man deutliche Unterschiede zwischen jungen Probanden und Erwachsenen gefunden.

Ein wesentliches Problem bleibt bestehen, auch wenn man einmal davon ausginge, daß eine Anzahl von funktionell vergleichbaren Aufgaben zur Verfügung stehen würde, die vergleichbare kognitive Anforderungen stellen, den gleichen motivationalen Anreizwert haben und angepaßte Item-Schwierigkeiten besitzen (keine zu niedrige Leistungsdekke!).[4] Die Beobachtung von Leistungsähnlichkeiten oder -unterschieden in speziellen Meßverfahren zur Erfassung der kognitiven Leistungen bei verschiedenen Altersgruppen über die gesamte Lebensspanne hinweg liefert wenig Aufschlüsse über die *Wechselbeziehungen* zwischen Fähigkeitsbereichen. Zwar können die durchschnittlichen Leistungsmerkmale in bezug auf ein bestimmtes Fähigkeitsmaß für unterschiedliche Altersintervalle ähnlich sein; die Beziehung dieser Leistungen zu anderen kognitiven Bereichen kann sich jedoch beträchtlich unterscheiden (HOOPER, PAPALIA & FITZGERALD, 1971). Zusätzlich kann es beispielsweise so sein, daß sich spezifische Merkmale von Veränderungen mit dem Alter in einem Intervall der Lebensspanne experimentell zu bestimmten unabhängigen Variablen in Beziehung setzen lassen, daß diese experimentellen Maßnahmen aber nicht für alle Abschnitte des chronologischen Alters Geltung haben. So ist es etwa möglich, daß die Rolle von demographischen Faktoren, sensorischen Leistungen, das

[4] Für die Altersintervalle nach der Kleinkindzeit kämen dabei vielleicht in Frage die traditionellen Diskriminationsaufgaben, standardisierte Tests wie RAVENS *Progressive Matrices,* die Meßverfahren für Egozentrismus und soziale Kommunikation von COWAN (1967) und LOOFT und CHARLES (1971).

Ausmaß des ersten Lernens und allgemeine Übungs- oder Stimulationsprogramme abhängen von den Kriteriumsaufgaben und den Vergleichen zwischen den fraglichen Altersintervallen. Im allgemeinen müssen wir mit der Möglichkeit rechnen, daß die Prozeßmechanismen, die den Abbau nach der Reifezeit steuern, ganz andere sind als diejenigen, die der Entwicklung von der Geburt bis zum Erwachsenenalter zugrundeliegen. Oder, wie TURIEL (1969) es formuliert hat: ,,Die Bedingungen, die regressive Veränderungen bewirken, werden nicht dieselben sein wie die Bedingungen, die progressive Veränderungen bewirken" (S. 113).

Eine andere Überlegung betrifft die Verwendung von Strategien der Alterssimulation anstelle von konventionellen Quer- oder Längsschnitt-Plänen. Solche Kurzzeit-Manipulationen, z. B. retrospektive oder prospektive Beobachtung, können insofern außerordentlich wertvolle Ansätze sein, als sie anwendbar sind auf Probleme der Vergleichbarkeit und funktionalen Relevanz von Aufgaben über die gesamte Lebensspanne hinweg. In einer jüngeren Darstellung, in der auf die Funktion eingegangen wird, die diese alternativen Strategien möglicherweise haben könnten (BALTES & GOULET, 1971; s. auch BALTES & NESSELROADE, 1973, Kapitel 6 dieses Bandes), werden auch kurz WERNERS (1957) ,,mikrogenetische" Techniken zur Analyse von Entwicklungsprozessen bei Erwachsenen erwähnt. Wie Untersuchungen zur Wahrnehmung (POLLACK & CHAPLIN, 1963), Sprachentwicklung (FLAVELL & DRAGUNS, 1957) und zu symbolischen Prozessen (WERNER & KAPLAN, 1963) deutlich gezeigt haben, ist der mikrogenetische Ansatz eine wertvolle Ergänzung der konventionellen entwicklungspsychologischen Analyse. Im vorliegenden Zusammenhang interessiert natürlich vor allem die *Validität* all dieser Ansätze. Alle Alternativen, die ,,ökonomischeres" Arbeiten erlauben (einschließlich der Vorschläge von BALTES & GOULET, 1971) leiden gleichermaßen darunter, daß die Validität möglicherweise zu gering ist. Dieses Problem wird aber solange nicht erschöpfend geklärt werden können, bis nicht wirklich vergleichende Analysen vorliegen, z. B. bis nicht eine Längsschnitt-Studie an Probanden, die von der frühen Kindheit bis zur Adoleszenz untersucht wurden, verglichen worden ist mit den Ergebnissen späterer mikrogenetischer Analysen, die an denselben Probanden nach der Reifezeit durchgeführt wurden.

8.6 Die Rolle von Untersuchungen, in denen kognitive Leistungen trainiert werden

Experimentelle oder naturalistische Interventionen stellen wahrscheinlich den Bereich dar, in dem sich organismische und neobehavioristische Ansätze am ehesten treffen und am weitesten ergänzen. Die Rolle von experimentell induzierten Verhaltensveränderungen wird zwar häufig zu stark betont, aber ihnen wird sicherlich innerhalb dieser beiden theoretischen Richtungen eine unterschiedliche Stellung und unterschiedliche Bedeutung zugeordnet. Vom neobehavioristischen Standpunkt aus sollen Erfahrungsfaktoren so wirken, daß sie (a) kognitive Entwicklungsfortschritte determinieren (die Kontrolle dieser Entwicklungsfortschritte erlauben), (b) die Extinktion dieser während der Entwicklung erworbenen Fähigkeiten steuern, und (c) den potentiellen Wiedererwerb des Kriteriumsverhaltens nach dem Leistungsabfall während des Alternsprozesses steuern, angenommen, man trifft auf die üblichen reifungsbedingten und neurophysiologischen Beeinträchtigungen. Die meisten experimentellen Versuche, Konzepterwerb sensu PIAGET anzuregen oder zu beschleunigen, basiert unmittelbar auf diesen Annahmen (BEILIN, 1971b; BRAINERD & ALLEN, 1971; FLAVELL, 1970b; GOULET, 1970b; SIGEL & HOOPER, 1968).

Die Psychologen, die der organismischen Theorie verpflichtet sind, fassen die Rolle allgemeiner Lebenserfahrungen und spezieller Übungsprogramme in den verschiedenen kognitiven Bereichen ganz anders auf. (Man betrachte z. B. die Unterscheidungen von PIAGET & INHELDER, 1969, und die definitorischen Überlegungen von WOHLWILL, 1970a, die wir im vorhergehenden zitiert haben.) Die interaktionistische Basis dieser Position erfordert, daß bei jeder Bewertung von Trainingsbemühungen strukturelle Aspekte ebenso stark wie Umwelteinflüsse berücksichtigt werden müssen. Auch wenn man von diesem Standpunkt aus die vorliegende kognitive Struktur als teilweise bedingt durch Ereignisse im vorangegangenen Leben ansieht, wird doch die vorherrschende Bedeutung der strukturellen Leistungsfähigkeit in der Gegenwart und den Anforderungen des Übungsprogramms zugeschrieben. Hier wird also gleichermaßen Wert gelegt auf den kognitiven Leistungsstand des Individuums, Art und Ausmaß des verwendeten Trainings und die konzeptuelle Struktur des kognitiven Inhaltsbereichs, um den es gerade geht (PIAGET, 1970a). Entsprechend der organismischen Theorie interagieren diese Faktoren mit Reifungsvariablen, ohne daß man deshalb etwa in irgendeiner Weise die grundsätzliche Bedeutung von Erfahrungsfaktoren leugnen würde. Daher stellen PIAGET und INHELDER (1969) fest:

„. . . Wir glauben, daß Reifung im wesentlichen darin besteht, neue Möglichkeiten zu eröffnen; somit stellt Reifung eine notwendige, aber an sich nicht hinreichende Bedingung für das Auftauchen bestimmter Verhaltensmuster dar. Die auf diesem Wege erschlossenen Möglichkeiten müssen auch erfüllt und genutzt werden, und damit das geschieht, muß der Reifungsvorgang verstärkt werden durch funktionelles Üben und ein *Minimum* an Erfahrung" (S. 154).

Wie GOULET (1970b) dargestellt hat, sind Reifungs- und Erfahrungsfaktoren unauflöslich miteinander verknüpft, wenn Alter *allein* als unabhängige Variable verwendet wird. Retrospektive Analysen des relativen Anteils von Reifungs- und Erfahrungsdeterminanten müssen deshalb ersetzt werden durch prospektive Analysen von Entwicklungsphänomenen, z. B. müßten die Effekte unterstützender oder kompensatorisch-stimulierender Maßnahmen bei jüngeren Probanden verglichen werden mit den normativen Leistungen älterer Kinder. Die Bedeutung dieses Forschungsansatzes liegt darin, daß er zum Verständnis von Entwicklungsfunktionen beiträgt, d. h. „der Form oder Art der Beziehung, die zwischen dem Alter eines Individuums und den Veränderungen besteht, die in den Reaktionen des Individuums auf einer bestimmten Verhaltensdimension über die Lebensspanne hinweg auftreten" (WOHLWILL, 1970c, S. 151).

Wir sollten an dieser Stelle darauf hinweisen, daß ein Vertreter der organismischen Theorie, der als Merkmal für echte entwicklungsbedingte Veränderungen das von WOHLWILL (1970a) formulierte Kriterium der Unabhängigkeit der Veränderungen von situativen

Einflüssen akzeptiert, in eine möglicherweise paradoxe Situation gerät; denn dieses Kriterium führt dazu, daß die Bedeutung von Effekten einer spezifischen Erfahrung, eines Trainings oder von Lernen innerhalb der Reinforcement-Geschichte des Individuums allgemein negiert wird. Das Problem, das hier vorliegt, läßt sich zusammenfassend so formulieren, daß es darauf ankommt, wie man situationsspezifische Erfahrungen definiert. Es ist zweifellos richtig, daß die übliche Form einer Untersuchung, in der kognitive Leistungen kurzfristig „im Laboratorium" trainiert werden, nur eine ganz schwache Annäherung an natürliche Erfahrungssituationen darstellt, wie man sie in der typischen Familie, dem typischen Klassenraum oder in typischen Wohngebieten findet (WOHLWILL, 1966, 1970c). Dennoch ist auch klar, daß der allgemeine Untersuchungsplan, nach dem man bei einem Kind in bestimmten Entwicklungsabschnitten eine Intervention vornimmt und es in bezug auf den Erwerb eines bestimmten Konzepts stimuliert, beim Menschen die einzige Möglichkeit ist, um die Einflüsse der Wechselwirkung zwischen genetisch-reifungsbedingten und Erfahrungsfaktoren auf Entwicklungsphänomene und -funktionen zu untersuchen.

Solche theoretisch fundierten Trainingsstudien können auch zusätzliche Daten liefern, die für die Analyse des im vorhergehenden diskutierten Stufen-Konstrukts von Bedeutung sind. In Fällen, in denen sequentielle Verknüpfung vorhergesagt wurde, sollte ein Training der Aufgabe, die konzeptuell die Voraussetzung für eine andere bildet, (theoretisch) die anschließende Leistung in dem später auftauchenden Aufgabenbereich beeinflussen. Im Falle von Konzept-Bereichen, für die spezifische Unterstufen postuliert wurden, könnte das Training von Probanden, die Fähigkeiten nur auf unteren Niveaus zeigen, in Richtung auf höhere Niveaus der hypothetisch angenommenen Sequenz als experimenteller Test für Stufen-Invarianz benutzt werden. Hier ist festzuhalten, daß für die Zurückweisung der Hypothese der Stufen-Invarianz die Experimentalgruppe die Fertigkeiten höherer Ordnung zeigen muß, ohne gleichzeitig den Anforderungen zu genügen, die zur Bewältigung von Aufgaben auf Zwischenstufen charakteristisch sind. Dieses Kriterium ist in experimentellen Versuchen, den Konzepterwerb sensu PIAGET anzuregen oder „zu beschleunigen" selten systematisch untersucht worden. TURIEL (1969; s. auch REST, TURIEL & KOHLBERG, 1969) hat Übungsstrategien im Rahmen der stufenabhängigen Moralentwicklung auf interessante Weise angewendet. In Trainingssitzungen, in denen man auf verschiedene Stufen unterhalb und oberhalb der speziellen Stufe abzielte, auf der sich ein Proband gerade befand, zeigte sich, daß die deutlichsten Verhaltensveränderungen nach einem Training auftraten, das auf die Stufe abzielte, die direkt unter oder über der Stufe lag, auf der sich der Proband vor Beginn des Trainings befand. Der Erfolg war dann optimal, wenn sich das Training auf die in der Entwicklungsabfolge unmittelbar nächste Stufe richtete.

Auch das Problem der Übereinstimmung oder Entsprechung von Konzepten auf einer Stufe ließe sich fruchtbar mit Hilfe von Plänen untersuchen, in denen es um den Transfer von Training geht. Wenn dieses Stufen-Postulat gültig sein soll, so müßte sich bei einem Training von einer Komponente einer konzeptuell integrierten Stufen-Struktur (z. B. die logischen Gruppierungen der mittleren Kindheit) ein unspezifischer Transfer auf andere Fähigkeitskomponenten ergeben, die für dieselbe Stufen-Struktur repräsentativ sind. Die besten Beispiele dafür sind im Bereich der konkreten Operationen vielleicht die Arbeiten

von BEILIN (1965) und LAURENDEAU und ihren Mitarbeitern (CARBONNEAU, 1965; FOURNIER, 1965; zitiert nach PINARD & LAURENDEAU, 1969). In diesen Untersuchungen ist das Ausmaß der Wechselbeziehung zwischen Aufgaben vor und nach dem Training festgestellt worden, und zusätzlich wurde die konzeptuelle Generalisierung nach dem Training analysiert. Ein Überblick über Arbeiten, in denen dieses Kriterium des unspezifischen Trainings-Transfers verwendet worden ist, ergibt ein ausgesprochen verwirrendes Bild, nämlich Fehlen eines positiven Transfer-Effekts bei BEILIN (1965), BEILIN und FRANKLIN (1962), HOOPER (1972), MURRAY (1968), PETERS (1970) und SMEDSLUND (1959), positive unspezifische Transfer-Effekte dagegen bei BEARISON (1969), GELMAN (1969), KINGSLEY und HALL (1967), ROTHENBERG und OROST (1969), SHANTZ und SIGEL (1967) und SIGEL, ROEPER und HOOPER (1966).
Betrachten wir die Unterschiede zwischen diesen Arbeiten einmal näher, so zeigt sich eine interessante Dichotomie. In allen sechs Untersuchungen, in denen weder ein unspezifischer Transfer noch ein weitreichender Transfer ermittelt werden konnte (wir haben diese sechs Arbeiten im vorhergehenden Abschnitt zitiert), ist nur eine *einzige*, relativ einförmige Trainingsmethode für jede experimentelle Treatment-Bedingung verwendet worden. Im Gegensatz dazu sind in den anderen sechs Untersuchungen, in denen ein signifikanter weitreichender Transfer nachgewiesen werden konnte, *vielfältige* Trainingsmethoden für jede Treatment-Gruppe eingesetzt worden. So trainierte BEARISON (1969) Kinder im Vergleichen und Numerieren (Zählen) von diskreten Einheiten im Rahmen einer Aufgabe, in der es um die Konservation einer Flüssigkeitsmenge ging; GELMAN (1969) übte Zahlen- und Längen-Konservation; KINGSLEY und HALL (1967) trainierten Gewicht- und Längen-Konservation; ROTHENBERG und OROST (1969) kombinierten eine ganze Anzahl von Übungsstrategien zur Zahlenkonservation; und SHANTZ und SIGEL (1967) sowie SIGEL, ROEPER und HOOPER (1966) konzentrierten sich auf eine Anzahl miteinander zusammenhängender logischer Operationen einschließlich Mehrfachbenennungen, multiplikative Klassifikation und Relationalitäts-Konzepte. Wie BEILIN (1971b) jedoch deutlich gemacht hat, wird durch diese vielfältigen Trainingsstrategien zwar ein weitreichender Transfer bewirkt, man weiß jedoch zugleich nichts mehr über den relativen Anteil bestimmter Aspekte oder Komponenten des gesamten Trainingsprogramms an dem Ergebnis. Kurz gesagt, wissen wir nicht, *was* nun eigentlich in erster Linie den Erwerb neuer Verhaltensweisen bei dem Probanden bewirkt hat.
Die Ansätze, in denen mehrere Trainingsmethoden verwendet werden, sind jedoch anscheinend bemerkenswert effektiv, was den unspezifischen Transfer betrifft. Die Ergebnisse hierzu weisen darauf hin, daß Trainingsansätze, in denen auf maximal strukturierte, konzentrierte (aufgabenspezifische) Lernerfahrungen Wert gelegt wird, gar nicht am wirksamsten bei der Förderung der kognitiven Entwicklung sind. WOHLWILL (1970d) hat ein theoretisches Gittermodell von Erfahrungseinflüssen vorgeschlagen, in dem unterschieden wird zwischen spezifischer Übung, die zu vertikalem Transfer führt, und mehr allgemeinem, unspezifischem Training, das zu einem breiter fundierten, horizontalen Transfer führt. Vor allem der letztgenannte horizontale Transfer scheint bei dem hier beschriebenen weitreichenden Transfer auf einer bestimmten Stufe eine Rolle zu spielen.
Eine verwandte Interpretation dieser Ergebnisse würde ,,learning sets" oder Phänomene des ,,Lernens, wie man lernt" implizieren (HARLOW, 1949, 1959). Es scheint so zu sein,

daß die Bereitstellung einer Vielzahl von Übungsumwelten oder eine Reihe von Erfahrungen mit verschiedenen Aufgaben den entwicklungsmäßigen Fähigkeiten eines Kindes in der präoperationalen Phase ideal angemessen ist. Besonders wichtig ist, daß solche abwechslungsreichen Erfahrungen zu einer Generalisierung über Aufgaben hinweg führen (ein definierendes Merkmal für die Forschung zum „Lernen, wie man lernt"), wie es das Kriterium für unspezifischen weitreichenden Transfer darstellt. Diese Überlegungen zum „learning set" stimmen im großen und ganzen überein mit den meisten Untersuchungen zum Konzept-Lernen oder Lernen von komplexen Fertigkeiten (s. den theoretischen Überblick von GOULET, 1970b) und ergänzen die Vorschläge, daß man simultan und auf vielfältige Weise mehr als eine Komponente der logischen Operationen trainieren sollte, wenn man optimale Bedingungen für eine potentielle kognitive Reorganisation schaffen will (PINARD & LAURENDEAU, 1969). Solche vielschichtigen Trainingsstrategien bei experimentellen Aufgaben kommen den allgemeinen Lebenserfahrungen, wie man sie in natürlichen Umwelten oder in längsschnittlichen ökologischen Analysen findet (WOHLWILL, 1966, 1970d), wahrscheinlich sehr viel näher. WOHLWILL (1970d) hat in einer Diskussion der Bedeutung von Untersuchungen zum „learning set" festgestellt:

„Die Arbeiten zur Entwicklung von „learning sets" sind von besonderem Interesse, weil sie Aufschluß geben können über die Frage, was es eigentlich ist, das ältere Kinder zu einem so breit fundierten Transfer befähigt und wie sie es erworben haben. Eine Möglichkeit wäre, daß sie die Fähigkeit erworben haben, Regeln für die Bearbeitung von Stimulus-Input zu formulieren, die auf jede Art von Stimulus passen, vorausgesetzt, bestimmte invariante Strukturaspekte sind dabei gegeben. Diese Art der Betrachtung bringt das Problem der Bildung von „learning sets" in die Nähe der Bildung von konkreten Operationen, insbesondere von Konservationen. Obwohl diese beiden Probleme erst noch gemeinsam bei denselben Kindern untersucht werden müssen, wird die enge Verbindung zwischen ihnen nicht nur durch die Tatsache nahegelegt, daß Diskriminationslernen anscheinend einen Höhepunkt gegen Ende der Phase der konkreten Operationen zeigt, sondern auch dadurch, daß eine nachgewiesene Beziehung zur allgemeinen Intelligenz und nicht zum chronologischen Alter besteht (HARTER, 1965)" (S. 21f.).

Das wirksamste Training würde wohl ein Programm darstellen, in dem Stimulationen in bezug auf eine Anzahl miteinander zusammenhängender Aufgaben zusammengefaßt sind, die theoretisch zur selben Entwicklungsstufe gehören. Einer Anregung von PINARD und LAURENDEAU (1969) folgend, könnte es beispielsweise effektiv sein, die Übungen zur Reihenbildung und Klassifikation in einem einzigen Übungsprogramm zu kombinieren. Die Ergebnisse könnte man dann vergleichen mit denen aufgrund eines Trainings, das ausschließlich entweder nur auf Konzepte der Reihenbildung oder nur auf Klassifikations-Konzepte abzielt. Ein Übungsprogramm, das diese Komponenten enthält und für Kinder im Alter von drei bis fünf Jahren angesetzt ist, läuft zur Zeit in der Versuchs-Vorschule der University of Wisconsin. Im Zentrum dieser Untersuchung stehen die Erfassung eines Nah-Transfers auf trainingsspezifische Aufgaben, eines mittelweiten Transfers auf ergänzende logische Aufgaben (nur für die Bedingungen Seriation allein und Klassifikation allein) sowie eines weitreichenden Transfers auf verschiedene Konservationsaufgaben.

Eine der hauptsächlichsten Fragen im Zusammenhang mit Trainingsprogrammen, die die kognitive Funktionsfähigkeit beeinflussen sollen, betrifft die Stabilität der durch die experimentelle Maßnahme erworbenen neuen Verhaltensweisen (PIAGET, 1964). Denn es ist klar, daß die experimentell vermittelten Reaktionsveränderungen über die Zeit hin stabil sein, Widerstand gegenüber anderweitige Beeinflussung oder gegenüber nicht zu den Reaktionen passenden Informationen zeigen sollten, etc., im großen und ganzen also den Reaktionen vergleichbar sein sollten, die von der Kontrollgruppe gezeigt werden, die sich auf dem entsprechenden angemessenen Entwicklungsniveau befindet. Ein passendes Beispiel ist die oft zitierte Untersuchung von SMEDSLUND (1961b), in der es um die Extinktions-Reaktionen der Experimental- im Vergleich zu der Kontrollgruppe ging, die auf „natürliche" Weise Gewicht-Konservation erworben hatte. In dieser Untersuchung fiel eine größere Anzahl von Probanden, die experimentell in Gewicht-Konservationsurteilen trainiert worden waren, in einer künstlichen Testsituation in Urteile zurück, die fehlende Konservation offenbarten, als Probanden der Kontrollgruppe, die zu Konservationsurteilen fähig, aber nicht trainiert worden war. (Die Reaktionsmuster der sieben Probanden, die auf natürliche Weise Konservation erworben, sie aber kurzfristig auch wieder verloren hatten, sind für den Entwicklungspsychologen natürlich von gleichem Interesse, s. HALL & SIMPSON, 1968; KINGSLEY & HALL, 1967; SMEDSLUND, 1968; SMITH, 1968.) Trotz der offensichtlichen Schwächen in bezug auf die Angemessenheit von Art und Dauer der Extinktionsmaßnahmen in SMEDSLUNDS Untersuchung (s. WATSON, 1968), sind weitere Studien nötig, in denen diese Art von Trainingskriterium verwendet wird.

Von allgemeinerem Interesse sind im vorliegenden Zusammenhang die Empfehlungen, die WOHLWILL (1970a) im Hinblick auf die Messung der Langzeit-Stabilität nach experimentellen Maßnahmen gegeben hat. Die von ihm vorgeschlagenen Pläne sind den konventionellen Längsschnitt-Plänen formal ähnlich (das Problem der Meßwiederholung tritt in beiden Fällen auf), und die Evaluation muß sich auf die gesamte Altersspanne erstrecken, innerhalb derer sich die Variable verändert. Dazu sind ausgedehnte Follow-up-Untersuchungen der Experimental- und Kontrollgruppen (über Generationen hin?) nötig, die an Deprivations- oder Stimulationsstudien teilgenommen haben. Insbesondere träfe das zu, wenn Trainings-Untersuchungen zur möglichen Lösung der Anlage-Umwelt-Problematik verwendet würden. In einer jüngeren Darstellung dieses alten Problems wird die Frage aufgeworfen, ob die gleichartige kognitive Entwicklung von Menschen aus ganz verschiedenen soziokulturellen Schichten, mindestens was die Konzeptbildung sensu PIAGET betrifft, am besten durch universell gültige Lebenserfahrungen (WOHLWILL, 1966) oder spezies-spezifische genetische Programmierung (BEILIN, 1969) zu erklären sei. Die günstigste Möglichkeit, diese Alternativen gegeneinander zu prüfen, ist die systematische Nutzung von Trainings-Programmen, die auf dem Paradigma des experimentellen Transfers (GOULET, 1970b) basieren.

Das überzeugendste Argument, Untersuchungen, in denen die Entwicklung kognitiver Konzepte stimuliert wird, als wesentlichen Bestandteil von entwicklungspsychologischen Analysen über die gesamte Lebensspanne hinweg einzubeziehen, ist natürlich, daß solche Untersuchungen Gelegenheit bieten für eine experimentelle Manipulation der normativen Entwicklung und der Regression.

„Das Ziel von Interventionen, die über die Erfahrungen hinausgehen, die normalerweise in der spontan ablaufenden Entwicklung gegeben sind, ist nicht so sehr, die Entstehung eines bestimmten Konzepts nun tatsächlich zu beschleunigen, so als wenn man das Kind dazu veranlassen könnte, die normalen Entwicklungsstufen schneller zu durchlaufen. Vielmehr handelt es sich darum, die Faktoren herauszufinden und zu analysieren, die für solche eventuell auftretenden Beschleunigungen verantwortlich sind, und so die wesentlichen Elemente zu einer Lösung der theoretischen und praktischen Probleme zu liefern, die auftreten, wenn man die spontan ablaufende kognitive Entwicklung verstehen und seine Kenntnisse auf Erziehungsziele anwenden will" (PINARD & LAURENDEAU, 1969, S. 155 f.).

Trainingsstudien bilden somit das natürliche Bindeglied zwischen den deskriptiven entwicklungspsychologischen Analysen, auf die von seiten der organismischen Theorie so viel Wert gelegt wird, und dem Antezedenz-Konsequenz-Paradigma, das die Neobehavioristen so leidenschaftlich verteidigen.

9 Kreativität und kognitiver Stil aus der Perspektive einer Entwicklungspsychologie der Lebensspanne

NATHAN KOGAN, New School for Social Research New York, New York

Zum Inhalt

Dieser Beitrag enthält einen Überblick über Theorie und Forschung zu Kreativität und kognitiven Stilen, unter besonderer Berücksichtigung ihrer Implikationen für eine Entwicklungspsychologie der Lebensspanne. Im Bereich der Kreativität gilt das Interesse primär den entwicklungspsychologischen Aspekten der Unterscheidung zwischen Kreativität und Intelligenz. Es werden Probleme der Generalisierbarkeit über Altersstufen hinweg, der Einfluß der Test-Situation als Funktion von Alter, die Langzeit-Stabilität von Indizes für kreative Fähigkeit sowie alters- und kohortenrelevante Aspekte von Kreativität im realen Leben betrachtet. Ferner wird die Frage diskutiert, ob Kreativitätstests im Erwachsenenalter sinnvoll sind, wenn externe Verhaltenskriterien zur Verfügung stehen. Die Notwendigkeit alternativer Modelle für die Vorhersage kreativer Leistungen wird angesprochen.

Des weiteren werden Ähnlichkeiten und Unterschiede zwischen kognitiven Stilen auf der einen und Kreativität und Intelligenz auf der anderen Seite beschrieben. Wir schlagen eine Dreifach-Klassifikation kognitiver Stile auf der Basis ihrer Distanz zu traditionellen Fähigkeitsindizes und unter Berücksichtigung von Wertungen bei der Definition der alternativen Pole der Stil-Dimensionen vor. An einigen kognitiven Stilen werden die methodologischen Schwierigkeiten aufgezeigt, die sich ergeben, wenn man aus Querschnitt-Daten auf Entwicklungszusammenhänge schließen will. Ein weiterer Punkt ist die entwicklungspsychologische Bedeutung der Unterscheidung zwischen kognitivem Stil und Fähigkeit. Und schließlich erörtern wir die entwicklungspsychologischen Probleme, die mit dem Erstellen von „realitätsnahen" Kriterien für kognitive Stile zusammenhängen.

9.1 Einführung

Wir wollen im vorliegenden Beitrag zwei Inhaltsbereiche der Psychologie – Kreativität und kognitive Stile –, die in den letzten 25 Jahren Gegenstand regen Forschungsinteresses waren, aus der Perspektive einer Entwicklungspsychologie der Lebensspanne be-

trachten. Natürlich könnte man jedem der hier angesprochenen Komplexe ohne weiteres einen eigenen längeren Beitrag widmen; daß wir dennoch den Versuch wagen, beide in einem einzigen Kapitel von bescheidenem Umfang darzustellen, dürfte erkennen lassen, daß es uns nicht darauf ankommt, einen vollständigen Überblick über beide Bereiche zu geben. Systematische Überblicksreferate aus jüngster Zeit stehen ohnehin anderweitig zur Verfügung – etwa WALLACH (1970) zur Kreativitätsforschung, KAGAN und KOGAN (1970) zur Diskussion kognitiver Stile. Deshalb soll unser Ansatz demgegenüber viel weniger formal sein und bietet eine Mischung aus theoretischer Spekulation, methodologischer Kritik und einigen neuen Daten; wo immer es möglich ist, werden wir Konsequenzen für eine Entwicklungspsychologie der Lebensspanne ziehen.
Von der Sache her besteht eigentlich kein Grund, Kreativität und kognitive Stile in einem gemeinsamen Kapitel zu behandeln. Zwar gibt es theoretische und empirische Verbindungen zwischen beiden, aber daß wir sie hier zusammen darstellen, ist lediglich Ausdruck der engen Beziehungen, die wir zu beiden Inhaltsbereichen haben. Vielleicht sollten wir auch noch erwähnen, daß wir ursprünglich nicht von der Entwicklungspsychologie, sondern von der kognitiven Psychologie, der Sozial- oder der Persönlichkeitspsychologie herkommen. Allerdings rückt der Entwicklungsaspekt auch dabei immer wieder stark ins Blickfeld. So muß man beispielsweise an der entsprechenden Stelle einer Untersuchung fragen, ob bestimmte Phänomene oder Beziehungen, die bei einer Stichprobe von Probanden eines relativ eng definierten Altersbereichs beobachtet wurden, auch über die ganze Lebensspanne hinweg stabil und kontinuierlich auftreten würden. Dann gibt es natürlich auch wieder Fälle, wo man systematische Variationen des interessierenden Phänomens in Abhängigkeit von Alter erwartet. Wenn man die Konstrukte Kreativität und kognitiver Stil auf diese Weise entwicklungspsychologisch betrachtet, dann bedeutet das notwendigerweise noch nicht eine echte Ausrichtung auf die gesamte Lebensspanne. Wie wir noch sehen werden, ist eine solche Ausrichtung nur für einen ganz kleinen Teil der Arbeiten kennzeichnend, die in den hier behandelten Bereichen publiziert worden sind. Es gibt ausgesprochen wenige Untersuchungen, in denen psychologische Konstrukte über eine große Altersspanne hinweg betrachtet werden und in denen man Methoden verwendet, die es erlauben, sowohl ontogenetische als auch generationsbedingte Veränderungen aufzudecken (z.B. BALTES, 1968; BALTES & NESSELROADE, 1970; SCHAIE, 1970).

9.2 Kreativität

9.2.1 Definition: Leistung, Persönlichkeit und Prozeß

Eine Darstellung der Kreativität über die Lebensspanne hin ist kaum vorstellbar ohne den einführenden Hinweis auf die klassische Arbeit von LEHMAN (1953) mit dem Titel *Age and Achievement.* Will man den Kreativitätsbegriff beschränken auf die Leistungen einzelner Berühmtheiten, die in der Vergangenheit mit bedeutenden Beiträgen zu den schönen Künsten, den Human- und Naturwissenschaften hervorgetreten sind, so stellt die bahnbrechende Arbeit von LEHMAN den wichtigsten Versuch zur Erforschung dieses Gebiets dar. Zwar lassen sich einige seiner Interpretationen anzweifeln, wie DENNIS (1956, 1958) gezeigt hat, doch wußte LEHMAN (1960) solcher Kritik überzeugend zu begegnen. Alles in allem kann man *Age and Achievement* wohl nach wie vor als Standardwerk zum Problem von Qualität und Quantität allgemein anerkannter, während des Lebens erbrachter kreativer Leistungen ansehen.

LEHMANS wichtigste Entdeckung ist die, daß die wesentlichsten kreativen Leistungen zu einem vergleichsweise frühen Zeitpunkt der individuellen Schaffensperiode auftreten, nämlich irgendwann zwischen dem dritten und fünften Lebensjahrzehnt, je nachdem, um welchen Wirkungsbereich es sich handelt. Und auch wenn der Leistungsstandard über viele Jahre hin auf relativ hohem Niveau beibehalten wird, bevor er im fortgeschrittenen Alter absinkt, werden die nachfolgenden Leistungen im allgemeinen für weniger außergewöhnlich und bedeutend gehalten als das frühe Werk. Geht es allerdings allein um die Menge der Produktion, so wird, wie DENNIS (1966) zeigte, die Höchstleistung erst in einem höheren Alter erbracht, als LEHMAN für die qualitativen Bestleistungen angegeben hatte. DENNIS berichtet auch, daß über alle Wirkungsbereiche hin das Ausmaß, in dem die Produktivität mit fortschreitendem Alter zurückgeht, beträchtlich schwankt. Dem heutigen Sprachgebrauch folgend, kann der Ansatz von LEHMAN und DENNIS zur Erforschung der Kreativität als ergebniszentriert (product-centered) bezeichnet werden. Beide haben das Gesamtlebenswerk der bedeutendsten kreativen Menschen, die die westliche Zivilisation in den letzten Jahrhunderten aufzuweisen hatte, untersucht. Solche Ansätze zeigen, welchen Wert historische Daten für die Entwicklungspsychologie der Lebensspanne haben können.

Wenden wir uns zwei weiteren Richtungen der Kreativitätsforschung zu. Im einen Fall handelt es sich um einen persönlichkeitszentrierten Ansatz; dabei werden bestimmte Individuen, die sich nach dem Urteil ihrer Kollegen auf ihrem Spezialgebiet (etwa Architektur, Malerei, Mathematik) besonders kreativ zeigten, einer intensiven psychologischen Begutachtung unterworfen, mit dem Ziel, die möglichen motivationalen und kognitiven Grundlagen der sogenannten kreativen Persönlichkeit aufzudecken. Ein Großteil dieser Untersuchungen sind am Institute of Personality Assessment and Research (University of California, Berkeley) unter der Leitung von MACKINNON (z.B. 1962) und BARRON (z.B. 1963) durchgeführt worden. Entwicklungspsychologische Aspekte standen hier nicht im Zentrum, wenn auch im allgemeinen retrospektive Fragen nach Elternhaus und erlebtem Erziehungsstil zur Untersuchungsbatterie gehörten.

Ein dritter Ansatz zur Erforschung von Kreativität ist prozeßzentriert. Hier interessiert in erster Linie die Art der Denkprozesse, von denen man annimmt, daß sie in der Gegenwart oder in der Zukunft zu kreativen Ergebnissen führen werden. Da in den meisten Untersuchungen Kinder als Probanden dienten, ist die Validität, d.h. der Zusammenhang zwischen Kreativitätswerten und kreativer Leistung in der „Realität" nicht bekannt. Seine wichtigsten Impulse erhielt der prozeßzentrierte Ansatz von der Entwicklung von Tests zur Messung des divergenten Denkens durch GUILFORD (z.B. 1967). Dabei handelt es sich um eine Reihe kognitiver Tests, die vom Probanden nicht einfach eine einzige korrekte Antwort, sondern eine Vielzahl möglicher richtiger Antworten verlangten. Diese kann man dann nach Anzahl (Geläufigkeit, fluency), Zahl der verwendeten Kategorien (spontane Flexibilität, spontaneous flexibility), Ungewöhnlichkeit (unusualness) oder Einmaligkeit (uniqueness) der Antwort sowie der Qualität (Originalität, originality) bewerten. Qualität oder Originalität bezieht sich dabei wohl auf eine Kombination von Ungewöhnlichkeit und Treffsicherheit (d. h.: die Antwort des Probanden ,,sitzt").

9.2.2 Ermittlung von Kreativität und Intelligenz

Mit der fortschreitenden Entwicklung von Tests zur Messung des divergenten Denkens in den fünfziger und sechziger Jahren wurde immer häufiger die Frage laut, ob diese vielen neuen Tests mit offenen Fragen wirklich wesentlich andere Informationen lieferten als die älteren Intelligenztests. Solange man nicht zeigen konnte, daß die angeblichen Maße für Kreativität ein Cluster bildeten und jedes Einzelmaß relativ unabhängig von IQ-Indizes war, erschien es wenig sinnvoll, ein neues Konstrukt ,,Kreativität" dem älteren Konstrukt ,,allgemeine Intelligenz" gegenüberzustellen.

Thorndike (1963) sowie Wallach und Kogan (1965) unterzogen die in den frühen sechziger Jahren vorliegende Literatur einer kritischen Prüfung und kamen insgesamt zu dem Schluß, daß eine echte statistische Trennung von Kreativität und Intelligenz nicht möglich war. Wallach und Kogan, die mit Fünftklässlern arbeiteten, gelang dann eine solche statistische Trennung, indem sie Kreativität in strikt assoziativen Begriffen operational definierten auf der Ebene des Testverhaltens und die bei der üblichen Kreativitätsprüfung verwendeten testähnlichen Merkmale nicht benützten. Ihr durch Assoziation definiertes Kreativitätskonzept stimmte sowohl mit früheren theoretischen Erkenntnissen (Koestler, 1964; Mednick, 1962) als auch mit introspektiven, autobiographischen Schilderungen der Denkprozesse bekannter kreativer Individuen (Ghiselin, 1955) überein.

Der Entschluß, vom Standard-Testverfahren mit seinen strengen Zeitgrenzen, der Durchführung in Gruppen und dem Bewertungsdruck abzurücken zugunsten einer entspannteren, nicht-wertenden, spielähnlichen Testaufnahmesituation, leitete sich zum Teil aus bereits früher erschienenen theoretischen (Mednick, 1962) und empirischen (Christensen, Guilford & Wilson, 1957) Arbeiten her, die den Hinweis enthielten, daß ungewöhnliche Einfälle erst im weiteren Verlauf einer Sequenz verbaler Äußerungen aufzutreten pflegen (Ward, 1969, gelangte allerdings zu gegenteiligen Ergebnissen). Es schien von daher angebracht, den Probanden zur Lösung einer Aufgabe so viel Zeit zu lassen, wie sie wollten. Wir sind der Überzeugung, daß mit diesen beiden Modifikationen – Aufgaben von homogenem assoziativem Charakter und individuelle, spielähnliche Erhebung – das Ziel erreicht wurde, offene Testfragen zu schaffen, die ein Kreativitätscluster bilden und unabhängig sind von allgemeiner Intelligenz.

9.2.3 Generalisierbarkeit der Unterscheidung zwischen Kreativität und Intelligenz über Altersstufen hinweg

Obgleich die Untersuchungen von WALLACH und KOGAN zum erstenmal den definitiven Nachweis erbrachten, daß divergente und konvergente Denkfähigkeit in der Empirie wie auch in der Theorie und bei der Messung wirklich getrennte Größen sind, haben ihre Forschungen doch zugleich eine Vielzahl neuer Fragen aufgeworfen, darunter einige von genuin entwicklungspsychologischer Bedeutung. Die nächstliegende Frage dieser Art bezieht sich darauf, inwieweit die Unterscheidung zwischen Kreativität und Intelligenz, die WALLACH und KOGAN bei 10- bis 11jährigen Fünftklässlern (und danach noch einmal PANKOVE und KOGAN (1968) bei der gleichen Altersgruppe) getroffen hatten, auf jüngere und ältere Probanden generalisiert werden kann.

Empirische Evidenz für die Gültigkeit einer solchen Unterscheidung liegt für Kindergartenkinder (WILLIAMS & FLEMING, 1969), Vorschüler (WARD, 1968), sieben- und achtjährige Erst- und Zweitklässler (WARD, 1968), High-School-Abschlußsemester (WALLACH & WING, 1969) und College-Studenten (CROPLEY & MASLANY, 1969) vor. Für Individuen, die älter als Anfang zwanzig sind, gibt es leider noch keine Ergebnisse. Immerhin sind die Korrelationen zwischen dem WALLACH-KOGAN-Kreativitätscluster und altersentsprechenden Intelligenzmaßen von den Zwanzigjährigen bis hinunter zur Altersgruppe der vierjährigen Kindergartenkinder durchgängig nicht signifikant und schwanken um Null. Es ist auch zu beachten, daß diese Beziehung über Altersgruppen hinweg keineswegs ausschließlich bei Angehörigen der Mittelklasse konsistent war, denn auch bei einer Auswahl farbiger, unterprivilegierter Fünftklässler waren die Korrelationen vernachlässigbar (WARD, KOGAN & PANKOVE, 1972). Gleichwohl bleibt es Aufgabe der Zukunft, die Unterscheidung zwischen Kreativität und Intelligenz auf ihre Generalisierbarkeit auch auf das mittlere und hohe Alter hin zu überprüfen.

Leider steht bei praktisch allen testorientierten Untersuchungen der Kreativität älterer Personen das Problem des Leistungsrückgangs im Zentrum, so etwa auch bei BROMLEY (z. B. 1967). Unter Verwendung der Tests von SHAW und WYGOTSKI kommt BROMLEY zu dem Schluß, daß „rationale Äußerungen . . . hoch mit Intelligenz korrelieren und . . . Kreativität widerspiegeln" (S. 33). Das ist eine erstaunliche Feststellung, und sie impliziert, daß man bestimmte Denkvorgänge anhand von Aufgaben erforschen könne, die gleichzeitig ganz anders geartete Denkprozesse widerspiegeln. Für BROMLEY ist jeder verwendete Test „als operationales Maß für Kreativität (Erfindungsgabe) zu betrachten, da die Testfragen ‚offen' sind und dem Probanden zunehmend einfallsreichere Antworten abverlangen" (S. 33). Damit aber würde jeder Test mit divergenter Struktur ein Maß für Kreativität darstellen, das Oberflächenvalidität hat. BROMLEY übersieht hier das Problem der diskriminanten Validität – das Ausmaß, in dem solche Tests etwas anderes als allgemeine Intelligenz erfassen. Nachträglich hat sich allerdings erwiesen, daß die beiden Tests – die jeweils das Sortieren von Klötzchen nach physikalischen Dimensionen wie Farbe, Form, Höhe, Breite erforderten – durchaus mit Recht verwendet werden konnten, denn es zeigte sich, daß die mit dem Alter einhergehende Abnahme ungewöhnlicher Antworten den Rückgang in der Qualität der Leistung widerspiegelt, den LEHMAN in seiner Untersuchung bekannter kreativer Persönlichkeiten festgestellt hatte. Ohne Zweifel

bestehen hier formale Ähnlichkeiten, doch müssen derlei Analogieschlüsse von der Testleistung von Durchschnittspersonen auf die in der Realität erbrachten Leistungen bedeutender kreativer Persönlichkeiten westlicher Kulturtradition in Anbetracht unseres heutigen Wissensstandes zumindest als voreilig betrachtet werden.
Auch wenn der Titel „Alter und Rigidität" („Age and the Rigidities") lautet, ist der Artikel von CHOWN (1961) von einiger Bedeutung für die Fragestellungen des vorliegenden Beitrags. Die Testbatterie von CHOWN enthielt verschiedene Verfahren zur Ermittlung der *spontanen Flexibilität.* Dabei bezieht man sich auf die Zahl der Kategorien, die bei der Beantwortung offener Fragen zur Messung divergenten Denkens produziert werden; das ist ein Wert, der zu hohen Korrelationen mit der Zahl der Antworten überhaupt (*Ideenfluß*, ideational fluency) tendiert. Während die Tests zur spontanen Flexibilität (bei einem Sample im Alter von 20 bis 82 Jahren) nicht signifikant auf einem Altersfaktor laden, zeigen alle vorhergehenden Tests eine mittlere Ladung auf dem *g*-Faktor, was darauf hindeutet, daß Kreativität und Intelligenz nicht scharf getrennt werden konnten. Die Ergebnisse von getrennten Faktorenanalysen für Probanden unteren, mittleren und hohen Alters zeigen Parallelen zu den hier berichteten Ergebnissen für die Stichprobe als Ganzes, doch ist anzumerken, daß die Ladungen für spontane Flexibilität auf dem *g*-Faktor bei jungen Probanden am höchsten, bei alten noch relativ stark und bei Personen mittleren Alters am geringsten war.
Unserer Überzeugung nach ist es gänzlich verfrüht, von einem Rückgang der kreativen Fähigkeit im Laufe des Lebens zu sprechen, solange die verschiedenen Tests zur Erfassung dieses Konstrukts mit g gesättigt sind. Was immer man auch an Rückgang bislang beobachtet hat (wobei man sich jedesmal nur auf Querschnitt-Daten stützte), es kann sich genausogut um ein Nebenprodukt bei der Abnahme anderer Intelligenzfunktionen handeln. Und selbst wenn man, bei statistisch kontrollierter Intelligenz, eine mit dem Alter einhergehende Abnahme in der Kreativität entdecken sollte, müßte die Möglichkeit berücksichtigt werden, daß die beobachteten Unterschiede nicht ontogenetische Veränderungen, sondern Kohorten- oder Generationseffekte widerspiegeln. So haben etwa NESSELROADE, SCHAIE und BALTES (1972) anhand von kombinierten Quer- und Längsschnitt-Analysen gezeigt, daß anscheinend mit Alter zusammenhängende Leistungsabfälle auf einer Dimension, die für Kreativität möglicherweise relevant ist – kognitive Flexibilität – im Sinne von Kohortenunterschieden interpretiert werden müssen.

9.2.4 Testsituation: Entwicklungsspezifische Wechselwirkungen

Kehren wir zurück zu dem Punkt, wo darauf verwiesen wurde, daß WALLACH und KOGAN bei ihren Untersuchungen mit allem Nachdruck für eine entspannte, wertungsfreie Atmosphäre eintreten, wenn es darum geht, die geistige Produktivität (ideational productivity) unabhängig von der allgemeinen Intelligenz zu ermitteln. Es überrascht nicht, daß eine ganze Reihe von Forschern diese Hypothese von WALLACH und KOGAN direkt getestet hat, indem sie ein und dieselben Kreativitätstestaufgaben einmal unter evaluativen und einmal unter nicht-evaluativen Bedingungen lösen ließen. WALLACH (1971) überprüfte die Befunde und kam zu dem Schluß, daß eine permissive Situation zur Trennung von Kreativität und Intelligenz nicht unbedingt erforderlich ist, vorausgesetzt,

Kreativität wird allein durch Maße für Ideenfluß (ideational fluency; z.B. die WALLACH-KOGAN-Aufgaben) definiert. Das Problem ist damit aber anscheinend nicht erledigt, denn es zeigen sich Unterschiede in den Korrelationen (z.B. BOERSMA & O'BRYAN, 1968; KOGAN & MORGAN, 1969; NICHOLLS, 1971). Bemerkenswert ist nämlich, daß evaluative und permissive Bedingungen hinsichtlich verschiedener Merkmale einander gegenübergestellt werden können: Gruppen- vs. Einzelprüfung; keine Zeitbegrenzung vs. Zeitbegrenzung; testähnliche vs. spielähnliche (oder neutrale) Aufgabenbeschreibung; typische Institutionsatmosphäre vs. vertraut-familiäre Atmosphäre bei der Aufgabenbearbeitung; autoritäres, forderndes vs. entspanntes, ermutigendes Verhalten des Prüfers. Zwar wird in allen relevanteren Untersuchungen eine oder auch mehrere dieser Bedingungen geprüft, doch ist die von Fall zu Fall variierende Anzahl und Auswahl der Bedingungen zweifellos mit ein Grund für die mangelnde Eindeutigkeit der hier vorgetragenen Ergebnisse.

Wenn man entscheiden muß, welche Erhebungssituation die geeignetste ist, dann wird man gezwungen, entwicklungspsychologische Aspekte zu berücksichtigen. Eine Situation, die für die eine Altersgruppe permissiv sein mag, kann nämlich für eine andere durchaus bedrohlichen Charakter haben. Entsprechend kann eine Situation, die für die eine Altersgruppe typisch evaluativ erscheint, für eine andere verhältnismäßig erträglich sein. Zur Verdeutlichung der genannten Punkte stelle man sich einen unterstützenden Prüfer vor, der einem Zehnjährigen in einer Einzelsitzung Lernspiele ohne Zeitbegrenzung vorsetzt: Eine solche Erhebungssituation ist für ein Kind dieses Alters durchaus glaubwürdig. Dieselbe Situation würde dagegen bei einem Fünfzehnjährigen auf Skepsis stoßen und wahrscheinlich Bemühungen provozieren, das „Täuschungsmanöver" zu entlarven. In ähnlicher Weise dürfte eine testähnliche Situation, die bei Fünftklässlern Angst auslöst, bei Kindergartenkindern, für die solche Bewertungen in der persönlichen Erfahrung vorerst kaum eine Rolle spielen, grundsätzlich nicht diese Wirkung haben. Die angeführten Beispiele implizieren, daß Wechselwirkungen zwischen Alter und Testsituation nicht die Ausnahme, sondern eher die Regel darstellen.

In der Zeitspanne zwischen Kindergarten und Vorschule dürften permissive und evaluative Situationen noch keinen nennenswerten Gegensatz bilden, denn hier werden kaum Tests zu Bewertungszwecken eingesetzt. Als WILLIAMS und FLEMING (1969) Kindergartenkindern Aufgaben zur Messung des konvergenten (Peabody Picture Vocabulary Test) und des divergenten Denkens (WALLACH/KOGAN-Aufgaben) einmal unter permissiven und einmal unter evaluativen Bedingungen vorsetzten, hatte die Art der Erhebungssituation wenig Einfluß. Unter beiden Situationsbedingungen ließen sich Kreativität und Intelligenz trennen. Ganz im Gegensatz zu den Ergebnissen von WILLIAMS und FLEMING stieß NICHOLLS (1971) bei seiner Untersuchung von Zehn- bis Elfjährigen auf erhebliche Unterschiede in den Korrelationen zwischen Intelligenz und divergentem Denken, je nachdem, ob divergentes Denken unter test- oder unter spielähnlichen Bedingungen gemessen wurde. Die Korrelationen waren vernachlässigbar und nicht signifikant bei divergentem Denken in spielähnlichen Situationen; in testähnlichen Situationen dagegen waren sie mäßig hoch (.32 bis .48) und durchgehend signifikant. Vergleichbare Korrelationsunterschiede bei Zehn- und Elfjährigen werden von BOERSMA und O'BRYAN (1968) berichtet. WALLACH (1971) zitiert dagegen andere Untersuchungen, in denen keine Unterschiede in den Korrelationen als Funktion der Testsituation auftraten, obwohl die Probanden alt genug waren, um den Unterschied zwischen permissiv und evaluativ begreifen zu können. In keiner dieser Untersuchungen sind jedoch permissive und evaluative Bedingungen bei ein und denselben Probanden geprüft worden, wie bei NICHOLLS, dessen Arbeit bis heute die mit dem besten Untersuchungsplan ist. Abschließend sollte noch darauf hingewiesen werden, daß alle genannten Untersuchungen über die Effekte der Testsituation zu einem nicht unerheblichen Teil auf der Arbeit von CAMPBELL und FISKE (1959) über die „multitrait-multimethod-matrix" basieren.

Einer der Gründe dafür, daß wir uns im vorhergehenden so ausführlich mit der Bedeutung der Testsituation beschäftigt haben, ist die zunehmende Erkenntnis, daß situationsbedingte Effekte insbesondere bei der Untersuchung älterer Menschen bedeutsam werden. Neben anderen machte WELFORD (1958) darauf aufmerksam, daß ältere Probanden unter Zeitdruck schlechtere Reaktionen zeigen, äußerst empfindlich auf die mit Tests und experimentellen Verfahren zusammenhängende Bewertung reagieren und häufig Anzeichen des Widerwillens gegen die Prüfungssituation an den Tag legen. Mit anderen Worten: Ältere Menschen lassen oft alle die Merkmale von Prüfungsangst und Abwehr erkennen, die WALLACH und KOGAN dazu bewogen, die Erfassung von Kreativität ohne evaluative Komponenten in spielähnlichen Situationen ohne Zeitbegrenzung durchzuführen.

Wir wissen gegenwärtig nicht, welches nun die „optimale" Bedingung für die Erfassung des divergenten Denkens bei älteren Personen ist, positiv wäre aber sicherlich: keine Zeitbegrenzung, Ausschaltung jeglichen Bewertungsdrucks sowie ein unterstützender, ermutigender Testleiter. Ob man in einer derart „optimalen" Situation tatsächlich Meßwerte für divergentes Denken erhält, die unabhängig sind von konventionellen Intelligenz-Indizes, muß angesichts fehlender empirischer Daten von Stichproben älterer Probanden eine offene Frage bleiben. Immerhin aber ist bemerkenswert, daß in Lernexperimenten selbstgewähltes Arbeitstempo und längere Darbietung des Stimulusmaterials („optimale" Bedingungen für die Älteren?) in der Tat zu besseren Leistungen bei älteren Probanden geführt hat (vgl. ARENBERG, 1965; EISDORFER, 1965).

Bislang sind wir noch mit keinem Wort auf Altersunterschiede im *Niveau* (level) der geistigen Produktivität (ideational productivity) und Originalität (uniqueness) eingegangen. Der Grund dafür dürfte sein, daß solche Niveau-Unterschiede in hohem Maße von aufgaben- und situationsspezifischen Faktoren abhängig sind. Aufgabenspezifische Faktoren werden beim Unterschied zwischen den sprachlichen und den bildlichen Items in der Aufgabenbatterie von WALLACH und KOGAN sichtbar. Die verbalen Aufgaben scheinen hier größere Unterschiede zwischen Altersgruppen aufzudecken als Aufgaben, die von der Form her ebenfalls Assoziationen erfordern, aber anhand von bildlichem Stimulusmaterial. So fiel zwar die mittlere Produktivitätsdifferenz zwischen den WALLACH/KOGANschen Fünftklässlern der Mittelschicht und den WALLACH/WINGSCHEN (1969) College-Neulingen zugunsten der letzteren aus, doch gab es eine weit größere Diskrepanz bei verbalen als bei bildlichen Aufgabenstellungen. Noch wesentlicher als die Unterscheidung sprachlich vs. bildlich ist der Hinweis darauf, daß die Äußerung von Ideen und Vorstellungen (ideational productivity) außerordentlich stark durch die Erhebungssituation beeinflußt wird. Der denkbar stärkste Gegensatz wäre demnach, die Aufgaben zur

Ermittlung des divergenten Denkens unter strikter Zeitbegrenzung und andererseits völlig ohne zeitliche Beschränkungen zu geben. Ein solcher Vergleich dürfte recht eindeutig ausfallen.

Noch interessanter allerdings ist der Nachweis, daß signifikante Unterschiede in der Äußerung von Ideen und originellen Vorstellungen selbst dann in Abhängigkeit von den Untersuchungsbedingungen auftreten, wenn der Zeitfaktor konstant gehalten wird. Zwischen testähnlichen Bedingungen und spielähnlichen Situationen gibt es im Durchschnitt Unterschiede in der Äußerung von Ideen, der Originalität, der spontanen Flexibilität und sogar im Antwortinhalt (KOGAN & MORGAN, 1969; NICHOLLS, 1971).

Es liegen auch starke Hinweise dafür vor, daß die im Durchschnitt geäußerten Ideen und Vorstellungen (level of ideational productivity) durch einfache Kunstgriffe mit überraschendem Erfolg manipuliert werden können, etwa indem man eine Beispielaufgabe mit zehn phantasievollen Antworten vorgibt (HUDSON, 1968), den Probanden in die Rolle eines kreativen Modells, etwa eines Künstlers schlüpfen läßt (HUDSON, 1968; WILD, 1965), originellere Antworten durch den Testleiter belohnen läßt (z.B. LEVY, 1968; MALTZMAN, 1960) oder Geldanreize schafft (WARD, KOGAN & PANKOVE, 1972). HUDSON (1968) berichtet sogar, daß der Ideenfluß bei einer bestimmten Probandengruppe unerwartet stark wurde, als er in seiner Rolle als Testleiter plötzlich mißlaunig und aggressiv auftrat.

Keines der zitierten Ergebnisse impliziert notwendigerweise, daß divergentes Denken völlig von motivationalen und situativen Determinanten abhängt. Die bisherigen Forschungen zeigen vielmehr, daß der Durchschnittswert der geäußerten Ideen und Vorstellungen durch verschiedene situative Veränderungen systematisch angehoben oder gesenkt werden kann, daß jedoch die Rangordnung der Individuen auf dieser Dimension konstant bleibt. Als Beispiel für diese aus empirischen Daten abgeleitete generalisierte Behauptung seien die Ergebnisse der Untersuchung von WARD, KOGAN und PANKOVE (1972) über das Verhalten von Grundschülern genannt. Abbildung 1 zeigt, daß die Steigung der Regressionsgeraden für die Kontrollgruppe und die Experimentalgruppen fast identisch ist, daß sich die Durchschlagspunkte der Geraden auf der Ordinate aber unterscheiden. Mit anderen Worten: Unmittelbare und aufgeschobene Belohnungen für die Produktion von Äußerungen regten das Verhalten in ähnlichem Umfang an, ohne daß sich dabei in irgendeiner Weise die Rangordnung unter den Kindern veränderte.

Zusammenfassend können wir also feststellen: Wir haben es hier mit individuellen Unterschieden auf einer Fähigkeitsdimension zu tun.

Die Implikationen der geschilderten Untersuchungen für die entwicklungspsychologisch orientierte Erfassung des Problems sind allerdings nicht gerade ermutigend. Wir hatten oben festgestellt, daß identische Testsituationen für verschiedene Altersgruppen ganz unterschiedliche Bedeutungen haben können. Wie kann man dann aber sinnvolle Vergleiche zwischen Altersgruppen hinsichtlich der durchschnittlichen Ideenproduktion anstellen? Vielleicht wäre es nötig, zunächst parametrische Untersuchungen in verschiedenen Altersgruppen durchzuführen, um so die optimale Methode zur Steigerung des Einfallsreichtums zu ermitteln, und dann die anschließenden Vergleiche zwischen Altersgruppen unter Verwendung des jeweils optimalen Vorgehens für jede Altersgruppe durchzuführen. Eine derartige Vorgehensweise wurde kürzlich von FURRY und BALTES (1973) für

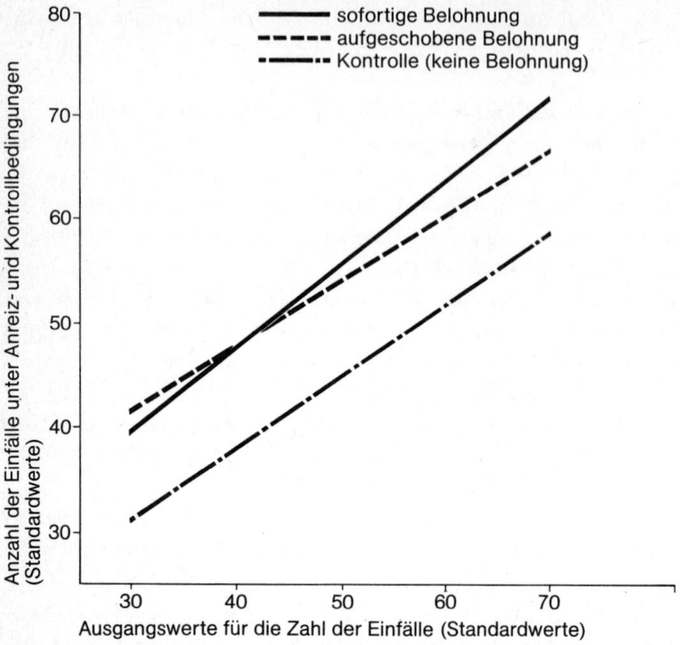

Abb. 1: Regression der Leistungen unter Anreizbedingungen auf die Ausgangswerte für Kreativität

den Bereich der intellektuellen Fähigkeiten vorgeschlagen. Die beiden Autoren haben gezeigt, wie sowohl ein ermüdender Vortest als auch die Plazierung eines bestimmten Subtests in einer Testbatterie die Leistung von Kindern, Erwachsenen und älteren Probanden differentiell zu beeinflussen vermag. Kurz gesagt: Dadurch, daß die Situationen nicht vergleichbar waren, ist die Interpretation von querschnittlich durchgeführten Vergleichen zwischen Altersgruppen in bezug auf Intelligenzleistungen problematisch. FURRY und BALTES empfehlen ein „testing the limits", ein Austesten der Leistungsgrenzen (SCHMIDT, 1970), um zu bestimmen, welche Testsituation für verschiedene Altersgruppen optimal ist.

9.2.5 Langzeit-Stabilität der assoziativen Kreativität

Bis jetzt beschränkte sich die Diskussion auf Entwicklungstrends, die mit Hilfe von Querschnitt-Untersuchungen ermittelt wurden und die darauf hindeuten, daß die Unterscheidung von Kreativität und Intelligenz etwa vom vierten bis zum 21. Lebensjahr möglich ist. Gibt es nun irgendwelche Längsschnitt-Untersuchungen, die diesen Sachverhalt bestätigen können? In jüngster Zeit konnten KOGAN und PANKOVE (1972), die eine Stichprobe von Kindern zum erstenmal in der fünften Klasse (einzeln) getestet hatten, 62,5% der ursprünglichen Stichprobe, die sich fünf Jahre später noch in derselben Schule befanden und nunmehr die zehnte Klasse besuchten, einzeln und auch in Gruppen erneut testen. Leider ist die Frage nach der Stabilität über fünf Jahre hinweg nicht leicht zu beantworten, denn je nach Geschlecht der Probanden und der Testsituation in der zehnten Klasse fiel das Ergebnis anders aus. Bei den Jungen war bei der Testung in Gruppen sowohl im Falle der Äußerung von Ideen als auch in bezug auf die Einmaligkeit der Einfälle (uniqueness) eine ausgeprägte Stabilität zu beobachten. Für die Mädchen hingegen waren unter gleichen Bedingungen die Stabilitätskoeffizienten vernachlässigbar. Wenn in Einzelsitzung getestet wurde und der Prüfer dasselbe Geschlecht hatte wie der Proband, dann zeigte sich bei Jungen wie bei Mädchen über den Fünf-Jahres-Zeitraum hinweg eine mäßige Verhaltenskonsistenz.

Eine spekulative Interpretation dieser Ergebnisse lieferten KOGAN und PANKOVE (1972) mit der Annahme, daß die persönliche und die unpersönliche Art der Datenaufnahme bei männlichen und weiblichen Probanden unterschiedliche Effekte hatte. Zugleich wurde aber auch deutlich gesagt, daß zusätzliche Längsschnitt- und experimentelle Daten über divergentes Denken notwendig seien, um die offensichtlich mehrdeutigen und komplexen Ergebnisse von KOGAN und PANKOVE zu klären. Unter ihren Befunden ist auch der Nachweis interessant, daß Kreativität und Intelligenz, die bei den Fünftklässlern beiderlei Geschlechts unabhängig waren, sich bei den Mädchen auch fünf Jahre später noch unabhängig voneinander erwiesen. Für die Jungen dagegen wurden die Korrelationen in der zehnten Klasse positiv und signifikant. Dieser Befund weicht auffällig von anderen Querschnitt-Daten ab, und wir können diese Diskrepanz nicht erklären. Dennoch reizt der Versuch, die „cross-lagged-panel"-Korrelationstechnik (z.B. ROZELLE & CAMPBELL, 1969) auf die Ergebnisse für die männlichen Probanden anzuwenden, d.h. die Korrelation zwischen den an zwei verschiedenen Zeitpunkten erfaßten, also längsschnittlich verschobenen, Variablen zu berechnen. Mit diesem Verfahren lassen sich Hinweise darauf gewinnen, daß die Höhe des früher ermittelten IQ stärker für die später gemessene Ideenproduktion und Originalität verantwortlich ist als umgekehrt das frühere Kreativitätsniveau für Verschiebungen zur späteren IQ-Höhe.

9.2.6 Entwicklungsbedingte Veränderungen in den Kreativitätskriterien aus dem Alltagsleben

Entwicklungsbedingte Veränderungen sind nicht auf Kreativitätstests und die Erhebungssituation beschränkt. Der nächste logische Schritt ist, ähnliche Entwicklungsphänomene im Rahmen der externen (konkurrenten und prognostischen) Validität der Kreativitätsdimension zu betrachten. Kreativitätstestwerte sind von wesentlicher Bedeutung für die Konstruktvalidierung, aber es ist gleichzeitig zu fragen, ob sie auch als Prädiktoren für relevante Verhaltensweisen und Leistungen im realen Leben benutzt werden können. In diesem Zusammenhang ist die Frage der ontogenetischen Veränderung und der Veränderung von Kohorten von besonderem Interesse. Die Annahme scheint durchaus berechtigt, daß für verschiedene Altersgruppen und Kohorten auch unterschiedliche externe Kreativitätskriterien gelten.

Wenden wir uns zunächst dem ontogenetischen Aspekt zu und betrachten Kinder im Elementarschulalter und darunter. Obschon es bei dieser Altersgruppe noch möglich ist, die Lehrer um eine Beurteilung der Kreativität der Kinder auf der Basis von Schulverhalten und -leistungen zu bitten, ist doch die Interrater-Reliabilität derartiger Beurteilungen sowie ihre Unabhängigkeit von konventionellen Intelligenz-Indizes wiederholt in Frage gestellt worden (vgl. etwa HOLLAND, 1959; PIERS, DANIELS & QUACKENBUSH, 1960). In jüngerer Zeit vertraten BIGGS, FITZGERALD und ATKINSON (1971) demgegenüber die Auffassung, die Lehrer seien fähig, Kinder nach konvergentem und divergentem Denkstil zu unterscheiden. Die Überprüfung ihres Datenmaterials liefert jedoch nicht einen einzigen Hinweis auf ein Beurteilungskriterium, das speziell auf die Trennung von Kindern nach stark und schwach ausgeprägter Fähigkeit zu divergentem Denken abzielt. Wo eine solche Differenzierung zu beobachten war, gab es zugleich auch immer ähnliche Werte für stark und schwach ausgeprägte Fähigkeit zu konvergentem Denken. Kurz, es kann mit einigem Recht bezweifelt werden, daß es auf der Elementarschulebene ein Kreativitätskriterium gibt, das „realitätsnäher" ist als die Leistung in den Aufgaben zur Erfassung des divergenten Denkens.

Bis zur Erreichung des High-School-Alters (also im Alter zwischen vierzehn bis siebzehn Jahren) hat der Schüler Gelegenheit zur Entwicklung vielfältiger Freizeitinteressen, die durchaus als vorläufige Kreativitätskriterien dienen könnten. Möglich wäre auch, den Schüler aufzufordern, etwas zu schreiben, was dann hinsichtlich des Ideengehalts bewertet werden könnte. VERNON (1971) ermittelte kürzlich die Korrelationen zwischen Meßwerten für divergentes Denken, die unter test- und unter spielähnlichen Bedingungen erhoben worden waren, und den ebengenannten externen Kriterien. Der Trend in den Korrelationen zeigte, daß die konkurrente Validität größer war, wenn divergentes Denken unter spannungsfreien Bedingungen gemessen wurde. Höhere Korrelationen ergaben sich mit Kriterien wie: „Kreativität, geschätzt aufgrund der Autobiographie", „Kreativität, ermittelt anhand des Verfahrens ‚Zeichne einen Mann'", „künstlerische Freizeitinteressen". In keinem Fall war der Validitätskoeffizient signifikant höher für divergentes Denken unter testähnlichen Bedingungen.

Im Verlauf der Sekundarschul- und College-Zeit bilden sich allmählich sehr bedeutungsvolle externe Kreativitätskriterien heraus. Auf dieser Ebene können wir die Entfaltung von Interessen und Begabungen beobachten, die nicht unmittelbar mit dem Leben in der Schule zusammenhängen. Der Schüler kann sich in diesem Alter privat und organisiert für die verschiedensten Aktivitäten engagieren, auf so unterschiedlichen Gebieten wie Naturwissenschaft, Schriftstellerei, Malerei, Schauspielkunst oder Musik. Er kann auch Führerrollen in verschiedenen Gruppen übernehmen oder im sozialen Bereich tätig werden. Alle diese Aktivitäten verwendeten WALLACH und WING (1969) als Kriterien bei der Untersuchung einer Stichprobe von High-School-Endsemestern (mit Zulassung zur Duke University). Die Häufigkeit der Teilnahme an und die Leistung in den genannten Bereichen wurde signifikant durch Ideenproduktion und Originalität, nicht hingegen durch Werte im Eignungstest (College Board's Scholastic Aptitude Test) der Probanden unterschieden. Bemerkenswert ist auch, daß sich die signifikanten Zusammenhänge zwischen den Maßen für divergentes Denken einerseits und Aktivitäten sowie darin gezeigten Leistungen andererseits weitgehend auf Gebiete beschränken, in denen Originalität

verlangt wird (z.B. Kunst, Schriftstellerei und Naturwissenschaft). Sie bestätigten sich nicht für schauspielerische und musikalische Betätigungen, die auf der Sekundarschulebene wahrscheinlich eher interpretatorisch als schöpferisch ausgeübt werden.
In der Zeit der beruflichen Karriere im Anschluß an College- und Universitätsausbildung erhält man die bedeutsamsten externen Kreativitätskriterien. Damit sind wir genau wieder bei unserem Ausgangspunkt angelangt, nämlich bei LEHMAN (1953, 1960). LEHMAN befaßte sich in erster Linie mit der Kreativität in der Vergangenheit, und diese Beschäftigung mit nicht mehr lebenden Personen bot natürlich hinreichende Gewähr dafür, daß die qualitativen und quantitativen Leistungsnachweise vollständig erfaßt werden konnten. Werke von hoher Qualität müssen den Zeitläuften standhalten, so daß allein schon die vergangene Zeit dazu beiträgt, daß genaue Bewertungen der Qualität vorgenommen werden.
Bezieht sich unsere Forschung dagegen eher auf die Gegenwart als die Geschichte, so müssen die Leistungen im realen Leben bewertet werden, ehe eine abgeschlossene Biographie vorliegt. Die am Institute of Personality Assessment and Research durchgeführten Untersuchungen (BARRON, MACKINNON, HELSON u.a.) verweisen darauf, daß innerhalb von Berufsgruppen (z.B. Architekten, Künstlern, Mathematikern) beträchtliche Übereinstimmung darüber herrscht, wer zu den kreativsten Angehörigen des jeweiligen Berufs gehört. Obgleich solche Kriterien dem Urteil der Zeit im LEHMANschen Sinne nicht unbedingt standhalten müssen, werden wir unsere gegenwartsorientierte, auf das reale Leben gerichtete Kreativitätsforschung doch sinnvollerweise darauf stützen.
Es sind zwei ganz verschiedene Dinge, ob man von der fertigen Persönlichkeit, die für kreativ gehalten wird, ausgeht und dann im Rückblick nach möglichen Antezedenzien sucht, oder ob man auf der Basis von Kreativitätstestwerten Voraussagen auf Begabungen und kreative Leistungen in der Zukunft machen soll. Letzteres ist mit weit größeren Schwierigkeiten verbunden, was das Problem der Definition adäquater Kriterien anbelangt. Die Absolventen der Colleges und Universitäten (für die wir Informationen über ihre Leistungen in Kreativitätstests und ihre außerschulischen Aktivitäten besitzen) werden sich auf die verschiedensten Berufszweige verteilen. Wo das Arbeitsgebiet öffentlich zugängliche Produktionen (wie etwa wissenschaftliche oder literarische Artikel, Kunstwerke, patentierte Erfindungen) impliziert, können wir die Anzahl ermitteln und ihre Qualität zu bewerten versuchen. Aber wie steht es mit Personen, die Rechtsanwalt, Physiker, Buchhalter oder Lehrer werden? Müssen sie durch die bloße Wahl eines solchen Berufes automatisch auf dem Nullpunkt einer Kreativitätsskala plaziert werden? Würde man alle diese Individuen von Untersuchungen zur prognostischen Validität ausschließen, wäre die Repräsentativität der Stichproben zweifellos ernsthaft in Frage gestellt. Wir sollten deshalb von der Tatsache ausgehen, daß die Grundwahrscheinlichkeiten für echte Kreativität im realen Leben extrem klein sein werden.
Das meiste, was wir bisher gesagt haben, gilt nun nicht unmittelbar auch für die Zeit jenseits der Lebensmitte. In vielen Fällen ist der Eintritt ins höhere Alter mit dem Ausscheiden aus dem Berufsleben verbunden. Welches Kreativitätskriterium ließe sich für diesen Zeitabschnitt verwenden? Vermutlich ist ein solches Kriterium eher die konstruktive Nutzung der Freizeit als Beharren auf früheren beruflichen Aktivitäten. Trifft diese Annahme zu, dann erfüllt derjenige ein hypothetisches Kreativitätskriterium im fortge-

schrittenen Alter am besten, der über seine eigentliche Berufstätigkeit hinausgehende Begabungen und Interessen gepflegt hat. Wäre es möglich, daß zu irgendeinem Zeitpunkt innerhalb der Lebensspanne eine Verlagerung von der vertieften Beschäftigung mit einem Bereich (Spezialisierung) zu einem breiter gestreuten Interesse stattfinden muß, damit ein Mensch im Alter kreativ ist? Oder wäre es nicht überhaupt sinnvoller, die Bezeichnung „kreativ" auf die Tätigkeiten und Leistungen des frühen und mittleren Erwachsenenalters zu beschränken und den älteren Menschen dann lediglich als „immer noch kreativ" zu betrachten, nämlich in dem Maße, in dem er auch weiterhin frühere Aktivität und Produktivität zeigt? Aus dieser Perspektive erscheinen „Kreativität" und „Ruhestand" in der Tat unvereinbar. Die alternative Sichtweise würde bedeuten, Kreativität mit erfolgreichem Altern gleichzusetzen, eine Ausweitung, die das Konzept so allgemein werden läßt, daß es fraglich wird, ob der Kreativitätsbegriff im hohen Alter überhaupt verwendbar ist.

Bis jetzt haben wir uns vornehmlich mit Effekten beschäftigt, die wahrscheinlich mit dem chronologischen Alter in Zusammenhang stehen; deshalb nun noch ein Wort zu den Unterschieden zwischen Kohorten und Generationen. LEHMAN (1960) weist z. B. darauf hin, daß sich die Veröffentlichungspraktiken über die Generationen hin verändert haben. Noch vor einem Jahrhundert dienten wissenschaftliche Publikationen fast ausschließlich der Mitteilung von Forschungsergebnissen. Als sie dann aber zur Voraussetzung für eine akademische Karriere und die Erlangung eines Lehrstuhls wurden, führte das zu drastischen Veränderungen bei der Kohorte von Wissenschaftlern, die ihr Graduiertenstudium nach dem Zweiten Weltkrieg abschloß. Zur Zeit können wir eine Gegenreaktion auf das „Publish-or-perish"-Syndrom beobachten, und es wird von seiten der Universitätsverwaltung wieder mehr Wert auf die Lehrbefähigung gelegt. Mit dieser neuen Gratifikationsstruktur im akademischen Bereich sind erneute Veränderungen in den Veröffentlichungspraktiken derjenigen zu erwarten, die innerhalb der letzten drei Jahre ihre Graduiertenausbildung abgeschlossen haben.

Je nach Wissenschaft können Kohorteneffekte eine unterschiedliche Rolle spielen. Jede Disziplin kennt Zeiten wissenschaftlicher Kreativität und Stagnation, und solche Kohorten, deren produktivste Jahre zusammenfallen mit einem Höhepunkt in dem jeweiligen Fachgebiet, werden natürlich auch mehr Gelegenheit zu kreativer Entfaltung haben. Anscheinend altersbedingte Kreativitätsverluste in Disziplinen, bei denen es rasche Veränderungen in den Inhalten oder Methoden gibt, könnten daher nichts anderes sein als das periodische Auftauchen neuer Kohorten, die jeweils die „neue Welle" repräsentieren.

9.2.7 Forschungsempfehlungen und abschließende Bemerkungen

Unsere Diskussion hat gezeigt, wie wichtig es ist, bei der Messung kreativer Fähigkeiten und bei der Beurteilung ihrer externen Validität den Aspekt der Entwicklung in die Überlegungen miteinzubeziehen. Es scheint fast in der Natur der Sache zu liegen, daß man Kreativität am besten über die gesamte Lebensspanne hin betrachtet. Gleichgültig, ob man kognitive Aufgaben oder Leistungen im realen Leben zur Beurteilung von Kreativität verwendet, man wird stets dazu gezwungen, die experimentellen Bedingungen und Messungen den verschiedenen Alters- und Kohortengruppen anzupassen.

Zusätzlich zu dem Problem, wie man Kreativität mißt, muß man bei einem Lebenszeit umfassenden entwicklungspsychologischen Ansatz aber auch überlegen, welches die adäquatesten Fragestellungen und Forschungsstrategien sind, um neue Erkenntnisse über den Kreativitätsbereich zu gewinnen. Beispielsweise könnte man fragen, ob Begabung versprechende Aktivitäten und Leistungen in Schule, College und Universität als *endgültige* oder aber als *vorläufige* Kreativitätskriterien zu werten sind. Letzteres erscheint plausibler, da Kreativität in ihrer reinsten Form mit den Leistungen in einem gewählten Beruf verknüpft wird. Sie ließe sich von daher am besten irgendwann im mittleren Alter erfassen.

Akzeptiert man diesen Standpunkt, dann könnte man z. B. die von WALLACH und WING untersuchten Aktivitäten und Leistungen als Prädiktoren für spätere berufliche Leistungen im Erwachsenenalter ansehen. Wo derartige berufliche Leistungen das endgültige Kreativitätskriterium darstellen, dürfte man aufgrund von Sekundarschul- und College-Leistungen bessere Prognosen erwarten als von Testbatterien zur Erfassung des divergenten Denkens. Solche Meßwerte sind eben weniger direkt als die vorläufigen Kriterien des Sekundarschulerfolges. So gesehen, kann man auch bezweifeln, ob es sinnvoll ist, Tests zur Messung divergenten Denkens jenseits der Sekundarschulzeit zu geben. Sobald einem Indizes für Begabung und talentierte Leistung zur Verfügung stehen, ist es sinnvoll, sie als Prädiktoren für spätere kreative Arbeit zu verwenden. In Anbetracht der großen Vorliebe, die zahlreiche Entwicklungspsychologen für die Testung kognitiver Fähigkeiten über die gesamte Lebensspanne hinweg haben, wären die Konsequenzen einer Forschungsstrategie, bei der die Brauchbarkeit solcher Testverfahren für das frühe Erwachsenenalter und die Zeit danach in Frage gestellt werden, in der Tat gravierend.

Vorhersagen werden nun allein schon dadurch problematisch, daß bei einer Lebenszeit umfassenden Perspektive sowohl mit Kontinuität als auch mit Diskontinuität zu rechnen ist. Nehmen wir z. B. das Problem der Spezialisierung im Gegensatz zur Verbreiterung des Interessengebietes: Auf der Sekundarschul- und College-Ebene kann sich der Schüler in einer ganzen Reihe verschiedener Aktivitäten versuchen oder aber einer Tätigkeit sein ganzes Interesse widmen. Da Kreativität im Erwachsenenalter im allgemeinen mit der beruflichen Tätigkeit zusammenhängt, könnte man erwarten, daß eine Spezialbegabung im Jugendalter die Grundlage für die spätere Berufswahl und den Erfolg im Beruf bildet. Deshalb wäre die Vorhersagbarkeit in diesem Fall am größten. Ein typisches Beispiel wäre etwa ein Gewinner des WESTINGHOUSE-Preises für naturwissenschaftliche Arbeit, ein Sekundarschüler, der später eine naturwissenschaftliche Laufbahn einschlägt und schließlich zum Erkenntnisfortschritt auf seinem Gebiet beiträgt. In anderen Bereichen (beispielsweise den Human- und Sozialwissenschaften) mag der Weg hin zur Kreativität im Erwachsenenalter längst nicht so geradlinig verlaufen, was zur Folge hat, daß das Problem der Voraussagbarkeit recht komplex wird. Hier kann neben der Erfassung der kognitiven Leistungen durchaus auch die Einbeziehung motivationaler und sozialer Komponenten nötig sein. BALTES und NESSELROADE (1973) haben erst kürzlich die Notwendigkeit sowohl organismus- als auch umweltbezogener Analysen innerhalb des Rahmens einer Entwicklungspsychologie der Lebensspanne diskutiert. Einige neuere Untersuchungen von KOGAN und PANKOVE (1972) sind ein anschauliches Beispiel für einen der möglichen Ansätze zur Lösung dieses Problems der Vorhersage. In ihrer Untersuchung zeigte sich, daß die Vorhersage außerschulischer Leistungen in der Sekundarschulzeit aus intellektuellen und kreativen Fähigkeiten, die in der Elementarschule ermittelt worden waren, in kleineren Schuleinheiten durchaus zutreffend waren, in größeren dagegen nicht. Diese Ergebnisse stimmen mit den Beobachtungen überein, die BARKER und GUMP (1964) in bezug auf große und kleine High-Schools machten. Innerhalb der großen Schule zeigten allerdings Analysen, die getrennt für Probanden mit starker und schwacher Angst durchgeführt wurden, daß die Vorhersagbarkeit für letztere gut, für erstere nur klein war. Kurz gesagt: Sowohl Umwelt- als auch motivationale Kontingenzen *beeinflußten* die Verbindung zwischen kognitiven Leistungen im Bereich der Kreativität und den Leistungen im wirklichen Leben. An anderer Stelle (KOGAN & WALLACH, 1961b, 1964) sind derartige Analysen unter der Überschrift „Moderator-Variablen" erörtert worden. Die wesentlichen Vor- und Nachteile eines solchen methodischen Ansatzes sind kürzlich von ALKER (1972) und BEM (1972) in einer Stellungnahme zu MISCHELS Kritik von Persönlichkeitstheorien aufgezeigt worden. Aus der Perspektive einer lebensumspannenden Kreativitätsforschung gewinnen dabei die Befunde besondere Bedeutung, die darauf hinweisen, daß einfache lineare Modelle, wie sie Korrelations- und Regressionsanalysen zugrundeliegen, der Komplexität des Problems nicht gerecht werden können. Wir müssen vielmehr damit rechnen, daß kurvilineare Zusammenhänge auftreten, und unsere Analyse-Modelle müssen so beschaffen sein, daß sie alters- und kohortenbedingten Wechselwirkungen zwischen Organismus und Umwelt Rechnung tragen können.

Die vorangegangene Diskussion impliziert eine ganz charakteristische Spannung zwischen zwei unterschiedlichen Richtungen oder Strategien in der Kreativitätsforschung. Die eine ist eher pragmatisch und anwendungsbezogen, und man versucht dabei eine Verbindung zwischen Leistungen in Tests sowie experimentellen Aufgaben und dem realen Leben eines Individuums herzustellen. Denkprozesse spielen hier nur insofern eine Rolle, als sie Konsequenzen für das reale Leben haben. Die andere Forschungsstrategie ist dagegen eher auf Theorienbildung und Aufschlüsselung des Konzepts gerichtet. Dabei wird die Notwendigkeit in Frage gestellt, unter allen Umständen Verknüpfungen zwischen grundlegenden Denkprozessen und externen Verhaltenskriterien herzustellen, wenn man erstere noch nicht völlig versteht. Diese beiden Richtungen bilden natürlich keinen unvereinbaren Gegensatz, und beide haben ihren berechtigten Platz in einer Entwicklungspsychologie der Lebensspanne. In der vorangegangenen Diskussion haben wir versucht, beide Positionen zu berücksichtigen, obwohl es durchaus möglich ist, daß wir die pragmatische Seite stärker betont haben. Wenn es so sein sollte, dann wird sich das allerdings im nun folgenden Abschnitt über kognitive Stile grundlegend ändern, denn hier ist die Grundlagenforschung sehr viel weiter als die praktische Anwendung.

9.3 Kognitive Stile

9.3.1 Definition und begriffliche Abgrenzung von Kreativität und Intelligenz

Der Versuch, historisch die Entstehung des Konstrukts „kognitiver Stil" zu verfolgen, ist gleichbedeutend mit einer Darstellung der Geschichte der Kognitiven Psychologie. Es liegt nahe, daß ein solches Vorhaben im Rahmen des vorliegenden Beitrags undurchführbar ist. Einige der theoretischen Antezedenzien für kognitive Stile werden bei KAGAN und KOGAN (1970) erörtert. Dort wie auch im Kapitel von KOGAN (1971) in LESSER (1971) werden die verschiedenen kognitiven Stile recht detailliert dargestellt, wobei allerdings das Hauptgewicht auf das Kindesalter und die möglichen Implikationen für die schulische Praxis gelegt wird. Im Beitrag von KOGAN (1971) findet sich auch eine Definition kognitiver Stile, die wir hier wiederholen wollen:

„Kognitive Stile lassen sich am unmittelbarsten definieren als individuelle Variationen in den *Modi* der Wahrnehmung, Erinnerung und des Denkens oder auch als besondere Arten der Aufnahme, Speicherung, Transformation und Nutzung von Informationen. Richtig ist, daß auch *Fähigkeiten* diese Merkmale aufweisen, doch muß hier ein Unterschied in der Akzentsetzung beachtet werden: Fähigkeiten betreffen das Niveau von Fertigkeiten – das Mehr oder Weniger an Leistung –, wohingegen kognitive Stile eher *Art* und *Form* der Kognition betonen" (KOGAN, 1971, S. 244).

Diese Definition weist auf die Art des Unterschieds zwischen kognitiven Stilen auf der einen und Intelligenz und Kreativität auf der anderen Seite hin. Dabei darf allerdings nicht übersehen werden, daß solche Unterscheidungen eher prinzipieller Natur sind und in der Praxis nicht diese Geltung haben. Wo es um intellektuelle Fähigkeiten geht, ist die Sachlage eindeutig: Ob die jeweils bevorzugte Intelligenztheorie einen *g*-Faktor oder aber mehrere orthogonale primäre Fähigkeiten in den Mittelpunkt stellt, immer reichen die fraglichen Dimensionen vom Extrem des hohen (bzw. viele richtige Lösungen) bis zum Extrem des niedrigen Leistungsniveaus (bzw. viele falsche Reaktionen). Bei kreativen Fähigkeiten unterscheidet man ebenfalls zwischen besseren und schlechteren (wenn auch nicht unbedingt zwischen richtigen und falschen) Leistungen. Die Forschung auf diesem Gebiet erhielt ihren entscheidenden Anstoß von der Konzeption der Fähigkeiten des divergenten Denkens im Rahmen des „Intelligenz- Struktur"-Modells von GUILFORD. Die kreativen Fähigkeiten werden also bei GUILFORD tatsächlich explizit einer Theorie der Intelligenz subsumiert. Im Gegensatz dazu fassen wir Kreativität (die wir von kreativen Fähigkeiten trennen) als mit Qualitäten ausgestattet auf, die mehr bedeuten als rein kognitive Fertigkeiten.

Was nun die kognitiven Stile betrifft, so lassen sie sich in drei Klassen einteilen, und zwar im Hinblick auf ihre jeweilige Distanz zum Fähigkeitsbegriff, wie er oben dargestellt ist. Zunächst gibt es Stile, deren Erfassung auch auf der Basis von richtiger bzw. falscher Leistung vorgenommen wird. Dabei mag der Terminus Stil zur Bezeichnung derartiger Leistungen in der Tat irreführend sein; dennoch hat sich dieser Begriff durchgesetzt, möglicherweise deshalb, weil diejenigen, die hier die hauptsächlichen Untersuchungen durchgeführt haben, in der Tradition der Entwicklungs- und/oder Persönlichkeits- und Kognitiven Psychologie stehen, also weniger der Psychometrie verpflichtet sind. Beispiele für diese Art kognitiver Stile sind Feldabhängigkeit vs. Feldunabhängigkeit (WITKIN, LEWIS,

Hertzman, Machover, Meissner & Wapner, 1954; Witkin, Dyk, Faterson, Goodenough & Karp, 1962) sowie eingeengte vs. flexible Kontrolle (Gardner, Holzman, Klein, Linton & Spence, 1959; Klein, 1954). Diese Konstrukte werden wir weiter unten in diesem Kapitel definieren und diskutieren.

Der zweite Typus kognitiver Stile wird mit Verfahren ermittelt, bei denen die zugrundeliegende Dimension nicht „das Richtig oder Falsch" der Leistung ist. Vielmehr geht es um eine Wertung insofern, als die Leistung auf dem einen Extrem als besser bewertet wird als die Leistung auf dem anderen Extrem. Formal unterscheiden sich solche Stile nicht grundsätzlich von einigen kreativen Fähigkeiten, die Guilford unterschieden hat. Ideenfluß (ideational fluency) beispielsweise besagt nichts über die Richtigkeit des Denkens, doch wird die Fähigkeit, viele Antworten zu finden, höher bewertet als die Produktion von wenigen Antworten. Im Bereich der kognitiven Stile beobachteten Kagan, Moss und Sigel (1960, 1963) anhand von Klassifikations- und Zuordnungsaufgaben individuelle Unterschiede im Ausmaß, in dem analytische und nicht-analytische Kategorisierungen bevorzugt wurden. Obwohl erstere keinesfalls richtiger sind als letztere, wurde der analytische Stil von seiten der Autoren dennoch höher bewertet. Eine ausführliche Besprechung dieser zweiten Stil-Dimension soll gleichfalls an späterer Stelle folgen.

Schließlich gibt es noch kognitive Stile, bei denen die Frage der Richtigkeit ganz irrelevant ist und die Art der Leistungen, die man aus den Aufgaben zur Erfassung des fraglichen Stils erschließt, auch nicht bewertet werden. Es handelt sich dabei um kognitive Stile, die im eigentlichen Sinne als „Stile" zu bezeichnen sind; deshalb sind sie auch den konventionellen Fähigkeitskonzepten am wenigsten verwandt. Ein Beispiel für Stile dieser Art ist die *Klassifikationsbreite (breadth of categorization*, vgl. etwa Pettigrew, 1958), d. h., ob man Kategorien, für deren zentrale Tendenz ein Maß angegeben ist, eng oder weit faßt. Dabei darf freilich nicht übersehen werden, daß fehlende Beurteilung nach richtig und falsch oder andere fehlende Wertungen *nur typisch* sind für die im Anfangsstadium stehende Konzeptbildung und Operationalisierung des fraglichen Stil-Begriffs. Es ist durchaus möglich, daß mit fortschreitender Konstruktvalidierung und der Suche nach externen Korrelaten ein ursprünglich wertfreier kognitiver Stil allmählich Werteigenschaften annimmt und damit formal von dem oben beschriebenen zweiten Stil-Typus nicht mehr zu unterscheiden ist.

9.3.2 Allgemeine entwicklungspsychologische Überlegungen

In Anbetracht der bereits vorliegenden Publikationen zum kognitiven Stil bei Kindern erscheint es sinnvoll, sich hier in erster Linie mit dem Erwachsenenalter zu beschäftigen und die Untersuchungen an Kindern nur insoweit heranzuziehen, als sie für eine Lebenszeit umfassende Perspektive notwendig sind. Das ist nicht so einfach, denn die große Masse der entwicklungspsychologisch orientierten Untersuchungen zu kognitiven Stilen bezieht sich auf den Altersabschnitt, der vor dem Eintritt ins Erwachsenenalter liegt. Für ältere Probanden liegen praktisch keine Ergebnisse vor: Vergeblich sucht man im Sachregister des Buches von Botwinick über „*Cognitive Processes in Maturity and Old Age*" (1967) nach dem Stichwort „kognitive Stile"; und auch im Index des Bandes von Goulet und BALTES (1970), der auf der ersten „West Virginia Conference on Life-Span Developmental Psychology" basiert, findet sich keine derartige Angabe. Nun bedeutet die Tatsache, daß das Konstrukt des kognitiven Stils in diesen Büchern nicht explizit angesprochen wird, keineswegs, daß relevante Untersuchungen nicht durchgeführt worden wären. Das Kapitel von COMALLI (1970) im Buch von GOULET und BALTES behandelt sogar sehr eingehend das Problem der kognitiven Stile, auch wenn der Begriff als solcher dabei nicht verwendet wird.

Daten zu Entwicklungsverläufen, die über lange Zeiträume hin beobachtet worden sind, liegen für die oben dargestellten drei Typen kognitiver Stile in sehr unterschiedlicher Menge vor. Die meisten Daten haben wir für die erste Kategorie – also die Stile, die den kognitiven Fähigkeiten am nächsten kommen. Wesentlich spärlicher ist das verfügbare Datenmaterial für die zweite Kategorie, d. h. für kognitive Stile mit Wertungsaspekten, bei denen es nicht um das Richtig oder Falsch des Denkens geht. Äußerst rar sind echte entwicklungspsychologische Daten für die kognitiven Stile der dritten Kategorie – Stile, die anscheinend keine wertenden Konnotationen besitzen. Zu beachten ist, daß die unterschiedliche Verfügbarkeit von Daten zur gesamten Lebensspanne lediglich die Intensität der Forschungsbemühungen widerspiegelt, die es in bezug auf die drei Klassen kognitiver Stile gibt.

Den meisten Untersuchungen, die auf dem Gebiet der kognitiven Stile für die Entwicklung über die gesamte Lebensspanne hin relevant sind, liegen Querschnitt-Pläne zugrunde. Wie wir gleich noch sehen werden, hatte der bevorzugte Einsatz dieser Pläne zur Folge, daß Unterschiede zwischen Altersgruppen eher als ontogenetisch, denn als Unterschiede zwischen Kohorten und Generationen interpretiert wurden. Da auf der Basis solcher Untersuchungen derartige eindimensionale Interpretationen aber nicht erlaubt sind, ist klar, daß die meisten der für diesen Bereich relevanten Arbeiten unbrauchbar sind. Auch wenn die folgende Darstellung reichlich kritisch erscheinen mag, haben wir uns trotzdem darum bemüht, eine abwertende, von vornherein auf Fehlersuche ausgerichtete Perspektive so weit als möglich zu vermeiden. Meines Erachtens sind die bis heute vorliegenden einschlägigen Untersuchungen aber bestenfalls als Vorarbeiten zu betrachten, die für ein Verständnis der Entwicklung der kognitiven Stile über die Lebensspanne hin notwendig sind und zukünftig methodisch elegantere Lösungen vorbereiten helfen.

In den folgenden Abschnitten wollen wir die empirischen Befunde zu den kognitiven Stilen anführen und unter besonderer Berücksichtigung ihrer Implikationen für eine Entwicklungspsychologie der Lebensspanne erläutern. Es gibt allerdings auch Stile, die bislang noch nicht aus einer solchen Perspektive betrachtet worden sind und die wir deshalb auch in diesem Beitrag nur kurz erwähnen werden. Unsere Absicht war nicht die, den Bereich erschöpfend darzustellen, sondern wir wollten eine sinnvolle Auswahl treffen.

9.3.3 Vergleiche zwischen Altersgruppen in bezug auf ausgewählte kognitive Stile

9.3.3.1 Eingeengte versus flexible Kontrolle

KLEIN (1954) prägte den Ausdruck „eingeengte versus flexible Kontrolle", um individuelle Unterschiede in der Irritierbarkeit und Anfälligkeit für kognitive Interferenz bei Aufgaben mit konfligierenden Merkmalen zu beschreiben. Zur Erfassung dieses Stils sind zahlreiche Verfahren entwickelt worden (vgl. GARDNER *et al.*, 1959), von denen sich der Farb-Wort-Interferenz-Test von STROOP (1935) als Standardinstrument durchsetzen konnte. Er ist zugleich das Maß für den kognitiven Stil, für den entwicklungspsychologische Daten zur gesamten Lebensspanne verfügbar sind (COMALLI, WAPNER & WERNER, 1962).

Der STROOP-Test besteht aus drei Teilen: Lesen von Farbnamen, Benennen von Farben, die in Feldern angeordnet sind, und Benennen von Farben, in denen Farbnamen geschrieben sind (z. B. das Wort „orange", das in grüner Farbe gedruckt ist). Der letzte Teil liefert den Index für die Störungsanfälligkeit. Die für die Lösung der drei Aufgaben erforderliche Zeit stellt dabei die in diesem Zusammenhang interessierende kritische Variable dar. Da sich der kognitive Stil hier darauf bezieht, richtige Lösungen unter störenden Bedingungen zu liefern, gehört er eindeutig zum ersten Typ der oben beschriebenen kognitiven Stile.

Die Querschnitt-Daten für die gesamte Lebensspanne, die COMALLI und Mitarbeiter (1962) für die drei Teile des Stroop-Tests präsentieren, lassen klar eine U-förmige Verteilung erkennen, nach der Kinder und ältere Menschen ein ähnliches, von Personen jüngeren und mittleren Alters verschiedenes Verhalten zeigen. Für den Teil mit den konfligierenden Merkmalen war darüber hinaus die Steigung an den Altersextremen steiler, was darauf hindeutet, daß kleine Kinder und alte Menschen am stärksten zur Interferenz neigen. Auch wenn COMALLI *et al.* feststellen, daß die Ähnlichkeiten in den Leistungen von Kindern und alten Menschen nicht auch eine Ähnlichkeit der Denkprozesse implizieren, bieten sie dennoch keinerlei Interpretation an, die über die globalen von WERNER formulierten Kategorien der Progression und Regression durch Differenzierung und hierarchische Integration einerseits und Entdifferenzierung sowie Enthierarchisierung andererseits hinausginge. Erklärungen auf diesem Abstraktionsniveau tragen nicht gerade zum Verständnis dessen bei, was tatsächlich vor sich geht. Da Ausbildungsunterschiede zwischen Kohorten nicht kontrolliert worden sind, besteht die Möglichkeit, daß die beobachteten Unterschiede zwischen Altersgruppen allein darauf zurückzuführen sind.

Auf zwei andere Untersuchungen trifft diese Art von Kritik schon weniger zu. COMALLI (1965) verglich 65- bis 80jährige und 80- bis 90jährige Männer mit annähernd gleichem Ausbildungsniveau und fand eine signifikant stärkere Interferenzneigung bei der letztgenannten Gruppe. Bei einem Vergleich von Bewohnern eines Altersheimes mit alten Menschen, die in ihrer natürlichen Umgebung lebten, erhielten COMALLI, KRUS und WAPNER (1965) signifikant höhere Zeitwerte für die erste Gruppe bei allen drei Teilen des STROOP-Tests. Diese zuletzt zitierten Ergebnisse schließen jede Interpretation aus, die auf einen ganz speziellen Unterschied in der Neigung zu Interferenz abzielt.

Auch gegen die Untersuchung von COMALLI, in der 65–80jährige und 80–90jährige miteinander verglichen werden, lassen sich Einwände erheben. Zwar trennten die im Interferenz-Teil des STROOP-Tests ermittelten Zeitwerte als einzige signifikant die Altersgruppen voneinander, doch wiesen die Zeitunterschiede in den anderen beiden Testteilen – trotz fehlender Signifikanz – eindeutig in dieselbe Richtung. Die von GARDNER *et al.* (1959) und anderen auf dem Gebiet der kognitiven Stile arbeitenden Forscher verwendete Technik, die für die Analyse derartiger Befunde in Frage käme, beruht auf Regressionsanalysen. Da die Lesegeschwindigkeit für Farbnamen und/oder die Schnelligkeit der Farbenbenennung generell mit dem Interferenzwert korrelieren, müßte die Regression von einem Wert oder beiden Werten auf den Interferenzwert berechnet werden. Solche Regressionswerte bezeichnen dann den Teil der Varianz, der allein der Interferenz zuzuschreiben ist, und gerade diese Werte sollten bei Vergleichen im Rahmen einer Entwicklungspsychologie der Lebensspanne auf jeden Fall benutzt werden. COMALLI und seine Mitarbeiter haben diese wichtigen Regressionstechniken nicht verwendet, und deshalb ist es gut möglich, daß der größte Teil der untersuchten Alters- und sonstigen Differenzen einfach nur auf Auswirkungen des Geschwindigkeitsfaktors zurückzuführen ist und nicht auf Interferenz als solche.
Alles in allem führen die zitierten Untersuchungen zu der pessimistischen Feststellung, daß die mit Hilfe des STROOP-Tests gewonnenen Daten zur Entwicklung über die Lebensspanne hin keine Informationen über Entwicklungstrends im kognitiven Stil „eingeengte vs. flexible Kontrolle“ liefern. Die genannten Veröffentlichungen gehören allesamt eher in die Tradition der Arbeiten, in denen entwicklungsbedingte Veränderungen in der Response-Geschwindigkeit untersucht werden (s. BIRREN, 1964, Kap. 5).

9.3.3.2 Feldabhängigkeit versus Feldunabhängigkeit

Sehen wir uns als nächstes die wichtigsten Befunde zum kognitiven Stil der Feldabhängigkeit bzw. Feldunabhängigkeit an. Dieser Stil wird am häufigsten definiert als die Fähigkeit, etwas aus einem Umfeld herauslösen zu können. Zur Messung dieses Stils sind drei grundlegende Verfahren entwickelt worden. Beim Embedded-Figures-Test (EFT) ist die beste Leistung die rasche Lokalisierung eines Elements, das in eine geometrisch komplexe Figur eingebaut ist. Der Rod-and-Frame-Test (RFT) repräsentiert einen alternativen Index desselben Stils, wobei hier Feldunabhängigkeit an der Fähigkeit gemessen wird, einen Leuchtstab, der in einem völlig abgedunkelten Raum in einem schräggestellten Rahmen verankert ist, in die Vertikale zu bringen. Beim dritten und am wenigsten gebräuchlichen Verfahren schließlich, dem Body-Adjustment-Test (BAT), besteht die Aufgabe des Probanden darin, seinen eigenen Körper in die Vertikale zu bringen, nachdem die Kammer, in der er gesessen hatte, rotiert worden war. In den Forschungen der WITKIN-Gruppe wird oftmals ein kombinierter Index verwendet, der auf allen dreien der genannten Verfahren basiert. Die Feldunabhängigkeit bzw. -abhängigkeit gehört zur ersten der oben beschriebenen Kategorien kognitiver Stile; Feldabhängigkeit impliziert schlechtere Leistungen in allen drei beschriebenen Indizes.
Umfangreiches Datenmaterial zur Feldunabhängigkeit und Feldabhängigkeit aus Querschnitt-Untersuchungen über die gesamte Lebensspanne hin finden sich bei COMALLI

(1965) sowie bei Schwartz und Karp (1967). Eine Studie von Witkin *et al.* (1967) bietet außerdem Längsschnitt-Daten für zwei Gruppen von Probanden, von denen die eine im Alter von 8 und 13 und die andere im Alter von 10, 14, 17 und 24 Jahren getestet worden ist. Witkin *et al.* (1967) berichten daneben auch Querschnitt-Daten für die eben erwähnten Altersstufen.

Betrachten wir zunächst die Ergebnisse für den Zeitraum zwischen spätem Kindes- und frühem Erwachsenenalter. Die von Witkin *et al.* angegebenen Stabilitätskoeffizienten für beide im Längsschnitt untersuchten Gruppen erreichten mit Werten zwischen .48 und .92 eindeutig Signifikanzniveau. Offensichtlich verändert sich also die relative Position des einzelnen auf der Witkinschen Dimension über den beträchtlich langen Untersuchungszeitraum hinweg nicht wesentlich. Solche Konsistenz beeindruckt vor allem in Anbetracht der zahlreichen Entwicklungsaufgaben, die der Heranwachsende auf seinem Weg von der späten Kindheit über die Adoleszenz bis zum Eintritt ins Erwachsenenalter zu meistern hat, also z. B. Pubertät, verminderte Abhängigkeit von der Familie, Berufsentscheidungen und mitunter sogar Ehe- und Nachwuchssorgen.

Bemerkenswert ist, daß die Stabilität innerhalb der untersuchten Altersspanne interindividuelle Gültigkeit besitzt. Die Stellung des einzelnen in Relation zu seiner Alterskohorte bleibt weitestgehend konstant. Gleichzeitig lassen sich jedoch erhebliche intraindividuelle Veränderungen beobachten. Die Durchschnittswerte für Feldunabhängigkeit nehmen zunächst zu, erreichen beim 17jährigen ihr Maximum und verändern sich dann bis zum 24. Lebensjahr kaum mehr. In ihrer Querschnitt-Untersuchung dagegen stellten Witkin *et al.* in bezug auf alle drei Unabhängigkeits-/Abhängigkeitsindizes (BAT, RFT und EFT) eine konsistente Abnahme zwischen dem 17. und dem 21. Lebensjahr fest. Wie im Intelligenzbereich (z. B. Baltes, 1968; Schaie, 1965, 1970) können Querschnitt-Daten also auch bei der Ermittlung kognitiver Stile ganz offensichtlich zu falschen Schlüssen über entwicklungsbedingte Veränderungen führen. Witkin *et al.* führen diese Diskrepanz zwischen Längsschnitt- und Querschnitt-Daten auf spezielle Eigenschaften der für die Querschnitt-Analyse ausgewählten Kohorte der 21jährigen zurück.

In Anbetracht der Diskrepanzen zwischen Quer- und Längsschnitt-Befunden für Probanden, die am Beginn ihres dritten Lebensjahrzehnts stehen, ist es einigermaßen überraschend, daß es trotzdem Querschnitt-Untersuchungen gibt, die die gesamte Lebensspanne abdecken und in denen die ermittelten Unterschiede direkt bestimmten Entwicklungsprozessen zugeschrieben werden. Die von Comalli (1970) vorgelegten Daten für die verschiedenen Indizes *sensu* Witkin zeigen einen ausgeprägt U-förmigen Verlauf. Die Leistungen von Kindern und Alten sind danach ähnlich und unterscheiden sich in allen Wahrnehmungsaufgaben von denen jüngerer Erwachsener. Diese kurvilinearen Trends werden in Anlehnung an Werner (1948, 1957) als Indikatoren für progressive und regressive Veränderungen im Laufe des Lebens interpretiert.

Es ist durchaus möglich, daß man den Lebenslauf mit den ursprünglichen Formulierungen von Werner charakterisieren kann, aber die vorliegenden Ergebnisse lassen eine solche Interpretation nicht so ohne weiteres zu. Die beobachteten Leistungsrückgänge können viel sparsamer durch Kohortendifferenzen erklärt werden. In der Studie von Schwartz und Karp (1967) beispielsweise unterschieden sich die drei untersuchten Altersgruppen – 17jährige, 30- bis 39jährige und 58- bis 80jährige – ganz erheblich in bezug auf Ausbildungsniveau, Beruf und Geburtsland. Betrachtet man die mit dem BAT, RFT und EFT ermittelten durchschnittlichen Leistungen der drei Altersgruppen, so stellt man eine mit dem Alter gleichförmig zunehmende Feldabhängigkeit fest, die in umgekehrtem Verhältnis zum Ausbildungsniveau steht.

Daß eher Ausbildung und nicht Alter die wesentliche Determinante für die beobachteten Unterschiede ist, ergibt sich daraus, daß die Feldabhängigkeit bei den 30- bis 39jährigen im Vergleich zur Gruppe der 17jährigen durchweg größer ist. Die 30- bis 39jährigen befinden sich schließlich in ihren leistungsfähigsten Jahren, so daß ihr Defizit mit großer Wahrscheinlichkeit ihrer vergleichsweise schlechteren Ausbildung zuzuschreiben ist. In diesem Zusammenhang sollte auch auf die Arbeit von GRANICK und FRIEDMAN (1967) hingewiesen werden: Signifikante negative Korrelationen zwischen Alter und Leistung in einer umfangreichen Batterie von Wahrnehmungstests wurden nach der Auspartialisierung des Ausbildungsniveaus in etwa 30 % der Fälle nicht-signifikant. BIRREN und MORRISON (1961) berichten über ähnliche Effekte beim WAIS-Test.

Die Untersuchungen von KARP (1967) und COMALLI *et al.* (1965), in denen verschiedene Typen älterer Personen miteinander verglichen werden, sind weniger zu kritisieren. KARP hat Menschen im Ruhestand mit Berufstätigen derselben Altersgruppe verglichen; COMALLI und Mitarbeiter haben Bewohner von Altersheimen mit Personen gleichen Alters, die in ihrer natürlichen Umgebung lebten, verglichen. Leider sind die Ergebnisse der beiden Studien inkonsistent. KARP ermittelte mit Hilfe des GOTTSCHALDT- und des EFT-Tests signifikante Unterschiede zwischen seinen Gruppen; COMALLI *et al.*, in deren Untersuchung Wahrnehmung der Vertikalen als Maß verwendet wurde, dagegen nicht. Der Widerspruch zwischen den Arbeiten wird allerdings verständlicher, wenn man hört, daß COMALLI *et al.* ihre Gruppen auch im Hinblick auf die Ausbildungsdauer parallelisierten, während KARP nur Alter berücksichtigte. Die größere Feldunabhängigkeit der noch Berufstätigen gegenüber den Menschen im Ruhestand in der KARP-Studie ist daher möglicherweise wiederum nur auf Unterschiede im Ausbildungsniveau zurückzuführen.

Die mit Ausbildung und anderen demographischen Dimensionen zusammenhängenden Variablen sind keineswegs die einzigen, die bei entwicklungspsychologischen Untersuchungen kognitiver Stile berücksichtigt werden müssen. WITKIN *et al.* waren zwar fest davon überzeugt, daß Feldunabhängigkeit nur etwa mit den analytischen Aspekten der Intelligenz zu tun haben – wie man sie etwa durch Subtests des WISC (Picture Completion, Block Design, Object Assembly) erfaßt –, dennoch läßt sich nicht leugnen, daß in zahlreichen Untersuchungen signifikante Beziehungen zwischen den WITKIN-Indizes auf der einen und Indikatoren für verbale und mathematische Fähigkeiten sowie räumliches Vorstellungsvermögen auf der anderen Seite festgestellt worden sind. Bei KOGAN (1971) findet sich eine Übersicht über die entsprechenden Befunde. Im Zusammenhang mit Querschnitt-Altersvergleichen erscheint es dringend geboten, daß solche Zusammenhänge statistisch kontrolliert werden, damit man sicher sein kann, daß in bezug auf demographische Variablen parallelisierte Probanden auch tatsächlich hinsichtlich einer kognitiven Stil-Dimension und nicht hinsichtlich des *g*-Faktors der Intelligenz miteinander verglichen worden sind.

Insgesamt sind die vorliegenden Befunde zur Dimension der Feldunabhängigkeit-Feldabhängigkeit recht entmutigend, wenn man an definitiven Aussagen darüber interessiert ist, ob nun Alters- oder aber Kohorteneffekte bei entwicklungspsychologischen Untersuchungen über die Lebensspanne hin wirksam sind. Die Schwierigkeit, diese beiden Effekte zu trennen, zeigt sich deutlich im Bereich der Geschlechtsunterschiede. Man denke in diesem Zusammenhang daran, daß bei den älteren Probanden in der Untersuchung von SCHWARTZ und KARP (1967) geschlechtsspezifische Unterschiede wegfielen. Eine Parallele dazu ist das Fehlen von Geschlechtsunterschieden bei Kindern unter acht Jahren (GOODENOUGH & EAGLE, 1963; MACCOBY, DOWLEY, HAGEN & DEGERMAN, 1965). Geschlechtsspezifische Unterschiede in der Feldunabhängigkeit sind anscheinend am größten im Alter von etwa 12 bis 17 Jahren – in einem Zeitraum, in dem wohl auch die Geschlechtsrollendifferenzierung ihren Höhepunkt findet. Eine Diskussion der verschiedenen Interpretationen, welches die Ursachen für die geschlechtsspezifischen Unterschiede in der Feldabhängigkeit sein könnten, würden den Rahmen dieses Kapitels übersteigen (vgl. dazu die detaillierte Analyse von KAGAN & KOGAN, 1970); dennoch ist vielleicht die Überlegung nicht uninteressant, ob der Wegfall von geschlechtsspezifischen Unterschieden in den Daten von SCHWARTZ und KARP nicht vielleicht analog zu den Befunden im kognitiven Bereich interpretiert werden könnte, nämlich als Tendenz zur Entdifferenzierung der Geschlechtsrollen im fortgeschrittenen Alter. Auf den ersten Blick könnte man meinen, daß solche Trends, falls sie in zukünftigen Untersuchungen repliziert werden sollten, ontogenetisch bedingt sind. Berücksichtigt man andererseits aber den zur Zeit herrschenden sozialen Druck in Richtung auf eine Aufhebung der Geschlechtsrollentypisierung vom frühen Kindesalter an bis ins Erwachsenenalter hinein, so könnten sich die mit Alter einhergehenden Geschlechtsunterschiede, die in den bisherigen Untersuchungen zu beobachten waren, durchaus auch als generationsbedingte, kohortenspezifische Phänomene erweisen.

9.3.3.3 Stile der Kategorien- und der Begriffsbildung

Diese Stile werden im allgemeinen anhand von Zuordnungstests erfaßt. Bei entwicklungspsychologischen Untersuchungen über die gesamte Lebensspanne hin sind dabei zumeist dreidimensionale geometrische Figuren verwendet worden, die in ihren äußeren Merkmalen wie Farbe, Form, Höhe oder Breite variierten. Typische Beispiele hierfür sind die Tests von WEIGL, SHAW und WYGOTSKI. THALER (1956) benutzte den Color-Form-Test von WEIGL als Maß für abstraktes und konkretes Denken und schloß aus seinen Daten, daß ältere Personen konkreter denken als jüngere. BROMLEY (1967) verwendete die Tests von SHAW und WYGOTSKI und gelangte damit zu dem Schluß, ältere Menschen seien weniger ,,kreativ" als jüngere. In beiden Studien wurde demnach versucht, mit Hilfe von Zuordnungsverfahren qualitative Unterscheidungen zwischen älteren und jüngeren Personen festzustellen.

Das Stimulus-Material bei Zuordnungstests muß nun nicht ausschließlich aus geometrischen Figuren bestehen. GARDNER (1953) etwa benutzte bei seinem Verfahren ein Sortiment alltäglicher Gebrauchsgegenstände, die der Proband nach der Anzahl von Kategorien ordnen sollte, die ihm am zweckmäßigsten erschien. Dieser Index, von GARDNER ursprünglich als ,,Äquivalenz-Spielraum" (,,equivalence range") bezeichnet, wurde später in ,,konzeptuelle Differenzierung" (GARDNER & SCHOEN, 1962) umbenannt. Hier haben wir ein ausgezeichnetes Beispiel für einen kognitiven Stil, der ursprünglich frei konzipiert war (wie der dritte der oben beschriebenen Stil-Typen) und der dann aufgrund von Untersuchungen zur Konstruktvalidierung Wertungsmerkmale erhielt. Die zur Zeit benutzte Dimension ist also den Stilen zuzurechnen, die wertende Aspekte enthalten und nicht auf die Fehlerlosigkeit der Denkprozesse abzielen (d. h. der zweiten der oben erwähnten Stilkategorien).

Die Generalisierbarkeit dieses kognitiven Stils über die verschiedenen Stimulus-Materialien – Objekte, Photos, Verhaltens- oder Einstellungsmerkmale – ist von GARDNER und SCHOEN sowie auch von GLIXMAN (1965) nachgewiesen worden. Nach GARDNER und MORIARTY (1968) haben Personen, die auf der Dimension der konzeptuellen Differenzierung hohe Werte erzielen (d. h. viele Gruppen mit jeweils nur wenigen Elementen bilden), eine eher restringierte, pedantische und stereotype Orientierung. Im TAT können sich solche Probanden nur schwer von den äußeren Merkmalen der Bildvorlagen lösen. Querschnitt-Daten für Kinder zwischen neun und dreizehn Jahren deuten auf eine Abnahme in der konzeptuellen Differenzierung innerhalb dieser Altersspanne hin (GARDNER & MORIARTY, 1968). Diese Befunde decken sich mit anderen (vgl. etwa BRUNER *et al.*, 1966; WYGOTSKI, 1962), nach denen eine vom Kindes- bis zum Erwachsenenalter deutlich fortschreitende Tendenz besteht, weniger auf Unterschiede zu achten, sondern statt dessen Synthesen aufgrund von Ähnlichkeiten herzustellen. Das Erkennen von Unterschieden kann ausschließlich auf der Basis der Wahrnehmung erfolgen; das Erkennen von Ähnlichkeiten dagegen erfordert im allgemeinen ein höheres Abstraktionsvermögen und die Fähigkeit zur Bildung von Oberbegriffen.

KOGAN (1973) wendete den Objekt-Sortiertest von GARDNER bei einer Stichprobe von College-Studenten (im Alter von 18 bis 22 Jahren) und einer Stichprobe alter Menschen (im Alter von 62 bis 85 Jahren) an, die eine gute Schulbildung hatten und in normalen Wohnverhältnissen lebten. Anstelle der realen Objekte verwendete er 50 Bilder dieser Objekte. Die Probanden wurden aufgefordert, die Objekte nach der ihnen am passendsten erscheinenden Anzahl von Kategorien zu gruppieren. Wie aus der ersten Zeile von Tabelle 1 hervorgeht, besteht zwischen alten und jungen weiblichen Probanden ein signifikanter Unterschied: Ältere Frauen differenzieren konzeptuell weniger stark (d. h. bilden weniger Gruppen). Bei den männlichen Probanden wiesen die Altersdifferenzen in dieselbe Richtung, erreichten aber eindeutig nicht Signifikanzniveau. Sicherlich krankt diese Untersuchung an den Unzulänglichkeiten des Querschnitt-Plans; dennoch deuten die Resultate darauf hin, daß ältere Menschen mit vergleichbar hohem Ausbildungsniveau wie jüngere nicht notwendigerweise auf die kognitive Organisationsstufe eines Kindes zurückfallen. Aus den Daten ergibt sich keinerlei Hinweis darauf, daß alte Menschen anstelle der Suche nach Ähnlichkeiten wieder zur Orientierung an Unterschieden zurückkehren. Die hier untersuchten älteren Personen scheinen sich vielmehr stärker als die jungen Erwachsenen an Ähnlichkeit orientiert zu haben.

Mit dem Objekt-Sortierverfahren erhält man nicht nur einen Überblick über die Anzahl der gebildeten Kategorien, sondern es liefert einem darüber hinaus Informationen über die Kriterien, nach denen der Proband seine Gruppen gebildet hat. Im Gegensatz zu Scoring-Verfahren (KENNEDY & KATES, 1964; RAPAPORT, GILL & SHAFER, 1945), bei denen Qualitätsunterschiede in den Begründungen für Objektgruppierungen besonders be-

Tab. 1: Vergleiche zwischen jüngeren und älteren Erwachsenen auf der Basis ihrer Kategorien- und Begriffsbildungsstile[a]

	Junge Männer (N = 63)		Alte Männer (N = 76)			Junge Frauen (N = 137)		Alte Frauen (N = 92)		
	M	SD	M	SD	t	M	DS	M	SD	t
Konzeptuelle Differenzierung (Anzahl der Gruppenbildungen)	9.9	2.9	9.3	3.4	1.19	10.9	2.8	9.4	2.7	3.95**
Kategorial-schlußfolgernd (%)	81.1	20.2	71.1	25.5	2.57*	80.2	17.3	74.5	24.3	1.96
Analytisch-deskriptiv (%)	5.3	13.5	3.6	12.4	0.78	5.6	11.8	0.6	2.7	4.76**
Relational-thematisch (%)	13.1	16.6	25.0	24.0	3.44**	12.8	12.5	24.5	23.5	4.37**

[a] Da einige Antworten nicht klassifizierbar waren, addieren sich die Prozentsätze nicht zu 100%.
* $p < .02$
** $p < .001$

rücksichtigt werden, haben KAGAN *et al.* (1960) ein eher wertfreies Auswertungssystem vorgeschlagen – ein System, in dem stärker die Stilkomponente als die Fähigkeitskomponente beachtet wird. Die Autoren gehen dabei aus von drei möglichen Arten konzeptueller Klassifikation. Analytisch-deskriptive Konzepte sind solche, bei denen Objekte nach bestimmten sächlichen Merkmalen gruppiert werden, die allen Stimuli gemeinsam sind (Beispiel: Alle Objekte haben Handgriffe). Schlußfolgernde Konzepte spiegeln Gruppierungen wider, nach denen die Objekte als Ganzheiten behandelt werden; jedes Objekt ist ein Beispiel für das in Frage stehende Konzept (Beispiel: Küchengeräte). Relational-thematische Konzepte schließlich implizieren funktionale Beziehungen zwischen den zu einer Gruppe zusammengeschlossenen Objekten, wobei jeder Gegenstand seine Bedeutung aus der Verknüpfung mit den anderen Gegenständen in der Gruppe erhält (Beispiel: Kamm, Bürste und Spiegel werden zu einer Gruppe zusammengefaßt, weil sie alle etwas mit Haarpflege zu tun haben). Wie im Falle des kognitiven Stils der konzeptuellen Differenzierung wurde auch hier die ursprünglich wertfreie Formulierung von KAGAN *et al.* (1960) in den späteren Publikationen derselben Autoren (vgl. den folgenden Absatz) verändert in Richtung auf eine Wertung.

Treten diese drei Möglichkeiten, Konzepte zu klassifizieren, im Verlauf der Entwicklung in spezifischer Weise auf? KAGAN und KOGAN (1970) haben die entsprechenden Befunde für die Zeit der Präadoleszenz zusammengestellt. Auf der Basis eines Triaden-Vergleichs, bei welchem Bilder nach analytisch-deskriptiven, kategorial-schlußfolgernden oder relational-thematischen Gesichtspunkten zu Paaren geordnet werden konnten (KAGAN *et al.*, 1963), zeigten Vergleiche zwischen Kindern im Alter von 6 bis 11 Jahren einen progressiv ansteigenden Gebrauch deskriptiv-analytischer Klassifikationen bei abnehmender Präferenz für relational-thematische Paarbildungen. KAGAN *et al.* (1963) erklären diese Alterstrends damit, daß relational-thematische Gruppierungen das Naheliegendere seien, analytisch-deskriptive Klassifizierungen dagegen mehr Spitzfindigkeit erforderten.

Diese Erklärung läßt den Verdacht aufkommen, daß die Art des Stimulus-Angebots wesentlich die mit Alter korrelierende Präferenz für jeweils eine der drei beschriebenen Klassifikationstypen bestimmt. Werden statt der Bilder Wörter verwendet (BRUNER *et al.*, 1966) und die Probanden (im Alter von 6 bis 19 Jahren) aufgefordert, Ähnlichkeiten zwischen acht nacheinander vorgelegten Wörtern anzugeben, so treten die analytischen Gesichtspunkte bei der Wortverknüpfung mit zunehmendem Alter in den Hintergrund und machen übergeordneten Kategorien Platz. Bei einer Stichprobe von Jungen im Alter von 6 bis 12 Jahren verwendeten dieselben Autoren Abbildungen von 42 bekannten Gegenständen, die in Gruppen zusammenzufassen waren, und es stellte sich heraus, daß analytische Konzepte allmählich zurückgehen und relational-thematische in den Vordergrund rücken.

Das Scoring-Schema von KAGAN *et al.* wurde auch bei den von KOGAN (1973) untersuchten College-Studenten und älteren Personen benutzt; die Ergebnisse sind ebenfalls in Tabelle 1 wiedergegeben. Es zeigen sich hier einige bemerkenswerte Altersdifferenzen: In beiden Altersgruppen dominieren kategorial-schlußfolgernde Konzepte (etwa drei Viertel aller Gruppierungen), sie finden sich jedoch häufiger bei den jüngeren weiblichen und männlichen Probanden als bei den älteren. Analytisch-deskriptive Gruppierungen sind selten (weniger als 10 %), bei älteren Frauen aber noch weit seltener als bei den jungen. Bei den Männern weist die Altersdifferenz in dieselbe Richtung, ist jedoch nicht signifikant. Eine auffällige Altersdifferenz zeigt sich für beide Geschlechter im Hinblick auf relational-thematische Gruppierungen. Sie treten bei den älteren Probanden etwa doppelt so häufig auf wie bei den jüngeren, und der Unterschied ist für männliche wie für weibliche Probanden hoch signifikant. Die verschiedenen statistischen Tests sind natürlich nicht völlig unabhängig voneinander; deshalb interessiert hier in erster Linie die Struktur der vorgenommenen begrifflichen Klassifikationen. Bei diesem speziellen Zuordnungsverfahren verlangen die relational-thematischen Gruppierungen die vergleichsweise größte Klugheit. Sie setzen am ehesten Flexibilität und Phantasie im Umgang mit dem dargebotenen Stimulus-Material voraus. Wie wir gesehen haben, waren die älteren Probanden dieser Untersuchung eher bereit, anstelle der konventionellen abstrakt-konzeptuellen Gruppierungen etwas gewagtere Zusammenstellungen zu versuchen.

Wie aber läßt sich nun die auffällige Diskrepanz zwischen diesen Befunden und den zuvor erörterten Ergebnissen der Untersuchung von BROMLEY (1967) erklären? Allem Anschein nach ist auch hier die Art des dargebotenen Stimulus-Materials von entscheidender Bedeutung. Beide Tests, die BROMLEY verwendete, enthielten ausschließlich geometrische Formen. Die sukzessive Klassifikation derartigen Materials muß notwendigerweise nach abstrakten Konzepten erfolgen, und hier sind es, wie gesagt, die jüngeren Probanden, die eine größere Mannigfaltigkeit bei solchen Gruppierungen erzielen. Wo im Gegensatz dazu das Stimulus-Material aus alltäglichen Gebrauchsgegenständen besteht, da löst ein Objekt eine Fülle von Assoziationen aus, was zur Folge hat, daß die Verknüpfung solcher objektbezogener Assoziationen zu ungewöhnlichen Kombinationen führen kann. Vertritt man ein assoziatives Kreativitätskonzept, dann besitzt die Leistung älterer

Personen in dem Objekt-Sortiertest ausgesprochen „kreative" Qualität. Steht man jedoch auf dem Standpunkt, bei Untersuchungen dieser Art würden „Inhalte" das Bild nur verkomplizieren, und es sei deshalb Stimulus-Material zu bevorzugen, das so weit wie möglich von jeder inhaltlichen Bedeutung frei sei, dann werden die Unzulänglichkeiten des älteren Menschen sicherlich recht deutlich zutage treten.

9.3.3.4 Reflexivität versus Impulsivität

In einer vor einigen Jahren veröffentlichten Monographie von KAGAN, ROSMAN, DAY, ALBERT und PHILIPPS (1964) wurde zwischen einem reflexiven und einem impulsiven Stil der Informationsverarbeitung unterschieden. Bei Aufgaben, in denen aus einer Reihe von Varianten die einzig richtige Entsprechung einer Vorlage zu suchen war, verfolgten reflexive Probanden die Strategie, alle in Frage kommenden Varianten sorgfältig zu prüfen, ehe sie sich zu einer Antwort entschlossen; sie arbeiteten infolgedessen zwar langsamer, machten aber auch weniger Fehler. Impulsive Personen gingen dagegen weniger umsichtig vor, trafen ihre Entscheidungen schneller und machten dabei mehr Fehler. Die Korrelationen zwischen der Latenzzeit für Reaktionen und dem Fehlerscore reichten von etwa .50 bis .70. Reflexivität und Impulsivität gehören zum ersten der oben genannten kognitiven Stil-Typen, denn die richtige Lösung spielt bei der Erfassung der Leistung eine wesentliche Rolle.

Es muß nachdrücklich darauf hingewiesen werden, daß alle vorliegenden Untersuchungen über Reflexivität und Impulsivität (vgl. den Übersichtsartikel von KAGAN & KOGAN, 1970) ausschließlich das Verhalten in der Präadoleszenz zum Gegenstand haben. Innerhalb dieser Altersspanne findet sich ein klarer Trend zu erhöhter Reflexivität mit zunehmendem Alter. Reflexivität scheint außerdem für ein breites Spektrum von kognitiven und schulischen Leistungen angepaßter zu sein als Impulsivität. Zur Erklärung individueller Variation in der Bevorzugung reflexiver und andererseits impulsiver Strategien wurde „Angst vor Fehlern" postuliert: Reflexive Kinder wollen keinen Fehler machen und nehmen sich Zeit, um dieses Ziel zu erreichen; impulsive Kinder kümmern sich weit weniger um Fehler und können es sich deshalb leisten, schneller zu antworten.

Die Beziehungen zwischen Reaktionsgeschwindigkeit und Fehlerhäufigkeit sind ein beliebter Untersuchungsgegenstand experimentell orientierter Entwicklungspsychologen gewesen, die mit älteren Probanden gearbeitet haben (s. BIRREN, 1964; BOTWINICK, 1967). Nur ganz selten hat man dabei aber Wahrnehmungsaufgaben verwendet, bei denen aus einer Reihe von Varianten die einzige richtige Entsprechung einer Vorlage bestimmt werden mußte. Trotzdem gibt es starke Hinweise darauf, daß ältere Menschen langsamer arbeiten, um Fehler zu vermeiden. BOTWINICK (1967) präsentiert eine ganze Reihe von Untersuchungen, nach denen ältere Probanden die Tendenz zeigen, lieber Fehler aufgrund von Auslassungen zu machen, als inhaltliche Fehler. Das bedeutet, daß ältere Menschen insgesamt sehr vorsichtig in ihren Äußerungen sind. Würde man älteren Probanden den Matching Familiar Figures Test von KAGAN geben, bei dem bekannte Gegenstände gruppiert werden müssen, wären demnach stark reflexive Reaktionen – lange Latenzzeiten für Reaktionen und wenig Fehler – zu erwarten.

In bezug auf Kinder in der Präadoleszenz hält man Reflexivität für einen wertvollen kognitiven Stil. Analoge Stile oder Strategien bei älteren Personen rufen dagegen eher ambivalente Reaktionen hervor, was vermutlich darauf zurückzuführen ist, daß sie als Teil einer allgemeinen Tendenz zur Verlangsamung der kognitiven wie auch der psychomotorischen Aktivitäten angesehen werden können. Dennoch könnte es nützlich sein, die Widersprüche einmal eingehender zu analysieren, die mit der jeweils verschiedenen Bewertung von Langsamkeit und Genauigkeit bei jungen und alten Menschen verbunden sind.

9.3.4 Entwicklungsspezifische Aspekte der Unterscheidung zwischen Fähigkeit und Stil

Entsprechend der Dreifach-Klassifikation kognitiver Stile, wie wir sie oben vorgenommen haben, beziehen sich Stile des ersten Typus anscheinend eher auf Fähigkeiten; die des zweiten und dritten dagegen scheinen eher die Erfassung stilistischer Präferenzen zu implizieren. Daraus kann man schließen, daß beispielsweise feldabhängige Probanden auch im EFT, im RFT und im BAT Feldabhängigkeit zeigen müssen. Eine feldunabhängige Reaktionsweise läge hier außerhalb des Verhaltensrepertoires feldabhängiger Individuen. Ein analytischer Stil bei der Lösung von Gruppierungsaufgaben kann nun ganz im Gegensatz dazu durchaus eine bewußte Präferenz darstellen. Vermutlich stehen daneben noch andere kognitive Strategien zur Wahl, die aber ganz abgelehnt werden, weil sie inadäquat oder nicht elegant genug sind.
Dieses Beispiel deutet darauf hin, daß das Stimulus-Material, das man zur Erfassung kognitiver Stile verwendet, beträchtlichen Einfluß darauf hat, inwieweit man in bezug auf entwicklungsbedingte Veränderungen generalisieren kann. Sehr wahrscheinlich ist, daß eine Aufgabe mit freien Lösungsmöglichkeiten immer dann, wenn sie bei geringer Fehlerwahrscheinlichkeit maximalen Herausforderungscharakter besitzt, beim Individuum kognitive Präferenzen hervorruft. Bestehen zwei Wahlmöglichkeiten, von denen die eine extrem leicht, die andere jedoch schon schwieriger ist, aber noch innerhalb der eigenen Fähigkeitsgrenzen zu liegen scheint, so wird vermutlich letztere gewählt. Bei sehr kleinen Kindern sind die Wahlmöglichkeiten wahrscheinlich sehr viel geringer, so daß man hier davon ausgehen kann, daß die jeweilige kognitive Orientierung bei der Lösung einer Aufgabe zugleich auch die einzige ist, die es im Verhaltensrepertoire des Kindes gibt. Im späteren Kindesalter gibt es zunehmend mehr Wahlmöglichkeiten, und die von dem Probanden getroffene Wahl kann man dann schon eher als die klügste, eleganteste oder „passendste" Lösung ansehen. Solche subjektiven Entscheidungen dürften mit dem Alter des Kindes und der Art des dargebotenen Stimulus-Materials variieren. Wenn das Kind aufgrund bestimmter schulischer Erfahrungen die Möglichkeiten des abstrakt-begrifflichen Denkens schätzen gelernt hat, dann bevorzugt es wahrscheinlich auch Klassifikationen, die solche Denkformen beinhalten. Mit fortschreitendem Alter wird es sich seiner abstrakt-begrifflichen Fähigkeit immer sicherer werden und sich daher an anderen kognitiven Orientierungsweisen versuchen wollen. Natürlich sind über das gesamte Altersspektrum hin erhebliche individuelle Unterschiede im Hinblick auf die Zahl der kognitiven Wahlmöglichkeiten zu erwarten, die dem einzelnen zur Verfügung stehen, ob er also mehrere hat, oder aber in einem einzigen kognitiven Stil befangen ist.

Es gibt nun sichere Anzeichen dafür, daß die vorgeschlagene Dreifach-Klassifikation kognitiver Stile über Alter hin nicht invariant ist. Die Bevorzugung eines Stils im Erwachsenenalter (d. h. ein kognitiver Stil des zweiten oder dritten Typus) kann im frühen Kindesalter sehr wohl eine Fähigkeit (einen kognitiven Stil des ersten Typus) repräsentieren. In einer von KAGAN *et al.* (1963) zitierten Untersuchung beispielsweise wurde Viertklässlern beigebracht, sinnfreie Silben mit geometrischen Abbildungen zu assoziieren, die Figur-Grund-Komponenten enthielten. Nachdem die Assoziationen gelernt waren, wurden dem Schüler die beiden Komponenten einzeln gezeigt. Die Schüler, die nach dem Triaden-Vergleich von KAGAN *et al.* (1960) als analytisch-deskriptiv eingestuft worden waren, reagierten eher mit der richtigen sinnfreien Silbe, wenn das Figur-Element allein dargeboten wurde. WACHTEL (1968) wiederholte dieses Experiment mit College-Studenten unter Verwendung von Material mit entsprechend höherem Schwierigkeitsgrad, wobei es ihm nicht gelang, die Ergebnisse von KAGAN *et al.* (1963) zu replizieren. Er stellte dagegen fest, daß man mit Hilfe des Embedded Figure Tests von WITKIN die Leistungen in den Figur-Grund-Aufgaben vorhersagen konnte. Das legt die Vermutung nahe, daß die Wahl analytischer Konzepte im Triaden-Vergleich bei Zehnjährigen eher auf eine Fähigkeit, bei Collegestudenten dagegen eher auf eine Präferenz im kognitiven Stil hinweist. Um die Leistungen von Erwachsenen bei einer analytischen Lernaufgabe prognostizieren zu können, ist es daher notwendig, zunächst einen Index für die analytische Fähigkeit zu ermitteln (z. B. mit Hilfe des EFT von WITKIN).

Nun liegt es natürlich nahe, zu fragen, ob kognitive Dispositionen, die im Kindesalter als Fähigkeiten und im Erwachsenenalter als präferierte Stile zu interpretieren sind, im hohen Alter wiederum als kognitive Fähigkeiten anzusehen sind. Leider liegen keine Daten vor, die eine solche Frage direkt beantworten könnten. In Daten, die bei einer Stichprobe gesunder älterer Menschen mit guter Ausbildung gewonnen wurden (KOGAN, 1973), zeigt sich eine größere Antwort-Vielfalt als in denen von College-Studenten. Auch die Fünftklässler aus der Untersuchung von WALLACH und KOGAN zeigen eine größere Variationsbreite als die Studenten. Bei den Studenten war die Tendenz zu kategorisch-schlußfolgernden Klassifikationen am stärksten. Altersvergleiche dieser Art sollten natürlich wegen der zahlreichen methodologischen Probleme bei Querschnitt-Vergleichen nur als sehr vorläufig angesehen werden. Immerhin vermitteln diese Daten aber einen Eindruck davon, welch unterschiedliche psychologische Bedeutung ein identisches Stimulus-Angebot bei verschiedenen Altersgruppen haben kann, und wie die entwicklungspsychologischen Schlußfolgerungen natürlich davon beeinflußt werden. Es wäre durchaus möglich, auf verschiedenen Altersstufen einen bestimmten kognitiven Stil zu optimieren oder zu minimieren, und zwar auf der Basis des Schwierigkeitsgrades, den die Hinweisreize haben, die den jeweiligen Stil provozieren.

Mit dem Stimulus-Material, das zur Zeit noch verwendet wird, erfaßt man Arten der Begriffsbildung, die wahrscheinlich eher stilistische Präferenzen als Fähigkeiten widerspiegeln. Gleichwohl wären Sortieraufgaben vorstellbar, mit denen sich auch die Fähigkeiten des Erwachsenen bestimmen ließen. Meine gegenwärtigen Forschungen sind eben diesem Problem gewidmet.

9.3.5 Entwicklungsbedingte Veränderungen in den realitätsnahen Kriterien für kognitive Stile

Anders als bei Kreativität, wo es die Art des Konstrukts praktisch erfordert, es in Beziehung zum realen Leben zu setzen, ist die Forschung zum kognitiven Stil insgesamt stärker theorieorientiert. Für eine Reihe von kognitiven Stilen wurde bislang keinerlei Versuch unternommen, externe Verhaltenskriterien zu suchen. In bezug auf andere(z. B. Reflexivität-Impulsivität) beschränkten sich die Untersuchungen vorwiegend auf die Präadoleszenz, und die externen Kriterien sind dementsprechend schulische Verhaltensweisen. Da KOGAN (1971) bereits umfassend die Implikationen dargestellt hat, die die kognitiven Stile für die Erziehung haben, und da es hier um die Entwicklung über die gesamte Lebensspanne hin geht, werden die Untersuchungen zur externen Validität der Dimension Reflexivität-Impulsivität im folgenden nicht berücksichtigt.

Da Feldunabhängigkeit bzw. Feldabhängigkeit am eingehendsten und über die längste Zeitspanne hin (mehr als 30 Jahre) untersucht worden ist, überrascht es kaum, daß es auf diesem Gebiet einige Ansätze gibt, diesen Stil anhand von Kriterien aus dem praktischen Alltag zu validieren. Aber abgesehen von dem Nachweis, daß extreme Feldunabhängigkeit und extreme Feldabhängigkeit mit bestimmten Arten von Psychopathologie einhergehen können (vgl. etwa WITKIN, LEWIS & WEIL, 1968), sind die Befunde zu Beziehungen zwischen diesem kognitiven Stil und externen Verhaltenskriterien insgesamt ein wenig enttäuschend.

Bei Kindern beispielsweise fanden CRANDALL und SINKELDAM (1964) keine signifikanten Beziehungen zwischen Feldabhängigkeit und Beurteilungen des Abhängigkeitsverhaltens in freien Spielsituationen. Bei feldunabhängigen Kindern war ein stärkeres Leistungsstreben zu beobachten, doch erklären die Autoren diesen Befund mit dem Hinweis darauf, daß die Testsituation beim EFT zum Teil Leistungsmerkmale enthält. Zur Stützung dieser Erklärung läßt sich sagen, daß es praktisch keine Hinweise darauf gibt, daß Feldunabhängigkeit die schulischen Leistungen verbessern würde. Es liegen sogar Arbeiten vor (WITKIN, DYK, FATERSON, GOODENOUGH & BIRNBAUM, 1966), die zeigen, daß Jungen, die in der Schule als geistig zurückgeblieben gelten, im WITKIN-Test bessere (nahe an den Durchschnittswerten für ihre Altersgruppe liegende) Ergebnisse erzielen als in den traditionellen Fähigkeitstests. Es sei auch noch einmal daran erinnert, daß COMALLI *et al.* (1965) bei Stichproben von älteren Menschen mit vergleichbarem Ausbildungsniveau keine signifikanten Differenzen in der Feldabhängigkeit zwischen denjenigen fand, die in ihrer angestammten Umgebung lebten und denen, die im Altersheim wohnten – zwei Gruppen, von denen durchaus zu erwarten wäre, daß sie in bezug auf Feldabhängigkeit Unterschiede zeigen.

Obwohl immer wieder betont worden ist, Feldabhängigkeit und Feldunabhängigkeit hätten beide gleichermaßen Vor- und Nachteile, lassen die Veröffentlichungen von WITKIN *et al.* deutlich erkennen, daß der feldunabhängige Pol der Dimension höher bewertet wird. Betrachtet man die kognitiven, persönlichkeits-psychologischen und motivationalen Korrelate des feldunabhängigen Stils, wie sie in dem 1962 erschienenen Buch von WITKIN *et al.* beschrieben werden, dann bleibt einem gar nichts anderes übrig, als den feldunabhängigen Kindern eine glänzende und den feldabhängigen eine recht düstere Zukunft zu prophezeien. Andererseits gibt es bisher noch keinerlei Befunde von Erwachsenen-Stichproben, die die Richtigkeit solcher Vorhersagen bestätigen würden. Dagegen lassen sich Ergebnisse anführen, die auf eine gewisse Überlegenheit der Feldabhängigen im Bereich interpersonaler Beziehungen hindeuten. Die Untersuchungen von MESSICK und DAMARIN (1964) haben gezeigt, daß Feldabhängige z. B. beim Wiedererkennen von Gesichtern, denen sie kurz zuvor konfrontiert wurden, besser abschneiden als Feldunabhängige. Fertigkeiten dieser Art können vor allem für Leute, deren Arbeit kurzfristige Kontakte mit einer großen Zahl von Personen impliziert, von Vorteil sein. In einer anderen Studie machten WALLACH, KOGAN und BURT (1967) die Beobachtung, daß homogene Gruppen feldabhängiger Männer bei einer Reihe schwieriger Entscheidungsprobleme signifikant schneller zu einem Konsensus fanden als homogene Gruppen feldunabhängiger Männer. Im Einklang mit diesen Befunden steht auch die Studie von LINTON (1955), die zeigt, daß Feldunabhängige interpersonaler Beeinflussung besser widerstehen können. Feldabhängigkeit ist also anscheinend eine durchaus wünschenswerte Eigenschaft in Konfliktsituationen, in denen Kompromißlösungen oft das einzige Mittel zur Überwindung eines festgefahrenen Zustands sind.

Das bisher Gesagte rückt die Bedeutung der Feldunabhängigkeit für Anpassungsprozesse innerhalb unserer sozio-kulturellen Umwelt in recht zweifelhaftes Licht, deshalb muß man gerechterweise hinzufügen, daß die vorliegenden Längsschnitt-Untersuchungen zur Feldunabhängigkeit lediglich bis ins frühe Erwachsenenalter hineinreichen. Zukünftige Forschungen, bei denen die Entwicklung von Probanden während und nach der Zeit der formalen beruflichen Ausbildung verfolgt wird, können durchweg eine Anzahl wichtiger Verhaltenskriterien aufdecken. Berücksichtigt man die Tatsache, daß die Dimension der Feldunabhängigkeit-Feldabhängigkeit im Bereich der Persönlichkeitsforschung außerordentlich befruchtend gewirkt hat, dann sollte man ein endgültiges Urteil über ihre mögliche Brauchbarkeit vorerst noch zurückstellen. Im übrigen ist man im Rahmen der Entwicklungspsychologie der Lebensspanne im Bereich der Fähigkeiten auch nicht viel weiter. Nachdem man viele Jahre lang das Pattern von Stabilität und Abbau in den verschiedenen intellektuellen Fähigkeiten im mittleren und hohen Erwachsenenalter erforscht hat, wissen wir noch immer nicht, welche Konsequenzen – wenn überhaupt – derartige Patterns für das konkrete Leben des einzelnen haben mögen. Man muß deshalb ganz allgemein fragen, welchen Wert kognitive Tests im mittleren und letzten Abschnitt der Lebensspanne überhaupt haben.

9.3.6 Forschungsempfehlungen und abschließende Bemerkungen

Vieles von dem, was wir im Zusammenhang mit der Kreativität an methodologischen Empfehlungen gegeben haben, gilt ebensogut für den Bereich der kognitiven Stile. Auf der Ebene der Erfassung der Konstrukte haben wir festgestellt, daß sich die kognitiven Prozesse, die der kreativen Fähigkeit und bestimmten kognitiven Stilen zugrundeliegen, nicht wesentlich voneinander unterscheiden. Daß man die beiden Bereiche unter verschiedenem Etikett bearbeitet, dürfte eher ein historischer Zufall als eine logisch oder konzeptuell notwendige Entwicklung sein. Empirisch sind Verbindungen zwischen

kreativem Denkvermögen und verschiedenen Indizes für kognitive Stile zwar hergestellt worden (vgl. etwa MESSICK & KOGAN, 1963, WALLACH & KOGAN, 1965), doch sind derartige Zusammenhänge bislang noch nicht systematisch entwicklungspsychologisch untersucht worden. Insgesamt bedarf es verstärkter Forschungsbemühungen, um ähnliche Konstrukte miteinander zu verknüpfen, die nur deshalb nebeneinander bestehen, weil ihre jeweiligen Protagonisten aus verschiedenen theoretischen Schulen stammen.
Im Bereich der kognitiven Stile, um ein Beispiel zu nennen, diskutierten GARDNER *et al.* (1959) sowie SANTOSTEFANO und PALEY (1964) einen Stil mit der Bezeichnung „Aufgliederungsfähigkeit" („scanning") oder auch „Aufmerksamkeitsbreite" („extensiveness of attention deployment"). Als wichtigster Index für diesen Stil wurden Verfahren zur Schätzung psychophysischer Größenverhältnisse verwendet, wobei man unterstellte, daß die Genauigkeit der Schätzungen mit dem Umfang der Aufmerksamkeit zunähme. Im Bereich der Kreativitätsforschung andererseits formulierte WALLACH (1970), angeregt von Arbeiten MENDELSOHNS und GRISWOLDS (1964, 1966) sowie LAUGHLINS (1967), ebenfalls den Begriff der „Aufmerksamkeitsbreite" („breadth of attention deployment"), um damit einen wesentlichen kognitiven Prozeß zu bezeichnen, der der kreativen Fähigkeit zugrundeliegt.
Nach den Ergebnissen dieser Untersuchungen scheinen Personen mit hohen Kreativitätsscores in der Lage zu sein, Informationen, die sie in einem bestimmten Kontext aufgenommen haben, in einem ganz anderen Kontext angepaßt neu verwenden zu können. Nun gibt es aber noch die Literatur über die Untersuchungen zum inzidentellen Lernen. BOTWINICK (1970) hat sie aus entwicklungspsychologischer Perspektive betrachtet. Aufmerksamkeitsmechanismen müssen bei der Aneignung von Informationen, zu der ein Proband nicht ausdrücklich aufgefordert worden ist, zwangsläufig eine Rolle spielen. Offensichtlich bestehen zwischen diesen drei Forschungsrichtungen Überlappungen, doch sind ihre Beziehungen zueinander noch nicht systematisch untersucht worden. Außerdem unterscheiden sie sich erheblich darin, inwieweit Entwicklung über die gesamte Lebensspanne hin berücksichtigt wird. Die Forschungen auf dem Gebiet des inzidentellen Lernens sind in dieser Hinsicht am weitesten fortgeschritten, wenn auch die widersprüchlichen empirischen Befunde, wie BOTWINICK (1970 feststellte, Generalisierungen kaum zulassen. Es wäre denkbar, daß entwicklungspsychologische Untersuchungen der Aspekte des kognitiven Stils und der Kreativität, die für inzidentelles Lernen relevant sind, zur Klärung der jetzt noch bestehenden Unklarheiten beitragen könnten.
Zwar ist es wichtig, daß in zukünftigen Untersuchungen sowohl für Kreativität als auch für kognitive Stile bedeutsame externe Kriterien gesucht werden; die Probleme, die dabei auftauchen, sind allerdings in beiden Fällen recht unterschiedlich. Aus der Perspektive einer Entwicklungspsychologie der Lebensspanne hat es den Anschein, als würde man im Erwachsenenalter die bedeutsamsten Kreativitätskriterien, im Kindes- und Jugendalter dagegen die adäquatesten Kriterien für kognitive Stile finden. Wie bereits gesagt, betrifft das unmittelbarste Kriterium für Kreativität fast immer die Leistungen, die der einzelne in seinem Arbeitsgebiet erbringt, und diese zeigen sich im allgemeinen erst mit Beginn des Erwachsenenalters. Kriterien, die für den davorliegenden Zeitraum – die Periode der formalen Erziehung – aufgestellt werden, haben daher notwendigerweise eher „vorläufigen" und nicht „endgültigen" Charakter.

Es besteht zwar Uneinigkeit darüber, wie Kreativität im realen Leben zu bestimmen sei, dennoch dürfte wohl allgemeine Einstimmigkeit darüber herrschen, wer in der Vergangenheit und Gegenwart zu den kreativsten Persönlichkeiten zu rechnen wäre. Psychologen wie Laien besitzen recht genaue Vorstellungen davon, was Kreativität ist. Bei kognitiven Stilen dagegen sucht man in der Regel vergeblich nach solchen relevanten und sinnvollen externen Kriterien im Erwachsenenalter. Untersuchungen zu kognitiven Stilen sind deshalb in dreierlei Richtungen durchgeführt worden – zur Konstruktvalidierung, zu entwicklungspsychologischen Vergleichen und zur Herstellung von Beziehungen zur Schulleistung. Der erste Ansatz verfolgt das Ziel, durch Untersuchung der Beziehungen zwischen verschiedenen kognitiven Tests zu einem besseren Verständnis der Struktur der kognitiven Stile zu gelangen. Dabei ist die Faktorenanalyse das bevorzugte, wenn auch keineswegs das einzige Verfahren, das man verwendet. Erst in jüngster Zeit wurden Versuche unternommen, spezielle entwicklungspsychologische Überlegungen in diesen strukturellen Ansatz einzubeziehen (s. KAGAN & KOGAN, 1970). Diese neue Schwerpunktsetzung dient allerdings eher der Aufdeckung konstitutioneller und sozialisationsbedingter Antezedenzien kognitiver Stile im Bereich der frühesten und frühen Kindheit (so etwa bei KAGAN, 1971) und nicht so sehr der Untersuchung von Kontinuitäten und Diskontinuitäten bis ins mittlere und spätere Erwachsenenalter hinein. Trotzdem gibt es, wie wir gesehen haben, tatsächlich einige Arbeiten, in denen jüngere und ältere Erwachsene untersucht worden sind; allerdings ist darin die Bedeutung des jeweiligen Stils für das reale Leben des Erwachsenen kaum je angesprochen worden. Die Entsprechungen kognitiver Stile im konkreten Alltagsleben außerhalb formaler Bildungssysteme sind praktisch noch nie in systematischer Weise aufgezeigt worden.

Damit soll nun aber nicht gesagt werden, daß etwa für den schulischen Bereich eine detaillierte Aufschlüsselung der Beziehungen zwischen kognitiven Stilen und schulrelevanten Variablen vorliegen würde. Hier setzte sich vielmehr in zunehmendem Maß die Erkenntnis durch, daß Lernen und Denken im schulischen Bereich individuell stark variieren. Eine einfache Bewertung der Leistungen nach „besser“ und „schlechter“ wird all diesen Variationen nicht gerecht, da die individuellen Unterschiede zum Teil stilistischer Natur zu sein scheinen. Es ist deshalb viel über die Chancen spezieller Unterrichtsprogramme für Gruppen mit besonderen kognitiven und motivationalen Eigenschaften diskutiert worden (s. LESSER, 1971). Wir können sicher sein, daß die Brauchbarkeit des Konzepts der kognitiven Stile durch derartige Untersuchungen wirklich geprüft würde. Wenn der Trend zu institutionalisierter Erwachsenenbildung, vor allem bei Personen mittleren und höheren Alters weiter zunimmt (s. BIRREN & WOODRUFF, 1973), dann wird auch die Bedeutung kognitiver Stile für das reale Leben nach der Zeit der Adoleszenz vielleicht klarer werden. Bis dahin jedoch wird die Forschung zu kognitiven Stilen innerhalb einer Entwicklungspsychologie der Lebensspanne theoretisch interessant, aber esoterisch bleiben müssen.

Danksagung

Der Autor möchte an dieser Stelle Augusta GROSS für ihre unschätzbare Hilfe bei den bibliographischen Vorarbeiten zu diesem Kapitel danken.

10 Systematisierung von Daten zur Entwicklung menschlicher Fähigkeiten über die Lebensspanne hinweg

John L. Horn, University of Denver, Denver, Colorado

Zum Inhalt

Innerhalb des Bezugsrahmens einer allgemeinen Theorie, in der die Zusammenhang stiftenden Einflüsse von Akkulturations- und neurophysiologischen Prozessen hervorgehoben und einander gegenübergestellt werden, besprechen wir Daten zur Entwicklung intellektueller Fähigkeiten in der Kindheit und im Erwachsenenalter. Als erstes wird festgestellt, daß eine überraschend hohe Interrelation zwischen Fähigkeiten in den vorliegenden Untersuchungen aufgedeckt worden ist; zwischen Fähigkeiten, die, auf den ersten Blick, sehr verschieden sein könnten, und zwischen denen diese Interrelation aber auch dann besteht, wenn die Fähigkeiten an sehr verschiedenen Punkten der Entwicklung gemessen werden (ausgenommen die ersten beiden Lebensjahre, während derer die gemessenen Fähigkeiten wenig Ähnlichkeit haben mit und keine Vorhersage erlauben auf intellektuelle Fähigkeiten in der späteren Kindheit und der Zeit danach). Dieser große Zusammenhang repräsentiert unserer Auffassung nach die Tatsache, daß eine Interdependenz zwischen Akkulturations- und neurophysiologischen Einflüssen besteht, – daß, bis zu einem bestimmten Maße, das eine durch das andere bestimmt wird. Als nächstes stellen wir dann fest, daß in dieses breite Interdependenzgeflecht Subpatterns von unterschiedlichen Allgemeinheitsgraden eingebettet sind. Einige davon ergeben sich wohl aus relativ gezieltem Training, wie es beispielsweise bei einem Aussetzen gegenüber selektiven Einflüssen, recht spezifischen Motivationsarten und ähnlichen Faktoren vorkommt. Es sind jedoch auch sehr weit gespannte Patterns gefunden worden, und die Ergebnisse legen nahe, daß es sich dabei um durchschlagendere Einflüsse auf die Entwicklung handelt wie beispielsweise die Akkulturation als solche und Einflüsse von seiten der neurophysiologischen Struktur, ihrer Reifung und Schädigung. Die Aufsummierung dieser Einflüsse im Verlauf der Entwicklung scheint in der Tat zu zwei großen Fähigkeitsbereichen zu führen, die man beide als Indikatoren für Intelligenz ansieht, genau gesagt, weisen sie auf zwei Intelligenzarten hin, symbolisiert als Gf und Gc. In der späten Kindheit und im Erwachsenenalter unterscheiden sich prädiktive und Konstruktualidität für diese beiden Intelligenzarten deutlich. Die Fähigkeiten von Gc tendieren dazu, während des Alternsprozesses im Erwachsenenalter besser zu werden – oder mindestens nicht merklich nachzulassen, während die Fähigkeiten von Gf dazu tendieren, konsistent und in beträchtlichem Ausmaß während des größten Teils des Erwachsenenalters abzunehmen. Die Ergebnisse zu den neurophysiologischen Faktoren und den Erfahrungsfaktoren, die mit diesen Veränderungen zusammenhängen, werden überblicksartig dargestellt.

10.1 Einführung

Vor mir habe ich Zusammenfassungen von über 600 Untersuchungen zur Entwicklung und Systematisierung der menschlichen Fähigkeiten liegen, die an den verschiedensten Orten publiziert worden sind. Ursprünglich hatte ich gehofft, das Wesentliche dieser Arbeiten erfassen und dem Leser in systematischer Weise vorstellen zu können. Aber nun muß ich einigermaßen enttäuscht feststellen, daß ich mich bei meiner Arbeit praktisch im Kreis gedreht habe, daß sich keine Beziehungen zwischen den Ergebnissen vieler durchaus angemessener Untersuchungen herstellen lassen und daß meine Absicht, alle diese Arbeiten zu integrieren, fehlgeschlagen ist. Dennoch habe ich versucht, im folgenden mein ursprüngliches Ziel beizubehalten und die Daten zu systematisieren, die ganz besonders wesentlich sind für ein Verständnis der Entwicklung menschlicher Fähigkeiten von der Geburt bis zum Tod. Ich habe mir gesagt, daß auch, wenn ein solches Unterfangen selbst unter günstigsten Bedingungen zum Scheitern verurteilt ist, der Versuch aufschlußreich, konstruktiv und deshalb lohnend sein kann.

Wir wollen hier lediglich ein Kapitel, nicht ein Buch schreiben; da man jedoch eigentlich Bände über die Entwicklung von Fähigkeiten schreiben könnte (und das ist auch bereits geschehen), ist klar, daß wir nur auf die besonders herausragenden Ergebnisse und Theorien eingehen werden.

Wir haben dieses Kapitel in fünf Hauptabschnitte eingeteilt. Die Einführung ist der erste Abschnitt, und nach dem fünften Abschnitt folgt am Ende des Kapitels eine allgemeine Zusammenfassung. Im zweiten Hauptabschnitt fassen wir grundsätzlich wichtige Daten zu den Wechselbeziehungen zwischen Fähigkeiten zusammen. Der dritte und der vierte Abschnitt sind dann im wesentlichen theoretischer Natur; wir versuchen hier, aus psycholinguistischen Intelligenz-Theorien einige wesentliche Konstrukte auszuwählen, die für die Beschreibung der Verhaltensweisen notwendig sind, welche in Intelligenztests erfaßt werden. Das Konzept der Entwicklungsstufen benutzen wir in diesem Zusammenhang zur Systematisierung unseres Materials, und im letzten Teil von Abschnitt 10.4 versuchen wir zu zeigen, daß die häufig replizierten Ergebnisse zur faktoriellen Struktur von Fähigkeiten notwendigerweise aus den identifizierbaren Einflüssen folgen, die auf die Entwicklung einwirken. Der ganze fünfte Abschnitt ist dann dem Überblick über Theorie und Evidenz zur Entwicklung im Erwachsenenalter gewidmet. Wir versuchen in diesem Abschnitt zu zeigen, daß sich die wesentlichen Merkmale von Leistungsunterschieden und Leistungsveränderungen im Verlauf des Alterns klären, wenn man den gesamten Problembereich mit Hilfe der Ergebnisse zur faktoriellen Struktur interpretiert. In der allgemeinen Zusammenfassung werden die wesentlichsten Punkte der vorgestellten Ergebnisse noch einmal geordnet und im Überblick dargestellt.

10.2 Einheit und Differenzierung von Fähigkeiten

Jede Theorie über menschliche Fähigkeiten muß zwei ganz wesentliche Tatsachen berücksichtigen. Zum einen zeigt der Mensch im Erwachsenenalter viele verschiedene Fähigkeiten – Fähigkeiten, die unabhängig verteilt sind in sogar ziemlich begrenzten Stichproben. Zum anderen gibt es die recht überraschende Tatsache, daß ziemlich verschiedene Fähigkeiten miteinander korrelieren – daß sich eine beträchtliche Abhängigkeit zwischen Fähigkeiten sogar in recht begrenzten Stichproben nachweisen läßt.

Ergebnisse über Unabhängigkeit von Fähigkeiten sind von FRENCH, EKSTROM und PRICE (1963), GUILFORD (1967), BUTCHER (1968) und HORN (1970) – um nur einige Beispiele aus jüngerer Zeit zu nennen – zusammenfassend dargestellt worden. Dabei zeigte sich, daß zwischen 28 und 50 primäre Faktoren benötigt werden, um die lineare Abhängigkeit zu erklären, die zwischen den buchstäblich tausenden vorliegenden Fähigkeitstests besteht. Einige dieser Primärfaktoren – z. B. in etlichen Arbeiten von GUILFORD – mögen nicht so sehr wichtig sein oder repräsentieren praktisch nur die Parallelformen desselben Tests, wie HUMPHREYS (1962) betonte. Um von einem Fähigkeitsfaktor als wesentlichem Bestandteil innerhalb der Persönlichkeit sprechen zu können, muß er wahrscheinlich doch über verschiedene Variablen hinweg definiert sein; er sollte die Art von Validität besitzen, die D. T. CAMPBELL und FISKE (1959) sowie HORN und CATTELL (1965) diskutiert haben. Einige der sogenannten primären Fähigkeiten besitzen keine solche Validität. Aber auch wenn es so ist, daß einige primäre Fähigkeitsfaktoren weder von praktischer noch theoretischer Bedeutung sind, muß jede angemessene Theorie der menschlichen Intelligenz doch die Hinweise darauf berücksichtigen, daß verschiedene, unabhängig verteilte Fähigkeiten bei den Intelligenzleistungen älterer Kinder und Erwachsener eine Rolle spielen.

Dem gesunden Menschenverstand leuchtet es ein, daß primäre Fähigkeiten durch Reifen und Lernen differenziert werden, so wie das während der gesamten Entwicklung, aber insbesondere doch während der Kindheit, geschieht. Dennoch hat es sich als schwierig erwiesen, Fragen zu diesem Differenzierungsprozeß so zu stellen, daß sie mit Hilfe empirischer Forschung zu beantworten wären.[1] Deshalb ist es auch schwierig, Differenzierung anhand von Untersuchungsdaten zu demonstrieren. VERNON (1950) zitiert die frühen Arbeiten von BALISNKY (1941), M. P. CLARK (1944) und GARRETT (1946), um die Hypothese zu stützen, daß Differenzierung während der Kindheit stattfindet. BURT (1954) kommt nach sorgfältiger Bewertung der bis dahin vorliegenden Untersuchungen zu dem Schluß, daß es im allgemeinen eine Evidenz für eine Differenzierungshypothese (während der Kindheit) gibt, insofern sie überprüfbar ist. VERNON geht auch auf einige Untersuchungen ein (DOPPELT, 1949; MCNEMAR, 1942; SWINEFORD, 1947; VERNON & PARRY, 1949; H. S. WILLIAMS, 1948), durch die nahegelegt wird, daß um die Adoleszenz herum die Differenzierung der grundlegenden Fähigkeiten weitgehend abgeschlossen ist

[1] Wir meinen damit, daß es in derartigen Untersuchungen eine Fülle nahezu unvermeidbarer methodischer Schwierigkeiten gibt– Schwierigkeiten, repräsentative Stichproben und vergleichbare Tests zu gewinnen, die Meßeinheiten der Tests zu standardisieren, Probleme mit der Testdecke etc.

und daß alles, was anschließend Differenzierung zu sein scheint, nur die Entwicklung von speziellen Fähigkeiten im Zusammenhang mit besonderen Erziehungs- oder Berufsausbildungsmaßnahmen ist.

REINERT (1970) hat umfassend die Literatur zur Differenzierung von Fähigkeiten besprochen; deshalb reicht es im vorliegenden Zusammenhang aus, festzustellen, daß die meisten Daten dafür sprechen, daß Einflüsse im Verlauf der Kindheit eine Differenzierung von Fähigkeiten bewirken – Differenzierung in dem Sinne, daß mit zunehmendem Alter bis zur Adoleszenz oder in das frühe Erwachsenenalter hinein die Zahl der meßbaren grundlegenden Fähigkeiten zunimmt und die Interkorrelationen zwischen diesen Fähigkeiten niedriger werden.

GUILFORD (1964, 1967) hat auf sein Ergebnis aufmerksam gemacht, daß von über 7000 Interkorrelationen für sog. Fähigkeitstests ungefähr 18% niedriger als +.11 waren. Das viel überraschendere Ergebnis im vorliegenden Zusammenhang ist jedoch genau das Gegenteil dessen, was GUILFORD hervorgehoben hat, daß nämlich 82% der Interkorrelationen positiv und höher als +.10 war. Diese überwiegend positiven Interkorrelationen bei einer außerordentlich großen Zahl von Fähigkeitstests zählen mit zu den interessanten Ergebnissen in der psychologischen Literatur; und dieses Ergebnis wird auch mit am häufigsten repliziert.

In diesen Kontext gehört auch das Ergebnis – etwas weniger gut belegt – daß, mit einer bemerkenswerten Ausnahme, Test-Retest-Korrelationen bei Fähigkeitstests verschiedenen Inhalts und bei Intervallen von mehreren Jahren im allgemeinen positiv und oft bemerkenswert hoch sind (z. B. BAYLEY, 1949; BRADWAY, THOMPSON & CRAVENS, 1958; B. S. BLOOM, 1964; HINDLEY, 1965; HUSÉN, 1951; PINNEAU, 1961; SONTAG, BAKER & NELSON, 1958). (Bei der eben erwähnten bemerkenswerten Ausnahme handelt es sich um die Korrelation zwischen Messungen in den ersten beiden Lebensjahren und Messungen auf späteren Altersstufen; darauf werden wir im nächsten Abschnitt eingehen.)

J. E. ANDERSON (1939, 1940) hat die positive Test-Retest-Korrelation für Fähigkeitsmaße als Hinweis auf eine Überlappung bei der Zunahme an Fähigkeit in aufeinanderfolgenden Jahren während der Entwicklung bezeichnet. Eine Fähigkeitsmessung im Jahr 0 kann man ausdrücken durch t_0; im Jahr 1 durch $t_0 + t_1$; im Jahr 2 durch $t_0 + t_1 + t_2$; etc. und im Jahr m durch $t_0 + t_1 + t_2 + \ldots + t_m$. Wenn das eine angemessene Darstellung ist, dann kann man erwarten, daß sich die Interkorrelationen zwischen Fähigkeitsmessungen in spezifischer Weise verhalten: Korrelationen zwischen Messungen aus eng zusammenliegenden Jahren müßten im Verhältnis zu anderen Test-Retest-Korrelationen hoch sein, und die Korrelationen müßten systematisch fallen, je größer der zeitliche Abstand zwischen den jeweils beiden Messungen ist. Es gibt eine große Zahl von Hinweisen darauf, daß die Theorie von ANDERSON sehr gut auf eine Fülle von Test-Retest-Daten paßt J. E. ANDERSON, 1939, 1940; B. S. BLOOM, 1964; HUMPHREYS, 1960; ROFF, 1941).

HUMPHREYS (1960) hat nachgewiesen, daß das Modell, das ANDERSONS Theorie zugrundeliegt, das ist, was GUTTMAN (1955) mathematisch als „Simplex" beschrieben hat. Bei der Anwendung dieses Modells auf Fähigkeitsdaten hat GUTTMAN aber nicht Test-Retest-Daten benutzt, sondern Interkorrelationen zwischen Fähigkeiten, die auf Transfer-Ebene Ähnlichkeit miteinander haben. Mit anderen Worten: Überlappung bedeutet in diesem Fall, daß sich eine Fähigkeit, dargestellt durch $t_0 + t_1 + t_2 + t_3$, entwickelt haben würde durch einen Lernprozeß, der durch eine Fähigkeit, dargestellt durch $t_0 + t_1 + t_2$, erleichtert worden ist. Hohe Korrelationen zwischen Fähigkeiten würden also viele gemeinsame Elemente im Transfer-Lernen repräsentieren. GUTTMAN zeigte, daß Interkorrelationen zwischen Tests für rechnerische Fähigkeit – die Aufgaben reichten von einfacher Addition über Multiplikation und Division von ganzen Zahlen bis zu Multiplikation und Division von Brüchen und Dezimalzahlen – in etwa den vorhergesagten Simplex bildeten.

FERGUSON (1954, 1956) hat das Konzept des – positiven und negativen – Transfers benutzt, um die allgemein positiven Vorzeichen bei Interkorrelationen von Fähigkeitstests sowie die Tatsache zu erklären, daß die Primärfaktoren unabhängig voneinander sind. Nach dieser Theorie ist Transfer in den frühesten Phasen der Entwicklung eine allgemeine und nicht sehr stark wirkende Determinante für Lernen. Das stimmt überein mit der frühen Arbeit von STROUD (1940), wonach Transfer nicht eher wirksam ist, als bis die neue Aufgabe, die gelernt werden soll, sehr ähnlich dem vorher gelernten Material ist oder der Lehrer besondere Anstrengungen macht, um eine Beziehung zwischen den beiden zu lernenden Inhalten zu entwickeln. Nach FERGUSONS Theorie reicht der anfängliche schwache Transfer zwischen ziemlich unähnlichen Aufgaben aber aus, (und zwar aufgrund des „Primacy"-Prinzips), um zu positiven Vorzeichen bei den Interkorrelationen zwischen Leistungen in verschiedenen Aufgaben zu führen. Individuen, die bei irgendeiner Aufgabe mehr gelernt haben, würden es mit dem Erlernen anderer Aufgaben etwas leichter haben; die Lernerleichterung wäre aber am größten bei neuen Aufgaben, die den vorher gelernten am ähnlichsten sind. Lernen in einem Bereich würde also ganz besonders effizientes Lernen von ähnlichen Bereichen fördern. Es würde auch eine Tendenz zu einer Begrenzung im Lernen in einem bestimmten Bereich geben, und das ist, was nach FERGUSON primäre Fähigkeitsfaktoren darstellen.

Die Arbeit von FLEISHMAN und HEMPEL (1954, 1955) über Lernen motorischer Fertigkeiten sowie einige der frühen Arbeiten von ANASTASI (1936), GREENE (1943) und WOODROW (1938, 1939) über die Auswirkungen von Training und die jüngeren Arbeiten von DUNCANSON (1964) und A. M. SULLIVAN (1964) über Transfer als solchen und über solche Fähigkeiten, wie sie in Intelligenztests gemessen werden, zeigen, daß sich durch Übung und Lernen in einem bestimmten Bereich die faktorielle Zusammensetzung von Tests verändert, Interkorrelationen auftreten, die zu unabhängigen Faktoren führen (was auf das Auftauchen von Fähigkeiten hinweist, die mit primären Fähigkeiten Ähnlichkeit haben), daß ein Teil dieser Veränderungen tatsächlich auf einen Lern-Transfer zurückgeführt werden kann und daß die entsprechenden Effekte relativ ausgeprägt sein können, wenn einige Zeit in Bereichen gelernt wird, in denen die Probanden zu Beginn der Untersuchung noch vergleichsweise ungeübt waren.

Wir sollten an dieser Stelle vielleicht noch einmal darauf hinweisen, daß Transfer, so wie das Konzept hier benutzt wird, entweder positiv oder negativ sein kann und daß es viel von dem erklärt, was unter dem Stichwort „Generalisation" im Bereich des Lernens behandelt wird. Das impliziert, daß so wie besonders hoher Fähigkeit teilweise eine positive Erleichterung und Generalisation beim Lernen neuer Aufgaben entspricht, bei einer besonders niedrigen Fähigkeit Interferenz mit bereits gelerntem Material auftreten kann. Ebenso kann Transfer-Ähnlichkeit, als Erklärung für das Auftreten von Primärfaktoren, analog zu anderen Arten von Erfahrungsähnlichkeiten aufgefaßt werden. So hat beispielsweise HORN (1967, 1968) vorgeschlagen, daß generalisiertes Lernen, nicht zu lernen, und Verhalten, das von anderen als Lernen bezeichnet wird, z. T. zur Erklärung der Patterns in den Interkorrelationen von Leistungen in Fähigkeitstests herangezogen werden können. BOIGON (1968), HAYES (1962) und R. B. CATTELL (1950), 1969a) haben ganz ähnliche Vorstellungen geäußert und dabei Konzepte der Entwicklung von Einstellungen und Motivationen in bezug auf Lernen benutzt.

Das allgemeine Prinzip, auf das es hier ankommt, ist, daß das Auftauchen von linearen Abhängigkeiten zwischen Leistungen in Fähigkeitstests auf systematische Einflüsse in der Entwicklung hinweisen muß.

10.3 Prozesse, die Intelligenzleistungen zugrundeliegen

Wenn wir so etwas wie eine Überlappungs-Theorie übernehmen, um damit das zu erklären, was wir über menschliche Fähigkeiten und deren Entwicklung wissen, dann ist es ratsam, daß wir so deutlich wie irgend möglich das Wesen des Terms (oder der Terme) t_0 in der Gleichung von ANDERSON spezifizieren. Mit anderen Worten: Es ist wünschenswert, daß wir eine Vorstellung von den Schlüssel-Determinanten für Fähigkeiten haben. HORN hat in diesem Zusammenhang auf den alten Begriff *Anlage* zurückgegriffen (im Amerikanischen *Anlage,* Plural: *anlages*) und in Diskussionen über primäre Fähigkeiten und ihnen entsprechenden Faktoren zweiter Ordnung eingeführt (HORN, 1965, 1967, 1968; HORN & CATTELL, 1966a, b, 1967). Anlage bezieht sich dabei auf ganz grundlegende, nicht gelernte, zentral-strukturierende Funktionen bei allen Verhaltensweisen, von denen man sagen kann, daß sie Intelligenz benötigen, wobei sich Intelligenz in diesem Zusammenhang auf alle die Fähigkeiten bezieht – insbesondere die primären Fähigkeiten, – die Psychologen meinen, wenn sie Begriffe wie Intelligenz, allgemeine Begabung, *g*, etc. benutzen. In diesem Sinne bezieht sich Anlage nicht nur auf ein t_0, das der erste Term in einer Entwicklungsabfolge ist (wie im Überlappungsmodell von ANDERSON), sondern es handelt sich dabei um eine Funktion, die auch bei einer Leistung auf einer späteren Entwicklungsstufe wirksam sein kann, d. h. nicht gelernte Reaktionsweisen und Fähigkeiten beeinflussen die Leistungen selbst von Erwachsenen. Eine anlagebedingte Funktion bezieht sich also nicht nur auf Umstände, die für die *Entwicklung* von Fähigkeiten wichtig sind, sondern auch auf Bedingungen, die beim *unmittelbaren Zum-Ausdruck-Kommen* einer Fähigkeit wirksam sind.

Vielleicht am besten bekannt als anlagebedingte Funktion ist das, was man üblicherweise Kurzzeit-Gedächtnis nennt. SPEARMAN (1927) diskutiert dieses Phänomen (und ähnliche Prozesse) unter den Stichworten „Auffassungsvermögen" (span of apprehension) und „Konkurrieren geistiger Inhalte" (mental competition). G. A. MILLER (1956) hat diese Funktion eine Begrenzung der menschlichen Fähigkeit zur Informationsverarbeitung genannt. Mit dem Konzept der zeitlichen Integration hat HEARNSHAW (1964) deutlich gemacht, daß eine solche Begrenzung zu unserer Verarbeitung von zeitlich gebundenen Informationen gehört.

Bei der Lösung eines Problems in einem Test für abstraktes Denken, wie z. B. den Progressive Matrices von Raven, ist es erforderlich, daß man mehrere Beziehungen gleichzeitig berücksichtigt. Ist das Auffassungsvermögen begrenzt, kann das nicht geleistet werden, und man scheitert an dem Problem: Die Leistung in der Denkaufgabe basiert also auf Anlage. Welford (1958), Heron (1962) und Clay (1956, 1957) haben nachgewiesen, daß die Unfähigkeit, selbst recht einfache Intelligenzaufgaben zu lösen, zusammenhängt mit der Unfähigkeit, mehrere Elemente unmittelbar im Bewußtsein zu halten. Während der Kindheit wird die Bewußtseinsspanne größer und zugleich damit werden die Probleme komplexer, die das Kind lösen kann, und nimmt die Geschwindigkeit zu, mit der das Kind lernt (Inglis, Ankus & Sykes, 1968 a). Einige Ergebnisse deuten darauf hin, daß diese Spanne bis zur Präadoleszenz sehr rasch größer wird, in dieser Phase auf einem Niveau bleibt, und anschließend in der Adoleszenz noch langsam zunimmt (Mishima & Inoue, 1966).
Auffassungsvermögen und zeitliche Integration haben wir hier nur als Beispiele für eine Klasse von Funktionen genannt, die für Intelligenzleistungen wesentlich zu sein scheinen und die anscheinend nicht durch Lernen und Sozialisation bedingt sind. Diese Funktionsklasse ist bislang noch nicht sehr umfassend beschrieben worden. Aber Funktionen, auf die sich etwa Goldstein und Scheerer (1955) in ihrer Arbeit über konkrete vs. abstrakte Fähigkeiten beziehen, fallen darunter. Ebenso stellt die Fähigkeit (oder Unfähigkeit), eine Abfolge zu durchbrechen, – was Spearman unter dem Stichwort „Perseveration" diskutiert – oder auch die Fähigkeit, aufmerksam zu sein und sich nicht ablenken zu lassen, jeweils eine anlagebedingte Funktion dar. Auch wenn diese Fähigkeiten durch den Sozialisationsprozeß beeinflußt werden, scheinen sie doch eine lernfreie Komponente zu enthalten, die zu einer zentralen Intelligenzfunktion gehört. (Hyperaktivität und mangelnde Impulskontrolle gehören zu den häufiger zitierten Begleiterscheinungen von Hirnschädigung.) Möglich ist auch, daß die Prozesse, die inzidentellem Lernen zugrundeliegen, wie es A. W. Siegel und Stevenson (1966) beschreiben, auf Anlage zurückzuführen sind.
Vielleicht würde man einige der hier angeführten Funktionen besser im Zusammenhang mit Wahrnehmungsprozessen behandeln, wie sie etwa Comalli (1970) und Munsinger (1970) diskutieren. Interessant in diesem Zusammenhang sind jedenfalls die inzwischen sehr gut belegten Ergebnisse, daß gestörte visuo-motorische Koordination (z. B. beim Kopieren von Mustern), Umkehrungen beim Sehen und/oder beim Nachzeichnen von etwas Gesehenem (z. B. Umkehrungen beim Lesen und Schreiben), Schwierigkeiten, die Symmetrieachse zu kreuzen (z. B. mit der linken Hand das rechte Ohr zu fassen), Unfähigkeit, Figur-Grund-Relationen zu unterscheiden sowie Aphasien zu den reliabelsten Indikatoren für Schwierigkeiten im Lern- und Leistungsbereich in den ersten Schuljahren zählen (B. Bateman, 1964; Myklebust & Johnson, 1962; R. T. Strong, 1964). Wir möchten vorschlagen, Messungen solcher Merkmale als indirekte Messungen von anlagebedingten Funktionen aufzufassen.
Zu den Hauptproblemen, ein solches Konzept wie Anlage zu benutzen, das sich auf vermutete zentral-strukturierende Faktoren bezieht, gehört die Schwierigkeit, es auf Verhaltensniveau[2] zu unterscheiden von peripheren sensorischen und motorischen Strukturen und von Strukturen im Verlauf von peripheren zu zentralen Funktionen. Wir sind

weit davon entfernt, diese Frage unmittelbar und in bezug auf Intelligenz beantworten zu können, aber, wie wir in den folgenden Abschnitten zeigen werden, gibt es immer mehr Hinweise darauf, daß anlagebedingte Funktionen mehr oder weniger exakt erfaßt werden in Messungen des Gedächtnisses und der Fähigkeit, mit komplexen Beziehungen zwischen neuen Elementen oder stark überlernten Elementen (aber nicht Beziehungen zwischen ihnen) umzugehen, – d. h. Messungen mit GOLDSTEIN-SHEERER-Tests, Progressive Matrices und von Analogiebildungen zu bekannten Wörtern (HORN, 1965) sowie vielleicht Aufgaben zur Wahrnehmungsintegration, wie sie oft zur Diagnose von Hirnschädigung benutzt werden (z. B. GRAHAM & KENDALL, 1960; HALSTEAD, 1947; HAYNES & SELLS, 1963; REITAN, 1966; R. T. STRONG, 1964).

Wenn wir von Anlage sprechen, so meinen wir zugleich, daß Messungen von anlagebedingten Funktionen das Erbpotential für Intelligenzentwicklung widerspiegeln. Mit anderen Worten: Wenn man Intelligenz als erblich bedingt bezeichnet (und die Ergebnisse von BURT, 1955, 1958; ERLENMEYER-KIMLING & JARVIK, 1963; JENSEN, 1967, 1968; und VANDENBERG, 1966b, deuten darauf hin, daß sicherlich ein Großteil der beobachteten Unterschiede in menschlichen Fähigkeiten Erbunterschiede widerspiegelt), dann ist das so, weil die Fähigkeiten, auf die anlagebedingte Funktionen hinweisen, in der genetischen Ausstattung festgelegt sind. Aber selbst die fehlerfreieste Messung von anlagebedingten Funktionen würde niemals Erblichkeit als solche aufzeigen. Denn es liegen eindeutige Hinweise darauf vor, daß die Strukturen, die für Intelligenzfunktionen wichtig sind, vor der Geburt und im Verlauf der Entwicklung geschädigt werden können. (Einen Überblick über die Literatur zur Kindheitsperiode findet der Leser bei MUSSEN, CONGER & KAGAN, 1963, für das Erwachsenenalter bei BIRREN, 1959a.) Vor der Geburt, und das hat nichts mit Vererbung zu tun, können die Strukturen beeinträchtigt werden durch die Lage im Uterus, Blutvergiftung, vorzeitigen Blasensprung und verschiedene andere Komplikationen bei der Geburt. Nach der Geburt gibt es viele andere Verletzungsmöglichkeiten, z. b. durch Sturz, Kohlenoxydvergiftung, Essen von bleihaltigen Farben etc. Im Grunde bedeutet das, daß alle Menschen irgendeinen Schaden erlitten haben und daß es nur interindividuelle Unterschiede im Ausmaß der Schädigung gibt (KAWI & PASAMANICK, 1958; PASAMANICK & KNOBLOCH, 1960). Und das wiederum bedeutet, daß, wenn interindividuelle Unterschiede in anlagebedingten Funktionen strukturelle Unterschiede widerspiegeln, sie nicht allein Unterschiede in der Erblichkeit sondern zugleich Unterschiede im Ausmaß der strukturellen Schädigung reflektieren, die vor dem Zeitpunkt der Untersuchung aufgetreten ist.

In diesem Zusammenhang ist es wichtig, auf die Ergebnisse hinzuweisen, die zeigen, daß sich eine strukturelle Schädigung in einer frühen Phase der Entwicklung ganz anders auf Intelligenzleistungen auswirkt, als eine vergleichbare Schädigung in späteren Stadien der Entwicklung. Bei einer deutlichen Hirnschädigung in jungen Jahren werden viele Fähig-

---

[2] Das bedeutet: Wir befassen uns in diesem Kapitel hauptsächlich mit Messungen offen beobachtbaren intelligenten Verhaltens, nicht mit der neurologischen, zellulären, chemischen Struktur, die diesem beobachteten Verhalten zugrundeliegen mag. Natürlich ist es erlaubt – und oft nützlich – Intelligenz als ein neurophysiologisches o. ä. Konzept zu behandeln. Aufgabe des Psychologen muß jedoch sein, Testleistungen und andere offen beobachtbare Verhaltensweisen zu spezifizieren, die Indikatoren für Intelligenz sind; von da aus wird es dann möglich, die psychologischen Variablen zu Variablen anderer Disziplinen in Beziehung zu setzen.

keiten in Mitleidenschaft gezogen (L. BELMONT & BIRCH, 1960; BRAINE, HEIMER, WORTIS & FREEDMAN, 1966; DOLL, 1933; HEBB, 1942; DOLL, PHELPS & MELCHER, 1932; G. WEINER, RADAR, OPPEL & HARPER, 1968; H. WERNER & STRAUSS, 1939). Sprachliches Verständnis und ähnliche Fähigkeiten, die für Schulleistungen wichtig sind, erweisen sich als ebenso retardiert wie Fähigkeiten, auf die der Wert im Handlungsteil vom WECHSLER-Test hinweist. Bei einer deutlichen Hirnschädigung im Erwachsenenalter treten dagegen relativ geringe permanente Veränderungen im sprachlichen Verständnis und ähnlichen Aktivitäten auf, dafür aber deutliche Ausfälle in Fähigkeiten, die mit solchen Aufgaben wie den KOHSschen Blöcken aus den WECHSLER-Skalen, den Progressive Matrices etc. erfaßt werden (HEBB, 1942, 1949; L. BELMONT & BIRCH, 1960). Es scheint also so zu sein, daß anlagebedingte Funktionen zur Entwicklung von Fähigkeiten dienen, die, wenn sie sich erst einmal entwickelt haben, auch mit vermindertem Anlagepotential erhalten bleiben.
Es ist klar, daß alles, was wir über anlagebedingte Funktionen sagen können, eng zusammenhängt mit dem, was wir über neurologisch-physiologisch-chemische Mechanismen, insbesondere des Hirns, wissen. Unser Ziel im vorliegenden Zusammenhang ist jedoch nicht, neurologisch-physiologische Prozesse zu untersuchen, die anlagebedingten Funktionen zugrundeliegen; vielmehr wollen wir zeigen, daß einige Fähigkeiten (in der unmittelbaren Testsituation) stärker von solchen Prozessen abhängen als andere und daß aus diesem Grunde verschiedene Fähigkeitsmessungen auch verschiedene neurologisch-physiologische Strukturen reflektieren.

10.4 Die Entwicklung von Fähigkeiten während der Kindheit

10.4.1 Stufen der Entwicklung

Bei allem, was sich entwickelt, ist man versucht, an einen stufenförmigen Entwicklungsverlauf zu denken, bei dem es einen deutlich sichtbaren Sprung von einer Stufe zur nächsten gibt. Das gilt ganz sicherlich für die Versuche, die Entwicklung von Fähigkeiten während der Kindheit zu beschreiben, beispielsweise anhand von Hypothesen wie denen von PIAGET (z. B. 1936, 1946; ELKIND & FLAVELL, 1969; FLAVELL, 1963), und die Versuche, solche Hypothesen in Untersuchungen an großen Stichproben von Kindern zu stützen. Dieser eben genannte Aspekt liegt auch den faktorenanalytischen Untersuchungen zu Test-Retest-Korrelationen von Fähigkeiten, die HOFSTÄTTER (1954) und KOTÁSKOVÁ (1967) vorgelegt haben, sowie den Skalogramm-Analysen ähnlicher Daten von KOHEN-RAZ (1967) zugrunde. Die treffende Kritik, die CRONBACH (1967) an HOFSTÄTTERS Analyse geübt hat, erinnert aber daran, daß es schwierig ist, innerhalb einer Diskontinuitäts-Theorie mehr als nur willkürlich gesetzte Trennungslinien zwischen angeblich deutlich unterschiedenen Aktivitätsniveaus zu ziehen, und daß, wenn diese Trennungslinien nicht klar genug gemacht werden, man skeptischerweise annehmen kann, daß das fragliche Phänomen am besten beschrieben wird als sich kontinuierlich oder in nicht wahrnehmbaren Schritten verändernd. Und wenn man eine Stufentheorie nicht nur aus Gründen der sprachlich leichteren Verständigung benutzt, dann ist der Abschluß einer Stufe eine notwendige – an einigen Punkten sogar hinreichende – Bedingung für die Entwicklung auf eine nächst höhere Stufe. Wie BEILIN (1969), EMMERICH (1968), NESSELROADE (1970), VAN DEN DAELE (1969) und andere ausgeführt haben, hat es sich aber als sehr schwierig erwiesen, diese Bedingung in Form von klaren Operationen und Analyseschritten zu formulieren, und es handelt sich daher um eine Hypothese, die sich nur schwer stützen läßt.

Dennoch hat es sich in der Literatur, aus logischer und pädagogischer Bequemlichkeit eingebürgert, Entwicklung so aufzufassen, als würde sie in Stufen stattfinden. Aus diesen Gründen ist es wünschenswert, auch einige Daten in diesem Artikel so zu systematisieren – in Quasi-Stufen, wie man es wohl nennen könnte. Die Kindheit werden wir in drei Perioden unterteilen: (a) die Entwicklung sensu-motorischer Wachheit, (b) den Erwerb von Konzepten und Hilfsoperationen, (c) die Periode intensiver Akkulturation. Diese Einteilung entspricht den Perioden, die HOFSTÄTTER (1954) bei seinen Analysen von Daten aus der Berkeley Growth Study gefunden hat, und sie sind in vielerlei Hinsicht auch den Perioden ähnlich, zu denen man im Rahmen von Theorien in der Nachfolge PIAGETS gekommen ist (ELKIND & FLAVELL, 1969; FLAVELL, 1963; HUNT, 1961; PIAGET, 1936, 1946).

10.4.2 Die Entwicklung sensu-motorischer Wachheit

HOFSTÄTTER extrahierte seinen ersten Faktor aus Messungen, die in der Altersspanne zwischen zwei Monaten und ungefähr zwei Jahren vorgenommen worden waren. Bei den Tests, die in dieser Periode eingesetzt wurden, handelt es sich um die California First Year Mental Scale und die California Preschool Scale. Der wesentlichste Teil an Varianz in diesen Skalen kommt auf diesem Niveau durch Verhaltensweisen ins Spiel, die nach BAYLEY (1943) sensu-motorische Wachheit anzeigen. In ähnlicher Weise hat ja PIAGET (1936, 1946) von der Intelligenzentwicklung in den ersten beiden Lebensjahren als der sensu-motorischen Phase gesprochen.

In dieser Phase, so haben das PIAGET (1936, 1946; HUNT, 1961) und andere beschrieben, verknüpfen sich die instinktähnlichen primitiven Verhaltensmuster zu Netzwerken, und das Ausleben dieser „Kreisreaktionen", wie sie häufig genannt werden (z.B. J. M. BALDWIN, 1906; E. B. HOLT, 1931; PIAGET, 1936), gerät unter die Kontrolle externer Stimuli und/oder innerer handlungssteuernder Faktoren. Transfer oder selbst Lernen nach Versuch und Irrtum scheint bei diesen frühen Veränderungen sehr unwichtig zu sein. Wesentliche Faktoren sind anscheinend vielmehr klassisches Konditionieren und häufige Wiederholung.

Normative Daten aus Untersuchungen, ähnlich denen von BAYLEY (1933, 1949, 1956, 1965) und GESELL (1940), sowie Daten aus Standardisierungen verschiedener Kleinkinder-Tests zeigen, daß die meisten Kinder zum Ende des zweiten Lebensjahres ein ziemlich hohes Niveau sensu-motorischer Wachheit erreicht haben. Diese Entwicklung scheint in keiner engen Beziehung zu sozio-ökonomischen Faktoren zu stehen (z.B. PIKLER, 1968), und falls eine Beziehung bestehen sollte, so deuten Ergebnisse darauf hin, daß sie eher negativ sein könnte (Bayley, 1965). Ergebnisse aus zahlreichen Untersuchungen, einschließlich den oben zitierten, zeigen ferner, daß die Geschwindigkeit der Entwicklung sensu-motorischer Wachheit bestenfalls in sehr schwacher Beziehung zu der Entwicklung dessen steht, was man auf späteren Altersstufen Intelligenz nennt. Einige Maße für sensu-motorische Wachheit aus den ersten fünf oder sechs Lebensmonaten korrelieren sogar *negativ* mit Intelligenztestwerten, die man auf höheren Altersstufen ermittelt hat; meistens sind solche Korrelationen allerdings fast Null (Hofstätter, 1954).

Wir sollten in diesem Zusammenhang darauf hinweisen, daß die Kleinkinder-Skalen, auf die wir oben Bezug genommen haben, einige reliable Items zu Fähigkeiten wie sprachlichem Verständnis enthalten (E. E. Werner & Bayley, 1966). Faßt man diese Items so zusammen, daß sie eine eigene Skala bilden, dann ist die Korrelation zwischen Messungen in den ersten beiden Lebensjahren und späteren Intelligenzmessungen signifikant positiv; allerdings findet sich diese Beziehung ausgeprägter bei Mädchen als bei Jungen (Bayley, 1968a; Cameron, Livson & Bayley, 1967; T. Moore, 1967). Das könnte die Tatsache widerspiegeln, daß man dazu neigt, Intelligenz als verbale Fähigkeit in Tests für die Kindheit zu definieren und daß man in der frühen Sozialisationsphase die Entwicklung einer solchen Fähigkeit fördert (siehe z.B. Baumrind & Black, 1967; Honzik, 1967; Levenstein & Sunley, 1968; Pederson & Wender, 1968). Der wesentliche Punkt ist, daß ein gemeinsamer Faktor für verbales Verständnis wohl das meiste der geringen Korrelation erklärt, die zwischen Messungen mit Skalen für Kleinkinder und Messungen mit solchen Skalen ermittelt worden ist, von denen man behauptet, daß sie Intelligenz im Kindesalter messen.

Insgesamt zeigen die Daten, daß die grundlegenden Merkmale dessen, was man als Intelligenz im Kindesalter erfaßt, in keiner sehr engen Beziehung zu sensu-motorischer Wachheit steht, die man mit Kleinkinder-Tests mißt. Auf der anderen Seite darf man die Tatsache nicht übersehen, daß bei einer Beeinträchtigung sensorischer Funktionen, wahrscheinlich besonders des Hörens und des Sehens (in dieser Reihenfolge), eine Retardierung der Intelligenzentwicklung auftritt, auch wenn es sich nicht um eine andauernde Beeinträchtigung handelt (s. Anastasi, 1961, S. 142–147, für einen Überblick über die Literatur). In diesem Sinne könnte man sensu-motorische Wachheit also als einen Vorläufer, wenn auch keinen unbedingt notwendigen, für spätere Intelligenzentwicklung ansehen.

Etwas in Abweichung von dieser Auffassung vertritt Hunt (1961) recht überzeugend den Standpunkt, daß mangelnde Gelegenheit, elementare sensu-motorische Schemata während der ersten Entwicklungsphase zu üben, gravierende und weitreichende Effekte auf die gesamte spätere Intelligenzentwicklung haben könnte. Das muß aber nicht notwendigerweise ein Widerspruch zum vorher Gesagten sein; wir haben uns dabei nur auf die Ergebnisse gestützt, die zeigen, daß die Entwicklungsgeschwindigkeit in dieser Phase, so wie sie sich in den derzeit gebräuchlichen Fähigkeitstests niederschlägt, weitestgehend ohne Beziehung ist zu dem, was man Intelligenzentwicklung in der Kindheit nennt.[3]

[3] Das deutet, beiläufig, darauf hin, daß es töricht, wenn nicht sogar unethisch ist, so zu tun, als ob man aufgrund der zur Zeit vorliegenden Kleinkinder-Tests die Entwicklung der Intelligenz abschätzen könnte.

In diesem Zusammenhang sollten wir auch erwähnen, daß es ziemlich viele Hinweise darauf gibt, daß eine Stimulation (enrichment experiences) während der ersten beiden Lebensjahre keinen sehr großen Einfluß auf die sensu-motorische Entwicklung hat. Die vor nicht allzu langer Zeit erschienene Untersuchung von PIKLER (1968) beispielsweise zeigt, daß bei normalen gesunden Kindern, die im Heim aufwachsen, spezielle Anweisungen die Abfolge oder das Auftreten von Fertigkeiten, wie sie mit Kleinkinder-Tests erfaßt werden, nicht beeinflussen (s. auch JENSEN, 1969; SCHMIDT, 1965).
Wir müssen allerdings zugeben, daß in bestimmten, recht ungewöhnlichen Fällen – so z.B., wenn Kinder in völlig „unnatürlichen" Umwelten groß werden (vielleicht, aber nicht notwendigerweise solchen, wie sie SKEELS und DYE (1939), SPITZ (1946), DENNIS und NAJARIAN (1957) und DENNIS (1960) beschrieben haben) – sensorische Deprivation auftreten kann, wie sie etwa CRUZE (1935 und REISEN (1947) gemessen haben, die sich negativ auf spätere Intelligenzleistungen auswirkt. Ebenfalls müssen wir solche Daten im Auge behalten, wie etwa die von HURLEY (1967), die zeigen, daß Mißhandlungen und Vernachlässigung in den ersten Lebensjahren tiefgreifend auf die motivationale Struktur des Kindes einwirken – HAYES (1962) nennt sie „Triebe, die zu Erfahrungen führen" (experience-producing drives) – und das wiederum kann die spätere Intelligenzleistung stark beeinflussen. Der Mechanismus, der durch diese Daten nahegelegt wird, ist allerdings ein ganz anderer als der, den HUNTS Theorie impliziert.
Zusammenfassend können wir also feststellen: Die Entwicklung sensu-motorischer Wachheit vollzieht sich zwar vor der Entwicklung der Fähigkeiten, zu denen auch Intelligenz gehört, und die Entwicklung dieser Fähigkeiten hängt zwar auch zu einem kleinen Teil von der Entwicklung der sensu-motorischen Wachheit ab, dennoch steht die *Geschwindigkeit* der Entwicklung sensu-motorischer Wachheit wahrscheinlich in keiner nennenswerten, eher sogar negativen, Beziehung zur *Geschwindigkeit,* mit der sich intellektuelle Fähigkeiten entwickeln. Ebenso wenig hängen die Erfahrungsfaktoren, die die Entwicklung der sensu-motorischen Wachheit fördern oder hemmen, mit den Erfahrungsfaktoren zusammen, die die Entwicklung von Fähigkeiten in späteren Phasen fördern oder hemmen.

10.4.3 Die Entwicklung von Hilfsoperationen und Konzepten

Als zwei wesentliche Merkmale menschlicher Intelligenz hat SPEARMAN (1927) die Wahrnehmung von Beziehungen (perception of relations) und die Bildung von Korrelaten (education of correlates) beschrieben. Diese Funktionen sind zentral für die Konzept-Bildung und den Konzept-Erwerb. Zu einem Großteil messen Intelligenztests die Kenntnis von Konzepten. Die Entwicklung dessen, was R. B. CATTELL (1963b) als allgemeine Lösungsmittel (generalized solution instruments) oder Hilfsoperationen (aids) bezeichnet hat, hängt ebenfalls von der Wahrnehmung von Relationen und der Bildung von Korrelaten ab. Und das spielt auch bei den meisten Intelligenztests wiederum eine Rolle.
Es scheint so zu sein, daß diese Merkmale im Verhalten des Kindes irgendwann im zweiten Lebensjahr in Erscheinung treten und daß die Bildung von Kategoriensystemen

(Konzepten) und die Entwicklung von allgemeinen Lösungswegen im großen und ganzen charakteristisch ist für die Entwicklungsphase vom zweiten Lebensjahr an aufwärts. Der zweite Faktor in HOFSTÄTTERs Analyse wird durch Tests definiert, die hauptsächlich im Alter von zwei bis sechs Jahren benutzt werden, und man kann somit sagen, daß dieser Faktor eine Periode des Erwerbs von Konzepten und Hilfsoperationen repräsentiert. Diese Periode entspricht der ersten (präoperationalen) Phase des zweiten Hauptstadiums im PIAGETschen System.[4]

Am Anfang dieser Entwicklungsphase werden Konzepte auf ganz eigene Weise durch das repräsentiert, was man *Symbole* nennen könnte oder Erfahrungen, die andere Erfahrungen antizipieren. Das Kind wird sich der Beziehungen bewußt, die die Kategoriensysteme des Universums definieren – z. B. das Konzept „Tier" – bevor es damit eine konventionelle Bezeichnung verknüpft, wir nennen es hier *Zeichen*, – z. B. das Wort „Tier". Mit anderen Worten: Nach den Beobachtungen, die PIAGET (1936, 1947a), G. A. MILLER (1951), BRUNER, GOODNOW und AUSTIN (1956), R. W. BROWN (1959), HUNT (1961), FLAVELL (1963) und andere zusammenfassend darstellen, vollzieht sich die Bildung von Konzepten ziemlich unabhängig von dem Erwerb konventioneller Zeichen, mit deren Hilfe man Konzepte darstellt. Interessanterweise ist es technisch schwierig, die Kenntnis von Konzepten zu ermitteln, bevor ein Kind die Zeichen für die Konzepte erworben hat, die es kennt. Es ist also technisch schwierig, dessen Fähigkeit für die Wahrnehmung von Relationen und Bildung von Korrelaten zu messen– d. h., es ist schwierig, dessen Intelligenz zu messen. Sowie ein Kind aber gelernt hat, Sprache zu benutzen, ist es einfach, die Kenntnis von Konzepten *indirekt* zu erfassen dadurch, daß man die Fähigkeit des Kindes bestimmt, konventionelle Zeichen zu verwenden. Diese Art der indirekten Messung ist typisch für Fähigkeitsmessungen in der Phase von zwei Jahren an aufwärts. Es ist wichtig zu betonen, daß ein Kind – oder jedes Individuum – sehr viel mehr weiß, als es in konventioneller Sprache ausdrücken oder sogar verstehen kann, und daher ist die Messung der Intelligenz mit Hilfe des Systems Sprache in der Tat indirekt. Ebenfalls ist es wichtig, hervorzuheben, daß es am einfachsten ist, Intelligenz auf diese Weise zu messen, daß es aber, auf lange Sicht gesehen, nicht notwendigerweise der beste Ansatz ist. Idealiter sollte man Kenntnis von Konzepten auf zwei Weisen erfassen – einmal über Symbol-Darstellung (symbol representation) und, getrennt davon, über Zeichen-Darstellung (sign representation). Das könnte zwar miteinander korrelieren, aber wohl nicht sehr hoch. Ein Kind, das aufgrund seiner Fähigkeit, Zeichen zu benutzen, als wenig intelligent eingestuft wird, könnte demnach aufgrund seiner Konzept-Kenntnis, wie sie sich in der Symbol-Darstellung zeigt, als hoch intelligent bezeichnet werden und umgekehrt (HORN, 1967, 1968, 1971).

Intelligenz impliziert aber nicht allein Kenntnis von Konzepten, sondern auch Kenntnis einer Reihe von Techniken zur Erfindung oder Entdeckung neuer Konzepte und zur Identifizierung von Konzeptarten, die bereits gebildet worden sind. Die Techniken, auf die wir uns hier beziehen, umfassen das, was in einigen Theorien (z. B. PIAGET, 1947a; HUNT, 1961; GUILFORD, 1967) als *Operationen* beschrieben und als Strategien im Rah-

[4] Anmerkung der Ü.: HORN meint hier wohl, diese Periode entspräche der ersten (vorbegrifflich-symbolischen) Phase des zweiten (präoperationalen) Hauptstadiums.

men anderer Entwicklungen behandelt wird (z. B. BRUNER *et al.*, 1956; I. SIGEL, 1962). Wir wollen hier CATTELL folgen und diese Techniken bezeichnen als ,,allgemeine Lösungsstrategien" oder ,,Hilfsoperationen", d. h. Fertigkeiten, ,,deren Erwerb sozusagen ein Schlüssel ist, der den Weg zu rascher Entwicklung in einigen allgemeinen Bereichen der kognitiven Problemlösung öffnet" (CATTELL, 1963 a).

Eine Hilfsoperation kann man sich auf verschiedenen Komplexitätsniveaus vorstellen, so wie Konzepte auf verschiedenen Abstraktionsniveaus bestehen können (sie können nämlich von einem einfachen Hinweisreiz bis zu komplexen Zeichen reichen). Die ,,learning sets", wie HARLOW (1949) sie beschreibt, sind Hilfsoperationen auf einer sehr niedrigen Ebene, analog einem einfachen Hinweis-Konzept. Bei einem ,,learning set" entdeckt das Tier (eines, das mindestens auf oder über dem phylogenetischen Niveau des Affen steht) einen Weg, Hypothesen zu bilden (Antizipationen einer ganzen Klasse möglicher Handlungsergebnisse), einen Weg, diese Hypothesen zu testen, und somit eine Möglichkeit, ganze Bündel von Versuchen und Irrwegen auszuschalten, die sonst bei der Lösung eines bestimmten Problems nötig gewesen wären. Hat das Tier den ,,set" erst einmal erworben, dann nutzt es Lerndurchgänge sehr viel effizienter aus und verringert dadurch beträchtlich die Zahl der Durchgänge bis zu einem Lern-Kriterium. In bezug auf menschliches Verhalten wird das vergleichbare Phänomen beschrieben als ,,Bewußtwerden von Prinzipien", ,,Lernen, wie man lernt", ,,Transfer-Lernen" etc. Das Transfer-Lernen, von dem FERGUSON (1954), 1956) spricht, wenn er Intelligenzerwerb erklärt, muß zu einem Großteil auf dem Erwerb von Hilfsoperationen basieren.

Reversibilität bei Konservationsaufgaben kann als eine Hilfsoperation aufgefaßt werden. Viele, die Verhalten bei Kindern untersucht haben, wiesen auf die Tatsache hin, daß das Problemlösungsverhalten des kleinen Kindes so aussieht, als habe es eine konkrete, rigide, egozentrische, Stimulus-gebundene, irreversible Auffassung von der Problemsituation. Das Kind scheint Relationen wahrzunehmen, aber nicht den Hergang zu internalisieren, durch den es wahrnimmt. Es fokussiert auf Ereignisse, ohne weiter darüber nachzudenken, was diesen Ereignissen vorausgegangen ist oder was danach passieren könnte. Die Wahrnehmung des Kindes ist ,,egozentrisch", wie PIAGET es nennt, und durch diese Zentrierung erkennt das Kind nicht die Operationen, die zu einem Ereignis geführt haben oder die eine Situation wieder so gestalten könnten, wie sie vorher war. Wenn das Kind aber in verschiedenen Zusammenhängen Transformationen erlebt, dann internalisiert es auch Sequenzen oder Erwartungen von Veränderungen. Mit zunehmender Erfahrung, daß sich eine Abfolge tatsächlich umkehren läßt, lernt das Kind, die Vorstellung von Reversibilität auf viele Situationen zu übertragen (auch auf solche, in denen es unangemessen ist). Reversibilität wird auf diese Weise eine allgemeine Lösungsstrategie oder eine Hilfsoperation.

Neben Reversibilität (s. GOLDSCHMID, 1967), kann man auch an Transitivität, Assoziativität, Ungültig machen und andere Operationen denken, die PIAGET als Hinweise auf die Bildung von Hilfsoperationen beschreibt. Hilfsoperationen werden auch repräsentiert durch systematische Exploration (ELKIND & WEISS, 1967), Hypothesen-Testen (ODOM & COON, 1966), Analogiebildung (GINSBURG, 1967; PUNFREY, 1968), logisches Problemlösen (NEIMARK & LEWIS, 1967) sowie konjunktives und disjunktives Denken (KING, 1966).

Einige Hilfsoperationen stellen Techniken dar, mit Grenzen bei anlagebedingten Fähigkeiten fertig zu werden. Solche Techniken könnte man als kompensatorische Hilfsoperationen bezeichnen. Beispielsweise ist die in Amerika übliche Gewohnheit, sich eine Telefonnummer in eine drei- und eine vierstellige Zahl zu zerlegen und auf diese Weise zu merken, eine Technik, mit den Grenzen des Auffassungsvermögens umzugehen.
Diese Technik der Zahlenaufschlüsselung ist zugleich ein Beispiel für eine Entdeckung – eine Art Schöpfung – die Teil der Intelligenz einer Kultur geworden ist. Mit anderen Worten: Es ist nützlich, sich klarzumachen, daß, unabhängig vom einzelnen Individuum, eine Reihe von Konzepten, Regeln und Techniken (Hilfsoperationen) bestehen, die übernommen werden und bei der Bewältigung von komplexen Sachverhalten in der Umwelt eingesetzt werden können. Die kompensatorische Hilfsoperation der Aufschlüsselung von Telefonnummern braucht man in der amerikanischen Kultur nicht für sich selbst neu zu entdecken. Man kann sie sich im Rahmen der allgemeinen Ausbildung, die man in dieser Kultur erfährt, aneignen. In diesem Fall mag es vielleicht genau so leicht sein, sich eine Hilfsoperation selbst auszudenken, wie die spezielle, in der Kultur übliche Technik zu lernen. Aber es ist insgesamt wahrscheinlich viel leichter, einige, in der Kultur bereits gebräuchliche Hilfsoperationen zu lernen – z. B. Differentialrechnung – als sie entweder neu für sich zu entdecken oder neue Hilfsoperationen einzuführen für Probleme, für die bereits angemessene Hilfsoperationen vorliegen. HAYES (1962) hat dazu angemerkt, daß uns die Kultur einen großen Teil der Last, kreativ sein zu müssen, abnimmt, indem wir auf dem Wege der Akkulturation Zugang zu den Ergebnissen kreativer Handlungen haben, die über die gesamte Geschichte einer Spezies hin verstreut vorgekommen sind.
Bevor eine Hilfsoperation (oder ein Konzept) Teil der „Intelligenz einer Kultur" wird, war sie (es) wahrscheinlich nur einem einzelnen Individuum zu eigen. Das weist auf die Tatsache hin, daß einige Hilfsoperationen und Konzepte idiosynkratisch sind, wie selbst allgemeine Beobachtungen zeigen (z. B. die von PIAGET). Ein Individuum bildet Konzepte und benutzt Hilfsoperationen, die ausschließlich ihm gehören. Und bis zu einem gewissen Ausmaß geht es aufgrund der Entwicklung solcher idiosynkratischer Konzepte und Hilfsoperationen erfolgreich mit komplexen Problemen um.
So wie wahrscheinlich eine bemerkenswerte Entwicklung in der Bildung von Konzepten vor Beginn der Vorschule stattfindet und noch bis weit in die ersten Schuljahre hinein andauert, so ist auch wahrscheinlich, daß die Entwicklung beim Erwerb von Hilfsoperationen vor dem Alter von zwei Jahren einsetzt und nach dem Alter von sechs Jahren noch andauert. Aber ebenso wie nur ein kleiner Varianzanteil in Kleinkinder-Tests Konzeptbildung repräsentiert, so scheint es auch nur wenige reliable Messungen des Erwerbs von Hilfsoperationen vor dem Alter von zwei Jahren zu geben. Im Gegenteil zeigen die oben zitierten Untersuchungen, daß Hilfsoperationen erst bei Kindern im Vorschulalter und während der ersten Schuljahre typisch sind.
Die Überlegungen, die wir in den letzten beiden Abschnitten angestellt haben, enthalten zwei wichtige praktische Implikationen. Die erste hängt damit zusammen, daß Intelligenz, gemessen als eine Variable des *Verhaltens* (s. Fußnote 2), zu einem beträchtlichen Maß definiert wird durch Kenntnis von Konzepten (implizit die Fähigkeit, Konzepte zu bilden) und Leichtigkeit im Verwenden von Hilfsoperationen (implizit die Fähigkeit,

Hilfsoperationen zu entwickeln). Das impliziert, daß es, ehe nicht ein bestimmter erforderlicher Entwicklungsabschnitt erreicht ist, unmöglich sein wird, Intelligenz verhaltensmäßig zu erfassen und daß wir deshalb keine hohen Korrelationen zwischen Messungen in der Kleinkindzeit und Messungen im späteren Alter erwarten sollten (s. Fußnote 3). Der größte Teil gemeinsamer Varianz zwischen den Messungen aus diesen beiden Phasen wird mit anlagebedingten Funktionen zusammenhängen. Dann kann es noch andere kleine Kovarianzanteile geben, falls bessere Techniken zur Bestimmung der Kenntnis von Konzepten entwickelt werden, vor allem solche, die weniger von der Benutzung konventioneller Zeichen abhängen. Das Ausmaß an Kovarianz könnte vergrößert werden, wenn man Techniken entwickeln würde, um die Verwendung von Hilfsoperationen zu erfassen.

Eine zweite praktische Implikation hängt damit zusammen, daß es sehr wahrscheinlich ist, daß selbst, wenn Techniken zur Bestimmung der Kenntnis von Konzepten und der Verwendung von Hilfsoperationen verbessert würden, die meisten Tests, die für den allgemeinen Gebrauch gedacht sind, weiterhin in herkömmlicher konventioneller Weise konstruiert sein werden, und zwar um bequem das ,,typische Kind" untersuchen zu können. Natürlich ist es außerordentlich praktisch und bequem, mit Tests zu arbeiten, die im wesentlichen die Kenntnis konventioneller Zeichen und die Fähigkeit, konventionelle Hilfsoperationen zu verwenden, erfassen. Zur Vorhersage der weiteren Akkulturation werden diese Tests vermutlich ganz sinnvoll sein. Bei Benutzung solcher Tests dürfen wir jedoch die wichtige praktische Tatsache nicht aus den Augen lassen, daß sich das Niveau des intelligenten Verhaltens eines Kindes – nicht einfach nur sein physiologisches Potential, wie HEBB (1949) meinte, – beträchtlich von dem unterscheiden kann, was typischerweise gemessen wird, daß man es aber im Prinzip erfassen könnte mit Hilfe von Techniken, die auf das einzelne Kind zugeschnitten sind.

10.4.4 Intensive Akkulturation und das Auftauchen von Struktur

Der dritte Faktor in HOFSTÄTTERS Faktorenanalyse zeigt in bezug auf den Altersbereich von vier bis sechs Jahren eine ziemlich große Überlappung mit dem zweiten Faktor, und das impliziert Varianz, die durch einige STANFORD-BINET-Subtests welche in diesem Altersbereich benutzt worden sind, ins Spiel kommt. Hauptsächlich wird er aber charakterisiert durch Maße des STANFORD-BINET und des TERMAN-MCNEMAR Group Tests aus den Altersgruppen der Neun-, Zwölf- und Fünfzehnjährigen. Der STANFORD-BINET enthält zunehmend mehr schulrelevante verbale Aufgaben, je höher die Subtests im Altersniveau reichen. Beispielsweise kommt den Tests, die konventionelle Bezeichnungen und verbale Erklärung erfordern – sprachliches Verständnis, sprachliche Analogien bilden, Wortähnlichkeiten und – unterschiede bestimmen – im Altersbereich von vier bis acht Jahren zunehmend (mit zunehmendem Alter) größeres Gewicht bei der Bestimmung des IQ zu, während die Aufgaben, die unmittelbare Wahrnehmung von räumlichen Ähnlichkeiten und Unterschieden erfordern, zunehmend weniger Varianz zum Gesamt-Score beitragen. Die TERMAN-MCNEMAR Subtests enthalten ebenfalls eine Menge Schulwissen und zielen auf Beziehungen ab, die speziell in der Schule gelehrt werden.

Der Einfluß der vorherrschenden Kultur ist während der gesamten Entwicklung spürbar. Aber etwa entsprechend der Überlappungstheorie von ANDERSON zeigt sich dieser Einfluß zunehmend reliabler, je weiter die Entwicklung vorangeschritten ist. Während der Vorschulzeit ist er hauptsächlich im Erwerb derjenigen Konzepte und Hilfsoperationen zu sehen, die aufgrund von Exploration der unmittelbaren Nachbarschaft entstehen und innerhalb der Familie weitergegeben werden. (Allerdings scheint das allgegenwärtige Fernsehen den Erfahrungsspielraum dieser Phase beträchtlich zu vergrößern.) In den meisten Gesellschaften steigt während der Schulzeit der Einfluß der herrschenden Kultur dann beträchtlich. Die wesentliche Leistung des Kindes in dieser Phase ist, daß es sich das Wissen, die „Intelligenz" seiner Kultur aneignet.
Diese dritte Entwicklungsperiode, die durch HOFSTÄTTERS Analyse nahegelegt wird, kann also dadurch charakterisiert werden, daß zunehmend mehr Druck auf das Kind ausgeübt wird, seine Fähigkeiten in solchen Leistungen auszudrücken, die durch die formalen Akkulturationsinstitutionen bestärkt werden – in unserer Gesellschaft vor allem die Schule. Darin spiegelt sich ungefähr die Wertehierarchie wider, die für eine Gesellschaft, oder, noch allgemeiner, für die Kultur, die eine Gesellschaft besitzt, typisch ist (LEVINSON, 1961, 1963). In der Zeit, die von sechs Jahren an bis in das Erwachsenenalter hinein reicht, werden dann die anlagebedingten Fähigkeiten des Kindes, seine Fähigkeit zur Wahrnehmung von Relationen, Konzept-Bildung, Entdeckung von Hilfsoperationen, sozusagen von der Kultur genutzt, um das kulturelle System aufrechtzuerhalten und es in Übereinstimmung mit der schon bestehenden Struktur zu erweitern.
Es ist wichtig, sich die Eigenart der hauptsächlichen Einflüsse während dieser Periode klarzumachen, denn diese Einflüsse müssen die Basis sein für die Entwicklung der Fähigkeitsstrukturen, die in den so oft replizierten Untersuchungen zu primären geistigen Fähigkeiten gefunden worden sind (s. dazu die Zusammenfassungen bei FRENCH, 1951; FRENCH *et al.*, 1963; GUILFORD, 1967; HORN, 1971) und sich in den weniger oft replizierten Untersuchungen zu breiter gestreuten Fähigkeiten zeigen (Zusammenfassungen finden sich bei HORN, 1965, 1968, 1971).
Der Schultyp, den ein Kind während seiner Ausbildungszeit besucht, wird von einigen Untersuchern als Hauptfaktor dafür benannt, wie sich die Intelligenz des einzelnen in die kollektive „Intelligenz" der Kultur eingliedert (z.B. GREENFIELD & BRUNER, 1966). Andere wieder zeigen sich beeindruckt von den Ergebnissen, die auf die Atmosphäre des Elternhauses als wesentlichen Anstoß für diese Entwicklung hindeuten (z. B. MACKIE, MAXWELL & RAFFERTY, 1967). Zweifellos sind beide Faktoren wichtig.
Eine Menge Daten liegt dazu vor, daß elterlicher Einfluß und Bedingungen im Elternhaus, die die Entwicklung des Selbstwerts, des Zugehörigkeitsgefühls, des Selbstvertrauens fördern und allgemein die Entstehung von Neurotizismus, Psychose und Psychopathie verhindern, ebenfalls die Schulleistungen und die Entwicklung der Intelligenz, wie sie mit den gebräuchlichen Tests gemessen wird, positiv beeinflussen. (BAYLEY, 1968a; CRITES & SEMLER, 1967). HONZIK (1967) beispielsweise stellt fest, daß eine allgemeine Fürsorge für das Kind, Interesse an seinen Leistungen, ein enger Mutter-Sohn-Kontakt und eine freundliche Haltung des Vaters gegenüber der Tochter mit zu einer Reihe ähnlicher Variablen gehören, die mit längsschnittlichen Veränderungen in Intelligenztestwerten korrelieren; allerdings betont HONZIK, daß Geschlechtsunterschiede bestehen.

Baumrind und Black (1967) haben frühere Ergebnisse repliziert, die zeigen, wie wichtig ein konsistenter Erziehungsstil und Gewährung von Unabhängigkeit sind. Andere Untersuchungen heben Teilungsverhalten zwischen Eltern und Kind und soziale Interaktionen hervor (Hill, 1967; Pederson & Wender, 1968). Negativ wirken sich dagegen Variablen aus wie Ausnutzen der elterlichen Position (Hurley, 1967), Berufstätigkeit der Mutter (Rieber & Womack, 1968) und übergroße Abhängigkeit von den Eltern (Kagan & Freeman, 1963); mit diesen Variablen geht eine Verringerung der Intelligenz während der Entwicklung in der Kindheit einher.

Es liegen Daten vor, die zeigen, daß die Ausbildung bestimmter Fähigkeiten auf Einflüsse zurückzuführen ist, die aus dem Elternhaus kommen und die mit der Subkultur zusammenhängen, mit der sich die Eltern identifizieren. So haben beispielsweise Untersuchungen von Levinson (1961, 1963), Lesser, Fifer & Clark (1965) und Jensen (1967) erbracht, daß die Entwicklung der Fähigkeiten betont wird, die in der Ursprungsfamilie und in der Subkultur, zu der sich die Familie rechnet, am höchten bewertet und am meisten benutzt werden. In jüdischen Elterhäusern und Gemeinschaften wird demnach die Entwicklung der primären Fähigkeit V (sprachliches Verständnis) gegenüber solchen Fähigkeiten wie I (induktives Denken), N (Zahlenverständnis) und S (räumliches Vorstellungsvermögen) stärker betont; in Elternhäusern und Gemeinschaften von Chinesen, die in Amerika leben, ist genau das Umgekehrte der Fall.

Faktoren, wie Teilungsverhalten zwischen Eltern und Kindern, Schultyp und das Wertsystem einer Subkultur, kann man als hauptsächlich *externe* Einflüsse bezeichnen, die relativ unabhängig von den grundlegenden anlagebedingten Fähigkeiten eines Individuums dessen Übernahme der Kenntnisse und „Intelligenz" einer Kultur fördern oder hemmen. Andere ähnlich unabhängige Einflüsse sind wohl als hauptsächlich *interner Natur* zu bezeichnen, d. h. rühren von Persönlichkeitsmerkmalen her, die selbst keine Intelligenzaspekte darstellen, dennoch teilweise die Intelligenzentwicklung beeinflussen. Eine körperliche Behinderung oder eine schwache Gesundheit können die Möglichkeiten zu den Formen von Interaktionen mit der Umwelt beeinträchtigen, die für die Entwicklung einiger Fähigkeiten notwendig sind. R. B. Cattell (1950, 1969a) hat Belege dafür zusammengetragen, daß es weitreichenden Einfluß auf den Erwerb von Fähigkeiten hat, wie Konflikte, die an verschiedenen Kreuzungspunkten der Entwicklung auftauchen, gelöst und verschiedene Motive miteinander verknüpft werden.

Die gut abgesicherten Ergebnisse zu primären Fähigkeitsfaktoren zeigen die Folgen einiger dieser systematischen Einflüsse auf die Entwicklung. Das wiederholte Auffinden von N (Zahlenverständnis) etwa zeigt, wie eine Fähigkeit durch schulischen Lernstoff geformt werden und welche Unterstützung dazu von seiten des Elternhauses und der Entwicklung spezieller Motive kommen kann. So entwickeln nach Hill (1967) und Werts (1967 beispielsweise Jungen diese Fähigkeit in dem Ausmaß, in dem sie sich mit einem Vater identifizieren, der diese Fähigkeit hoch einschätzt. In ähnlicher Weise deutet die Tatsache, daß V (sprachliches Verständnis) in fast jeder Faktorisierung von Fähigkeitsvariablen auftaucht, darauf hin, daß Schule und Elternhaus einen formenden Einfluß ausüben (Levinson, 1961, 1963). Aber vielleicht ist zum gegenwärtigen Zeitpunkt der Untersuchung menschlicher Fähigkeiten die Ausformung breiter gefaßter Fähigkeitsmuster von größtem praktischen und theoretischen Interesse.

Formale Akkulturationsinstitutionen, wie beispielsweise ein Schulsystem, haben die Neigung, selektiv zu wirken. Individuen, die mit Leichtigkeit das übernehmen, was übermittelt wird, werden (unterschwellig oder auch nicht so verdeckt) ermutigt, im System zu bleiben und steigen zu höheren Niveaus auf – d. h. werden ausgewählt – während Individuen, die diese Leichtigkeit in der Übernahme des Stoffs nicht zeigen, entmutigt werden und dazu neigen (oder veranlaßt werden), das System zu verlassen – d. h., sie werden ausgeschieden. In der Phase intensiver Akkulturation gibt es also, zuerst recht unmerklich, dann mit größerer Deutlichkeit, innerhalb der formalen Akkulturationsinstitutionen eine Art von Formung der Fähigkeiten, die durch Auswahl und Ausscheiden bewirkt wird; und zwar geschieht das hauptsächlich durch die Schule. Anastasi (1961, 1968) und L. E. Tyler (1965) zitieren tatsächlich 35 Einzelarbeiten, die zeigen, daß, je weniger ein Individuum Zugang hat zu formalen Akkulturationsinstitutionen und dem, was die vorherrschende Kultur ausmacht, – beispielsweise im Falle von Bergstämmen, Schiffer-Kindern, Bewohnern von Dörfern und kleinen Landstädten, Über-Land-Reisenden, Angehörigen ethnischer Minoritäten etc. – es um so weniger auch das Wissen dieser Kultur, wie es die gebräuchlichen Intelligenztests repräsentieren, erwirbt. Wenn Kinder älter werden, dann ist bei einigen von ihnen eindrucksvoll zu beobachten, wie sie Konzepte und Hilfsoperationen, die Teil der „Intelligenz" der Kultur sind, sozusagen angehäuft haben, während dies bei anderen weniger ausgeprägt der Fall ist.

Der Prozeß der Auswahl kann eine Korrelation zwischen Fähigkeiten bewirken, die sonst durch keinen funktionellen Prozeß wie etwa Übungstransfer in Beziehung stehen und die sonst auch nicht miteinander korrelieren würden. Beispielsweise haben Kenntnis von Algebra und Kenntnis der Konjugation von Verben nichts miteinander zu tun, etwa in dem Sinne, daß die Kenntnis des einen Bereichs Erwerb von Wissen im anderen Bereich erleichtern würde, und dennoch kann eine Korrelation hergestellt werden dadurch, daß beide Inhalte im Unterricht in der 9. Klasse vorkommen, in dem auf das College vorbereitet wird und für den nur einige Kinder ausgesucht worden sind (eventuell sich selbst dafür entschieden haben) und andere nicht.

Aber das intelligente Verhalten, das Psychologen beobachten und messen, ist nicht einfach nur das, was durch intensive Akkulturation erworben wird. Beweise, wie sie in jüngeren Untersuchungen von Mermelstein und Shulman (1967), Goodnow und Bethon (1966), Irvine (1966), Bath (1967 und Jensen (1967, 1968, 1969) zusammengetragen worden sind, sowie die Daten, die schon früher R. B. Cattell (1962), R. B. Cattell und Cattell (1959) und Horn (1965) überblicksartig zusammengestellt haben, zeigen, daß die Entwicklung und das Erscheinungsbild von einigen Fähigkeiten, die als Indikatoren für Intelligenz angesehen werden, relativ wenig durch formale Erziehung und ähnliche Faktoren beeinflußt werden. Jensen (1967), der Daten von Kennedy, Van de Riet und White (1963) sowie Terman und Merrill (1960) verrechnet hat, zeigt daß es für schwarze und weiße Kinder, die in den USA aufgewachsen sind, deutliche Mittelwertsunterschiede in Wortschatz-Tests gibt, daß die Mittelwerte in Tests für Zahlengedächtnis aber eng beisammen liegen (wobei in einigen Fällen die Mittelwerte für die schwarzen Kinder über denen für die weißen Kinder liegen). In ähnlicher Weise zeigt die frühe Untersuchung von R. B. Cattell, Feingold und Sarason (1941) an Gruppen von Einwanderern in die USA, daß sich die Leistung in Tests, in denen logisches Denken mit Hilfe von bildlichem Material (z. B. Progressive Matrices) getestet wird, mit zunehmender Länge des Aufenthalts in den USA nicht merklich verbessert, während sie es in Tests von der Art des BINET sehr wohl tut. Ingesamt deuten solche Ergebnisse darauf hin, daß, auch wenn kein Test völlig kulturfrei (culture fair) ist[5], einige Tests Fähigkeiten erfassen, die weniger durch intensive Akkulturation beeinflußt werden als Fähigkeiten, die mit Hilfe anderer Tests gemessen werden.

Wir wollen darauf aufmerksam machen, daß das eben Gesagte *nicht* bedeutet, daß die Fähigkeiten, die mit relativ kulturfreien Verfahren erfaßt werden, nicht erlernt seien, auch wenn einige Tests (z. B. Zahlen aus dem Gedächtnis rückwärts hersagen) anscheinend recht gute Messungen von nicht gelernten anlagebedingten Funktionen liefern. Wir meinen vielmehr, daß ein Großteil des Lernens innengesteuert ist oder durch andere Einflüsse, die nichts mit Akkulturation zu tun haben, zustandekommt und daß diese Art von Lernen – man kann es vielleicht inzidentelles Lernen nennen – ebenso die Entwicklung von Intelligenz fördert wie die formalen Lehr-/Lernstrategien, die dazu dienen, dem einzelnen das Wissen der Kultur nahezubringen. PIAGETS Beobachtungen beispielsweise deuten darauf hin, daß ein Kind durch spontane Exploration seiner Umwelt vieles lernt, was sich als wesentliche Aspekte der Intelligenz herausstellt, formal aber weder im Elternhaus noch in der Schule gelehrt worden ist. Bei einigen Tests ist ein größerer Anteil reliabler Varianz mit diesen Aspekten der Intelligenz verknüpft als bei anderen Tests. In diesem Zusammenhang sollten wir auch darauf hinweisen, daß durch intensive Akkulturation nicht nur Leistung bewirkt wird, sondern häufig die Fähigkeit, sich intelligent zu verhalten. Die Konzepte und Hilfsoperationen, die ein Teil der kollektiven Intelligenz einer Kultur werden, sind oft außerordentlich nützlich bei der effektiven Lösung der komplexen Probleme, mit denen sich jedes Individuum auseinandersetzen muß. Das ist ja ein Grund dafür, warum sie Teil der kollektiven Intelligenz werden, denn der Mensch ist ein anpassungsfähiges, pragmatisches Tier, das beibehält, was nützlich ist. Im Verlauf des Akkulturationsprozesses erwirbt ein Individuum viele Konzepte und lernt zahlreiche Hilfsoperationen, mit deren Hilfe es sehr viel mehr komplexe Probleme lösen kann, als das der Fall wäre, wenn es diese Elemente nicht erworben hätte. Selbst in Tests, in denen die Items nicht auf die Erfassung kollektiver Intelligenz als solcher abzielen, erfordert es häufig die Komplexität der Probleme, daß die Items entsprechend den Konzepten und Hilfsoperationen einer Kultur formuliert werden.

Jemand, der sich also einen großen Teil des Wissens seiner Kultur angeeignet hat, wird häufig besser mit Situationen fertig werden, die Intelligenz erfordern, als jemand, der nur einen kleineren Teil dieses Wissens erworben hat. Das kann sogar selbst dann zutreffen, wenn ersterer nicht so intelligent ist wie letzterer im Sinne von Intelligenz als Fähigkeit, Konzepte und Hilfsoperationen ganz aus eigenen Stücken zu entwickeln. Intelligenz sollte auch nicht verwechselt werden mit der Lernfähigkeit als solcher. LASHLEY (1949) hat dazu bereits ausgeführt:

„Lernen impliziert sowohl die Fähigkeit, Assoziationen zu bilden, wie die Fähigkeit, Probleme zu lösen, die wichtigen Relationen in einer Situation zu erkennen . . . Unter günstigen Bedingungen kann jedes Tier, mindestens vom Wurm an aufwärts, einfache Assoziationen bilden . . . In diesem

[5] Hier handelt es sich um ein Prinzip, das aus anderen Überlegungen ableitbar ist, daß nämlich kein Intelligenztest völlig frei sein kann von kulturellen Elementen, die Intelligenz definieren.

Sinne hat sich die Fähigkeit, zu lernen, schon früh vervollkommnet und sich im Verlauf der Evolution nur wenig verändert“ (S. 30).

Jemand kann also bis zu einem gewissen Maß lernen, das Wissen einer Kultur übernehmen und auf diese Weise intelligent werden entsprechend einer Bedeutung des Begriffs „Intelligenz“, ohne besonders verständig oder intelligent entsprechend einer anderen Bedeutung des Begriffs zu sein, und umgekehrt kann jemand hoch intelligent entsprechend dieser zweiten Bedeutung des Begriffs sein, ohne viel gelernt zu haben, was ihn intelligent in der ersten Bedeutung des Wortes erscheinen ließe.

Auf diese Weise sind einige der wesentlichen Punkte der allgemeinen Theorie der fluiden und kristallinen Intelligenz skizziert, wie sie ursprünglich von R. B. CATTELL (1957, 1963b, 1967, 1968b, 1969a) formuliert und von HORN weiter ausgearbeitet worden ist (HORN, 1965, 1966a, b, 1967, 1968, 1971; HORN & BRAMBLE, 1967; HORN & CATTELL, 1966a, b, 1967). Diese Theorie besagt, daß sich im Verlauf der Entwicklung über die Kindheit hin und in das Erwachsenenalter hinein zwei große Klassen von Fähigkeiten unterscheiden lassen. Fähigkeiten, die am stärksten von den formalen Akkulturationsinstitutionen beeinflußt werden, beginnen zu interkorrelieren und bilden eine Klasse; teilweise erfolgt das in Abhängigkeit von Prozessen wie Transfer – das legt jedenfalls die Theorie von FERGUSON nahe – aber vielleicht mehr noch in Abhängigkeit von Einflüssen, die die Ausprägung von Unterschieden in der Anpassung des einzelnen, in der Motivation und der systematischen Selektion unterstützen. Auf der anderen Seite gibt es viele Einflüsse, die, ziemlich unabhängig von Akkulturationseinflüssen, auf neurologisch-physiologische Strukturen, anlagebedingte Funktionen und inzidentelles Lernen einwirken. In den USA beispielsweise ist die Korrelation zwischen sozialer Klasse (als Indikator für intensive Akkulturation) und niedrigem Geburtsgewicht, Geburtskomplikationen, Blutvergiftung und anderen Anzeichen für pränatale Hirnschädigung praktisch Null (BRAINE *et al.*, 1966; WEINER *et al.*, 1968). Darüber hinaus legen die Daten zu frühen und späten Hirntraumen (HEBB, 1949) nahe, daß, obwohl die Schädigung zu einem bestimmten Zeitpunkt der Entwicklung Auswirkungen auf die nachfolgende Entwicklung hat, doch eine relativ geringe Beeinträchtigung einiger Fähigkeiten auftritt, die sich bis dahin schon entwickelt haben. Das impliziert, daß die Einflüsse, die am direktesten auf anlagebedingte Funktionen und inzidentelles Lernen einwirken, zu Interkorrelationen führen zwischen den Fähigkeiten, die am sensitivsten diese Einflüsse widerspiegeln, und folglich wird diese Klasse von Fähigkeiten sich von der unterscheiden, die hauptsächlich starke Akkulturation widerspiegelt.

Eine der wesentlichen Implikationen dieser Theorie ist, daß auf einem bestimmten Niveau der Faktorisierung von Leistungen in Fähigkeitstests zwei sehr globale Faktoren unterscheidbar sein sollten, von denen jeder Merkmale dessen enthält, was man als Intelligenz bezeichnet. Einer dieser Faktoren sollte hauptsächlich definiert werden durch Fähigkeiten, die in sehr engem Zusammenhang zu intensiver Akkulturation stehen, während der andere primär durch Fähigkeiten definiert sein sollte, die damit weniger zusammenhängen.

Vor einiger Zeit haben wir bereits Daten zusammengestellt, die diese Hypothese stützen (HORN, 1968, 1971). Einige der wesentlichen Ergebnisse führen wir noch einmal in Tabelle 1 und in der folgenden Zusammenfassung an.

1. In Stichproben älterer Kinder und Erwachsener sind die Primärfaktoren CFR (Figural Relations, Beziehungen in bildlichen Darstellungen erkennen), MS (Memory Span, Gedächtnis), Ma (Associative Memory, assoziatives Gedächtnis), und I (Induction, induktives Denken), die durch bekannte Verfahren wie die Matrices, Letter Series, Paired Associates Memory for Nonsense Syllables und Digit Span Backwards erfaßt werden, relativ schwache Indikatoren für formale Akkulturation; sie messen vielmehr das, was man als Intelligenz bezeichnet, und stellen deshalb recht gute Maße für fluide Intelligenz (Gf) dar.

2. Die Primärfaktoren V (Verbal Comprehension, sprachliches Verständnis), und EMS (Experiential Evaluation, Erfahrungsbewertung), die durch Verfahren wie Vocabulary, General Information und Social Situations erfaßt werden, sind deutliche Indikatoren für das Ausmaß an intensiver Akkulturation und liefern deshalb gute Maße für kristalline Intelligenz (Gc).

3. Bei einer gewissen Zahl von Primärfähigkeiten kann alternativ Gf oder Gc eingesetzt werden. Bei der Lösung der Probleme, die diese Faktoren implizieren, kann das Individuum zu einem großen Teil sich entweder auf die ziemlich ausgefallenen Hilfsoperationen und Konzepte der kollektiven Intelligenz stützen oder aber sich mehr auf seine anlagebedingte Fähigkeit und die Hilfsoperationen und Konzepte verlassen, die durch inzidentelles Lernen erworben worden sind. Bei den hier besprochenen Primärfähigkeiten handelt es sich um R (General Reasoning, allgemein logisches Denken) und CMR (Semantic Relations, Beziehungen zwischen Wortbedeutungen erkennen), die durch Tests wie Arithmetic Reasoning und Verbal Analogies erfaßt werden.

10.5 Entwicklung von Fähigkeiten im Erwachsenenalter und im hohen Alter

10.5.1 Mögliche Phasen der Entwicklung

Es scheint vertretbar und manchmal sogar angemessen zu sein, anzunehmen, daß im Erwachsenenalter, vielleicht nicht weniger begründet als im Kindesalter, verschiedene Stufen der Entwicklung zu unterscheiden sind. Beispielsweise scheint sich die Phase intensiver Akkulturation, die wir im vorhergehenden beschrieben haben, bis in das frühe Erwachsenenalter hinein zu erstrecken. So hat sich in diesem Jahrhundert in den USA die durchschnittliche Zahl der Ausbildungsjahre in formalen Ausbildungsstätten für jeweils nachfolgende Generationen erhöht (s. PRESSEY & KUHLEN, 1957). Das bedeutet, daß das, was SCHAIE und STROTHER (1968b) als Kohortendifferenzen in Fähigkeiten aufgedeckt haben, im wesentlichen Unterschiede in der Zeitdauer widerspiegelt, die jüngere Individuen im Vergleich zu älteren Individuen länger für intensive Akkulturation aufgewendet haben, wobei alle Individuen im selben Jahr untersucht worden sind. Kohortendifferenzen können also interpretiert werden durch die Determinanten einer bestimmten Entwicklungsphase.

Tab. 1: Oblique Struktur einer großen Stichprobe von primären Fähigkeitsfaktoren[a]

Symbolisierung und Bezeichnung der Primärfaktoren		Faktoren 2. Ordnung und deren Ladungen					
		Gf	Gc	Gv	Gs	C	F
I	Inductive reasoning (induktives Denken)	50		28			
CFR	Figural relations (Beziehungen in bildlichen Darstellungen erkennen)	46		43			
Ma	Associative memory (assoziatives Gedächtnis)	32					
ISp	Intellectual speed (Denkgeschwindigkeit)	40				–21	
IL	Intellectual level (Denkniveau)	51					
R	General reasoning (allg. logisches Denken)	23	30				
CMR	Semantic Relations (Beziehungen zwischen Wortbedeutungen erkennen)	33	50				20
Rs	Formal reasoning (formal log. Denken)	34	40				
N	Number facility (Zahlenverständnis)	24	29			34	
V	Verbal comprehension (sprachl. Verständnis)		69				26
Mk	Mechanical knowledge (technisches Wissen)		48	25			
EMS	Experiential evaluation (Erfahrungsbewertung)		43		23		
Fi	Ideational fluency (Ideenfluß)		25		25		42
Fa	Associational fluency (Assoziationsgeschwindigkeit)		35				60
S	Spatial orientation (räumliches Vorstellungsvermögen)			50			–20
Vz	Visualization			58			
Cs	Speed of closure (Geschwindigkeit bei der Gestaltschließung)	21		36			
Cf	Flexibility of closure (Flexibilität bei der Gestaltschließung)			48			
DFT	Figural adaptive flexibility			40			
P	Perceptual speed (Wahrnehmungsgeschwindigkeit)				48		
Sc	Speed copying (Abschreibe-Geschwindigkeit)				63		
Pf	Productive flexibility (kreative Flexibilität)		–23		46		
C	Carefulness (Genauigkeit)					60	

[a] Nach *Horn* und *Cattell*, 1967.

Beim Menschen haben die wesentlichen Aktivitäten während der Entwicklung im Erwachsenenalter mit der Anpassung im Berufsleben zu tun (PRESSEY & KUHLEN, 1957). Hauptsächlich zielt also das Lernen während einer ganzen Zahl von Jahren in der Erwachsenenzeit auf all das ab, was für den Beruf wichtig ist, den man ausübt oder in den man zu gelangen hofft. In dem Maße, in dem formale Akkulturationsinstitutionen so ausgerichtet sind, daß sie Konzepte und Hilfsoperationen vermitteln, die für die Anpassung im Berufsleben relevant sind, in dem Maße fällt auch die Phase intensiver Akkulturation zusammen mit der Phase der Anpassung im Berufsleben. Es scheint jedoch, daß selbst, wenn innerhalb des Ausbildungssystems implizit angenommen wird, das Hauptziel der formalen Erziehung sei die Ausbildung zu beruflicher Befähigung, dieses Ziel doch nur sehr unvollkommen erreicht wird. Ja, es gibt sogar Fälle, in denen etliches von dem, was im Rahmen der formalen Ausbildung explizit als Vorbereitung auf den Beruf gedacht ist, gar nichts mit den Anforderungen des Berufs zu tun hat, und daß das, was für viele Berufe erforderlich ist, in der formalen Ausbildung nicht berücksichtigt wird. Es scheint somit sinnvoll zu sein, neben der Phase intensiver Akkulturation während der Schulzeit eine weitere Entwicklungsphase zu unterscheiden, die die Anpassungsprozesse im Berufsleben umfaßt. Ähnlich sinnvoll scheint es zu sein, davon auszugehen, daß diese Phase der Anpassung an das Berufsleben (wiederum vor allem bei Männern) völlig anders verlaufen kann als eine weitere Phase, die dann einsetzt, wenn das Berufsleben nicht mehr als wesentliches Merkmal zur Differenzierung zwischen Individuen benutzt wird, d. h., wenn jemand (oder die meisten in derselben Altersgruppe) in den Ruhestand versetzt wird (werden).
Wir weisen auf mögliche Phasen im Erwachsenenalter aber nicht deshalb hin, weil sie bei der Beschreibung der Entwicklung im Erwachsenenalter so weit verbreitet sind (ausgenommen SHAKESPEARE), sondern weil die Vorstellung von Phasen helfen kann, einige wesentliche Bestimmungsfaktoren der Fähigkeiten aufzuzeigen, die man bei Erwachsenen bereits messen kann oder die man vielleicht eines Tages wird messen können.

10.5.2 Zwei mögliche Verläufe der Intelligenzentwicklung

10.5.2.1 Zunahme bis ins hohe Alter

Dem gesunden Menschenverstand leuchtet es ein, daß Lernen während des gesamten Lebens eines Individuums stattfindet. Insofern Intelligenz also allein Ergebnis von Lernen ist, kann man erwarten, daß sie auch über die gesamte Lebensspanne hinweg, von der Kleinkindzeit bis ins hohe Alter hinein, zunimmt. Ein augenscheinlicher Beweis wäre, daß die Fähigkeiten, die wirklich Intelligenz widerspiegeln, in der Erwachsenenzeit mit zunehmendem Alter besser werden. Falls Tests das nicht zeigen, so lautet die Behauptung weiter, dann stimme mit den Tests irgend etwas nicht. Insbesondere wäre es wohl Unsinn, Tests, die messen, was ein intelligentes Kind leisten kann, so aufzufassen, als würden sie messen, was ein intelligenter Erwachsener leisten kann.

10.5.2.2 Konstanz oder Abnahme

Allgemein begegnet man der Auffassung, daß Intelligenz im Verlauf des Erwachsenenalters nicht zunimmt. Dabei wird oft gesagt, die Entwicklung der Intelligenz verlaufe analog dem Körperwachstum, d. h., sie entwickle sich bis zu einem Maximum, das im Alter von Anfang zwanzig Jahren erreicht wird, und bleibe dann für den Rest des Lebens konstant oder aber nehme ab. Das zwingendste Argument dazu kommt von seiten der Physiologie.

Viele Untersuchungen zu physiologischen Unterschieden zwischen jüngeren und älteren Erwachsenen zeigen, daß es entweder einen mit Alter einhergehenden Ausfall oder aber eine Anhäufung von Schädigungen der sensorischen und zentralnervösen Strukturen gibt. So sind mit Alter zusammenhängende Unterschiede in Rezeptor-Strukturen aufgedeckt und mit einem Sensitivitätsverlust in allen sensorischen Modalitäten in Beziehung gebracht worden, d. h. Sensitivitätsverlust im Bereich des Sehens, Hörens, Schmeckens, Riechens, des Gleichgewichtssinnes, der Schmerzempfindung, kinästhetischen Empfindung, Druck und Vibration (SCHAIE, BALTES & STROTHER, 1964; WELFORD, 1958). Zweifellos schlagen sich diese Unterschiede in den Leistungen in Intelligenztests nieder. WELFORD schließt seine Bewertung derartiger Beweise jedoch mit der Vermutung, daß die mit Alter einhergehenden Unterschiede in der Leistung von selbst recht einfachen Wahrnehmungsaufgaben in beträchtlichem Maße mit Alter einhergehende Unterschiede in den zentralnervösen Strukturen widerspiegeln würden.

Einige der hauptsächlichen Unterschiede zwischen den Hirnen älterer und jüngerer Individuen – aufgrund osteoplastischer Schädeloperationen, Autopsie u. ä. – sind in Tabelle 2 und 3 aufgeführt. Insbesondere in Tabelle 3 ist versucht worden, Ähnlichkeiten aufzuzeigen zwischen solchen Merkmalen, die mit Altern zusammenhängen, und solchen Merkmalen, die einhergehen mit Hirnschädigung aufgrund bekannter Erkrankungen oder bekannter Verletzungen des Zentralnervensystems.

Die meisten Merkmale, die in der Kolumne für Alter in Tabelle 3 aufgeführt sind, hängen nicht konstant mit Altern zusammen. Mit anderen Worten: Nicht alle älteren Hirne zeigen notwendigerweise das fragliche Merkmal. Der gleiche Vorbehalt gilt für die Kolumne „Hirnschaden" in Tabelle 3. Viele der aufgeführten Merkmale sind auch, mindestens gelegentlich, bei jungen Menschen festgestellt worden, die nicht als hirngeschädigt klassifiziert worden waren. Die Tabellen enthalten also statistische Fakten, nicht notwendigerweise Fakten über Funktionen. Dennoch scheint es, insbesondere auf Zell-Niveau wahrscheinlich zu sein, daß einige Merkmale besonders typisch sind für alte Hirne, und wenn nicht wegen der mit dem Altern einhergehenden Degeneration, dann deshalb, weil das „normale" Leben (irreversible) Hirnschäden mit sich bringt, die eben im Verlaufe des Lebens immer mehr werden.

Nach BONDAREFF (1959), MAGLADERY (1959) und KORENCHEVSKY (1961) ist eines der am besten gesicherten Ergebnisse in der Literatur über Altern das mit Alter einhergehende Kleiner-Werden des Hirns (obwohl auch hier die Streuung der Mittelwerte wieder sehr hoch ist). Viele der Merkmale in Tabelle 3 deuten auf diese Veränderung hin, die sichtbarsten und am einfachsten zu beobachtenden Anzeichen dafür sind jedoch Verringerung des Hirngewichts und Hirnvolumens, wie es in Tabelle 2 angeführt wird, sowie eine Zu-

Tab. 2: Tatsächliches und relatives Gewicht des menschlichen Gehirns. Die Messungen wurden an einer Stichprobe von Individuen unterschiedlichen Alters vorgenommen[a]

Alter	Hirngewicht von männl. Individuen (in Gramm)		Hirngewicht von weibl. Individuen (in Gramm)		Hirngewicht von männl. u. weibl. Individuen	
	Durchschnitt	Absolute Streuung	Durchschnitt	Absolute Streuung	Durchschnitt (Gramm)	Relatives Gewicht (gr/kg)
0–7 Tage	230	70– 370	247	90– 100		
7–12 Monate	830	550–1360	817	720– 930		
3 Jahre	1208	1090–1310	1088	1000–1220		
1–5 Jahre					1134	80
6–10 Jahre					1298	60
10–14 Jahre	1400	1270–1640	1215	1010–1340		
11–15 Jahre					1402	40
16–20 Jahre					1360	29
20–29 Jahre	1392	960–1650	1252	1000–1480		
21–30 Jahre					1397–1480	26
30–39 Jahre	1367	1110–1690	1246	1030–1476		
31–40 Jahre					1387	25
40–49 Jahre	1358	1000–1670	1247	980–1680		
41–50 Jahre					1361	24
50–59 Jahre	1357	1100–1620	1227	1032–1440		
51–60 Jahre					1338	23
60–69 Jahre	1326	1100–1630	1208	1020–1650		
61–70 Jahre					1306	24
70–79 Jahre	1282	1100–1490	1175	920–1470		
über 70 Jahre					1218	24
über 80 Jahre	1250	1080–1430	1128	1020–1310		

[a] Nach *Korenchevsky* (1961), der sich auf folgende Quellen stützt: *Marchand* (1902), *Handmann* (1906), *Korenchevsky* (1942), *Roessler & Roulet* (1932), *Bürger* (1957).

nahme von „Hohlräumen" im Hirn. Häufig findet man auch in Analysen der Mittelwertsunterschiede zwischen älteren und jüngeren Individuen eine Verringerung der zerebralen Blutzirkulation und, daraus folgend, einen geringeren Sauerstoffverbrauch in den Hirnzellen von älteren Individuen. Auf Zell-Niveau läßt sich mikroskopisch eine Abnahme in der Zellgröße und in der Zahl der Neurone in einem bestimmten Bereich nachweisen. Einige Daten (Critchley, 1942) deuten darauf hin, daß die größte Verringerung in der Gesamtzahl von Hirnzellen im Frontalhirn auftritt.

Bondareff (1959) berichtet, daß eines der reliabelsten Merkmale für Altern die Ansammlung von Lipofuscin in den Neuronen sei. Nach Sosa (1952) führt das zu einer Zerstörung des Nervenfasernetzes, was letztlich Neurofibrillolyse und Zelltod zur Folge hat.

Theoretisch könnten diese Veränderungen eine unvermeidliche Folge eines Reifungsprozesses sein, der im Organismus schon sehr früh – bei der Konzeption oder über Erbmechanismen – vorprogrammiert ist. Diese Veränderungen könnten andererseits aber auch aufgrund einer Reihe äußerer Ereignisse auftreten, die mit zunehmendem Alter immer häufiger werden. Letzteres würde implizieren, daß die Veränderungen, mindestens teilweise, von individuellen Lebensgewohnheiten abhängen, von denen einige geändert

Tab. 3: Einige globale Merkmale des Zentralnervensystems bei alten und hirngeschädigten Individuen[a]

Merkmal	Häufigkeit ist größer in Stichproben von	
	älteren Menschen (im Vergleich zu jüngeren)	Hirngeschädigten (im Vergleich zu Gesunden)
Makroskopische Untersuchung (mit bloßem Auge)		
1. Atrophie, weniger graue und weiße Masse, kleineres Hirn	ja	ja
a. Niedrigeres Hirngewicht	ja	ja
b. Im Verhältnis zur Schädelgröße geringes Gehirnvolumen	ja	ja
c. „Hohlräume" in Hirnbereichen	ja	ja
i. Hohlraum zwischen Innnenfläche des Schädels und Oberfläche des Gehirns	ja	?
ii. Weite und tiefe Ventrikel und Furchen	ja	ja
iii. Fehlende Hirnbereiche (z. B. fehlende Lappen o. ä.)	?	ja
d. Enge, kleine Hirnwindungen	ja	ja
e. Wenige Nervenzellen	ja	ja
2. Anomalien der Hirnhaut und Membranen	ja	ja
Sehr dicke Hirnhaut und Pia-arachnoidea	ja	ja
b. Faserige Hirnhaut	ja	ja
c. Verwachsung von Hirnhaut und Hirnrinde	?	ja
3. Ansammlung von cerebro-spinaler Flüssigkeit in sub-arachnoiden Bereichen	ja	ja
4. Sklerose	ja	ja
Mikroskopische histologische Analyse		
1. Zerstörte Nervenzellen	ja	ja
a. Alzheimersche Krankheit	ja	?
b. Lipofuscin Pigmentansammlung	ja	?
c. Verfettung	ja	?
d. Neuronophagia, Satellitosis u. ähnliche Zerfallserscheinungen	ja	?
e. Weniger Nisslsche Zellen	ja	?
2. Anomales Erscheinungsbild der Zelle	ja	ja
a. Vorhandensein von Alzheimer-Zellen und Flecken	ja	?
b. Vorhandensein von Zellen in der weißen Masse	?	ja
c. Ungewöhnliche Anordnung der Zellen in den Hirnhäuten	ja	ja
3. Inadäquatheiten und Anomalien der Gefäßbildung	ja	ja
4. Zellatrophie	ja	?
a. Unregelmäßige Zellumrisse	ja	?
b. Kleine Zellkerne	ja	?

[a] Nach *Bondareff,* 1959; *Korenchevsky,* 1961.

werden könnten. Die hier angeschnittenen Probleme sind aber noch sehr umstritten. Ziemlich gewiß ist jedoch leider die Tatsache, daß für jedes Individuum die Wahrscheinlichkeit sehr groß ist, daß, während es in der Erwachsenenzeit (und sehr wahrscheinlich auch in der Kindheit) älter wird, sich die neurologische Grundlage verringert, die (wie man glaubt) intellektuelle Funktionstätigkeit unterstützt.

Das Endergebnis solcher Resultate ist, einen augenscheinlichen Beweis für die Behauptung zu liefern, daß Fähigkeiten, die unmittelbar von neurologisch-physiologischen Funktionen abhängen, mit zunehmendem Alter schlechter werden.

10.5.3 Beweise auf Verhaltensebene

10.5.3.1 Ergebnisse aufgrund von Omnibus-Tests

Viele Untersuchungen zur Abklärung der Fragen über Altersveränderungen in Fähigkeiten basieren auf sogenannten Omnibus-Intelligenztests (Cronbach, 1960), d.h. Testverfahren, bei denen ein Gesamtwert durch Addition von Werten aus mehreren verschiedenen Subtests oder Items gewonnen wird. Beispiele für solche Verfahren sind der Stanford-Binet, Army Alpha, Otis und der Wechsler-Test. Diese Tests enthalten verschiedene Primärfaktoren (s. J. Cohen, 1959; L. V. Jones, 1949) und stehen deshalb in unterschiedlicher Beziehung zu kristalliner und fluider Intelligenz. Die Ergebnisse aus diesen Tests sind oft anscheinend widersprüchlich gewesen (Anastasi, 1958, 1968; L. E. Tyler, 1965).

Die meisten Querschnitt-Untersuchungen mit den bekannten Omnibus-Tests haben zum Ergebnis, daß ältere Erwachsene (im Durchschnitt) niedrigere Gesamtwerte erzielen als jüngere Erwachsene. Typisch sind dafür frühe Untersuchungen wie die von Beeson (1920) mit dem Stanford-Binet, von Yerkes (1921), Willoughby (1927) sowie H. E. Jones und Conrad (1933) mit dem Army Alpha und C. C. Miles (1934) sowie C. C. Miles und Miles (1932) mit dem Otis-Test. Standardisierungsuntersuchungen zum Wechsler-Test aus jüngerer Zeit, und zwar sowohl in den USA (Doppelt & Wallace, 1955; Wechsler, 1955, 1958) wie in Deutschland (K. F. Riegel, 1958) und Italien (Maleci & Montonari, 1953; Maleci & Pessina, 1954). zeigen einen Höhepunkt in der Gesamtleistung irgendwo zwischen etwa 18 und 30 Jahren, einen allmählichen Abfall in den mittleren Werten Ende des zweiten oder im dritten Lebensjahrzehnt und anschließend einen noch rascheren Leistungsrückgang Ende des fünften oder Anfang des sechsten Lebensjahrzehnts.

Die Querschnitt-Analysen von Schaie und Strother (1968 b)[6] zeigen, daß es bei einem Wert, der sich aus Werten für V+S+I+N+Fw zusammensetzt (die Symbole entsprechen den Primärfähigkeiten in der Zusammenfassung von French *et al.*, 1963), einen Leistungshöhepunkt im Alter von 31–35 Jahren und anschließend einen Leistungsrückgang gibt, zuerst allmählich und etwas unregelmäßig bis ins Alter von 46–50 Jahren, dann steiler und konsistenter verlaufend. In einer früheren Querschnitt-Untersuchung hat Schaie (1959) gefunden, daß auch, wenn Bildungs- und sozioökonomische Unterschiede kontrolliert werden, sich das Ergebnis nicht bemerkenswert verändert und eine Verringerung des zusammengesetzten PMA-IQ mit Alter auftritt.

---

[6] In dieser Untersuchung sind sorgfältige Längsschnitt-, Querschnitt-, Quer-Sequenz- und Testzeit-Sequenz-Analysen nicht nur von Gesamt-Scores aus der PMA-Testbatterie, sondern auch von Einzelfaktoren dieser Batterie (V, S. I., N und Fw), der drei Rigiditätsmaße, einem psychomotorischen Geschwindigkeitstest und einem Maß für soziale Verantwortlichkeit vorgenommen worden.

LORGE (1936) hat den Standpunkt vertreten, daß der im Alter auftretende offensichtliche Intelligenzrückgang vielleicht nicht eine Verminderung der Eigenschaft selbst sei, sondern vielmehr eine Veränderung darstelle in der gewählten Geschwindigkeit, Aufgaben allgemein und Intelligenzaufgaben insbesondere zu bearbeiten. LORGE parallelisierte Individuen nach ihrer Leistung im CAVD, einem Test, der die absolute Leistungshöhe ermittelt, und untersuchte dann die entsprechenden Leistungen im ARMY ALPHA und THORNDIKE-Test, deren Werte im wesentlichen von der Geschwindigkeit der Leistung abhängen. Wie vorhergesagt, fand er, daß ältere Individuen, deren CAVD-Werte denen jüngerer Erwachsener entsprach, im ARMY ALPHA und THORNDIKE-Test niedrigere Werte erzielten. Solche Ergebnisse könnten jedoch auf differentielle Regression aufgrund der Tatsache zurückgeführt werden, daß extreme CAVD-Fälle aus der Population der älteren Individuen ausgewählt worden sind. GHISELLI (1957) hat jedoch Ergebnisse vorgelegt, auf die eine solche Kritik nicht zutrifft und die LORGES Standpunkt stützen. GHISELLI benutzte einen Test, bestehend aus Wortschatz-Aufgaben (Ähnlichkeiten und Gegenteil finden) Zahlen-Serien, Analogie-Bildungen und Sprichwörtern, und erlaubte 1423 Individuen so lange zu arbeiten, bis sie glaubten, alle Probleme gelöst zu haben; anschließend fand er im Mittelwert für Altergruppen von 20 bis 65 Jahren keinen konsistenten Trend, weder aufsteigend noch fallend.

Auch die Ergebnisse verschiedener Längsschnitt-Untersuchungen widersprechen Querschnitt-Ergebnissen. OWENS (1953) analysierte die Werte, die er mit dem ARMY ALPHA 1950 bei 127 Individuen (im Alter von ungefähr 51 Jahren) aufgenommen hatte, welche denselben Test schon einmal 1919 (etwa im Alter von 20 Jahren) als Studenten des ersten Semester an der Iowa State University absolviert hatten. OWENS fand einen durchschnittlichen Zuwachs im Gesamtwert von .55 einer Standardabweichung (wie sie bei der jüngeren Stichprobe bestimmt worden war). Dieser Zuwachs war signifikant. In einer weiteren Follow-up-Untersuchung von 96 Individuen dieser Stichprobe im Jahre 1961 (Alter der Probanden ungefähr 62 Jahre) stellte OWENS (1966) fest, daß der Mittelwert etwas niedriger war als der 1950 ermittelte; die Unterschiede waren aber nicht signifikant. H. E. JONES (1958 c) fand mit dem TERMAN Group Test bei seiner Stichprobe von 83 Individuen, daß die Individuen im Alter von 33 Jahren durchschnittlich höhere Werte erzielten als im Alter von 17 Jahren. BRADWAY und THOMPSON (1962) gaben 111 Individuen den STANFORD-BINET einmal im durchschnittlichen Alter von 13.6 Jahren und noch einmal 16 Jahre später, als die Probanden durchschnittlich 29.5 Jahre alt waren. Die Autoren stellten fest, daß der beobachtete Anstieg im mittleren IQ von 112.3 auf 123.6 signifikant war. In der Untersuchung von BAYLEY und ODEN (1955), die der „begabten" STANFORD-Stichprobe den Concept Mastery Test gaben, verbesserten männliche wie weibliche Probanden während eines 12-Jahres-Intervalles, d. h. vom Zeitpunkt, als sie Mitte 20 bis Anfang 30 Jahre alt waren, bis zum Zeitpunkt, als sie Ende 30 Anfang 40 Jahre alt waren, ihre Leistungen signifikant. In einer Untersuchung von BURNS (1966) wurde 80 graduierten Studenten eine Kurzform des Simplex Group Intelligence Tests gegeben (mit folgenden Subtests: zwei für Wortschatz, zwei für sprachliches Denken, einer für Zahlen-Serien, einer für Zahlengedächtnis, einen zur Erfassung der Kenntnis von Relationen zwischen Zahlen). Die Studenten erhielten den Test zuerst, als sie ungefähr 22 Jahre alt waren, dann, als sie ungefähr 47 und schließlich noch einmal, als sie 56 Jahre alt waren. Für das erste Intervall (von 22 bis 47 Jahren) war ein signifikanter Anstieg, und für das Intervall von 47 bis 59 Jahren ein signifikanter Abfall im Mittelwert zu beobachten; der Mittelwert im Alter von 59 Jahren war aber immer noch signifikant höher als der Mittelwert im Alter von 22 Jahren. BAYLEY (1966) fand im Rohwert für die W–B (Form 1) Gesamtskala bei einer Stichprobe von 55 Probanden, die einmal im Alter von 15 Jahren und dann noch einmal im Alter von etwa 36 Jahren getestet worden waren, keinen Abfall. In den Längsschnitt-Analysen von SCHAIE und STROTHER (1968b) wurde der aus den Querschnitt-Untersuchungen bekannte Leistungsabfall im Alter zwischen 31 und 35 Jahren auch nicht festgestellt; statt dessen fanden die Autoren ein Leistungsplateau von 31–35 bis 41–45 Jahren und bis 51–55 Jahren keinen signifikanten Leistungsrückgang.

Die Widersprüche in diesen Ergebnissen sind realiter wohl nicht so sehr groß. Faßt man die Ergebnisse aus Längsschnitt- und Querschnitt-Untersuchungen zusammen, so läßt sich wohl sagen, daß die Intelligenz, mit Omnibus-Tests gemessen, ein Maximum im Alter zwischen 20 und 30 Jahren erreicht, sich dann im Alter zwischen 30 und 40 Jahren in etwa auf dieser Höhe hält und danach systematisch abnimmt. Die Ergebnisse der Längsschnitt- und vor allem der Quer-Sequenz-Analysen von SCHAIE und STROTHER legen außerdem nahe, daß das, was in Querschnitt-Untersuchungen zwischen 20 bis ungefähr 50 Jahren wie ein Leistungsrückgang aussieht, in erster Linie Kohortendifferenzen sind, die vielleicht Unterschiede in der Dauer intensiver Akkulturation zwischen jüngeren und älteren Generationen widerspiegeln. Vergleicht man die Ergebnisse von OWENS Untersuchung der Zwanzig- bis Fünfzigjährigen, so stimmen sie damit überein, denn im Alter von 20 Jahren haben die Probanden den Leistungshöhepunkt noch nicht erreicht, und im Alter von 50 Jahren hat sich der Leistungsrückgang noch nicht bemerkbar gemacht. In bezug auf die Altersgruppe der Fünfzig- und Sechzigjährigen stimmen OWENS Daten mit SCHAIES und STROTHERS Daten nicht voll überein, aber man kann durchaus zweifeln, ob die Ergebnisse wirklich widersprüchlich sind, wenn man an die Möglichkeiten der selektiven Stichprobenveränderung durch Tod u. ä. denkt (siehe dazu z. B. ATCHLEY, 1967; K. F. RIEGEL, RIEGEL & MEYER, 1967) und die Tatsache berücksichtigt, daß sich bei OWENS doch in etwa ein Abwärtstrend (wenn auch nicht signifikant) zeigte. Die Ergebnisse von JONES (1958c), BRADWAY und THOMPSON (1962) und BAYLEY (1966) sind in jedem Fall konsistent, da die ersten Testwerte vor dem erwarteten Leistungsmaximum und die späteren Werte nach diesem Maximum, aber vor dem erwarteten Leistungsrückgang ermittelt wurden.

Wenn ein Gesamtwert in einem Omnibus-Intelligenztest eine Mischung aus zwei voneinander unabhängigen Determinanten widerspiegelt – Akkulturation und Physiologie, wie wir im vorhergehenden dargelegt haben – dann können Ergebnisse, wie wir sie in diesem Abschnitt referiert haben, auch dann auftreten, wenn es beide Verläufe der Intelligenzentwicklung wirklich gibt. Denn wenn Fähigkeiten, die sich von einer Determinanten herleiten, dazu tendieren, mit zunehmendem Alter stärker zu werden, und die Fähigkeiten, die sich von einer anderen Determinanten herleiten, dazu tendieren, mit Alter abzunehmen, dann kann ein Wert, der sich aus Fähigkeiten beider Art zusammensetzt, mit Alter weder größer noch kleiner werden. Wenn die Effekte des physiologischen Abbaus unter Umständen größer sind als die Akkulturationseffekte, oder vielleicht die Geschwindigkeit der Akkulturation systematisch verringern, oder wenn ein Wechsel aus dem Berufsleben in den Ruhestand den Akkulturationseffekt vermindert, dann kann man selbst bei einem Gesamtwert in einem Omnibus-Intelligenztest eine Verminderung erwarten. Um diese Fragen sorgfältiger beantworten zu können, ist es jedoch wünschenswert, sich die Daten zu einzelnen Primärfähigkeiten genauer anzusehen.

10.5.3.2 Daten zu den Grundlagen der kristallinen Intelligenz

Der Wert im Concept Mastery Test in der Untersuchung von Bayley und Oden (1955) setzt sich aus den Werten für zwei Subtests zusammen: Analogien (Analogies) allgemeine Wortschatzkenntnis (Vocabulary – General Information), von denen man herausgefunden hat, daß sie gute Indikatoren für kristalline Intelligenz sind (Horn, 1965, 1966a; Horn & Bramble, 1967; Horn & Cattell, 1966b). Wie wir bereits weiter oben gesagt haben, deuten die Ergebnisse aus dem Concept Mastery Test darauf hin, daß Intelligenz (so definiert) mit zunehmendem Alter beim Erwachsenen zunimmt. Dieses Ergebnis stimmt mit Daten aus vielen anderen Untersuchungen überein.
So gibt es nicht weniger als zwanzig Untersuchungen, Querschnitt- und Längsschnitt-Analysen, die zeigen, daß in Subtests wie Wortschatz (Vocabulary), Allgemeinbildung (General Information), Ähnlichkeiten finden (Similarities) und Urteile fällen (Judgment) die Werte für ältere Erwachsene (bis zu 60 Jahren) im Durchschnitt nicht niedriger, eher höher sind als die durchschnittlichen Werte für jüngere Erwachsene. Beispielsweise belegen das die Untersuchungen von Jones und Conrad (1933), Corsini und Fasset (1953), Owens (1953), K. F. Riegel (1958), J. C. Foster und Taylor (1920), Doppelt und Wallace (1955), Horn und Cattell (1966a, 1967), Strother, Schaie und Horst (1957), Schaie (1959), Schaie und Strother (1968b) und Beeson (1920). Ähnliche Ergebnisse haben Foulds (1949), Foulds und Raven (1948), Shakow und Goldman (1938), Heston und Cannell (1941), M. C. Jones (1967) und Demming und Pressey (1957) vorgelegt. (Einen Überblick findet der Leser auch bei H. E. Jones, 1959.) Whiteman und Jastak (1957) fanden, daß das WAIS-Verständnis mit dem Alter besser wird. Ebenso hat man festgestellt, daß die Werte im Subtest „Practical Judgment" des Army Alpha mit zunehmendem Alter höher werden (Owens, 1953; H. E. Jones, 1959). Welford (1958) fand heraus, daß ältere Individuen oft bessere Leistungen als jüngere Individuen in Tests erbringen, die eine Vorausplanung und Entscheidung darüber verlangen, was bei einer Handlung außer acht gelassen werden kann. Etliche Untersuchungen, in denen ältere und jüngere Probanden parallelisiert wurden (auf der Basis ihrer Werte in einem Omnibus-Intelligenztest), legen die Interpretation nahe, daß ältere Individuen höhere Werte erzielen in Tests wie Wortschatz, Allgemeinkenntnis und Ähnlichkeiten finden (s. Fox & Birren, 1949; Kamin, 1957; Miner, 1956; Norman & Daley, 1959). Christian und Paterson (1936) fanden, daß, obwohl jüngere Erwachsene signifikant mehr Wortschatzaufgaben zu lösen versuchen als ältere Erwachsene, sich die durchschnittliche Zahl richtiger Lösungen nicht signifikant voneinander unterscheidet, und daß, wenn man nur die richtigen Lösungen unter den ersten 60 Aufgaben zählt, ältere Probanden im Durchschnitt sogar höhere Werte erzielen. In ähnlicher Weise stellte H. E. Jones (1959) fest, daß das Verhältnis von Zahl richtiger Lösungen zur Zahl versuchter Lösungen bei Wortschatz- und Informations-Subtests im allgemeinen für ältere Proban-

den günstiger ausfiel als für jüngere. Eine Untersuchung von D. T. CAMPBELL (1965), die auf Schulfähigkeiten basierte, zeigte, daß Erwachsene im Alter von ungefähr 50 Jahren bessere Leistungen erbrachten als 25 Jahre vorher, als sie neu auf das College gekommen waren, und in den Leistungen auch besser waren als College-Anfänger, die zum selben Zeitpunkt wie die Fünfzigjährigen getestet wurden. Zahlreiche Untersuchungen stimmen auch darin überein, daß Zahlenverständnis (Primärfaktor N) im Alter zwischen 20 und 50 Jahren entweder noch zunimmt oder aber während dieser Zeit zumindest gleich gut bleibt (BILASH & ZUBEK, 1960); HORN & CATTELL, 1966a; SCHAIE, 1959; SCHAIE & STROTHER, 1968b).

Mit einer bemerkenswerten Ausnahme – nämlich der Untersuchung von SCHAIE und STROTHER (1968b) – zeigen die meisten Arbeiten, daß Flüssigkeitsvariablen wie Ideenfluß (Ideational Fluency), Ausdrucksschnelligkeit (Expressional Fluency), spontane Flexibilität (Spontaneous Flexibility), Assoziationsgeschwindigkeit (Associational Fluency) und Wortflüssigkeit (Word Fluency) in der Altersspanne von 20 bis 55 oder 60 Jahren entweder zu- oder mindestens nicht abnehmen (CHOWN, 1961; HORN & CATTELL, 1966a; SCHAIE, 1959; SCHAIE, ROSENTHAL & PERLMAN, 1953). In der eben erwähnten Untersuchung von SCHAIE und STROTHER (1968b) nahm Wortflüssigkeit jedoch mehr, und systematischer, ab als alle anderen Primärfaktoren in der Studie, und zwar etwa von 20 Jahren an. Im Zusammenhang mit den Ergebnissen von LORGE und GHISELLI könnte man das vielleicht als Indikator für einen Rückgang in der visuo-motorischen Geschwindigkeit interpretieren (BIRREN und BOTWINICK, 1951, fanden, daß ältere Erwachsene langsamer schreiben als jüngere Erwachsene) oder als Abbau einer anlagebedingten Fähigkeit (s. Überblicksartikel, Abschnitt 5, in der Arbeit von WELFORD und anderen über Geschwindigkeit in der Intelligenz). In jedem Fall hat man festgestellt, daß Aufgaben, die Schnelligkeit erfordern, im allgemeinen ziemlich schwache Indikatoren für kristalline Intelligenz sind, auch wenn sie einige Varianz dieser Dimension aufklären (HORN, 1965, 1966a; HORN & BRAMBLE, 1967; HORN & CATTELL, 1966a, b, 1967).

Insgesamt stützen diese Ergebnisse also die weitverbreitete allgemeine Auffassung, daß Intelligenz im Sinne von Wissen oder Kenntnissen – d. h. der Kenntnis der kollektiven Intelligenz der jeweiligen Kultur – bis ungefähr zum Alter von 60 Jahren entweder zunimmt oder mindestens nicht geringer wird. Wie es sich jenseits dieser Altersgrenze mit der Intelligenz verhält, ist nicht ganz klar. Aufgrund der meisten oben erwähnten Untersuchungen kann man schließen, daß es einen gewissen Rückgang gibt in bezug auf den Ausschnitt, den ein Individuum aus der kollektiven Intelligenz hat; aber in keineswegs allen Untersuchungen ist festgestellt worden, daß das jenseits von 60 Jahren immer so der Fall ist.

Bei der Untersuchung der Frage, ob nach dem 60. Lebensjahr (also in der Periode des Ruhestands) kristalline Fähigkeiten abnehmen, sollten insbesondere die Berufsrolle und eine Nebenbeschäftigung des Individuums berücksichtigt werden. Das zeigen beispielsweise die Ergebnisse von SWARD (1945). Er verglich 45 Universitätsprofessoren im Alter von 60–80 Jahren mit 45 Akademikern im Alter von 25–35 Jahren und stellte fest, daß die Professoren den Akademikern in Wortschatz und Allgemeinkenntnis überlegen waren. In Beziehung dazu stehen die Daten von D. T. CAMPBELL (1965) der feststellte, daß der Zuwachs bei schultypischen Fähigkeiten über ein Intervall von 25 Jahren hinweg am größten bei den Individuen war, die früher die längste Ausbildung genossen hatten. Aus anderen Untersuchungen sind ähnliche Ergebnisse bekannt (z. B. STROTHER *et al.*, 1957; M. WILLIAMS, 1960). Die frühen Untersuchungen von SORENSON (1938), J. G. GILBERT (1941) sowie BAYLEY und ODEN (1955) legen die Interpretation nahe, daß diejenigen, die in sog. „intellektuelle" Berufe gehen und/oder Interessen ausbilden, die man als „intellektuell" bezeichnen könnte, sich die Fähigkeiten, die am stärksten zu Akkulturation im Beziehung stehen, erhalten oder darin sogar noch besser werden; dagegen werden bei denjenigen, die andere Berufe ausüben oder andere Interessen haben, derartige Fähigkeiten nicht besser oder verschlechtern sich sogar.

10.5.3.3 Ergebnisse aufgrund von Tests, die alternativ Gf oder Gc bei der Lösung zulassen

Die oben erwähnten Ergebnisse von D. T. CAMPBELL (1965), daß in der Altersspanne von 25 bis 50 Jahren eine Verbesserung in akademischen Fähigkeiten zu beobachten sei, gehen vielleicht etwas zu weit. Beispielsweise fanden OSBORNE und SANDERS (1955) in einer Querschnitt-Untersuchung, daß die Noten bei Examensarbeiten von Graduierten in Sozialwissenschaft, Literatur und Kunst über eine Altersspanne von 19 bis 65 Jahren nicht systematisch niedriger oder höher ausfielen, daß jedoch die Gruppenmittelwerte für Biologie, Physik, Chemie und Mathematik für die älteren Probanden systematisch niedriger waren. Allerdings waren die Unterschiede in der Mathematik-Note mindestens bis zum Alter von 45 Jahren gering.

Mathematik-Leistungen auf College-Niveau implizieren Zahlenverständnis, das, wie bereits gesagt, mit dem Alter besser wird, sowie allgemeines schlußfolgerndes Denken (general reasoning, R), das man u. a. mit Hilfe von arithmetischen Denkaufgaben erfaßt. Im Abschnitt 10.5.3 haben wir erwähnt, daß R eine der Primärfähigkeiten ist, die anscheinend sowohl fluide als auch kristalline Intelligenz – und beides im selben Ausmaß – erfordert. Das mag dem Leser helfen, einige Ergebnisse zu R und ähnlichen Primärfähigkeiten in Untersuchungen von Unterschieden zwischen Altersgruppen zu verstehen. Der WECHSLER-Subtest ‚Arithmetik", der im wesentlichen Aufgaben aus dem Alltagsleben enthält, wird über die verschiedenen Altersgruppen hin ziemlich gleichmäßig gelöst. DOPPELT und WALLACE (1955) fanden, daß der Leistungshöhepunkt in diesem Test bei etwa 40 Jahren auftritt und der anschließende Leistungsrückgang, wenn überhaupt, gering und langsam ist. In einer Untersuchung von NORMAN und DALEY (1959) mit parallelisierten Gruppen waren die älteren Probanden im WECHSLER-BELLEVUE Arithmetik-Subtest etwas besser als die jüngeren. Auch CORSINI und FASSET (1953) sowie HORN und CATTELL (1966 a) fanden in diesem Bereich keinen bemerkenswerten Leistungsrückgang. Dagegen scheint in der Längsschnitt-Untersuchung von OWENS (1953), die auf rechnerischem Denken im ARMY ALPHA basiert, und in den Querschnitt-Untersuchungen von BEESON (1920), der arithmetische Denkaufgaben aus dem STANFORD-BINET verwendete, und von WILLOUGHBY (1927), der den ARMY ALPHA benutzte, ein Rückgang in der Fähigkeit zu rechnerischem Denken aufgetreten zu sein. Als Interpretation schlagen wir vor, daß die arithmetischen Denkaufgaben, die in den WECHSLER-Skalen und bei HORN und CATTELL verwendet werden, in beträchtlichem Ausmaß den Einsatz kristalliner Intelligenz erlauben (auch wenn sie nicht besonders reine Maße für Gc sind), während die arithmetischen Denkaufgaben im ARMY ALPHA und im STANFORD-BINET stärker die anlagebedingten, Relationen wahrnehmenden Merkmale der fluiden Intelligenz erfordern. Es ist auch möglich, daß bei der Bearbeitung dieser letztgenannten Tests eine relativ große Schnelligkeit nötig ist, daß intellektuelle Geschwindigkeit eine anlagebedingte Funktion repräsentiert und daß diese, wie durch die in Abschnitt 10.5.3.5 dargestellten Ergebnisse nahegelegt wird, mit Alter abnimmt.

Von verschiedener Seite wird der Vorschlag gemacht, den mit Alter einhergehenden Anstieg im Score für Wortschatz zu interpretieren als Anzeichen für eine Zunahme in der Kenntnis von Konzepten und der Bezeichnungen, die man zum Festmachen von Konzepten benutzt, aber nicht als eine Zunahme im Komplexitätsniveau, das man bei der Bildung von Konzepten meistert. Beispielsweise zeigen die Ergebnisse von FEIFEL (1949), YACORZYNSKI (1941) und BROMLEY (1956, 1957), daß, wenn Tests nach der Eleganz des Wortschatzes ausgewertet werden, die Durchschnittswerte mit Alter absinken. BROMLEY z.B. berichtet, daß ältere Probanden eine geringere Fähigkeit zur Selbstkritik und Bewertung bei der Interpretation von Sprichwörtern haben. Im Gegensatz dazu fanden BRADWAY und THOMPSON (1962) jedoch, daß sich ihre Probanden bei den Sprichwörter-Items im STANFORD-BINET stärker als bei irgendwelchen anderen Items verbesserten. GORHAM (1956) hat den Standpunkt vertreten, daß Sprichwörter-Items den Faktor V (eine kristalline Fähigkeit), der mit Alter besser wird, und eine Denk-Komponente enthalten (Bildung von neuen Korrelaten, eine fluide Fähigkeit), die mit Alter nicht besser, vielleicht sogar schlechter wird. Ob Werte in einem Sprichwörter-Test steigen oder fallen, würde demnach davon abhängen, welcher Varianzanteil kristalliner Intelligenz und welcher Varianzanteil fluider Intelligenz zugeschrieben werden müßte.

Eine ähnliche Interpretation müßte man wohl zur Erklärung der Ergebnisse mit Analogie-Tests heranziehen, die *anderer Art* sind als im Concept Mastery Test. Beim Concept Mastery Test muß der Proband ziemlich einfache Beziehungen zwischen relativ esoterischen Elementen erkennen (z.B. Zeus – Jupiter : : Artemis – ?). Aber Analogie-Tests können auch Wörter enthalten, die den meisten vertraut sind, jedoch in relativ komplexen Beziehungen zueinander stehen. Beispielsweise kennen die meisten Erwachsenen wahrscheinlich die Wörter ,,Feuer", ,,Hitze" und ,,Rose"; aber für einige wird es schwierig sein die Analogie zu finden ,,Feuer – Hitze": :,,Rose – ?". Das interessante Resultat von Querschnitt- wie Längsschnitt-Untersuchungen (J. G. GILBERT, 1935; HORN & CATTELL, 1966a; JONES & CONRAD, 1933; OWENS, 1953; K. F. RIEGEL, 1959b; WILLOUGHBY, 1927) ist, daß zwar Wortschatz-Scores im allgemeinen etwas höher bei älteren als bei jüngeren Probanden sind, daß aber Scores in Analogie-Tests mit alltäglichen Begriffen (also mit Items wie den eben erwähnten) von 30 Jahren ab ständig geringer werden. Das legt die Interpretation nahe, daß Erwachsene mit etwas ausgefalleneren Aspekten ihrer Kultur vertrauter werden, daß sie aber allmählich die Fähigkeit (die sie einmal hatten) einbüßen, Relationen wahrzunehmen und Abstraktionen zu bilden.

10.5.3.4 Ergebnisse aufgrund von Tests, die periphere Funktionen, Gv, erfassen sollen

Die Ergebnisse, die BIRREN (1959a) in seinem *Handbook of Aging* zusammengetragen hat, deuten darauf hin, daß mit zunehmendem Alter eine Verminderung in der Sehschärfe, der Lichtempfindlichkeit, der Breite und Tiefe des Sehfeldes, in der Fähigkeit, Farben zu unterscheiden u. ä. mehr einhergeht. Diese Veränderungen stehen wohl in unmittelbarer Beziehung zu Veränderungen in den peripheren Rezeptoren wie Verringerung im Wechsel zwischen minimalem und maximalem Pupillendurchmesser, Abflachen der Linse, Verminderung der Durchlässigkeit der Linsen etc. (LANSING, 1959; MAGLADERY, 1959). Solche Veränderungen können auch sehr wohl zu Veränderungen in den Leistungen in jedem Intelligenztest führen, der Aufgaben zur räumlichen Wahrnehmung enthält. Streng genommen, würden diese Veränderungen nicht notwendigerweise auf eine Verminderung in der Fähigkeit selbst, Relationen herzustellen und wahrzunehmen, hindeuten, auch wenn sie zu verminderter Leistung in den Tests führen, die letzteres messen sollen.

Die Ergebnisse weisen aber *nicht* klar auf eine Verringerung der räumlichen Wahrnehmungsfähigkeiten hin. In den Untersuchungen von KAMIN (1957) und SCHAIE *et al.*, (1953) gehörte räumliche Orientierung zu den Fähigkeiten, die am stärksten mit Alter abnahmen. FOX und BIRREN (1949), DOPPELT und WALLACE (1955) sowie NORMAN und DALEY (1959) stellten allesamt fest, daß Subtests wie „Block Design", „Picture Arrangements" und „Picture Completions" zu den Tests gehörten, die am deutlichsten Alternseffekte zeigten. BROMLEY (1956) fand, daß sein Wahrnehmungstest –.52 mit Alter korrelierte. Von Tests wie USES's „Block Counting" und „Spatial Relations", BECHTOLDT's „Shape Constancy" und HARRELL's „Tracing" hat man festgestellt, daß sie negativ auf Faktoren laden, die in erster Linie durch chronologisches Alter markiert werden (BECHTOLDT, 1947; HARRELL, 1940; USES, 1944–1945).

Aber im Widerspruch dazu stehen Ergebnisse von BILASH und ZUBEK (1960), HORN und CATTELL (1966a, 1967) sowie SCHAIE und STROTHER (1968b), die zeigen, daß der Leistungsrückgang allerhöchstens nur langsam fortschreitet und (falls er überhaupt auftritt) sich erst im hohen Alter bemerkbar macht. Die SCHAIE-STROTHER-Untersuchung ist in dieser Hinsicht besonders aufschlußreich. In ihren Querschnitt-Analysen fanden die Autoren den gleichen Leistungsrückgang, wie er sich in den oben erwähnten Querschnitt-Untersuchungen gezeigt hatte, die Längsschnitt- und Quer-Sequenz-Analysen deckten jedoch ein Plateau auf, das sich von 20 bis 70 Jahren erstreckte. Aufgrund ihrer Resultate schlossen sie, daß „die Altersdifferenzen in Querschnitt-Untersuchungen auf Kohortenunterschiede zurückgeführt werden können".

Aus noch einem anderen Grund kann man die Ergebnisse bezweifeln, die einen Rückgang in räumlichen Wahrnehmungsfaktoren anzeigen. Untersuchungen von HORN und CATTELL (1966a, b, 1967) haben nämlich erbracht, daß diese Faktoren einige Varianz im Faktor, der als fluide Intelligenz interpretiert wird, enthalten, daß sie aber hauptsächlich eine breitgefaßte Wahrnehmungsfunktion (Gv) selbst definieren, und zwar durch die Grundfähigkeiten Spatial Orientation (S). Visualization (Vz), Speed of Closure (Cs), Flexibility of Closure (Cf) und Figural Adaptive Flexibility (DFT). Diese Funktion klärt auch einige Varianz in solch etablierten Intelligenzmaßen wie den Matrices (CFR, Figural

Relations) auf, obwohl der wesentliche Varianzanteil in diesen Tests den fluiden Intelligenzfaktor definiert, der auch in dieser Untersuchung bestimmt wurde. EL KOUSSY (1936) fand in seiner frühen Arbeit, daß Tests wie „KOHS Blocks" auf Wahrnehmungsprozesse hinweisen, aber auch ziemlich hohe Ladungen auf dem Faktor für allgemeine Intelligenz haben, der dann in Übereinstimmung mit SPEARMANS „G"-Faktor interpretiert wurde. Diese Ergebnisse deuten darauf hin, daß nicht alle Varianz, die mit Altern in Wahrnehmungsaufgaben zusammenhängt, durch Veränderungen in peripheren Wahrnehmungsfunktionen erklärt werden darf; zum Teil handelt es sich hier wahrscheinlich um fluide Intelligenz.

10.5.3.5 Ergebnisse aufgrund von Denk-, Gedächtnis- und Geschwindigkeitsfaktoren

Maße für Gedächtnis, vor allem Gedächtnisspanne, stellen häufig anlagebedingte Funktionen auf einem ziemlich grundsätzlichen Niveau dar. Es scheint auch so zu sein, daß Auffassungsvermögen eine ziemlich große Rolle spielt bei der Wahrnehmung komplexer Beziehungen und der Ableitung passender Konsequenzen, Prozessen, die wahrscheinlich mit Denkaufgaben erfaßt werden. Wie wir bereits in Abschnitt 10.3 gesagt haben, ist es für das Verständnis der wesentlichen Beziehung in einem Matrices-Item nötig, die verschiedenen Relationen, die durch die Reihen, Spalten und Diagonalen der Matrix nahegelegt werden, unmittelbar parat zu haben. Die Fähigkeit, das bewußt zu halten, scheint darüber hinaus teilweise in Beziehung zu stehen oder abzuhängen von der Geschwindigkeit der zentralnervösen Funktionstätigkeit; das jedenfalls legen Ergebnisse und Theorien aus jüngerer Zeit von ERTL (1968) sowie SHUCARD und HORN (1971) und vielleicht FURNEAUX (1952, 1961) nahe. Es ist also zu erwarten, daß Gedächtnis-, Intelligenzgeschwindigkeits- und Denkaufgaben ähnliche Prozesse repräsentieren – und zwar Prozesse, die in enger Beziehung zu Anlage stehen. Vermindert sich die Anlagefähigkeit in Abhängigkeit von neurologischem Abbau, der mit dem Alternsprozeß einhergeht, so ist zu erwarten, daß Leistungen in den Grunddimensionen Gedächtnis, Geschwindigkeit und schlußfolgerndes Denken mit dem Alter nachlassen. Die vorliegenden Daten stützen ungefähr diese Position, obwohl es notwendig ist, eine Reihe von Vorbehalten anzufügen. Es gibt keine oder nur sehr wenige altersbedingte Einbußen beim sog. Langzeitgedächtnis. Wie bereits gesagt, weisen viele Untersuchungen nach, daß überlerntes Wissen, Wortschatz und Problemlösungsstrategien im Erwachsenenalter über viele Jahre hin erhalten bleiben. Dieses Behalten mag teilweise eine Funktion des zumindest sporadischen Gebrauchs über die Alternsphase hin sein, wie KAY (1959) argumentierte. Wie die Lern- und Gedächtnis-Untersuchungen von CLAY (1956), SHAKOW, DOLKART und GOLDMAN (1941) sowie SPEAKMAN (1954) jedoch zeigen, behält der ältere Erwachsene etwas, wenn er es einmal gelernt hat, über Tage, Wochen und etliche Monate ebenso gut wie der jüngere Erwachsene; und das scheint auch zuzutreffen, wenn das zu lernende Material ursprünglich neu und ungewöhnlich ist.

WELFORD (1958) dagegen führt etliche Untersuchungen an, die darauf hinweisen, daß der Alternsprozeß begleitet wird von einer Beeinträchtigung des Kurzzeitgedächtnisses, und Untersuchungen, in denen der Subtest „Digit Span" aus dem WECHSLER (oder andere ähnliche Aufgaben) verwendet wurde, stützen dieses Ergebnis (BILASH & ZUBEK, 1960;

Doppelt & Wallace, 1955; J. G. Gilbert, 1941; Horn & Cattell , 1966 a; Pacaud, 1955; Wechsler, 1958; Willoughby, 1927). Die Arbeiten von Welford und seinen Mitarbeitern zeigen, daß die Beeinträchtigung dann am ausgeprägtesten ist, wenn Kurzzeitgedächtnis unter Bedingungen gefordert wird, in denen das Individuum Informationen speichern muß, während es andere Tätigkeiten ausführt. In den Experimenten von Kay (1959) und Kirchner (1958) beispielsweise mußten die Probanden gleichzeitig Signale erkennen und Reaktionen vorbereiten auf Signale, die sie vorher erkannt hatten. Die älteren Probanden waren weniger gut in der Lage, richtige Reaktionen zu erinnern, als jüngere Probanden. Ebenso fanden Clay (1956, 1957) und Heron (1962) daß sich ältere Personen ganz besonders ablenken ließen bei einer Aufgabe, die gleichzeitig unmittelbares Gedächtnis und andere Verhaltensweisen erforderte. Bromley (1958) stellte fest, daß die Erinnerung an Zahlen in umgekehrter Reihenfolge mit Alter schlechter wurde, Zahlen in richtiger Reihenfolge wurden dagegen gleichmäßig gut erinnert.[7] In den Untersuchungen von Ruch (1934), Gilbert (1941), Kubo (1938), Horn und Cattell (1966 a) sowie Laurence (1967) wurde das Gedächtnis für paarweise angeordnete Silben unter einer Reihe von Bedingungen geprüft, und es zeigte sich, daß es in allen Fällen mit dem Alter schlechter wurde, auch wenn das Nachlassen der Gedächtnisleistung weniger ausgeprägt war bei sinnvollem als bei sinnfreiem Material[8] und wenn Hinweisreize als Erinnerungsstütze geboten wurden. In den frühen Untersuchungen von H. E. Jones, Conrad und Horn (1928) sowie Willoughby (1927) fand man, daß das unmittelbare inzidentelle Gedächtnis mit Alter schlechter wurde, d. h., wenn die Probanden sich an etwas erinnern sollten, was zu behalten man sie vorher nicht aufgefordert hatte.

Obwohl also keine Untersuchung für sich allein überzeugt, deuten die Ergebnisse insgesamt doch wohl darauf hin, daß es mit zunehmendem Alter eine Abnahme gibt in der Zahl der Elemente, die gleichzeitig gespeichert werden können, im „unmittelbar zugänglichen Gedächtnisspeicher", wie man es vielleicht nennen könnte.

Leistungsgeschwindigkeit in Wahrnehmungs- und motorischen Aufgaben nimmt im Erwachsenenalter ab (Birren, 1955; Birren & Botwinick, 1951; Braun, 1959; H. E. Jones, 1959; Welford, 1958), auch wenn es beachtenswerte Ausnahmen und Restriktionen gibt, die man bei einer derartigen Generalisierung berücksichtigen muß. Eine dieser Ausnahmen mag die einfache Reaktionszeit sein. Wenn sie mit Alter überhaupt zunimmt, dann nur sehr gering (Welford, 1958). Auch verbale Flüssigkeit ist eine Ausnahme, wie wir bereits gesagt haben (mit den Vorbehalten, auf die Resultate von Birren & Botwinick, 1951, sowie Schaie & Strother, 1968 b, hinweisen).

Aber abgesehen von diesen Ausnahmen zeigen die Untersuchungen konsistent einen Rückgang in der Leistungsgeschwindigkeit mit Alter. Das zeigt sich beispielsweise in einfachen Aufgaben zum Schreiben und zur visuellen Wahrnehmung. Fast alle Intelligenztests implizieren derartige Varianz bis zu einem gewissen Ausmaß. Zahlreiche Untersuchungen haben einen mit Alter einhergehenden Abfall in der Leistung in Zahlen-Sym-

[7] Allgemein habe ich in meinen Arbeiten gefunden, daß Erinnern von Zahlen in umgekehrter Reihenfolge das bessere Maß für Gf ist, sowohl was die Reliabilität als auch was die Validität betrifft (s. auch H. P. Kelley, 1964).

[8] Aus Kelleys Untersuchung (1964) von Gedächtnisprozessen geht eindeutig hervor, daß Gedächtnis für sinnvolles Material, für sinnfreie paarweise angeordnete Silben und Gedächtnisspanne voneinander getrennte Faktoren sind.

bol-Tests von der Art, wie sie im WECHSLER vorkommen, nachgewiesen (BIRREN & BOTWINICK, 1951; BIRREN & MORRISON, 1961; DOPPELT & WALLACE, 1955; LORANGER & MISIAK, 1959; NORMAN & DALEY, 1959; WHITEMAN & JASTAK, 1957, WILLOUGHBY, 1929). CROSSMAN und SZAFRAN (1956) haben festgestellt, daß die Zeit, die durchschnittlich dafür benötigt wird, um Spielkarten oder Gewichte in verschiedene Klassen einzuteilen, mit zunehmendem Alter ständig mehr wird. PACAUD (1955) fand heraus, daß „komplexe" Reaktionszeit mit Alter zunimmt, d. h. komplex in dem Sinne, daß es erforderlich ist, auf verschiedene Signale unterschiedlich zu reagieren. In der Untersuchung von TALLARD (1962) zeigte sich, daß ältere Probanden mehr Zeit brauchten, um eine mechanische Rechenmaschine zu bedienen oder verschieden farbige Perlen mit einer Pinzette auszusuchen, als jüngere Probanden.

Es ist möglich, daß die langsameren Reaktionen bei älteren Individuen, wie man sie in den meisten psychologischen Tests beobachten kann, in erster Linie auf Veränderungen in den peripheren Organen wie Muskeln und Rezeptoren zurückzuführen sind. Nach einem Überblick über eine beträchtliche Fülle von Daten zu diesem Punkt, kam WELFORD (1958) jedoch zum Schluß, daß nicht der Fall ist, daß die

„Verlangsamung der sensu-motorischen Leistung mit Alter nicht daran liegt, daß längere Zeit für die Ausführung der Bewegung als solche benötigt wird, sondern daran, daß mehr Zeit gebraucht wird, um sie in Gang zu setzen und zu überwachen, was von einer Begrenzung in der Leistungsfähigkeit der zentralnervösen Prozesse herrührt" (S. 107).

Zur Stützung seiner Argumentation zieht WELFORD etliche seiner Untersuchungen heran. In einer Arbeit mußten die Probanden ein Gitter einmal ohne Zeitbegrenzung und einmal mit Zeitbegrenzung zeichnen. Dabei waren ältere Erwachsene unter der ersten Bedingung langsamer, aber sorgfältiger in der Ausführung ihrer Aufgabe; Geschwindigkeit und Genauigkeit ließen unter der zweiten Bedingung aber mit zunehmendem Alter nach. WELFORD führt ebenfalls die Experimente von CROSSMAN und SZAFRAN (1956) sowie von W. GOLDFARB (1941) an, die darauf hindeuten, daß die langsamere Geschwindigkeit bei Erwachsenen nicht in erster Linie von der Reaktionszeit als solcher abhängt, sondern von der Komplexität in dem Sinne, daß die Probanden zwei oder mehr Dinge zugleich tun müssen (Unterscheidungen treffen und anderweitige Verhaltensweisen zeigen müssen). Wenn Probanden aufgefordert werden, (a) nur Karten in zwei Päckchen einzuteilen (keine Auswahl notwendig), (b) sie nach Farbe (schwarz oder rot) zu sortieren, (c) sie nach den vier Symbolen zu unterteilen, und (d) sie nach den vier Symbolen und danach zu unterteilen, ob es sich um eine Spielkarte mit oder ohne Bild handelt, so treten unter der ersten Bedingung praktisch keine Unterschiede zwischen Altersgruppen auf; unter den Bedingungen aber, unter denen Entscheidungen notwendig sind, treten beachtliche Differenzen auf. BIRREN, ALLEN und LANDAU (1954), CLAY (1954) und andere (deren Arbeiten von den eben genannten Autoren besprochen werden) haben andere Daten vorgelegt, die zeigen, daß, wenn die Aufgaben- Komplexität steigt, Altersdifferenzen in der Leistungsgeschwindigkeit größer werden.

„Aufgabenkomplexität" in diesen Untersuchungen der Leistungsgeschwindigkeit ist nicht notwendigerweise äquivalent der „Aufgabenkomplexität", wie sie in Intelligenztests aufgefaßt wird. In Intelligenztests bedeutet „Aufgabenkomplexität" die Komplexität der Beziehungen, die das Individuum wahrnehmen muß. Es handelt sich dabei um

das, was manche Untersucher (z. B. GOLDSTEIN & SCHEERER, 1955) Abstraktheit eines Problems oder einer Relation nennen. In den eben erwähnten Untersuchungen ist Komplexität dadurch eingeführt worden, daß man die Zahl der Dinge, die ein Proband gleichzeitig zu tun oder gleichzeitig im Kopf zu behalten hatte, erhöhte. Aber, wie wir bereits gesagt haben, obwohl diese Komplexität bei Leistungsgeschwindigkeitsaufgaben nicht äquivalent ist der Komplexität einer Relation, mögen sie doch nicht völlig verschieden sein. Denn selbst wenn ein Test für abstraktes Denken ohne Zeitbegrenzung gegeben wird, können die Probanden scheitern, weil sie nicht fähig sind, die verschiedenen relevanten Aspekte des Problems gleichzeitig im Kopf zu behalten. Die zu langsame Ausführung einer mit Zeitbegrenzung gegebenen Schreibaufgabe kann die gleiche Art von Abbau einer anlagebedingten Funktion anzeigen wie eine schlechte Leistung in einer abstrakten Denkaufgabe ohne Zeitbegrenzung. Die Ergebnisse von SHUCARD und HORN (1971) zeigen, daß fluide Intelligenz zwar sowohl durch Tests, bei denen die Geschwindigkeit der Leistung eine vordringliche Rolle spielt, als auch durch Tests, die auf die Erfassung der absoluten Leistungsfähigkeit abzielen, definiert wird, daß aber die Geschwindigkeitstests höhere Korrelationen mit dem Gf-Faktor haben und in anderer Hinsicht die besseren Maße für die wesentlichen anlagebedingten, Relationen erfassenden Prozesse der fluiden Intelligenz sind. (Geschwindigkeit und Leistungshöhe sind dabei entsprechend den Kriterien definiert worden, die FURNEAUX, 1952, 1961[9], entwickelt hat, sind aber durch eine ausgedehntere Testreihe erfaßt worden als bei FURNEAUX.)
Querschnitt-Untersuchungen mit den WECHSLER-Skalen zeigen übereinstimmend daß der „Handlungs-IQ" mit Alter abnimmt und schneller abnimmt als der „Verbal-IQ" (J. COHEN, 1959; CORSINI & FASSETT, 1953; DOPPELT & WALLACE, 1955; FOX & BIRREN, 1950; HESTON & CANNELL, 1941; K. F. RIEGEL, 1958; WECHSLER, 1944, 1958). Der Wert im Handlungsteil wird ziemlich allgemein als relativ kulturfreies Intelligenzmaß akzeptiert. Zwar gibt es in bezug auf manche Subskalen des Handlungsteiles – z. B. den Zahlen-Symbol-Test – wenig logische oder psychologische Gründe, sie als Maße für grundlegende Aspekte der Intelligenz anzusehen (d. h. der Fähigkeit, Relationen wahrzunehmen), und solche Tests enthalten auch eine große visuo-motorische Komponente; aber Zahlen-Symbole können auch die Intelligenzgeschwindigkeitskomponente enthalten, auf die wir oben Bezug genommen haben. Werte in anderen Subtests des Handlungsteils, z. B. dem Mosaiktest, könnten vielleicht von einer peripheren visuellen Wahrnehmungsfunktion abhängen, die nicht zentral wichtig ist für Intelligenz. Hier zeigt sich jedoch, wie bereits erwähnt, daß wesentliche Varianzanteile solcher Tests Prozesse repräsentieren, die anscheinend grundlegend für Intelligenz sind. Wir schlagen vor, den Handlungs-IQ, auch wenn er mit Gv und motorischer und Wahrnehmungsgeschwindigkeit konfundiert ist, als ein Maß aufzufassen, das beachtliche Anteile der fluiden Intelligenz erfaßt, und das ist es hauptsächlich auch, was mit zunehmendem Alter in der Intelligenz abnimmt.

[9] Geschwindigkeit und Niveau werden folgendermaßen berechnet: Man bestimmt die durchschnittliche Geschwindigkeit, mit der Probleme von (für das Individuum) mäßiger Schwierigkeit gelöst werden; als Niveau wird die durchschnittliche Schwierigkeit der Probleme gewertet, die ein Individuum löst (unabhängig davon, wieviele Probleme gelöst werden).

Ein konsistentes Ergebnis ist, daß Tests, die auf dem Faktor für induktives Denken laden, (French *et al.*, 1963), durchgängig eine negative Korrelation mit Alter zeigen (Bechtoldt, 1947; J. G. Gilbert, 1935; Kamin, 1957; Owens, 1953; Schaie *et al.*, 1953; USES, 1944–1945; Willoughby, 1927). Horn und Cattell (1966b) fanden, daß die Leistungen in Aufgaben für induktives Denken sowohl unter Zeitbegrenzung wie ohne Zeitbegrenzung (nach Furneaux, 1952, 1961) systematisch mit Alter abnehmen. Die Fähigkeit, die mit Progressive Matrices erfaßt wird und allgemein als guter Indikator für Intelligenz gilt (s. Vernon, 1961), fällt mit Alter scharf ab (Bilash & Zubek, 1960; Foulds, 1949; Foulds & Raven, 1948; Horn & Cattell, 1966b; Nyssen & Delys, 1952; Raven, 1948, 1954); wahrscheinlich beginnt dieser Prozeß im Alter von 13–19 Jahren, sicherlich aber Mitte 20. Bromley (1956) stellte mit Hilfe des Shaw Tests of Logical Classifications fest, daß sowohl die Zahl der Klassifikationen (ermittelt ohne Zeitbegrenzung) als auch die Zahl hoch abstrakter Klassifikationen ganz regelmäßig mit Alter abnimmt.

Allgemein weisen die Ergebnisse also in die Richtung, daß Leistungen, bei denen viel vorausgegangenes Lernen – insbesondere Akkulturation – nicht gerade ein wichtiger Faktor ist, die aber dennoch die Fähigkeit zur Wahrnehmung von Relationen und Bildung von Korrelaten anzeigen, um so weniger angemessen ausfallen, je älter der Proband ist. Die Leistungen, die also anscheinend am stärksten durch Bedingungen gehemmt werden, die mit Altern einhergehen, sind auch die, welche anscheinend am stärksten durch bekannte Schädigungen des Zentralnervensystems beeinträchtigt werden (s. Hebb, 1949; Horn, 1965, 1966a, 1968).

10.5.3.6 Einige zusammenfassende Ergebnisse

Horn und Cattell (1967) haben verschiedene Tests benutzt, um die meisten Primärfähigkeiten zu definieren, und Werte für 20 der replizierten primären geistigen Fähigkeiten erhalten, die French *et al.* (1963) aufgedeckt hatten. Sie definierten operational zwei sehr breite Intelligenzmaße, wobei eines primäre Fähigkeiten umfaßt, bei denen formale Erziehung und allgemeine Erfahrung mehr oder weniger deutlich im Vordergrund stehen, und eines primäre Fähigkeiten umfaßt, bei denen diese Akkulturationseinflüsse weniger deutlich sind. Horn und Cattell haben das erste dieser zusammengesetzten Maße kristalline Intelligenz (Gc), das zweite fluide Intelligenz (Gf) genannt. Gf ist operational definiert durch Leistungen in Tests wie Matrices, bildliche Klassifikation, Analogien finden zu allgemein bekannten Wörtern, Zuordnungsaufgaben, Buchstaben-Serien, Auswendiglernen und verbales Denken mit Hilfe allgemein bekannten Materials. Sprachlich ausgedrückt, wird fluide Intelligenz als die Fähigkeit bezeichnet, komplexe Relationen wahrzunehmen, komplexe Korrelate zu bilden, Konzepte zu bilden und Hilfsoperationen zu entwickeln, logisch zu denken, zu abstrahieren und das unmittelbare Auffassungsvermögen so aufrechterhalten zu können, daß neue Probleme gelöst werden, in denen bereits vorliegende Elemente der kollektiven Intelligenz der Kultur nicht verwendet werden können. Gc ist operational definiert durch Leistungen in Tests wie Wortschatz (Synonyme bilden), allgemeine Kenntnis, soziale Situationen, ausgefallene, esoterische Analogien bilden, Erkennen von Werkzeugen, vermischte arithmetische Aufgaben, rechnerisches Denken, und kontrollierte Assoziationen. In der Prozeßdefinition von kristalliner Intelligenz wird (wie bei Gf) die Wahrnehmung von Relationen, die Bildung von Korrelaten, Abstraktionsvermögen etc. hervorgehoben, aber in bezug auf Material, bei dem es von unbedingtem Vorteil bei der Lösung der Probleme ist, auf die in der Vergangenheit für geeignet befundenen Strategien der kollektiven Intelligenz der Kultur zurückzugreifen. Von den meisten Psychologen würde jedes zusammengesetzte Maß für sich allein als gutes Maß für Intelligenz akzeptiert werden. HORN und CATTELL haben noch ein weiteres Intelligenzkonzept aufgrund der Summe von Gf und Gc definiert, das, so die Meinung der Autoren, vergleichbar (wenn auch breiter gefaßt und darum valider) ist dem Maß, das mit einem der typischen Omnibus-Intelligenztests ermittelt wird – also dem Maß, das man üblicherweise als allgemeine Intelligenz, allgemeine Befähigung oder G bezeichnet. Bei der querschnittlichen Untersuchung dieser verschiedenen Intelligenzdefinitionen wurden Kovarianzanalysen benutzt, um (einzeln und in verschiedenen Kombinationen) die linearen Effekte zu kontrollieren, die mit Unterschieden im Geschlecht, in der Bildung, visuo-motorischen Geschwindigkeit, verbalen Fluenz und Genauigkeit zusammenhängen. Die wesentlichen Ergebnisse dieser Analysen sind in Abbildung 1 zusammengefaßt.

Allgemeines Ergebnis ist, daß fluide Intelligenz von 13–19 Jahren ab stetig abnimmt, daß kristalline Intelligenz von 13–19 Jahren an bis ins Alter von 50–59 Jahren stetig zunimmt, und daß allgemeine Intelligenz, die sich aus beiden Komponenten zusammensetzt, weder zu- noch abnimmt. Die Ergebnisse sind am klarsten, wenn sie durch Kovarianzanalyse kontrolliert werden, aber sie gelten, bis auf eine Ausnahme auch dann, wenn keine Kovariaten eingeführt werden. Bei der Ausnahme handelt es sich darum, daß, ehe nicht Geschlechts- und Bildungsunterschiede kontrolliert werden, der Mittelwert für fluide Intelligenz für die jüngste Altersgruppe – 14 bis 17 Jahre – unter dem Mittelwert für die Gruppe im Alter zwischen 18 und 20 Jahren liegt.

Diesen Daten sollte natürlich kein übertriebenes Gewicht beigemessen werden, insbesondere da in einer Querschnitt-Untersuchung Kohortendifferenzen mit Altersveränderungen konfundiert sind. Sie werden jedoch gestützt durch, und fassen ihrerseits zusammen, einen Großteil der (Längsschnitt- und Querschnitt-) Forschung zu Altersveränderungen und Unterschieden in Fähigkeiten, die wir in den vorangegangenen Abschnitten überblicksartig besprochen haben. Sie werden auch gestützt durch die allgemeine Beobachtung, daß Intelligenz, je nach unterschiedlicher Definition dieses Konzepts, sich mit Alter sowohl verbessert als auch verschlechtert. Für die Praxis zeigen diese Ergebnisse den Weg, auf dem weitere Forschung vorangetrieben werden muß, und deuten auf die Notwendigkeit hin, Messungen von Fähigkeiten im angewandt-klinischen Bereich, in der Wirtschaft und in Bildungsinstitutionen anders als bisher vorzunehmen.

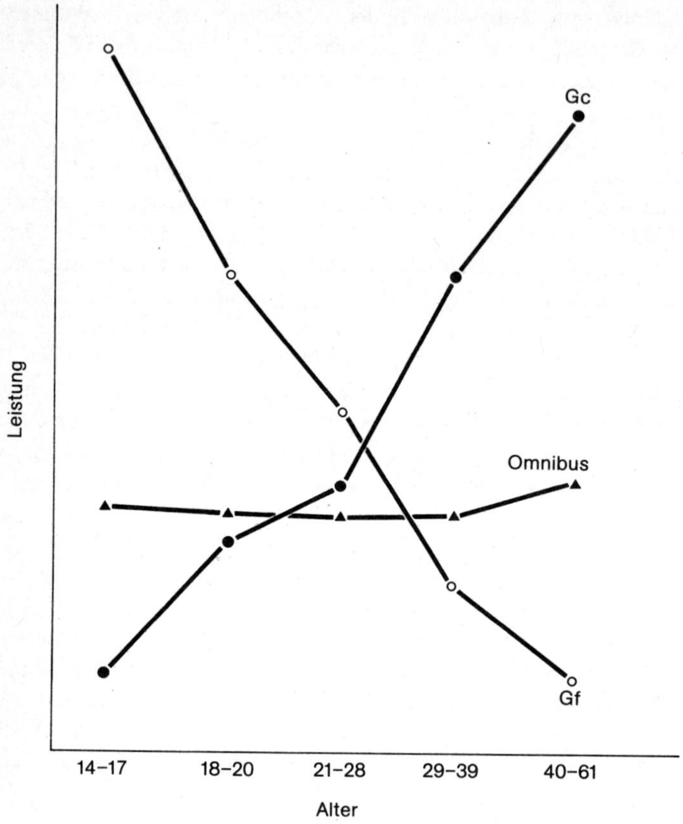

Abb. 1: Leistung als eine Funktion von Alter. Zusammenfassung der Ergebnisse einer Kovarianzanalyse, wobei Geschlecht, Bildungsniveau, Wahrnehmung und Fluenz statistisch kontrolliert worden sind.

10.6 Allgemeine Zusammenfassung

Im allgemeinen hat man festgestellt, daß Tests zur Messung von Intelligenz positiv miteinander korrelieren, sowohl zu einem bestimmten Testzeitpunkt als auch, ausgenommen die Kleinkindzeit, über verschiedene Altersgruppen in der Kindheit und im Erwachsenenalter hinweg. Offensichtlich wirken also einige Determinanten für Leistungen im Fähigkeitsbereich über die gesamte Lebensspanne hinweg und das bei relativ breit gestreuten Aufgabenarten. Es scheint so zu sein, daß einige dieser Determinanten bei der Konzeption genetisch festgelegt werden und während der Entwicklung in Erscheinung treten. Andere Determinanten scheinen dagegen durch Aufsummierung von Erfahrun-

gen zu Modifikationen in der Struktur zu führen, zuerst wohl hauptsächlich durch Prozesse des klassischen Konditionierens, dann durch die Prozesse des Transfers von Training, der Generalisierung, des Lernens, wie man lernt, und Lernens, nicht zu lernen, sowie schließlich wohl durch Prozesse, die auf die Verwendung von Konzepten und „allgemeinen Lösungsstrategien" abzielen. Wieder andere Determinanten scheinen sich als Defizite aufzusummieren, sozusagen als ein Ergebnis des „Abnutzungskrieges", das die Umwelt ständig mit dem Individuum führt, und vielleicht auch als Folge der Stoffwechselprozesse, die genetisch festgelegt sind. Auch wenn das hervorstechendste Merkmal an Untersuchungsergebnissen zu Intelligenzprozessen sein mag, daß sie eine einheitliche Intelligenzfunktion aufgedeckt haben, so sind doch auch in vielen Untersuchungen immer wieder Ergebnisse gefunden worden, die auf unterschiedliche operational und statistisch voneinander unabhängige Primär- und andere allgemeinere Fähigkeiten hinweisen. Auf dem Niveau der Primärfähigkeiten haben sie den Charakter von mehr oder weniger speziellen Prozessen, die bei allgemeinen Fähigkeiten eine Rolle spielen, und sie deuten auf die spezifische Formung hin, die solche Grundfähigkeiten durch Curricula, kulturelle und subkulturelle Werte sowie die Anpassungen und Motivationen des Individuums in bezug darauf erhalten. Die allgemeineren Fähigkeiten zeigen die Kraft solcher maßgebenden Einflüsse wie denen, die sich als Akkulturation niederschlagen, denen, die als Determinanten zentralnervös wirken oder sich dort aufsummieren, und denen, die in periphereren physiologischen Strukturen vorhanden sind oder sich dort aufsummieren.
Tests, die zur Erfassung von Fähigkeiten bei Kleinkindern entwickelt worden sind, messen hauptsächlich sensu-motorische Funktionen, die keinen Schluß erlauben auf das Intelligenzniveau, das auf späteren Altersstufen erreicht wird. Alles, was hier an Korrelationen auftaucht, ist im wesentlichen auf eine Überlappung in anlagebedingten Funktionen zurückzuführen.

Was als Intelligenz im Alter von fünf Jahren an aufwärts gemessen wird, impliziert das Erkennen von Zeichen (indirekt repräsentiert das die Fähigkeit, Konzepte zu bilden) und leichten Umgang mit allgemeinen Lösungsstrategien (was auf die Fähigkeit hinweist, solche Hilfsstrategien zu entwickeln). Konzepte und Hilfsoperationen sind bis zu einem gewissen Maße höchst eigenwillig-individuell; aber viele werden auch von einer Generation zur nächsten weitergegeben, und man spricht dann von der kollektiven Intelligenz einer Kultur. Das Ausmaß, in dem ein Individuum die Intelligenz und das Wissen seiner Kultur besitzt, repräsentiert dessen Intelligenz in der einen möglichen Bedeutung des Konzepts. Man spricht in diesem Fall von kristalliner Intelligenz oder Gc.

Im Verlauf der Entwicklung vereinigt sich eine Anzahl von Einflüssen, um sozusagen einige Individuen in die Lage zu versetzen, sich große Ausschnitte aus der kollektiven Intelligenz der Kultur anzueignen, während andere in dieser Möglichkeit beschnitten werden. Das Ergebnis ist, daß Individuen mit der gleichen latenten Befähigung ganz verschiedene Niveaus der kristallinen Intelligenz erreichen. Aber diese Einflüsse wirken relativ unabhängig von denen, die anfänglich und mit laufendem Verschleiß auf die physiologische Struktur und die Entwicklung und Aufrechterhaltung der Fähigkeiten einwirken, die direkt von dieser Struktur abhängen – nämlich die Fähigkeiten der sog. fluiden Intelligenz. Ergebnis ist, daß es im Verlauf der Entwicklung zu einer Trennung in zwei große Leistungsarten kommt, die beide Intelligenz widerspielen sollen.

Obwohl die Schädigungen der zentralnervösen Struktur, die intelligentem Verhalten zugrundeliegen, immer mehr werden, wird der Verschleißprozeß in der Kindheit durch die rapide Entwicklung überdeckt. Im Erwachsenenalter kann man jedoch beobachten, wie irreversible Schädigungen allmählich die zentralnervösen Strukturen vermindern. Dafür werden Lern- und Akkulturationsprozesse stärker, so daß Intelligenz im Erwachsenenalter sowohl zu- als auch abnehmen kann: Kristalline Intelligenz, wenn sie richtig bei Stichproben erfaßt wird, die sich im Hauptstrom der Akkulturation befinden, nimmt zu; fluide Intelligenz nimmt ab. Zu den Fähigkeiten, die im Erwachsenenalter nicht nachlassen, gehören sprachliches Verständnis, Erfahrungsbewertung, und allgemeines Denken (basierend auf Problemen, wie man ihnen im Alltagsleben begegnet); Fähigkeiten, die nachlassen, sind dagegen, bei bildlichem Material Relationen erkennen und Klassifikationen vornehmen zu können, induktives Denken, und assoziatives Gedächtnis für sinnfreies Material. Der Rückgang in den intellektuellen Fähigkeiten scheint zusammenzuhängen mit einem Abbau elementarer Prozesse, die sich widerspiegeln in der Fähigkeit, unterschiedliche Elemente gleichzeitig im unmittelbaren Bewußtsein zu halten, und in der Denkgeschwindigkeit.
Altersdifferenzen in visuellen Wahrnehmungsfähigkeiten scheinen hauptsächlich Kohortendifferenzen zu sein, keine Veränderungen, die dem Alternsprozeß inhärent wären. Visuo-motorische Geschwindigkeit scheint im Erwachsenenalter nicht merklich abzunehmen.

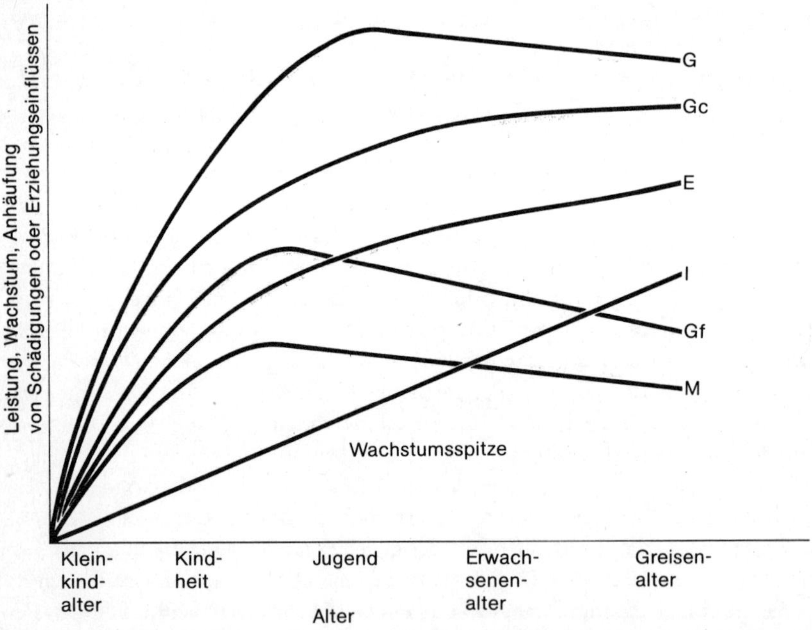

Abb. 2: Entwicklung der fluiden Intelligenz (Gf) und der kristallinen Intelligenz (Gc) in Relation zur Reifung und Verminderung neuraler Strukturen (M), Anhäufung von Schädigungen der neuralen Strukturen (I), Anhäufung der Erziehungseinflüsse (E) und der Allgemeinfähigkeit (G).

In Abbildung 2 ist die Intelligenzentwicklung über die gesamte Lebensspanne hinweg zusammenfassend dargestellt. Anfangs sind Gf und Gc nicht zu unterscheiden. Im Verlauf der Entwicklung werden sie aber in korrelativem Sinne auseinandergezogen. Die Anhäufung von zentralnervösen Schädigungen wird in der Kindheit durch die rasche Entwicklung überdeckt, im Erwachsenenalter werden die Effekte jedoch deutlicher. Fluide Intelligenz, die darauf basiert, nimmt deshalb ab, sobald die Geschwindigkeit des zentralnervösen Abbaus größer wird als die der Entwicklung zentralnervöser Strukturen. Erfahrung und Lernen nehmen während der Entwicklung zu. Diese Einflüsse schlagen sich in der kristallinen Intelligenz nieder, die während der meisten Zeit des Erwachsenenalters zunimmt. Sie läßt allerdings dann auch nach, wenn die Geschwindigkeit des Strukturverlustes, d.h. des Verlustes der Strukturen, die intelligentem Verhalten zugrundeliegen, größer wird als die Geschwindigkeit, mit der neue Strategien erworben werden, um Begrenzungen in anlagebedingten Funktionen zu kompensieren.
In dem vorliegenden Kapitel haben wir viele methodische Schwierigkeiten einfach unerwähnt gelassen, um dem Leser einen allgemeinen Überblick darüber verschaffen zu können, was bisher an Beweisen zur Intelligenzforschung vorliegt. Die bestehenden methodischen Probleme machen es jedoch erforderlich, die hier vorgenommenen Generalisierungen mit Vorsicht aufzunehmen. Schaie (1970, s. Kapitel 11 dieses Bandes) wird den Leser deutlicher auf die Schwierigkeiten hinweisen, die in diesem Bereich zu beachten sind.

Danksagung

Mr. Lazar Stankov, Mr. Hal Bartlett und den Herausgebern des Bandes „Life Span Developmental Psychology. Research and Theory" danke ich für die wertvolle Hilfe bei den bibliographischen Arbeiten, auf denen dieser Artikel aufbaut.

11 Mit Alter einhergehende Veränderungen in der kognitiven Struktur und Funktionsweise – neu interpretiert

K. WARNER SCHAIE, West Virginia University, Morgantown, West Virginia

Zum Inhalt

Chronologisches Alter wird als Bezugsrahmen für die Untersuchung entwicklungsbedingter Phänomene häufig benutzt, aber selten richtig verstanden. Die drei Dimensionen ,,Altersdifferenzen", ,,Altersveränderungen" und ,,kultureller Wandel" werden oft miteinander verwechselt; umgekehrt wird jede Dimension manchmal fälschlicherweise als eine Schätzung für entwicklungsbedingte Veränderungen aufgefaßt. Das allgemeine Entwicklungsmodell, in dem die Interrelation zwischen diesen Dimensionen definiert wird, wollen wir in dem vorliegenden Kapitel weiter explizieren. Besondere Aufmerksamkeit gilt dabei dem Effekt von Generationsunterschieden, und es werden Beispiele aus der Literatur angeführt, in denen die Trennung der Generationseffekte von reifungsbedingten Veränderungen sowie Umwelteinflüssen in der richtigen Weise angestrebt wird. Zugleich betrachten wir verschiedene Klassen von kognitiven Variablen (z. B. kristalline und fluide Intelligenz); da man vermutet, daß die eine Klasse kognitiver Variablen eher durch Umwelt, die andere eher biogen vermittelt ist, können sie zu einem Verständnis der Beziehung zwischen Generationsunterschieden und allgemeinen Umwelteinflüssen zu bestimmten Testzeitpunkten beitragen. Es zeigt sich, daß Umwelteinflüsse zwischen Testzeitpunkten von besonderer Bedeutung sind bei Kindern und bei Maßen für fluide Intelligenz bei Erwachsenen, während Generationsunterschiede beträchtliche Varianzanteile in Untersuchungen von Veränderungen, die im Erwachsenenalter in Maßen für kristalline Intelligenz auftreten, zu erklären scheint.

11.1 Einführung

Ziel diese Kapitels ist, eine Anzahl methodologischer Probleme weiterzuverfolgen, die in früheren Diskussionen über den unterschiedlichen Status der Konzepte ,,Altersveränderungen", ,,Altersdifferenzen" und ,,kultureller Wandel" aufgetaucht sind (SCHAIE, 1959, 1965, 1967). Die Bedeutung, die die Trennung dieser Konzepte für die Untersuchungsplanung und die Interpretation entwicklungspsychologischer Daten hat, scheint

den Psychologen, die sich für das Erwachsenen- und das Greisenalter interessieren, endlich klar geworden zu sein (s. CARP, 1968; K. F. RIEGEL *et al.*, 1967; C. L. ROSE, 1968). Dagegen arbeiten jedoch viele derjenigen, die sich für Kindheit und Adoleszenz interessieren, auch heute noch so, als wären ihnen die dabei auftauchenden Probleme unbekannt, obwohl sie im Zusammenhang mit der Entwicklung des Kindes schon diskutiert worden sind (BELL, 1953, 1954; KESSEN, 1960; T. L. MCCULLOCH, 1957).
Ein weiteres Ziel dieses Kapitels ist die Behandlung einiger Fragen, die in bezug auf die Brauchbarkeit des allgemeinen Entwicklungsmodells (SCHAIE, 1965) gestellt worden sind, und zwar die Brauchbarkeit des Modells, daraus sinnvolle Strategien ableiten zu können als Ausweg aus dem Dilemma, daß man mit keiner der konventionellen Forschungsstrategien zur Untersuchung des Verhaltens über die Zeit hin eindeutig interpretierbare Daten erheben kann. Derartige Fragen sind in außerordentlich überlegter Weise von BALTES (1967, 1968b) und BALTES und NESSELROADE (1970) aufgeworfen worden. Wir wollen versuchen, deutlich zu machen, warum es notwendig ist, auf bestimmten Aspekten unserer früheren Darstellungen zu beharren; wir werden aber auch zeigen, daß BALTES einen logischen Schritt bei der Einführung bestimmter Strategien getan hat, der getan werden mußte, und daß die Meinungsunterschiede zwischen uns eher Unterschiede in der Prioritätensetzung als prinzipielle Unterschiede sind. Anschließend werden wir neue Strategien darstellen, mit deren Hilfe man auf die richtige Weise Altersveränderungen von Kohorten- (Generations-)differenzen trennen kann. Zum Abschluß werden wir Daten aus der entwicklungspsychologischen Literatur bringen, die sich auf einige theoretische Probleme beziehen, die wir im vorliegenden Kapitel ansprechen.

11.2 Altersveränderungen versus Altersdifferenzen versus kultureller Wandel

Es ist seit geraumer Zeit bekannt, daß sich Daten über die mit Alter zusammenhängenden Phänomene beträchtlich voneinander unterscheiden, je nachdem ob sie mit Hilfe der Querschnitt- oder Längsschnitt-Methode erhoben worden sind. Obwohl das Problem in Untersuchungen zur Entwicklung in den ersten Lebensabschnitten sehr gravierend ist, hat es von Kinderpsychologen nur wenig Beachtung erfahren, vielleicht mit dem Argument, daß der Anteil der reifungsbedingten Varianz in jeder interessierenden Variable während der ersten Lebensabschnitte so groß ist, daß andere Varianzquellen vernachlässigt werden können. Diese Sichtweise ist natürlich völlig falsch und gefährlich, aber bislang sind die Unterschiede zwischen den Ergebnissen von Längsschnitt- und Querschnitt-Untersuchungen in erster Linie in Arbeiten zu Veränderungen im Erwachsenenalter diskutiert worden (BIRREN, 1959b; DAMON, 1965; KUHLEN, 1940, 1963; OWENS, 1953; SCHAIE & STROTHER, 1968a, b; WELFORD, 1961).
Der Grund für solche Unterschiede muß in der Natur des Entwickungsprozesses gesucht werden. In einem früheren Artikel (SCHAIE, 1965) haben wir drei Methoden zur Beschreibung entwicklungsbedingter Veränderungen definiert, wobei jede zwei Parameter

konfundiert. Es läßt sich präzise bezeichnen, was mit jeder der folgenden Strategien gemessen wird:

1. Die *Querschnitt*-Methode erfaßt *Altersdifferenzen,* aber konfundiert Unterschiede im Reifungszustand mit Unterschieden zwischen Generationen.
2. Die *Längsschnitt*-Methode erfaßt *Altersveränderungen,* aber konfundiert Unterschiede im Reifungszustand mit Umwelteffekten.
3. Die *Zeitwandel*methode erfaßt *kulturellen Wandel,* aber konfundiert Umwelteffekte mit Unterschieden zwischen Generationen.

Das alles bedeutet, daß jede Stichprobe mit einem Index versehen werden muß, der den Stand der Stichprobe in bezug auf drei Dimensionen kennzeichnet: (a) die Kohorte C_i, aus der die Stichprobe gezogen worden ist (d. h. das Zeitintervall, in dem die Gruppe geboren worden ist); (b) die Testzeit T_k, zu der die Messungen vorgenommen worden sind, (c) das Alter A_m der Stichprobe zum Testzeitpunkt. Es ist nun völlig richtig, daß die beiden letzten dieser drei Parameter immer aus den beiden anderen erschlossen werden können (Baltes, 1967, 1968b), aber daraus folgt nicht, daß es überhaupt unwesentlich sei, welche beiden der drei Parameter unabhängig ausgewählt werden. Ebenso wenig stimmt es, daß es möglich wäre, die Komponenten entwicklungsbedingter Veränderungen durch ein allgemeines zweifaktorielles Modell zu bestimmen. Um das zu tun, muß man, wie wir später zeigen werden, Daten so aufnehmen, daß sie mit Hilfe zweier der drei möglichen zweifaktoriellen Sequenz-Strategien analysiert werden können, die sich aus dem dreifaktoriellen Modell ableiten lassen. Datenanalyse, die auf irgendeines der zweifaktoriellen Modelle begrenzt bleibt, leidet darunter, daß die Zeitkomponente unveränderbar unidirektional ist, und das muß zu einer unechten Konfundierung des dritten Parameters führen, der nicht direkt durch einen einzigen zweifaktoriellen Plan geschätzt werden kann. Geht man jedoch vom dreifaktoriellen Modell aus, so kann man leicht Gleichungen ableiten, die zu unabhängigen Parameter-Schätzungen führen, indem man über die *Population* von Altersstufen, Kohorten oder Testzeitpunkten mißt.

Baltes (1967, 1968b) ist diesen Überlegungen implizit bei der Beschreibung seiner „Querschnitt- und Längsschnitt-Sequenzen" gefolgt. Was Baltes getan hat, ist lediglich, logische Erweiterungen vom allgemeinen Modell zu spezifizieren, die dann zutreffen, wenn mehr als das Minimum von zwei Stufen pro Parameter in einem Untersuchungsplan aufgenommen werden. Darüber hinaus hat Baltes auf operationalem Niveau vor nicht allzu langer Zeit die notwendigen Konsequenzen eines dreidimensionalen Modells anerkannt, indem er zwei Untersuchungen publizierte, in denen zwei der drei möglichen Strategien verwendet worden sind (Baltes & Reinert, 1969; Baltes, Reinert & Baltes, 1970).

Baltes folgt also in Tat und Wahrheit experimentellen Strategien, die wir sehr befürworten; er fällt jedoch auf ein konzeptuelles Beschreibungsniveau zurück, auf dem Begriffe benutzt werden, von denen wir in unserer Diskussion des allgemeinen Entwicklungsmodells gezeigt haben, daß sie Verwirrung stiften. Während wir an seiner Terminologie bei der Beschreibung der Art der Datensammlung (Längsschnitt- und Querschnitt-Sequenzen) nichts auszusetzen haben, würden wir aber vorschlagen, daß der Plan einer Untersuchung durch die Begriffe Kohorten-Sequenz-Analyse (cohort-sequential, CS), Testzeit-Sequenz-Analyse (time-sequential, TS) und Quer-Sequenz-Analyse (cross-sequen-

tial, XS) näher gekennzeichnet werden sollte. Diese Bezeichnungen sind den von BALTES benutzten Termini vorzuziehen, da sie viel eher als die konventionell klingenden Begriffe Längsschnitt- und Querschnitt-Sequenzen wirklich deutlich machen, daß es sich um radikal verschiedene Auswertungsstrategien handelt.
Im folgenden wollen wir versuchen, deutlich zu machen, welche Vorteile es hat, Strategien aus dem dreifaktoriellen allgemeinen Entwicklungsmodell (SCHAIE, 1965) abzuleiten. Ist der Untersucher beispielsweise daran interessiert, den Effekt von Generationsunterschieden von reifungsbedingten Veränderungen zu trennen, so würde er die *Kohorten-Sequenz-Methode* verwenden, die entsprechend der konventionellen Terminologie den allgemeinsten Fall der Längsschnitt-Methode darstellt. Bei einer Kohorten-Sequenz-Analyse würde man zwei oder mehrere Kohorten (Generationen) zu zwei oder mehreren Alterszeitpunkten untersuchen. Natürlich ist es unmöglich, Stichproben aller Altersgruppen für alle Kohorten zum selben Testzeitpunkt zu bekommen, und deshalb könnte eine signifikante Interaktion zwischen Kohorte und Alter bedeuten, entweder daß Altersveränderungen bei verschiedenen Kohorten mit unterschiedlicher Geschwindigkeit auftreten oder daß eine Konfundierung mit Testzeit vorliegt.

Wie ist dieses Problem zu lösen? Es ist konzeptuell einfach, die Konfundierung mit Testzeit unbedeutend werden zu lassen, und zwar in bezug auf die Kohorten dadurch, daß man für alle möglichen Altersstufen zwei Kohorten auswählt oder in bezug auf Alter, indem man zwei Altersstufen für alle möglichen Kohorten auswählt. Mit keinem dieser Pläne läßt sich aber wirklich gut arbeiten, da es die gesamte Lebenszeit eines Untersuchers in Anspruch nehmen würde, einen solchen Plan auszuführen. Die Kohorten-Sequenz-Methode ist geeignet für die Untersuchung kurzlebiger Organismen; nicht sehr vielversprechend scheint sie dagegen für Untersuchungen des Menschen zu sein, außer es handelt sich um einen kurzen Abschnitt der Lebensspanne.
Eine andere Lösung erweist sich jedoch als sehr viel praktischer, wenn wir die *Testzeit-Sequenz-Methode* betrachten, die den allgemeinsten Fall des konventionellen Querschnitts darstellt. Zugleich können wir damit veranschaulichen, daß es in der Tat ein Unterschied ist, welche beiden der drei möglichen Parameter man untersuchen möchte. Bei der Testzeit-Sequenz-Methode versucht man, Alterseffekte von Umwelteffekten zu trennen, indem man Stichproben aus zwei oder mehreren verschiedenen Altersstufen zu zwei oder mehreren Testzeitpunkten untersucht. Konfundiert sind hier natürlich Kohortendifferenzen, da man nicht Individuen verschiedenen Alters zum selben Testzeitpunkt untersuchen kann, außer sie gehören zugleich verschiedenen Generationen an. Wiederum können wir die Konfundierung aufheben, und zwar in bezug auf Alter, indem wir zwei Altersstufen zu allen möglichen Testzeitpunkten auswählen oder indem wir *zwei Testzeitpunkte für alle möglichen interessierenden Altersstufen* wählen. Der letztgenannte Ansatz kann dazu benutzt werden, ein Experiment unmittelbar dann anzusetzen, wenn man berechtigterweise annehmen kann, daß Verhaltensveränderungen zwischen zwei Messungen auftreten; er ist darum außerordentlich praktisch. In diesem Fall kann man eine reliable Schätzung des Umwelteffekts für die in Frage stehende Zeitspanne erhalten, wenn man über alle interessierenden Altersstufen mittelt. Ein solcher Netto-Umwelteffekt ($Td_{k \cdot ts}$) sollte, wenn er von Maßen für längsschnittliche (Lod_m) Altersver-

änderungen für dieselbe Zeitspanne subtrahiert worden ist, eine recht gute Schätzung für die Netto-Altersveränderungen (Ad_m) zum Zeitpunkt k liefern.
Interessiert man sich jedoch für den Einfluß von Generationsdifferenzen, ein Problem, das zunehmend bedeutungsvoll und wichtig wird, dann muß man die *Quer-Sequenz-Methode* wählen, die den allgemeinsten Fall der Zeitwandelmethode darstellt. Hier untersucht man zwei oder mehrere Stichproben derselben Kohorte zu zwei oder mehreren Testzeitpunkten. In diesem Fall ist es natürlich notwendig, daß die Individuen der verschiedenen Kohorten zu verschiedenen Testzeitpunkten verschieden alt sind; in diesem Plan ist also Alter konfundiert. Wieder kann man diese Konfundierung in bezug auf Umwelteffekte dadurch auflösen, daß man zwei Testzeitpunkte auf allen möglichen Kohortenstufen oder zwei Kohorten für alle Testzeitpunkte wählt. Der erste Weg ist natürlich der praktischere, weil er Datensammlung in kürzest möglicher Zeit erlaubt. In diesem Fall erhalten wir eine zuverlässige Schätzung der Umwelteffekte ($Td_{k \cdot xs}$) für die in Frage stehende Zeitspanne, wenn wir über alle interessierenden Kohorten mitteln. Ein solcher Netto-Testzeiteffekt sollte, wenn er von dem geeigneten Zeitwandelmaß für kulturellen Wandel (Tld_k) subtrahiert worden ist, eine recht gute Schätzung der Netto-Generationsdifferenzen (Cd_i) zum Zeitpunkt k liefern.
Wenn für jeden Parameter nur zwei Schätzungen vorliegen, dann ist der dritte unauflöslich mit den beiden anderen konfundiert, statt asymptotisch zu verlaufen und vernachlässigbar zu werden, wie es der Fall ist, wenn für mindestens einen der Parameter eine große Anzahl von Stufen gewählt worden ist. Wir werden im folgenden eine Reihe von Gleichungen vorstellen, die nützlicher sind als diejenigen, die wir früher (Schaie, 1965) für den Minimalfall von zwei Stufen pro Parameter angegeben haben. Diese sechs Gleichungen enthalten zwei alternative Schätzungen jeweils für Netto-Altersdifferenzen (Ad), Kohortendifferenzen (Cd) und Testzeit-(oder Umwelt-)differenzen (Td):

$$Ad_{m \cdot cs} = (1/C) \sum_{i=1}^{C} (A_n - A_m) \qquad (1)$$

Rechenoperation: Summiere die Differenzen zwischen zwei Altersstufen über alle möglichen Kohorten hinweg, und dividiere die Summe durch die Anzahl der Kohorten, über die summiert worden ist (Kohorten-Sequenz-Methode).

$$Ad_{m \cdot ts} = (1/T) \sum_{k=1}^{T} (A_n - A_m) \qquad (2)$$

Rechenoperation: Summiere die Differenzen zwischen zwei Altersstufen über alle möglichen Testzeiten hinweg, und dividiere die Summe durch die Anzahl der Testzeiten, über die summiert worden ist (Testzeit-Sequenz-Methode).

$$Cd_{i \cdot cs} = (1/A) \sum_{m=1}^{A} (C_j - C_i) \qquad (3)$$

Rechenoperation: Summiere die Differenzen zwischen zwei Kohorten über alle möglichen Altersstufen hinweg, und dividiere durch die Anzahl der Altersstufen, über die summiert worden ist (Kohorten-Sequenz-Methode).

$$Cd_{i \cdot xs} = (1/T) \sum_{k=1}^{T} (C_j - C_i) \tag{4}$$

Rechenoperation: Summiere die Differenzen zwischen zwei Kohorten über alle möglichen Testzeiten hinweg, und dividiere durch die Anzahl der Testzeiten, über die summiert worden ist (Quer-Sequenz-Methode).

$$Td_{k \cdot ts} = (1/A) \sum_{m=1}^{A} (T_l - T_k) \tag{5}$$

Rechenoperation: Summiere die Differenzen zwischen zwei Testzeiten über alle möglichen Altesstufen hinweg, und dividiere durch die Anzahl der Altersstufen, über die summiert worden ist (Testzeit-Sequenz-Methode).

$$Td_{k \cdot xs} = (1/C) \sum_{i=1}^{C} (T_l - T_k) \tag{6}$$

Rechenoperation: Summiere die Differenzen zwischen zwei Testzeiten über alle möglichen Kohorten hinweg, und dividiere durch die Anzahl der Kohorten, über die summiert worden ist (Quer-Sequenz-Methode).
Als Kreuzverweis sollte angemerkt werden, daß unter den Bedingungen, wie wir sie oben beschrieben haben, die hier angegebenen Gleichungen die folgenden früheren Gleichungen (SCHAIE, 1965) ersetzen sollten:

Revidierte Gleichungen	Entsprechende Gleichungen in SCHAIE (1965)
(1)	(10)
(2)	(13)
(3)	(11)
(4)	(16)
(5)	(14)
(6)	(17)

Alle oben genannten Gleichungen (und folglich die drei alternativen Sequenz-Strategien) sind bei kurzlebigen Organismen gut anwendbar. In bezug auf Untersuchungen von Menschen ist jedoch selbstverständlich klar, daß nur die Gleichungen 5 und 6 einen gewissen Wert für eine Übertragung in einen experimentellen Design haben. Wir wollen nun zeigen, wie die Gleichungen eingesetzt werden können in recht genaue Schätzungen

der anderen Komponenten entwicklungsbedingter Veränderungen, so wie wir es in unserer vorangegangenen Diskussion vorgeschlagen haben.
Zu diesem Zweck werden wir die drei Wege neu definieren, auf denen entwicklungsbedingte Veränderungen gemessen werden können; wir benutzen dabei eine unidirektionale Schreibweise, d. h., Alter *n* bedeutet höheres Alter als Alter *m*; Kohorte *i* ist früher geboren als Kohorte *j*; und Testzeit *k* liegt vor Testzeit *l*. Die folgenden Gleichungen sind gefordert:

$$Csd_{m \cdot k} = Ad_m - Cd_i \qquad (7)$$

d. h., die querschnittliche Altersdifferenz zwischen den Altersgruppen *m* und *n*, gemessen zum Zeitpunkt *k*, setzt sich zusammen aus der Netto-Altersdifferenz Ad_m minus die Netto-Kohorten-(Generations-)differenz Cd_i, die die Differenz zwischen den Kohorten *i* und *j* bezeichnet.

$$Lod_{m \cdot i} = Ad_m + Td_k \qquad (8)$$

d. h., die längsschnittlichen Altersveränderungen von Altersstufe *m* zu Altersstufe *n*, gemessen für die Kohorte *i*, setzen sich zusammen aus der Netto-Altersdifferenz Ad_m plus der Netto-Testzeitdifferenz Td_k, die den Netto-Umwelteinfluß von Zeitpunkt *k* bis Zeitpunkt *l* bezeichnet.

$$Tld_{k \cdot m} = Td_k + Cd_i \qquad (9)$$

d. h., der kulturelle Zeitwandel (time-lag cultural change) vom Zeitpunkt *k* bis Zeitpunkt *l*, gemessen auf Altersstufe *m*, setzt sich zusammen aus der Netto-Testzeit-(Umwelt-)differenz Td_k plus der Kohortendifferenz Cd_i, die die Netto-Kohortendifferenz zwischen den Kohorten *i* und *j* bezeichnet.
Es ist nun möglich, daß man nach allen drei Komponenten entwicklungsbedingter Veränderungen auflöst dadurch, daß man den gesamten Netto-Testzeiteffekt, der durch die Gleichungen 5 oder 6 geschätzt wurde, in die Gleichungen 8 und 9 einsetzt und folgendermaßen schreibt:

$$Ad_m = Lod_{m \cdot i} - Td_{k \cdot ts} \qquad (10)$$

d. h., die geschätzte reifungsbedingte Netto-Altersdifferenz zwischen den Altersstufen *m* und *n* ist gleich der Differenz in den Mittelwerten für Kohorte *i*, gemessen zu den Zeitpunkten *k* und *l*, minus dem Testzeiteffekt vom Zeitpunkt *k* bis *l*, gemittelt über alle interessierenden Altersstufen. Hier sollte Gleichung 5 benutzt werden, weil $Td_{k \cdot ts}$ den Effekt von Kohortendifferenzen asymptotisch zur Testzeit hält.
Als nächstes können wir nach Netto-Kohortendifferenzen auflösen durch die Gleichung

$$Cd_i = Tld_{k \cdot m} - Td_{k \cdot xs} \qquad (11)$$

d. h., die geschätzte Netto-Differenz zwischen den Kohorten i und j kann berechnet werden dadurch, daß man den Netto-Testzeiteffekt von Zeitpunkt k bis Zeitpunkt l, gemittelt über alle interessierenden Kohorten, subtrahiert von der Differenz in den Mittelwerten zwischen den Kohorten i und j auf Altersstufe m. Gleichung (6) wird in diesem Fall in (11) benutzt, weil $Td_{k \cdot xs}$ den Effekt von Altersdifferenzen asymptotisch zur Testzeit hält.

Wir wollen hier auch auf die Tatsache aufmerksam machen, daß entsprechend der oben benutzten Schreibweise $Td_{k \cdot xs}$ immer dann eine genaue Netto-Schätzung von Td_k ist, wenn Ad_m gegen Null geht, während $Td_{k \cdot ts}$ dann eine genaue Schätzung liefert, wenn C_i gegen Null geht. Wenn sowohl Ad_m als auch C_i gegen Null gehen, dann werden die beiden Td-Schätzungen natürlich annähernd gleich sein. Ähnliche Gleichungen kann man, ausgehend von den Gleichungen (1), (2), (3) und (4), für die Schätzung der Komponenten entwicklungsbedingter Veränderungen ableiten. Wie der Leser aber jetzt wird feststellen können, sind die Pläne für die Datenerhebung nach diesen Formeln unökonomisch, und wir sollten sie deshalb nicht weiter beachten.

Die oben angeführten Schätzungen des Testzeiteffekts basieren natürlich nur auf einem Zeitabschnitt. In jedem guten experimentellen Plan sollten die Daten noch mindestens während eines weiteren Intervalls gesammelt werden, damit sichergestellt ist, daß nicht ein chronologischer Abschnitt ausgewählt worden ist, der ungewöhnliche und nicht replizierbare Merkmale hat.

Wir möchten nun vorschlagen, daß Entwicklungspsychologen paradoxerweise reifungsbedingte Altersveränderungen im Verhalten nicht weiter berücksichtigen, wenn erst einmal klar ist, welche Komponenten der entwicklungsbedingten Veränderungen tatsächlich auf Netto-Alterseffekte zurückgeführt werden können. Mit anderen Worten: Unser Interesse an den mit Alter einhergehenden Veränderungen in Struktur und Funktion ist nur ein erster Schritt und nur ein Teil der Systematisierungsaufgaben unserer Disziplin. Denn wenn erst einmal die mit Alter einhergehenden Verhaltensveränderungen erfaßt worden sind, dann können wir einen Schritt weitergehen und die Bedeutung der Umwelt für Lebewesen auf verschiedenen Altersstufen besser verstehen und uns, was von noch größerem Interesse ist, mit Unterschieden zwischen Generationen befassen. Diesem Problem, ob es nämlich tatsächlich systematische Veränderungen im Verhalten von Lebewesen von einer Generation zur anderen gibt, wollen wir uns im folgenden näher zuwenden.

11.3 Die Bedeutung von Generationsunterschieden

11.3.1 Das Problem

Bislang hat man viel Aufmerksamkeit auf die Untersuchung von Veränderungen im Verhalten während des Lebens einzelner Organismen oder von repräsentativen Stichproben in verschiedenen Abschnitten der Lebensspanne verwendet. In den meisten Fällen hat man dabei angenommen, daß der Lebensablauf eines jeden Angehörigen einer Art oder einer Stichprobe einer Klasse von Angehörigen einer Art ohne weiteres vergleichbar ist oder daß man die Lebensabläufe zu normativen Zwecken zusammenfassen könnte, ohne Rücksicht auf die historischen Zeitpunkte, zu denen spezielle Verhaltensereignisse aufgetreten sind.

Auf die Bedeutung des Zeitpunkts, zu dem eine Verhaltensweise beobachtet wird, ist auch von Soziologen, Anthropologen und Politwissenschaftlern hingewiesen worden; Beispiele für jüngere Arbeiten sind DAMON (1965), HYMAN und SHEATSLEY (1964) und C. L. ROSE (1968). Diese Autoren und viele anderen Nichtpsychologen haben sich direkt mit der historischen Zeit und daraus folgenden Generationsunterschieden beschäftigt. Viele Entwicklungspsychologen dagegen scheinen auf diese Probleme in erster Linie durch die auffälligen Unterschiede zwischen den Ergebnissen von Querschnitt- und Längsschnitt-Untersuchungen derselben Verhaltensdimensionen aufmerksam geworden zu sein. KUHLEN (1940) war wohl der erste, der auf die konfundierenden Effekte des kulturellen Wandels hingewiesen hat, aber erst mit den Modellen, die wir oben diskutiert haben, besitzen wir eine Methodologie, in der die notwendigen Schritte aufgezeigt werden, mit denen man die Bedeutung der Interaktionseffekte erfassen kann, die aus der Entwicklung von Verhalten, den besonderen Lebensumständen der Art und der Umwelt, in der sie historisch gegeben sind, resultieren.

Wir wollen im folgenden besonders die generationsbedingten Veränderungen in der intellektuellen Fähigkeit betrachten, d. h. solche Veränderungen, von denen man annimmt, daß sie unabhängig von Reifungsvorgängen auftreten. Dazu ist es notwendig, bestimmte Ableitungen aus dem allgemeinen Entwicklungsmodell kurz zusammenfassend zu wiederholen, Ableitungen, die nicht speziell auf eine adäquate Beschreibung intelligenten Verhaltens abzielen, sondern lediglich die Dimensionen implizieren, die notwendige (wenn auch nicht hinreichende) Parameter zur Erklärung von Unterschieden in der Intelligenzentwicklung über verschiedene Zeitabschnitte hinweg sind. Wir müssen natürlich unterscheiden zwischen den Subbereichen des Intelligenz-Konstrukts, die untersucht worden sind oder von denen man erwarten kann, daß sie je nach der Richtung der Veränderung im genetischen Potential und/oder in Umweltbedingungen (R. B. CATTELL, 1963b; HORN, 1968; HORN & CATTELL, 1966a) verschiedenen Entwicklungspatterns folgen. Wenn wir dann weiter so vorgehen, daß wir die Komponenten der Intelligenzentwicklung spezifizieren, die differentiell mit Veränderungen in der Art der Umwelt interagieren, dann werden wir in der Lage sein, differentielle Vorhersagen in bezug auf die zu erwartenden Veränderungen in den Intelligenztests zu machen, die derselben Stichprobe zu verschiedenen Zeitpunkten oder die verschiedenen Generationen im selben Zeitabschnitt des Lebenslaufs gegeben worden sind.

11.3.2 Generationseffekte und die Struktur der Intelligenz

Als erstes wollen wir uns einmal die Daten zur Struktur der Intelligenz ansehen, um festzustellen, wie sie eventuell durch entwicklungsbedingte Veränderungen beeinflußt werden könnten. Wir beschränken uns dabei auf das, was R. B. CATTELL (1963b) als kristalline und fluide Intelligenz bezeichnet hat, und unterscheiden weiterhin zwischen zwei

Arten von Maßen für Intelligenz, zum einen solche, die auf die Erfassung der absoluten Leistungsfähigkeit abzielen (power tests), und zum anderen solche, die im wesentlichen von der Geschwindigkeit der Leistung abhängen (speed tests). Wenn wir bedenken, daß Generationsdifferenzen aufgrund von Unterschieden in der genetischen Struktur und/oder früherer Erfahrung auftreten können, wenn wir weiterhin die Entwicklung der Intelligenz über die gesamte Lebensspanne hinweg betrachten, so finden wir, daß Kohorteneffekte im Durchschnitt primär eine Funktion der Faktoren sind, die auf die genetische Ausstattung der Kohorte eingewirkt haben (d. h. vor der Zeit, zu der irgendeine unserer Stichproben geboren wurde). In diesem Falle würden wir annehmen, daß sich Kohortendifferenzen durch Veränderungen der angeborenen-genetischen Ausstattung in Maßen für fluide Intelligenz niederschlagen würden, d. h., wir erhalten Unterschiede im Niveau der fluiden Intelligenz über Generationen hinweg, weil es eine Veränderung in den angeborenen Fähigkeiten gegeben hat. Auf der anderen Seite wären Generationsunterschiede in der kristallinen Intelligenz als Funktion der differentiellen Umwelteinflüsse anzusehen, denen die verschiedenen Kohorten in der Zeit vor unserer Untersuchung ausgesetzt gewesen sind. Folgerichtig würden wir zum Zeitpunkt der Geburt, wenn man dann schon messen könnte, Generationsunterschiede nur in den Maßen für fluide Intelligenz erwarten, während zu jedem späteren Zeitpunkt in der Lebensspanne Generationsunterschiede sowohl in der fluiden als auch in der kristallinen Intelligenz auftreten könnten und auch tatsächlich auftreten. Außerdem ist hier noch der Effekt der motorischen Geschwindigkeit auf die Intelligenzleistung zu berücksichtigen. Natürlich wird sich der Einfluß dieses Parameters deutlicher in Maßen für fluide Intelligenz zeigen, und er ist selbst Veränderungen zwischen Generationen unterworfen, die höchstwahrscheinlich auf Umweltfaktoren zurückzuführen sind.

Wenn wir nun die Parameter der fluiden Intelligenz (fluid intelligence, *FI*), der kristallinen Intelligenz (crystallized intelligence, *CI*) und der motorischen Geschwindigkeit (motor speed, *MS*) als die Verhaltensklassen ansehen, die am häufigsten mit Hilfe von Intelligenztests erfaßt werden, so lassen sich die Elemente der Altersveränderungen auf diesen Dimensionen entsprechend der oben eingeführten Terminologie folgendermaßen spezifizieren:

$$CId = Cd + Td \tag{12}$$
$$FId = Cd - Ad \tag{13}$$
$$MSd = Td + Ad \tag{14}$$

Mit anderen Worten schlagen wir folgendes vor: Messungen von Altersveränderungen in der kristallinen Intelligenz können am sparsamsten als Kumulation von generationsspezifischen Erfahrungen erklärt werden, die vor dem ersten Testzeitpunkt gemacht wurden, plus solcher spezifischen (oder in Cattells Terminologie „epogenetischen") Erfahrungen, die alle Generationen während eines umschriebenen Zeitabschnitts in gleicher Weise machen (R. B. Cattell, 1969b). Wir schlagen also vor, daß der angemessene Altersgradient für ein reines Maß der kristallinen Intelligenz eine langsam abnehmende positiv lineare Funktion von der Geburt bis zum Tode ist; die Zunahme in der Funktion während des Alterns spiegelt hier einfach die Kumulierung von Informationen, Fertigkeiten etc. über die Zeit hin wider. Die absolute Lage eines solchen Gradienten kann sich jedoch

über Generationen hin verändern, je nachdem ob die Menge an Informationen in einem bestimmten Zeitabschnitt zunimmt oder abnimmt, d. h., Generationen können sich in bezug auf die Gesamtmenge an Informationsinput voneinander unterscheiden.
Ganz anders liegen die Dinge im Falle der fluiden Intelligenz. Man nimmt an, daß diese Variablen im wesentlichen über biologische Determinanten im Organismus vorgeprägt sind. Deshalb muß man hier – wie bei allen biologischen Variablen – davon ausgehen, daß sie sich nach einem spezies-spezifischen Zeitmuster richten. Eine solche „Uhr" ist natürlich Mutationen unterworfen. Man muß aber dennoch annehmen, daß es ein grundlegendes Alterspattern gibt, wobei der Aufbau der Funktion in der Kindheit und der Abbau im hohen Alter ziemlich unabhängig von Umwelteinflüssen stattfindet. Darüber hinaus werden solche Fähigkeiten zumeist mit Hilfe von Methoden erfaßt, die eine motorische Geschwindigkeitskomponente mitenthalten. Motorische Geschwindigkeit ist aber selbst eine biologisch determinierte Variable, bei der sich Altersveränderungen innerhalb einer Generation zeigen. Im Gegensatz zur fluiden Intelligenz wird motorische Geschwindigkeit jedoch anscheinend stark beeinflußt von Umweltbedingungen (wie z. B. die Einführung arbeitssparender Technologien), die die Notwendigkeit oder Möglichkeit der Vervollkommnung motorischer Fertigkeiten modifizieren.
Ist unsere Argumentation richtig, so folgt daraus, das *sowohl* in Querschnitt- *als auch* in Längsschnitt-Untersuchungen Altersveränderungen in der kristallinen Intelligenz festgestellt werden, die in Tat und Wahrheit *gar nicht aufgetreten* sind. Die querschnittlichen Altersdifferenzen (zumindest in Erwachsenen-Stichproben) müssen sich deshalb beziehen auf das Netto-Ausmaß an Informationen, die eine Generation gegenüber einer anderen Generation mehr erworben hat, welche vor dem gemeinsamen Testzeitpunkt auf einem höheren oder niedrigeren Informationsniveau gestanden hat. Längsschnittliche Altersveränderungen würden dagegen einfach auf Umwelteinflüsse hindeuten, die während der Zeit wirksam sind, in die der Testzeitpunkt fällt, der für Individuen aller Altersstufen gleich ist. Bei der Untersuchung der kristallinen Intelligenz müssen also unbedingt Zeitwandel-Maße verwendet werden.
Altersveränderungen in der fluiden Intelligenz werden in Querschnitt-Untersuchungen überschätzt, wenn es in der psychomotorischen Funktion positive Generationsunterschiede gibt, und unterschätzt, wenn es negative Veränderungen gibt. Längsschnitt-Untersuchungen werden hier natürlich genau das aufdecken, was sich innerhalb einer Generation in bezug auf fluide Intelligenz tatsächlich abspielt. In bezug auf motorische Geschwindigkeit werden in einer Längsschnitt-Untersuchung die Veränderungen aber überschätzt, wenn Umwelteffekte dazu tendieren, mit Alter einhergehende Entwicklungen zu verstärken, und unterschätzt, wenn Treatment-Effekte diese Entwicklungen kompensieren. Folglich kann man mit Querschnitt-Untersuchungen die besten Schätzungen für Altersdifferenzen in reinen Geschwindigkeits-Variablen ermitteln.
Nachdem wir nun auf die differentiellen Elemente in den wesentlichen Intelligenzdimensionen, die den Entwicklungspsychologen interessieren sollten, aufmerksam gemacht haben, und nachdem wir eine Verbindung zu den von uns vorgeschlagenen Forschungsstrategien hergestellt haben, wäre es jetzt an der Zeit, daß wir uns detaillierter der Schätzung von Generationseffekten zuwenden.

11.3.3 Die Schätzung von Generationseffekten

Vorab wollen wir den Leser noch einmal daran erinnern, welches die sparsamste Methode ist, um reliable Schätzungen von Testzeiteffekten und Generationsdifferenzen zu erhalten. Im vorhergehenden haben wir gezeigt, daß Testzeiteffekte entweder mit Hilfe der Testzeit-Sequenz-Methode oder der Quer-Sequenz-Methode geschätzt werden können, wobei Stichproben untersucht werden, die entweder alle möglichen Altersstufen oder alle möglichen Kohorten an zwei Testzeitpunkten repräsentieren. Es ist am bequemsten, wenn man die Intervalle zwischen Altersgruppen und Kohorten so wählt, daß sie äquivalent sind dem Intervall zwischen den beiden Testzeitpunkten, aber das dient nur der Bequemlichkeit und ist keine notwendige Einschränkung (s. EISNER, SCHAIE & APFELDORF, 1969; SCHAIE & STROTHER, 1968b).
Bei zwei Zeitintervallen kann man für den Testzeit-Sequenz- und den Quer-Sequenz-Ansatz dieselben Daten verwenden, außer daß es im Falle der Testzeit-Sequenz-Methode bei der zweiten Messung notwendig ist, das Sample aus der ersten Kohorte auszulassen und dafür eine Stichprobe zu nehmen, die ein Kohorten-Intervall vor der letzten Kohorte liegt, die zum ersten Testzeitpunkt untersucht worden war. Der hauptsächliche Unterschied ist natürlich der, daß wir bei der Testzeit-Sequenz-Methode Stichproben zum Zeitpunkt *k* und *l* für jede Altersstufe miteinander kombinieren, während wir bei der Quer-Sequenz-Methode Stichproben für jede Kohortenstufe miteinander kombinieren. Voraussetzung für den ersten Ansatz ist, daß wir wissen, es liegen keine signifikanten Kohortendifferenzen vor, Voraussetzung für den zweiten Ansatz, daß es keine signifikanten Altersveränderungen gibt!
Aber wie können wir mit Sicherheit feststellen, welche dieser Voraussetzungen zutrifft? Früher sind bestimmte Entscheidungsregeln benutzt worden (SCHAIE, 1965). In der Zwischenzeit haben wir jedoch mit einem anderen empirischen Ansatz gearbeitet, der etwas befriedigender sein dürfte. Dieser Ansatz, den wir schon bei der Analyse verschiedener empirischer Daten angewendet haben, (SCHAIE & STROTHER, 1968a, 1968b), basiert im wesentlichen auf dem Vergleich von Querschnitt- und zusammengesetzten Längsschnitt-Gradienten.

11.3.4 Der Vergleich von Querschnitt- und zusammengesetzten Längsschnitt-Altersgradienten

Ganz allgemein muß gesagt werden, daß konventionelle Längsschnitt- und Querschnitt-Gradienten nicht direkt miteinander verglichen werden können, da Querschnitt-Daten zu einem Zeitpunkt, Längsschnitt-Daten dagegen zu vielen Zeitpunkten erhoben werden. Es gibt jedoch einen speziellen Typ von Längsschnitt-Gradienten, der durchaus mit Querschnitt-Daten verglichen werden kann. Es handelt sich dabei um einen zusammengesetzten Längsschnitt-Gradienten, der aus Abschnitten besteht, die Längsschnitt-Veränderungen vom Zeitpunkt *k* bis *l* widerspiegeln. Jeder Abschnitt eines solchen Gradienten ist aus zwei Beobachtungen derselben Kohorte gewonnen worden, die einzelnen aufeinanderfolgenden Abschnitte stammen jedoch von verschiedenen Kohorten. So wie wir bei einer Querschnitt-Untersuchung Daten aus Messungen miteinander vergleichen, die zum selben Zeitpunkt vorgenommen wurden, so vergleichen wir bei einem zusammengesetzten Längsschnitt-Gradienten Veränderungsabschnitte, die dasselbe Zeitintervall abdecken.

Alles, was nötig ist, um vergleichbare Gradienten zu erhalten, ist daher, einen Querschnitt-Gradienten zu konstruieren, indem man einen Mittelwert der Mittelwerte über beide Testzeitpunkte bildet, und dann durchschnittliche Altersveränderungen für den zusammengesetzten Längsschnitt-Gradienten zu ermitteln, indem man die Differenz zwischen benachbarten Altersstufen berechnet und über alle Kohorten mittelt, die die Untersuchung umfaßt. Der Effekt dieses Vorgehens wird sein, daß die durchschnittlichen Querschnitt- und die durchschnittlichen Längsschnitt-Maße zu denselben Zeitpunkten des Umwelteinflusses ermittelt werden. Der zusammengesetzte Längsschnitt-Gradient ist darüber hinaus so konstruiert, daß sein Ursprungspunkt zusammenfällt mit der ersten Kohorte in der Untersuchung.

Welche Implikationen ergeben sich aus dem Vergleich von Gradienten, die in der angegebenen Weise konstruiert worden sind? Aus dem allgemeinen Entwicklungsmodell ließe sich ableiten, daß die beiden Gradienten nur dann zusammenfallen, wenn die querschnittlichen Altersdifferenzen für eine bestimmte Variable allein eine Funktion von reifungsbedingten Veränderungen sind. Gehen in die querschnittlichen Differenzen nämlich auch Effekte von Umweltunterschieden und/oder genetischen Veränderungen in der Spezies mit ein (mit anderen Worten: Kohortendifferenzen), dann wäre zu erwarten, daß sich die beiden Gradienten voneinander unterscheiden. Das bedeutet also, daß immer dann, wenn positive Kohortendifferenzen auftreten (d. h. die Spezies eine Verbesserung in bezug auf eine bestimmte Variable zeigt), der Querschnitt-Gradient unter dem Längsschnitt-Gradienten liegen wird. In diesem Fall wird die Leistung einer vorhergehenden Kohorte unter der einer nachfolgenden Kohorte liegen, auch dann, wenn es überhaupt keine reifungsbedingten Altersveränderungen gibt. Der steile querschnittliche Abfall repräsentiert einen Gradienten zunehmender Leistungsverbesserung der Spezies. Umgekehrt muß der Längsschnitt-Gradient unter dem entsprechenden Querschnitt-Gradienten bei den Variablen liegen, in bezug auf die ein Leistungsabfall über die untersuchten Generationen hin auftritt.

Wir möchten vorschlagen, diese Gradienten routinemäßig auf der Basis von Daten zu konstruieren, die zu mindestens zwei Testzeitpunkten erhoben worden sind, und die Gradienten darauf hin zu untersuchen, ob die größte Abweichung auf einem vorher festgelegten Niveau signifikant ist. Die richtige Fehlerschätzung für einen solchen Signifikanztest kann man bequem entweder aus der Testzeit-Sequenz-Analyse oder der Quer-Sequenz-Analyse gewinnen. Falls die Nullhypothese nicht zurückgewiesen werden kann, ist es im allgemeinen sicher, anzunehmen, daß die Voraussetzungen der Testzeit-Sequenz-Methode erfüllt sind. Falls das nicht der Fall ist, dann muß, da Testzeiteffekte konstantgehalten worden sind, davon ausgegangen werden, daß signifikante Kohortendifferenzen bestehen. In einem solchen Fall würde man den Quer-Sequenz-Ansatz wählen, um weitere Aufschlüsse zu bekommen.

11.4 Empirische Evidenz für Generationsdifferenzen in der Intelligenz

Es gibt drei Wege, zu entscheiden, wie man die Probleme lösen kann, die bei Durchsicht der Forschungsliteratur auftauchen. Als erstes kann man sich Veröffentlichungen von Quer- und Längsschnitt-Untersuchungen derselben oder ähnlicher Variablen ansehen. Als nächstes kann man eine chronologische Analyse von vorliegenden Querschnitt-Daten zur Intelligenz vornehmen, die zeigen würde, ob in aufeinanderfolgenden Untersuchungen Verschiebungen im Alter der größten Leistungsfähigkeit auftreten, und die darüber hinaus das absolute Ausmaß von Leistungszuwächsen und -abnahmen erkennen lassen würden. Schließlich könnte man noch, wenn es der Plan einer Untersuchung erlaubt, die Gleichungen benutzen, die wir im zweiten Abschnitt dieses Kapitels dargestellt haben, und versuchen, Netto-Schätzungen von Generationsdifferenzen für eine Reihe von intellektuellen Fähigkeiten vorzunehmen.

11.4.1 Vergleich von Querschnitt- und Längsschnitt-Ergebnissen

Wir haben selbst vor nicht allzu langer Zeit die erste Alternative gewählt und Daten zu fünf intellektuellen Fähigkeiten, gemessen mit dem Science Research Associates Primary Abilities Test, mit anderen ähnlichen Variablen verglichen, für die Längsschnitt-Daten vorlagen (Schaie, 1969). In Tabelle 1 sind die Schlußfolgerungen zusammengefaßt, zu denen wir nach Interpretation der verschiedenen Altersgradienten gekommen sind, die wir aus der konventionellen Querschnitt-, Längsschnitt- und der neuen kurzzeitigen Längsschnitt-Strategie abgeleitet haben. Wenn wir davon ausgehen, daß die primären intellektuellen Fähigkeiten der Kenntnis von Wortbedeutungen, der räumlichen Wahrnehmung, des schlußfolgernden Denkens und des Zahlenverständnisses wirklich Maße für kristalline Intelligenz sind, während Wortflüssigkeit primär fluide Intelligenz mißt, dann ist klar, daß die Vergleiche in dieser Tabelle das Modell stützen, das wir oben beschrieben haben. Methodisch adäquate Untersuchungen dieser Variablen weisen darauf hin, daß bei den Maßen für kristalline Intelligenz praktisch keine Altersveränderungen auftreten, während sich im Maß für fluide Intelligenz größere Veränderungen zeigen, als ursprünglich angenommen wurde.

11.4.2 Chronologische Analyse von Ergebnissen aus Querschnitt-Untersuchungen

Der zweite Ansatz bestand darin, die Leistungshöhepunkte in Intelligenz-Maßen aus Querschnitt-Untersuchungen, die zu verschiedenen Zeitpunkten durchgeführt worden sind, miteinander zu vergleichen. Mindestens acht Querschnitt-Studien, die einen großen Abschnitt der Lebensspanne eines Erwachsenen abdecken, stehen uns für diesen

Tab. 1: Vergleich der Inferenzen aus Querschnitt-, Längsschnitt- und kurzzeitigen Längsschnitt-Untersuchungen[a]

Variable	Querschnitt	Längsschnitt	kurzzeitiger Längsschnitt
Wortbedeutungen	Starker Rückgang vom mittleren Erwachsenenalter bis zum hohen Alter	Mäßige Zunahme über die Lebensspanne hin, ausgehend von einem Plateau im frühen Erwachsenenalter	Mäßige Abnahme, ausgehend von einem Plateau im frühen Erwachsenenalter; in aufeinanderfolgenden Kohorten Zunahmen, die sich der Asymptote nähern
Räumliche Wahrnehmung	Von einem Höhepunkt im Erwachsenenalter steiler Abfall bis ins hohe Alter	Mäßige Abnahme von einem Plateau im Erwachsenenalter aus	Keine Abnahme bis ins vorgeschrittene Alter; ein steiler Kohortengradient erreicht die Asymptote
Schlußfolgerndes Denken	Von einem Höhepunkt im Erwachsenenalter steiler Abfall bis ins hohe Alter	Von einem Plateau im frühen Erwachsenenalter mäßige Zunahme bis ins hohe Alter	Mäßige Abnahme vom mittleren Erwachsenenalter bis ins hohe Alter; positiv beschleunigter Kohortengradient
Zahlenverständnis	Mäßige Zunahme vor und Abnahme nach einem Plateau in der Lebensmitte	Mäßige Zunahme vom frühen Erwachsenenalter bis zu einem Plateau im vorgerückten Alter	Sehr mäßige Abnahme von einem Plateau im mittleren Erwachsenenalter; positiv beschleunigter Kohortengradient
Wortflüssigkeit	Mäßige Abnahme von einem Plateau aus, das sich über den größten Teil des Erwachsenenalters erstreckt	Mäßige Zuwächse vom frühen Erwachsenenalter an	Starker Rückgang vom frühen Erwachsenenalter an; rapide Abnahme bei aufeinanderfolgenden Kohorten

[a] Als Querschnitt-Daten, aus denen inferiert wurde, dienten diejenigen von *Kamin* (1957), *H. E. Jones* (1959) und *Schaie* (1958). Da es keine langzeitlichen Längsschnitt-Untersuchungen von PMA-Variablen gibt, basieren die Längsschnitt-Interferenzen auf analogen Daten aus den Untersuchungen von *Bayley* (1968 b), *Bayley* und *Oden* (1955) und *Owens* (1953). Die kurzzeitigen Längsschnitt-Interferenzen basieren auf den Arbeiten von *Schaie* und *Strother* (1968 a, 1968 b).

Zweck zur Verfügung. Es handelt sich dabei um zwei Untersuchungen aus den frühen dreißiger Jahren, die ARMY-ALPHA-Studie von H. E. JONES und CONRAD (1933) und die Untersuchung mit der OTIS-Kurzform von C. C. MILES und MILES (1932); eine Untersuchung aus den späten dreißiger Jahren (WECHSLER, 1939); drei Untersuchungen aus den späten fünfziger Jahren, nämlich die Revision des WECHSLER-BELLEVUE-Tests (WECHSLER, 1958), SCHAIES PMA- Studie (1958) und BILASH und ZUBEKS (1960) Untersuchung mit dem faktorisierten Begabungstest von KING; und zwei Untersuchungen aus der Mitte der sechziger Jahre mit Meßvariablen, ähnlich den PMA (VERHAGE, 1964; SCHAIE & STROTHER, 1968b).
Die nähere Betrachtung dieser Arbeiten zeigt, daß es während der untersuchten 35 Jahre eine deutliche Verschiebung im Alter der größten intellektuellen Leistungsfähigkeit gegeben hat. In den ersten drei Untersuchungen deutet alles darauf hin, daß die größte Leistungsfähigkeit im Alter von 20 Jahren erreicht wird und danach in bezug auf alle untersuchten Variablen ein Leistungsabfall eintritt. In den Standardisierungsuntersuchungen mit dem revidierten WECHSLER-Test liegt die größte Leistungsfähigkeit dagegen um das 25. Lebensjahr, und der Leistungsabfall ist viel weniger stark. In der ersten Untersuchung von SCHAIE, die einige Jahre nach der Revision des WECHSLER durchgeführt worden war, zeigt sich eine weitere Verschiebung; die durchschnittlichen Intelligenzmaße erreichen hier Anfang des 30. Lebensjahres ihren Höhepunkt. In der Studie von BILASH und ZUBEK liegt die größte Leistungsfähigkeit für einige Variablen im 20. Lebensjahr, für andere erst im 40. Lebensjahr. Es ist aber wohl möglich, daß diese Verschiebung über Generationen hin asymptotisch verläuft, denn SCHAIE und STROTHER (1968b) haben Altersgradienten ermittelt, die zwar über denen in der Untersuchung aus dem Jahre 1958 liegen, das Alter der größten Leistungsfähigkeit hat sich aber nicht noch weiter ins höhere Alter hinauf verschoben. Die Ergebnisse von VERHAGE (1964) stimmen damit auch allgemein überein.

11.4.3 Reanalyse von sequentiellen Daten

Als nächstes wollen wir empirische Daten betrachten und mit Hilfe der Verfahren, die wir in diesem Kapitel vorgestellt haben, versuchen, den Effekt von Generationsdifferenzen in der Intelligenz zu schätzen. Zu diesem Zweck benutzen wir wieder Daten aus der eigenen Forschung (SCHAIE & STROTHER, 1968b). In der zitierten Untersuchung haben wir Daten einer Stichprobe von 500 Probanden (aufgeteilt in zehn jeweils ein Fünfjahresintervall umfassende Altersgruppen von 21 bis 70 Jahren), die wir 1956 getestet haben, verglichen mit Daten einer ähnlichen Stichprobe (erweitert um eine Guppe im Alter von 71–75 Jahren), die wir aus derselben Population ausgewählt, aber 1963 getestet haben. Für diese Daten lassen sich, wie wir das im vorhergehenden gezeigt haben, mit Hilfe der Quer-Sequenz- und der Testzeit-Sequenz-Methode Schätzungen der Alters-, Kohorten- und Testzeiteffekte vornehmen. Die eigentliche Untersuchung umfaßte alle fünf PMA-Variablen sowie einen Rigiditäts-Test (Test of Behavioral Rigidity, TBR, SCHAIE, 1960); unsere Analyse hier soll sich aber beschränken auf nur zwei Variablen, die repräsentativ sind für kristalline Intelligenz (nämlich von den PMA-Variablen: Kenntnis von Wortbedeutungen, verbal meaning, [V], und räumliche Wahrnehmung, space, [S]) und zwei

Maße, von denen man annimmt, daß sie gute Indikatoren für fluide Intelligenz sind (von den PMA-Variablen: Wortflüssigkeit, word fluency, [W], und aus dem TBR: Psychomotorische Geschwindigkeit, psychomotor speed, [PS]).
In früheren Veröffentlichungen zu dieser Untersuchung sind Querschnitt-Daten mit Längsschnitt-Schätzungen verglichen worden unter der Annahme, daß die Effekte des Umwelteinflusses auf die Längsschnitt-Schätzungen ausgeglichen worden wären, da sie alle denselben Zeitabschnitt abdecken. Der Ausgleich hinsichtlich der Testzeiteffekte beseitigt aber nicht notwendigerweise die Konfundierung, auch wenn das ungefähr erreicht werden kann mit Hilfe von einigen der Gleichungen, die wir zu Beginn des Kapitels vorgestellt haben. Ein Ergebnis dieses Vorgehens war, daß wir von beträchtlichen Generationseffekten berichteten, die zu Überschätzungen von reifungsbedingten Veränderungen in Tests zur Prüfung der absoluten Leistungsfähigkeit (power tests) und zu Unterschätzungen der reifungsbedingten Veränderungen in Tests führten, die vor allem von der Geschwindigkeit der Leistung abhängen (speeded tests). Wir haben dabei nicht die ebenso wichtige Konfundierung der Testzeiteffekte beachtet, obwohl sie beiläufig erwähnt wurden. Hier dient die Unterscheidung zwischen Maßen für kristalline und fluide Intelligenz dazu, zu verstehen, daß irrtümliche Schätzungen von reifungsbedingten Veränderungen sehr wohl Testzeiteffekte sein können, selbst wenn signifikante Varianz übrigbleibt, die auf Generationsdifferenzen zurückgeführt werden kann.

Tab. 2: Mittlere Werte für Querschnitt-Daten, Schätzungen von Netto-Altersdifferenzen und Schätzungen von Altersveränderungen für einige Maße der kristallinen und fluiden Intelligenz[a]

Mittleres Alter	Querschnitt-Daten (1963)				Geschätzte Netto-Altersveränderungen				Grobe Längsschnitt-Schätzungen			
	V	S	W	PS	V	S	W	PS	V	S	W	PS
23	53.0	58.0	50.2	53.2	53.0	58.0	50.2	50.2	53.0	58.0	50.2	53.2
28	51.6	53.5	49.4	50.2	53.2	57.3	52.2	52.7	53.9	58.8	49.6	51.2
33	54.7	55.1	51.9	52.2	52.4	55.8	53.4	51.2	53.7	58.8	48.3	48.2
38	53.6	52.6	48.8	50.3	50.8	53.7	52.3	52.0	52.8	58.2	44.6	47.6
43	53.3	52.3	50.2	51.2	50.1	51.9	53.0	50.9	52.7	57.9	42.8	45.0
48	49.4	48.8	45.2	47.7	49.1	50.0	49.8	49.1	52.3	57.5	37.1	41.6
53	50.4	49.0	48.0	48.8	48.7	49.0	47.9	46.7	52.6	58.0	32.6	35.7
58	47.7	49.6	46.7	45.5	46.9	48.3	45.6	43.3	51.5	58.8	27.8	32.8
63	45.1	44.5	44.7	43.6	44.8	46.6	43.3	38.9	50.0	58.6	22.9	27.0
68	41.2	42.3	42.0	42.0	43.4	43.2	43.2	39.1	49.3	56.7	20.2	25.7
73	40.5	39.9	43.3	43.3	43.1	41.3	44.8	40.5	49.6	56.3	19.3	25.6
Durchschnittlicher Zeitwandel pro 5 Jahre	+.65	+1.50	−2.55	−1.49								

[a] Maße für kristalline Intelligenz: Wortbedeutungen (Verbal meaning, V) und räumliche Wahrnehmung (Space, S). Maße für fluide Intelligenz: Wortflüssigkeit (Word fluency, W) und psychomotorische Geschwindigkeit (Psychomotor speed, PS). Reanalyse der Daten von *Schaie* und *Strother* (1968 b). Querschnitt-Daten, $N = 50$ pro Altersgruppe; alle Werte sind T-Werte mit $X = 50$ und $\sigma = 10$.

Tabelle 2 und Abbildung 1 zeigen die Reanalyse unserer Daten. Tabelle 2 enthält die Mittelwerte für die Querschnitt-Daten, die 1963 aufgenommen worden sind, und Abbildung 1 gibt dieselben Daten graphisch wieder. Es zeigen sich hochsignifikante Altersdifferenzen, die im Falle der Variablen V und S größer sind als bei den Variablen W und PS. Als

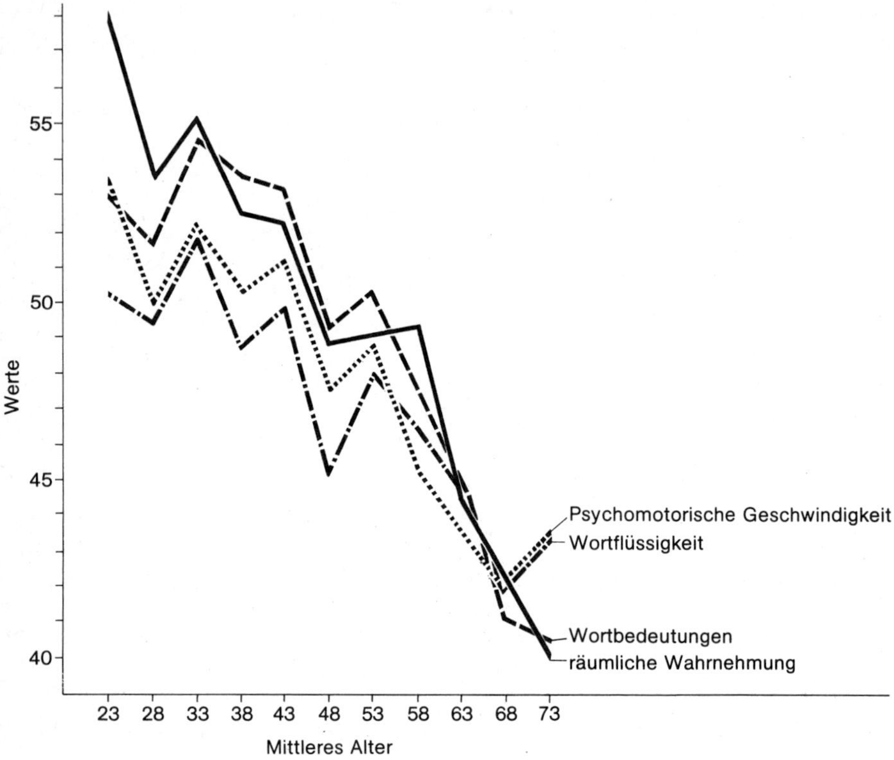

Abb. 1: Gradient von querschnittlich gemessenen Altersdifferenzen. Testzeitpunkt: 1963.

nächstes haben wir die Testzeit-Sequenz-Methode benutzt, und diese Daten mit ähnlichen Daten aus dem Jahre 1956 verglichen. Mit Hilfe von Gleichung 5 haben wir die durchschnittliche Testzeitdifferenz über alle interessierenden Altersstufen geschätzt. Diese *Tds* stehen am unteren Ende von Tabelle 2. Interessant ist, daß der Zeitwandel (time-lag) für die Maße der kristallinen Intelligenz, also räumliche Wahrnehmung und Kenntnis von Wortbedeutungen, positiv, für Wortflüssigkeit und psychomotorische Geschwindigkeit dagegen negativ ist. Es ist nicht klar, ob dieses Ergebnis zurückzuführen ist auf den negativen Umwelteinfluß auf die Ladungen dieser Maße auf der Dimension der kristallinen Intelligenz oder auf den Geschwindigkeitsfaktor, mit dem diese Maße zweifellos auch gesättigt sind.

Als nächstes ordneten wir die Daten in einer Quer-Sequenz-Matrix neu an, um auf diese Weise längsschnittliche Differenzwerte für jede Kohorte ermitteln zu können. Wir haben Gleichung 10 benutzt, um die Netto-Altersdifferenzen zwischen allen in der Untersuchung erfaßten Altersstufen zu schätzen. Die jüngste Kohorte haben wir als Bezugspunkt benutzt und konnten so die geschätzten längsschnittlichen Mittelwerte berechnen, die in Tabelle 2 im Mittelteil aufgeführt und in Abbildung 2 graphisch wiedergegeben sind.

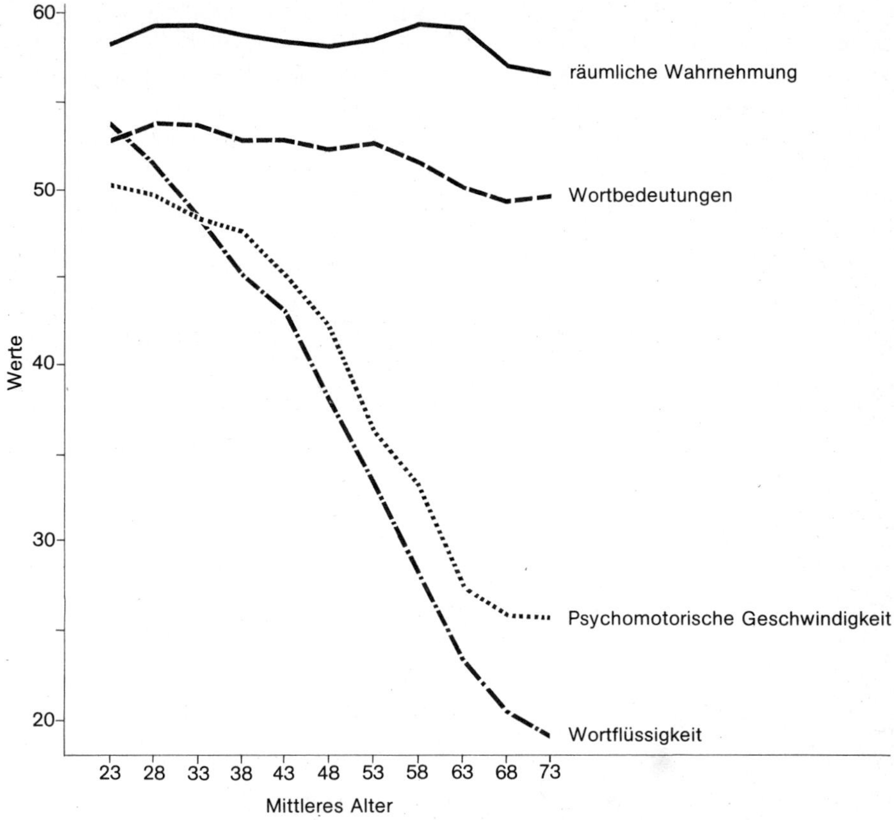

Abb. 2: Geschätzte Längsschnitt-Gradienten. Kohorten-Geburtsjahr: 1940.

Man muß sich aber vor Augen halten, daß man bei diesen Schätzungen davon ausgeht, es würde in der Zukunft keine umweltbedingten Testzeiteffekte geben. Eine solche Hypothese steht jedoch in direktem Widerspruch zu unseren Ergebnissen für die jüngste Vergangenheit. Wir haben deshalb die Daten weiter dadurch angepaßt, daß wir zu den Daten eine durchschnittliche Schätzung der Testzeitdifferenzen für jedes 5-Jahres-Intervall wieder dazuaddiert haben. Die Schätzungen im dritten Teil von Tabelle 2 sind deshalb, nach unserem derzeitigen Wissensstand, die realistischsten Schätzungen der Werte, die für die 1940 geborene Kohorte dann zu erwarten sind, wenn sie die angegebenen Altersstufen erreicht hat.

Der Leser wird feststellen, daß die vorausgesagten Netto-Altersveränderungen am größten für räumliche Wahrnehmung, am zweitgrößten für Wortbedeutungen und psychomotorische Geschwindigkeit und am kleinsten für Wortflüssigkeit sind. Wie wir jedoch bereits gesagt haben, ist bei diesen Schätzungen der kompensierende oder aber verstärkende Einfluß von Umweltereignissen, die von Reifungsveränderungen unabhängig sind, völlig außer acht gelassen worden. Korrigieren wir daher in Richtung auf erwartete

Umwelteffekte, so finden wir, wie erwartet, daß für die Maße der kristallinen Intelligenz eine nur geringe Abnahme über die Erwachsenenzeit hin zu verzeichnen ist, während die Schätzungen für biologisch bestimmte Variablen und solche Variablen, die eine Geschwindigkeitskomponente enthalten, eine sehr starke Abnahme zeigen.
Schließlich war es mit Hilfe von Gleichung 11 möglich, Netto-Kohortendifferenzen zu schätzen. Wir wählten unsere jüngste Kohorte als Bezugspunkt und haben für jede der elf Kohorten Mittelwerte für die Altersstufe von 23 Jahren geschätzt. Tabelle 3 zeigt die Daten. Es ist interessant, daß diese neue Methode der Schätzung von Kohortendifferenzen zu dem Schluß führt, daß sowohl im Bereich der kristallinen als auch der fluiden Intelligenz Verbesserungen stattfinden. Das widerspricht den Schlußfolgerungen, die wir aus unseren früheren Analysen gezogen haben, wo wir nicht darauf achteten, Unidirektionalität bei den Komponenten-Schätzungen beizubehalten. Die durchschnittlichen Kohortendifferenzen sind am größten für die Maße der kristallinen Intelligenz und am kleinsten für die Maße der fluiden Intelligenz, was gut mit unseren Vorhersagen aus der Theorie übereinstimmt. Die nähere Betrachtung von Abbildung 3 zeigt darüber hinaus, daß die Kohorten-Gradienten für räumliche Wahrnehmung und Wortbedeutungen ziemlich steil verlaufen und sich, soweit bis jetzt zu sehen, nicht einer Asymptote nähern. Der Gradient für Wortflüssigkeit dagegen scheint sich zyklisch wieder der Asymptote zu nähern, d. h., wir schätzen, daß unsere jüngste 1940 geborene Kohorte auf demselben Leistungsniveau wie die 1900 geborene Kohorte liegen wird, auch wenn es dazwischen ein Leistungstief gibt. Psychomotorische Geschwindigkeit liegt dazwischen, der Gradient zeigt mäßige Verbesserung an und scheint anschließend horizontal auf einem Niveau zu verlaufen.

Tab. 3: Mittlere Werte für die Altersgruppe von 23 Jahren, geschätzt für elf Kohorten[a]

Mittleres Geburtsjahr	Wortbedeutungen	Räumliche Wahrnehmung	Wortflüssigkeit	Psychomotorische Geschwindigkeit
1890	42.6	41.2	44.9	45.4
1895	43.8	42.7	46.1	46.3
1900	46.5	43.2	48.1	47.0
1905	48.4	47.5	48.5	46.5
1910	50.2	49.5	48.3	47.9
1915	49.1	49.8	45.2	47.2
1920	50.6	52.1	45.4	49.1
1925	52.2	53.2	46.3	49.5
1930	52.7	54.6	47.0	52.1
1935	50.9	54.3	48.0	51.1
1940	53.0	58.0	50.2	53.2

[a] Aus *Schaie & Strother* (1968 b).

Das Ausmaß dieser Kohortendifferenzen ist beeindruckend. Darüber hinaus lassen die Ergebnisse, zusammen mit den Daten in Tabelle 2 und Abbildung 1 und 2, den Schluß zu, daß wir in Zukunft erwarten müssen, daß Querschnitt-Untersuchungen deutliche Altersdifferenzen in Maßen der kristallinen Intelligenz aufzeigen, die auf einen anscheinend systematischen Leistungszuwachs bei nachfolgenden Kohorten zurückzuführen sind.

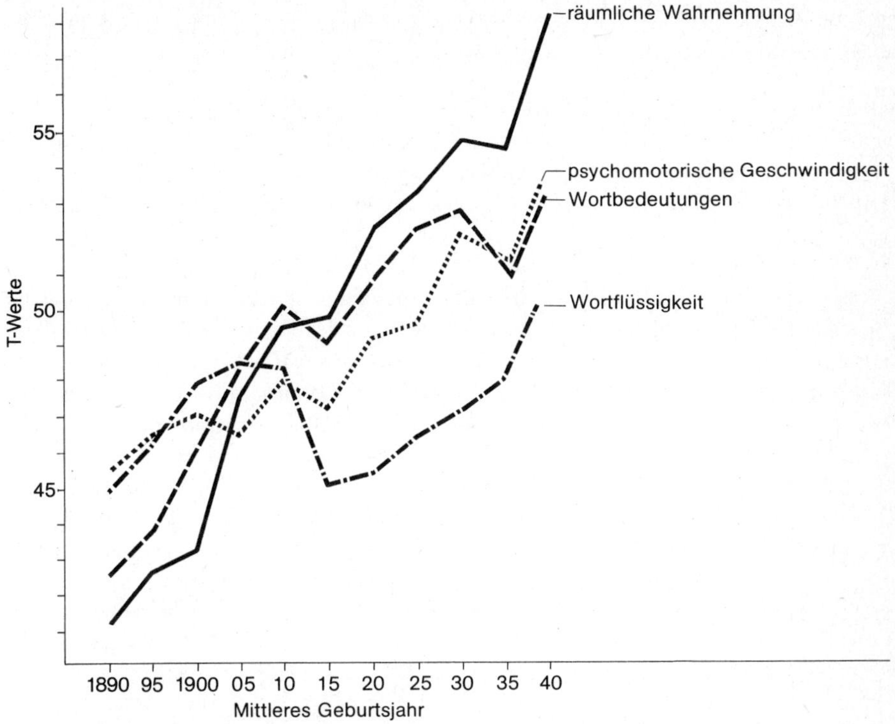

Abb. 3: Geschätzte Kohorten-Gradienten auf der Altersstufe von 23 Jahren.

Auf der anderen Seite werden Längsschnitt-Studien derselben Variablen wenig oder keine Leistungsabnahmen zeigen, da reifungsbedingte Netto-Abnahmen im Erwachsenenalter erfolgreich kompensiert werden durch denselben großen Zuwachs im Umwelteinfluß, der die Kohortendifferenzen im erstgenannten Fall hervorgerufen hat.
Untersuchungen der fluiden Intelligenz werden dagegen relativ kleine Unterschiede zwischen Kohorten aufdecken, weil hier der Umwelteinfluß nicht sonderlich wirksam ist und sich die Unterschiede erst dann langsam zeigen, wenn die genetische Selektion Auswirkungen zeitigt. Wenn sich tatsächlich replizieren läßt, daß es einen negativen Umwelteinfluß auf diese Variablen gibt und es sich dabei nicht um ein Artefakt des speziellen untersuchten Zeitabschnitts handelt, so könnten wir deutliche Abnahmen innerhalb von Generationen erwarten, von denen einige gemeinhin verdeckt werden durch anscheinend zyklischen Verlauf der Kohorteneffekte, so wie es sich im Kohorten-Gradient für Wortflüssigkeit zeigt.
Wir haben ebenfalls versucht, entsprechende Daten über generationsbedingte Veränderungen bei Kindern zu reanalysieren. Ein solcher Datensatz stammt aus der Havard Growth Study (Shuttleworth, 1939). Sechs unabhängige Stichproben haben wir aus der Veröffentlichung von Shuttleworth ausgewählt, und zwar in der Weise, daß wir drei jeweils vier Monate umfassende Kohorten, drei Testzeitpunkte und drei Altersstufen

zur Verfügung hatten. Durch unsere Sequenz-Strategie wurden keine Generationsdifferenzen aufgedeckt, da der Informationszuwachs und die nicht altersspezifischen Umwelteinflüsse während der frühen Entwicklungsperiode praktisch alles überdecken. Es kann aber auch so sein, daß Generationsdifferenzen deshalb nicht sichtbar wurden, weil in den untersuchten BINET-Testdaten ganz offensichtlich die Maße für kristalline und fluide Intelligenz konfundiert werden, von denen aber zu erwarten wäre, daß sie zu verschiedenen und möglicherweise gegensätzlich verlaufenden Kohorten-Gradienten führen (s. SCHAIE, 1970).
Eine andere Untersuchung mit Kindern, bei der man mindestens je ein Maß für eine relativ reine Schätzung von fluider und kristalliner Intelligenz spezifizieren kann und bei der mit Sequenz-Methoden gearbeitet wurde, ist die Saarbrücker Untersuchung über Kohorteneffekte von BALTES und REINERT (1969). Diese Untersuchung ist im wesentlichen eine Kohorten-Sequenz-Analyse, aber damit vergleichbare Daten sind auch mit der Testzeit-Sequenz-Methode analysiert worden (BALTES *et al.*, 1970). Hier ist interessant, daß die Autoren ursprünglich eine Interaktion zwischen Alter und Kohorte feststellten, die sich aber nach einer Reanalyse mit einem anderen Datensatz als ein ganz deutlicher Testzeiteffekt herausstellte. Von ganz besonderem Interesse ist darüber hinaus die Tatsache, daß die Testzeiteffekte, die in bezug auf die Variablen für fluide Intelligenz ermittelt wurden, anscheinend mit bioklimatischen Ereignissen (Jahreszeit) zusammenhängen, während Unterschiede im Maß für kristalline Intelligenz eine Funktion des Schuljahres zu sein scheinen, d.h. des relativen Ausmaßes an Informationen, wie sie durch das Schuljahr vermittelt werden.

11.5 Schlußfolgerungen

Ziel dieses Kapitels war, zu zeigen, wie die Beschäftigung mit Unterschieden zwischen Ergebnissen aus Querschnitt- und Längsschnitt-Untersuchungen in der Zwischenzeit zu einer viel detaillierteren Analyse von entwicklungsbedingten Phänomenen geführt hat und man nun zwischen Altersdifferenzen, Altersveränderungen und kulturellem Wandel unterscheidet. Die Struktur der Intelligenz muß man sich dabei notwendigerweise als eine Zusammensetzung aus Variablen vorstellen, von denen einige vorwiegend umweltbeeinflußt, andere dagegen im wesentlichen biologisch bedingt sind. In gewisser Hinsicht überlappen sich die zuerst genannten Variablen mit Tests, die man entsprechend ihren Anforderungen als Tests zur Erfassung des absoluten Leistungsniveaus (power tests) bezeichnet, während letztere sich nicht selten als Maße mit hoher Sättigung auf einem Faktor für Wahrnehmungs- und motorische Geschwindigkeit erweisen.
Wir haben das allgemeine Entwicklungsmodell einer erneuten Prüfung unterzogen, um berechtigte Kritik von BALTES und seinen Mitarbeitern zu berücksichtigen. Zwar sind noch nicht alle aufgeworfenen Probleme endgültig gelöst, aber es war doch möglich, einige Inkonsistenzen in früheren Formulierungen (SCHAIE, 1965) aufzudecken und zu versuchen, diese Probleme richtigzustellen.

Wir haben die Literatur zu Veränderungen in der intellektuellen Leistung über die Lebensspanne hinweg untersucht, um uns über die Daten Klarheit zu verschaffen, die auf Generationsdifferenzen hinweisen. Hier konnten wir zeigen, daß ein Großteil der Varianz, die ursprünglich zur Erklärung von Unterschieden im Reifungsniveau herangezogen worden ist, in Wirklichkeit auf Umwelteffekte zurückgeführt werden muß, die entweder positiv oder negativ mit Reifungsvorgängen interagieren.
Wir haben weiterhin Querschnitt-Untersuchungen der intellektuellen Fähigkeit, die im Verlauf der vergangenen 30 Jahre durchgeführt worden sind und somit einen großen Abschnitt der Lebensspanne abdecken, chronologisch angeordnet und dabei festgestellt, daß es eine deutliche Verschiebung im Alter der größten Leistungsfähigkeit gibt. Eine Reanalyse unsere eigenen Daten deutet jedoch darauf hin, daß diese Verschiebungen wohl eine Mischung aus generationsbedingten Veränderungen in der Begabung und entsprechenden mehr oder weniger starken Umwelteinflüssen sind. Aber abgesehen davon, ob diese Schlußfolgerungen nun richtig sind, ist es ganz offensichtlich so, daß wir noch viel lernen müssen über die Veränderungen der Intelligenz im Verlauf der Lebensspanne oder irgendwelcher bestimmten Lebensabschnitte und daß wir dabei durchaus damit rechnen müssen, daß wir weiterhin Schwierigkeiten mit unseren Modellen und Untersuchungsstrategien bekommen.

12 Sozialisation und Persönlichkeitsentwicklung über die gesamte Lebensspanne hinweg: Eine Überprüfung gegenwärtiger psychologischer Ansätze

William R. Looft †, Pennsylvania State University, University Park, Pennsylvania

Zum Inhalt

Entwicklungspsychologen haben, wie alle Menschen, eine ganz bestimmte Vorstellung oder ein Modell vom Menschen. Das Modell vom Menschen, das ein Psychologe hat, entspricht seinem psychologischen Modell oder Paradigma, das richtungweisend ist für sein wissenschaftliches Denken und Arbeiten. Praktisch alle neueren psychologischen Ansätze zur Untersuchung des Verhaltens und der Entwicklung des Menschen kann man einem der beiden allgemeinen Modelle zuordnen – dem mechanistischen oder dem organismischen Modell. Im folgenden werden fünf sehr unterschiedliche Ansätze zur Erforschung von Sozialisation und Persönlichkeitsentwicklung betrachtet (Kohlbergs kognitivistisch-entwicklungspsychologischer Ansatz, die Theorie des sozialen Lernens, Loevingers System der Ich-Entwicklung, der Ansatz der Chicagoer Schule zur Untersuchung der Erwachsenenpersönlichkeit, Cattells faktorenanalytische Theorie der Persönlichkeit). Dabei stellt sich heraus, daß jedem dieser Ansätze Annahmen zugrundeliegen, die aus einem der beiden allgemeinen Modelle abgeleitet sind. Es wird dann die These vertreten, daß die Veränderungen in der Gesellschaft und in den menschlichen Bedürfnissen ein neues psychologisches Modell erfordern; in diesem Modell muß der Schwerpunkt liegen auf den komplexen Relationen, Interaktionen und dem dialektischen Wesen menschlicher Entwicklung in einer sich entwickelnden Gesellschaft.

12.1 Einführung

Jeder von uns hat ein Bild vom Menschen – eine Vorstellung vom Wesen der menschlichen Natur, einen aus dem Alltagswesen stammenden Begriff davon, „wie Menschen sind". Man kann seine eigene Theorie über die Natur des Menschen vielleicht nicht präzise in Worte fassen, was aber nicht heißt, daß man sie nicht hätte, denn sie ist in allem, was man mit anderen Menschen tut oder was man über sie denkt, enthalten. Ein solches

Modell entwickelt sich schon in sehr jungen Jahren, dann nämlich, wenn man anfängt, die Personen seiner Umgebung zu beobachten und mit ihnen zu interagieren. Vermutlich in der späten Adoleszenz nimmt dieses Modell dann feste Formen an und wird danach für das ganze weitere Leben die interpersonalen Beziehungen bestimmen. Zweifellos verändert man sein Modell vom Menschen hin und wieder ein wenig, wenn man Personen und Situationen begegnet, die mit den Strukturen des Modells nicht unmittelbar übereinstimmen; aber grundsätzlich bleibt es als stabiles, operatives Schema bestehen, das sich im Gleichgewicht befindet.

Auch Psychologen haben implizit oder explizit ein Modell vom Menschen, das richtungweisend ist für ihre theoretische und empirische Arbeit. Damit stehen wir allerdings bereits vor einem Problem, denn nicht alle Psychologen beziehen sich auf dasselbe Modell (oder „Paradigma", um den Ausdruck von KUHN, 1962, zu benutzen). Folge davon ist eine verwirrende Vielfalt oftmals sich widersprechender Befunde über menschliches Verhalten, so daß man sich fragt, ob die Psychologen überhaupt von demselben Geschöpf sprechen – dem ganz normalen Menschen, der mit seiner eigenen naiven Menschenkenntnis recht ordentlich durchs Leben kommt.

Es ist ganz offensichtlich so (was einige dahingehend interpretieren werden, daß es sich nicht beweisen läßt), daß das formale Modell, mit dem ein Psychologe arbeitet, mit dessen eigenem persönlichen Modell übereinstimmt. Sein „gesunder Menschenverstand" wird im Grunde auch darüber entscheiden, welche wissenschaftlichen Problemstellungen er bearbeitet (HEIDER, 1958). BALDWIN (1967) hat diesen Sachverhalt treffend formuliert: „Wissenschaft entwickelt sich ganz unmerklich aus den Antworten, die der Laie auf seine Fragen findet" (S. 6). Anschließend kommt es zu einer Wechselwirkung zwischen gesundem Menschenverstand und formaler Theorie, sie vermischen sich miteinander und beeinflussen sich wechselseitig.[1]

Im vorliegenden Kapitel wollen wir nun die psychologischen Modelle in derzeitigen Untersuchungen zur Sozialisation und Persönlichkeitsentwicklung über die Lebensspanne hin überprüfen. Dabei wollen wir, wenn möglich, auch einiges über die Psychologie der Psychologen erfahren. KAPLAN (1964) äußerte die Vermutung, daß die Modelle, die man in einem bestimmten Abschnitt der Wissenschaftsgeschichte vorfindet, den Denkstil widerspiegeln, der für die Wissenschaftler dieser Zeit kennzeichnend war. Wenn wir diese Überlegung weiterverfolgen und feststellen könnten, welches der hauptsächlichen Modelle unter der heutigen Psychologengeneration am *stärksten bevorzugt* wird und am *weitesten verbreitet* ist, dann könnten wir vielleicht von hier aus Rückschlüsse auf den kognitiven Stil unserer Gesellschaft ziehen (LOOFT, 1971 b; RIEGEL, 1972 a).

Der zweite Teil dieses Kapitels gibt einen Überblick über psychologische Modelle und

---

[1] Es gibt überraschende Parallelen zwischen den Theorien über die „Realität", wie sie einerseits das Kind während seiner Entwicklung und andererseits der Angehörige einer sich entwickelnden wissenschaftlichen Disziplin konstruiert (vgl. PIAGET, 1933, 1970a). Ein interessantes Beispiel ist, wie der Mechanismus der Fortpflanzung verstanden wird. KREITLER und KREITLER (1966) fanden heraus, daß die bei Kleinkindern am häufigsten anzutreffende Meinung über die Schwangerschaft die sei, das Baby sei immer schon im Mutterleib gewesen; es fange nur eben plötzlich an zu wachsen. Dieser Glaube ist fast identisch mit der Überzeugung, die Physiologen immerhin noch im 18. Jahrhundert vertreten haben. Hierauf beschränkt sich allerdings auch die Übereinstimmung zwischen Kindern und Präformationisten, da letztere sich nicht über die Frage einigen konnten, ob das präformierte menschliche Wesen nun ursprünglich im Leib der Mutter oder im Leib des Vaters war.

die Modellkonsequenzen, unter besonderer Berücksichtigung der Implikationen für die Theorienbildung und die empirische Forschung der damit arbeitenden Wissenschaftler. Im dritten Teil werden ausgewählte Ansätze[2] zur Erforschung von Sozialisation und Persönlichkeitsentwicklung über die gesamte Lebensspanne hin untersucht; wobei die zugrundeliegende Hypothese ist, daß die Annahmen und Merkmale eines jeden Ansatzes auf ein ganz bestimmtes Modell schließen lassen, in dessen Grenzen sich der entsprechende Ansatz bewegt. Im letzten Abschnitt wird nachdrücklich die Formulierung eines neuen psychologischen Modells gefordert, an dem sich die zukünftigen Erkenntnisbemühungen ausrichten sollten.

12.2 Dimensionen von psychologischen Modellen der Entwicklung

In jüngster Zeit ist eine ganze Reihe ausgezeichneter Darstellungen der Modelle erschienen, die für die Psychologie im besonderen und die Sozialwissenschaften im allgemeinen charakteristisch sind; der Leser sei vor allem auf KAPLAN (1964), REESE und OVERTON (1970, siehe Kapitel 2 dieses Bandes) und OVERTON und REESE (1973) verwiesen. Angesichts der Qualität und Ausführlichkeit dieser Darstellungen ist es unnötig, ähnliches noch einmal zu schreiben; wir geben deshalb im folgenden lediglich einen kursorischen Überblick über das Wesen der Modelle.

Das grundlegende Merkmal eines jeden Modells ist, daß es immer für etwas anderes steht – für etwas, dem unser unmittelbares Interesse gilt, was immer das im speziellen Falle auch sein mag. Entsprechend kann es verschiedene Modell-Ebenen geben, die vom konkreten und spezifischen Niveau bis zum abstrakten und allgemeinen Niveau reichen. Wir befassen uns im folgenden in erster Linie mit den mehr allgemeinen, d. h. den epistemologischen und metaphysischen Modellen, die die Grenzen für die untergeordneten, spezielleren theoretischen und empirischen Tätigkeiten bestimmen (REESE & OVERTON, 1970, siehe Kapitel 2 dieses Bandes). In der Terminologie von KUHN (1962) erscheinen Modelle auf dieser Ebene als ,,Paradigmen" oder auch ,,Weltbilder".

Einem Modell liegt ein intern konsistentes System von Annahmen und nicht weiter definierten Begriffen zugrunde, das die hauptsächlichsten theoretischen Ableitungen aus diesem System kennzeichnet, die möglich sind. Aus psychologischer Sicht erscheint ein solches metaphysisches System deshalb als eine Interpretation des Wesens ,,der Realität", hier insbesondere des Wesens der menschlichen Natur. Im Rahmen eines allgemeinen Modells kann eine Theorienfamilie entwickelt werden (REESE & OVERTON, 1970, siehe

[2] Der Ausdruck ,,Ansatz" *(approach)* wird in diesem Kapitel dazu benutzt, um eine systematische theoretisch/empirische Position bei der Untersuchung eines bestimmten Verhaltens- oder Entwicklungsaspekts zu bezeichnen. ,,Ansatz" bedeutet also mehr als Theorie, ist aber in gleicher Weise mit einem allgemeinen psychologischen Modell verknüpft wie eine Theorie. Ansätze kann man in der Regel mit dem (oder den) Namen ihres Hauptvertreters kennzeichnen (z. B. CATTELL, KOHLBERG).

Kapitel 2 dieses Bandes), wobei sich die einzelnen Theorien im Detail voneinander unterscheiden können, hinsichtlich der Auffassung von der eigentlichen Natur des Menschen jedoch immer übereinstimmen.

Anders als die Naturwissenschaften wird die Psychologie von mindestens zwei allgemeinen Modellen oder Paradigmen beherrscht (um nicht zu sagen „belastet"). Dieser Zustand ist insofern problematisch, als – wie REESE und OVERTON bereits nachdrücklich betont haben – Unterschiede in den Annahmen der Paradigmen niemals vereinbar sind. Es handelt sich immer um nicht prüfbare Prämissen. Kontroversen zwischen Theorien derselben Modellfamilie sind potentiell lösbar, weil es hier immer nur um theoretische und empirische Fragen geht. Kontroversen zwischen Theorien *verschiedener* Modell-Familien sind dagegen von vornherein zwecklos, denn sie implizieren metaphysische, epistemologische, also unvereinbare Grundannahmen.

Man scheint sich nicht ganz einig zu sein, mit wievielen Paradigmen oder Modellen die zeitgenössische Psychologie insgesamt zu charakterisieren ist. REESE und OVERTON haben sich mit zwei Modellen beschäftigt – dem mechanistischen und dem organismischen. Das mechanistische Modell basiert auf der Annahme, der Mensch sei ein *reaktives* Wesen; im organismischen Modell wird es als *aktiver* Organismus gesehen. Ein Beispiel für das erste Modell wäre die SKINNERsche, ein Beispiel für das zweite die PIAGETsche Theorie. LANGER (1969) fügt ein drittes Modell hinzu (das er „den mechanischen Spiegel" und „die organische Lampe" genannt hat): die *psychoanalytische Perspektive*. In dieser Theorienfamilie sind die klassische FREUDsche Theorie und die Theorie der Ich-Entwicklung von LOEVINGER (1966) zu finden.

In einem wieder anderen Klassifikationsschema, dem von RIEGEL (1973), findet sich neben dem aktiven und dem reaktiven Modell des Menschen ein drittes Modell, das sowohl die aktiven als auch die reaktiven Komponenten der vorigen Modelle enthält, aber zusätzliche Annahmen macht über das komplexe dialektische Wechselspiel zwischen ontogenetischen und historischen Veränderungen. Für RIEGELS drittes Modell scheint es in der amerikanischen Psychologie kein Beispiel zu geben, obwohl ERIKSONS (1963) Theorie der epigenetischen Entwicklung die Voraussetzungen dafür vielleicht noch am ehesten erfüllt. (LANGER, 1969, hat die Theorie von ERIKSON allerdings der psychoanalytischen Schule zugerechnet). RUBINSTEINS Synthese von PAWLOWS Theorie und dem marxistisch-leninistischen dialektischen Materialismus hat allem Anschein nach als Vorbild für dieses Modell gedient (vgl. PAYNE, 1968). Wie wir später noch sehen werden, entsprechen fast alle neueren amerikanischen Theoriebildungen – einschließlich der neo-analytischen – den Prämissen des mechanistischen oder aber des organismischen Modells.

Bevor wir einzelne Modellaspekte diskutieren, soll noch einmal betont werden, daß das Paradigma, mit dem ein Psychologe arbeitet, ihm gewissermaßen vorschreibt, welche Fragen sinnvoll zu untersuchen sind. Es legt ferner auch die geeignetsten Forschungsmethoden und die beste Interpretationsmöglichkeit für die gesammelten Daten fest. Wissenschaftliches empirisches Arbeiten kommt erst an *zweiter Stelle*, *vorrangig* ist die Bildung eines Modells oder die Übernahme eines Modells.

Psychologische Modelle des Verhaltens und der Entwicklung lassen sich unter einer Vielzahl verschiedener Blickwinkel betrachten. Jede Perspektive sollte dabei den Blick auf immer wieder etwas andere Aspekte der möglichen Dimensionen oder Probleme solcher

Modelle lenken. In der anschließenden Darstellung wollen wir diskursiv auf einige dieser Dimensionen eingehen. Im wesentlichen wollen wir dabei die allgemeinen psychologischen Modelle in verschiedene Teilbereiche aufgliedern, wobei wir von der Annahme ausgehen, daß sich die Ergebnisse aus diesen Teilbetrachtungen schließlich zu einem Ganzen zusammenfügen, das ein umfassenderes Verständnis von den Modellproblemen und -implikationen vermittelt. Es wäre allerdings falsch, zu glauben, die hier vorgestellten Teilansichten seien die einzig möglichen, denn ein anderer Betrachter könnte die Modelle natürlich auch nach anderen Dimensionen aufgliedern. Wie sich zeigen wird, sind die meisten Dimensionen (insbesondere die Dimensionen A bis H) voneinander abhängig: Die Position eines bestimmten Modells auf einer Dimension erfordert aus logischen Gründen auch eine ganz bestimmte Plazierung auf den meisten anderen Dimensionen. Die wichtigsten Problembereiche (A bis H) werden bipolar dargestellt, sie sollten jedoch jeweils als Kontinuum verstanden werden, denn es ist durchaus möglich, daß ein Modell zwischen die Extreme fällt. Es werden daneben vier weitere Bereiche (I bis L) in die Erörterung einbezogen, die zur Beschreibung der Modelle nützlich sind. (Da die meisten Problembereiche bereits an anderer Stelle ausführlich erörtert worden sind, erfolgt ihre Darstellung hier in der gebotenen Kürze.)

A. Lokalisierung der Entwicklungsdynamik außerhalb oder innerhalb des Organismus

Bei diesem Punkt könnte es sich gut um die Grundprämisse eines jeden psychologischen Modells handeln, denn er bezieht sich auf die Annahme, die man in bezug auf das eigentliche Wesen des Menschen macht. Es geht dabei zentral um die Frage, ob Entwicklungen aufgrund von Veränderungen *innerhalb* des Organismus oder aufgrund von Veränderungen zustande kommen, die *außerhalb* des Organismus stattfinden. Ein Modell, in dem postuliert wird, die Entwicklungsdynamik sei *im* Organismus zu lokalisieren, bezeichnet man charakteristischerweise als *organismisches* Modell; es beruht auf der Annahme, der Mensch sei ein aktives Wesen, das sich aufgrund seines Wandels selbst verändert. Im sog. *mechanistischen* Modell dagegen wird angenommen, daß Veränderungen des Organismus primär eine Reaktion auf Veränderungen in seiner Umwelt sind: Hier wird die Entwicklungsdynamik *außerhalb* des Organismus lokalisiert.

B. Qualitative versus quantitative Veränderungen

Ein Modell, in dem qualitative Veränderungen angenommen werden, impliziert, daß sich die Bedeutung von Verhaltensweisen und Eigenschaften im Verlauf der Ontogenese verändert. Die einzelnen Lebensabschnitte sind demnach als jeweils einzigartige und besondere Phänomene zu verstehen: „Realität" wird vom Kleinkind anders interpretiert oder konstruiert als vom Jugendlichen. (Bei VAN DEN DAELE, 1969, findet sich eine ausgezeichnete Darstellung „qualitativer" Modelle.) In anderen Modellen wird Veränderung quantitativ aufgefaßt: Die Bedeutung von Verhaltensweisen und Eigenschaften bleibt über die Zeit hin invariant. Allen Verhaltensveränderungen liegen dieselben Mechanismen oder Prozesse zugrunde, und deshalb kann Entwicklung quantitativ gemessen werden.

Im organismischen Modell werden qualitative, im mechanistischen Modell quantitative Veränderungen postuliert.

C. *Offene versus geschlossene Modelle*

In engem Zusammenhang mit der Dimension qualitativ versus quantitativ steht die Frage, ob Modelle offen sind oder geschlossen. Am besten faßt man diesen Problembereich als eine Konsequenz oder Spezifizierung der Dimension quantitativ vs. qualitativ auf. Bei einem offenen Modell besteht Entwicklung im grundsätzlich additiv und linear verlaufenden Aufbau von Fertigkeiten, Gewohnheiten und anderen Verhaltensweisen. Die menschliche Entwicklung wird hier als eine beständige Erweiterung – oder auch Verengung – des Lebenshorizonts verstanden. Das offene Modell ist ein optimistisches Modell, denn es impliziert unbegrenztes Wachstum; es gibt nicht notwendigerweise einen Endpunkt der Entwicklung. Die meisten quantitativen Modelle können als offen bezeichnet werden.

Geschlossene Modelle dagegen haben einen teleologischen Aspekt, denn sie postulieren, daß Fähigkeiten grundsätzlich festgelegt oder begrenzt sind; hier gibt es also einen Endpunkt der Entwicklung. Spezielle Begriffe zur Bezeichnung solcher Entwicklungsendpunkte (oder auch „Reifestadien") sind: *conduites progressives* (JANET), genitales Stadium (FREUD), Ich-Integrität (ERIKSON) und formal-operationales Denken (PIAGET). Die meisten geschlossenen Modelle lassen allerdings die Möglichkeit einer Verfeinerung von Fertigkeiten oder Kenntnissen innerhalb der Endstadien zu. Geschlossene Modelle sind zweifellos auf das engste mit dem organismischen Paradigma verbunden.

D. *Kontinuierliche versus diskontinuierliche Veränderung*

In engem Zusammenhang mit der Dimension qualitativ versus quantitativ steht auch die Frage, ob Entwicklung kontinuierlich oder diskontinuierlich verlaufe. Ist Wachstum durch stetige, quantitative Veränderung gekennzeichnet, oder handelt es sich um eine Sequenz sprunghafter, qualitativer Veränderungen? Letzteres wirft natürlich sofort die Frage nach bestimmten Stufen der Entwicklung auf. Lange Zeit haben Entwicklungspsychologen am Stufen-Konzept gearbeitet, offenbar mit mäßigem Erfolg, denn es wird immer öfter Unmut über derartige Konzepte geäußert. (Neuere Analysen des Stufen-Problems finden sich bei FLAVELL, 1971, 1972; HOOPER, 1973; KESSEN, 1962; TOULMIN, 1971; VAN DEN DAELE, 1969.) In seiner Schlußbemerkung zu einer kritischen Auseinandersetzung mit der Verwendung von Stufen-Konzepten in der kognitiven Entwicklungspsychologie hat HOOPER (1973) diese Stimmung treffend wiedergegeben: „. . . obgleich Psychologen immer häufiger Stufen-Konzepte verwenden, scheinen sie doch immer weniger zufrieden damit zu sein" (S. 7).

Im mechanistischen Modell wird kontinuierliche, im organismischen Modell diskontinuierliche Entwicklung angenommen. Trotzdem implizieren auch die meisten organismischen Ansätze Kontinuität, und zwar in dem Sinne, daß Übergänge zwischen Verhaltensweisen auftreten können. Wenn zwei Verhaltensweisen gemeinsame Merkmale besitzen, läßt sich eine aus der anderen herleiten. Die spätere Verhaltensweise leitet sich dabei in einer Transformationssequenz, die sich in Stufen unterteilen läßt, von einer früheren her; es handelt sich also *nicht* um die Substitution einer Verhaltensweise durch eine andere (DYER, 1971). Das mechanistische Modell postuliert, daß es nicht logisch notwendig sei, das Stufen-Konzept in die Theorie einzuführen. Wenn „Stufe" überhaupt in einer mechanistisch orientierten Theorie auftaucht (etwa bei BIJOU, 1968 b), dann lediglich aus Gründen der Anschaulichkeit oder zur Darstellung eines naturalistisch-empirischen Phänomens.

E. Rückführung auf molekulare Niveaus (reductionism) versus Auftauchen nicht rückführbarer, neuer Formen (emergence)

Reduktionismus, wie man ihn im mechanistischen Modell findet, bedeutet, daß alle Phänomene auf Ereignisse zurückgeführt werden können, die auf einem „tieferliegenden" Niveau auftreten. Es wird dabei unterstellt, daß jede Verhaltensweise in einfachere, elementarere Formen zerlegt werden kann (GAGNÉ, 1968). Um mentalistische Elemente in ihren Erklärungsansätzen zu vermeiden, suchen Reduktionisten nach *naturalistischen* Erklärungen, die im allgemeinen zugleich die Annahme quantitativer und kontinuierlicher Veränderungsmechanismen implizieren. Auch wenn es selten deutlich ausgesprochen wird, geht doch aus bestimmten reduktionistischen Positionen klar hervor, daß die Erklärungen auf physiologischem, anatomischem und biochemischem Niveau vorgenommen werden müssen.

Der emergenzphilosophische Standpunkt ist die Alternative zum Reduktionismus: Spätere Formen sind danach nicht auf frühere rückführbar. Entsprechend dieser Position, die im organismischen Modell vertreten wird, lassen sich verschiedene Komplexitäts- oder Analyse-Niveaus definieren; jedes Niveau besitzt seine eigenen Prinzipien, die über die Regulationsprinzipien weniger komplexer oder früherer Niveaus hinausgehen. Veränderungen sind diskontinuierlich, denn der Organismus macht wirkliche Transformationen durch und befindet sich anschließend auf jeweils neuen Entwicklungsniveaus.

F. Elementarismus versus Holismus

In enger Beziehung zur Dimension Reduktionismus versus Emergenz steht die Frage nach dem Verhältnis des Ganzen und seiner Teile. Das mechanistische Modell impliziert Elementarismus; danach wird im wesentlichen angenommen, daß das Ganze (hier: der Mensch) aus seinen einzelnen Teilen zusammengesetzt werden kann. Anders ausgedrückt: Man kann aus den Teilen das Ganze vorhersagen. Und weil dabei unterstellt wird, daß Reaktionen physikalische Prozesse sind, wird das Verhalten nach seiner äußerlich-materiellen Identität bestimmt. Äußerlich gleiche Elemente haben daher auch gleiche „Bedeutung" (OVERTON & REESE, 1973).

Entsprechend der holistischen Position besitzt der Organismus dagegen eine Organisation, die eine analytische Trennung und Neuzusammensetzung der Teile zum Ganzen nicht zuläßt. Verhalten wird innerhalb des jeweiligen Gesamtzusammenhangs bestimmt; das Individuum muß deshalb auf vielen verschiedenen Niveaus und aus vielen verschiedenen Perspektiven betrachtet werden – körperliche Verfassung, Handlungsziele, Selbsterkenntnis, situative Bedingungen etc. sind dabei zu berücksichtigen. Man kann nicht davon ausgehen, daß zwei Verhaltensweisen dieselbe Bedeutung haben, nur weil sie äußerlich gleich sind.

G. Struktur/Funktion versus Antezedenz/Konsequenz

Bewegt man sich im Rahmen des organismischen Modells, so impliziert das die Analyse nach Struktur und Funktion. Das bedeutet: Zuerst sind die Funktionen oder Ziele des Organismus zu identifizieren bzw. zu definieren; danach muß man die Strukturen aufdecken, die deren Durchsetzung ermöglichen (REESE & OVERTON, 1970, s. Kap. 2 dieses Bandes). Die psychische Struktur ist eine im Gleichgewicht befindliche Organisation eines bestimmten Verhaltensbereichs oder -systems (PIAGET, 1970 b). Der teleologische Aspekt einer Struktur-Funktions-Analyse ist deutlich: Zweck oder Form ist primär und bestimmend.

Die Antezedenz-Konsequenz-Analyse ist Bestandteil des reaktiven Modells vom Menschen. Ziele oder Funktionen werden nicht angenommen; Zweck erhält den Status einer abgeleiteten Kategorie. Jedes Verhalten kann als Folge von Antezedenz-Bedingungen interpretiert werden. Zwischen Konsequenz und Antezedenzien gibt es eine Art von verbindendem, vermittelndem Mechanismus; solche intervenierenden Variablen oder hypothetischen Konstrukte bilden den Rahmen für die Erklärung beobachteten Verhaltens.

H. Strukturveränderung versus Verhaltensveränderung

Zentrales Anliegen bei der Struktur-Funktions- wie auch der Antezedenz/Konsequenz-Analyse ist die Klärung der Frage, *was* sich denn eigentlich verändert. Im mechanistischen Modell gilt die Aufmerksamkeit spezifischen, beobachtbaren Verhaltensweisen oder Reaktionen; das organismische Modell ist in dieser Hinsicht abstrakter, da es die Aufmerksamkeit auf Veränderungen in den psychischen Strukturen lenkt (d.h. in den Organisations- und Regulationsstrukturen, die verschiedenen Verhaltensbereichen zugrundeliegen). Das mechanistische Modell impliziert die Annahme, daß Veränderungen ein Ergebnis von Reaktionen auf externe Stimuli oder von Reinforcements sind, die auf bestimmte Reaktionen hin erfolgen; im organismischen Modell dagegen wird angenommen, daß strukturelle Veränderungen im Verlauf der Entwicklung zu einem Endziel oder Zweck auftreten.

Die vier folgenden Dimensionen sollen das Wesen psychologischer Modelle der Entwicklung noch weiter verdeutlichen. Wo man ein Modell auf diesen Dimensionen plaziert, hängt nun nicht mehr so unmittelbar von dessen Postulaten bezüglich der aktiven oder reaktiven Natur des Menschen ab (ist also nicht direkt daraus vorhersagbar). Da diese Problembereiche (verglichen mit A bis H) in früheren Modellanalysen nur wenig berücksichtigt worden sind, wollen wir sie im folgenden ausführlicher behandeln.

I. Das Wesen individueller Unterschiede

Worin bestehen intra- und interindividuelle Unterschiede? Die Behandlung dieser Frage innerhalb eines Modells ist nicht so ohne weiteres erkennbar wie etwa dessen Position in bezug auf die zuvor beschriebenen Dimensionen. Diese relative Unbestimmtheit rührt daher, daß man bei allen entwicklungspsychologischen Analysen dazu neigt, individuelle Differenzen nicht zu beachten oder sie zu bagatellisieren. Tatsache ist jedoch, daß Menschen nun einmal verschieden sind und auf experimentelle Maßnahmen verschieden reagieren, und das ist für uns ein ausreichender Grund, zu betrachten, wie dieses Problem innerhalb bestimmter theoretischer oder empirischer Systeme behandelt wird.

EMMERICH (1968; vgl. auch BALTES & NESSELROADE, 1973, Kapitel 6 dieses Bandes) und VAN DEN DAELE (1969) haben Klassifikationsschemata entwickelt, die sich für unsere Zwecke nutzbringend verwenden lassen. Nach dem System von EMMERICH können Entwicklungstheorien in drei allgemeine Kategorien unterteilt werden: Nach der *klassischen* Sichtweise, nach der es eine invariante Sequenz von Entwicklungsstufen gibt (etwa FREUD, PIAGET), werden individuelle Unterschiede im allgemeinen im Zusammenhang mit Altersnormen beim Erreichen einer Stufe oder eines Niveaus behandelt; die *Geschwindigkeit,* mit der jemand eine Entwicklungssequenz durchläuft, ist demnach das primäre Unterscheidungsmerkmal. In *differentiellen* Theorien dagegen beschäftigt man sich damit, wie sich Personen während des Verlaufs ihrer Entwicklung in verschiedene Subgruppen – differenziert nach Status- und Verhaltensmerkmalen – einteilen lassen. Faktorenanalytische Systeme wie die von CATTELL, EYSENCK und GUILFORD sind für diesen Ansatz typisch. Individuelle Unterschiede werden dabei psychometrisch durch die Zuordnung einer Person zu einer Anzahl von Merkmalen oder Eigenschaften definiert. Eine dritte Kategorie bildet der *ipsative* Ansatz, bei dem man *intraindividuelle* Konstanz und Veränderung in der Organisation von Merkmalen über die Zeit hin untersucht. Dabei geht es also in erster Linie um Veränderungen *innerhalb* des Individuums und nicht um Unterschiede *zwischen* Individuen. Mit Hilfe des ipsativen Ansatzes läßt sich etwa klären, wie sich die zwischen den verschiedenen Merkmalen bestehenden Wechselbeziehungen mit Alter verändern, wie die Geschwindigkeit der strukturellen Veränderung ist oder vielleicht auch, wie sich die Anzahl hierarchischer Organisationsniveaus verändert. Offenbar gibt es nur wenige Theoriebeispiele für diese Kategorie in EMMERICHS Klassifikationsschema; die idiographischen Persönlichkeitstheorien von ALLPORT und MURRAY scheinen noch am ehesten hierher zu gehören.

Das Schema von VAN DEN DAELE (1969) dürfte sich vor allem für organismische Modelle eignen. Entsprechend seiner Zwei-mal-zwei-Klassifikationsmatrix werden individuelle Differenzen in verschiedenen Modellen auf vier Arten betrachtet. Danach kann Entwicklung als *einheitlich* oder *vielgestaltig* und als *einfach* oder *kumulativ* angesehen werden. Verläuft Entwicklung einheitlich, so folgt jedes Individuum einer einzigen Entwicklungslinie, und die interindividuellen Unterschiede beschränken sich nur auf die Entwicklungsgeschwindigkeit; verläuft sie vielgestaltig, dann können die Individuen auf einer Vielzahl von (divergierenden, konvergierenden, parallel verlaufenden) Entwicklungslinien fortschreiten. Wird nach einem Modell Entwicklung außerdem als einfach aufgefaßt, kann ein Individuum zu einem Zeitpunkt immer nur auf einer Entwicklungsstufe stehen, womit die intraindividuelle Variabilität auf ein Minimum reduziert ist; wird Entwicklung dagegen als kumulativ aufgefaßt, so existieren nebeneinander verschiedene Entwicklungsstrukturen oder -niveaus, und das Individuum kann je nachdem auf verschiedenen Komplexitätsniveaus operieren.

Ein Beispiel für ein „einfaches-vielgestaltiges" Modell ist die Theorie der epigenetischen Entwicklung von Erikson (1963). Sein Modell „binärer Verzweigung" (Van den Daele, 1969, S. 307) verweist auf die Möglichkeit mehrerer Entwicklungslinien (Vielgestaltigkeit), zugleich aber auch darauf, daß das Individuum zu einem Zeitpunkt immer nur in einem einzigen Stadium anzutreffen sei (Einfachheit).[3]
Vielleicht mit Ausnahme der Kategorie „differentielle Theorien" bei Emmerich läßt sich weder die Analyse von Emmerich noch diejenige von Van den Daele auf mechanistische Ansätze anwenden. Innerhalb mechanistischer Theorien neigt man dazu, interindividuelle Verhaltensunterschiede durch eine Reihe unabhängiger deskriptiver Status- oder demographischer Kategorien zu erklären. Individuen unterscheiden sich danach in ihrer Leistung durch differentielle Lernerfahrungen aufgrund von Geschlecht, Alter, sozioökonomischem Status, Kohorten- und ethnischer Gruppenzugehörigkeit, Persönlichkeitsprofil etc. Die Effekte solcher Variablen für individuelle Differenzen werden in Untersuchungen häufig experimentell oder statistisch kontrolliert und dadurch minimal gehalten oder ganz ausgeschaltet.

J. Der Status des chronologischen Alters

Chronologisches Alter war innerhalb der Entwicklungspsychologie schon immer von zentraler Bedeutung, in den formalen Erörterungen psychologischer Modelle ist es bisher jedoch nur oberflächlich oder in sehr begrenztem Rahmen behandelt worden. Immerhin findet man aber in den Ansätzen, die auf den verschiedenen Modellen basieren, eine gewisse konsistente Verwendung der Altersvariablen. Bei vielen mechanistischen Ansätzen spielt Alter eine relativ untergeordnete Rolle, weil Alter auf Zeit reduziert werden kann und Zeit als solche nichts bewirkt. Verhaltensveränderungen werden auf jeder Altersstufe von den gleichen allgemeinen Prozessen oder Mechanismen gesteuert, und Alter als solches ist deshalb wenig interessant. Noch radikaler wird dieser Standpunkt von Bijou und Baer (1961) vertreten, die behaupten, Unterschiede zwischen Altersgruppen müßten überhaupt nicht erklärt werden; viel wichtiger sei es, Verhaltensveränderungen durch die sie determinierenden Mechanismen zu erklären.
Organismische Theorien, die Entwicklungsstufen postulieren, zeichnen sich demgegenüber gerade dadurch aus, daß sie Altersgrenzen als wesentlich erachten. Zwar würden die

---

[3] Wenn man die Logik, die Van den Daele auf die Theorie von Erikson angewendet hat, bis ins Extrem weiterführt, dann könnte man zu dem Schluß kommen, daß es im Hinblick auf Persönlichkeits-„Typen" nur eine endliche Anzahl individueller Differenzen gibt. Entsprechend dem verzweigten Modell, das diese Logik impliziert, kann man, je nachdem, wie man die für eine Phase charakteristische psychosoziale Krise bewältigt, von jedem der acht Entwicklungsstadien aus immer nur in einer von zwei Richtungen fortschreiten. Innerhalb einer jeden Phase gibt es daher immer nur eine begrenzte Anzahl möglicher Formen der Ich-Entwicklung. In der ersten Phase (Stadium 2^0) gibt es lediglich eine Möglichkeit, da das Individuum zu diesem Zeitpunkt noch nicht das Problem Vertrauen vs. Mißtrauen gelöst hat. In der zweiten Phase (2^1) ist die erste Krise überwunden, und das Individuum kann entweder vertrauensvoll oder mißtrauisch geworden sein. Zu Beginn einer jeden neuen Lebensphase beträgt also die Gesamtzahl der möglichen individuellen Differenzen 2^n, wobei n die Zahl der Phase minus eins ist. Die Summe aller möglichen Entwicklungsschritte über die gesamte Lebensspanne hin, einschließlich der, die nach der achten und letzten Krisenbewältigung stattfinden, ist $\sum_{0}^{9} 2^n$ oder 511. (Wahrscheinlich würde Erikson diese Art der Interpretation nicht gern sehen.)

meisten Vertreter der organismischen Schule die Bedeutung solcher Altersnormen wahrscheinlich herunterspielen, mit der Begründung, sie würden lediglich angegeben, um den Praktiker zu befriedigen. Allerdings würden sie darauf beharren, daß die Sequenz der auftretenden Entwicklungsstufen wichtig sei. Dennoch ist auch das Alter wesentlicher Bestandteil einer solchen Stufenabfolge, worauf in neueren Diskussionen (BALTES & GOULET, 1971; McCANDLESS & EVANS, 1973; WOHLWILL, 1970a) wieder hingewiesen wurde. Die zahllosen Versuche, kognitive Entwicklungsfunktionen, für die Altersnormen vorliegen (wie etwa die PIAGETschen oder KOHLBERGschen Stufen), zu modifizieren oder zu replizieren, beweisen die außerordentliche Bedeutung, die dem chronologischen Alter innerhalb des organismischen Modells zukommt.

Trotz aller gegenteiligen Behauptungen ist das chronologische Alter doch ohne Zweifel eine grundlegende Dimension der Entwicklungspsychologie und wird es aller Wahrscheinlichkeit nach auch wohl bleiben. Dafür gibt es zahlreiche Indikatoren:

(1) Zunächst enthalten entwicklungspsychologische Fachzeitschriften in gleichbleibender Fülle Artikel mit der Überschrift: „Der Effekt des Alters auf . . ." (der Leser mag hier seine bevorzugte abhängige Variable einsetzen). Chronologisches Alter ist demnach weiterhin als eine der wichtigsten unabhängigen Variablen sowohl in der deskriptiven als auch in der experimentellen Forschung zu finden.

(2) Ein weiterer Indikator ist, daß es immer mehr Daten zur Wahrnehmung von Zeit und Lebensalter gibt. Diese Forschung wurde angeregt durch die Erkenntnis, daß diese subjektiven Elemente psychologische Realität besitzen wegen der, wie schon KANT feststellte, für den Menschen typischen phänomenologischen Wahrnehmung von Zeit und Alter (REICHENBACH & MATHERS, 1959; RIEGEL, 1972 c). In diesem Zusammenhang haben BALTES und GOULET (1971) die Verwendung einer Forschungsstrategie empfohlen, bei der Altersdifferenzen durch (retrospektive und prospektive) subjektive Alterswahrnehmungen simuliert werden.

(3) BIRREN (1959) analysierte die Bedeutung des Begriffs *Altern* und kam zu dem Schluß, daß er eng verknüpft, aber nicht identisch ist mit den Veränderungen im Verlauf des chronologischen Alters. In der gerontologischen Forschung wird Altern einerseits zur Erklärung von Verhaltensveränderungen (im Sinne einer unabhängigen Variablen) und andererseits als etwas zu Erklärendes behandelt (im Sinne einer abhängigen Variablen).

(4) Die beherrschende Stellung des Alterskonzepts zeigt sich ferner in der Einleitung der Herausgeber zum Bericht über die erste West Virginia Conference on Life-Span Developmental Psychology: „Die Entwicklungspsychologie der menschlichen Lebensspanne befaßt sich mit der Beschreibung und Erklärung ontogenetischer *(mit Alter einhergehender)* Verhaltensveränderungen von der Geburt bis zum Tod" (BALTES & GOULET, 1970, S. 12, s. auch Kapitel 1 dieses Bandes, *Hervorhebung vom Autor*).

In jüngerer Zeit erschienen zwei provokative Analysen des Status des chronologischen Alters in der Entwicklungspsychologie. BAER (1970) vertritt die Ansicht, die Verwendung der Altersdimension als Ordnungssystem für die Verschiedenartigkeit von Menschen habe keine genuine Entwicklungs-, sondern eigentlich eine *Alterspsychologie* geschaffen. Die Position von BAER hat darüber hinaus provokative Implikationen für die gegenwärtige Entwicklungspsychologie der Lebensspanne:

„Im Rahmen der Alterspsychologie werden nur deshalb Kinder untersucht, weil sie sich in einem Zustand befinden, in dem sich ein großer Teil des Verhaltens tatsächlich in einer gewissen Ordnung verändert. Mit zunehmendem Alter werden die Verhaltensveränderungen weniger vom Alter gesteuert, und das Interesse von Alterspsychologen an diesen Altersstufen verringert sich dementsprechend. Gegen Lebensende kann der Alterswechsel noch einmal stark mit Verhaltensveränderungen korrelieren, so daß für diese Altersstufe wieder eine Entwicklungspsychologie möglich wird" (Baer, 1970, S. 239).

Baer fährt dann fort mit der radikalen Behauptung, die Umwelt sei ein schlechter Programmierer „normaler" Verhaltensveränderung. Statt darauf zu warten, daß neue Stufen erreicht werden, wie dies bei Freud und Piaget der Fall sei, gelte es, experimentelle Umwelten zu schaffen, die notwendig sind, um die gewünschten Verhaltensweisen zu einem viel früheren Zeitpunkt hervorzurufen, als es die schwerfällige natürliche Umwelt erlaubt. Zeit und Alter sind damit einfach irrelevant.
Wohlwill (1970 a) dagegen beurteilt in seiner Analyse die Altersvariable nicht so negativ. Auf den Vorschlag von Baer, man solle Alter als irrelevant beiseite lassen, würde Wohlwill wahrscheinlich folgendes antworten: Die im Laufe der Zeit auftretenden Veränderungen in den Reaktionen sind ein zentrales Charakteristikum der Verhaltensvielfalt; die Altersdimension (in einem umfassenden Sinne verstanden, d. h., insoweit sie sich nicht auf eine Reihe vollständig spezifizierbarer externer Ereignisse reduzieren läßt, die die Veränderung determinieren) wird daher für deskriptive und funktionale Analysen von Verhaltensveränderungen unentbehrlich. Wohlwills Vorschlag ist um einiges anspruchsvoller als der von Baer: Alter soll in entwicklungspsychologischen Untersuchungen als Teil der *abhängigen Variablen* aufgefaßt werden. Die Messung von Veränderungen würde sich damit auf das *Alter, in dem sich etwas ereignet,* oder auch auf *das Tempo der Veränderung derartiger Ereignisse* beziehen. Allerdings würden sich die methodologischen Forderungen Wohlwills auf Verhaltenssysteme beschränken, für die der Entwicklungsverlauf (z. B. Form, Sequenz, Richtung) innerhalb eines breiten Spektrums von Umwelt und Vererbungsbedingungen invariant bliebe (gerade die Voraussetzungen, die Baer für unnötig erachtet).
Zusammenfassend können wir feststellen: Dem Status von Alter ist in den meisten Beschreibungen entwicklungspsychologischer Modelle nicht besonders viel Aufmerksamkeit zugewendet worden. Dennoch scheint es der Mühe wert, einmal eingehender zu untersuchen, wie diese Variable in verschiedenen Theorienfamilien behandelt wird. Eine präzise, eindeutige Klassifikation des Status von Alter innerhalb verschiedener theoretisch/empirischer Ansätze läßt sich aus einer solchen Untersuchung nicht unmittelbar gewinnen, wohl aber eine etwas lockere Systematisierung mit wenigstens ungefähren Abgrenzungen. In psychologischen Modellen wird Alter entweder als *unbedingt wesentlich (intrinsic)* oder aber als *unwesentlich (extrinsic)* für die Beschreibung von Entwicklung angesehen. In die erste Kategorie würden alle die Ansätze fallen, die auf der Annahme basieren, daß Alter mit invarianten, sequentiellen Veränderungen korreliert; in Theorien dieser Art werden wahrscheinlich auch implizite oder explizite Annahmen über die Bedeutung der biologischen Reifung gemacht, die der Veränderungssequenz zugrundeliegen. Ebenfalls zu dieser Gruppe gehören Ansätze, die mit Alter einhergehende Veränderungen in Einstellungen, Statuspositionen und anderen phänomenologisch be-

stimmbaren Merkmalen zum Gegenstand haben; für diese Modelle ist Alter konstitutiv, weil sie von statischen, festen Altersgrenzen in einer altersgeschichteten Gesellschaft ausgehen (vgl. RILEY, 1971; RILEY, JOHNSON & FONER, 1972).
In Theorien, in denen Alter von untergeordneter Bedeutung ist, wird die Altersdimension zwar möglicherweise als bequem zu handhabender Indikator verwendet, aber Altersnormen werden hier nicht für wichtig erachtet, weil Alter nicht als wesentlich für das beobachtete Verhalten aufgefaßt wird. Da man annimmt, daß allen Verhaltensweisen und -veränderungen dieselben Prozesse zugrundeliegen, ist man auch der Auffassung, daß jede beliebige Altersfunktion durch gezielte Umweltveränderungen bedeutungslos gemacht werden kann.

K. Gerichtetheit der Entwicklung

Traditionellerweise versteht man unter Entwicklung Progression, Expansion und eine Zunahme an Komplexität. Die Feststellung von NAGEL (1957), daß Veränderungen „kumulativ und irreversibel sein müßten, wenn sie als *Entwicklung* bezeichnet werden sollen" (S. 16), ist ein gutes Beispiel für diese klassische Sichtweise. Beobachtungen des Verhaltens von Organismen legen demgegenüber die Vermutung nahe, daß Entwicklung durchaus nicht immer progressiv und unidirektional ist. Damit taucht die Möglichkeit von *Regressionen* im Verlauf der Entwicklung auf. In der Psychologie wird Regression normalerweise als ein „Rückfall" in primitivere, unreifere Verhaltensformen definiert, aus denen das Individuum eigentlich bereits „herausgewachsen" war (DYER, 1971).
Innerhalb des organismischen Modells werden regressive Phänomene im allgemeinen geleugnet oder ignoriert. (In jüngerer Zeit haben sich z. B. FLAVELL, 1970, und PIAGET, 1972, wieder dazu geäußert.) Diese Position entspricht völlig dem Modell in seinem gegenwärtigen Entwicklungsstand: Eines der Axiome des organismischen Modells lautet, beobachtbares Verhalten könne, müsse aber nicht Veränderungen in den psychischen Strukturen reflektieren. Ein Vertreter des organismischen Modells kann daher jedes Beispiel für Regression im Verhalten mit der Begründung zurückweisen, daß sich darin nicht wirklich die Vorgänge widerspiegeln, die sich in der zugrundeliegenden psychischen Organisation abspielen. Relativ reife Verhaltensweisen, die sich zu relativ unreifen Verhaltensweisen verändern, erwecken nur den *Anschein* einer Rückentwicklung, denn vielleicht sind sie gar nicht von denselben primitiveren Strukturen erzeugt worden, die ähnlichen Verhaltensweisen bei Kindern zugrundeliegen (LANGER, 1969; LOOFT, 1972; TURIEL, 1969). Die weitestgehende Behauptung innerhalb einer organismischen Theorie wäre, daß es in einer Entwicklungssequenz überhaupt keine „echte" Regression geben würde, sondern allenfalls gewisse temporäre Regressionen, die als Indikator für die Instabilität eines Übergangsstadiums zum Gleichgewichtszustand anzusehen wären; für manche sei es eben leichter, in ein Verhalten zurückzufallen, das einem von früher her vertraut und dessen man sicher ist, als eine neu erworbene Verhaltensweise zu zeigen, die auf einem höheren Niveau liegt, über die man aber noch nicht so sicher verfügen kann. Kurz gesagt: Vertreter organismischer Theorien haben die Untersuchung regressiver Phänomene den Psychoanalytikern und Verhaltenstherapeuten überlassen, weil deren Modelle solchen Verhaltensweisen besser gerecht werden können.

Obwohl also innerhalb des organismischen Modells zu diesem Problembereich keine eindeutige Stellung bezogen wird, liegen verschiedene Hinweise vor, daß es Regression während der Entwicklung gibt. In der Persönlichkeitspsychologie hat man sich lange Zeit mit normalen und anormalen (psychopathischen) Regressionserscheinungen im Verhalten beschäftigt. In verschiedenen, über die Lebensspanne verteilten Krisenzeiten scheinen einige Individuen immer wieder zu früheren oder „primitiveren" Persönlichkeitszügen zurückzukehren, die im Augenblick funktionaler sein mögen als die höheren Strukturen. Zinberg (1963) hat den überzeugenden Nachweis geführt, daß solche „Regressionen im Dienste des Ego" insbesondere im hohen Alter verbreitet sind. Auch viele der Phänomene, die in den Bereich von organismischen Theorien fallen, sind mit entwicklungsmäßigen Regressionen in Zusammenhang gebracht worden. So fand man dergleichen etwa in den kognitiven Entwicklungssequenzen von Kindern (Almy, Chittenden & Miller, 1966) oder im moralischen Urteilen bei College-Studenten im zweiten Studienjahr (Kohlberg & Kramer, 1969). Darüber hinaus gibt es – obgleich die Daten fast ausschließlich aus Querschnitt-Untersuchungen stammen und daher ontogenetische Veränderungen lediglich vermuten lassen – immer mehr Anzeichen dafür, daß viele ältere Menschen bei Konservations- und Klassifikationsaufgaben nach Piaget (vgl. etwa de Ajuriaguerra, Boehme, Richard, Sinclair & Tissot, 1967; Papalia, 1972; Sanders, Laurendeau & Bergeron, 1966; Storck, Looft & Hooper, 1972) in ihren Lebensauffassungen (Dennis & Mallinger, 1948; Looft & Bartz, 1969) und in ihrer Fähigkeit zu dezentrieren (Looft & Charles, 1971) Regressionen zeigen. Die gegenwärtige kognitive Entwicklungstheorie dürfte sich mit der Erklärung dieser Befunde schwertun.

Mechanistische und psychoanalytische Systeme sind dagegen offen für die Möglichkeit, daß Entwicklung anders als nur unidirektional verläuft. Daß man im organismischen Modell so darauf beharrt, daß Entwicklung unidirektional verläuft, hat anscheinend seinen Ursprung in einer falschverstandenen Embryologie: Einem nur mangelhaft verstandenen Entwicklungsprozeß wird extreme Bedeutung beigemessen auf Kosten anderer, ebenso wichtiger Aspekte und Prozesse der Entwicklung. Vielleicht werden künftige Untersuchungen von anderen Aspekten des biologischen Modells (wobei man etwa die Organisationsstruktur von Gewebe und Organen als den „psychischen Strukturen" analog betrachtet) zu einer weiteren Ausformulierung des derzeit noch unfertigen organismischen Modells beitragen. Solche Modifikationen könnten eines Tages vielleicht zu der Einsicht führen, daß Entwicklung nicht unidirektional abläuft, sondern in zwei oder sogar in viele Richtungen geht.[4]

---

[4] Bemerkenswert ist, daß Heinz Werner schon vor geraumer Zeit die Richtung andeutete, die man bei Modellkonstruktionen einschlagen sollte. Er vertrat die Ansicht, daß Differenzierung nicht notwendigerweise in eine Richtung verlaufen müsse und postulierte zwei Formen regressiver Entwicklung; die eine besteht in der „Entdifferenzierung (Auflösung) vorhandener schematisierter oder automatisierter Verhaltensmuster", die andere in der „Aktivierung primitiver Verhaltensniveaus, wobei undifferenzierte (schwach ausgeprägte) Verhaltensphänomene auftauchen" (Werner, 1957, S. 139). Nach Werner ist Entwicklung also eine zwischen Progression und Regression oszillierende Bewegung um die eigentliche Reife-Ebene des Individuums. Langer (1969) und Looft (1972a) haben versucht, strukturelle Determinanten für bidirektionale Entwicklung im Erwachsenenalter aufzudecken.

L. *Universalität versus Relativität von Entwicklung*

Ist nun der Verlauf der Entwicklung bei allen Menschen gleich, oder verhält es sich eher so, daß jeder seine eigene Entwicklung durchmacht? Die meisten Persönlichkeitstheoretiker neigen dazu, beide Fragen zu bejahen. KLUCKHOHN und MURRAY (1949) faßten dieses scheinbare Paradoxon in die treffenden Worte: „Jeder Mensch ist in gewisser Hinsicht (a) wie alle anderen; (b) wie mancher andere; (c) wie kein anderer" (S. 35). Das heißt: Alle Menschen sind in bezug auf einige Aspekte gleich, weil es bestimmte Persönlichkeitsdeterminanten gibt, die universale Gültigkeit für die Gattung besitzen (z. B. die biologische Ausstattung); manche Menschen gleichen sich aufgrund ihrer Zugehörigkeit zu bestimmten Verbänden oder Statusgruppen (z. B. Nationalität, Geschlecht, Beruf); und in bezug auf bestimmte Aspekte wiederum ist jeder Mensch einzigartig (nämlich wegen seiner genetischen Ausstattung und seiner speziellen Erfahrungen).

Entsprechend allen wesentlichen psychologischen Modellen der Entwicklung hat der Mensch universelle und relativistische Merkmale. Bei näherer Betrachtung der einzelnen Modelle zeigt sich jedoch, daß entweder stärker eine Universalität oder aber eine Relativität entwicklungsbedingter Veränderungen angenommen wird. Das Modell vom aktiven Organismus postuliert danach eher Entwicklungsuniversalien: Jedes Individuum durchläuft eine invariante Sequenz von Entwicklungsstufen, die für alle biologisch gesunden Menschen gleich sind. Die empirische Forschung stützt dieses Universalitätspostulat in begrenztem Umfang. Kulturvergleichende und schichtvergleichende Untersuchungen haben gezeigt, daß die sensumotorischen, präoperationalen und konkret-operationalen Formen des Denkens offenbar bei allen Kindern auftreten (vgl. GOODNOW, 1969; LEVINE, 1970); formal operationales Denken scheint dagegen eher relativ und von bestimmten Erziehungsstrategien und Erfahrungen im Sozialbereich abhängig zu sein (ROHWER, 1971; TOMLINSON-KEASEY, 1972). KOHLBERG und andere haben ferner nachgewiesen, daß ganz bestimmte Stufen des moralischen Urteilens (KOHLBERG, 1969, 1971a) und der Traumarbeit (KOHLBERG, 1969; LLOYD & LIGHT, 1970) ebenfalls als universal gelten können. Natürlich berücksichtigen die genannten Theoretiker auch (kulturelle) Relativität in der Entwicklung des Denkens, des moralischen Urteilens und des Träumens, weil verschiedene Kulturen und Subkulturen verschiedene *Inhalte* liefern, und weil die *Geschwindigkeit* unterschiedlich sein kann, mit der Individuen die Stufen-Sequenz durchlaufen. Die Strukturen, die diesen Entwicklungen zugrundeliegen, werden dagegen als universal für alle Menschen angenommen.

Die Vertreter des Modells vom reaktiven Menschen würden dagegen wahrscheinlich zu der Annahme neigen, daß sich die Entwicklung bei jedem Menschen in einzigartiger Weise vollziehe. Der Mensch reagiert auf die Kräfte oder Stimuli seiner Umwelt und wird dadurch geformt; da aber jeder Mensch aus einer Vielzahl von Gründen (Geschlecht, Geburt, Rang, Kultur, besondere Merkmale seiner Eltern usw.) eine jeweils einzigartige Umwelt erlebt, zeigt er Verhaltensweisen, die sich in vieler Hinsicht von denen anderer Menschen unterscheiden. Das mechanistische Modell würde zwar zubilligen, daß es Ähnlichkeiten in der Verhaltensentwicklung gibt, sie würden aber nicht als universal angesehen, weil sich durch Umweltkontingenzen, die für jede Person individuell gestaltet werden können, alle Ähnlichkeiten beseitigen ließen. Dabei darf nicht übersehen werden, daß im reaktiven Modell angenommen wird, alle Formen entwicklungsbedingter Veränderungen würden durch die gleichen Prozesse oder Mechanismen ausgelöst; schwerpunktmäßig werden jedoch die Antezedenz-Konsequenz-Beziehungen bei Verhaltensveränderungen betrachtet.

12.3 Repräsentative Beispiele für gegenwärtige psychologische Ansätze

Im folgenden wollen wir nun etwas konkreter werden und einige Anschauungsbeispiele dafür geben, wie die zwölf zuvor erörterten Modelldimensionen in den zeitgenössischen psychologischen Ansätzen zur Erforschung von Sozialisation und Persönlichkeitsentwicklung behandelt werden. Fünf Beispiele haben wir ausgewählt, wobei es sich empfiehlt, vorab die Kriterien für die Auswahl zu nennen:

(1) Wir haben Ansätze gewählt, die nach Meinung wohl der meisten Psychologen aus primär *psychologischen* Modellen abgeleitet sind und nicht etwa aus soziologischen, anthropologischen, sozio-physikalischen oder irgendwelchen anderen Modellen. Natürlich lassen sich die verschiedenen Modelle nicht eindeutig gegeneinander abgrenzen, doch läßt sich eine Übereinstimmung hinsichtlich der grundsätzlichen Ausrichtung wohl erreichen.

(2) Die ausgewählten Ansätze mußten *entwicklungspsychologisch* sein, d. h., sie mußten Verhaltensveränderungen über die Zeit hin und nicht etwa statische Merkmale, z. B. Persönlichkeitseigenschaften, zum Gegenstand haben.

(3) Es wurden Theorien ausgewählt, die in beträchtlichem Umfang zu empirischen Datenerhebungen angeregt haben (das mag ein Hinweis auf die Sozialisation des Autors in einer datengläubigen akademischen Kultur sein!). Systeme wie das von ERIKSON wurden also aus der Betrachtung ausgeschlossen.[5]

(4) Ursprünglich war vorgesehen, nur solche Ansätze in die Analyse einzubeziehen, die Sozialisation und Persönlichkeitsentwicklung über die gesamte Lebensspanne hin betrachten. Es stellte sich jedoch bald heraus, daß bei einer strikten Anwendung dieses Kriteriums (in Verbindung mit den anderen) kaum etwas für unsere Erörterung übriggeblieben wäre. In der Tat scheinen nur zwei oder drei psychologische Ansätze allen unseren Kriterien zu genügen. Wir haben daher einen Kompromiß geschlossen: Es wurden Ansätze ausgewählt, die zusammengenommen die Lebensspanne abdekken.

Im folgenden wird nun jedes der ausgewählten Beispiele kurz beschrieben. Damit beabsichtigen wir lediglich, einen ungefähren Eindruck von den einzelnen Ansätzen zu geben und aufzuzeigen, wie jeder Ansatz die ihm zugrundeliegenden Modell-Annahmen reflektiert. (Ausführliche Darstellungen finden sich in der Literatur, die wir am Ende des

---

[5] Es sei allerdings darauf hingewiesen, daß die Konzepte von ERIKSON zunehmend häufiger operationalisiert und überprüft werden (z. B. BAKER, 1971; BOYD & KOSKELA, 1970; CIACCIO, 1971; CONSTANTINOPLE, 1969; MARCIA, 1966; WATERMAN & WATERMAN, 1971), meistens an Stichproben von College-Studenten. Sehr bezeichnend allerdings ist, daß in den Forschungsberichten die Theorien von ERIKSON immer erst im ,,Diskussions"-Abschnitt erwähnt werden; sie dienen wohl als eine Art theoretischer Rahmen post factum, in dem die schon vorliegenden Daten diskutiert werden.

jeweiligen Abschnitts zitieren.) Dabei wird sich zeigen, daß alle Ansätze recht eng den in Abschnitt 12.2 beschriebenen Modelldimensionen folgen. Eine zusammenfassende Übersicht über die Merkmale der fünf Theorie-Systeme findet sich in Tabelle 1.

12.3.1 Der kognitivistisch-entwicklungspsychologische Ansatz von Kohlberg

Lawrence Kohlberg ist vor allem bekannt geworden durch seine Untersuchungen der Entwicklung des moralischen Urteilens; er hat jedoch außerdem wichtige Beiträge zum Problem der psychosexuellen Entwicklung, der Traumarbeit und der Erziehungspraxis geliefert. Kohlberg selbst behauptet, daß seine Untersuchungen moralischer und sozialer Prozesse einem „kognitivistisch-entwicklungspsychologischen Ansatz" folgen. Ähnlich wie die Theorien derjenigen, denen er den größten Einfluß auf sein Denken zuschreibt (J. M. Baldwin, Piaget, Mead, Dewey), entstammt auch der von Kohlberg entwickelte Ansatz eindeutig dem organismischen Modell: Entwicklung impliziert die Transformation kognitiver Strukturen, die wiederum nur unter Bezug auf geordnete Ganzheiten und interne Relationen erklärt werden können. Der kognitivistisch-entwicklungspsychologische Ansatz enthält ferner Konzepte wie Handlung, Gleichgewicht, Reziprozität, Diskontinuität und Emergenz; er besitzt, mit anderen Worten, all die klassischen Merkmale des organismischen Modells.

Was das Problem der individuellen Unterschiede betrifft, so erinnert Kohlbergs Unterscheidung von sechs Stufen oder drei Niveaus des moralischen Urteilens an Emmerichs Kategorie der klassischen Theorienbildung; nach dem Schema Van den Daeles würde Entwicklung in seinem Ansatz als einheitlich zu bezeichnen sein; fraglich ist dagegen Kohlbergs Position auf der Dimension einfach vs. kumulativ. Van den Daele (1969) klassifiziert Kohlbergs Schema als kumulativ, denn er meint, ein Individuum sei fähig, sich zu jedem beliebigen Zeitpunkt auf verschiedenen Niveaus des moralischen Urteilens zu bewegen. Kohlberg selbst würde höchstwahrscheinlich auf der Bezeichnung „einfach" bestehen, denn er hat verschiedentlich darauf hingewiesen, daß ein Individuum in einer bestimmten Entwicklungsperiode moralische Urteile grundsätzlich nur auf einer einzigen Stufe abgibt.

Chronologisches Alter ist für diesen Ansatz eindeutig konstitutiv (intrinsic): Für jede neue Entwicklungsstufe können entsprechende Altersnormen angegeben werden (was bei Kohlberg auch geschieht). Alter wird deshalb am besten als abhängige Variable im Sinne Wohlwills angesehen.

Was die Frage der Gerichtetheit von Entwicklung angeht, wird in dem Ansatz von Kohlberg – wie in anderen organismisch orientierten Ansätzen – unterstellt, daß Entwicklung unidirektional ist. Kohlberg (1969; Kohlberg & Kramer, 1969) hat allerdings im Gegensatz zu anderen Vertretern organismischer Modelle das Phänomen der Regression durchaus diskutiert. Moralische Regressionen scheinen indessen für ihn keine echten strukturellen Veränderungen widerzuspiegeln.

Im übrigen postuliert Kohlberg mit allem Nachdruck (vgl. Kohlberg, 1971 a; Kohlberg & Gilligan, 1971) daß die Stufen-Sequenz der moralischen (wie auch der Traum-) Entwicklung *universal* ist. Es liegen kulturvergleichende Daten vor, die diese Behauptung stützen.

(Umfassende Darstellungen des kognitivistisch-entwicklungspsychologischen Ansatzes zur Untersuchung der Sozialisation finden sich bei Kohlberg, 1963, 1964, 1969, 1971 a sowie in seinem Kapitel im vorliegenden Band.)

12.3.2 Die Theorie des sozialen Lernens

Es gibt derzeit viele, außerordentlich aktive Anhänger der Theorie des sozialen Lernens, und die meisten von ihnen untersuchen Kleinkinder und Kinder. Darüber hinaus gibt es viele Varianten dieser Theorie, so daß mit der folgenden kurzen Diskussion lediglich versucht werden soll, ein verallgemeinertes Bild des lerntheoretischen Ansatzes zu vermitteln.

Die Theorie des sozialen Lernens ist seit der Reformulierung der psychoanalytischen Theorie Freuds in Termini von Reiz und Reaktion sehr viel komplexer und differenzierter geworden, dennoch ist ihr Grundprinzip mechanistisch geblieben, d. h., sie basiert auf der Annahme, der Mensch sei durch Reaktion auf seine Umwelt das geworden, was er ist: „Der Terminus ‚soziales Lernen' definiert einfach eine Kategorie von Lernen, bei dem Stimuli eine Rolle spielen, die von Menschen dargeboten werden, das ansonsten aber den gleichen Prinzipien folgt wie nicht-soziales Lernen" (Gewirtz, 1969 a, S. 61).

Da sie auf dem quantitativen Modell basiert, ist die Theorie des sozialen Lernens nicht ohne weiteres in die von Emmerich und Van den Daele formulierten Kategorien, die sich auf die Behandlung individueller Differenzen in verschiedenen Modellen beziehen, einzuordnen. Trotzdem scheinen die Annahmen eines solchen Ansatzes nicht unvereinbar zu sein mit Emmerichs Begriff der differentiellen Theorie; die Verbindung der spezifischen Lerngeschichte des einzelnen mit den allgemeinen Lerngeschichten von Personen, die bestimmten Gruppen (definiert durch Geschlecht, Rasse usw.) angehören, dürfte die psychometrische Einordnung eines jeden Individuums entsprechend seinen durch Lernen erworbenen Eigenschaften und Merkmalen durchaus möglich machen.

Chronologisches Alter ist für den lerntheoretischen Ansatz eindeutig nicht konstitutiv *(extrinsic)*. Obwohl der Erwerb von Verhaltenssystemen, wie sie typischerweise im Rahmen der Theorie des sozialen Lernens untersucht werden (z. B. Anhänglichkeit, Geschlechtsrolle, Aufschub von Befriedigung) mit Alter korreliert, wird dieser Korrelation keine grundlegende Bedeutung beigemessen, da sie nicht durch ein internes „Reifungs"-Programm determiniert ist: Jeder Alterstrend könnte durch geeignete externe Manipulation beseitigt werden.

Entwicklung im Sinne des sozialen Lernens verläuft in *zwei* oder *mehr Richtungen* und ist *relativ:* Sie vollzieht sich entsprechend den Umweltreizen, die auf den Organismus einwirken, was dessen Verhalten beeinflußt. Zwar gibt es auch Gemeinsamkeiten zwischen den sozialen Umwelten, doch sind die sozialen Stimuli, denen ein Individuum ausgesetzt ist, in vielerlei Hinsicht verschieden von den Stimuli, die andere Individuen erleben (daher: Relativität); die Mechanismen des sozialen Lernens implizieren ferner keine notwendige Entwicklungshierarchie oder -progression (daher: Vielfachgerichtetheit).

(Einen Überblick über die Theorien des sozialen Lernens geben Bandura & Walters, 1963; Gewirtz, 1969 a; Miller & Dollard, 1941; vgl. auch das Kapitel von Ahammer, 1973, Kapitel 15 dieses Bandes.)

12.3.3 Die Theorie der Ich-Entwicklung von Loevinger

In den letzten Jahren entwickelte Jane LOEVINGER die theoretischen Grundlagen und ein Meßverfahren (auf der Basis von Satzvervollständigungsaufgaben) zur Untersuchung der ,,Ich-Entwicklung". Eine präzise Definition von Ich-Entwicklung liegt bislang nicht vor, aber LOEVINGER ist der Meinung, daß eine solche Definition Konzepte aus anderen, eingehend erforschten Bereichen enthalten müßte, insbesondere aus den Bereichen der moralischen, psychosexuellen und kognitiven Entwicklung (sensu PIAGET) sowie der Entwicklung der Rolle und des Selbst-Konzepts.

Zwar wird der Ansatz von LOEVINGER mitunter als repräsentativ für das psychoanalytische Paradigma bezeichnet (z. B. LANGER, 1969), eine nähere Betrachtung zeigt jedoch, daß er nahezu alle Merkmale eines organismisch orientierten Ansatzes enthält. LOEVINGER vertritt die Ansicht, daß auch, wenn sich die Differenzen in der Ich-Entwicklung zu jeder Zeit feststellen lassen, diese grundsätzlich doch qualitativer Natur seien und nicht auf quantitative Unterschiede reduziert werden könnten. Es wird angenommen, daß bereits das Neugeborene alle für die Ich-Tätigkeit notwendigen Strukturen besitzt und ontogenetische Veränderungen das Ergebnis von Transformationen sind.

LOEVINGERS Ansatz entspricht der Definition, die EMMERICH für den klassischen Ansatz gegeben hat, denn die sieben Stufen der Ich-Entwicklung lassen sich auf einer Ordinalskala anordnen. In der Terminologie VAN DEN DAELES verlangt die invariante Stufen-Sequenz nach der Bezeichnung ,,einheitlich", und da ferner unterstellt wird, das Individuum könne zu einem Zeitpunkt immer nur auf einer Stufe stehen, wäre der Ansatz außerdem ,,einfach" zu nennen.

Zwar versucht LOEVINGER die Bedeutung des chronologischen Alters für ihr Entwicklungssystem ganz entschieden herunterzuspielen, dennoch scheint die Altersvariable für ihren Ansatz konstitutiv *(intrinsic)* zu sein. Wie in den meisten anderen Stufen-Theorien korreliert auch hier das Auftauchen neuer ,,Meilensteine" in der Entwicklung hoch mit Alter, vor allem in einer altersgeschichteten Gesellschaft. Alter betrachtet man deshalb am besten als abhängige Variable.[6]

Entwicklung wird bei diesem Ansatz als unidirektional angesehen. Dennoch würde LOEVINGER die Möglichkeit regressiver Phänomene wahrscheinlich nicht leugnen, kann sie aber bislang im Rahmen ihrer Satzvervollständigungs-Tests nicht berücksichtigen. Das gibt ihr anscheinend einigen Anlaß zur Besorgnis, denn sie gesteht, daß ,,das pathologische Verhalten eines Probanden eine ernstzunehmende mögliche Fehlerquelle sein kann" (LOEVINGER & WESSLER, 1970, S. 123).

Nirgendwo in ihren bisherigen Publikationen hat sich LOEVINGER direkt zur Frage Universalität vs. Relativität geäußert. Dennoch scheint der Schluß zulässig, daß ihre Hierarchie von ,,Meilensteinen" in der Ich-Entwicklung universale Geltung hat. Vielleicht können verschiedene Kulturen dadurch charakterisiert werden, welche der Anpassungsformen sie jeweils bevorzugen. In jedem Fall aber geht es bei der ,,Ich-Entwicklung nicht

[6] Das begrenzte Datenmaterial, das bis jetzt zu LOEVINGERS Hierarchie von Meilensteinen in der Entwicklung vorliegt, deutet stark auf deren Abhängigkeit vom chronologischen Alter hin. Bei einem Vergleich des relativen Stands der Ich-Entwicklung von Kindern und Jugendlichen vier verschiedener Altersgruppen ergaben sich keinerlei Überschneidungen zwischen den Ogiven (LOEVINGER & WESSLER, 1970, S. 50).

um eine interessante Persönlichkeitseigenschaft unter vielen, sondern um die Haupteigenschaft schlechthin“ (LOEVINGER, 1966, S. 205).
(Ausführliche Diskussionen des Ansatzes zur Untersuchung der Ich-Entwicklung finden sich bei LOEVINGER, 1966, 1969; LOEVINGER & WESSLER, 1970; LOEVINGER, WESSLER & REDMORE, 1970.)

12.3.4 Der Ansatz der Chicagoer Schule zur Untersuchung der Erwachsenenpersönlichkeit

In den letzten Jahren hat ein Forschungsteam an der Universität von Chicago (im folgenden Chicagoer Gruppe genannt) eine Reihe von Querschnitt-Untersuchungen zur Persönlichkeit und dem Anpassungsverhalten von Personen mittleren und höheren Alters durchgeführt. Obwohl an diesem Projekt viele Wissenschaftler beteiligt waren und sehr unterschiedliche Untersuchungen in Gang gesetzt worden sind, wollen wir versuchen, mehr allgemein den dabei gewählten Ansatz zu beschreiben.
Auf den ersten Blick scheint es nicht möglich zu sein, den Ansatz der Chicagoer Gruppe entweder dem organismischen oder dem mechanistischen Modell zuzuordnen. Dafür läßt sich eine Reihe von Gründen anführen: (a) Das theoretische Fundament dieser Gruppe befindet sich noch im Stadium der Entwicklung und ist bislang noch nicht endgültig ausformuliert worden; (b) die Gruppe beschäftigt sich mit globaleren Problemen, als sie die meisten Wissenschaftler haben, die von anderen psychologischen Modellen beeinflußt sind; (c) die Hypothesenbildung und Datensammlung verläuft bei jeder Untersuchung anders. Die ersten Arbeiten der Gruppe sind anscheinend durch Hypothesen angeregt worden, die aus der Ich-Psychologie stammen.
Dann ist wohl irgendwann die Disengagement-Theorie vorgeschlagen worden, die man später modifizierte und erweiterte. Im Grunde scheint es sich hier um einen organismischen Ansatz zu handeln: Der Mensch wird als aktives Individuum aufgefaßt, das selbst Veränderungen seiner Umwelt bewirkt. Der organismische Charakter des Ansatzes wird jedoch dadurch verschleiert, daß nicht selten Methoden und Interpretationen in den Arbeiten auftauchen, die rein mechanistisch sind. Beispielsweise wird häufig auf die der Erwachsenenpersönlichkeit zugrundeliegende „Struktur“ und deren qualitative Transformationen auf bestimmten „Stufen“ des späteren Lebens hingewiesen; der empirische Ansatz zur Untersuchung dieser Veränderungen ist jedoch, nach eigener Aussage der Autoren, eindeutig die Antezedenz-Konsequenz-Analyse (z. B. das Bemühen, früh im Leben „Prädiktoren“ für die Anpassung an die spätere Lebenssituation zu finden).
Die Frage der Kontinuität oder Diskontinuität von Entwicklung bleibt in diesem Ansatz ebenfalls unentschieden. An manchen Stellen ist die Rede von qualitativen, strukturellen Veränderungen in der Persönlichkeit und von diskontinuierlicher Entwicklung zwischen Altersgruppen wegen starrer Altersrollen und Alterserwartungen; an anderen Stellen heißt es, daß Persönlichkeitsveränderungen vor allem kontinuierlich verlaufen und zurückzuführen sind auf Erfahrungen in der Vergangenheit und Anpassungen an biologische und soziale Gegebenheiten (vgl. NEUGARTEN, 1969). Es hat jedoch den Anschein, als würde die Chicagoer Gruppe ihre empirischen Untersuchungen wesentlich breiter,

aber weniger konsequent ansetzen als die Theoretiker des sozialen Lernens. Insgesamt gesehen, entspricht das Chicagoer System eher dem organismischen als dem mechanistischen Modell.

Aus den genannten Gründen ist die Klassifikation der Chicagoer Theorie in Tabelle 1 eher nur vorläufig und gelegentlich sogar widersprüchlich. Vielleicht werden sich in Zukunft diese Inkonsistenzen beseitigen lassen, wenn es der Gruppe im weiteren Verlauf ihrer Arbeit gelingt, gewisse Lücken in ihrem theoretischen Bezugssystem zu schließen.

Individuelle Unterschiede werden im Chicagoer Ansatz stark betont. Es gibt zahlreiche Versuche, verschiedene Stile oder Modi der Anpassung an den Prozeß des Alterns aufzudecken und empirisch Persönlichkeitstypen zu formulieren. In diesem Sinne entspricht der Ansatz dem von EMMERICH beschriebenen Typus der differentiellen Theorien. Außerdem scheint er sich dem verzweigten-einfachen qualitativen Modell VAN DEN DAELES zuordnen zu lassen: Individuen können zwar im mittleren und späteren Abschnitt der Lebensspanne auf verschiedenen divergierenden Entwicklungslinien fortschreiten, man ist jedoch der Meinung, daß sie zu einem Zeitpunkt immer nur einen spezifischen Modus der Anpassung verwenden (oder sich auf einer Stufe bewegen).

Chronologisches Alter ist für die Theorie der Chicagoer Gruppe eindeutig konstitutiv *(intrinsic)*. Die Wahrnehmung von Zeit und Alter ist in ihren Augen eine wichtige Determinante der ontogenetischen Veränderungen von der Geburt bis zum Tod. Die strengen Normen und Erwartungen der Gesellschaft schaffen die entsprechenden Altersrollen und erhalten sie auch aufrecht. Eine solche Sichtweise gestattet es den Autoren, Alter als abhängige Variable zu behandeln.

Die Entwicklung im späteren Leben wird als im wesentlichen unidirektional angesehen: Der Prozeß des Rückzugs aus dem aktiven Leben setzt unweigerlich ein; damit verändern sich die Möglichkeiten der Persönlichkeit von einer aktiven Beherrschung der Umwelt zu einer passiven Teilnahme, und statt der gelebten Zeit wird die Zeit wichtig, die einem noch zu leben bleibt. Zwar ist in diesem Ansatz Relativität möglich, da viele Arten des Rückzugs und der Anpassung postuliert werden, dennoch scheint die Entwicklung des Erwachsenen von einem grundsätzlicheren Standpunkt aus als universal zu gelten: Jede Gesellschaft besitzt eine Altersschichtung, und jedes Individuum muß sein Leben entsprechend den von der Gesellschaft vorgeschriebenen Regeln durchlaufen.

(Weitere Einzelheiten zum Ansatz der Chicagoer Gruppe finden sich bei CUMMING & HENRY, 1961; NEUGARTEN, 1964; außerdem in verschiedenen Artikeln des von NEUGARTEN, 1968a, herausgegebenen Bandes.)

12.3.5 Cattells faktorenanalytischer Ansatz zur Erforschung der Persönlichkeit

CATTELLS faktorenanalytischer Ansatz zur Untersuchung der Persönlichkeit scheint keinerlei Gemeinsamkeiten mit den anderen hier erörterten Theorien aufzuweisen. Bei näherem Hinsehen läßt sich allerdings feststellen, daß es vor allem die von CATTELL verwendete Methode ist, die seinen Ansatz so andersartig erscheinen läßt; die Voraussetzungen dazu sind eng mit dem mechanistischen Modell verknüpft. Man kann wohl sagen, daß das System von CATTELL eine außerordentlich raffinierte mathematische Interpretation des Modells vom reaktiven Menschen repräsentiert. CATTELL ist vor allem deshalb für die Entwicklungspsychologie der Lebensspanne so wesentlich, weil er sich im Gegensatz zu anderen faktorenanalytisch orientierten Persönlichkeitstheoretikern (z.B. EYSENCK, GUILFORD) sehr darum bemüht hat, Aspekte der Entwicklung des Verhaltens zu berücksichtigen. Die meisten anderen Forscher in diesem Bereich sehen die Persönlichkeit nur statisch, wenn auch einige von ihnen zugeben, daß die Persönlichkeits*messung* bestenfalls nur die Hälfte aller Fragen beantworten kann (s. NUNNALLY, 1967). CATTELL hat eine Reihe von Techniken (die *R*-, *P*-, *O*-, *Q*-, *S*-, *T*-Technik, die sämtlich allgemein bekannt sind) entwickelt, die die faktorielle Struktur von Persönlichkeitsmerkmalen über die Zeit hin innerhalb und zwischen Individuen veranschaulichen sollen. Darüber hinaus liegen heute Faktorenanalysen von Fragebogendaten vor, die sich auf das vierte bis siebzigste Lebensjahr beziehen.

CATTELL geht von einer Definition aus, nach der Persönlichkeit „das (ist), was verrät, wie sich ein Mensch verhalten wird, wenn er in eine bestimmte Situation gestellt wird" (CATTELL, 1965, S. 25). Nach CATTELL läßt sich diese Definition durch die Formel $R = f(S \cdot P)$ ausdrücken, wobei S die Stimulussituation und P die Persönlichkeit der betreffenden Person (d.h. die spezifische Kombination ihrer Eigenschaften) bezeichnet. Eigenschaften bilden sich heraus aus Lernprozessen (Konditionierung, kulturellem Einfluß, Belohnungen – auch „unbewußten") und der genetischen Ausstattung. CATTELLS Meinung bezüglich der Persönlichkeitsentstehung ist ganz eindeutig: „Die meisten sind so vernünftig, zu erkennen, daß alles zum Teil durch die Umwelt und zum Teil durch Vererbung bedingt ist und daß der einzige strittige Punkt ist, welchen Anteil jeder dieser Faktoren an einem Phänomen hat" (CATTELL, 1965, S. 32).

Im gegenwärtigen Zusammenhang könnte CATTELLS Verwendung des Begriffs „Struktur" einige Verwirrung stiften. Er definiert *Eigenschaft (trait)* als „geistige Struktur", oder „entsprechend dem logischen Positivismus als ‚Konstrukt', ursprünglich ein ‚empirisches Konstrukt', das aus Beobachtungen von *Verhalten* gewonnen worden ist" (CATTELL, 1950, S. 47). Darüber hinaus unterstellt er, daß, wenn eine Struktur (eine Eigenschaft) in Tätigkeit ist, das resultierende Verhalten funktional einheitlich ist. Es hat demnach – zumindest oberflächlich betrachtet – den Anschein, als beinhalte der Ansatz von CATTELL die zum organismischen Modell gehörenden Annahmen über die Relation von Struktur und Funktion und von strukturellen Veränderungen (im Gegensatz zu Verhaltensveränderungen). Allerdings haben die Strukturen, wie CATTELL sie annimmt, nicht den teleologischen Aspekt von Zweck oder Form, der typisch ist für das organismische Paradigma.

Geht man von CATTELLS psychometrischer Orientierung aus, so ist klar, daß bei seinem Ansatz natürlich den individuellen Unterschieden großes Gewicht beigemessen wird. In der Tat ist sein System vielleicht das beste Beispiel für EMMERICHS Kategorie der differentiellen Theorie. Obwohl sich CATTELL auch mit Veränderungen der Persönlichkeit während des Lebensablaufs beschäftigt, spielt das chronologische Alter selbst doch keine bedeutsame Rolle in seinem System und ist deshalb unwesentlich für seinen Ansatz. Entwicklung wird als wesentlich bidirektional aufgefaßt. Recht ausführlich hat sich CATTELL mit dem Phänomen der Regression auseinandergesetzt, und seine Methodologie eignet

sich ideal zur Aufdeckung von Regressionen, die sich im Verlauf der Zeit in bestimmten Traits zeigen. Inwieweit in diesem Ansatz eher Relativität oder aber Universalität von Entwicklung angenommen wird, läßt sich nur schwer sagen. Nach CATTELL ist beides möglich, sowohl das Vorhandensein „allgemeiner Eigenschaften" (*common traits*, die alle Menschen bis zu einem gewissen Grade besitzen), als auch die Existenz „einzigartiger Eigenschaften" (die charakteristisch für Individuen sind). Daten aus jüngeren Jahren lassen CATTELL jedoch vermuten, daß einige Grundeigenschaften in allen Kulturen zu finden seien.
(Eine umfassendere Übersicht über den faktorenanalytischen Ansatz findet sich bei CATTELL, 1946, 1950, 1957 und 1965; s. auch BALTES & NESSELROADE, 1973, Kapitel 6 dieses Bandes).

12.4 Empfehlungen für künftige Modellentwicklungen

Die Analysen, die wir in diesem Kapitel vorgenommen haben, sind innerhalb des Rahmens zu sehen, den REESE und OVERTON (1970, s. auch Kapitel 2 dieses Bandes; OVERTON & REESE, 1973) gesteckt haben. Diese Autoren haben festgestellt, daß es in der Psychologie zwei Weltbilder gibt – das mechanistische und das organismische, die je ganz verschiedene Wahrheitskriterien haben und daher nicht miteinander vereinbar sind. (Es ist wohl möglich, daß REESE und OVERTON darüber hinaus die Existenz noch anderer Modelle anerkennen, das geht jedoch aus ihren Beiträgen nicht klar hervor.)
Nun könnte man dagegen einwenden, das sei ein extremer und keineswegs zwingender Standpunkt; dennoch legt unsere eigene eingehende Überprüfung von fünf ganz unterschiedlichen Theorien zur Sozialisation und Persönlichkeitsentwicklung den Schluß nahe, daß sich die meisten gegenwärtigen psychologischen Theorien ziemlich sicher als Ableitungen entweder des mechanistischen oder des organismischen Modells klassifizieren lassen.
Und trotzdem kann man sich des Eindrucks nicht erwehren, daß REESE und OVERTON hier allzu fatalistisch seien. Ihre Arbeiten implizieren, daß man in der Psychologie für immer mit dem einen oder anderen der beiden unüberbrückbar gegensätzlichen Paradigmen arbeiten würde. In ihrer ahistorischen Darstellung werden These und Antithese gegenübergestellt, ohne daß die Möglichkeit neuer Alternativen oder Synthesen für die Zukunft angedeutet würden. Dabei scheint es durchaus denkbar, daß mit der Formulierung eines neuen psychologischen Modells die Auffassungen von der aktiven oder reaktiven Natur des Menschen einfach überholt und ihnen ihr Platz in der Wissenschaftsgeschichte zugewiesen werden könnte.
Menschliche Tätigkeit und Erfahrung sind imstande, die Vorstellungen der Menschen von sich selbst zu verändern. Indem Menschen immer neue Entdeckungen über ihre Welt machen und sich immer neue Mittel und Wege zur Beherrschung der Welt ausdenken, ist diese Welt, in der sie leben, ständigen Veränderungen unterworfen. Mit der Veränderung ihrer Welt aber verändern sich auch die Bedürfnisse des Menschen. Die kulturellen Um-

Tab. 1: Fünf Ansätze zur Erforschung von Sozialisation und Persönlichkeitsentwicklung: Eine Gegenüberstellung der ihnen zugrundeliegenden psychologischen Modellannahmen.

Modellannahmen	Fünf ausgewählte Ansätze				
	Kohlbergs kognitivistisch-entwicklungspsychologischer Ansatz	Theorie des sozialen Lernens	*Loevingers* Theorie der Ich-Entwicklung	Ansatz der Chicagoer Schule zur Untersuchung der Erwachsenenpersönlichkeit	*Cattells* faktorenanalytischer Ansatz zur Erforschung der Persönlichkeit
A. Externe vs. interne Entwicklungsdynamik	intern	extern	intern	intern	extern
B. Qualitative vs. quantitative Veränderungen	qualitativ	quantitativ	qualitativ	qualitativ	quantitativ
C. Geschlossenes vs. offenes Modell	geschlossen	offen	geschlossen	geschlossen	offen
D. Kontinuierliche vs. diskontinuierliche Veränderungen	diskontinuierlich	kontinuierlich	diskontinuierlich	(kontinuierlich?)	kontinuierlich
E. Reduktionismus vs. Emergenz	emergent	reduktionistisch	emergent	(emergent?)	reduktionistisch
F. Elementarismus vs. Holismus	holistisch	elementaristisch	holistisch	(holistisch?)	elementaristisch
G. Struktur-Funktions- vs. Antezedenz-Konsequenz-Analyse	Struktur-Funktion	Antezedenz-Konsequenz	Struktur-Funktion	Struktur-Funktion	Antezedenz-Konsequenz
H. Strukturveränderung vs. Verhaltensveränderung	Strukturveränderung	Verhaltensveränderung	Strukturveränderung	Strukturveränderung	Verhaltensveränderung
I. Wesen individueller Differenzen	klassisch (*Emmerich*); einheitlich-einfach (*Van den Daele*)	(differentiell?) (*Emmerich*)	klassisch (*Emmerich*); einheitlich-einfach (*Van den Daele*)	verzweigt/einfach (*Van den Daele*)	differentiell (*Emmerich*)
J. Status des chronologischen Alters	konstitutiv	nicht konstitutiv	konstitutiv	konstitutiv	nicht konstitutiv
K. Gerichtetheit der Entwicklung	unidirektional	bidirektional	unidirektional	unidirektional	bidirektional
L. Universalität vs. Relativität der Entwicklung	universal	relativ	(universal?)	universal	–

wälzungen der letzten Jahrhunderte haben alle Arten von Revolutionen hervorgebracht – politische, industrielle, wissenschaftliche, kommunikationstechnische, sexuelle Revolutionen. Einige Sozialwissenschaftler haben zumindest geahnt, daß diese historischen Umwälzungen weitreichende Folgen für die psychische Entwicklung des Individuums hatten. Das Modell von FREUD schien einer traditionellen, unveränderlichen Gesellschaftsordnung durchaus adäquat: Wenn Frauen immer nur dazu aufwachsen, um Ehefrau und Erzieherin von Kindern zu werden, und Männer immer nur dieselben beruflichen Verpflichtungen wie ihre männlichen Vorfahren übernehmen, dann mag wohl richtig gewesen sein, daß eine stabile sexuelle Orientierung die wesentlichste Entwicklungsleistung in der Jugendzeit darstellte. Mit zunehmender Geschwindigkeit des kulturellen Wandels in der westlichen Welt blieb jedoch auch die Gültigkeit des FREUDschen Modells nicht länger unbestritten.
ERIKSON (1963) war es, der in wesentlichem Maße zu der Entdeckung beitrug, daß für die Jugend in der modernen industriellen Gesellschaft die Bedeutung der Sexualität hinter wichtigeren Fragen der Identitätsfindung zurückgetreten ist – nämlich Fragen der Rolle, der sozialen, der beruflichen Identität. Heute könnten wir wiederum vor neuen gesellschaftlichen Umwälzungen stehen, die auch die Interpretationen von ERIKSON unangemessen erscheinen lassen. Die Bedeutung, die FREUD der Sexualität und ERIKSON den Fragen der persönlichen Identität zukommen ließen, schwindet in einer Welt, die zerrissen ist vom Widerspruch zwischen der Möglichkeit zu ungeheuren humanitären Verbesserungen einerseits und massiver Zerstörung von Humanität andererseits, zwischen unglaublichem Reichtum und wachsender Arbeitslosigkeit, zwischen der einerseits völkerverbindenden und andererseits äußersten Zynismus und Hoffnungslosigkeit produzierenden Macht der Kommunikationsmedien. Vielleicht wird sich, wie MEAD (1970) so überzeugend darzulegen wußte, die wesentliche Entwicklungskrise der künftigen Generation an der Frage entzünden: Welche persönliche *Verpflichtung* ist man bereit, gegenüber den maßgeblichen sozialen und historischen Kräften einzugehen, die gerade wirksam sind?
So wie sich die Probleme der jungen Menschen während der jüngsten historischen Entwicklungen verändert haben, so ist auch die Rolle der älteren Menschen in unserer Gesellschaft eine andere geworden. In der traditionellen, keinem Wandel unterworfenen Gesellschaft waren die Alten die Erzieher und Vorbilder der Kinder und Jugendlichen; sie hatten vergleichsweise am längsten gelebt und hatten daher die größte Erfahrung und wußten am besten, was die Zukunft für die neue Generation bringen würde. In unserer gegenwärtigen pluralistischen Gesellschaft (MEAD, 1970) dagegen sind die Alten dazu verdammt, ihre letzten Lebensjahre ohne jede Verpflichtung, in Isolation und in Erinnerungen zu verbringen. Über die Rolle, die alte Menschen in der zukünftigen Gesellschaft spielen werden, kann man nur Spekulationen anstellen.
Die Beispiele haben hoffentlich eines deutlich werden lassen: Das mechanistische und das organismische Modell haben sich als brauchbar erwiesen und die Theorienbildung und die empirische Forschung angeregt (und, wie zu hoffen ist, auch zu größerem Verstehen geführt). Leider ist die Geschichtlichkeit dieser Modelle aber nur beschränkt auf die Personen, die damit arbeiten; die Modelle selbst sind ahistorisch, denn sie berücksichtigen nicht die Veränderungen der Umweltbedingungen, unter denen die Entwicklung von Menschen stattfindet.

Man könnte pessimistisch sein wegen der unlösbaren Situation, die REESE und OVERTON (und viele andere) geschildert haben; dennoch läßt sich auch eine optimistischere Haltung einnehmen. Die Alternative ist nämlich, daß wir ein neues psychologisches Modell formulieren, das der Komplexität der Veränderungen innerhalb und zwischen Individuen und der Komplexität der Veränderungen in der Gesellschaft eher gerecht wird. Dabei ist es vorab notwendig, nochmals daran zu erinnern, daß Modellaussagen oder -annahmen *präskriptiv* sind (vgl. WATSON, 1967, 1971). Wenn es in unserem Modell z. B. heißt: „Der Mensch ist ein rationales Wesen", dann unterstellen wir dies lediglich (oder hoffen es vielleicht auch). Solche Präskriptionen – Emergenz, Kontinuität, Holismus, Rationalismus usw. – dienen dem Psychologen dann zur Orientierung und geben ihm Richtlinien für die Hypothesenbildung, die Untersuchung und Interpretation an die Hand. Es besteht also immer die Möglichkeit, ganz andere Annahmen oder Präskriptionen zu machen und darauf ein neues Modell zu errichten.

Das alternative Modell, für das wir hier plädieren, läßt eine neue Auffassung von Realität zu, wobei die soziale und geistige Entwicklung des Menschen als ein Produkt des Zusammenspiels vieler miteinander in Beziehung stehender und sich verändernder Systeme und Subsysteme biologischer, sozialer, kultureller und historischer Art erscheint.[7] Dieses neue Paradigma kann von verschiedenen Vertretern unterschiedlich benannt werden – „rational", „systemtheoretisch", „interaktionistisch", „dialektisch", „transformatorisch"; alle diese Bezeichnungen deuten jedoch darauf hin, daß in diesem Modell grundsätzlich *Relationen* thematisiert werden; materielle, Element- und organismische Aspekte sind hier nur von sekundärer Bedeutung. Die Vertreter des mechanistischen und organismischen Modells werden auch weiterhin lange und unfruchtbare Diskussionen über Kausalität. Anlage und Umwelt, Kontinuität vs. Diskontinuität etc. führen.[8] Ein relationales Modell dagegen würde alle diese Streitereien überflüssig machen und uns eine neue Dimension des Verstehens eröffnen. Eine wesentliche Implikation des relationalen Entwicklungsmodells ist, daß die Bedeutung der Psychologie relativiert wird. Sie erhält ihren Stellenwert lediglich innerhalb des Beziehungsgeflechts, das sie mit anderen Entwicklungswissenschaften wie der Biologie und der Geschichte bildet. Deshalb müssen neben der Entwicklungsbiologie auch historische, soziologische und demographische Konzepte in dem neuen Modell berücksichtigt werden, wenn wir zu einem umfassenderen Verständnis sozialer und geistiger Entwicklung gelangen wollen. Entwicklungspsychologen sollten sich nicht länger so ausschließlich nur auf Altersfunktionen konzentrieren; denn jede neue Generation wird Alterstrends zeigen, die anders sind als die vorherigen, und somit wären alle jeweils früheren empirischen Anstrengungen wertlos.[9]

---

[7] Dies soll nun natürlich nicht heißen, daß es sich hier um das erste Plädoyer dieser Art handelt. Viele haben sich in der Vergangenheit für ähnliche Modelle eingesetzt. Einer, der sich am nachdrücklichsten für neue Konzeptionen in der Entwicklungspsychologie eingesetzt hat, ist K. RIEGEL (1972a, b, c).

[8] Das folgende Zitat charakterisiert diesen Zustand am treffendsten: „Es hat nachgerade den Anschein, als würden die Psychologen, wenn sie sich heute mit der menschlichen Natur beschäftigen, einen Begriff aus einer anderen Zeit, aus einem uns fremden Entwicklungsstadium verwenden oder verwerfen (was nichts anderes heißt, als ihn dennoch, wenn auch mit negativen Vorzeichen, benutzen). Da versucht man in der Psychologie Probleme der Relation in den Griff zu bekommen (z. B. in der Umweltpsychologie), aber was für ein Bild vom Menschen benutzt man dabei: Probleme auf Stufe 3 werden mit einem Konzept von Stufe 1 bearbeitet. Das erscheint gerade so, als versuche man, die Autobahnen zu Fuß zu bewältigen" (SVOBODA, 1972, S. 17).

Zu kritisieren wäre am relationalen Modell wahrscheinlich (und das könnte durchaus dazu führen, daß es sich nicht durchsetzt), daß es so komplex ist, daß die damit zusammenhängenden Methodenprobleme unlösbar erscheinen. (In der Tat dürfte einer der Gründe für die feste Etablierung mechanistischer und organismischer Ansätze in unserer Wissenschaftswelt darin zu suchen sein, daß sie beide ausgefeilte Methodologien vorweisen können; vgl. BREGER, 1969.) Dennoch sollte ein „Methodenimperialismus" verboten sein, der verhindern würde, die menschliche Entwicklung unter neuen Gesichtspunkten zu betrachten. Außerdem scheint es auch so zu sein, als gäbe es bereits beträchtliche Fortschritte bei der Erarbeitung einer adäquaten Methodologie (so etwa in den Arbeiten von SCHAIE, 1965, und BALTES, 1968); daß in dieser Richtung noch weitergearbeitet werden muß, steht außer Frage.

Darstellungen, wie das vorliegende Kapitel, erwecken nur allzu oft den Anschein, als würde das, was gegenwärtig vorliegt, pauschal verurteilt werden. Das war nicht unsere Absicht. Wir sollten unsere Disziplin vielmehr als etwas auffassen, das sich selbst ständig entwickelt und sich in demselben relationalen Paradigma interpretieren läßt, wie es für das Studium der Entwicklung des Individuums vorgeschlagen wurde. FOUCAULT (1970) war es, der darauf hingewiesen hat, daß es sich bei dem Begriff des „Menschen" als Objekt unseres Forschens und Wissens um eine ganz neue Erfindung handelt, die nicht einmal zwei Jahrhunderte alt ist. Der Eindruck, unsere gegenwärtige Arbeit laufe in eine falsche Richtung und sei völlig unzureichend, ist sicherlich nicht richtig. Wie BROMLEY (1970) auf der ersten West Virginia Life-Span Conference feststellte, ist es nämlich unmöglich, zu entscheiden, ob eine wissenschaftliche Disziplin zufriedenstellende Fortschritte macht oder nicht, denn es lassen sich aus der Wissenschaftsgeschichte keine Entwicklungsnormen ableiten. Das mechanistische und das organismische Modell vom Menschen haben uns in der Vergangenheit sicherlich gute Dienste geleistet; die sich verändernden menschlichen Bedürfnisse erfordern jedoch ein neues Modell für die wissenschaftlichen Bemühungen in der Zukunft.

Danksagung

Der Autor ist K. RIEGEL, C. SVOBODA und R. EISCHENS zu tiefstem Dank verpflichtet. Außerdem möchte er an dieser Stelle B. PICKFORD, A. HIGGINS-TRENK, F. HOOPER und D. PAPALIA für das kritische Lesen verschiedener Abschnitte und Versionen dieses Beitrags danken.

Der Autor ist außerdem für die Anregungen dankbar, die ihm die unveröffentlichte Arbeit von Mary Ann ROBERTON (1972) über die Ableitung eines organismischen Modells aus der Embryologie (vgl. oben, Abschnitt K.) gegeben hat.

[9] In den meisten jüngeren Arbeiten, in denen man eine Veränderung der Methodologie der Entwicklungspsychologie fordert, wird die Bedeutung von *Kohorten*-Veränderungen hervorgehoben, und dies zu Recht. In unserem neuen Modell sollten jedoch auch nicht die außerordentlichen Probleme außer acht gelassen werden, die die Individuen *innerhalb* einer Kohorte zu bewältigen haben, wenn sie in einer Gesellschaft überleben müssen, die raschem Wandel unterworfen ist und von ihren Mitgliedern fortwährend neue Formen der Anpassung verlangt. EISENBERG (1972) hat das treffend formuliert: „Dem Menschen stehen die unterschiedlichsten Verhaltensweisen zur Verfügung – das zeigt der Vergleich einer Gesellschaft (oder einer Generation) mit einer anderen, und doch bedeutet die Entwicklung von Anpassungsmechanismen etwas ganz anderes, wenn radikal wechselnde Verhaltensweisen im Leben eines Individuums und nicht während der Geschichte eines Volkes erforderlich werden" (S. 127).

13 Soziologische Betrachtung des Lebensablaufs

Bernice L. Neugarten, The University of Chicago, Chicago, Illinois
Nancy Datan[1], University of the Negev, Be'er-Sheva, Israel

Zum Inhalt

In Untersuchungen des Lebensablaufs ist dem biologischen Zeitplan der menschlichen Entwicklung viel mehr Beachtung geschenkt worden als ihrem sozio-historischen Kontext. Einige für das Verständnis der Persönlichkeit entscheidende soziologische Begriffe – ,,soziales System", ,,soziale Rolle", ,,Sozialisation" – werden im folgenden kurz abgehandelt und in Relation gesetzt zu einer Zeitdimension im Hinblick auf den Lebensablauf. Der Lebenszyklus wird dann unter drei verschiedenen Zeitperspektiven betrachtet: Lebenszeit (oder chronologisches Alter), historische Zeit und soziale Zeit bzw. das System der Altersstufung und Alterserwartungen, das den Lebensablauf prägt. Nach einer kurzen Erörterung der Altersnormen als System sozialer Kontrolle sowie der Altersschichtung in der Gesellschaft folgt die Beschreibung des Lebensablaufs in der amerikanischen Gesellschaft mit seiner veränderten Zeitgliederung; daran wollen wir zeigen, wie historische Zeit, soziale Zeit und Lebenszeit miteinander verflochten sind.

13.1 Einführung

Bei der Erforschung des Lebenszyklus galt das Interesse bislang vor allem dem biologischen Ablauf menschlicher Entwicklung, wobei Konzepte wie ,,Reifung", ,,Alter" und ,,Stadium" (oder ,,Stufe") als die wesentlichen Dimensionen bei der Erfassung bedeutsamer Veränderungen benutzt wurden. Weit weniger Interesse fand dagegen der soziohistorische Kontext und die Entwicklung von Konzepten zur Charakterisierung von Veränderungen in der sozialen Umwelt, soweit sie die Lebensgestaltung des Individuums beeinflussen. Zwar hat es vereinzelte, allerdings bedeutende Versuche von Psychologen gegeben, das Leben berühmter Persönlichkeiten im Zusammenhang mit historischen Veränderungen zu begreifen, so etwa Freuds (1939) Studie über Moses und den Monotheismus oder Eriksons (1958, 1969) Arbeiten über Luther und Ghandi, doch ist es größtenteils den Biographen, Romanschriftstellern und Historikern überlassen worden, die Persönlichkeit von Berühmtheiten zu erforschen und damit die Kräfte, die den ein-

[1] Derzeitige Adresse: Department of Psychology, West Virginia University, Morgantown, West Virginia.

zelnen formen, sowie andererseits die Wirkungen des einzelnen auf seine Zeit aufzudekken.

Daneben gibt es entwicklungspsychologische Studien, die sich mit den Implikationen einzelner historischer Ereignisse für das Leben bestimmter Gruppen beschäftigen. Die Auswirkungen des Zweiten Weltkrieges z. B. wurden auf verschiedenste Weise untersucht, so etwa in Arbeiten über die Langzeiteffekte bei britischen Kindern, die während des Blitzkrieges aus London evakuiert worden waren (MAAS, 1963), und über die Auswirkungen der wirtschaftlichen Depression auf die nachfolgende soziale Entwicklung von Kindern (ELDER, 1973); oder auch in einer Studie über die Effekte des Aufenthalts in Konzentrationslagern bei Frauen mittleren Alters 25 Jahre danach (ANTONOVSKY, MAOZ, DATAN & WIJSENBEEK, 1971).

Obwohl also eine Menge solcher Belege über die Bedeutung bestimmter historischer Ereignisse vorliegt, ist der Lebenszyklus bisher noch nicht umfassend und systematisch aus einer sozio-historischen Perspektive betrachtet worden. Im Gegenteil: In Untersuchungen der Entwicklung wird weit häufiger nach einer universalgültigen Sequenz von Persönlichkeitsveränderung gesucht (vergleichbar, wenn nicht sogar determiniert von dem Reifezeitplan), als etwa nach Veränderungen in der Persönlichkeit, die nachweislich historische und soziale Ereignisse widerspiegeln. Das Hauptproblem liegt darin, daß wir kein Begriffssystem haben, mit dessen Hilfe sich biologische, psychologische, soziologische und historische Perspektiven des Lebenszyklus' integrieren ließen.

Zweck des vorliegenden Beitrags ist, dem Leser einige soziologische Begriffe, die sich für das Verständnis der menschlichen Persönlichkeit als wichtig erwiesen haben, in Erinnerung zu rufen, um dann den Lebenszyklus von drei Zeitdimensionen her zu betrachten: der Lebenszeit oder dem chronologischen Alter des Individuums; der sozialen Zeit oder dem System der Altersstufung und Alterserwartungen, das den Lebenszyklus prägt; und der historischen Zeit oder der Aufeinanderfolge von politischen, ökonomischen und sozialen Ereignissen, die den Rahmen, in den das Individuum hineingeboren wird, sowie den dynamischen, ständig sich wechselnden Hintergrund bilden, auf dem sein Leben sich abspielt.

13.2 Soziologische Konzepte

Aus soziologischer Perspektive erscheint die Persönlichkeit allgemein als Ergebnis der Interaktion des biologischen Organismus mit dem sozialen Kontext; Aufgabe des Soziologen ist dabei die Erforschung dieser Interaktion vom Standpunkt der sozialen Organisation aus. Soziologen kommen daher, sehr allgemein gesprochen, häufig über das Stadium der sozialen Organisation zur Betrachtung der Konsequenzen dieser Organisation für die Persönlichkeit, wobei Persönlichkeit als Produkt sozialer Lernprozesse aufgefaßt wird. Bei dem Versuch, Individuum und soziale Umwelt miteinander zu verknüpfen, tauchen in der soziologischen und sozialpsychologischen Literatur immer wieder die Begriffe des sozialen Systems, der sozialen Rolle und der Sozialisation auf. (Jüngere Arbeiten sind z. B. BRIM & WHEELER, 1966; CLAUSEN, 1968; GOSLIN, 1969; RILEY, JOHNSON & FONER, 1972.)

Wenn auch ursprünglich nicht für diesen Zweck eingeführt, kann doch jedes dieser Konzepte zu einer Zeitdimension in Verbindung gebracht werden, unter der man den Lebensablauf betrachten kann.

13.2.1 Soziales System und soziale Rolle

PARSONS und SHILS (1951 b) haben in ihrer Beschreibung des sozialen Systems, das sich aus den Handlungen einzelner zusammensetzt, zwischen dem psychologischen und dem soziologischen Analyse-Niveau unterschieden. Die Handlungen, die das *soziale System* konstituieren, sind dieselben, die auch die Persönlichkeitssysteme der einzelnen Handelnden prägen, aber beide Systeme bilden, ungeachtet der Identität ihrer grundlegenden Komponenten, diskrete Analyse-Einheiten. Der Unterschied zwischen beiden liegt in den verschiedenen Organisationsschwerpunkten; außerdem tauchen bei jedem System, wenn es arbeitet, andere funktionale Probleme auf. Der konkrete einzelne Handelnde ist zumeist nicht die Untersuchungseinheit innerhalb des sozialen Systems, es ist vielmehr die *Rolle,* die untersucht wird. Rolle bezeichnet immer nur einen Ausschnitt aus dem Handlungsbereich eines Individuums, sie repräsentiert aber zugleich auch ein ganz spezifisches Bündel von Verhaltensweisen, die eine bestimmte Funktion für eine soziale Institution haben – z. B. ist Vaterschaft eine Rolle mit spezifischen Funktionen für die Familie (und damit für die Gesellschaft im weiteren Sinne), gleichzeitig aber auch eine Rolle mit spezifischen Funktionen für das betreffende Individuum selbst. Jede Rolle oder Rollenkonstellation hat verschiedene Bedeutungen, je nachdem, ob sie aus der individuellen oder der gesellschaftlichen Perspektive betrachtet wird; aus jeder Perspektive jedoch lernt der einzelne, in einer Weise zu denken und zu handeln, die mit seiner Rolle übereinstimmt, so daß die sukzessive Übernahme von Rollen zu vorhersagbaren Persönlichkeitszügen führt. In der Tat ist für einige Soziologen Persönlichkeit die Summe der sozialen Rollen eines Individuums. Für unsere Diskussion ist es sinnvoll, den Lebensablauf als Aufeinanderfolge von Rollen und wechselnden Rollenkonstellationen zu betrachten, wobei sich mit der Zeit eine gewisse Ordnung und Vorhersagbarkeit des Verhaltens ergibt, wenn Individuen eine bestimmte Abfolge von Rollen durchlaufen.

13.2.2 Sozialisation und soziales Lernen

Als Sozialisation bezeichnet man den Prozeß, durch den ein Kind zum Mitglied einer bestimmten Gesellschaft heranerzogen wird und die Rollen erlernt, die seinem Geschlecht, seiner sozialen Schicht- und seiner ethischen Gruppenzugehörigkeit entsprechen. (Bei den sozialen Klassen handelt es sich, wie Soziologen nachgewiesen haben, um Subkulturen mit je besonderen Normen und Institutionen.) LEVINE (1969) hat drei verschiedene Betrachtungsweisen des Sozialisationsprozesses unterschieden, die annähernd dem kulturanthropologischen, dem persönlichkeitspsychologischen und dem soziologischen

Ansatz entsprechen. Für den Anthropologen besteht Sozialisation in der Vermittlung von Werten und Traditionen von einer Generation zur nächsten. Für viele Psychologen ist das Hauptziel der Sozialisation, biologische Triebe in gesellschaftlich nützliche Verhaltensweisen zu überführen. Und für den Soziologen schließlich ist Sozialisation ein Prozeß, in dem ein Kind zur Teilnahme an der Gesellschaft erzogen wird, wobei besonderer Wert gelegt wird auf die sozialen Vorschriften, die aus den Bedürfnissen der jeweiligen sozialen Struktur erwachsen sind.

Aus allen drei Perspektiven erscheint die Sozialisation aber gleichermaßen als ein Prozeß des sozialen Lernens, durch den Individuen das Wissen, die Fertigkeiten, die Einstellungen und Werthaltungen, die Bedürfnisse und Motivationen sowie die kognitiven, affektiven und konativen Strukturen erwerben, die sie mit ihrer sozio-kulturellen Umwelt verbinden. Der Erfolg des Sozialisationsprozesses wird gemessen an der Fähigkeit des Individuums, die von ihm übernommenen Rollen adäquat auszufüllen (INKELES, 1969).

Während Sozialisation früher allgemein als ein Prozeß aufgefaßt wurde, durch den ein Kind zu einem Erwachsenen seiner Kultur herangebildet wird, so daß der Prozeß mit Erreichen des Erwachsenenalters im wesentlichen abgeschlossen ist, betrachten Soziologen ihn heute zunehmend als einen Prozeß, der sich über die gesamte Lebensspanne hinzieht (BRIM & WHEELER, 1966) und auch im Erwachsenenalter ein Neulernen erfordert, und zwar als Reaktion auf den raschen sozialen Wandel und die Anforderungen, die immer neue Lebensaufgaben stellen. Obwohl Anthropologen wie etwa BENEDICT (1938) schon vor langer Zeit darauf aufmerksam gemacht haben, daß an verschiedenen Stellen im Lebensablauf abrupte Wechsel im kulturellen Lernprozeß auftreten können, ist die Erkenntnis, daß auch im Erwachsenenalter eine Sozialisation stattfindet, relativ neu.

Zusammenfassend können wir sagen, daß aus soziologischer Perspektive der Lebensablauf als Aufeinanderfolge von Rollen und die Persönlichkeit als Produkt wechselnder Sozialisationsbedingungen beschrieben werden kann.

13.3 Drei Zeitdimensionen

13.3.1 Lebenszeit

Von den Dichtern des Altertums über SHAKESPEARE bis zu ERIKSON (1950, 1959) hat man den Lebensablauf als regelhafte Veränderung angesehen, die sich vom Säuglings- über das Kindesalter, die Jugend, Reifezeit bis ins hohe Alter erstreckt, wobei der biologische Zeitplan die Abfolge der Veränderungen im Prozeß des Heranwachsens und Altwerdens bestimmt. Der Begriff des chronologischen Alters oder der *Lebenszeit* impliziert für den Entwicklungspsychologen zwar eine Menge konzeptueller und methodologischer Probleme (vgl. etwa BAER, 1970; BALTES & GOULET, 1971; LOOFT, 1973, siehe Kapitel 12 dieses Bandes; WOHLWILL, 1970 a), dennoch ist das chronologische Alter der am häufigsten benutzte Index für Veränderungen. Natürlich gibt Alter nur grob die Position eines Individuums auf den zahlreichen physischen oder psychischen Dimensionen an, denn vom frühesten Kindesalter an lassen sich individuelle Unterschiede im Verlauf der Entwicklung beobachten. Alter ist für viele Formen des sozialen und psychischen Verhaltens auch kein sinnvoller Prädiktor, es sei denn, eine solche Vorhersage könnte sich zugleich auf die genaue Kenntnis der betreffenden Gesellschaft als Bezugsrahmen stützen. Ein anschauliches Beispiel wäre die Tatsache, daß die typische Vierzehnjährige in den Vereinigten Staaten noch zur Schule geht, während sie in einem Provinzdorf im Nahen Osten bereits Mutter von zwei Kindern sein kann. Die Bedeutung eines bestimmten chronologischen Alters oder eines anderen Indikators für Lebenszeit ist, aus soziologischer oder anthropologischer Sicht, eine direkte Funktion der sozial orientierten Definition von Alter oder auch der sozialen Zeit.

13.3.2 Soziale Zeit

Soziale Zeit bezieht sich auf die Dimension, die dem System der Altersstufung einer Gesellschaft zugrundeliegt. Als erste haben Anthropologen den Begriff der Altersstufung verwendet (vgl. etwa EISENSTADT, 1956; WARNER, 1958). Es ist typisch für schriftlose, sog. primitive Gesellschaften, daß sie bestimmte Initiationsriten besitzen, die den Übergang von einem Altersabschnitt zum nächsten markieren, wie etwa den Wechsel von der Kindheit zur Reife und zur Heiratsfähigkeit (VAN GENNEP, 1960). Soziale Zeit und Lebenszeit verlaufen aber nur in etwa parallel zueinander, denn während ein Mädchen in primitiven Gesellschaften nach der Menarche als heiratsfähig gilt, wird ein Mädchen in einer modernen Gesellschaft erst sehr viel später als heiratsfähig angesehen. Kurz gesagt: Die sozial determinierte Zeitgliederung (social timing) steht durchaus nicht in voller Übereinstimmung mit der biologischen Zeitgliederung (biological timing). Außerdem gibt es in verschiedenen Gesellschaften ganz unterschiedliche Alterserwartungen und altersbedingte Positionszuordnungen, die einmal mehr demonstrieren, daß chronologisches Alter (oder das Reifestadium) als solches nicht den Status determiniert, den man in bestimmten Altersbereichen einnimmt; es kennzeichnet nur die biologische Grundlage, auf der ein bestimmtes System von Altersnormen und Altersstufungen aufbaut, das dann dem Lebensablauf sein eigentliches Gesicht gibt.

13.3.3 Historische Zeit

Die *historische* Zeit wirkt modifizierend auf das soziale System ein, und das soziale System wiederum erzeugt die sich ändernden Altersnormen und ein wechselndes Altersstufungssystem, das den individuellen Lebensablauf prägt. ARIES (1962) hat die Sozialgeschichte des Familienlebens in der westlichen Welt zurückverfolgt und kam zu dem Ergebnis, daß erst im 17. und 18. Jahrhundert, mit der Industrialisierung, der Herausbildung einer Mittelklasse und der Einrichtung formaler Erziehungsinstitutionen die Vorstellung aufkam, die Kindheit sei eine eigene Lebensphase, ein Zeitabschnitt mit ganz spezifischen Merkmalen und Bedürfnissen. Das Konzept der Adoleszenz als einer besonderen Periode innerhalb des Lebensablaufs taucht zum ersten Mal im 20. Jahrhundert auf (DEMOS & DEMOS, 1969). KENISTON (1970) kam zu der Feststellung, daß im Laufe der letzten Jahrzehnte, in denen die Geschwindigkeit des sozialen Wandels so stark zugenommen hat, ein Stadium der „Jugend" erkennbar geworden ist, in dem anstelle der früher üblichen Identitätsbildung eine neue Form des Ausgleichs zwischen Ich und sich ändernder Sozialordnung zu finden ist. Ähnlich ist auch das „mittlere Alter" oder die sog. „Lebensmitte" ein Stadium, das erst in jüngster Zeit beschrieben wird, und zwar als Folge der größeren Lebensdauer seit Beginn dieses Jahrhunderts und des sich wandelnden Arbeits- und Familienzyklus.

Historische Zeit bezieht sich indessen nicht nur auf Langzeitprozesse wie etwa Industrialisierung und Urbanisierung, die den sozio-kulturellen Rahmen schaffen und bewirken, daß die Phasen des Lebensablaufs immer wieder neu definiert werden müssen. Geschichte besteht darüber hinaus aus einer ganzen Reihe ökonomischer, politischer und sozialer Ereignisse, die direkt auf das Leben des einzelnen einwirken, der die jeweiligen Zeiträume erlebt. Der Lebensablauf eines Individuums wird also einerseits von den historischen, sich über lange Zeiträume erstreckenden Prozessen gestaltet, die nach und nach zu Veränderungen der gesellschaftlichen Institutionen führen, andererseits aber immer auch von ganz bestimmten historischen Einzelereignissen.

Eine gewisse Vorstellung vom Zusammenwirken der historischen Zeit und der Lebenszeit gewinnt man, wenn man sich etwa die Folgen des Zweiten Weltkrieges für einen jungen Mann, ein Kind oder eine junge Mutter vor Augen führt. Im ersten Fall erfährt der junge Mann, der Soldat wird, vielleicht einen Zuwachs an männlichem Selbstgefühl, indem er eine stark stereotypisierte männliche Rolle übernimmt. Im zweiten Beispiel kann das Kind in seinen ersten Lebensjahren vaterlos aufwachsen, mit allen damit verbundenen Konsequenzen für die Identifikation mit den Eltern und die Bewältigung des Ödipuskomplexes. Im dritten Beispiel steht die Mutter, deren Ehemann eingezogen worden ist, vor der Aufgabe, ihre Kinder mit geringeren ökonomischen, physischen und psychischen Mitteln und Kräften aufzuziehen, da sie Vater- und Mutterrolle gleichzeitig ausüben muß. Diese Beispiele veranschaulichen nur die ohnehin einleuchtende Tatsache, daß ein und dasselbe historische Ereignis sehr verschiedene psychologische Bedeutungen haben kann, je nachdem, zu welchem Zeitpunkt des Lebensablaufs das Ereignis eintritt.

Die Verhaltenswissenschaften haben die Bedeutung des zeitlichen Zusammentreffens einschneidender historischer Ereignisse mit dem Lebenslauf des einzelnen erkannt; die *Kohorten-Sequenz-Analyse* (vgl. CAIN, 1967; SCHAIE, 1968) ist eine Methode, die ursprünglich von Demographen entwickelt wurde, als sie versuchten, die Lebenszeit mit der historischen Zeit in Verbindung zu bringen. Die *Kohorte* ist eine Gruppe von Individuen, die den Geburtsjahrgang gemeinsam haben (ein bestimmtes Jahr oder ein bestimmtes Zeitintervall). Die Merkmale dieser Gruppe werden mit dem Ziel untersucht, *Kohorten-Effekte* aufzudecken, d.h. den Effekt, den die Mitgliedschaft in einer bestimmten Kohorte mit ihrem besonderen Hintergrund und ihrer demographischen Zusammensetzung hat (vgl. RILEY, 1971; RILEY *et al.*, 1972). CAIN (1967) hat beispielsweise Datenreihen vorgelegt, die zeigen sollten, daß sich in Amerika mit dem Ende des Ersten Weltkrieges im Hinblick auf Ausbildungsniveau, Zahl der Kinder, Sexualmoral, Verkürzung der Arbeitszeit, Einstieg ins Erwerbsleben etc. ein historischer „Wende-" oder „Scheidepunkt" herauskristallisierte. Dadurch entstand ein scharfer Gegensatz im Lebenstil der Kohorte, die vor der Jahrhundertwende geboren worden war (Personen, die heute die

Siebzig überschritten haben) und andererseits der Kohorte, die nach 1900 zur Welt gekommen ist (Personen, die heute erst an der Schwelle zum Alter stehen); die Ergebnisse deuten darauf hin, daß die Bedürfnisse der neuen Kohorte von alten Menschen gänzlich andere sind als die der Kohorte davor. Ein weiterer Wendepunkt ergab sich wahrscheinlich mit der Weltwirtschaftskrise der Dreißiger Jahre.
Es sollte vielleicht darauf hingewiesen werden, daß die Kohorte, genauso wie die Dimension Alter, als solche keine psychologische Aussagekraft besitzt, sondern daß vielmehr die Psychologen von Fall zu Fall die Ereignisse spezifizieren müssen, die die Unterschiede zwischen den Kohorten erklären. Zum gegenwärtigen Zeitpunkt ist, außer in sehr allgemeinem Sinne, nicht bekannt, welche historischen Ereignisse für den Verlauf der Persönlichkeitsentwicklung über das gesamte Leben hin am bedeutsamsten sind – ein Problem, das auf irgendeine Weise gelöst werden muß, wenn die Kohorten-Sequenz-Analyse eine sinnvolle Methode zur Erforschung von Lebensabläufen werden soll.

13.4 Soziale Zeit und die Struktur der altersbedingten Statusattribuierungen

Die Konzepte „historische Zeit" und „Lebenszeit" sind allgemein bekannt, auch wenn sie in entwicklungspsychologischen Untersuchungen nicht oft zusammen verwendet werden. Der Begriff der sozialen Zeit dagegen bedarf vermutlich einer etwas ausführlicheren Erläuterung.
Systeme der Altersstufung sind Ausdruck der Tatsache, daß jede Gesellschaft den Ablauf des Lebens überschaubar gestaltet, die Lebenszeit in sozial relevante Einheiten unterteilt und damit gewissermaßen die kalendarische (oder auch biologische) Zeit in soziale Zeit überführt. Wie bereits gesagt, taucht der Begriff der Altersstufung zuerst in anthropologischen Studien über primitive Gesellschaften auf, wo der Lebensablauf gemeinhin aus einer Aufeinanderfolge von formal nach Alter gestuften zugeschriebenen Rollen besteht: So kann sich etwa ein männliches Individuum von der Kleinkindzeit über die Kindheit und Kriegeranwartschaft zum Krieger (und gleichzeitig zum Ehemann und Vater) entwickeln und schließlich ein alter Mann werden, d. h. einen Status erreichen, der mit dem Tode endet. Systeme der Altersschichtung und der altersbedingten Statusattribuierung bilden sich in allen Gesellschaften heraus; Rechte, Pflichten und Sanktionen sind unterschiedlich über Altersgruppen, die ihrerseits sozial definiert sind, verteilt. In Gesellschaften mit einfacher Arbeitsteilung und geringem sozialen Wandel bildet sich nur ein einziges Altersstufungssystem heraus; familiäre, religiöse, politische und Arbeitsrollen werden dementsprechend eindeutig verteilt und geregelt. Für moderne komplexe Gesellschaften sind im Gegensatz dazu pluralistische, altersbedingte Statussysteme kennzeichnend, die sich im Hinblick auf bestimmte soziale Institutionen herausbilden. Charakteristikum der amerikanischen Gesellschaft ist ein vergleichsweise fließendes und zugleich differenziertes System altersbedingter Statusattribuierungen; trotz der fließenden Gren-

zen und der Überlappung verschiedener Altersstufungssysteme finden sich jedoch bestimmte Statusattribuierungen, die systematisch an das chronologische Alter geknüpft sind, wie etwa der Schuleintritt, der Erwerb des Wahlrechts, der Rechtsfähigkeit etc. Durch das System der Altersstufung werden kulturelle Werte institutionalisiert, und es bildet sich ein soziales System heraus, das formend auf den Lebensablauf einwirkt. Jede Gesellschaft besitzt ein System sozialer Erwartungen hinsichtlich altersgemäßen Verhaltens, und diese Erwartungen werden vom einzelnen verinnerlicht, wenn er aufwächst, älter wird und von einer Altersschicht in die nächste überwechselt. Es gibt eine Zeit, da erwartet man von ihm, daß er arbeiten geht, daß er heiratet, daß er Kinder aufzieht, daß er sich aus dem Berufsleben zurückzieht, ja sogar, daß er hinfällig wird und stirbt.
Als Beispiel dafür, wie Alterserwartungen institutionalisiert werden, mag die Tatsache gelten, daß in der amerikanischen Gesellschaft die meisten Kinder im Alter zwischen sechs und sechzehn Jahren zur Schule gehen müssen; mit achtzehn Jahren erlangen sie dann das Wahlrecht. Daraus ersieht man, daß die amerikanische Gesellschaft eine lange Ausbildungszeit als Vorbedingung für das Verantwortungsbewußtsein des Erwachsenen ansieht. Es gibt deshalb soziale Institutionen, die diese Ausbildung gewährleisten; es gibt ferner ein System der Altersstufung und der Altersnormen, durch das verhindert wird, daß jemand Rechte und Pflichten des Erwachsenen übernimmt – Arbeit, Heirat, Ausübung des Stimmrechts, Verantwortung vor dem Gesetz – ehe nicht die obligatorische Ausbildung abgeschlossen ist. Das gesamte Netz altersbezogener Institutionen ist weitaus komplexer, als es dieses Beispiel anzudeuten vermag, und überdies wird das System der Altersstufung primär vom Konsens der Gemeinschaft und weniger von Institutionen getragen; trotzdem kann ein solches Beispiel dazu dienen, die enge Entsprechung von Altersnormen und -erwartungen einerseits und sozialen und kulturellen Werten andererseits zu veranschaulichen. Daß sich die Konzepte wie soziale Zeit, Altersstufung, altersbedingte Statusattribuierung und Altersnormen auf die moderne Welt unserer Tage bezieht, wird in einer Reihe empirischer Untersuchungen gezeigt, die der Erstautor vor über fünfzehn Jahren begonnen hat. Viele dieser Studien sind unveröffentlicht geblieben, andere sind noch nicht abgeschlossen; dennoch ist es sinnvoll, zur näheren Erläuterung des Begriffs der sozialen Zeit an dieser Stelle auf sie zurückzugreifen.
In einer der ersten Studien dieser Serie wurde die Regelhaftigkeit in den Alterserwartungen von Erwachsenen erforscht. Dabei stellte sich heraus, daß für Personen mittleren Alters das Erwachsenendasein aus vier verschiedenen Lebensabschnitten zu bestehen scheint, von denen jeder seine eigenen persönlichen und sozialen Verhaltensmuster aufweist: frühes Erwachsenenalter, Reife, mittleres Alter und hohes Alter (NEUGARTEN & PATERSON, 1957). Das Fortschreiten von einem Lebensabschnitt zum anderen wurde anhand einer oder mehrerer von insgesamt fünf Dimensionen beschrieben, die jeweils das Leben bestimmen: Karriere (z. B. größere Beförderungen, Eintritt in den Ruhestand), Gesundheit und körperliche Vitalität, Familie (z. B. Schuleintritt der Kinder, Fortgehen der Kinder aus dem Elternhaus), psychische Eigenschaften (z. B.: „Im mittleren Alter befindet man sich, wenn man milde wird"), soziale Verantwortlichkeit („Alt ist man, wenn man die Dinge leichter nimmt und die Sorgen anderen überläßt").
Mit Hilfe dieser Daten war es möglich, eine erste grobe Übersicht über eine Altersstruktur und ein System von Alterserwartungen zu erstellen, die sich über die verschiedensten

Bereiche des Erwachsenenlebens erstreckte. Danach gibt es offenbar einige Definitionen des sozialen Alters, die einen Bezugsrahmen setzen, der die Erfahrungen des Erwachsenenlebens als geordnet und rhythmisch verlaufend erscheinen läßt. Obwohl die Vorstellungen je nach Alter und Geschlecht leicht variieren, insbesondere auch zwischen den sozialen Klassen (so setzen z. B. Männer und Frauen der Arbeiterklasse den Beginn des mittleren und hohen Alters früher an als Angehörige der Mittelklasse), beeindruckt doch der hohe Grad an Übereinstimmung in diesen Daten. Auch die Erwartungen hinsichtlich der günstigsten Zeitpunkte für bedeutende Lebensereignisse lassen sich fest umreißen. In Umfragen erhält man leicht Antworten auf Fragen wie: „Welches ist das beste Heiratsalter für den Mann?" „. . . das beste Alter, um Großmutter zu werden?" Ebenso bereitwillig werden chronologische Altersangaben gemacht, wenn es um Formulierungen geht wie: „eine reife Frau"; oder: „der Zeitpunkt, zu dem der Mann beruflich auf dem Höhepunkt stehen sollte". Darüber hinaus herrscht weitverbreiteter Konsens in bezug auf die günstigsten Zeitpunkte für Arbeits- und Familienereignisse, in bezug auf Einstellungen und psychologische Merkmale. Auch scheint es einen präskriptiven Zeitplan zu geben, nach dem sich die bedeutenden Ereignisse über den Lebenslauf des einzelnen verteilen, ferner eine übereinstimmende Definition, welche chronologischen Altersstufen welchen Phasen der Lebensspanne entsprechen. So stimmten z. B. die meisten Männer und Frauen der Mittelklasse darin überein, daß ein Mann im Alter zwischen 18 und 22 Jahren „jung", zwischen 40 und 50 Jahren im „mittleren Alter" und zwischen 65 und 75 Jahren „alt" sei und daß ein Mann zwischen 35 und 50 Jahren die meisten Verantwortungen habe. Jugend, mittleres und hohes Alter wurden für Frauen ähnlich definiert; man war jedoch der Meinung, daß Frauen die wichtigsten Lebensphasen früher durchlaufen als Männer (Neugarten, Moore & Lowe, 1965). Die Vorstellungen über altersangemessenes Verhalten bei Frauen sind einheitlicher als die Vorstellungen hinsichtlich altersangemessenen Verhaltens bei Männern; vergleichsweise stärkerer Konsens herrscht auch in bezug auf die Alterserwartungen für die Phase des jungen Erwachsenen, so als ob durch das normative System der Eintritt ins Erwachsenenleben stärker reglementiert würde als die nachfolgenden Phasen der Reifezeit und des Alters.

13.5 Altersnormen als System sozialer Kontrolle

Wenn das System der Alterserwartungen, wie angenommen, normativ ist, dann müßte eigentlich jeder mehr oder weniger davon beeinflußt werden, d. h. in gewissem Umfang den sozialen Druck verspüren, sich gemäß diesen Erwartungen zu verhalten. Ein Weg, auf dem wir versuchten, das Problem zu erforschen, war, Personen zu fragen, inwieweit sie den verschiedenen Altersnormen gerecht geworden sind. Wir haben anschließend Extremgruppen gebildet, d. h. die Personen ausgewählt, die in der Altersverteilung für ein früh datiertes Lebensereignis an den Extremen lagen – z. B. Männer, die vergleichsweise früh oder spät geheiratet hatten, – und geprüft, inwieweit diese Personen auch bei den nachfolgenden Ereignissen ihre „Frühstarter-" bzw. „Spätzünder-Position", bezogen auf ihre soziale Gruppe, beibehielten. Obgleich die Daten noch nicht vollständig sind und die Stichprobengröße keine statistischen Tests erlaubt, zeigte doch die Überprüfung von Einzelfällen, daß „Frühstarter" wie auch „Spätzünder" schon in bezug auf das nächste größere Ereignis in ihrem Leben wieder im Normbereich lagen. Normen altersangepaßten Verhaltens müssen demnach, ebenso wie andere normative Systeme, eine bestimmte „Anziehungskraft" haben, so daß Individuen, wenn sie einmal außerhalb der Altersnorm handelten, dazu neigen, sich beim nächsten Ereignis wieder normgerecht zu verhalten.

Menschen berücksichtigen selbst bei ihren eigenen zeitlichen Planungen Altersnormen und -erwartungen. Erwachsene verschiedenen Alters waren sofort in der Lage, anzugeben, ob sie bei den jeweiligen in Frage stehenden Ereignissen „spät", „früh" oder „zur rechten Zeit" dran waren (z. B.: „Ich habe früh geheiratet"; „Ich fing spät an, wegen der wirtschaftlichen Depression"). Dieses genaue Wissen, wann die richtigen Zeitpunkte für bestimmte Ereignisse anzusetzen seien, wurde als weiterer Beleg dafür interpretiert, daß Alterserwartungen ein normatives System bilden, daß soziale Altersdefinitionen allgemein akzeptiert und für sinnvoll gehalten werden und daß die eigene Zeiteinteilung eine wichtige Rolle für die Selbsteinschätzung und das Selbstwertgefühl spielt.

Eine andere Frage in unserer Untersuchung bezog sich auf den Sozialisationsprozeß, durch den Altersnormen gelernt werden. Die Interviewpartner wurden gefragt, woher sie ihre Vorstellungen über Altersnormen hätten, aber Altersnormen scheinen als etwas so Selbstverständliches angenommen zu werden, daß die Befragten nicht in der Lage waren, ihre entsprechenden Lernerfahrungen zu beschreiben. Ein Schluß, den wir daraus zogen, war der, daß diese Normen wahrscheinlich in so verschiedenen Zusammenhängen kennengelernt werden und so tief in Erfahrungen eingebettet sind, daß es nicht möglich ist, Sozialisationserfahrungen durch direkte Befragung zu ermitteln.

Man kann allerdings davon ausgehen, daß im Falle eines funktionierenden normativen Systems ein Bewußtsein von den damit verbundenen Sanktionen und eine Sensibilität für soziale Anerkennung und Mißbilligung vorhanden ist. Wir versuchten, dieser Frage nachzugehen, indem wir Personen untersuchten, die in bezug auf bedeutende Lebensereignisse außerhalb der Altersnormen lagen; dabei kamen wir zu der Überzeugung, daß ein Abweichen von der Altersnorm immer bestimmte psychische Implikationen für das Individuum besitzt, auch wenn die Mechanismen der sozialen Sanktionierung solcher Abweichungen von der Altersnorm bislang noch nicht systematisch erforscht worden sind. Aufgrund einer anderen Untersuchung können wir mit einiger Sicherheit schließen, daß es sich bei den Altersnormen um ein System sozialer Zwänge handelt. Dabei stellten wir Fragen wie: „Würden sie es für richtig halten, wenn eine Frau sich dazu entschließt, mit 40 – mit 35 – mit 30 Jahren noch ein Kind zu bekommen?" – „Was halten sie von einem Ehepaar, das mit 40 – mit 50 – mit 75 Jahren in die Nähe seiner verheirateten Kinder zieht?" – Die Analyse der Antworten zeigte, daß die Bedeutung, die Altersnormen beigemessen wird und die Auffassung, daß die Altersadäquatheit ein verbindlicher Verhaltenszwang ist, mit dem Alter der Befragten signifikant stärker wird. Daraus kann man schließen, daß Personen mittleren und hohen Alters, die im System der Altersnormen größere Zwänge sehen als junge Menschen, anscheinend die Erfahrung gemacht haben, daß Abweichungen in bezug auf das Eintreten bedeutender Lebensereignisse negative

Konsequenzen haben können und daher Alter und Altersadäquatheit sinnvolle Kriterien zur Verhaltensbeurteilung darstellen. Junge Leute vertreten dagegen eher die Meinung, daß Alter kein valides Kriterium zur Beurteilung von Verhalten sei (NEUGARTEN *et al.*, 1965).

Die Untersuchungen verdeutlichen, daß die Struktur der altersbedingten Statusattribuierungen einer Gesellschaft, die Festlegung von Altersklassen, die Internalisierung von Altersnormen und die Altersnormen selbst als soziale Kontrollen wichtige Dimensionen des sozialen und kulturellen Umfelds bilden, in dem der Lebensablauf des einzelnen gesehen werden muß. Viele bedeutsame Einschnitte tauchen nicht allein in geordneter Abfolge im Lebenszyklus auf, sondern sind auch viel eher sozialer als biologischer Natur und ihr Auftreten unterliegt sozialer Kontrolle. Mit Hilfe dieser Konzepte läßt sich also die Lebenszeit eines Individuums strukturieren; diese Konzepte konstituieren sozusagen eine Uhr, an der man die Zeit für Ereignisse im Sozialbereich ablesen kann und die man neben eine Uhr für biologisch bedingte Ereignisse stellen kann. Auf diese Weise läßt sich dann mit Hilfe derartiger Konzepte der Lebensablauf besser verstehen.

13.6 Altersschichtung

Eine sich gegenseitig ergänzende Betrachtungsweise der Dimension Alter findet sich in der Literatur über Altersschichtung in der Gesellschaft. MANNHEIM (1952 b) und in jüngerer Zeit auch RILEY und ihre Mitarbeiter (RILEY, 1971; RILEY *et al.*, 1972) haben die Altersstruktur einer Gesellschaft im Hinblick auf die Dimension des Lebensablaufs und die historische Dimension betrachtet; diese beiden Dimensionen werden verstanden als Koordinaten zur Lokalisierung des Individuums in der Altersstruktur einer Gesellschaft. Für die Dimension des Lebensablaufs bildet das chronologische Alter einen groben Index, da man es als Indikator für die Erfahrungen eines Individuums benutzen kann, einschließlich mit Alter einhergehender organischer Veränderungen, die körperliche und geistige Funktionen beeinflussen, und einschließlich aller möglichen psychischen und sozialen Erfahrungen. Die historische Dimension umfaßt die politischen, sozialen und kulturellen Veränderungen in der Gesellschaft. Nach RILEY gewinnt man durch die Integration dieser beiden Dimensionen eine Perspektive für die Betrachtung des Lebensablaufs, wobei das Konzept der Kohorte beide Dimensionen miteinander verbindet.

MANNHEIM verknüpft mit dem Konzept der Generation historische Zeit und Lebenszeit. Er vertritt die Ansicht, daß die soziologische Bedeutung von Generationen zwar auf der biologischen Generationenfolge aufbaue, dadurch aber nicht definiert werde. Personen des gleichen Geburtsjahres können bei ihm potentiell die gleiche Position auf der „historischen Dimension des sozialen Prozesses" einnehmen. Aber nicht die Tatsache als solche, daß Personen im selben Jahr geboren wurden, bewirkt Positionsähnlichkeiten, sondern die speziellen Erfahrungen, die einer Generation aufgrund des Geburtsdatums möglich sind, bedingen sie. Positionsähnlichkeiten sind also eine Folge der Tatsache, daß eine bestimmte Generation oder, wie wir heute sagen würden, eine Alterskohorte an den gleichen Punkten des Lebensablaufs den gleichen Ereignissen ausgesetzt ist und daß „solche Erfahrungen auch das Bewußtsein ähnlich strukturieren" (MANNHEIM, 1952 b, S. 310). Das Gefühl, einer Generation anzugehören, impliziert also nur *Möglichkeiten*, die auf der biologischen Generationenfolge aufbauen. Aber „ob nun jedes Jahr, alle dreißig oder alle hundert Jahre eine *Generation mit einem neuen Lebensstil* auftaucht, ja, ob sie überhaupt in einem bestimmten Rhythmus auftaucht, das hängt vollständig von den Anregungen ab, die von den sozialen und kulturellen Prozessen ausgehen" (MANNHEIM, 1952 b, S. 310). MANNHEIM bewegt sich also von der Ebene des historischen Kontexts auf das Niveau des individuellen Bewußtseins, indem er die transformatorischen Konstrukte (intervening concepts) der „Generation" und des „Bewußtseins der Generation" benutzt.

RILEY (1971) verwendet die MANNHEIMschen Dimensionen der historischen Zeit und der Lebenszeit, um die Auswirkungen des Alters auf die Sozialstruktur der Gesellschaft zu erklären. Gesellschaft beschreibt sie als eine Struktur, die aus Altersschichten gebildet wird; und ihr besonderes Interesse gilt nun der Soziologie der Altersschichtung als Ausdruck des Rhythmus einer Generation. Sie folgt der Auffassung MANNHEIMS, daß jede Kohorte durch ihr spezielles Geburtsjahr nur auf eine bestimmte Reihe von Erfahrungen angewiesen ist; dies hat zur Folge, daß Personen verschiedenen Alters, die zu einem bestimmten Zeitpunkt untersucht werden, sich in einer Weise voneinander unterscheiden, die nicht allein vom Alter her erklärt werden kann. Alle Altersschichten haben vielmehr ihre eigenen Subkulturen, die das Ergebnis historischer Ereignisse sind, denen die Individuen in bestimmten Zeiten ihres Lebens ausgesetzt waren.

Eine Gesellschaft besteht also zu jedem Zeitpunkt aus Altersschichten, von denen jede durch eigene Arbeits-, Konsum- und Freizeitverhaltensmuster, Eheformen, religiöse Verhaltensweisen, Ausbildungssysteme, Entbindungsgewohnheiten, Zahl der Kinder und Praktiken der Kindererziehung charakterisiert ist. Unterschiede (oder Ähnlichkeiten) zwischen den Altersschichten sind dabei stets auf dem Hintergrund der beiden Dimensionen des individuellen Lebensablaufs und der historischen Veränderung zu verstehen. Sowohl MANNHEIM als auch RILEY befassen sich demnach nur mit zweien der drei hier besprochenen Zeitdimensionen, und beide verknüpfen historische Zeit und Lebenszeit durch die Einführung vermittelnder Begriffe oder transformatorischer Konstrukte wie Generation und Alterskohorte. Die Relation zwischen historischer Zeit und Lebenszeit wird allerdings verständlicher, wenn soziale Zeit als dritte, mit den beiden anderen zusammenhängende Dimension hinzugenommen wird und wenn altersbedingte Statusattribuierungen und Altersnormen als sozialpsychologisches System verstanden werden, das parallel zur Struktur der Altersschichtung existiert.

Der Begriffsrahmen, den wir hier vorschlagen, läßt sich dann folgendermaßen neu formulieren: Die von RILEY beschriebene Struktur der Altersschichtung und die im vorliegenden Beitrag beschriebene Struktur altersbedingter Statusattribuierungen können als Beschreibungen zweier Arten soziologischer Realität aufgefaßt werden; Altersnormen als System sozialer Kontrolle sind als Beschreibung der sozialpsychologischen Realität zu verstehen. Alle drei Konzepte basieren auf Alter als Dimension sozialer Organisation; und alle implizieren auch, daß dem Individuum eine bestimmte Position in der Altersstruktur zugeordnet werden kann und daß sein Verhalten durch das Alterssystem, dessen

Teil es ist, kontrolliert wird. Wendet man sich von den Konzepten der sozialen Struktur den Zeitdimensionen zu, so müssen historische Zeit und Lebenszeit ergänzt werden durch die Dimension der sozialen Zeit. Bewegt man sich vom sozio-historischen Kontext weg zu Form und Inhalt des Lebensablaufs, und berücksichtigt man die psychologische Bedeutung historischer Ereignisse, so werden die Konzepte Zeit und soziales Alter als transformatorische Konstrukte ganz besonders nützlich. Die Auswirkungen historischer Ereignisse auf das Individuum werden sozusagen „gefiltert" durch das System altersbedingter Statusattribuierungen. So hinterläßt z. B. der Zweite Weltkrieg bei einem 18jährigen und einem 25jährigen nicht nur deshalb unterschiedliche Wirkungen, weil der 25jährige dadurch, daß er bereits länger gelebt hat, biologisch anders ist als der 18jährige, sondern weil sie sich auch im soziologischen Sinne voneinander unterscheiden: Sie gehören verschiedenen Altersschichten an, die altersbedingten Statusattribuierungen sind verschieden, und sie stehen jeweils anderen für sie verbindlichen Verhaltenserwartungen gegenüber, die sich an ihr Alter knüpfen.
Einige dieser Aspekte werden wir noch einmal ansprechen, wenn wir im folgenden veranschaulichen, wie historische Zeit, soziale Zeit und Lebenszeit miteinander verflochten sind beim Lebensablauf, der sich allgemein in der jüngeren Vergangenheit so sehr verändert hat.

13.7 Die veränderte Gliederung des Lebensablaufs

Als sich die amerikanische Gesellschaft von einer Agrarkultur zu einer Industriegesellschaft veränderte und anstelle der Kleinstädte Großstädte auftauchten, gingen damit auch entsprechende Veränderungen in der sozialen Definition von Altersgruppen, in den Altersnormen und in den Beziehungen zwischen den Altersgruppen einher. Hier sollen nur einige wenige Aspekte der Veränderungen im Lebensablauf beschrieben werden, um zu zeigen, wie anders heute im Gegensatz zu früheren Zeiten bedeutsame Ereignisse über die Lebenszeit hin verteilt sind und daß dieser Unterschied in der Zeitgliederung eine Begleiterscheinung zugrundeliegender biologischer, sozialer und ökonomischer Veränderungen in der Gesellschaft ist. (Vieles von dem, was nun folgt, haben wir Neugarten & Moore, 1968, entnommen.)
Die Fortschritte in der Medizin zählen zu den mannigfaltigen Faktoren, die zu Wachstum und Umstrukturierung der Bevölkerung führten, wobei heutzutage der Anteil von jungen und alten Menschen in der Gesellschaft besonders hoch ist, was wiederum auf die Senkung der Kindersterblichkeit und die eindrucksvolle Erhöhung der Lebenserwartung zurückgeht. Technologischer Wandel und Urbanisierung haben zu Veränderungen im ökonomischen System und in der Familienstruktur geführt, die diese veränderte biologische Basis überlagern. Die Folgen zeigen sich unter anderem in einem neuen Rhythmus der Lebensplanung und des Älterwerdens.
Die Konzepte des sozialen Alters und der altersbedingten Statusattribuierungen lassen sich vielleicht am besten am Beispiel der Institution Familie veranschaulichen. Die

Punkte im Lebensablauf, an denen das Individuum „Kind", „Jugendlicher" und „Erwachsener" wird, sind sozial definiert, auch wenn sie zeitlich in Relation zur biologischen Entwicklung stehen. Nach Erreichen der körperlichen Reife wird das soziale Alter auch weiterhin von relativ klar umrissenen biologischen oder sozialen Ereignissen innerhalb des Familienzyklus bestimmt. So markiert etwa die Heirat den Beginn einer neuen sozialen Altersperiode, ebenso die Geburt des ersten Kindes, der Zeitpunkt, an dem die Kinder das Elternhaus verlassen und die Geburt des ersten Enkels. Auf jeder Stufe übernimmt das Individuum neue Rollen und erhält eine andere Stellung innerhalb des Familienverbandes.

Tab. 1: Verschiebungen im zeitlichen Auftreten von Lebensereignissen[a]

Median des Alters bei:	1890	1966
Schulabgang	14	18
Heirat	22	20
Geburt des ersten Kindes	24–25	21
Geburt des letzten Kindes	32	26
Tod des Ehemanns	53	64
Heirat des letzten Kindes	55	48
Tod	68	78

[a] Die Daten wurden von *Glick, Heer* und *Beresford* (1963) übernommen. Die Werte stammen selbstverständlich nicht von denselben Frauen, sondern in den beiden Kalenderjahren von jeweils verschiedenen Gruppen. Die Zeitpunkte für zukünftige Ereignisse bei Frauen, die 1966 mit durchschnittlich 20 Jahren heirateten, läßt sich aus dieser Tabelle nicht direkt extrapolieren; andererseits können aber die Daten als Hinweis darauf gewertet werden, daß die genannten Ereignisse innerhalb des Familienlebens zunehmend rascher aufeinanderfolgen. Das ist allerdings wiederum ein Fall, bei dem Entwicklungspsychologen aus Querschnitt-Daten Konsequenzen für den Längsschnitt ziehen.

Wie die Daten für Frauen in Tabelle 1 zeigen, kam es während der letzten Jahrzehnte zu auffallenden zeitlichen Verschiebungen im Familienzyklus: Das Heiratsalter sank, ehelicher Nachwuchs stellte sich früher und in schnellerer Folge ein, und die Lebenserwartung für beide Geschlechter und damit auch die Ehedauer erhöhte sich. (Die Daten für Männer zeigen parallele Trends: Im Jahre 1890 war der Altersmedian zum Zeitpunkt der Eheschließung 26 Jahre; bei der Geburt des ersten Kindes 36 Jahre; bei der Heirat des letzten Kindes 59 Jahre; und zum Zeitpunkt des Todes der Ehefrau, d. h. bei Eintritt in den Witwerstand 57 Jahre. 1959 lagen die entsprechenden Altersmediane bei 22, 28, 49 und 66 Jahren.)

Im Hinblick auf die Berufstätigkeit der Frau sind sogar noch weit stärkere Veränderungen zu beobachten (s. Abbildung 1).

Im Jahre 1890 waren weniger als 30% aller Frauen im Alter von 20 Jahren berufstätig, wobei noch berücksichtigt werden muß, daß diese Altersgruppe zugleich den höchsten Prozentsatz arbeitender Frauen überhaupt stellte. Mit zunehmendem Alter ging er weiter zurück, so daß mit 50 Jahren nurmehr 12% Frauen im Beru sleben standen. Bis 1966 jedoch stieg die Beteiligung der Frauen am Arbeitsprozeß so gewaltig an, daß zu dieser Zeit über 50% aller 20jährigen erwerbstätig waren. Nur bei den 30jährigen fällt der Prozentsatz etwas ab, um dann aber erneut wieder zu steigen, so daß über 50% aller 50jährigen noch am Erwerbsleben teilnehmen. Historisch gesehen, hat sich der Familienzyklus also beschleunigt, da Eheschließung, Elternschaft, Flüggewerden der Kinder (und Großel-

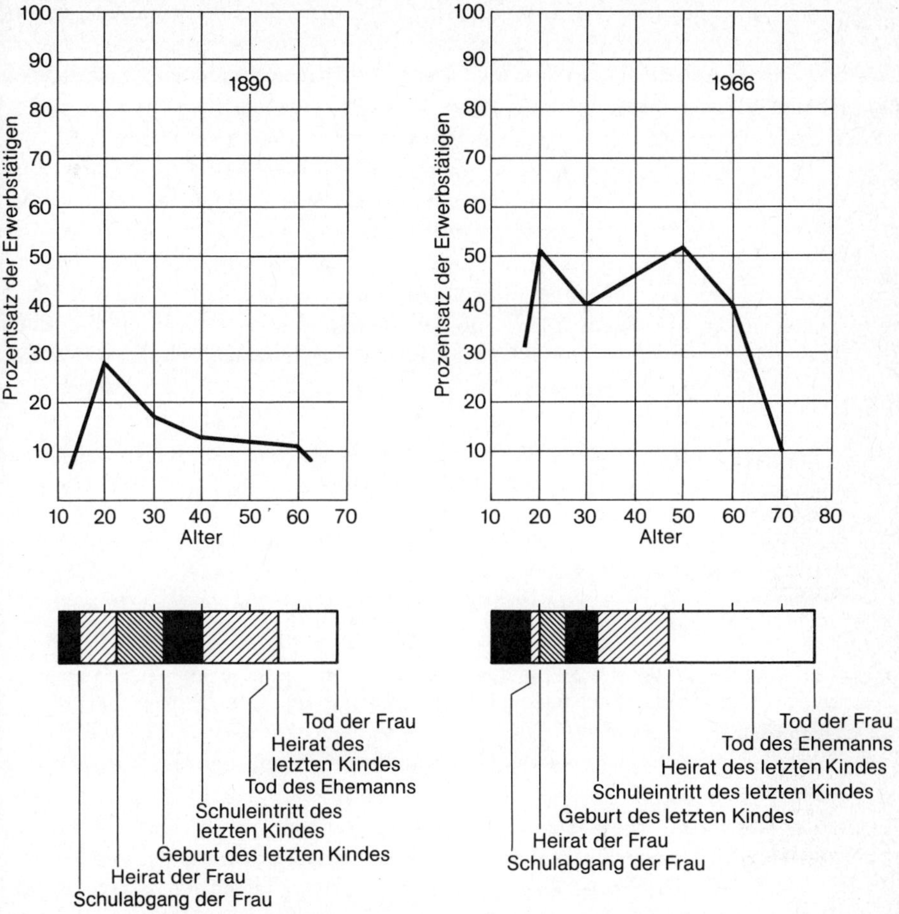

Abb. 1: Berufstätigkeit in Relation zu bedeutenden Ereignissen im Leben der Frau. (Aus: *Neugarten* (Ed.), *Middle age and aging: A reader in social psychology.* Chicago, The University of Chicago Press. *Quellen:* National Manpower Council, *WOMENPOWER,* New York, Columbia University Press, 1957, S. 307. Der rechte Teil der Abbildung wurde verändert entsprechend den Daten des *1967 Manpower Report,* U.S. Department of Labor, Tabelle A-2, S. 202, sowie den Daten zum Familienzyklus von *Glick, Heer* und *Beresford,* 1963, S. 12.)

ternschaft) früher eintreten. Die Entwicklung geht hin zu einem schnelleren Wechsel der Ereignisfolge in bezug auf den größten Teil des Familienzyklus, dem ein ausgedehntes Intervall (von derzeit etwa 16 Jahren) folgt, wenn das Ehepaar wieder allein ist. Witwenschaft tritt sehr viel später ein und die Lebensspanne der Frau hat sich ernorm verlängert. Eine Umkehr dieser allgemeinen Entwicklung ist nicht zu erwarten, obwohl heute eine leichte Aufwärtsbewegung im Heiratsalter (1972 lag es für Frauen bei 20,8, 1966 bei 20,2 Jahren), eine Zunahme der wilden Ehen, mehr Wohngemeinschaften und andere experimentelle Formen des Familienlebens zu beobachten sind. Bei Frauen mit überdurchschnittlichem Ausbildungsniveau beginnt der Familienzyklus zwar einige Jahre später, aber der oben skizzierte historische Wandel bezieht sich insgesamt doch gleichermaßen auf gut und schlecht ausgebildete Frauen.

Während der letzten 80 Jahre hat sich ein interessanter und wichtiger Unterschied zwischen Männern und Frauen bezüglich der Zeitplanung von Ereignissen im Familienleben und im Arbeitsprozeß herauskristallisiert. Eheschließung bedeutet nicht mehr notwendigerweise, daß der Mann auch zum Broterwerb in der Lage ist. Mit dem Bedarf der amerikanischen Wirtschaft an technisch geschultem und qualifiziertem Personal verlängerte sich die Ausbildungszeit für immer mehr junge Leute, was jedoch nicht Hand in Hand ging mit einem entsprechenden Aufschub der Eheschließung. 1966 war nahezu jeder vierte der männlichen Besucher von Colleges oder weiterführenden Schulen verheiratet (unter den 25 bis 29jährigen waren es sogar fast drei Viertel), bei den Frauen jede siebente. Begleiterscheinung dieser Entwicklung ist, daß die junge Ehefrau arbeitet, um ihren Mann während seiner Ausbildungszeit zu unterhalten. Die veränderten Geschlechtsrollen finden ihren Niederschlag im wachsenden Anteil junger Frauen am Arbeitskräftepotential: 1890 betrug er bei den 14- bis 20jährigen lediglich 6%; 1966 waren es bereits 31%. Obgleich sich diese Prozentzahlen sowohl auf Ehen beziehen, in denen auch die Ehemänner berufstätig sind, als auch auf solche, wo die Ehemänner noch in der Ausbildung sind, zeigt sich doch in beiden Fällen, daß junge Ehefrauen nicht nur in wachsendem Maße die wirtschaftliche Last des jungen Haushalts mittragen, sondern daß sie das auch in immer jüngerem Alter tun. Der Zeitpunkt der ökonomischen Reife hat sich also bei den Männern hinausgeschoben, nicht aber bei den Frauen. Es ist sozial akzeptierbar geworden, daß der Mann die traditionelle Ereignissequenz umkehrt und die Reife zur Familiengründung nicht mehr von der ökonomischen Reife abhängt, sondern sogar früher auftritt.

Weiterhin hat sich das Arbeitsleben des Mannes in den letzten Jahrzehnten verkürzt, weil die jungen Männer immer später ins Berufsleben einsteigen (auf der polytechnischen und akademischen Ebene wegen der länger gewordenen Ausbildung, auf den darunter liegenden Beschäftigungsebenen wegen des abnehmenden Bedarfs an unqualifizierten Arbeitskräften) und die älteren immer früher in den Ruhestand treten (nur jeder vierte Mann über 65 ist heute noch erwerbstätig). Kurz: Bei den Männern geht der Trend zu einem höheren Alter bei Arbeitsbeginn und einem niedrigeren beim Ausscheiden aus dem Erwerbsleben. Frauen sind immer noch kürzere Zeit berufstätig als Männer, aber der historische Trend geht bei ihnen in die entgegengesetzte Richtung: Sie beginnen immer früher zu arbeiten; sie bleiben immer länger berufstätig, auch wenn sie verheiratet sind und Kinder haben; und sie treten immer später in den Ruhestand.

Die neuen Rhythmen der sozialen Reife greifen auch auf andere Bereiche des Familienlebens über. Die Eltern-Kind-Beziehung wird in vielerlei Hinsicht von der Tatsache beeinflußt, daß in den sechziger Jahren die Hälfte aller Väter beim ersten Kind unter 23 und die Hälfte aller Mütter unter 21 Jahre alt waren. Die Veränderungen im elterlichen Verhalten, die allgemein berichtet werden – daß nämlich Väter immer weniger autoritär sind und die Eltern sich mehr und mehr in die Haushalts- und Erziehungsaufgaben teilen – mögen zum Teil als Zeichen der zunehmend größeren Jugend der Eltern verstanden werden.

Dieses relativ niedrige Alter von Eltern wie Großeltern mag auch für die immer deutlicher werdenden komplexen Verhaltensmuster der gegenseitigen Hilfe zwischen den Generationen mitverantwortlich sein, einschließlich der weitverbreiteten finanziellen Hilfeleistungen, die Eltern ihren erwachsenen Kindern zukommen lassen. Und da Enkel immer häufiger ihre Großeltern noch miterleben und das Familiensystem mehrere Generationen umfaßt, entstehen neue Formen beim Aufziehen der Kinder, wobei der Beziehung zwischen Großeltern und Enkeln eine neue Bedeutung zukommt.

13.8 Perspektiven für eine Sozialpsychologie des Lebenszyklus

Veränderungen im Lebenszyklus, wie sie oben beschrieben wurden, haben ihre Auswirkungen auf die Persönlichkeit, und es ist wahrscheinlich, daß die Persönlichkeiten nachfolgender Alterskohorten aus diesem Grunde meßbare Unterschiede aufweisen werden, vor allem dann, wenn man sich den soziologischen Persönlichkeitsbegriff zu eigen macht. (Hier ist nicht der Ort, die verschiedenen Persönlichkeitskonzepte zu diskutieren; es genügt der Hinweis, daß sie außerordentlich unterschiedlich sind und daß die Annahme, sozialer Wandel habe zumindest einige systematische Effekte auf die Persönlichkeitsentwicklung, in den meisten Persönlichkeitstheorien, einschließlich der Psychoanalyse und der Ich-Psychologie, berücksichtigt wird.) Dennoch bleibt es Aufgabe künftiger Persönlichkeitspsychologen, sich dem Wechselspiel von Geschichte und Persönlichkeit, wie es zu Beginn dieses Kapitels skizziert wurde, zuzuwenden und mit Hilfe empirischer Untersuchungen beispielsweise die Veränderungen aufzudecken, die in den Selbstkonzepten, in dem Gefühl für die eigene Ausstrahlung und auch im Gleichgewicht zwischen rationalen und impulsiven Persönlichkeitskomponenten auftreten, soweit sie vom sich wandelnden sozialen Kontext beeinflußt werden.

Bis heute fehlt der Entwicklungspsychologie eine Theorie, die die gesamte Lebensspanne umfaßt. Zum Teil liegt es daran, daß wir das komplexe Zusammenspiel von Reifungssequenzen und sozio-kulturellen Kräften noch nicht vollständig verstanden haben und häufig dazu tendierten, sozialpsychologische Faktoren als verkomplizierend anzusehen, weil sie die invariante Sequenz entwicklungsbedingter Veränderungen nur „verschleiern" würden. Stattdessen kommt es aber darauf an, reifungsbedingte Veränderungen als nur eine der wichtigen Komponenten der Entwicklung zu verstehen und die Analogie aufzugeben, die uns zwingt, immer nur nach entsprechend invarianten Zeitplänen psychischer Veränderung zu suchen. Die Verfasserinnen dieses Beitrags sind natürlich nicht die ersten, die behaupten, der spezielle historische Kontext sei für die Untersuchung der Persönlichkeitsentwicklung ebenso wichtig wie der biologische Reifeplan und beides müsse gleichermaßen berücksichtigt werden. Wir können unsere Auffassung jedoch präziser formulieren: Ziel der Untersuchung von Veränderungssequenzen muß sein, bestimmen zu können, *welche Veränderungen* primär *entwicklungsbedingt* sind (im Sinne einer Abhängigkeit von Reifungsprozessen) und *welche Veränderungen* primär *situationsbedingt* sind – vorausgesetzt, eine solche Unterscheidung ist überhaupt möglich.

So wäre beispielsweise zu fragen: Wie werden sich Veränderungen im Lebenszyklus und sozialer Wandel im Leben unserer heutigen Jugend miteinander verknüpfen? Dieses Problem ist so aktuell wie die Schlagzeilen der Tageszeitung und so relevant wie jeder andere Forschungsgegenstand der Entwicklungspsychologie! Gerade, als dieses Kapitel geschrieben wurde, brachte die Morgenzeitung einen Artikel über Radikale an der High-School und berichtete in diesem Zusammenhang, daß mit dem Wechsel zum College diese Jugendlichen ihre politischen Energien anscheinend bereits verbraucht hätten – was soviel heißt, daß der „kleine Bruder", auf den die College-Radikalen noch vor ein oder zwei Jahren normalerweise warnend hingewiesen hatten, anscheinend seine Reserven aufgebraucht hat und als College-Student den „großen Bruder" in seiner konventionellen Lebensweise womöglich noch übertrifft. In welcher Beziehung stehen soziales Engagement und *Zeitpunkt* seines Auftretens *(timing)*, und in welcher Relation steht beides zur Persönlichkeitsentwicklung? Was heißt es, mit 15 Jahren oder aber mit 20 Jahren oder erst mit 45 Jahren Aktivist zu werden?
Sollten wir nicht unsere bisherige Ansicht, Extremismus und Idealismus seien Begleiterscheinungen zugrundeliegender biologischer Veränderungen, noch einmal überprüfen? Warum war 1968 der 20jährige, 1970 der 15jährige, aber 1972 keiner aus dieser Altersgruppe Aktivist? Und welche Konsequenzen hat das jeweils für die Betreffenden, wenn sie ins mittlere Alter kommen?
Oder, um ein anderes Beispiel zu nehmen: Welche spezifischen Persönlichkeitsveränderungen sind bei Frauen als Begleitscheinung der Frauenbefreiungsbewegung zu erwarten? Genauer: Welche Effekte sind zu erwarten, wenn eine Frau jung ist, Heirat und Kinderkriegen aufschieben will, ja vielleicht überhaupt ablehnt, und welche Effekte können andererseits auftreten, wenn es sich um eine 40jährige handelt, die erst jetzt diese Zeit der Selbstfindung durchmacht, die den Ablauf ihres Alters bestimmen wird?
Die Beziehungen zwischen Lebenszeit, sozialer Zeit und historischer Zeit aufzudecken, ist offensichtlich außerordentlich schwierig; aber gerade das sollte diejenigen reizen, die den Lebenszyklus erforschen wollen.

14 Zusammenhänge zwischen der Moralentwicklung in der Kindheit und im Erwachsenenalter – neu interpretiert[1]

LAWRENCE KOHLBERG, Harvard University, Cambridge, Massachusetts

Zum Inhalt

Im folgenden Kapitel werden Fragen der Existenz von Stufen im Erwachsenenalter und des Stufen-Wechsels im Verlauf der Entwicklung des moralischen Urteilens erörtert. *Stufen-Wechsel* wird definiert als gerichtete, sequentielle, qualitative Transformation in einer psychischen Struktur. Das Auftreten von Stufen-Wechsel im Erwachsenenalter ist theoretisch deshalb so bedeutungsvoll, weil solche Veränderungen nicht so sehr Folge von biologischen Reifungsprozessen sein können, sondern eher Ergebnis von Auseinandersetzungen des Individuums mit der Umwelt sein müssen.
Die Untersuchungen zu den kognitiven Stufen, die PIAGET konzipiert hat, deuten auf eine Entwicklung des formalen Denkens bis in die späte Adoleszenz hin, aber auf keine neue Stufe in der Zeit danach. Im Gegensatz dazu zeigen wir in diesem Kapitel, daß es Moralstufen gibt, die in einer Längsschnitt-Stichprobe erst im frühen Erwachsenenalter (nach 21 Jahren) auftreten. Hierbei handelt es sich um die Stufen des prinzipienorientierten moralischen Urteilens (Stufe 5, soziales Vertragsdenken und utilitaristische Orientierung, und Stufe 6, Orientierung an universellen Prinzipien der Gerechtigkeit). In einer früheren Untersuchung haben KOHLBERG und KRAMER (1969) berichtet, daß die Stufe des prinzipienorientierten Denkens von Schülern in der Highschool erreicht wurde, diese Schüler aber anschließend auf die Stufe eines skeptischen egozentrischen Relativismus „zurückfielen“. Mit einem Auswertungssystem, das genauer zwischen Struktur und Inhalt trennt, kann jedoch gezeigt werden, daß dieser skeptische Relativismus eher eine Übergangsstufe zwischen konventioneller und prinzipienorientierter Moral als einen Rückfall darstellt. Es zeigt sich ebenfalls, daß die Begründungen, die in der Highschool gegeben und als prinzipienorientiert gewertet worden waren, nur eine weiterentwickelte Form des konventionellen Denkens war (Stufe 4, Orientierung als Mitglied der Gesellschaft). Deshalb wurde darauf hingewiesen, daß die Erfahrungen, die zu Entwicklungen im Erwachsenenalter, z. B. zu prinzipienorientiertem moralischem Denken, führen, anderer Natur sind als diejenigen, die in der Kindheit und der Adoleszenz die Entwicklung zu den Stufen des konventionellen moralischen Denkens anregen. Bei der Entwicklung

[1] Eine erweiterte Fassung dieses Kapitels soll als Teil des von KOHLBERG und TURIEL herausgegebenen Bandes *Recent Research in Moral Development* erscheinen.

des moralischen Denkens in der Kindheit handelt es sich um ein zunehmend angemesseneres Begreifen von bestehenden sozialen Normen und Idealen, und entsprechend entwickelt es sich aufgrund der üblichen Erfahrung der sozialen symbolischen Interaktion und Rollenübernahme. Im Gegensatz dazu erfordert die Bildung von Prinzipien Erfahrungen der persönlichen moralischen Entscheidung und Verantwortlichkeit, die gewöhnlich zu einer „Moratoriums"-Periode des Infragestellens hinzutreten.
Diese Sichtweise von Stufen des moralischen Urteilens im Erwachsenenalter, die mit der Erfahrung persönlicher Entscheidungen zusammenhängen, legen eine Annäherung zwischen ERIKSONS Stufen-Theorie der Entwicklung im Erwachsenenalter und einer eher kognitiv-strukturellen Stufen-Theorie nahe. Und dies wiederum lädt dazu ein, über eine stärker ontologisch oder religiös ausgerichtete 7. Stufe zu spekulieren, die der Stufe Integrität-Verzweiflung im Modell von ERIKSON entsprechen könnte.

14.1 Einführung

Die Existenz von Entwicklungsstufen im Erwachsenenalter stellt wahrscheinlich das wichtigste Problem einer Psychologie der Lebensspanne dar. Wir wollen im folgenden Kapitel die spärlichen Hinweise auf die Existenz von Stufen im kognitiven Bereich und im moralischen Urteilen bei Erwachsenen überprüfen und erwägen, auf welche Weise Erfahrungen im Erwachsenenalter dazu führen könnten, daß von einer Stufe auf eine andere gewechselt wird. Dabei werden wir einige der Annahmen zurücknehmen, die KRAMER und KOHLBERG (1969) vor vier Jahren aufgestellt haben; denn in der Zwischenzeit hat sich unser Denken, wie das unserer Probanden in den Längsschnitt-Untersuchungen, weiterentwickelt.

14.2 Stufen-Konzepte im Erwachsenenalter

Bevor wir auf die bislang vorliegenden Hinweise auf Stufen eingehen, sollten wir vielleicht sagen, daß es außer unseren eigenen Arbeiten bisher keine ernsthaften, direkten und systematischen Untersuchungen zur Existenz von Stufen im Erwachsenenalter gibt, jedenfalls dann nicht, wenn man das Stufen-Konzept in strengem und sehr präzisem Sinne gebraucht. Es kommt aus der strukturellen Tradition PIAGETS und anderer Kinderpsychologen, die sich mit kognitiver Entwicklung beschäftigen. In den meisten Arbeiten zu Veränderungen im Erwachsenenalter wird der Stufen-Begriff nicht in strukturellem Sinne benutzt, sondern als *Entwicklungsaufgabe* aufgefaßt, die sozio-kulturell oder über die soziale Rolle definiert wird. Entsprechend dieser Konzeption wird von der Kultur (teilweise in Reaktion auf Reifungsereignisse) eine ungefähre Abfolge von Rollen und Aufgaben von der Geburt bis zum Tode vorgeschrieben, und die Anpassung an diese verschiedenen Aufgaben führt zu alterstypischen Veränderungen in der Persönlichkeit. Diese Art von *Stufen* wird in erster Linie durch neue sozio-kulturelle Umwelten und Rollen definiert, die auf bereits durch Reifungsprozesse entwickelte Fähigkeiten und bereits erworbene Reaktionsmuster treffen. Die Untersuchung solcher Stufen im Erwachsenenalter impliziert all die komplexen Probleme der Stichprobengewinnung und des Designs, die SCHAIE (1973 b) dargestellt hat. Die Beziehung zwischen Stufe und Alter muß unabhängig von Kohorten-(Generations-)zugehörigkeit und für eine repräsentative Stichprobe der Kultur oder Subkulturen definiert werden, für die die Stufen postuliert worden sind.

Solchen, durch die jeweiligen sozialen Umwelten definierten, Stufen werden häufig biologische Reifungsstadien gegenübergestellt. Im psychologischen Bereich wären die Stadien der klassischen psychoanalytischen Theorie ein Beispiel, also die psychosexuellen Stadien, die durch die biologisch bedingte Aktivierung eines jeweils neuen Organs definiert werden. Wir könnten hier von einem „embryologischen Stufen-Modell" sprechen. Das orale, anale und phallische Stadium entspricht der neurologischen Empfindlichkeit oder der libidinösen Besetzung des jeweiligen Organs. Daß in einem solchen biologisch ausgerichteten Stufen-Modell spezielle Stufen im Erwachsenenalter postuliert werden, ist recht unwahrscheinlich. Nach dem frühen Erwachsenenalter wird man entsprechend der biologisch orientierten Auffassung von Entwicklung entweder eine Stabilisierung oder einen Abbau in biologischen Funktionen annehmen und nicht so sehr an eine neuerliche biologische Aktivierung einer Struktur oder qualitative biologische Veränderungen in einer Struktur denken.

Das kognitive Entwicklungsmodell bzw. das strukturelle Stufen-Modell erfordert ganz andere theoretische Postulate und andere Untersuchungsstrategien als sozio-kulturelle und reifungs-theoretische Stufen-Konzepte. Im kognitiv-strukturellen Modell geht man aus von einer Unterscheidung zwischen Qualität und Quantität von altersabhängigen Veränderungen. Die meisten Veränderungen, die mit Alter einhergehen, sind Veränderungen eher quantitativer als qualitativer (strukturell-organisatorischer) Aspekte von Reaktionen. Mit der Unterscheidung in Quantität – Qualität hängt eng zusammen die Unterscheidung in Kompetenz – Performanz. In strukturellen Theorien werden quantitative Veränderungen meist als Veränderungen der Performanz und nur selten als Veränderungen der strukturellen Kompetenz aufgefaßt. Um ein Beispiel zu nennen: Mit zunehmendem Alter tritt eine Verminderung der Geschwindigkeit und der Leistungsfähigkeit des Kurzzeitgedächtnisses und der Informationsverarbeitung auf; aber eine solche Veränderung impliziert natürlich nicht zugleich auch einen Abbau in der logischen Struktur der Denkprozesse des alternden Individuums. In der strukturellen Theorie faßt man im allgemeinen keine Veränderung als Veränderung in der strukturellen Kompetenz auf, es sei denn, sie resultiert in qualitativ neuen Reaktionsmustern. Qualitativ Neues umfaßt zugleich die Unterscheidung in Form und Inhalt. Eine wirklich neue Erfahrung, eine ganz neue Handlungsweise unterscheiden sich von vorherigen nicht einfach nur in dem Element oder der Information, die sie enthalten, sondern in ihrer Form oder Organisation. Fassen wir zusammen: Die für ein Stufen-Modell relevanten Formen altersabhängiger Veränderungen sind beschränkt auf solche, die aus der Unterscheidung zwischen Qualität und Quantität, Kompetenz und Performanz sowie Form und Inhalt resultieren. Außer der Zentrierung auf Qualität, Kompetenz und Form hat ein kognitiv-entwicklungspsychologisches Stufen-Konzept die folgenden weiteren allgemeinen Merkmale (PIAGET, 1960a):

1. Stufen implizieren deutliche oder qualitative Unterschiede in Strukturen (Denkweisen), die in verschiedenen Entwicklungsabschnitten dennoch der gleichen Grundfunktion (z.B. Intelligenz) dienen.

2. Diese verschiedenen Strukturen folgen in der individuellen Entwicklung in invarianter Reihe, Ordnung oder Sequenz aufeinander. Kulturelle Faktoren können die Entwicklung vielleicht beschleunigen, verlangsamen oder stoppen, aber nicht ihre Sequenz verändern.

3. Alle diese unterschiedlichen und aufeinanderfolgenden Formen des Denkens bilden, jede für sich, strukturierte Ganze. Die Lösung einer Aufgabe auf einer bestimmten Stufe stellt nicht einfach eine Antwort dar, die durch besondere Kenntnis und Vertrautheit mit dieser oder ähnlichen Aufgaben determiniert ist, sondern sie repräsentiert eine zugrundeliegende Denkorganisation. Man geht davon aus, daß die verschiedenen Aspekte der Stufen-Strukturen in der Entwicklung als konsistente Antwortmuster auftreten.

4. Stufen sind hierarchisch integriert. Wie wir schon gesagt haben, bilden sie eine Ordnung von zunehmend differenzierteren und integrierteren *Strukturen,* die die gleiche Funktion erfüllen. Entsprechend verdrängen (oder besser gesagt: reintegrieren) höhere Stufen die Strukturen, die auf niedrigeren Stufen gefunden werden.

Das Individuum verfügt demnach über ein hierarchisch geordnetes Präferenzsystem, d.h., es hat eine Disposition, Problemlösungen zu bevorzugen, die auf dem höchsten ihm zugänglichen Niveau liegen.

Diese Merkmale von Stufen, auch wenn sie von der strukturellen Theorie her definiert worden sind, kann man empirisch überprüfen. Man kann fragen, ob es im Erwachsenenalter qualitative Veränderungen gibt, die, unabhängig von der soziokulturellen Umwelt, eine invariante Sequenz bilden, jeweils allgemeine strukturierte Ganze sind, und die, hierarchisch, auf früheren qualitativen entwicklungsbedingten Veränderungen aufbauen. Die Forschungsstrategien, die man zur Beantwortung solcher Fragen braucht, unterscheiden sich stark von denen, die man üblicherweise zur Untersuchung des Alternsprozesses benutzt. Hier geht es nämlich nicht darum, Altersnormen für verschiedene Populationen festzusetzen oder Alter von Kohortenzugehörigkeit, Zeit oder Testungseffekten zu trennen. Diese Fragen erfordern vielmehr die sorgfältige Analyse von Fällen im Längsschnitt. Die Zahl der benötigten Fälle ist nicht groß. PIAGET hat anhand seiner drei Kinder die invariante Sequenz des sensu-motorischen Stadiums der Intelligenz definiert, von dem man in der Zwischenzeit nachweisen konnte, daß sie für die Entwicklung vieler Kinder aus den verschiedensten Umwelten gilt. Stufen werden durch die Längsschnitt-Untersuchung der eigenen Kinder nicht endgültig bewiesen, aber schon die Analyse einer kleinen Zahl von Fällen reicht aus, an denen man die Grenzen einer universal gültigen Sequenz in Längsschnitt-Untersuchungen verschiedener Personen in einer Vielzahl von Umwelten überprüft. Falls es sich nicht um einen Meßfehler handelt, widerlegt ein einziger Fall, bei dem sich im Längsschnitt die Sequenz in umgekehrter Reihenfolge zeigt, die Stufen-Theorie.

Hier stimmen ideologische Gegner wie SKINNER-Anhänger und Strukturalisten einmal überein, daß man durch sorgfältige Analyse einer kleinen Zahl von Fällen Universalien der Verhaltensveränderungen demonstrieren kann. Ein Lerngesetz, dem eine einzige Ratte nicht gehorcht, ist kein Gesetz; eine Stufen-Sequenz, der auch nur ein einziges Kind nicht folgt, ist keine Sequenz. Ob die Schlußfolgerungen, zu denen wir in diesem Kapitel kommen, für richtig erachtet werden, hängt nicht ab von der statistischen Signifikanz von Mittelwerten, sondern davon, ob der Leser der Klassifikation der Fälle zustimmt, die in verschiedenen Arbeiten von uns selbst und von Kollegen dargestellt worden sind.

Zusätzlich zu den formalen Merkmalen von Stufen und der Art der Daten, die für ihre Verifikation relevant sind, ist es notwendig, kurz auf die Theorie der Rolle von Erfahrung in der Entwicklung hinzuweisen, die hinter strukturellen Stufen steht. Stufen spiegeln weder direkt Reifungsprozesse, noch Lernprozesse im Sinne von Konfrontation mit speziellen Umweltreizen, Verstärkungen etc. wieder. Sie repräsentieren vielmehr im Gleichgewicht befindliche Interaktionsmuster zwischen Organismus und Umwelt. Wenn die Reaktionen eines Kindes anders – und nicht nur weniger komplex – strukturiert oder organisiert sind als die von Erwachsenen, und wenn diese Struktur bei allen Kindern ähnlich ist, dann ist es außerordentlich schwer die geistige Struktur des Kindes als direktes Lernen externer Strukturen anzusehen. Stufen können nicht durch direktes Lernen der Struktur der Außenwelt erklärt und auch nicht als Resultat angeborener Muster aufgefaßt werden. Wenn Kinder ihre eigene Logik haben, dann kann die Logik oder geistige Struktur der Erwachsenen nicht aus angeborenen neurologischen Mustern abgeleitet werden, denn diese müßten dann ebenso in der Kindheit ihre Wirkung zeigen. Es ist kaum plausibel, eine ganze Abfolge von Logiken als evolutionäres und funktionales Programm mit angeborener Verdrahtung aufzufassen, insbesondere wenn man die Tatsache bedenkt, daß nur wenige Erwachsene die ganz reifen logischen Strukturen erreichen.

Was über die Interaktionstheorie der Stufenentwicklung gesagt worden ist, legt die Möglichkeit nahe, daß es Stufen im Erwachsenenalter gibt, und hebt die Bedeutung hervor, Entwicklungsstufen von Erwachsenen zu untersuchen. In einigen Theorien, z. B. bei Gesell, werden Stufen als direktes Ergebnis von Reifungsprozessen behandelt. Andere, sozio-kulturelle Theorien der Entwicklungsaufgaben, behandeln sie als weitgehend unmittelbare Ergebnisse sozialen Lernens und sozialer Erfahrung. Es ist sehr unwahrscheinlich, daß es reifungsbedingte Stufen im Erwachsenenalter gibt. Und es ist ebenfalls sehr unwahrscheinlich, daß direktes soziales Lernen oder soziale Erfahrung strukturelle Stufen im Erwachsenenalter hervorbringen könnten. Das Auftreten von strukturellen Stufen bei Erwachsenen könnte man am besten durch eine Interaktions- oder eine Gleichgewichtstheorie über den Einfluß von Erfahrungen auf die Entwicklung erklären, wie wir es weiter unten versuchen wollen.

In dieser Hinsicht beruht die Bedeutung von Stufen im Erwachsenenalter auf der Tatsache, daß sich in der Kindheit *Interaktions-* oder *Struktur-Stufen* nicht völlig von *reifungsbedingten* Stufen trennen lassen. Obwohl beispielsweise Piaget behauptet, daß seine kognitiven Stufen „interaktions-“ und nicht reifungsbedingte Stufen seien, sind sie doch eng an die Reifung des Nervensystems gebunden. Kombiniert man Wissen des chronologischen Alters eines Kindes mit dem Wissen über dessen auf lange Sicht gültigen IQ, mit seinem durch Erbanlagen determinierten Anteil, dann kann man die kognitive

Entwicklungsstufe dieses Kindes ganz gut vorhersagen (KOHLBERG & MAYER, 1973). Vermutlich bilden chronologisches Alter und Erbkomponente des IQ einen Reife-Index, mit dem PIAGETs Stufen korrelieren. Bevor der Reifungsprozeß – vermutlich in der Adoleszenz – nicht endgültig abgeschlossen ist, scheint es also unmöglich zu sein, den jeweiligen Einfluß von Reifung und Erfahrung bei der Erzeugung von Stufen und Stufen-Wechsel zu isolieren.
Man kann also nur durch eine Untersuchung der Entwicklung im Erwachsenenalter bestimmen, ob es strukturelle Stufen aufgrund von Erfahrung gibt. Außerdem kann man durch die Untersuchung der Erwachsenenentwicklung unterscheiden, welche Rolle die persönliche Erfahrung und welche Rolle die generalisierte symbolische Erfahrung in der Entwicklung spielt. Aufgrund dieser Unterscheidung kann man dann die ,,emotionalen" und ,,kognitiven" Theorien der Persönlichkeitsentwicklung voneinander trennen.

14.3 Entwicklung kognitiver Stufen im Erwachsenenalter

Wenn man das Problem kognitiver Stufen im Erwachsenenalter aufwirft, dann ist es notwendig zu unterscheiden, ob man die Existenz spezieller eigener Erwachsenen-Stufen oder aber nur eine kontinuierliche Weiterentwicklung von Stufen in das Erwachsenenalter hinein meint. PIAGET seinerseits postuliert keine kognitiven Stufen für das Erwachsenenalter, wohl aber eine kontinuierliche kognitive Entwicklung während des frühen Erwachsenenalters (PIAGET, 1972). Nach PIAGET taucht die höchste Stufe, formale Operationen, in der frühen Adoleszenz im Alter zwischen 12 und 15 Jahren auf. Dieser Beginn der höchsten Stufe in der Adoleszenz tritt nach PIAGET unter typischen oder günstigen Bedingungen ein; die weitere Entwicklung des formal-operationalen Denkens findet seiner Meinung nach im frühen Erwachsenenalter statt.
Diese weitere Entwicklung kann folgenden Verlauf nehmen:
1. Jugendliche, die aufgrund biologischer oder kultureller Bedingungen eine verlangsamte kognitive Entwicklung hatten und sich mit 15 Jahren noch auf der konkret-operationalen Stufe befinden, können im frühen Erwachsenenalter formal-operationales Denken entwickeln.
2. Es gibt im frühen Erwachsenanalter noch *horizontale Verschiebung* (horizontal décalage), bei der formal-operationales Denken auf weitere Bereiche oder Aktivitäten angewendet wird.
3. Mit dieser Verschiebung kann eine *Stabilisierung* des formalen Denkens einhergehen, d. h. zunehmende Ablehnung oder Unterordnung niedrigerer Formen des Denkens zugunsten des formal-operationalen Denkens im Erwachsenenalter.
Die vorliegenden Daten sprechen für diese Annahmen. So haben KUHN, LANGER, KOHLBERG und HAAN (1974) bei 265 Probanden aus Kalifornien im Alter zwischen 10 und 50 Jahren Alterstrends in der Entwicklung des formal-operationalen Denkens untersucht; sie benutzten dabei die Pendel- und die Korrelationsaufgabe. Die Ergebnisse sind in Abbildung 1 wiedergegeben. Wie daraus hervorgeht, war das Korrelationsproblem

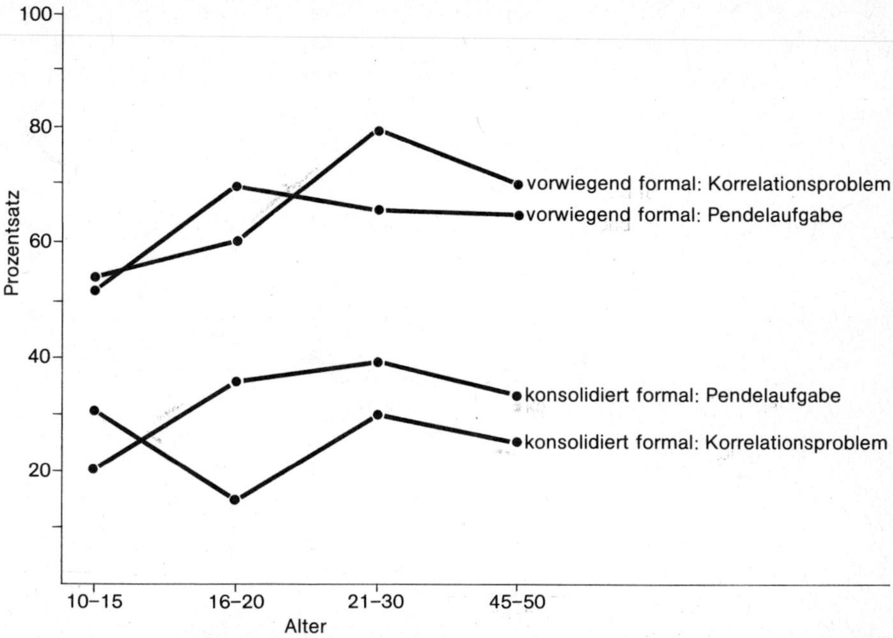

Abb. 1: Anteil von Probanden mit vorwiegend formalen Operationen (III, II und darüber) und konsolidierten formalen Operationen (III A/B oder III B) in Abhängigkeit vom Alter.

auf dem formal-operationalen Niveau schwerer zu lösen als die Pendelaufgabe; es handelt sich hier um eine Art *horizontaler Verschiebung* im formalen Denken. Bei dieser Aufgabe gab es eine kontinuierliche Entwicklung in Richtung auf formal-operationales Denken nach dem Alter von 16 bis 20 Jahren, nicht jedoch bei der Pendelaufgabe. Neben der horizontalen Verschiebung des formalen Denkens gab es in dieser Periode auch eine entwicklung in Form von *Stabilisierung* bei der Pendelaufgabe. Das zeigt Abbildung 2. Die Mischung von konkret- und formal-operationalem Denken, die noch bei 10–15% der Jugendlichen zu beobachten ist, verschwindet in der Gruppe der Zwanzig- bis Dreißigjährigen.

Drei Arten der kognitiven Entwicklung im Erwachsenenalter haben wir nun erörtert: 1. Weiterentwicklung unter den „Langsamen", 2. Horizontale Verschiebung bei den Hochentwickelten und 3. Stabilisierung. Die entscheidende Frage ist jedoch, ob man irgendeine neue kognitive Stufe im Erwachsenenalter finden kann, denn die drei bisher diskutierten Formen kontinuierlicher Entwicklung können alle ohne die Existenz einer neuen kognitiven Stufe im Erwachsenenalter vorhanden sein. Wenn diese Formen der Entwicklung ohne eine neue Stufe im Erwachsenenalter existieren, dann würde daraus folgen, daß die Bildung einer Stufe sowohl Erfahrung als auch neurologische Reifung erfordert, d.h., neurologische Reifung im frühen Erwachsenenalter ist eine strukturelle Bedingung, die für eine neue kognitive Stufe notwendig ist. Das tatsächliche Auftreten

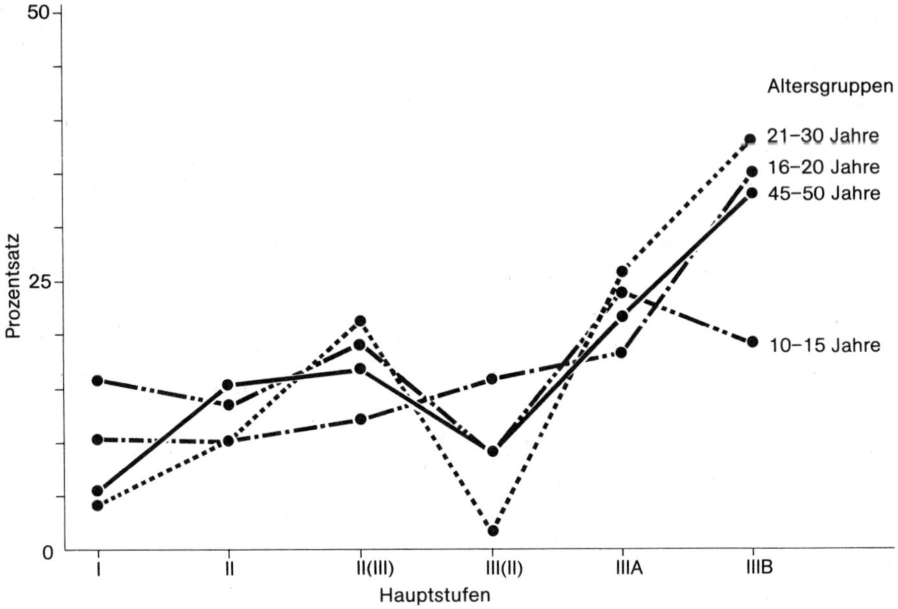

Abb. 2: Pendelaufgabe: Prozentsatz jeder Altersgruppe auf den Hauptstufen.

der kognitiven Stufe kann sehr viel später nach der reifungsbedingten Veränderung zu beobachten sein oder aber auch aufgrund von Erfahrungsfaktoren ganz ausbleiben. Auch in diesem Fall ist die reifungsbedingte Veränderung eine notwendige, wenn auch keine hinreichende Bedingung für die Existenz der Stufe. Diese Schlußfolgerung ist mit PIAGETS Ansichten vereinbar. Er schließt nicht die Möglichkeit aus, daß auf die formal-operationale Stufe noch eine weitere folgen könnte, und zitiert in diesem Zusammenhang den Beweis von GOEDEL, nach dem mit der formal-operationalen Logik nicht bewiesen werden kann, daß eine andere Form der Logik unmöglich sei. Dennoch scheint PIAGET eher der Auffassung zu sein, daß es keine spätere kognitive Stufe gibt.
Wenn es nun eine neue Stufe im Erwachsenenalter geben würde, so wird sie wahrscheinlich nicht bei rein logisch-kognitiven Aufgaben in Erscheinung treten, und zwar aus zwei Gründen: Wie bereits gesagt, korreliert nach PIAGET kognitive Entwicklung sowohl mit Erbfaktoren als auch mit Faktoren der altersbedingten Reifung, wie sie bei der allgemeinen Intelligenz gefunden werden. Zweitens sind logische Stufen per definitionem relativ erfahrungsunabhängig. Wenn überhaupt, scheint Erfahrung für rein formal-logisches Denken eher ein Hindernis darzustellen, wie aus der Tatsache hervorgeht, daß die größten Werke in der Mathematik und der reinen Physik-Theorie bereits in der späten Adoleszenz begonnen wurden.

14.4 Die Existenz von Stufen des moralischen Urteilens im Erwachsenenalter – Vorüberlegungen

Es taucht nun jedoch die Frage auf, ob es nicht Stufen im Erwachsenenalter gibt, die nicht *logischer* Natur sind, aber dennoch eine kognitiv-strukturelle Komponente besitzen. Diese Möglichkeit ist durch die Annahme von Stufen moralischen Urteilens entstanden; daß Moralstufen im Erwachsenenalter existieren könnten, wird durch die Tatsache nahegelegt, daß moralische Veränderungen im Erwachsenenleben in einer Weise im Mittelpunkt stehen, wie es bei kognitiven Veränderungen nicht der Fall ist. Man braucht ERIKSONS Untersuchungen über Martin LUTHER und Mahatma GANDHI gar nicht, um zu wissen, daß die Krisen und Wendepunkte in der Identität des Erwachsenen oft moralischer Natur sind. In den klassischen Autobiographien, von PAULUS bis TOLSTOI, wird der dramatische Verlauf der Reifung als Transformation moralischer Ideologien des Menschen beschrieben.

Im Erwachsenenalter treten nun zwar dramatische moralische Veränderungen auf, die Frage ist jedoch, ob eine solche Veränderung ein struktureller Stufen-Wechsel ist. Man weiß, daß es in der Kindheit und in der Adoleszenz strukturelle Stufen moralischen Urteilens gibt. Sie werden in der rechten Spalte von Tabelle 1 definiert. Daß diese Stufen den Definitionsbedingungen für strukturelle Stufen in folgender Weise genügen, konnte nachgewiesen werden:

1. Es handelt sich eher um qualitativ unterschiedliche Denkweisen als um zunehmendes Wissen um oder Internalisierung von moralischen Überzeugungen oder Standards Erwachsener.

Tab. 1: Beziehungen zwischen Stufen des logischen Denkens nach Piaget und Stufen des moralischen Urteilens nach Kohlberg

Stufen logischen Denkens	Stufen des moralischen Urteilens
Symbolisches, intuitives Denken	Stufe 0: Gut ist, was ich will und mag
Konkrete Operationen; Unterstufe 1: Kategoriale Klassifikation	Stufe 1: Orientierung an Strafe und Gehorsam
Konkrete Operationen; Unterstufe 2: Reversibles konkretes Denken	Stufe 2: Instrumenteller Hedonismus und konkrete Reziprozität
Formale Operationen; Unterstufe 1: Relationen, die das Inverse des Reziproken implizieren	Stufe 3: Orientierung an zwischenmenschlichen Beziehungen der Gegenseitigkeit
Formale Operationen; Unterstufe 2	Stufe 4: Aufrechterhaltung der sozialen Ordnung, unveränderbare Regeln und Autorität
Formale Operationen; Unterstufe 3	Stufe 5A: Sozialer Kontrakt, Aufstellen von Gesetzen nach ihrer Nützlichkeit
	Stufe 5B: Höhere Gesetzes- und Gewissensorientierung
	Stufe 6: Orientierung an universellen ethischen Prinzipien

2. Sie bilden eine invariante Abfolge oder Sequenz in der Entwicklung. Die Daten einer 15 Jahre umfassenden Längsschnitt-Untersuchung von 50 amerikanischen männlichen Probanden im Alter von 10–15 bis 25–30 Jahren zeigen, daß die Entwicklung immer vorwärts gerichtet und immer stufenweise verläuft. (Wir werden später noch auf diese Daten zu sprechen kommen!) Etwas weniger, nur 6 Jahre umfassende Längsschnitt-Daten von türkischen Jungen zeigen ebenso die invariante Sequenz wie Querschnitt-Untersuchungen in vielen Kulturen (Kohlberg & Turiel, 1973).
3. Die Stufen bilden ein strukturiertes Ganzes. Es gibt einen allgemeinen Faktor der moralischen Stufe, der quer durch alle verbalen Dilemmas oder Verhaltensdilemmas verläuft, mit denen ein Individuum konfrontiert wird (Kohlberg & Turiel, 1973).
4. Die Stufen sind hierarchisch integriert. Individuen verstehen alle Stufen unterhalb ihrer eigenen und nicht mehr als eine über ihrer eigenen Stufe. Sie bevorzugen die höchste Stufe, die sie verstehen (Rest, 1973; Kohlberg & Turiel, 1973).

Bevor wir uns der Entwicklung des moralischen Urteilens im Erwachsenenalter zuwenden, ist es notwendig, die Beziehungen zwischen Moralstufen und Piagetschen logisch-kognitiven Stufen zu klären. Zunächst einmal ist festzustellen, daß, wenn Stufen moralischen Urteilens kognitiv-struktureller Natur sind, sie in Beziehung zu Piagets logischen Stufen stehen müssen. Die Beziehungen, die man gefunden hat, sind in Tabelle 1 dargestellt; dabei zeigt sich, daß es parallel zu jeder Moralstufe eine logische Stufe oder Unterstufe gibt. Eine empirische Bestätigung dieser Beziehungen liegt vor (Kuhn *et al.*, 1974; Colby, 1973; Fritz, 1973). Diese Zusammenhänge werfen ein Problem bezüglich der Stufen moralischen Urteilens im Erwachsenenalter auf. Wenn Moralstufen parallel zu logischen Stufen stehen, handelt es sich dann nicht einfach nur um eine horizontale Verschiebung von logischen Stufen auf moralische Inhaltsbereiche? In diesem Fall gäbe es keine Moralstufen im Erwachsenenalter, sondern nur eine weitere horizontale Verschiebung der logischen Stufen im Erwachsenenalter, die wir bereits diskutiert haben. Das ist jedoch nicht der Fall (Kohlberg, 1973). Die empirischen Beziehungen, die wir gefunden haben, sind derart, daß eine bestimmte logische Stufe *eine notwendige, aber keine hinreichende* Bedingung für die parallele Moralstufe ist. Beispielsweise befinden sich alle prinzipienorientierten (Stufe 5 und 6) Probanden auf der formal-operationalen Stufe, aber viele Probanden auf der formal-operationalen Stufe urteilen nicht prinzipienorientiert. Diese formal-operationalen denkenden, aber nicht prinzipienorientiert urteilenden Personen können zwar Elemente formaler Begründungen entwickeln, wenn sie auf moralische Dilemmas antworten, verwenden dabei aber keine moralischen Prinzipien.

Nach unserer Theorie stehen moralische und logische Stufen strukturell parallel zueinander, sind aber verschieden voneinander. Stufen moralischen Urteilens implizieren soziale Rollenübernahme und Gleichgewicht der Rollenübernahme in Form reversibler Gerechtigkeitsstrukturen, Strukturen der Reziprozität und Gleichheit (Kohlberg, 1971 a). Gerechtigkeitsprinzipien setzen reziproke Operationen voraus, ähnlich denen in der Logik, aber der Gebrauch von Prinzipien der Gerechtigkeit ist nicht einfach bloß eine Anwendung logischer Reziprozität auf moralische Situationen.

Was nun die Moralstufen im Erwachsenenalter betrifft, so zeigen Biographien und Alltagserfahrungen außergewöhnliche oder qualitative Veränderungen in der moralischen Ideologie des Erwachsenen; es würde mit unserer Theorie der Moralstufen übereinstimmen, daß solche Veränderungen einen Wechsel in der Stufe des moralischen Urteilens repräsentieren.

14.5 Die Existenz von Stufen des moralischen Urteilens im Erwachsenenalter – Die Schlußfolgerungen von Kohlberg und Kramer

Die Existenz von Moralstufen im Erwachsenenalter scheint zwar ziemlich plausibel, dennoch war man vor einigen Jahren der Meinung, daß die Fakten über die moralische Entwicklung im Erwachsenenalter ähnlich denen sind, die wir gerade über die Entwicklung des logischen Denkens im Erwachsensenalter zusammengefaßt haben (Kohlberg & Kramer, 1969). In der eben zitierten Arbeit haben wir berichtet, daß keine neue strukturelle Stufe des moralischen Urteilens im Erwachsenenalter gefunden werden konnte. Die auftretenden Formen der Entwicklung haben wir in der gleichen Weise beschrieben wie im vorhergehenden die kognitive Entwicklung. Es zeigte sich, daß sich einige Probanden, die auf niedrigeren Stufen (Stufe 1–3) des moralischen Urteilens gestanden hatten, im Alter zwischen 16 und 24 Jahren auf Stufe 4 weiterentwickelten. Dieses Ergebnis entspricht einer Tendenz in der kognitiven Entwicklung, daß nämlich Individuen, die noch nicht auf der formal-operationalen Stufe stehen, diese im allgemeinen im Alter zwischen 16 und 25–30 Jahren erreichen. Diese Trends aus der Untersuchung von Kohlberg und Kramer (1969) zeigt Abbildung 3.

Nach anderen Ergebnissen kommt es bei Individuen, die auf höheren Stufen stehen, mit zunehmendem Alter zu einer Stabilisierung, d. h., die Individuen auf den höheren Stufen (Stufe 4, 5 und 6) zeigen zunehmend weniger Denkstrukturen der niedrigeren Stufen und bleiben konsistenter auf den hohen Stufen. Diese Stabilisierung im moralischen Denken spiegelt sich nicht nur in der Stufen-Benutzung der Gruppe als Ganzes wider, sondern auch darin, wie variabel die Stufen vom einzelnen Individuum benutzt werden.

Abbildung 4 zeigt die Verläufe der mit dem Alter immer geringer werdenden Variabilität, wie sie Kohlberg und Kramer (1969) gefunden haben. Obwohl die bedeutsamen Veränderungen im moralischen Denken nach der Highschool als Stabilisierung auf höheren Stufen und nicht als Herausbildung einer neuen Stufe angesehen wurde, haben die Autoren berichtet, daß diese Stabilisierung oft ein dramatischer Entwicklungsprozeß war. Vor der Stabilisierung auf einer höheren oder prinzipienorientierten Stufe wurden *Regressionen* in Form zunehmend stärkerer Verwendung von Denkstrukturen der präkonventionellen Stufe 2 festgestellt. Unter normalen Bedingungen sind Individuen in der Lage, alle Stufen unter ihrer eigenen zu benutzen, aber sie bevorzugen die höchste Stufe, die sie verstehen und gebrauchen können (Rest, 1973). Um das College-Alter herum scheinen Individuen jedoch oft nicht die höchste Moralstufe zu benutzen, derer sie fähig sind, sondern denken statt dessen präkonventionell, was sie vorher schon längst nicht mehr getan hatten.

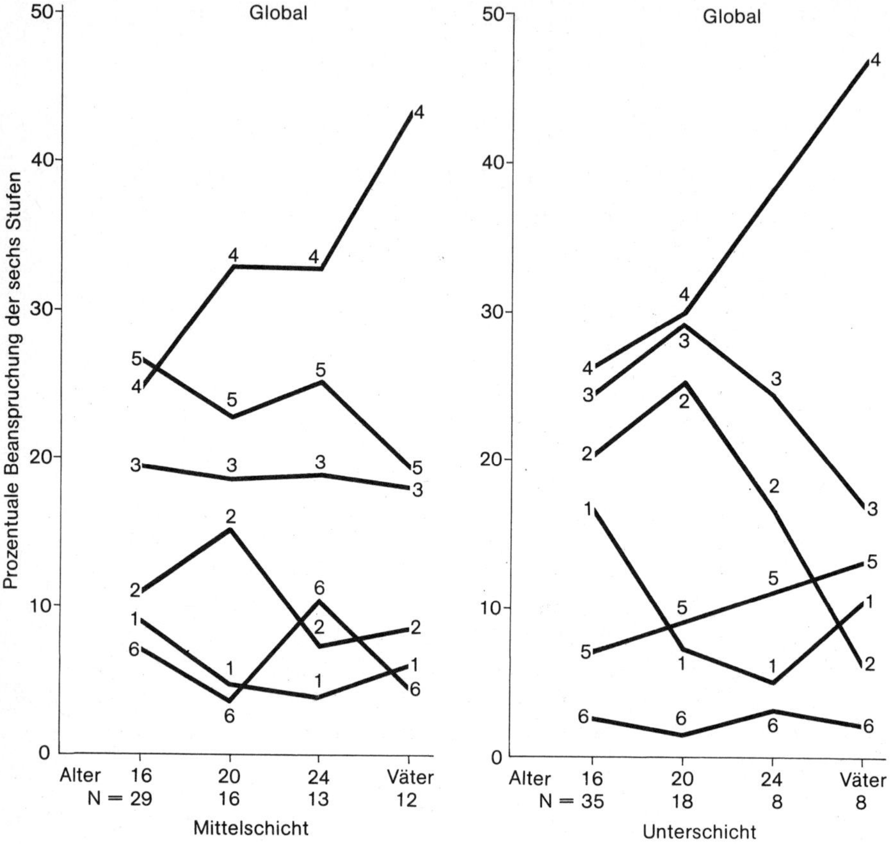

Abb. 3: Profile moralischen Urteilens (Prozentsatz der Verwendung von Begründungsstrukturen der sechs Stufen, eingestuft nach einem globalen Beurteilungsverfahren) für vier Altersgruppen von Männern aus der Mittel- und Unterschicht. (Aus: Richard *Kramer*, „Changes in Moral Judgment Response Pattern During Late Adolescence and Young Adulthood", Ph. D. Dissertation, University of Chicago, 1968; abgedruckt in *Kohlberg & Kramer*, 1969.)

Die Daten über Regression und erneute Rückkehr zum Denken in sozialen Verträgen wurden mit Hilfe von ERIKSONS Konzepten des Moratoriums, der Identitätskrise und der erneuten Bindung an Wertorientierungen interpretiert. Dabei wurde angenommen, daß ein Individuum, nachdem es die Fähigkeit zum moralisch-prinzipienorientierten Denken entwickelt hat, sich noch selbst dazu verpflichten muß, sich auch daran zu halten. Diese Verpflichtung bildete oft Teil einer Lösung einer Identitätskrise oder eines Moratoriums, in dem das Individuum Regressionen im moralischen Denken erkennen ließ.
Der Interpretation von Regression und Rückkehr auf die schon einmal gezeigte höhere Stufe mit Hilfe von ERIKSONS Modell der Ich-Entwicklung kann die Interpretation desselben Phänomens als strukturelle Stabilisierung an die Seite gestellt werden. So würden

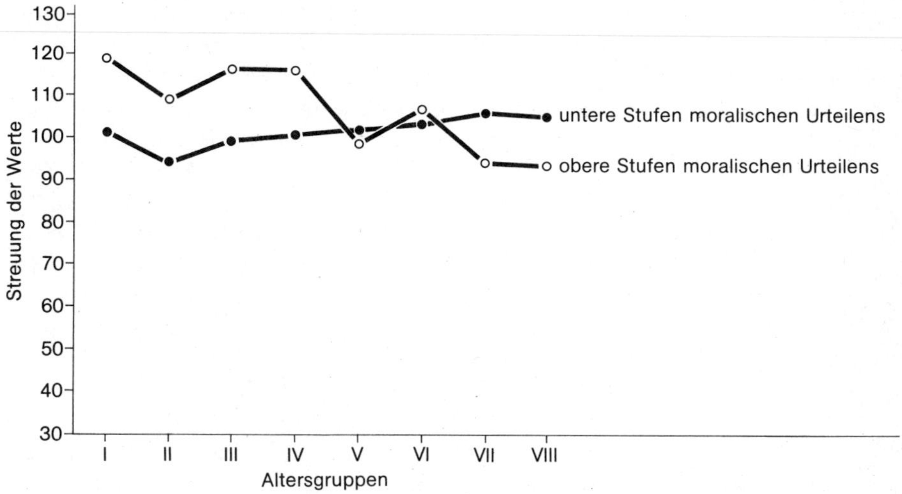

Abb. 4: Durchschnittliche Streuung der Werte für Probanden auf den oberen und unteren Stufen moralischen Urteilens aus der Untersuchung von *Kramer;* die Probanden gehören den folgenden acht Altersgruppen an: 14.0–15.11 (I); 18.0–18.11 (II); 17.0–17.11 (III); 16.0–18.11 (IV); 19.0–20.11 (V); 21.0–22.11 (VI); 23.0–23.11 (VII); und 24.0–26.11 (VIII). (Aus: *Kohlberg & Kramer,* 1969.)

in einer strukturellen Stufen-Theorie nach PIAGET und KOHLBERG die Phänomene nur als Stabilisierung, nicht aber als struktureller Stufen-Wechsel im Erwachsenenalter interpretiert werden. Was man von einer strukturellen Theorie aus nur als Stabilisierung ansehen kann, wäre aus einer anderen Perspektive, der von ERIKSON, als Entwicklung des Erwachsenen interpretierbar. Folglich schlugen die Autoren (KOHLBERG & KRAMER [1969]) vor, solche Stufen – wenn es Stufen und Entwicklung im Erwachsenenalter gibt – eher analog zu ERIKSONS *funktionalen* Stufen als zu strukturellen Stufen oder qualitativ neuen Denk- und Urteilsstrukturen zu definieren.

Aus verschiedenen Gründen müssen die eben zusammengefaßten Schlußfolgerungen von KRAMER und KOHLBERG korrigiert werden. Erforderlich werden diese Korrekturen aufgrund:

1. einer sorgfältigen Abwägung der Frage, inwieweit eine Stufen-Theorie moralischen Urteilens Regressionen tolerieren kann; diese Analyse hat TURIEL (1973a) vorgelegt;
2. einer umfassenden Überarbeitung des Scoring-Systems mit dem Ziel, stärker die Struktur als den Inhalt des moralischen Denkens zu erfassen;
3. einer erneuten Befragung der Probanden der Längsschnitt-Untersuchung zu diesem Thema.

Nach Durchführung dieser Korrekturen sind wir zu neuen Schlußfolgerungen gekommen, nämlich denen, daß es in der Tat Stufen im Erwachsenenalter gibt. Ein völlig prinzipienorientiertes Denken, wie es auf Stufe 5 und vor allem auf Stufe 6 zu beobachten ist, stellt eine Entwicklung des Erwachsenen dar und wird erst gegen Ende Zwanzig oder sogar noch später erreicht. Strukturelle Entwicklung und Stabilisierung sind nicht zwei verschiedene Dinge. Die Tatsache, daß das scheinbar Stufe 5 zuzuordnende Denken von Schülern der Highschool für Regression anfällig oder noch nicht stabilisiert war, ist ein Beweis dafür, daß dieses Denken noch nicht wirklich prinzipienorientiert war.

Im folgenden wollen wir die drei Punkte, die zu der Revision unserer Auffassungen führten, kurz näher erläutern. Erstens: In bezug auf den theoretischen Status der Regression, d.h. die bei Studienanfängern zu beobachtende scheinbare Rückkehr zu Argumentationsfiguren von Stufe 2, sind wir zu der Interpretation gekommen, daß es sich *strukturell* um eine *Regression,* d.h. Zurückfallen auf eine niedrigere strukturelle Stufe, *funktionell* aber um einen *Fortschritt* handelt, und zwar einen Fortschritt, der aus dem Infragestellen früherer Überzeugungen und Standards herrührt, das nötig ist, bevor diese Standards als wirklich „zur eigenen Identität gehörig" stabilisiert werden können. Diese Infragestellung ihrerseits spiegelt ein neues Bewußtsein der Relativität von Werten und Wahlmöglichkeiten wider, was einen Entwicklungsfortschritt darstellt, obwohl die Reaktion darauf eine Regression auf die Stufe 2 des instrumentellen Egoismus zu sein scheint.

Unsere Interpretation lautete deshalb dahingehend, daß jemand regredieren kann, um sich zu entwickeln. Im Verlauf der Überwindung einer Stufe und der Weiterentwicklung zur nächsthöheren Stufe kann jemand auf eine frühere Position zurückfallen. Diese Auffassung wird natürlich von GESELL, WERNER und anderen Theoretikern der Entwicklungspsychologie vertreten. TURIEL behauptet, daß die scheinbare Regression bei der Stufen-Entwicklung ein „Aus-dem-Gleichgewicht-Geraten" darstellt, das für den Übergang typisch ist und sich deutlich unterscheidet von der Desorganisation und Entdifferenzierung, die echte Regression ausmachen. Nach TURIEL sind relativistische Regressionen auf Stufe 2 als Übergangsstufe im Ungleichgewicht anzusehen, auf der ein Verfall der konventionellen Moral leicht mit einem Wiederauftauchen präkonventioneller Moral zu verwechseln ist.

Dieser Punkt führt direkt zum nächsten, nämlich dem Unterschied zwischen Inhalt und Struktur im moralischen Denken und der Entwicklung eines neuen Scoring-Systems, das diesen Unterschied adäquater berücksichtigt. Wir sind derzeit der Meinung, daß im alten System der Stufen-Einschätzung *Struktur* und *Inhalt* moralischen Denkens miteinander vermischt wurden.

Diese Vermischung führte dazu, daß einige Personen zu hoch und andere zu niedrig in ihrem Denken eingestuft wurden. Betrachten wir zuerst einmal die regredierenden Probanden. Nach dem alten Scoring-System befinden sie sich am Ende der Highschool auf Stufe 5, einige auf Stufe 4; als Studienanfänger regredieren sie auf eine Denkform, die eine Mischung aus Stufe 2 und Stufe 4 darstellt. Nach dem College sind sie wieder auf Stufe 5. KOHLBERG und KRAMER (1969) behaupteten, daß die Stufe 2 im Denken der College-Studenten eine Reaktion auf ein neues Bewußtsein war, ein Bewußtsein von Relativität, und daß dies insoweit funktionell einen Fortschritt in der Entwicklung darstellte. Dennoch wurde das Denken dieser Probanden weiterhin als strukturell zu Stufe 2 gehörig eingestuft. Funktionell stellte es also einen Fortschritt, strukturell jedoch eine Regression dar.

Eine sorgfältigere Analyse der Antworten dieser College-Studenten zeigte, daß es falsch war, sie der strukturellen Stufe 2 zuzuordnen, sondern daß sie statt dessen auf Stufe 4½ einzuschätzen sind. Das scheinbare Denken auf Stufe 2 der Längsschnitt-Probanden war nicht wirklich ein Rückfall in ein früheres Denkmuster der Stufe 2, das sie, als sie jünger waren, benutzt hatten, sondern es handelte sich hier um ein Denkmuster, das während des *Übergangs* vom konventionellen zum prinzipienorientierten Denken benutzt wurde. Das Denken dieser sich im Übergang befindlichen Probanden in unserer Stichprobe könnte deshalb am besten als Stufe 4½ charakterisiert werden, d. h. als eine Denkweise, in der Moral mit dem Denken auf Stufe 4 gleichgesetzt und dann die Gültigkeit einer solchen Moral in Frage gestellt wird.

Nach dem alten Scoring-System erschienen Individuen der Stufe 4½ nicht als eigener Typus, sondern als eine Mischung aus Stufe 2 und 4. In der Tat gibt es jedoch Merkmale des Denkens auf Stufe 4½, die es deutlich sowohl von Stufe 2 als auch von Stufe 4 unterscheiden. Es gibt zwei hervorstechende Merkmale in den Interviews der regredierenden Probanden, die auf Stufe 2 eingeordnet worden waren: 1. ethischen Skeptizismus oder extremen ethischen Relativismus – die Behauptung, das „moralisch Richtige" oder die „moralische Pflicht" würden von den Wünschen und Bedürfnissen des Handelnden abhängen und hätten darüber hinaus keine weitere Gültigkeit; und 2., damit zusammenhängend, ethischen Egoismus oder ethischen Individualismus – die Behauptung, eine moralische Begründung, eine Regel oder ein Prinzip seien dann „gut", wenn sie dem Selbstinteresse des Handelnden oder seinem Standpunkt entsprechen würden, wobei der individuelle Standpunkt des Handelnden „natürlich", „außerhalb der Gesellschaft", „amoralisch" oder unabhängig ist von der Anerkennung der Regeln und Erwartungen anderer. Probanden, die letztere Behauptung vertraten, wurden als auf Stufe 2 stehend klassifiziert, weil sie eine Wahl, die auf den egoistischen Interessen des Individuums basiert, für ebenso legitim hielten wie jede andere, da alle Wahlen relativ sind. Diese mehr oder weniger egoistische Wahlfreiheit ist jedoch eher eine Ähnlichkeit im Inhalt als in der Struktur des moralischen Denkens der Studenten der Stufe 2 und 4½.

Die Vorstellungen von Relativität und Egoismus, die Individuen auf Stufe 4½ haben, sind völlig anders als die „naiver" oder „wirklich" auf Stufe 2 argumentierender Individuen. Insbesondere antworteten die auf Stufe 4½ eingeordneten Individuen auf einem viel „abstrakteren" oder „philosophischeren" Niveau als die auf präkonventionellem (Stufe 2) oder konventionellem (Stufe 4) Niveau stehenden Probanden. Um mit diesen Unterschieden arbeiten zu können, haben wir *Abstraktionsniveaus, Diskussionsniveaus* oder *Niveaus der Reflexivität* im moralischen Urteil eingeführt. Kurz gesagt, handelt es sich um die folgenden Niveaus:

Niveau I: Rechtfertigung eines moralischen Urteils gegenüber einem einzelnen egoistisch Handelnden.

Niveau II: Beurteilung einer allgemeinen Verfahrensweise (Institution) oder Rechtfertigung einer Handlungsweise vom Standpunkt anderer Institutionen oder vom Standpunkt eines generalisierten Mitglieds der Gesellschaft aus.

Niveau III: Beschreibung einer *Moraltheorie* und Rechtfertigung grundlegender Moralbegriffe oder Prinzipien von einem Standpunkt aus, der über den eines Mitglieds einer bestehenden Gesellschaft hinausgeht.

Die Reanalyse des moralischen Urteils in der späten Adoleszenz und im frühen Erwachsenenalter änderte unsere Auffassung von einem Stufen-Wechsel im moralischen Urteilen

Erwachsener. Wenn man klar zwischen Denken auf Stufe 4½ (oder Stufe 4–B) und Denken auf der eigentlichen Stufe 5 unterscheidet, dann zeigt kein Proband in unserer Längsschnitt-Untersuchung unter 23 Jahren echtes Stufe-5-Denken.

Zusammenfassend können wir feststellen: Aus den Längsschnitt-Daten läßt sich schließen, daß Stufe 5 ein Stadium ist, das erst im Erwachsenenalter und nicht schon in der Adoleszenz erreicht wird. Für Stufe 6 gilt das gleiche. Argumentationsfiguren, die wir bei Schülern der Highschool als Merkmal für Stufe 6 gewertet hatten, waren falsch eingestuft worden. Keiner der Probanden aus der Highschool, die wir in unserer Längsschnitt-Untersuchung erfaßt hatten, lag mit seinen moralischen Urteilen überwiegend auf Stufe 6, und auch im Alter von 30 Jahren hat sie keiner als die für ihn typische Stufe erreicht (obwohl damit nicht gesagt sein soll, daß keiner die Stufe 6 je erreichen würde). Die Antworten, die wir fälschlicherweise Stufe 6 zugeordnet hatten, stellten eine Art differenzierteren Urteilens auf Stufe 4 dar, bei dem sich das Individuum auf „Gewissen" und „moralische Gesetze" anstatt auf „den Willen der Mehrheit" und „das Wohlergehen der meisten" bezieht.

14.6 Die für die Entwicklung moralischen Urteilens maßgeblichen Erfahrungen im Erwachsenenalter

Wenn sich neue Stufen moralischen Urteilens tatsächlich aufgrund von Erfahrungen im Erwachsenenalter herausbilden, dann wäre es gut zu verstehen, wie das geschieht. Insbesondere müßte Piagets kognitiv-strukturelles Modell, nach dem Erfahrungen Entwicklung fördern, mit einem Modell der Erfahrungen des Erwachsenen verknüpft werden. Die Entwicklung von Stufen moralischen Urteilens erfolgt zum größten Teil in der Kindheit und in der Adoleszenz und erfordert nicht die umfassende persönliche Erfahrung moralischer Entscheidungsmöglichkeiten und Verantwortungen, wie man sie im Leben des Erwachsenen findet. Turiel (1973a) hat eine Arbeit über die Rolle der Erfahrung vorgelegt, die zu moralischer Entwicklung führt; dabei hat er nicht die persönliche Erfahrung moralischer Entscheidungsmöglichkeiten und Verantwortungen hervorgehoben, sondern statt dessen, Piaget folgend, die Rolle des kognitiven Konflikts zwischen und innerhalb einander widersprechender Urteilsstrukturen betont, die zu Entwicklungen führen würden. Nach dieser Theorie wird mit der Beherrschung der logischen Denkstrukturen der nächsten Stufe bei der Mehrheit der Voradoleszenten und Adoleszenten der Schritt zur nächsten Stufe des moralischen Urteilens eingeleitet (Blatt, 1973; Hikkey, 1973).

Diese Ergebnisse stützen die Auffassung, daß für die Entwicklung von Stufen moralischen Urteilens in der Kindheit und der Adoleszenz in erster Linie kognitive und symbolische und weniger eine Fülle persönlicher Erfahrungen notwendig ist. Wenn wir hier die Begriffe „kognitiv" und „persönlich" einander gegenüberstellen, dann beabsichtigen wir damit nicht zugleich, Kognitionen vom emotionalen, sozialen oder Verhaltensbereich abzugrenzen. Die Strukturen des moralischen Urteilens, die als Stufen untersucht werden, können stark emotional gefärbt sein, sie sind eindeutig sozial und determinieren Entscheidungen und Handlungen. Wenn wir also Stufen des moralischen Urteilens als kognitiv bezeichnen, so meinen wir damit, daß sie vor allem Formen des *Denkens* sind; es sind *generalisierte* und *symbolische* Denkformen. Entsprechend haben die Erfahrungen, die eine Stufen-Weiterentwicklung fördern, eine starke allgemeine und symbolische Komponente; es handelt sich dabei eben um Erfahrungen, die Denken implizieren.

Wir haben weiter oben bereits festgestellt, daß Erfahrungen, die Denken implizieren und zur Weiterentwicklung im moralischen Urteilen führen, nicht einfach logische Erfahrungen sind. Bei der Stufen-Entwicklung moralischen Urteilens handelt es sich nicht einfach um eine horizontale Verschiebung logischen Denkens auf soziale Situationen. Damit ein formal-operational denkender Adoleszent zu prinzipiengeleiteten moralischen Begründungen kommt, muß er soziale und moralische Erfahrungen machen, die man aber nicht als solche Erfahrungen ansehen kann, die ihm helfen würden, logische Prinzipien auf soziale Situationen zu übertragen. Vielmehr handelt es sich um Erfahrungen, die ihn dazu bringen, sein Urteil über das moralisch Richtige und Gute zu ändern. Häufig haben Erfahrungen, die solche Veränderungen fördern, eine starke emotionale Komponente. Wenn Emotionen in die Erfahrungen eingehen, die zu Veränderungen führen, dann sind sie es, die das Umdenken auslösen und begleiten.

Die erfolgreichste Strategie in einer Diskussion über moralische Fragen ist nicht das unpersönliche Vorgehen in dem Sinne, wie didaktisch kognitives Unterrichten unpersönlich ist; die besten Diskussionen sind oft die, die persönlich und emotional geführt werden. Echter persönlicher Gedankenaustausch und persönliche Herausforderung sind anscheinend erzieherisch Vorbedingungen für Denken oder Umdenken und für die Überzeugung, daß die eigene Denkweise von Bedeutung sei. Aber offensichtlich ist die Rolle von Emotionen bei der Stimulierung von Entwicklungsprozessen in Gruppendiskussionen über moralische Probleme nur die eines Auslösers von allgemeinen Denkprozessen. Sie spielen hier eine andere Rolle als die Emotionen bei einer konkreten moralischen Entscheidung, mit deren Folgen, die noch lange emotional zu spüren sind, man leben muß. Darüber hinaus ist das Erkennen und die „Wahl" der nächst höheren Stufe ein allgemeiner und „kognitiver" Vorgang; es handelt sich nicht um eine persönliche Entscheidung im moralischen Sinne des Wortes.

Eine neue Stufe stellt eine neue allgemeine Lösung moralischer Probleme dar, und es ist aus kognitiven Gründen einsehbar, daß diese Lösung angemessener ist. Wird die Lösung der höheren Stufe „gesehen", dann wird sie der Lösung niedrigerer Stufen vorgezogen, gleichgültig, wie die Erfahrungen mit den Lösungen dieser Stufen im einzelnen gewesen sein mögen. Das ist so, weil Teil der Einsicht der höheren Stufe das Verständnis ist, warum die Lösung auf der höheren Stufe besser ist als die auf der niedrigeren Stufe. Eines der überraschenden Ergebnisse in der Untersuchung von Rest (1973) war, daß Jugendliche Begründungen auf der nächst höheren Stufe den Begründungen auf ihrer eigenen Stufe vorzogen; sie zeigten keine „persönliche Bindung" an die Begründungen auf ihrer eigenen Stufe.

Die Experimente von Turiel (1973b) und die Moral-Diskussionsgruppen von Kohlberg und Kramer sind extreme Beispiele für die Möglichkeit, daß stellvertretende symbolische Erfahrung die Stufen-Entwicklung moralischen Urteilens fördert. Allgemeiner wird diese Erfahrung *Rollenübernahme* genannt, und bei den Situationen, die die Entwicklung stimulieren, spricht man von *günstigen Gelegenheiten für Rollenübernahme.* Jede Stufe ist sowohl Ursache wie Ergebnis eines erweiterten und adäquateren Prozesses der Übernahme der Perspektiven, die andere Individuen oder soziale Gruppen bei Konflikten haben könnten. Eine solche immer weitergehende Rollenübernahme kann ohne extensive persönliche Erfahrungen von Verantwortung und Entscheidung auftreten. Die Erfahrungen, die zum Stufen-Wechsel führen, als stellvertretend, kognitiv, symbolisch oder allgemein aufzufassen, paßt gut zu den naturalistischen Daten über Moralentwicklung in der Kindheit und in der Adoleszenz.

Weil es sich bei den strukturellen Stufen moralischen Urteilens um allgemeine Formen des Denkens handelt, kann sich die Fähigkeit zu Urteilen auf höheren Stufen sowie die Bevorzugung höherer Stufen in einer kognitiv und sozial stimulierenden Umwelt relativ schnell entwickeln. Um von einer Stufe zur nächsten zu kommen, ist in der Kindheit und Adoleszenz nicht sehr viel Erfahrung mit moralischen Entscheidungen und Wahlmöglichkeiten nötig. Die vorläufigen Ergebnisse, daß prinzipienorientiertes Denken erst im Erwachsenenalter auftritt, legen jedoch die Annahme nahe, daß für das Erreichen der Fähigkeit zu prinzipienorientierten moralischen Urteilen vielleicht eine andere Art von Erfahrung nötig ist als für die Erreichung früherer Stufen. In unserer kognitiven Entwicklungstheorie betonen wir zwar, daß das Kind jede neue Stufe „selbst konstruiert"; die Weise, in der sich das Individuum die Stufe des prinzipienorientierten moralischen Urteilens selbst erarbeitet, unterscheidet sich jedoch etwas von der Art, wie es frühere Stufen selbst konstruierte. Bis Stufe 4 handelt es sich um einen sich immer mehr erweiternden und angemessener werdenden Prozeß der Rollenübernahme, der Wahrnehmung des sozialen Systems. Beim prinzipienorientierten Denken handelt es sich jedoch nicht um eine noch angemessenere Wahrnehmung des sozialen Systems, so wie es *ist;* vielmehr handelt es sich um die Aufstellung von Prinzipien, denen die Gesellschaft und das Selbst *verpflichtet sein sollten.* Für prinzipienorientierte moralische Begründungen reicht es nicht aus, daß man nur kognitiv die Prinzipien „sieht". Vielmehr ist notwendig: 1. die ideale Angemessenheit der Prinzipien zu erkennen trotz der Tatsache, daß es sich dabei nicht um soziale Realität handelt, der man sich nur anpassen muß; 2. eine Basis für eine Bindung an diese Ideale zu sehen und 3. gleichzeitig sich einer realen Gesellschaft verpflichtet zu fühlen, in der man in Übereinstimmung mit diesen Idealen handelt. Das scheint mehr als nur die stellvertretende Erfahrung der Rollenübernahme zu erfordern, die für die Entwicklung bis Stufe 4 ausreicht, auf der eine recht angemessene Wahrnehmung des sozialen Systems stattfindet.

Zwar sind die vorliegenden Daten begrenzt, dennoch scheint es danach zwei verschiedene Arten von „persönlicher" Erfahrung zu geben, die im Gegensatz stehen zu stellvertretend-symbolischer Erfahrung und die für die Entwicklung prinzipienorientierten Denkens wichtig sind. Sie haben gemeinsame Merkmale, und beide tauchen, so ist es zumindest typisch, erst nach der Highschool auf. Bei der ersten Erfahrung handelt es sich um das Verlassen des Elternhauses und den Eintritt in die College-Gemeinschaft mit ihren widerstreitenden Werten im Zusammenhang mit dem Moratorium, der Identitätsproblematik und dem Verlangen nach Bindung. Wie wir schon gesagt haben, führen diese

Erfahrungen zu der relativistischen Krise der Stufe 4½. Im Rahmen unserer früheren Interpretation (KOHLBERG & KRAMER, 1969) hatten wir angenommen, daß die „Identitätskrise" der Studienanfänger mit ihrem Infragestellen moralischer Werte einen Rückfall vom prinzipienorientierten Denken auf Stufe 5 darstellte und daß die um Mitte 20 eingegangene Verpflichtung zu moralischen Werten durch einen sozialen Kontrakt eine Stabilisierung des moralischen Denkens bedeutete. Aufgrund der revidierten Definition der Stufen können wir nun jedoch sagen, daß das Infragestellen der Studienanfänger und die Bindung des jungen Erwachsenen an einen sozialen Kontrakt eher Teil des Entwicklungsprozesses in Richtung auf Stufe 5 sind als ein Prozeß des Zweifeln und der Bindung an Moral überhaupt, der von der Stufen-Entwicklung des moralischen Urteilens selbst zu trennen wäre.

Die Bedeutung der Erfahrung des Moratoriums im College läßt sich aus folgenden Ergebnissen ableiten:

1. Von unseren Längsschnitt-Probanden, die nicht das College besuchten, sondern direkt zur Armee gingen und/oder einen Beruf ergriffen, entwickelte kein einziger prinzipienorientiertes Denken.
2. Wie bereits gesagt, ließ sich auch bei keinem Schüler der Highschool prinzipienorientiertes Denken feststellen.
3. Im Rahmen seiner Diskussion von moralischen Problemen in Schulklassen gelang es BLATT, Schüler der Highschool in ihrem Urteil von Stufe 3 nach Stufe 4 (und von Stufe 2 nach Stufe 3) zu bringen. Er schaffte es jedoch nicht, jemanden, der auf Stufe 4 Begründungen lieferte, auf Stufe 5 zu heben (BLATT, 1973).
4. Im Gegensatz dazu gelang es BOYD (1973) jedoch, im Rahmen eines Moraldiskussionsprogramms, 40% der Teilnehmer, und zwar Studenten im 1. und 2. Studienjahr, die sich in ihrem moralischen Urteil auf Stufe 4 befanden, auf Stufe 5 zu heben.

Diese Ergebnisse deuten auf eine Wechselwirkung zwischen kognitiven Erfahrungskomponenten der Moralentwicklung und Erfahrungen in einem speziellen Lebensabschnitt hin. Eine Untersuchung legt sogar die Interpretation nahe, daß kognitive Erfahrungen auf der Highschool einen sog. „Schläfer-Effekt" haben, d.h. erst nur latent vorhanden sind und sich erst nach der Erfahrung von Moratorium und Unabhängigkeit auf dem College auswirken. So fanden BECK, SULLIVAN und PORTER (1972), daß Moraldiskussionen in einer Klasse der Highschool bei einem Nachtest noch während der Highschool im Vergleich zur Kontrollgruppe keine Veränderung im moralischen Urteil nach oben erbracht hatten. Bei einer Nachuntersuchung im College zeigte diese Klasse jedoch beträchlich mehr Begründungen auf Stufe 5 als die Kontrollgruppe.

Wir haben eben hervorgehoben, daß eine Wechselwirkung besteht zwischen kognitiver Anregung und Erfahrung des Moratoriums, das ja ein Aspekt des College-Erlebens ist; dadurch wollen wir deutlich machen, daß ein Infragestellen der eigenen Identität und deren Festigung durch eine Bindung an bestimmte Werte allein bei weitem nicht zu prinzipienorientiertem moralischen Denken führen. Im nächsten Abschnitt werden wir zeigen, daß eine Untersuchung von PODD (1969) nahelegt, daß College-Studenten den Prozeß des eigenen Infragestellens und der Selbst-Stabilisierung durchlaufen können, ohne zu prinzipienorientiertem moralischen Denken zu kommen. Tritt das Infragestellen der Identität jedoch im Rahmen ausdrücklicher kognitiv-moralischer Stimulierung auf wie beispielsweise in den Moral-Diskussionen, die Boyd (1973) im College durchführte, dann ist eine Entwicklung zu prinzipienorientiertem Denken sehr viel wahrscheinlicher. In der Phase der Identitätssuche und -stabilisierung während des College-Aufenthalts fehlt häufig nicht nur eine Anregung im Moralbereich; oft fehlt in dieser studentischen Moratoriumsperiode auch die Komponente persönlicher Erfahrungen. In dieser Moratoriumsperiode erhält der Student eine neue Verantwortlichkeit, die nur auf ihn selbst beschränkt ist; primär erfährt er die Freiheit, eigene Entscheidungen für sich selbst treffen zu können. Vorher, d.h. bis zum College, lebt der Adoleszent im allgemeinen in einer Welt, die er nicht hergestellt hat und in der die Entscheidungen begrenzt sind, die er treffen muß. Insofern sich in der College-Periode prinzipienorientiertes Denken entwickelt, geschieht es im Zusammenhang mit antizipierten Verpflichtungen. Frei geworden, sucht der Student die moralischen Konzepte oder den Kontrakt, dem er sich in Zukunft verpflichten könnte. Erst später macht der Student die Erfahrung einer *andauernden Verantwortlichkeit für das Wohlergehen anderer* und die Erfahrung irreversibler moralischer Entscheidungen, die für die persönliche Moralerfahrung des Erwachsenen kennzeichnend sind und denen Erikson eine zentrale Bedeutung für die Entwicklung des ethischen Denkens in der Phase der Zeugungsfähigkeit (Generativität) zumißt.

Es ist offensichtlich, daß Erfahrung von Verantwortlichkeit allein noch nicht zu einer Entwicklung in Richtung auf die Stufe prinzipienorientierter Moral führt. Die meisten Erwachsenen machen solche Erfahrungen, ohne zu prinzipienorientierten moralischen Urteilen zu kommen. Bei einigen jungen Erwachsenen lösen Erfahrungen moralischer Verantwortlichkeit jedoch Reflexionen zu Moralproblemen aus, die zu Prinzipien führen, so wie bei einigen jungen Erwachsenen die Erfahrung von Freiheit oder Moratorium die Quelle der Reflexion ist, die dann zu Prinzipienorientierung hinführt. Das ist insbesondere dann der Fall, wenn die auf konventioneller Basis akzeptierte Verantwortlichkeit zu einem Konflikt mit dem universell Menschlichen führt. Im Krieg beispielsweise denke man sich den jungen Israeli als jemanden, der von seinem Gruppenkodex voll überzeugt und ihm verpflichtet ist – ganz im Gegensatz zu jungen Amerikanern in ihrer mit Gebrüll und Geschrei ausgefüllten Moratoriumsphase. Wenn diese jungen Israeli im Sechs-Tage-Krieg aufgrund ihrer Verantwortlichkeit in eine echte moralische Entscheidungskrise gerieten, dann sind anscheinend viele von ihnen zu Überlegungen gekommen, die zu Prinzipien führten. Zusammenfassend läßt sich sagen: Die persönliche Erfahrung von Entscheidungssituationen, die Infragestellen und Bindungen implizieren, – verknüpft mit kognitiv-moralischer Stimulation –, scheint für die Entwicklung vom konventionellen zum prinzipienorientierten Denken (Stufe 5) erforderlich zu sein. Wahrscheinlich wird aus diesem Grund prinzipienorientiertes Denken in der Adoleszenz nicht erreicht. Die Bedingungen für die Entwicklung des vollkommen prinzipienorientierten Denkens oder des Denkens auf Stufe 6 sind wahrscheinlich noch eher von dieser Art, aber es gibt bislang keine Daten über die Entwicklung zu dieser höchsten Stufe moralischen Urteilens.

14.7 Beziehungen zwischen kognitiv-strukturellen Stufen des moralischen Urteilens und Eriksons Stufen der Ich-Entwicklung

In der Arbeit von KOHLBERG und KRAMER (1969) ist in der Zusammenfassung hervorgehoben worden, daß die strukturelle Stufen-Theorie des moralischen Urteilens und die funktionelle Ich-Entwicklungstheorie von ERIKSON nebeneinanderzustellen sind. Was vom Standpunkt der strukturellen Theorie aus lediglich Stabilisierung ist, stellt sich vom Standpunkt der funktionellen Ich-Theorie aus als Stufen-Entwicklung dar. In bezug auf die „Tatsachen" der Moralentwicklung nach der Adoleszentenzeit kommen KOHLBERG und KRAMER im wesentlichen zu denselben Schlußfolgerungen wie ERIKSON (1964). Sie unterstützen die Auffassung von ERIKSON, daß der Jugendliche zu einem Bewußtsein universeller ethischer Prinzipien fähig ist, obwohl nur der Erwachsene konsistent *ethisch sein* kann.

ERIKSON glaubt zwar, daß kognitives Bewußtsein ethischer Prinzipien in der Adoleszenz entsteht; diese Prinzipienbewußtheit des Jugendlichen ist jedoch nicht selbst *ethischer*, sondern *ideologischer* Natur. Vom Standpunkt der Ich-Entwicklung aus sind kognitive und moralisch-kognitive Strukturen Fähigkeiten, deren Anwendung offen ist; und das Ich muß eine Reihe von Entscheidungen treffen oder Verpflichtungen eingehen, damit es diese Strukturen anwenden lernt. Von diesem Standpunkt aus kann ein Bewußtsein moralischer Prinzipien kognitiv im Adoleszenten entstehen, aber das Gefühl der *Verpflichtung*, sie anzuwenden, erfordert Prüfungs- und Entscheidungssituationen; dazu ist erforderlich, daß die Prinzipien in einer Ideologie verkörpert werden, an der man sein Festhalten und das Festhalten anderer an den Prinzipien überprüfen kann und die Teil der Festlegung auf eine Identität ist.

Diese Festlegung der eigenen Person nach der Identitätskrise basiert ihrerseits auf einem sozialen Kontrakt, der – aus der Sicht universeller Prinzipien – eine etwas „konservative" Bindung an „meine Gesellschaft", „meine Beziehungen" darstellt, einem Kontrakt also, der nach KOHLBERG und KRAMER eher auf Stufe 5 als auf Stufe 6 anzusiedeln ist.

Nach ERIKSON hängt das ethische Gefühl oder die ethische Kraft des Erwachsenen nicht allein von einer Stabilisierung seiner Identität ab, sondern vom Aufbau von Beziehungen, die Fürsorge für andere und Generativität implizieren. Wenn sich diese Zeugungskraft mit einer umfassenderen Identifizierung mit der menschlichen Spezies verbindet, dann kann nach ERIKSON daraus eine gelebte Ethik resultieren, die universell oder – in der Terminologie von KOHLBERG und KRAMER – Stufe 6 ist. Eine solche echte ethische Stufe entwickelt sich charakteristischerweise nicht vor dem Erwachsenenalter, vielleicht sogar erst, wie im Falle GANDHIS im mittleren reifen Erwachsenenalter.

KOHLBERG und KRAMER stimmen also mit ERIKSON darin überein, daß sich das kognitive Bewußtsein von Prinzipien zwar in der Adoleszenz entwickelt, die Verpflichtung zu ihrer ethischen Anwendung jedoch erst im Erwachsenenalter herausbildet. Die Regression der befragten Probanden und ihre Rückkehr zum konventionellen Denken als Erwachsene wurden als Anzeichen dafür gewertet, daß das Wissen um ethische Prinzipien bei den Jugendlichen nicht zugleich auch eine wirklich ethische Anwendung dieser Prinzipien war. Die Strukturtheorie stimmt mit ERIKSON in bezug auf die „Fakten" der ethischen Entwicklung überein, interpretiert danach Entwicklung aber als Stabilisierung und nicht als strukturellen Stufen-Wechsel. Für ERIKSON ist, im Gegensatz zur ethischen Stufe des Erwachsenen, das herausragende Merkmal der ideologischen Stufe des Jugendlichen deren Ungleichgewicht und Inkonsistenz.

In ihrem Artikel haben KOHLBERG und KRAMER den Adoleszenten beschrieben als inkonsistente Mischung aus sprachlich idealistischen Moralprinzipien (mit gelegentlichen Handlungen, in denen ein Opfer gebracht wird) und egozentrisch hedonistischen Reaktionen. Die Probanden, die regredierten oder sich im Übergang zur neuen Stufe befanden, wurden als Extremfälle solcher Widersprüchlichkeiten aufgefaßt; es handelte sich um Individuen, die versucht hatten, nach den verbalen Moralprinzipien ihrer Highschool-Zeit zu handeln und die der Widersprüche zwischen diesen Idealen und der Realität der Gesellschaft sowie ihrer eigenen Impulse gewahr wurden, ohne diese Widersprüche zu lösen. Die regredierenden Probanden wurden als Personen gesehen, die, über ihre Highschool-Position hinaus, einen Schritt in Richtung auf eine Stabilisierung gemacht hatten, weil sie den Versuch zeigten, sich mit den Widersprüchen auseinanderzusetzen, anstatt vordergründig konventionelle oder prinzipienorientierte moralische Begründungen sprachlich abzugeben, während sie oft egozentrisch handelten. Die etwas älteren Jugendlichen, besser gesagt, die jungen Erwachsenen, hatten diesen Konflikt teilweise gelöst und sich daher stabilisiert und waren zu größerer Konsistenz und größerem Gleichgewicht zwischen moralischen Idealen und der Realität sowie zwischen moralischem Denken und Handeln gekommen.

Zusammengefaßt: Die Moralentwicklung des Erwachsenen nach ERIKSON wurde damals als zunehmende Stabilisierung interpretiert, als das Erreichen eines Gleichgewichtszustandes zwischen den moralischen Idealen oder Normen des Jugendlichen und der Wahrnehmung der Realität.

In den Schlußfolgerungen, die wir hier vorlegen, wird jedoch das, was bezogen auf die Ich-Entwicklung nach ERIKSON als Stabilisierung interpretiert wurde, als Wechsel in den Stufen des moralischen Urteilens aufgefaßt. Es gibt nicht zwei Arten der Moralentwicklung, sondern nur eine, und eine Theorie der Entwicklung des moralischen Urteilens beim Erwachsenen kann nicht eine Theorie der Stabilisierung oder Ich-Entwicklung sein, die im Widerspruch steht zu einer Theorie der moralisch-strukturellen Veränderungen. Dementsprechend haben wir im vorangegangenen Abschnitt vorgeschlagen, daß in einer adäquaten Darstellung der Erfahrungen, die zum prinzipienorientierten Denken führen, die Darstellung der kognitiv-strukturellen Erfahrungen sensu PIAGET und die Darstellung der „persönlichen Erfahrungen der Entscheidung", die in ERIKSONS Theorie im Mittelpunkt stehen, zu einem Ganzen integriert werden müssen. Obwohl das derzeit noch nicht möglich ist, wird doch zunehmend klarer, welche Beziehungen zwischen den strukturellen Stufen moralischen Urteilens und den funktionellen Ich-Stufen bestehen. ERIKSONS Formulierungen legen nahe, daß es bei allen Individuen im Erwachsenenalter eine Entwicklung von der ideologischen zur ethischen Orientierung geben sollte, so wie es eine Weiterentwicklung des Ichs durch die Identitätskrise zur Festlegung auf eine Identität gibt. In ähnlicher Weise legt unsere Darstellung der Stabilisierung nahe, daß es bei allen Individuen im Erwachsenenalter zunehmende Stabilisierung geben sollte. Im Gegensatz dazu impliziert eine „eingleisige“ Sicht von Entwicklung, daß die Erfahrungen in der Adoleszenz und im Erwachsenenalter nur bei relativ wenigen Erwachsenen zu einem stabilen oder ethisch geprägten moralischen Urteil führen, nämlich nur bei denjenigen, die in dieser Periode auch auf die Stufe prinzipienorientierten Begründens gelangen. Es wäre zu erwarten, daß einige, aber nicht alle Jugendlichen eine erkennbare Phase der Identitätskrise und ihrer Lösung durchlaufen, und daß noch weniger Jugendliche vom konventionellen zum prinzipienorientierten moralischen Urteilen kommen. Man würde erwarten, daß alle diejenigen, die bis auf die Stufe des prinzipienorientierten Begründens gelangen, diesen Prozeß der Identitätsentwicklung durchmachen. Den Wechsel von der konventionellen zur prinzipienorientierten Moral muß man sich vorstellen als eine Angelegenheit der persönlichen Wahl und der Entscheidung des Selbst in einer Art und Weise, wie sie auf früheren Stufen des moralischen Urteilens nicht aufgetreten ist. Entsprechend kann man wohl die Hypothese aufstellen, daß eine Identitätskrise und deren Lösung, so wie sie ERIKSON konzipiert, notwendige Bestandteile dieser Entwicklung sind. Es muß jedoch auch hinzugefügt werden, daß die Entwicklung von konventioneller zu prinzipienorientierter Moral kognitiv-moralische Anregungsbedingungen erfordert, die in ERIKSONS Stufen-Beschreibung nicht auftauchen. Stufen-Entwicklung im Sinne ERIKSONS ist wohl eine notwendige, aber bei weitem keine hinreichende Bedingung für den Erwerb prinzipienorientierter Moral. Zusammengefaßt kann man wohl sagen, daß zwischen folgenden Stufen eine lockere Entsprechung besteht:

Stufen der Ich-Entwicklung	*Stufen des moralischen Urteilens*
Akzeptieren einer zugeschriebenen Identität	Konventionelle Moral
Identitätskrise oder Moratorium	Üblicher Relativismus oder Relativismus in der Regressionsphase
Festigung der Identität	Prinzipienorientierte Moral

Es ist allerdings zu berücksichtigen, daß die Ich-Entwicklung ohne Entwicklung im moralischen Urteilen auftreten könnte, wobei Jugendliche prinzipienorientiert in die Krise geraten können und anschließend wieder zur Prinzipienorientierung zurückkehren oder vom konventionellen Standpunkt in die Krise geraten könnten und danach wieder dahin zurückkehren. Und es wäre auch noch hinzuzufügen, daß sowohl die Ich-Entwicklung wie auch die Entwicklung im moralischen Urteilen bei Individuen ausbleiben kann, die permanent konventionell sind und ihre Identität nicht in Frage stellen (KOHLBERG & GILLIGAN, 1971).

Bevor wir im folgenden die strukturelle Theorie von KOHLBERG und KRAMER und die Theorie der Ich-Stufen im Erwachsenenalter von ERIKSON auf breiterer Basis integrieren, ist es wohl ganz vorteilhaft, wenn wir uns kurz die Unterschiede zwischen beiden Ansätzen, wie sie in Tabelle 2 zusammengefaßt dargestellt sind, vergegenwärtigen.

Der erste wesentliche Unterschied zwischen den Modellen besteht darin, daß das strukturelle Modell von relativ strengen Unterscheidungen ausgeht, die das funktionelle Modell außer acht läßt. Es handelt sich dabei um die Unterscheidung zwischen Struktur und

Tab. 2: *Eriksons* funktionelle und *Piagets-Kohlbergs* strukturelle Stufen

Piaget	Erikson
	Das Wesen der Stufen
Stufen stellen verschiedene Strukturen für eine einzelne Funktion dar, z. B. moralisches Urteilen, logisches Begründen. Entsprechend werden frühere Stufen durch spätere ersetzt. Erfahrungen, die zu Entwicklung führen, sind kognitive Erfahrungen, vor allem kognitiven Konflikts und kognitiver Übereinstimmung.	Stufen sind die Entscheidungen für oder die Verwendung von neuen *Funktionen* durch ein Ich – frühere Funktionen oder Entscheidungen bleiben als Hintergrund der neuen Stufe bestehen. Erfahrungen, die zu Entwicklung führen, sind persönliche Erfahrungen, vor allem Erfahrungen und Entscheidungen in persönlichen Konflikten.
	Ausrichtung der Stufen
Die im Verlauf der Entwicklung auftretenden Veränderungen sind primär Veränderungen der Wahrnehmung der physikalischen, sozialen und moralischen Welt. Das Ergebnis von Entwicklung ist Veränderung der Wahrnehmung. Die Stabilität der neuen Stufe ist nicht Ergebnis von Entscheidungen.	Bei den im Verlauf der Entwicklung auftretenden Veränderungen handelt es sich primär um eine selbstgewählte, selbst wahrgenommene Identifikation mit Zielen. Das Ergebnis einer Entwicklung ist relativ beständig und mündet in eine Entscheidung oder eine Bindung.
Spätere Stufen sind kognitiv angemessener als frühere: (1) sie enthalten die Denkstrukturen der früheren Stufen; (2) die gleichen Probleme werden auf späteren Stufen besser gelöst; (3) sie sind universeller anzuwenden oder zu rechtfertigen, d. h. sind angemessener in ihrer Universalität und darin, wie sie die Erfahrungen ordnend umgreifen.	Spätere Stufen sind angemessener als frühere, aber nicht in bezug auf den kognitiven Umfang, sondern in bezug auf Tugend oder Ich-Stärke, d. h. in ihrer Fähigkeit, persönliche Erfahrungen stabil, positiv und sinnvoll zu ordnen. Erwerb einer Stufe und ihre angemessene Benutzung sind jedoch nicht identisch.

Inhalt, Kompetenz und Performanz (Verhalten) und Qualität und Quantität in der Entwicklung. Was die Strenge der Unterscheidungen betrifft, so beharrt man im strukturellen Modell darauf, daß (1) jede neue Stufe eine bestimmte definierbare Struktur besitzt, und zwar eine Struktur, die durch ein logisches System definiert ist; (2) jede höhere Stufe logisch, kognitiv oder philosophisch angemessener ist als die vorhergehende Stufe und diese logisch einschließt. Da man in der strukturellen Theorie von vornherein in der Beschreibung Struktur und Inhalt trennt, ist man in der Lage, empirisch kulturell universelle invariante Stufen-Abfolgen aufzudecken. Den Preis, den man dafür jedoch zahlen muß, ist eine Abstraktion von der Lebensgeschichte. Strukturelle Stufen geben keine Auskunft darüber, was sich im Kopf des Individuums abspielt. Das Individuum weiß mehr oder weniger, daß es sich in einer Identitätskrise befindet; es weiß nicht, daß es sich von Stufe 4 nach Stufe 5 des moralischen Urteilens entwickelt. Im Gegensatz dazu sind ERIKSONS Stufen als universelle Sequenzen nicht empirisch verifiziert worden, sondern dienen dazu, um Biographien und Lebensgeschichten zu beschreiben.

Dadurch daß sie von der Lebensgeschichte abstrahiert, gelingt es der strukturellen Theorie, auf empirischem Wege als historisch und kulturell universell gültig verifiziert zu werden. Und sie gewinnt dadurch noch einen weiteren Vorteil, nämlich eine klare logische oder moral-philosophische Rechtfertigung etwa der Weise, in der jede spätere Stufe besser oder angemessener ist als die vorhergehende (KOHLBERG, 1971 a). Im Gegensatz dazu verläßt man sich in ERIKSONS Theorie eher auf psychologische als logische oder moralphilosophische Begründungen der Art und Weise, wie jede Stufe neue „Stärke" oder „Weisheit" für das Individuum bedeutet. Als Folge davon ist der Ansatz von ERIKSON in seinen moralischen und anderen Aspekten eher kulturell relativ (wenn auch nicht „relativistisch") als der strukturelle Ansatz. Der zweite grundlegende Unterschied zwischen den Stufen-Modellen ist also der, daß mit zunehmender Entfernung von einer rein strukturellen Beschreibung der Stufen eher psychologische als logische Begründungen dafür gegeben werden, warum spätere Stufen adäquater sind als vorhergehende.

Mit diesem Unterschied zwischen logischer und psychologischer Angemessenheit hängt wiederum die dritte grundlegende Differenz zwischen den Modellen zusammen, nämlich die Zentrierung der Ich-Stufen auf das Ich oder Selbst als das, was sich im Verlauf der Entwicklung verändert und angemessener wird. Sowohl in der strukturellen als auch in der funktionellen Stufen-Theorie geht man davon aus, daß die Entwicklung des Selbst und die Hinwendung zur Welt parallel verlaufen; im Rahmen des kognitiven und moralischen Stufen-Modells wird jedoch der Welt-Pol, im Rahmen des funktionellen Stufen-Modells der Selbst-Pol betont.

PIAGETS kognitive Stufen und KOHLBERGS Stufen des moralischen Urteilens repräsentieren eine Abfolge zunehmend angemessenerer Kognitionen einer relativ konstanten physikalischen und sozialen Welt. Aus der Sicht der strukturellen Theorie ist die objektive moralische Welt, in der das Kind lebt, während seiner Entwicklung im großen und ganzen die gleiche. Grundlegende Veränderungen in der moralischen Welt des Kindes rühren von entwicklungsbedingten Veränderungen seiner Wahrnehmung der Welt her. Im Gegensatz dazu zentriert man sich in ERIKSONS Modell auf das sich verändernde Selbst. Während die sozial-moralische Welt mehr oder weniger konstant bleibt, verändern sich ständig das Selbst des Kindes, seine Kompetenz und seine Stellung in dieser Welt. ERIKSON versucht, diese Veränderungen als eine invariante Abfolge von Herausforderungen an das Selbst und entsprechendes Wachstum des Selbst zu charakterisieren, entweder als Gefühl der Kompetenz des Selbst, was zunehmend erhöhte Fähigkeiten im Sinne zunehmender Ich-Stärke und Ich-Integration bedeutet, oder als Stabilisierung des Selbstwertgefühls.

Daß die Ich-Stufen auf das Selbst zentriert sind, impliziert einen weiteren grundlegenden Unterschied zwischen PIAGETS und ERIKSONS Stufen; wir meinen hier die zentrale Bedeutung, die ERIKSON Entscheidungen zumißt. Stufen der Wahrnehmung von Welt können nicht direkt als Entscheidungen oder Wahlmöglichkeiten definiert werden. Im Gegensatz dazu sind Stufen in der Wahrnehmung des Selbst und der Weiterentwicklung des

Selbst Stufen der Entscheidung des Selbst. Moralische Entscheidungen und moralische Entwicklung können entweder als Entscheidung (oder Veränderung) des moralischen Selbst oder als Veränderung in den wahrgenommenen moralischen Prinzipien aufgefaßt werden. Der erste Standpunkt kennzeichnet die zentrale Perspektive der Stufen im Modell von ERIKSON; der zweite ist charakteristisch für die Stufen des moralischen Urteilens von KOHLBERG.

Fassen wir zusammen: Sowohl die Zentrierung auf das Selbst als auch die Zentrierung auf Wahlmöglichkeiten oder Entscheidungen entsprechen der Konzeption von Ich-Stufen, eines Ichs, das Handlungen ausführt oder entscheidet und das dabei kognitive und andere Strukturen benutzt. Im Gegensatz dazu konzentriert man sich bei den Stufen des moralischen Urteilens nach KOHLBERG primär auf Form und Inhalt „objektiver" moralischer Prinzipien, nicht so sehr auf den Prozeß ihrer Auswahl, ihrer Benutzung oder Anwendung durch das Selbst. Eine integrierte Theorie sozialen Handelns und moralischen Urteilens würde versuchen, beide Perspektiven miteinander zu verknüpfen.

14.8 Anmerkungen zu einer 7. Stufe

Der Idealmensch nach ERIKSON wird nach Durchlaufen seiner 7. Stufe der Generativität ein ethisch ausgerichteter Mensch, ein Ideal, das der Stufe 6 bei KOHLBERG entspricht. Es bleibt für den von ERIKSON konzipierten Menschen dann eine Aufgabe, die teilweise ethischer, genauer betrachtet jedoch religiöser Natur ist (im weitesten Sinne des Begriffs „religiös"), eine Aufgabe, die eine 8. Stufe definiert, deren Ergebnisse Ich-Integrität vs. Verzweiflung sind. Das Problem der Integrität ist kein Problem moralischer Integrität, sondern eine Frage der Integration und Integrität des Lebenssinnes des Individuums sowie dessen negative Seite, Verzweiflung, die um das Wissen um den Tod kreist. Dieses Problem ist auch psychologischer Natur. Das Konzept der Ich-Integrität ist psychologischer Art, aber das Konzept der Integrität des Sinns des eigenen Lebens ist philosophischer oder religiöser Natur. Wie SANTAYANA (1954) sagt:

„Diese Kraft der Religion zu Kampf und Veränderung scheint eine äußerste Harmonie in der Seele und eine äußerste Harmonie zwischen der Seele und allem, wovon sie abhängt, herzustellen. Religion ist ihrer Intention nach deshalb ein bewußteres und direkteres Streben nach einem Leben der Vernunft als Gesellschaft, Wissenschaft oder Kunst. Denn letztere nähern sich dem idealen Leben nur versuchsweise und bruchstückhaft; sie berücksichtigen das Ziel kaum, und sie kümmern sich nicht um die letzte Rechtfertigung ihrer instinktiv gesetzten Ziele. Auch die Religion hat eine instinktive und blinde Seite, aber sie spürt schon bald, wo es zum Herzen der Dinge geht und wendet sich in Richtung auf das Letzte hin" (S. 181).[2]

Wenn wir diskutieren, ob es eine Stufe 7 in unserer eigenen Stufen-Abfolge geben kann, eine rein hypothetische und auf keinen Daten basierende Diskussion, so handelt es sich in erster Linie um den Versuch, ERIKSONS Konzept philosophisch stärker zu explizieren.

[2] Nachdruck mit Erlaubnis von Charles Scribner's Sons.

Sie bezieht sich auf den Versuch von FOWLER (1972), religiöse Stufen zu definieren, die den Stufen moralischen Urteilens nach KOHLBERG und den Ich-Stufen von ERIKSON parallel sind. Die erste grundsätzliche Bemerkung ist die, daß es eine post-konventionelle religiöse Orientierung gibt, so wie es eine post-konventionelle ethische Orientierung gibt. Eine zweite grundlegende Auffassung einer Stufe 7 ist, daß eine angemessene post-konventionelle religiöse Orientierung abhängig ist von, aber auch herausgefordert wird durch die Orientierung auf Stufe 6 an universell menschlichen ethischen Prinzipien.

Wenn es ein klares Wissen um universelle ethische Prinzipien gibt, das gegen die üblichen skeptischen Zweifel gefeit ist, dann bleibt als größte Skepsis die Frage „Warum moralisch sein?" „Warum gerecht sein in einem Universum, das weitestgehend ungerecht ist?" Das ist natürlich eines von den Problemen, die man auf der Stufe des Übergangs-Relativismus und des Skeptizismus für nicht beantwortbar hält. Die Antwort auf Stufe 5, der Stufe des sozialen Kontrakts, ist im Grunde ein Kompromiß, nämlich die Antwort, daß das eigene Glück auf soziale Weise oder mit Rücksicht auf die Rechte und das Wohlergehen der anderen erstrebt wird. Zwar bieten die ethischen Prinzipien der Stufe 6 eine vollständigere Lösung des Problems der Relativität von Werten als die Begründungen, die auf Stufe 5 gegeben werden; die Lösung des Problems „Warum moralisch sein?" fällt jedoch eher noch unbefriedigender aus. Der Widerspruch zwischen ethischen Prinzipien und egoistischen oder hedonistischen Interessen ist schärfer als der zwischen sozialem Kontrakt und Hedonismus.

Die Antwort auf die Frage „Warum moralisch sein?" impliziert auf diesem Niveau die Frage „Warum lebt man?" (sowie die parallele Frage „Wie soll man sich dem Tod gegenüber verhalten?"), so daß die höchste moralische Reife eine durchdachte Lösung der Frage nach dem Sinn des Lebens erfordert. Andererseits handelt es sich dabei kaum um eine moralische Frage per se, vielmehr ist das eine ontologische oder religiöse Frage. Das ist sogar nicht nur kein moralisches Problem, sondern auch kein Problem, das mit rein logischen oder rationalen Mitteln lösbar wäre wie moralische Fragen. Nichtsdestoweniger könnte eine rein metaphorische Konzeption einer Stufe 7 dazu benutzt werden, um auf einige sinnvolle Lösungen dieser Frage hinzuweisen, die mit rationaler Wissenschaft oder rationaler Ethik vereinbar sind (KOHLBERG, 1971 b). Merkmal aller Lösungen auf Stufe 7 ist, daß sie kontemplative Erfahrungen nicht-egoistischer und nicht-dualistischer Art implizieren. Manchmal wird die Logik solcher Erfahrungen theistisch formuliert, das muß aber nicht sein. Ihr Kern ist das Gefühl, Teil des Lebensganzen zu sein, und die Einnahme einer kosmischen, statt einer universell humanistischen (Stufe 6), Perspektive.

Das Konzept einer solchen 7. Stufe ist natürlich im religiösen Schrifttum sowie in der klassischen metaphysischen Tradition von PLATO bis SPINOZA bekannt. In den meisten Darstellungen geht die Entwicklung von der Verzweiflung aus. Diese Verzweiflung birgt in sich den Anfang einer kosmischen Perspektive. Wir empfinden eine solche Verzweiflung, wenn wir aus einer eher unbegrenzten Perspektive unser Leben als begrenzt zu erkennen beginnen. Die Sinnlosigkeit des Lebens angesichts des Todes ist die Sinnlosigkeit des Endlichen, aus der Perspektive des Unendlichen gesehen. Die Aufhebung der Verzweiflung auf Stufe 7 stellt die Fortsetzung des Prozesses der Übernahme einer eher kosmischen Perspektive dar, dessen erste Phase die Verzweiflung gewesen ist. In gewisser Weise handelt es sich hier um einen Wechsel von Figur und Grund. In der Verzweiflung sieht sich das Selbst aus einer kosmischen oder unendlichen Perspektive. In dem Zustand aber, der metaphorisch Stufe 7 genannt wird, identifizieren wir uns selbst mit der kosmischen oder unendlichen Perspektive und werten Leben aus dieser Sicht.

SPINOZA, der an eine prinzipienorientierte Ethik und eine Wissenschaft der Naturgesetze glaubte, konnte sich in einen solchen Zustand noch hineinversetzen, den er „Vereinigung des Geistes mit dem Ganzen der Natur" nannte. Auch die meisten nicht-religiösen Menschen können vorübergehend – etwa auf einem Berggipfel oder beim Anblick des Meeres – in einen solchen Zustand geraten. In derartigen Augenblicken wird das, was für gewöhnlich Hintergrund ist, zum Vordergrund, und das Selbst ist nicht länger die Figur auf diesem Grund. Dabei wird die Einheit des Ganzen und das Selbst als Teil dieses Ganzen erlebt. Dieses Erlebnis der Einheit, oft nur als vorübergehendes mystisches Gefühl abgetan, ist auch mit einer bestimmten Struktur von Überzeugung verbunden. Die Umkehrung von Figur und Grund im kontemplativen Augenblick hat ihre Analogie in der Entwicklung des Glaubens. Und diese Entwicklung wiederum hat einige Parallelen zu der Entwicklung des moralischen Denkens. Der Relativismus in der Adoleszenzkrise, die Stufe 4½, kann nur deshalb auftreten, weil es eine vage Vorstellung von einem universellen ethischen Standard gibt, von dem aus gesehen, der kulturelle Standpunkt relativ und willkürlich erscheint. Die Krise des Relativismus ganz und konsequent zu durchleben heißt: Dezentrieren, absehen vom eigenen Selbst, Figur und Grund umkehren und als Figur den vagen Standpunkt einer Prinzipienorientierung sehen, der den Hintergrund für das Gefühl der Relativität bildet. In ähnlicher Weise könnte man die These vertreten, daß die spätere Krise der Verzweiflung, wenn sie gründlich und tapfer durchlebt wird, zu einer Umkehrung von Figur und Grund führt, die in der Verzweiflung die positive Gültigkeit der kosmischen Perspektive offenbar werden läßt.

Die logische Struktur von Stufe 7 ist vage, und es ist schwer zu rechtfertigen, ob sie philosophisch angemessen ist; deshalb muß unser Konzept davon mehr auf psychologischen Lebenszeugnissen als auf struktureller Analyse basieren. Nach diesen Zeugnissen ist deutlich, daß die Männer von SOKRATES bis Martin Luther KING, die man am ehesten für Menschen halten kann, die für ihre ethischen Prinzipien gelebt haben und gestorben sind, außer einer Bindung an rationale Gerechtigkeitsprinzipien noch so etwas wie eine starke Stufe-7-Orientierung besaßen.

Wenden wir uns von diesen Männern der Weltgeschichte ab und wieder unserer Längsschnitt-Stichprobe zu, so stellen wir fest, daß die Interessen und Ideen, die für so etwas wie eine Stufe 7 notwendig sind, bei unseren Probanden zwischen dem 20. und 30. Lebensjahr anscheinend nicht vorhanden sind, selbst bei denen nicht, die die höchste Stufe moralischen Urteilens in diesem Sample, die Stufe 5, erreicht hatten.

Von den Probanden aus der Längsschnitt-Stichprobe hat keiner eine post-konventionelle religiöse Orientierung entwickelt, auch keiner von denen, die die post-konventionelle Moralstufe 5 erreicht hatten. Das scheint zumindest als Negativum ein Beweis für eine Stufe 7 zu sein, denn hier deutet sich ein Bereich an, in dem noch im späteren Erwachsenenalter eine moralisch relevante Entwicklung auftreten kann. Da es in diesem Bereich um philosophische Angemessenheit geht, wird er einem strukturellen Ansatz nur schwer zugänglich sein, so daß seine Analyse primär von philosophischem Interesse ist und einen philosophischen Ansatz erfordert. Eines der wichtigen Ziele einer Psychologie der Lebensspanne könnte es sein, dazu beizutragen, daß die von Menschen erworbene Weisheit von Generation zu Generation weitervermittelt wird. Unsere experimentellen Untersuchungen zeigen, daß höhere strukturelle Stufen auf niedrigeren Stufen nicht verstanden werden, daß aber eine Psychologie der Stufen-Entwicklung zu einem solchen Verständnis beiträgt.

So ist etwa die vorläufige Isolierung eines auf Stufe 6 gerichteten Trends im moralischen Denken wohl mit das Aufschlußreichste an einer Untersuchung von Stufen moralischen Urteilens. Von der Zahl der Menschen her, die Stufe 6 erreichen, ist die Untersuchung dieser hochentwickelten Moralstufe für die Beschreibung und Erklärung des Lebens der meisten bedeutungslos. Sie trägt jedoch viel dazu bei, eine angemessenere und komplexere Form des moralischen Denkens verständlich und entwicklungsfähig zu machen. Unser experimenteller College-Kurs weist darauf hin, daß die Isolierung und Ausformulierung dieser Stufe Studenten auf Stufe 5 hilft, die wissenschaftliche Arbeit von Moralphilosophen in ihre eigenen Gedanken auf einem angemesseneren Niveau umzuformulieren. Wenn wir vorschlagen, eine ungenauer faßbare, aber dennoch philosophisch gegliederte Stufe in der Entwicklung des Verständnisses vom Sinn des Lebens in lockerer Entsprechung zur 7. Stufe bei ERIKSON anzunehmen, dann möchten wir damit zugleich nahelegen, daß die Analyse von Biographien eines Tages zum besseren Verständnis und zur Weitervermittlung von angemesseneren Vorstellungen vom Sinn des Lebens beitragen könnte.

Daraus läßt sich der Schluß ziehen, daß die Fragen, die bei der Analyse von Biographien gestellt werden müssen, nicht einfach solche sind, die von der Psychologie oder Soziologie als Disziplin herangetragen werden. Lebensläufe werden letztlich dann untersucht, wenn Menschen lernen wollen, wie sie besser leben können. Die Fragen einer Psychologie der Lebensspanne zwingen von daher, sich mit Philosophie zu beschäftigen.

15 Die Untersuchung der Entwicklung der Erwachsenenpersönlichkeit im Rahmen der Theorie des sozialen Lernens

INGE M. AHAMMER[1], Katholische Universität von Nijmegen, Nijmegen, Holland

Zum Inhalt

Im folgenden Kapitel wird versucht, die Veränderungen im Verhalten des Erwachsenen als Funktion bedeutsamer Lebensereignisse (Eheschließung, Elternschaft) mit Hilfe der Prinzipien des sozialen Lernens zu analysieren. Die Theorie des sozialen Lernens scheint für eine derartige Analyse deshalb besonders gut geeignet zu sein, weil man damit im Gegensatz zu den meisten Persönlichkeitstheorien Veränderungen im Verhalten sehr präzise als Funktion der sich verändernden Umwelt aufdecken kann. Wir gehen von der Annahme aus, daß Menschen über ihre gesamte Lebensspanne hinweg immer wieder in neue Umgebungen kommen und immer wieder andere Menschen kennenlernen, so daß sie sich auch ihr ganzes Leben hindurch ständig von neuem verändern müssen. Eheschließung und Elternschaft werden als neuartige Situationen analysiert, die bei allen Beteiligten Veränderungen im Verhalten hervorrufen, und zwar in Abhängigkeit von den Interaktionen zwischen den Ehepartnern bzw. den Eltern und den Kindern, die jeweils gegenseitig Veränderungen im Verhalten bewirken, sowie in Abhängigkeit von Rollenerwartungen und Rollenvorschriften, die die verstärkenden Konsequenzen des neuen Rollenverhaltens definieren.

15.1 Einleitung: Warum Verwendung der Theorie des sozialen Lernens?

Die Entwicklung des Erwachsenen ist, sofern man sich überhaupt damit beschäftigte, in der Regel vom soziologischen Standpunkt aus untersucht worden. Dabei hat man versucht, Veränderungen in der Erwachsenenpersönlichkeit entweder durch wechselnde Rollen (BRIM & WHEELER, 1966), unterschiedliche Entwicklungsaufgaben („developmental tasks“, HAVIGHURST, 1952), entwicklungsbedingte Konflikte (ERIKSON, 1950)

[1] Derzeitige Adresse: School of Behavioral Sciences, Macquarie University, North Ryde, New South Wales, Australien.

oder auch durch bedeutende Lebensereignisse (NEUGARTEN, 1966) zu erklären. Bei all den genannten Ansätzen arbeitet man per definitionem mit molaren Variablen oder zusammenfassenden soziologischen Indizes (sowohl für die unabhängigen als auch für die abhängigen Variablen) und bemüht sich nicht so sehr um die genaue Aufschlüsselung der für die Verhaltensveränderung verantwortlichen Mechanismen.

Im vorliegenden Kapitel wollen wir nun dagegen versuchen, eine molekulare, prozeßorientierte Analyse der Entwicklung der Erwachsenenpersönlichkeit durchzuführen, bei der wir das Gewicht auf die funktionalen Beziehungen zwischen der sozialen Umwelt (den Reizen oder Stimuli) und dem Verhalten des Individuums (seinen Reaktionen oder Responses) legen. Zu diesem Zweck übernehmen wir Prinzipien der Lerntheorie (zur Beschreibung der Mechanismen der Veränderung) sowie Elemente des Ansatzes von NEUGARTEN (1966; ,,life-outcome oriented approach"), um die Ereignisse zu beschreiben, die Veränderungen im Erwachsenenalter bewirken. Damit wollen wir versuchen, die molaren Lebensereignisse in Stimulus-Response-Funktionen aufzulösen und so den Prozeß der Verhaltensveränderungen beim Erwachsenen als Funktion dieser Ereignisse zu untersuchen.

Die Entwicklung des Erwachsenen ist von Entwicklungspsychologen bisher kaum untersucht worden, und zwar aus folgenden Gründen: (1) Im Bereich der Kinderpsychologie ist die Psychoanalyse die dominate Theorie, und es herrscht damit die Meinung, die hauptsächlichen Persönlichkeitsmerkmale würden sich in den ersten Lebensjahren herausbilden und im Erwachsenenalter nur noch geringfügige Modifikationen erfahren. (2) Innerhalb der Entwicklungspsychologie der Lebensspanne dominiert das biologische Modell mit den Stadien Wachstum-Reife-Abbau, wobei von der Annahme ausgegangen wird, daß das Erwachsenenalter durch Stabilität oder Reife ohne systematische Veränderungen im Verhalten gekennzeichnet sei (vgl. die Modelle von BÜHLER, 1933, und KUHLEN, 1959). Ähnlich schließen auch die Stufen-Modelle, wie etwa die von PIAGET und KOHLBERG, eine Untersuchung der Entwicklung des Erwachsenen aus, da sie mit der Auffassung verknüpft sind, daß die Entwicklung mit der Erlangung der Reife abgeschlossen und ,,es nicht unmittelbar einsichtig sei, . . . daß dem Lebensabschnitt des Erwachsenen ein biologischer Prozeß zugrundeliege, der ebenso entschieden zu Veränderungen (im Verhalten) führt (wie das im Kindesalter der Fall ist)" (FLAVELL, 1970, S. 249). Theorien dieser Art begreifen die Verhaltensveränderungen beim Erwachsenen per definitionem als eine Stabilisierung des früher erworbenen Verhaltens und nicht als eine Entwicklung zu neuen, qualitativ höheren Stufen (KOHLBERG, 1969; KOHLBERG & KRAMER, 1969; vgl. auch EMMERICH, 1973).

Wir wollen nun keineswegs bezweifeln, daß sich Verhalten schon früh im Leben stabilisieren kann und zum Teil auch tatsächlich stabilisiert (vgl. KAGAN & MOSS, 1962) und daß Verhaltensveränderungen immer schwieriger werden, wenn der Organismus älter wird; dennoch vertreten wir die Auffassung, daß auch im Erwachsenenalter systematische Veränderungen als Funktion programmierter oder unprogrammierter Erfahrungen (vgl. FLAVELL, 1970) stattfinden und daß die Untersuchung dieser Veränderungen durch unzulässig eingeengte theoretische Bezugsrahmen verhindert worden ist.

Die Theorie des sozialen Lernens scheint für das Studium von Veränderungen beim Erwachsenen aus folgenden Gründen besonders geeignet zu sein:

1. Es wird darin nicht *a priori* ein Konzept von Entwicklung gesetzt, sondern es können alle systematischen, mit Alter einhergehenden Veränderungen potentiell als Untersuchungsgegenstand betrachtet werden, ohne Rücksicht auf den Verlauf der Entwicklungskurve (Baltes & Goulet, 1970; Reese & Overton, 1970). 2. Diese Theorie postuliert keine unterschiedlichen Mechanismen der Verhaltensveränderung für Organismen unterschiedlichen Alters, daher ist sichergestellt, daß die Erklärungsprinzipien für die gesamte Lebensspanne dieselben sind (Gewirtz, 1969 a). Mit diesem Merkmal scheint die Theorie einem wesentlichen Ziel der Entwicklungspsychologie der Lebensspanne nahezukommen, wie es Baltes und Goulet (1970, siehe Kapitel 1 dieses Bandes) formuliert haben, nämlich „*integrativ die Gesamtheit ontogenetischer Verhaltensveränderungen begrifflich zu fassen*" (S. 13). Ein dritter Vorteil der Theorie des sozialen Lernens besteht darin, daß Wert gelegt wird auf experimentelle Methodologie und auf parametrische Untersuchungen der Variablen, mit denen die Verhaltensveränderungen zusammenhängen (Hartup & Coates, 1970), woraus sich dann annäherungsweise „exakte" Gesetze der Verhaltensveränderung ableiten lassen.

Schließlich scheint die Theorie des sozialen Lernens, auch wenn sie keine entwicklungspsychologische Theorie ist (vgl. Bijou, 1968 a; Hartup & Coates, 1970), deshalb wie keine andere für die Untersuchung von Entwicklungsprozessen geeignet zu sein, weil ihr Interesse in erster Linie den molekularen Antezedenz-Konsequenz-Beziehungen gilt, d. h. funktionellen Stimulus-Response-Beziehungen, aus denen Verhaltensveränderungen besonders gut ablesbar sind. Wo molare Analysen nur einen kleinen Teil von Veränderungen erfassen, können molekulare Analysen geringfügige Verschiebungen in den Reaktionswahrscheinlichkeiten aufdecken (vgl. Patterson & Cobb, 1971). Durch ihre Berücksichtigung von reaktionsstabilisierenden oder -verändernden Stimuli einerseits und Verhalten andererseits scheint die Theorie des sozialen Lernens gleichermaßen geeignet für die Untersuchung von Verhaltensstabilität und von Verhaltensveränderung. Diese Eigenschaft von Lerntheorien läßt sich am besten mit den Worten Mischels charakterisieren: „Wenn sich die für die Festigung des Verhaltens ausschlaggebenden Bedingungen ändern, . . . dann wird sich mit Sicherheit auch das Verhalten verändern. Wenn sich die Response-Konsequenzen und -Valenzen ändern, dann verändern sich damit auch die Handlungsweisen; bleiben die stabilisierenden Bedingungen jedoch erhalten, dann bleibt auch das Verhalten unverändert" (1969, S. 1016). Das ist ein besonders wichtiges Merkmal der Theorie des sozialen Lernens, denn Theorien, die einseitig nur auf Stabilität und nicht auch auf Veränderung abzielen, wie etwa die Eigenschafts- oder die differentialpsychologischen Theorien (vgl. Emmerich, 1968, 1969 a), würden sich für die Suche nach Indikatoren der Entwicklung im Erwachsenenalter kaum eignen.

Mit der Wahl der Theorie des sozialen Lernens als Bezugsrahmen für das Studium der Erwachsenenentwicklung fällt die Wahl zugleich auf ein *mechanistisches* Entwicklungsmodell (Reese & Overton, 1970; s. auch Kapitel 2 dieses Bandes), bei dem die Ursachen für Verhaltensveränderungen eher in der äußeren Umwelt als in Veränderungen im Organismus selbst gesehen werden. Alter erscheint bei dieser Auffassung von Entwicklung nur insofern von Bedeutung, als es die Fähigkeiten des Organismus beschreibt (nämlich definiert, zu welchen Reaktionen der Organismus in der Lage ist) und einen groben Index für die Dauer der zurückliegenden Erfahrungen des Individuums mit bestimmten Umweltreizen liefert (BAER, 1970; GEWIRTZ, 1969 a). Betrachtet man die Entwicklung der Erwachsenenpersönlichkeit unter dem Gesichtspunkt des sozialen Lernens, so erscheinen die Veränderungen im beobachtbaren sozialen Verhalten als Funktion einer bestimmten Kombination und Abfolge von Erfahrungen, von denen man annehmen kann, daß sie mit dem Alter des Organismus in Wechselbeziehung stehen. Unter sozialem Verhalten verstehen wir hier die Interaktion zweier oder mehrerer Personen miteinander oder auch das auf eine gemeinsame soziale Umgebung bezogene Verhalten (BIJOU, 1970; SKINNER, 1953).

Die Aufgabe des vorliegenden Kapitels besteht nun darin, diejenigen Erfahrungen zu umreißen, die für das Erwachsenenalter typisch sind, und die damit korrespondierenden Verhaltensveränderungen aufzuzeigen. Der Grund dafür, daß wir in der Erfahrung die wichtigste Ursache für Veränderungen im Verhalten des Erwachsenen sehen, läßt sich am besten mit den Worten FLAVELLS umschreiben:

„Wenn man von der Eigenart der Organismen absehen könnte (so z. B. davon, daß Kinder von der Umwelt stärker geformt werden können als Erwachsene), dann könnte man sagen, das Erwachsenenalter entspreche am ehesten den Anforderungen eines Experiments unter natürlichen Bedingungen, um die Veränderungen allein von Erfahrungen zu ermitteln, d. h. relativ unabhängig von bedeutsamen und gerichteten biologischen Veränderungen" (1970, S. 250).

Zu diesen tiefgreifenden, nahezu universellen Erfahrungen im Erwachsenenalter gehören beispielsweise Eheschließung, Elternschaft (Kindererziehung), Berufsleben, Ende der eigentlichen Elternschaft (Flüggewerden der Kinder), Rückzug aus dem Berufsleben, Großelternschaft, Witwenschaft (NEUGARTEN, 1966). Einige dieser Ereignisse scheinen in universeller oder nahezu universeller Sequenz aufzutreten (so etwa die Heirat, die in aller Regel vor der Elternschaft und immer vor der Witwenschaft liegt), wodurch eine relative Gleichförmigkeit der Entwicklung zustandekommt. Die geordnete Abfolge der Erfahrungen von Erwachsenen, wie sie diktiert wird durch gesellschaftliche Systeme der Altersstufung, die das Heiratsalter, das Alter für das Aufziehen von Kindern vorschreiben (vgl. NEUGARTEN & MOORE, 1968, s. auch NEUGARTEN & DATAN, 1973, Kapitel 13 dieses Bandes), impliziert jedoch nicht, daß Individuen auch in genau der gleichen Weise auf derartige Ereignisse reagieren; die Reaktionen auf neue, Veränderungen hervorrufende Ereignisse werden vielmehr in großem Umfang durch vorangegangene Erfahrungen determiniert (vgl. MACCOBY, 1968). Im vorliegenden Kapitel sollen zwei der genannten Erfahrungen, die Eheschließung und die Elternschaft, zur näheren Betrachtung ausgewählt werden. Dabei wollen wir zu zeigen versuchen, wie die Prinzipien des sozialen Lernens die Analyse der Prozesse der Verhaltensveränderungen in ihrer Abhängigkeit von diesen Erfahrungen leiten können.

Um es nochmals zu wiederholen:

„Es gibt womöglich gar keine grundlegenden Unterschiede zwischen den Gesetzen, die Verhaltensveränderungen in frühen Jahren, und denen, die Veränderungen des Verhaltens in anderen, späteren Jahren beschreiben. Alle implizieren die Bestimmung sequentieller, funktioneller Beziehungen zwischen Reizen (input) und Verhalten (output) im Rahmen der Erfahrungen des einzelnen" (GEWIRTZ, 1969a, S. 106).

Auch wenn dieselben Gesetze des Stärker- und Schwächerwerdens von Reaktionen für die verschiedensten Altersspannen gelten mögen, so können doch die Parameter, die die funktionellen Stimulus-Response-Beziehungen beschreiben, mit dem Alter des Organismus variieren. Sicherlich werden bestimmte Stimuli für ein Kind andere Verstärkerqualitäten besitzen als für einen Erwachsenen, während andere Verstärker wiederum innerhalb der gesamten Lebensspanne wirksam bleiben mögen. Leider gibt es jedoch nur spärliche entwicklungsspezifische Informationen über die Rolle der Stimuli im Hinblick auf das Beobachtungslernen (HARTUP & COATES, 1970) und andere Formen des Lernens bei Kindern (STEVENSON, 1968). Noch dünner gesät sind die Daten über Veränderungen von Anreizfunktionen im Erwachsenenalter. Es ist denkbar, daß andere Variablen wie etwa Reaktions-Klassen, Stimulus-Eigenschaften, Merkmale der Aufgabe etc. ebenfalls mit dem Alter des Organismus interagieren. Aber auch hier gibt es nur wenige entwicklungspsychologische Untersuchungen mit Kindern (HARTUP & COATES, 1970, konnten lediglich acht solcher Studien ausfindig machen, die sich alle auf Imitation bei Kindern beziehen), und noch weniger mit Erwachsenen.

THOMPSON (1968) vermutet außerdem eine Wechselbeziehung zwischen der jeweils vorherrschenden Form des Lernens (Habituierung, klassisches Konditionieren, instrumentelles Lernen) und dem Alter des Organismus, was durch die biophysische Differenzierung des Wahrnehmungs- und Reaktionssystems im Kindesalter determiniert zu sein scheint. Um genauer spezifizieren zu können, welche Variablen nun welche Form des Lernens beim Erwachsenen bewirken, fehlen wiederum empirische Daten. Solange solche entwicklungspsychologischen Daten aber nicht zur Verfügung stehen, wird die Analyse von Verhaltensveränderungen beim Erwachsenen im Rahmen der Theorie des sozialen Lernens spekulativ bleiben müssen. Im folgenden wird unserer Analyse deshalb die Arbeitshypothese zugrundeliegen, daß für alle Altersgruppen dieselben Lerngesetze gelten, eine Hypothese, die sicherlich der Modifikation und der Verfeinerung bedarf, sobald entsprechende entwicklungspsychologische Daten vorliegen. In diesem Sinne ist das Ziel dieses Aufsatzes nicht die Darstellung einer vollendeten theoretischen Analyse mit detaillierter Aufschlüsselung der relevanten Parameter, sondern lediglich die Formulierung eines theoretischen Bezugsrahmens, von dem aus sich zahlreiche Bezüge zu Forschungsbereichen herstellen lassen, die von der Entwicklungspsychologie bisher vernachlässigt wurden, aber dennoch einer Untersuchung wert zu sein scheinen.

15.2 Prinzipien der Theorie des sozialen Lernens in ihrer Beziehung zu einer Entwicklung über die Lebensspanne hin

Die Theorie des sozialen Lernens, die auf den SKINNERschen Prinzipien des operanten Konditionierens und den Paradigmen des klassischen Konditionierens basiert, beschreibt Verhaltensveränderungen als Funktion des Reizangebots der sozialen Umwelt. Die Grundannahme der Theorie des sozialen Lernens ist, daß alles Verhalten potentiell erlernt sei und verändert werden könne (BANDURA, 1969a). In erster Linie beschäftigt sich die Theorie mit sozialem Verhalten, wobei vorausgesetzt wird, daß es denselben Gesetzen unterliegt wie das nicht-soziale Verhalten (GEWIRTZ, 1969a).

Veränderungen im Verhalten treten dann auf, wenn sich die diskriminativen Bedingungen und Reaktionskontingenzen verändern (MISCHEL, 1968), was immer dann zu erwarten ist, wenn ein Individuum mit Menschen interagiert, mit denen es zuvor nicht interagiert hat, oder wenn es in eine neue Umgebung kommt. Da anzunehmen ist, daß Menschen über die gesamte Lebensspanne hinweg immer wieder mit neuen Personen in Kontakt kommen (so etwa mit Ehegatten, Kindern, Freunden, Kollegen, Nachbarn) und/oder in neue Umgebungen versetzt werden (z.B. andere Arbeitsplätze, Länder, Nachbarschaften, Wohnungen), ist auch zu erwarten, daß sie ihr ganzes Leben hindurch immer wieder Veränderungen im Verhalten zeigen.

Im folgenden Abschnitt sollen nun zwei Grundprinzipien der Verhaltenskontrolle besprochen werden, und zwar unter besonderer Berücksichtigung der Bedingungen, die zu Verhaltensveränderungen führen, nämlich 1. der *Reiz-* oder *Signal-Kontrolle (stimulus or cue control)* und 2. der *Reaktionskontrolle (outcome control)*. BANDURA (1969a) sieht in der symbolischen Regulation (wie etwa dem Denken, verbalen Mediatoren und Bildern) eine dritte Form der Verhaltenskontrolle; darauf wollen wir im folgenden allerdings nur kurz eingehen.

15.2.1 Reiz- oder Signal-Kontrolle

„Verhalten wird durch antezedente Stimulusereignisse gesteuert, die Informationen über wahrscheinliche Konsequenzen bestimmter Handlungen in bestimmten Situationen vermitteln" (BANDURA, 1969a, S. 19). Ein Stimulus oder Reiz, der signalisiert, daß eine Reaktion bei ihrer Äußerung aller Wahrscheinlichkeit nach verstärkt beziehungsweise nicht verstärkt werden wird, heißt *diskriminativer Stimulus* (s. GEWIRTZ, 1969a). Ein Großteil unseres Verhaltens, insbesondere das zwischenmenschliche Verhalten, unterliegt der Kontrolle durch diskriminative Stimuli. Hat ein Individuum ein anderes unter Stimuluskontrolle, so spezifiziert es damit die für die Interaktion relevanten Reaktionen, indem es den konditionierten Reiz bereitstellt, der zuvor mit Verstärkung verknüpft war (JONES & GERARD, 1967). Stimuluskontrolle ist ein wichtiger Bestandteil jeder Interaktion zwischen zwei oder mehreren Menschen, in der das Verhalten einer Person als diskriminativer Stimulus für das Folgeverhalten der anderen dient.

15.2.2 Reizkontrolle und Veränderung des Verhaltens

Wenn Menschen in neue Situationen (neue soziale Umgebungen, neue soziale Beziehungen) kommen, bringen sie Verhaltenssysteme mit, die in früheren Beziehungen durch besondere Stimuli aufrechterhalten worden sind. Da es sehr unwahrscheinlich ist, daß das Verhalten zweier Interaktionspartner von denselben diskriminativen Stimuli aufrechterhalten wurde, muß ein *Umlernen* oder *Neulernen* erfolgen, wenn zwei bislang einander unbekannte Personen Kontakt aufnehmen. Das heißt: Jeder Partner wird dem anderen wahrscheinlich durch Stimuli Informationen über angemessene Reaktionen signalisieren, wobei diese Informationen anders sein werden als die vorher in bezug auf die entsprechenden Reize gelernten Informationen.

Wenn die soziale Umwelt wechselt, wird die Art der ersten Reaktionen davon abhängen, wie ähnlich die in der neuen Umwelt vorfindlichen Stimuli denen sind, die das Verhalten zuvor kontrolliert hatten. Die Art, wie sich jeder der Partner an die neue soziale Umwelt (wenn letztere in der Interaktion mit einer „neuen" Person besteht) anpaßt, wird davon abhängen (1) ob beide Partner die füreinander relevanten diskriminativen Reize erkennen und sie den anderen auch angemessen deutlich machen; (2) ob beide Partner durch gegenseitige Lernanstöße angemessene Reaktionen, d. h. ein für die neue soziale Umwelt annehmbares Verhaltensrepertoire entwickeln; und (3) ob die Stimuli in der betreffenden Situation für den jeweils anderen diskriminative (und verstärkende) Qualitäten erlangen (vgl. GEWIRTZ, 1969a). Werden diese Bedingungen nicht erfüllt, oder handelt es sich um extreme und abrupte Veränderungen in der Umwelt, so ist zu erwarten, daß sich viele Verhaltensweisen der Partner abschwächen und verlieren (da ja die früheren kontrollierenden Stimuli nicht mehr vorhanden sind) und keine adäquaten Ersatzverhaltensweisen gebildet werden (wenn die in der neuen Umgebung vorgenommenen Diskriminationen unzulänglich sind).
Aus dem Gesagten ergibt sich, daß um so weniger Verhaltensveränderungen zu erwarten sind, je mehr Ähnlichkeiten zwischen den diskriminativen Reizen der neuen und denen der alten Umgebung bestehen, und umgekehrt, daß um so mehr Verhaltensveränderungen stattfinden müssen, je unähnlicher die diskriminativen Reize oder je mehr von den früheren, nicht länger verfügbaren diskriminativen Reizen wegfällt. Die Veränderungen im Verhalten können dabei in Form eines Wiederlernens bereits früher erworbener Verhaltensrepertoires oder aber in Form eines Neulernens zuvor noch nicht vorhandener Verhaltenssysteme vor sich gehen.

15.2.3 Reaktionskontrolle

Ein Großteil des sozialen und nicht-sozialen Verhaltens wird durch seine unmittelbaren Konsequenzen (Response-Kontingenzen) gesteuert, die als verstärkende Reize oder Verstärkungen bezeichnet werden. Konsequenzen für Reaktionen (Verstärkungen) können entweder von außen (von der sozialen Umwelt) gesetzt, durch Beobachtung von Verhaltenskonsequenzen bei anderen teilnehmend miterlebt oder selbst erteilt werden (BANDURA, 1969a). Im folgenden wollen wir die von außen gesetzten Verstärkungen betrachten. Es sollte allerdings darauf hingewiesen werden, daß miterlebte Verstärkung grundsätzlich in der gleichen Weise von Variablen (wie etwa Verstärkungsplänen) gesteuert zu werden scheint, wie das bei direkt auf das beobachtende Subjekt gerichteten Verstärkungen der Fall ist. Sich selbst verstärkende Reaktionen, die durch differentielle Verstärkung von seiten der Sozialisationsagenten und durch Anschauung am Modell erlernt zu sein scheinen, könnten dagegen als der Mechanismus wirken, aufgrund dessen Verhalten auch unter Bedingungen minimaler Unterstützung von außen aufrechterhalten wird (BANDURA, 1969a).
Von außerhalb erteilte Verstärkungen gewinnen entscheidende Bedeutung in zwischenmenschlichen Beziehungen, in denen eine Person über eine andere Kontrolle ausübt. Jeder soziale Austausch resultiert in gegenseitigen Verhaltensveränderungen bei allen In-

teraktionspartnern durch das gegenseitige Austeilen von Verstärkungen (PATTERSON, 1971). In Interaktionssequenzen dient die Reaktion des einen Partners gleichzeitig als verstärkender Reiz für die vorhergehende Reaktion des anderen Partners. Während man in der Lerntheorie sonst vielfach davon ausgeht, daß das Verhalten des einzelnen von einer mehr oder weniger konstanten Umwelt kontrolliert wird, an die sich das Verhalten allmählich anpaßt, soll im folgenden der reziproke Charakter dieses Veränderungsprozesses hervorgehoben werden. Und während Sozialisation oftmals als ein unidirektionaler Prozeß aufgefaßt wird, in dem das Verhalten des Sozialisanden (etwa das des Kindes) durch Sozialisationsagenten (etwa Eltern, Lehrer) in relativ passiver Weise geformt wird, soll hier in erster Linie betont werden, daß ,,die psychische Funktionstätigkeit eine kontinuierliche Interaktion zwischen dem Verhalten und seinen Kontrollbedingungen impliziert" (BANDURA, 1969a, S. 46; vgl. auch BELL, 1968, 1971; HARTUP, 1973; SEARS, 1951).

15.2.4 Reaktionskontrolle und Veränderung des Verhaltens

Wenn Menschen in neue soziale Beziehungen eintreten, bringen sie in die neue Situation Verhaltensrepertoires mit, die in früheren Beziehungen durch bestimmte Reaktionskonsequenzen aufrechterhalten wurden. Wie bereits gesagt, ist es wenig wahrscheinlich, daß zwei Menschen die gleichen Verhaltensrepertoires besitzen, und es ist daher viel eher zu erwarten, daß sie gegenseitig Verhaltensveränderungen verlangen, und zwar insbesondere dann, wenn die Verhaltensweisen der jeweils ,,anderen" Personen als aversiv erlebt werden. Die Notwendigkeit einer wechselseitigen Verhaltensveränderung wird sich vor allem bei fortgesetzten Interaktionen stellen, wenn zwei oder mehrere Personen eng zusammenleben, etwa bei Ehepartnern oder Eltern und Kindern (vgl. PATTERSON & HOPS, 1971). Art und Umfang der Verhaltensveränderungen wird dabei zum Teil abhängen von der Ähnlichkeit der in der neuen Umgebung verstärkten Reaktionen mit denen, die in früheren Situationen verstärkt oder geschwächt wurden.
Ob in einer neuen sozialen Beziehung Verhaltensveränderungen erzielt werden oder nicht, hängt davon ab, wie wirksam die Verstärkungen des jeweiligen Gegenübers sind. ,,Es ist zu beachten, daß in einer dyadischen Interaktion beide Partner abwechselnd als Austeiler und als Empfänger von Verstärkungen fungieren, mit anderen Worten, daß sie sich gegenseitig verstärken" (GEWIRTZ, 1969a). Jemand hat verstärkende Kontrolle über einen anderen, wenn die Stimuli, die er darbietet, verstärkende Wirkungen besitzen, d.h., wenn sie von seiten der anderen Person gewünscht werden (vgl. JONES & GERARD, 1967). Die Wirksamkeit eines bestimmten Reizes als Verstärker für eine bestimmte Reaktion hängt wiederum von einer ganzen Reihe von Faktoren ab (GEWIRTZ, 1969a; PATTERSON, 1967).

15.2.4.1 Erfahrungen in bezug auf die Reinforcement-Qualität eines Reizes

Stimuli, die konsistent vor oder gleichzeitig mit primären Verstärkungen dargeboten wurden, fungieren später als soziale Verstärker (GEWIRTZ, 1969a). Da nun verschiedene Individuen aller Wahrscheinlichkeit nach unterschiedliche Erfahrungen mit verschiedenen Stimuli gemacht haben, werden für die einzelnen Personen verschiedene soziale Stimuli verstärkende Funktion besitzen (vgl. dazu auch BANDURA, 1969a).

15.2.4.2 Erfahrungen (experimental history) mit der Person, die Verstärkungen kontrolliert

Ob die Person, die Verstärkungen kontrolliert, primär positive oder primär negative Verstärkungen oder beides in gleichem Maße ausgeteilt hat, davon hängt die Wirksamkeit der von dieser Person dargebotenen verstärkenden Stimuli ab. Zwischen dem Anteil positiver Verstärkungen, die mit der verstärkenden Person assoziiert werden, und der Anziehungskraft dieser Person (bzw. der ihr entgegengebrachten Zuneigung) scheint eine lineare Beziehung zu bestehen (BYRNE, 1969; SAPOLSKY, 1960). Das heißt: Stimuli, die von primär mit positiven Verstärkungen assoziierten Personen dargeboten werden, scheinen vergleichsweise wirksamere Belohnungen zu sein.

15.2.4.3 Beziehungen zwischen der Person, die Verstärkungen kontrolliert, und der Person, die verstärkt wird

Zwei Dimensionen zur Beschreibung zwischenmenschlichen Verhaltens, mit denen wohl die meisten sozialen Austauschbeziehungen charakterisiert werden können (FOA, 1961; LEARY, 1957; METZ, 1962; SCHAEFER, 1959; STRAUS, 1964; TRIANDIS & LAMBERT, 1961), erlauben uns eine nähere Bestimmung sowohl der *Stärke* des Einflusses, den die Interaktionspartner aufeinander ausüben, als auch der *Art* der Kontrolle, die sie dabei benutzen. Es handelt sich dabei um die Dimension der *sozialen Macht* (sozialer Status, Kontrolle versus Permissivität, Autorität usw.) und die Dimension der *positiven versus negativen Kontrolle* (Wärme, Liebe versus Feindseligkeit usw.). *Soziale Macht* kann in diesem Zusammenhang definiert werden als die Fähigkeit des Individuums, bei anderen Verhaltensveränderungen hervorzurufen (HARTUP, 1970); Abhängigkeit würde dann als Gegenteil von Macht durch das Ausmaß definiert werden, in dem das Verhalten eines Individuums in Abhängigkeit von der Konfrontation mit sozialen Modellen oder als Folge sozialer Verstärkungen modifiziert wird. *Positive versus negative Kontrolle* läßt sich durch den Anteil positiver versus negativer Verstärkungen sowie durch weitere Parameter wie Zeitpunkt der Verstärkung, Plan, nach dem verstärkt wird, etc. operationalisieren. Soziale Interaktionen scheinen, was die Dimension der Macht betrifft, durch Komplementarität gekennzeichnet: Zeigt die eine Person immer wieder dominantes Verhalten, so schwindet die Dominanz der anderen, und umgekehrt, ist die eine Person weniger durchsetzungsfähig, so nimmt das Dominanzverhalten der anderen zu (vgl. GELLERT, 1962; GEWIRTZ, 1972; RAUSH, DITTMAN & TAYLOR, 1959; RAUSH, FARBMAN & LLWELLEYN, 1960). Die Dimension der positiven versus negativen Kontrolle läßt sich dagegen anscheinend eher durch Reziprozität charakterisieren, und zwar insofern, als zwischen der Häufigkeit ausgeteilter und empfangener positiver Verstärkungen (CHARLESWORTH & HARTUP, 1967) und zwischen der Häufigkeit ausgeteilter und empfangener negativer Verstärkungen (PATTERSON & REID, 1969) hohe positive Korrelationen zu finden sind. Die Reaktionskontrolle scheint einen Großteil der Verhaltensveränderungen im Laufe des Lebens zu erklären. Da die Annahme sinnvoll sein dürfte, daß man zu jedem Zeitpunkt seines Lebens mit neuen Menschen in Berührung kommt, die immer wieder andere Verhaltensrepertoires, andere Verstärkungskontingenzen und andere Erwartungen (bezüglich der Verhaltensweisen, die sie gern verstärken) in die Beziehung einbringen, können in jeder Lebensphase Verhaltensveränderungen auftreten. Weiterhin ist denkbar, daß Veränderungen im Verhalten nicht nur aus der Begegnung mit neuen Menschen (oder Situationen), sondern auch aus der Interaktion mit ein und demselben Partner (dem Ehepartner, dem Freund) über die Zeit hin resultieren. Lange miteinander verbundene Partner werden sich so lange gegenseitig verändern, wie mindestens einer von ihnen (z. B. der Ehemann, die Kinder) unter der Reaktionskontrolle von Verstärkungsagenten außerhalb der Beziehung (z. B. Arbeitskollegen, gleichaltrigen Freunden) steht, oder auch so lange, wie die Partner in neue Situationen kommen, auf die jeder in der ihm eigenen Weise (in Abhängigkeit von seiner Reinforcement-Geschichte) reagiert. Andererseits ist auch denkbar, daß Menschen nach einer langen Zeit des Zusammenlebens in einer festgefahrenen Interaktionssequenz „gefangen" sind, innerhalb derer Verhaltensveränderungen aufgrund äußerer Anstöße nur noch minimal die Interaktionen beeinflussen, wenn die Partner die Veränderungen beim anderen nicht anerkennen (PATTERSON & HOPS, 1971).

15.2.5 Reiz-Reaktions-Ketten

Soziale Interaktionen lassen sich am besten als Reiz-Reaktions-Ketten auffassen; die kürzeste Kette bestünde danach aus einem diskriminativen Stimulus, einer Reaktion und einem verstärkenden Reiz (GEWIRZT, 1969a). „In Reiz-Reaktions-Ketten scheinen Stimuli generell als konditionierte Verstärker für die ihnen vorausgehenden Reaktionen wie auch als diskriminative Stimuli für die ihnen folgenden Reaktionen zu fungieren" (GEWIRTZ, 1969a, S. 71).

Die Darstellung von sozialen Interaktionen als Reiz-Reaktions-Ketten hat den entscheidenden Vorteil, daß sie den Prozeßcharakter der Interaktionen betont und die Veränderungen im Verhalten in ihrer zeitlichen Aufeinanderfolge analysiert werden können (vgl. GEWIRTZ, 1969a), auch wenn der sequentielle Charakter sozialer Interaktionen bisher nur selten untersucht worden ist. Die Definition von sozialen Austauschbeziehungen durch Reiz-Reaktions-Ketten betont außerdem die Reziprozität sozialer Interaktionen, in denen jeder Handelnde die soziale Situation verändert, zugleich aber auch durch sie beeinflußt wird.

15.2.6 Symbolische Regulation

Symbolische Prozesse wie etwa Vermutungen über angemessene Reaktionen, sprachliche oder bildliche Mediatoren können das Verhalten ebenso stark kontrollieren, wie offen beobachtbare Ereignisse. Sie werden im wesentlichen wie die externen Stimuli als diskriminative Reize zur Steuerung des instrumentellen Verhaltens aufgefaßt (vgl. BANDURA, 1969a). Da korrekte Vermutungen hinsichtlich des angemessenen Verhaltens in einer gegebenen Situation auch richtige Reaktionen und falsche Vermutungen falsche Reaktionen nach sich zu ziehen pflegen, ,,werden symbolische Vorgänge durch die differentiellen Verstärkungen, die auf das anschließend beobachtbare Verhalten folgen, selektiv verstärkt, beibehalten oder gelöscht" (BANDURA, 1969a, S. 566).

15.2.7 Symbolische Regulation und Veränderung des Verhaltens

Rollentheoretiker sehen in der Aneignung neuer Rollen und neuen Rollenverhaltens eine der wesentlichen Ursachen von Verhaltensveränderungen im Laufe des Lebens (vgl. BRIM, 1968; BRIM & WHEELER, 1966). Neue Rollenvorschriften werden danach sehr wahrscheinlich als Regeln erlebt, die ,,soziale Erleichterungen oder Hemmungen für die Verhaltenssysteme bedeuten" (GEWIRTZ, 1969a, S. 90), d.h., die angeben, welches die verstärkenden Konsequenzen für das jeweilige Verhalten sind. Symbolische Prozesse in Form von Rollenvorschriften (und Rollenerwartungen) werden besonders dann starken Einfluß auf das Verhalten ausüben, wenn das Individuum in eine soziale Situation kommt (eine Rolle übernimmt), die sich von vorhergehenden Situationen deutlich unterscheidet und in der die geforderten Verhaltensweisen von den vorher gültigen abweichen und zugleich klar definiert sind (etwa in der Ehe, bei der Elternschaft).

15.3 Ehe

In den nachfolgenden beiden Abschnitten wollen wir versuchen, die Verhaltensveränderungen, die sich aus den neuen sozialen Situationen der Ehe und der Elternschaft ergeben können, durch Prinzipien des sozialen Lernens zu erklären (oder vorherzusagen). Ehe und Elternschaft sind keine diskreten Einzelereignisse, denn der Eheschließung geht eine Zeit der Bekanntschaft und der Werbung um den Partner voraus (s. BRODERICK, 1971), und Ehe wie auch die Elternschaft umschreiben soziale Situationen, die sich als Folge des Älterwerdens der Ehepartner und des Großwerdens der Kinder ständig wandeln.

,,Wenn man die Interaktionen in Familien beobachtet, entweder im Laboratorium oder unter natürlichen Bedingungen, dann sieht man, daß fortwährend Veränderungen stattfinden. Rollen werden gewechselt, und die Familienmitglieder lernen neue Strategien und Techniken des Miteinander-Interagierens. Außerdem unterliegen diese Veränderungen nicht dem Zufall, sondern sie scheinen in Verbindung zu stehen mit anderen Variablen wie etwa neuen Anforderungen an die Familie, dem Erwachsenwerden eines Kindes oder dem Verlust eines Familienmitgliedes" (WAXLER & MISHLER, 1970, S. 284).

Da diese Veränderungen bisher wenig untersucht worden sind, werden wir uns im folgenden in erster Linie mit den Auswirkungen von Ehe und Elternschaft als statischen Ereignissen (die für das Individuum neu sind) beschäftigen müssen und nur gelegentlich, wenn immer sich die Möglichkeit dafür bietet, auf die veränderliche Natur dieser Ereignisse zu sprechen kommen.

Die folgende Diskussion der Ehe als ein Veränderung hervorrufendes Ereignis wird sich auf zwei Themenkreise konzentrieren, nämlich

1. die Interaktion zwischen den Ehepartnern und
2. die Rollenvorschriften und Rollenerwartungen als Ursachen für Verhaltensveränderungen.

15.3.1 Interaktion der Ehepartner

Im vorangegangenen Abschnitt haben wir erörtert, wie Menschen durch die Begegnung mit zuvor unbekannten Personen oder durch den Eintritt in neue soziale Beziehungen Einfluß aufeinander ausüben, was zu wechselseitigen Verhaltensveränderungen führt. Die Mechanismen, mit denen die Verhaltensveränderungen erklärt wurden, waren Reiz- und Reaktionskontrolle. Als wesentliche Faktoren für die Bestimmung sowohl der Effizienz als auch des Umfangs der Verhaltensveränderungen beider Partner wurden genannt: Die Ähnlichkeit der bisherigen beiderseitigen Erfahrungen mit Verstärkern, die Ähnlichkeit der bisherigen Erfahrungen mit diskriminativen Reizen, die bisherigen Erfahrungen mit dem Partner, die soziale Macht des einen Partners in Relation zum anderen und die Art der jeweils ausgeübten Verhaltenskontrolle.
Im folgenden Abschnitt wollen wir nun die Veränderungen im Verhalten erörtern, die aus der Interaktion von Ehepartnern miteinander resultieren. Dabei muß allerdings noch einmal darauf aufmerksam gemacht werden, daß die Mechanismen für die gegenseitige Verhaltensveränderung bei Ehepartnern genau dieselben sind wie bei jeder anderen Zweierbeziehung. Eine Variable, welche die Interaktion zwischen einander Fremden und zwischen Ehepartnern unterschiedlich beeinflussen könnte, ist dagegen die Dauer der Bekanntschaft; da sie jedoch bislang nicht hinreichend untersucht worden ist, werden wir sie in der nachfolgenden Diskussion weitgehend unberücksichtigt lassen müssen.

15.3.1.1 Ähnlichkeit der Ehepartner

Eine der wesentlichsten Behauptungen des vorliegenden Kapitels lautet zwar, im Erwachsenenalter gäbe es tatsächlich systematische und signifikante Veränderungen im Verhalten, doch scheint bei Erwachsenen eine Tendenz vorzuherrschen, sich Umgebungen auszusuchen, in denen das bereits erlernte Verhalten beibehalten werden kann. Es werden dementsprechend vorwiegend Ehepartner gewählt, die einem selbst in vieler Hinsicht ähnlich sind (wie z. B. in Bildungsniveau, Alter, Rasse, Religion, ethnischer Herkunft, sozialer Schicht, Werthaltung, Interessen und Persönlichkeitsvariablen; vgl. Barry, 1970; Laws, 1971). Auch wenn von Zeit zu Zeit immer wieder einmal die Hypothese zu hören ist: „Gegensätze ziehen sich an", so bestätigt doch die überwältigende Mehrheit der Befunde die Annahme, daß die *Ähnlichkeitswahl (homogamy)* bei der Auswahl des Partners überwiegt (vgl. die Übersichten bei Barry, 1971; Laws, 1971; Tharp, 1963).
Für die Bevorzugung von ähnlichen gegenüber unähnlichen Partnern läßt sich eine Reihe von Gründen anführen. Griffitt (1969) z. B. vertrat die These, daß die Anziehungs-

kraft, die ein Fremder aufgrund von Einstellungsähnlichkeiten bei jemandem auslöst, durch die Antizipation einer positiven Interaktion mit diesem Fremden vermittelt sei. Daß die Interaktion zwischen einander ähnlichen Personen positiv verläuft, könnte man dadurch zu erklären versuchen, daß solche Personen tendenziell unter der Kontrolle ähnlicher diskriminativer Reize stehen. Ähnliche soziale Merkmale dürften mithin ähnliche soziale Verhaltensweisen als angemessen für eine bestimmte Situation signalisieren. Wie zuvor schon ausführlich gesagt, wird ein Umlernen um so weniger erforderlich, je ähnlicher die Stimuli sind, die das Verhalten zweier Menschen kontrollieren. Umlernen scheint recht anstrengend für den zu sein, der umlernen muß. Zum einen nämlich garantiert es keineswegs sofort ein Maximum an Belohnungen, sondern erst dann, wenn die neuen Verhaltensweisen gelernt sind. Zum zweiten scheinenUmlernen oder Verhaltensveränderungen in gewöhnlichen sozialen Situationen ziemlich unangenehm oder aversiv vor sich zu gehen, weil Menschen bei dem Versuch, gegenseitig ihr Verhalten zu verändern, anscheinend eher zu aversiven als zu positiven Kontrollen neigen (BANDURA, 1969a; PATTERSON & HOPS, 1971; STOLZ, 1967). Wenn Umlernen aber im Vergleich zu Situationen, in denen kein Neulernen stattgefunden hat, zunehmend mehr negative Verstärkungen impliziert, dann wird der generalisierte verstärkende Einfluß des ,,Lehrers" und entsprechend auch seine Anziehungskraft, geringer werden. Sollte es also zutreffen, daß Menschen mit ähnlichem Erfahrungshintergrund weniger Verhaltensveränderungen abverlangen (weil ihr Verhalten eben von ähnlichen Stimuli kontrolliert wird), dann würde dies bedeuten, daß sie auch weniger auf aversive Kontrollen zurückgreifen müßten und sie sich statt dessen für die wechselseitig erwünschten Verhaltensweisen einen höheren Anteil an positiver Verstärkung zukommen lassen könnten, was wiederum eine Erhöhung der gegenseitigen Anziehungskraft zur Folge hätte (BYRNE, 1969).
Ein zweiter Grund für die Bevorzugung von Partnern, die einem ähnlich sind, mag darin zu sehen sein, daß sich überlappende Verhaltenssysteme eine wesentliche Quelle für Verstärkungen der beteiligten Personen zu sein scheinen (vgl. PATTERSON & REID, 1969). So fand man z. B. in sozialpsychologischen Untersuchungen eine positive Beziehung zwischen Ähnlichkeiten im Verhalten und der Dauer sozialer Interaktionen (oder Freundschaften; vgl. NEWCOMB, 1961; PRECKER, 1952). In anderen Untersuchungen entdeckte man eine Beziehung zwischen Ähnlichkeiten im Verhaltensrepertoire (operationalisiert durch das Geschlecht der Interaktionspartner) und der Frequenz der gegenseitigen Verstärkung (CHARLESWORTH & HARTUP, 1967; FAGOT, 1967; PATTERSON & REID, 1969). Ähnlich zeigte auch eine Studie über Ehepaare eine stärkere Kooperation zwischen den Ehegatten bei einem *Prisoner's-Dilemma-Game,* wenn die Partner einander ähnlich waren (auf den Persönlichkeitsdimensionen Leistung und Berücksichtigung anderer) und sie sich selbst auch als ähnlich einschätzten, als wenn sie einander unähnlich waren oder sich in ihrer Wahrnehmung für unähnlich hielten (BEAN & KERCKHOFF, 1971).
Da sich die Verhaltensweisen von Menschen mit ähnlichem Erfahrungshintergrund stärker überlappen als die von Menschen unterschiedlicher Herkunft, und da diese ähnlichen Verhaltensweisen eine Quelle von Verstärkungen zu sein scheinen; da weiterhin ähnliche Menschen sehr wahrscheinlich von einander weniger Verhaltensveränderungen fordern und deshalb auch weniger aversive Kontrolle benutzen, dürfte unter den insgesamt ausgeteilten Verstärkungen ein um so höherer Anteil an positiven Verstärkungen sein, je

mehr Ähnlichkeiten zwischen den Partnern bestehen. Und, wie bereits gesagt, wird durch die größere Ähnlichkeit die gegenseitige Anziehungskraft erhöht (vgl. BYRNE, 1969).

Nicht zuletzt verknüpfen Menschen mit ähnlichem Erfahrungshintergrund und ähnlichen Reinforcement-Geschichten auch ähnliche Stimuli mit verstärkenden Konsequenzen. Aus diesem Grund werden die Stimuli, die sie füreinander bereithalten, auch um so eher Verstärkungswert für den Partner besitzen, und umgekehrt, werden beide um so empfänglicher für die verstärkenden Reize des anderen sein (was die gegenseitige Anziehung um ein weiteres steigern würde).

Die Tatsache, daß Ähnlichkeiten im Verhaltensrepertoire ihrer Tendenz nach verstärkend wirken und zugleich selbst verstärkt werden, veranlaßte PATTERSON und REID (1969) zu der folgenden Überlegung:

„Es ließe sich denken, daß . . . Menschen sich gegenseitig ‚formen', um einander *zunehmend ähnlicher* zu werden. Die Verhaltensweisen von (Person) A, die am ehesten Verstärkungen bei (Person) B auslösen, sind immer diejenigen, die im Repertoire von B bereits vorhanden sind . . . Eine Bestätigung dieser Hypothese würde erfordern, daß sich Ehepartner mit fortschreitender Zeit immer ähnlicher werden (zusätzlich zu der ohnehin auf der Basis von Ähnlichkeiten erfolgenden Wahl des Ehegatten)" (S. 17).

Eine gewisse Bestätigung für die Richtigkeit dieser Hypothese liefert die Untersuchung von NEWCOMB (1961), in der festgestellt wurde, daß Schüler, die in gemeinsamen Schlafsälen untergebracht waren und Freundschaft geschlossen hatten, zu einer gegenseitigen Annäherung ihrer Einstellungen und Werthaltungen neigten. Ähnliche Resultate finden sich bei UHR (1957), welcher die Daten von KELLY (1955), der Verlobte nach 18 Jahren noch einmal befragt hatte, einer neuerlichen Analyse unterzog. Er fand dabei heraus, daß die Partner, die dem Vernehmen nach eine glückliche Ehe führten, einander ähnlicher geworden waren, wohingegen diejenigen, die ihre Ehe für unglücklich hielten, auf den Persönlichkeitsdimensionen größere Unterschiede aufwiesen. Diese Befunde scheinen die Hypothese von PATTERSON und REID zu stützen, nach der sich die Partner mit der Zeit ähnlicher werden, wenn ihre Interaktion verstärkende Wirkung besitzt (bzw. die Ehe als glücklich wahrgenommen wird).

Zugleich mit der Behauptung, Erwachsene zeigten die Tendenz, sich Umgebungen auszusuchen, die Ähnlichkeiten mit früheren aufweisen, und Personen zu wählen, die ihnen selbst ähnlich sind, stellt sich nun die theoretische Frage, ob es sich bei dieser Tendenz um ein Phänomen der Entwicklung handelt. Mit anderen Worten: Wenn Kinder ihre Interaktionspartner und sozialen Umgebungen frei wählen könnten, also nicht jeweils in bestimmte Umwelten hineingestellt würden, würden sie sich dann ebenfalls für Umgebungen entscheiden, in denen ihre bereits erlernten Verhaltensweisen unterstützt werden, und würden sie dann auch Personen bevorzugen, die ihnen selbst ähnlich sind? Verändern sich Kinder nur deshalb relativ stärker als Erwachsene, weil die Umgebungen sowie der Wechsel der Umgebungen für sie vorprogrammiert sind (etwa von der Kernfamilie zur Altersgruppe in der Vorschule, zur Schule, zur Arbeitswelt), was bei Erwachsenen nicht in gleichem Umfang der Fall ist?

15.3.1.2 Soziale Macht von Ehepartnern

Im vorherigen Abschnitt haben wir näher zu bestimmen versucht, auf welche Weise Ähnlichkeiten im Verhaltensrepertoire von Ehegatten zu einer befriedigenden Beziehung führen, nämlich zum Teil dadurch, daß hier jedem der Beteiligten ein Minimum an Verhaltensveränderungen abverlangt wird, und auch dadurch, daß für bereits vorhandene Verhaltenssysteme Verstärkungen zu erwarten sind. Selbst wenn nun aber die Tendenz besteht, sich einen Ehepartner zu wählen, der einem selbst ähnlich ist, so wird es doch zweifellos immer wieder Gelegenheiten geben, wo die Partner sich wechselseitig Verhaltensveränderungen abfordern müssen. Nach PATTERSON (1971) stellen solche Forderungen nach einer Änderung des Verhaltens einen normalen Bestandteil des Zusammenlebens dar. Viele der gegenseitigen Verhaltensveränderungen scheinen allerdings auch ohne explizite Veränderungswünsche zustandezukommen, vielfach sogar ohne Wissen der Partner. Selbst unerwünschte Verhaltensweisen des anderen können derart umgestaltet werden, beispielsweise durch ungeplante und unsystematische Erteilung von Belohnungen und Strafen.

Aber gleichgültig, ob die Verhaltensveränderungen nun geplant sind oder nicht: Die Effizienz der Ehegatten bei der wechselseitigen Formung ihres Verhaltens ist in jedem Fall zum Teil eine Funktion des jeweils vom anderen wahrgenommenen sozialen Status (der Einflußmöglichkeit oder sozialen Macht, social power). Sozialer Status muß dabei vom Status aufgrund der Rolle unterschieden werden; ersterer betrifft die Effizienz der einen Person bei der Beeinflussung der anderen, letzterer dagegen umschreibt die Gesamtheit aller vorgeschriebenen, erwarteten und typischen Verhaltensweisen der Ehegatten (s. WAXLER & MISHLER, 1970). PARSONS und BALES (1955) haben eine positive Beziehung zwischen Status aufgrund der Rolle und sozialem Status postuliert, d. h., die Person mit der mächtigeren Rolle besitzt auch einen größeren Einfluß als diejenige, deren Rolle mit weniger Macht ausgestattet ist.

In herkömmlichen Ehen wird die Rolle, die zugleich mit der größten sozialen Macht ausgestattet ist, dem Mann zugeschrieben, wobei Macht hier definiert ist durch Verfügungsgewalt über materielle und Bildungsressourcen (vgl. BLOOD & WOLFE, 1960), durch externe Kontrolle, relatives Engagement und die Möglichkeit, über andere attraktive Partner zu verfügen (vgl. BRODERICK, 1971; HEER, 1963). Der Partner mit den geringsten Alternativen neigt grundsätzlich zu stärkerer Abhängigkeit und zur Bindung an die Ehebeziehung und besitzt dementsprechend weniger Macht als der andere (BLAU, 1964; vgl. auch LAWS, 1971). In traditionellen Ehen, in denen die Frau an das Haus gebunden ist und in materieller und sozialer Hinsicht von ihrem Mann abhängt und in denen die nicht-berufstätige Hausfrau wenig Alternativen zur Ehe hat, besitzt der Mann tendenziell mehr Macht.

Verschiedene Untersuchungen, die LAWS (1971) zusammengestellt hat, deuten darauf hin, daß zu Beginn der Ehe, und zwar insbesondere da, wo die Frau ebenfalls arbeitet, die Machtverteilung noch weniger stark differenziert ist, also eher ein Gleichgewicht in den Machtverhältnissen vorzuherrschen scheint (BLOOD & WOLFE, 1960; GEIKEN, 1964). Mit der Ankunft von Kindern wird jedoch die ursprünglich symmetrische Beziehung offenbar durch eine traditionellere Beziehung ersetzt, in der der Ehemann stärker dominieren kann. Das Machtgefälle zwischen Mann und Frau scheint dabei um so stärker zu sein, je jünger die Frau zum Zeitpunkt der Eheschließung war, je früher das erste Kind kommt und je rascher die Geburten aufeinander folgen (CAMPBELL, 1967; LAWS, 1971), das heißt, je weniger Alternativen zur Ehebeziehung der Frau bleiben.

Für die vermutete Beziehung zwischen der Machtrolle und der Effizienz als Veränderungsagent (dem sozialen Status) können einige indirekte Beweise angeführt werden, BARRY (1970) kam in einem im *Psychological Bulletin* erschienenen Übersichtsartikel zu dem Schluß, daß Anpassung an die Bedingungen einer Ehe und eheliches Glück primär von den Persönlichkeitsfaktoren des Ehemannes (wie emotionaler Stabilität, männliches Selbstgefühl, Selbstvertrauen), *nicht* von denen der Ehefrau determiniert werden, ebenso auch von seinen, nicht ihren Hintergrund-Faktoren (wie Alter zum Zeitpunkt der Heirat, Bildungsniveau, enge Beziehung zum Vater). Ähnlich ergab sich auch in der bereits zitierten Analyse von UHR (1957), daß die Verhaltensveränderungen in glücklichen Ehen, in denen die Ehegatten innerhalb von 18 Jahren einander ähnlicher geworden waren, eher in einer zunehmenden Angleichung der Frauen an ihre Männer bestanden als umgekehrt. Bei den unglücklich verheirateten Paaren waren es typischerweise die Veränderungen im Verhalten des Mannes, die zu wachsenden Unähnlichkeiten zwischen den Ehegatten führten. Andere Untersuchungen weisen darauf hin, daß sich, wenn die Ehefrau ihren Mann als emotional reif (DEAN, 1966), als dominant (KOTLAR, 1965), als dem Sterotyp des ,,guten" Ehemannes entsprechend wahrnimmt (CORSINI, 1956, in BARRY, 1970), eine glückliche Ehe vorhersagen läßt; die Auffassungen der Ehemänner von ihren Frauen stehen dagegen in keiner Beziehung zu einem angepaßten Eheleben. Alle die genannten Studien scheinen demnach Anzeichen dafür zu enthalten, daß die Ehefrauen ihr Verhalten vergleichsweise stärker verändern müssen und die Ehemänner den größeren Einfluß auf die Gestaltung der Beziehung ausüben.

Da in keiner der zitierten Untersuchungen beobachtbares Verhalten gemessen wurde, sondern die Daten lediglich in Form von subjektiven Angaben zur eigenen ehelichen Zufriedenheit oder als Werte in Persönlichkeitstests vorliegen, und da zudem in keiner Untersuchung Ursache-Wirkungs-Beziehungen, d.h. die Interaktionssequenz zwischen den Ehegatten, aufgedeckt wurde, sind bestenfalls provisorische Schlußfolgerungen möglich. Die Untersuchungen, die einer Analyse von Interaktionssequenzen zwischen Ehegatten noch am nächsten kommen, sind die systematischen Beobachtungen von Interaktionen innerhalb der häuslichen Familiengemeinschaft, wie sie von PATTERSON und seinen Mitarbeitern durchgeführt wurden. Bedauerlicherweise analysierten die genannten Autoren ihr Datenmaterial jedoch nicht im Hinblick auf Reiz-Reaktions-Sequenzen, sondern summierten Reiz-Reaktions-Kategorien über die einzelnen Beobachtungsintervalle hinweg.

Wegen dieser methodischen Probleme bieten die zitierten Untersuchungen auch keine schlüssige Bestätigung für die vermutete Beziehung zwischen Rollenstatus und sozialem Status. Zu berücksichtigen ist ferner, daß in der Mehrzahl der Studien, in denen bei der Ehefrau mehr Verhaltensveränderungen als beim Ehemann festgestellt wurden, nur eine ganz bestimmte, wenn auch vielleicht die verbreitetste Form der Ehe untersucht wurde, nämlich die traditionelle, orthodoxe oder auch institutionelle Ehe. In einer derartigen Ehe sind den Ehepartnern komplementäre Rollen zugewiesen: Dem Ehemann fällt die in-

strumentelle, der Ehefrau die expressive Rolle zu, wobei unterstellt wird, daß diese Rollen nicht von ein und demselben Individuum gespielt werden können (BLOOD & WOLFE, 1960; PARSONS & BALES, 1955). Die instrumentelle Rolle betrifft die Bewältigung von Aufgaben (wie z. B. Mittelbeschaffung, Erlangung eines sozialen Status; vgl. LAWS, 1971); die expressive Rolle dagegen betrifft den emotionalen Aspekt der Beziehung, d. h., die Frau ist für die Qualität der Interaktion und für den Zusammenhalt der Familie verantwortlich (vgl. WAXLER & MISHLER, 1970).
Nun hat man sich in der Mehrzahl aller Forschungsarbeiten zwar mit diesem Modell von Ehe beschäftigt, und es ist von den meisten Forschern auch unkritisch akzeptiert worden (vgl. die Übersicht bei LAWS, 1971); die Theorie der ehelichen Rollendifferenzierung hat jedoch nur sehr schwache empirische Bestätigung gefunden (vgl. LAWS, 1971; WAXLER & MISHLER, 1970). Etliche Untersuchungen deuten vielmehr darauf hin, daß die Partner sich in die instrumentellen und expressiven Rollen teilen (vgl. KOTLAR, 1965) und daß sich, wenn beide Partner ähnliche Rollen spielen, die Wahrscheinlichkeit für eine befriedigende eheliche Beziehung erhöht (CHILMAN & MEYER, 1966; GURIN *et al.*, 1960; s. auch LAWS, 1971; LEVINGER, 1964; NAVRAN, 1967). Die Untersuchungen von LEIK (1963) und KENKEL (1957) weisen auf eine starke Beteiligung beider Partner an der Bewältigung von Aufgaben und auf eine gleichzeitige hohe emotionale Aktivität bei der Mutter (wie auch bei den Töchtern) hin. Damit dürfte nachgewiesen sein, daß das traditionelle Eheschema lediglich einen Spezialfall der ehelichen Rollenverteilung repräsentiert.
Die von PARSONS und BALES (1955) postulierte Beziehung zwischen Machtrolle und Machtstatus mag sich vielleicht auf die traditionellen Eheformen beschränken. Sie scheint aber im übrigen sehr viel komplexer zu sein, wie verschiedene Untersuchungen nahelegen (KENKEL, 1957, 1961; LEIK, 1963). So stellte KENKEL (1957) fest, daß stark expressive Frauen stärker an Entscheidungen beteiligt sind als instrumentell orientierte Frauen und sogar stärkeren Einfluß ausüben als ihre Ehemänner. Je expressiver sie sind, desto einflußreicher scheinen diese Frauen zu sein. Expressive Männer werden dagegen für weniger einflußreich als instrumentell orientierte Männer und weniger einflußreich als expressive Frauen befunden. Wenn man bedenkt, daß Stimuli nur dann wirksame Verstärker sind, wenn sie vom Empfänger gewünscht werden, und umgekehrt, daß eine Person nur dann Macht über eine andere besitzt, wenn sie über „Ressourcen" verfügt, die der andere begehrt, dann sind die genannten Befunde leicht verständlich: Stark expressives Verhalten der Frau dürfte zu einem hohen Verstärkungswert für den Mann geworden sein, während starke Expressivität des Mannes bei den Frauen weniger beliebt zu sein scheint.
Durchaus denkbar ist, daß sowohl Ehemänner als auch Ehefrauen über ein ganzes Arsenal von Reaktionsweisen verfügen, die für den Partner verstärkenden Wert besitzen und mittels derer sie Einfluß auf ihn ausüben, daß diese jedoch mit den Verfahren zur Untersuchung der traditionellen Rollen nicht erfaßt worden sind. Ob einer der Partner mehr Einfluß besitzt als der andere, wird wahrscheinlich von einer ganzen Reihe von Faktoren abhängen, die zusätzlich zu dem relativen Verstärkungswert der vorhandenen Verhaltenssysteme wirksam sind. So scheint z. B. die Überlegung wichtig, welche Verhaltensweisen die Ehegatten bei ihrem Partner zu verändern versuchen. Ob sich eine Verhaltensweise leicht verändern läßt, wird dann davon abhängen, welche Stimuli sie aufrechterhalten und ob diese auszuschalten sind, ferner von der zugrundeliegenden Lernerfah-

rung, der Extinktionsresistenz, der Verfügbarkeit alternativer Reaktionssysteme und anderen Faktoren. In einem Überblicksartikel, in der sie Literatur über familiäre Machtstrukturen kritisch betrachtet, äußert Safilios-Rothschild (1970) die Vermutung, daß „das relative Ausmaß, in dem der eine Ehepartner den anderen liebt und braucht, wohl die entscheidendste Variable bei der Erklärung von Machtstrukturen in ihrer Gesamtheit darstellt" (S. 548).

Bislang ist keine dieser Variablen untersucht worden, und daher ist auch wenig darüber bekannt, wer nun wen mit welchen Mitteln bezüglich welchen Verhaltens und bei welchen Gelegenheiten beeinflußt. Um den im Laufe des Ehelebens stattfindenden Prozeß des wechselseitigen Sich-Beeinflussens von Ehegatten in seiner ganzen Komplexität erfassen zu können, müßten multivariate Sequenzanalysen durchgeführt werden, bei denen die verschiedensten Reaktionen beider Partner, situative Determinanten, die Sequenz der Interaktionen, der Verstärkungswert der Verhaltensrepertoires und anderes mehr zu berücksichtigen wären.

15.3.1.3 Positive versus aversive Kontrolle durch die Ehepartner

In vielen Untersuchungen zur Familienstruktur hat man sich mit der Machtverteilung innerhalb der Familie (wie verschiedenartig und molar der Begriff auch immer definiert ist) beschäftigt; dennoch ist überraschend, wie selten der Frage nachgegangen worden ist, wie denn solche Macht eigentlich ausgeübt wird. Hallenbeck (1966) hat eine Unterscheidung zwischen Macht aufgrund von Belohnungen (reward power) und Macht aufgrund von Strafe (coercive power) vorgeschlagen; diese Unterscheidung ähnelt der bereits erwähnten Dimension der positiven versus negativen Kontrolle.

Unter Verwendung der molekularen operationalen Definition von positiver und negativer Kontrolle im Sinne der Darbietung von Stimuli, die eine Erhöhung beziehungsweise Verminderung der Reaktionswahrscheinlichkeiten bewirken, haben lediglich Patterson und seine Mitarbeiter diesen Prozeß innerhalb der Familie untersucht. Sie stützten sich dabei auf Beobachtungen der Interaktionen in Familien und stellten fest, daß zwischen den Ehegatten „eine Ausgewogenheit im Austeilen und Empfangen positiver und aversiver Konsequenzen" herrschte (Patterson & Reid, 1969, S. 11; vgl. auch Patterson & Cobb, 1971).

In den meisten Untersuchungen der Interaktionen zwischen Ehepartnern wird allerdings eher der „Austausch" von umfassenden definierten Verstärkern – wie Geld, Interesse, Dienstleistungen oder soziale Anerkennung – und weniger der einfache Austausch positiver und aversiver Konsequenzen erfaßt. Einige Untersuchungen ehelicher Interaktionen in Spiel- und simulierten Konfliktsituationen beziehen sich zumindest indirekt auf das Problem der positiven versus negativen Kontrolle, wenn man davon ausgehen kann, daß Kooperation positive und Vergeltungsstrategien aversive Kontrolle reflektieren. So fanden Rapaport und Chammah (1965) z. B., daß Männer beim *Prisoner's-Dilemma-Game* im allgemeinen mehr Kooperationsbereitschaft zeigen als Frauen. Frauen, die gegen Frauen spielten, waren am wenigsten kooperationswillig und tendierten am stärksten zu Vergeltungsaktionen; Männer, die gegen Männer spielten, waren dagegen am stärksten kooperationsbereit (s. Barry, 1970).

Eine Studie von SWAIN (1970) erbrachte ähnliche Resultate bei experimentell hergestellten Konfliktsituationen zwischen Ehemännern und Ehefrauen. Es zeigte sich, daß Ehemänner im allgemeinen konziliant er sind, sich weniger abweisend verhalten, weniger Zwang ausüben und stärker an die Vernunft appellieren als ihre Frauen. Der zwischen den Ehepartnern herrschende Interaktionsstil zeigte dabei die Tendenz, mit bestimmten Ehestadien zu korrespondieren: Frauen wurden danach in späteren Stadien (während der Schwangerschaft, nach der Geburt eines Kindes) zunehmend versöhnlicher und kooperativer. Auch BEAN und KERCKHOFF (1971) stellten beim *Prisoner's-Dilemma-Game* mehr Kooperationsbereitschaft bei Männern als bei Frauen fest. Nach ihren Daten stehen Kooperationsbereitschaft und Einsatz von Machtmitteln in Wechselwirkung mit der tatsächlichen und der wahrgenommenen Ähnlichkeit zwischen den Ehegatten.

Wenn die Hypothese der Reziprozität zutrifft und wenn Ehemänner grundsätzlich konzilianter und kooperativer sind (d.h. mehr positive Kontrolle ausüben) als ihre Frauen, dann „würde man erwarten, daß der erste Anstoß (oder die Mehrzahl der Anstöße) zu Kooperation und gegenseitigem Vertrauen vom Ehemann ausgehen müßte" (BARRY, 1970, S. 52). BARRY (1970) und SWAIN (1970) erklären ihre Befunde mit der größeren Macht (und inneren Sicherheit) des Mannes. Die Untersuchungen, in denen Dimensionen zwischenmenschlichen Verhaltens ermittelt wurden, weisen indessen eher auf eine orthogonale Beziehung zwischen den Dimensionen der „Macht" und der „Wärme" als auf eine gegenseitige Abhängigkeit hin (FOA, 1961; LEARY, 1957; METZ, 1962; SCHAEFER, 1959; TRIANDIS & LAMBERT, 1961). Das bedeutet: Ob jemand positive (Kooperation) oder negative Kontrolle (Zwang) ausübt, scheint danach unabhängig von seiner Macht zu sein. Darüber hinaus dürfte, wie oft erwähnt, Macht eher ein situations-, aufgaben- und partnerspezifisches Merkmal und nicht so sehr eine allgemeine Eigenschaft von Ehemännern sein.

PATTERSON und HOPS (1971) sehen die hauptsächlichsten Determinanten für den Gebrauch von Zwang in der situativen Variablen des engen Zusammenlebens, wobei „rasch der Punkt kommt, wo es notwendig wird, gewisse Veränderungen am Verhalten des anderen vorzunehmen" (S. 3), ohne daß jedoch eine Einübung in positive Kontrolle stattgefunden hätte (vgl. auch BANDURA, 1969a; STOLZ, 1967). Eine der Determinanten für die Verwendung positiver oder aversiver Kontrollen könnte nach diesen Autoren in der Lerngeschichte der einzelnen Partner zu suchen sein. Gleichwohl bleibt die Frage offen, warum Frauen, die ja für weniger kooperativ befunden wurden, weniger gut in die Verwendung von positiver Kontrolle eingeübt sein sollten als Männer.

Eine zweite Determinante mag in der Lerngeschichte mit dem Partner zu suchen sein. Nach den Prinzipien der Stimulusgeneralisierung werden nämlich Stimuli, die von einem stärker mit positiven Verstärkungen assoziierten Partner dargeboten werden, wahrscheinlich eher als Belohnungen, Stimuli von einem stärker mit negativen Verstärkungen assoziierten Partner dagegen eher als Bestrafungen empfunden. Unterstützt wird diese Annahme durch die Beobachtung PATTERSONS (1971), daß nach einer ausreichenden Darbietung aversiver Stimuli durch einen Partner die bloße Anwesenheit des Partners als aversiver Stimulus wirken kann. Aversive Stimuli wiederum provozieren häufig nichtkooperative Reaktionen (PATTERSON & REID, 1969), die dann, wie bereits gesagt, entsprechend erwidert werden. Dieser aversive Abtausch kann sich steigern und „die Erbit-

terung, mit der die Angriffe vorgetragen werden, kann sich auf beiden Seiten eskalieren, bis der eine Partner nachgibt oder aus dem Feld geht" (PATTERSON & HOPS, 1971, S. 3); darüber hinaus ist anzunehmen, daß ein derartiger Austausch beiden Partnern zunehmend die Möglichkeit nimmt, das Verhalten des Gegenübers zu verändern.
Auch in positiver Richtung lassen sich Eskalationen in der Interaktionskette vermuten, doch liegen zur Überprüfung dieser Annahme keine direkten Beobachtungsdaten vor. Die oben angeführten Belege für eine zunehmende Ähnlichkeit zwischen den Ehegatten als Funktion der Ehedauer mögen als indirekter Beweis für eine auch zunehmend positive Interaktion zwischen den Ehepartnern gelten.
Die Frage, ob Ehegatten in einer bestimmten Situation positive oder negative Kontrolle ausüben, dürfte von einer Vielzahl von Variablen abhängen: situativen Variablen, Reaktionen, die „geformt" werden, der Lerngeschichte der Ehegatten, der Beziehung der Ehegatten zueinander, ihrer wechselseitigen Ähnlichkeit, der Dauer ihrer Ehe und den daraus sich ergebenden komplexen Interaktionsformen. Zum gegenwärtigen Zeitpunkt scheint indessen wenig darüber bekannt, welche Parameter die Art der Interaktionsstrategien im einzelnen determinieren. Abgesehen von den Beobachtungen PATTERSONS ist eine lerntheoretische Analyse der Interaktionen von Ehepartnern bislang nicht durchgeführt worden.

15.3.2 Rollenvorschriften und Rollenerwartungen

In der soziologischen Literatur zur Entwicklung über die Lebensspanne hin wird die Ehe häufig als ein Ereignis dargestellt, bei dem der Zeitpunkt des Auftretens und das Ereignis als solches von der Gesellschaft vorgeschrieben sind (vgl. BRIM & WHEELER, 1966; NEUGARTEN & MOORE, 1968). Es wird dabei unterstellt, daß die Vorschriften über ein angemessenes (soziales) Verhalten von Mann und Frau, sowie auch die Erwartungen der Ehegatten im Hinblick auf „richtiges" Verhalten ihrerseits die Veränderungen des Verhaltens stark beeinflussen (und zwar durch die Mechanismen der symbolischen Regulation). Im Prozeß der Sozialisation werden bei Kindern beiderlei Geschlechts bis zu einem gewissen Grade die späteren Rollen von Ehemann und Ehefrau, Vater und Mutter, mit ihrem vorgeschriebenen Rollenverhalten, vorweggenommen. Einige dieser Verhaltensweisen werden allerdings erst dann auch zur Ausführung gelangen, wenn das dafür vorgesehene Alter und der entsprechende soziale Status erreicht sind. Innerhalb der Theorie des sozialen Lernens wird dieser Prozeß der antizipatorischen Sozialisation, d. h. des Lernens von Verhaltenssystemen, die erst viele Jahre später zur Anwendung kommen, mit den Mechanismen des verdeckten Übens (covert rehearsal; BANDURA, 1969a; MACCOBY, 1959) und der symbolischen Kodierung (symbolic coding; BANDURA, 1969a; BANDURA, GRUSEC & MENLOVE, 1966) erklärt.
Zusätzlich zur antizipatorischen Sozialisation werden die Kinder aber auch direkt in männliche und weibliche Rollen (wie sie von der Gesellschaft definiert sind) hineinerzogen, und zwar auf dem Wege des Beobachtungslernens und der differentiellen Verstärkung von seiten der Sozialisationsagenten. Diese geschlechtstypischen Verhaltensweisen (vgl. MISCHEL, 1970) mögen in gewissem Umfang die Kontinuität zwischen den Verhal-

tensrepertoires des Kindesalters und denen der Erwachsenenzeit gewährleisten, insoweit als sie über die Kindheit hinaus von entsprechenden Umweltkontingenzen aufrechterhalten werden (zur Diskussion dieses Sachverhalts vgl. EMMERICH, 1973). Das Lernen adäquaten Rollenverhaltens kann darüber hinaus in den Jahren vor der Eheschließung oder auch noch danach durch die Orientierung an Gleichaltrigen, an Massenmedien und ähnlichem stattfinden.

Wenn wir die Veränderung des Verhaltens als Funktion von Rollenvorschriften und -erwartungen erörtern, so ist zu unterscheiden zwischen der Ausübung erlernter Verhaltensmuster, die zuvor noch nicht angewendet wurden (wie etwa die Übernahme von Haushaltspflichten) und dem Erwerb ganz neuer (zuvor auch nicht erlernter) Verhaltensmuster.

Damit zuvor erlerntes Verhalten auch wirklich gezeigt wird, sind Verstärkungen, die entweder teilnehmend miterlebt, selbst gesetzt oder von außerhalb erteilt werden, wesentliche Voraussetzung. Wenn also Verhaltenssysteme, die früher erlernt wurden, in der Ehe aktiviert werden sollen, dann müssen sie entweder durch den Ehegatten (bzw. relevante andere Personen) oder durch das Individuum selbst verstärkt werden (teilnehmende Verstärkung wäre hier weniger wahrscheinlich). So bestünde z. B. die Möglichkeit, daß eine Frau in der Ehe selbst dann neue Verhaltensweisen – etwa übersteigerte Reinlichkeit – an den Tag legt, wenn Verstärkungen von ihrem Ehemann ausbleiben, ja sogar, wenn sie Sanktionen von ihm zu befürchten hat. Ihr Verhalten würde in diesem Fall von selbsterteilten Verstärkungen getragen sein, wobei die Standards für derartiges Verhalten vielleicht früher durch die Beobachtung der Kriterien, die die Mutter für die Selbstverstärkung eines angemessenen Hausfrauenverhaltens zeigte, gelernt worden sind. Ein Nichteinhalten dieser hohen Verhaltensstandards würde dann selbsterteilte negative Verstärkungen (oder Schuldgefühle) nach sich ziehen (BANDURA, 1969a).

Wenn das neu zu zeigende Verhalten allerdings stark von den früher geäußerten Verhaltensweisen abweicht, dann verlangt es in der Regel nach einer zusätzlichen Unterstützung durch Verstärkungen von außerhalb. Es liegen dementsprechend einige Hinweise dafür vor, daß, wenn sich die externen Kontingenzen von den selbsthergestellten Kontingenzen unterscheiden, das Verhalten allmählich unter die Kontrolle der externen Verstärkungen kommt (AYLLON & AZRIN, 1964; vgl. auch BANDURA, 1969a).

Zusammenfassend ergibt sich, daß das Individuum Verhaltensrepertoires in die Ehe mitbringt, von denen einige zuvor zwar gelernt, aber noch nicht gezeigt, andere indessen gelernt und bereits (im Prozeß der Geschlechtsrollentypisierung) ausgeübt worden sind, und die es alle mehr oder weniger auf die neue (Ehe-) Situation vorbereiten. Inwieweit das Individuum neue Verhaltensweisen erlernen oder bereits vorhandene Verhaltenssysteme modifizieren muß, hängt ab von der Ähnlichkeit der in der neuen Situation erforderlichen (erwarteten) Verhaltensweisen mit den Verhaltenssystemen, die in der mehr oder weniger weit zurückliegenden Vergangenheit erlernt worden sind.

Im folgenden sollen nun einige Untersuchungen aus der Literatur zur Ehe zur Sprache kommen, die auf Verhaltensveränderungen aufgrund der neuen Rolle hindeuten; dabei wollen wir versuchen, diese Veränderungen im Sinne der obengenannten Prinzipien zu systematisieren. Die meisten Ergebnisse der psychologischen und soziologischen Eheforschung enthalten Hinweise darauf, daß sich die Frau in der Ehe stärker anpassen muß als der Mann und daß ihr deshalb mehr Verhaltensveränderungen abverlangt werden (Barry, 1970; Bernard, 1964; Burgess & Cottrell, 1939). In einem Überblicksartikel kommt Barry zu folgendem Schluß:

„Aller Wahrscheinlichkeit nach . . . sind die ersten Ehejahre zumal für die Frau besonders strapaziös. Vor allen Dingen scheint das Jungvermähltenstadium für die Frau viel stärker als für den Mann eine Art Übergangsperiode darzustellen. Im allgemeinen wechselt die Frau hier von einer irgendwie gearteten Karriere-Orientierung zu einer neuen Hausfrau- und Mutter-Orientierung über, mit all den Ängsten, die jede drastische Veränderung hervorrufen kann" (1970, S. 50).

Da demnach der Situationswechsel für die jungvermählte Frau bei einer traditionellen Ehe (wie eben geschildert) tiefgreifend und mit erheblichen Strapazen verbunden zu sein scheint, da also, mit anderen Worten, in diesem Fall nur geringe Überlappungen zwischen dem Verhalten vor und nach der Eheschließung zu finden sein dürften, läßt sich vorhersagen, daß das neue Verhalten nicht allein auf der Basis selbsthergestellter Kontingenzen aufrechterhalten werden kann (wenn Konflikte vermieden werden sollen). Wir würden vielmehr prognostizieren, daß das neue Rollenverhalten der Ehefrau durch externe Verstärkungen von seiten des Ehemannes (oder auch der Eltern, von Gleichaltrigen usw.) gestützt werden muß. Bleiben diese Verstärkungen aus, und wird das neue Verhalten nur von der Ehefrau selbst (aufgrund ihrer autonomen Leistungsstandards) gefordert, dann wird dies Konflikte nach sich ziehen, die in Unzufriedenheit und mißlungene Anpassung münden können.

Von Barry (1970) zusammengetragene Untersuchungen verweisen in der Tat auf eine bestmögliche Rollenanpassung (ermittelt anhand von subjektiven Angaben über eheliche Zufriedenheit und eheliches Glück) bei den Frauen, deren Ehemänner sich konziliant und konstruktiv verhalten (Barry, 1968), was darauf hindeuten mag, daß sie positive Verstärkungen für das neue Rollenverhalten ihrer Frauen bereithalten. Eine andere Untersuchung scheint zu dem Ergebnis zu kommen, daß in Ehen, in denen zwischen den Ehegatten ein liebloser Kommunikationsstil herrscht, die Frau zu einer starken Bindung an ihre Eltern neigt (Goodrich, Ryder & Raush, 1968). Außerdem scheinen solche Ehepaare in der Regel stark an einen Freundeskreis gebunden zu sein und verhalten sich kindzentriert (was bei fehlenden Kindern in antizipatorischer Weise geschieht); Ehepartner hingegen, die einander in großem Maße ihre Gefühle zeigen, neigen dazu, sich von ihren Familien zurückzuziehen und sich weniger für Nachwuchs zu interessieren. Diese Befunde können als Anzeichen dafür gelten, daß in Ehen, in denen die Partner nicht von anderen in ihrem neuen Rollenverhalten verstärkt werden, sie diese Verstärkungen außerhalb der Ehe suchen.

Zu beachten ist, daß sich alle die Studien, die Hinweise auf größere Anpassungsschwierigkeiten für die Frau als für den Mann enthalten, nur auf das traditionelle Eheschema beziehen und daß die Befunde daher nicht auf andere Formen der Ehe generalisiert werden können. Bei der Vorhersage von Verhaltensveränderungen als Funktion von Rollenerwartungen und -vorschriften in der Ehe sind dreierlei Faktoren zu berücksichtigen:

(1) Der Umfang der von einem Kind im Verlauf der Geschlechtsrollendifferenzierung gelernten (und geäußerten) instrumentellen und/oder expressiven Verhaltensweisen (wobei instrumentelles und expressives Verhalten jeweils als Kontinuum von schwach bis stark gedacht ist);

(2) der Umfang des vom Kind gelernten (aber nicht ausgeübten) instrumentellen und expressiven Rollenverhaltens, das erst in der Ehe Anwendung findet; und
(3) der Umfang der von den Ehegatten wahrgenommenen Vorschriften für die Rollenteilung zwischen Mann und Frau (durch sozialen Druck, Erwartungen des Partners oder an sich selbst gestellte Forderungen).

Das Ausmaß der Verhaltensveränderungen im Sinne von Veränderungen des expressiven bzw. instrumentellen Verhaltens (wobei auch „neue" Verhaltensweisen wie etwa die Übernahme von Aufgaben im Haushalt oder die Versorgung von Kindern gemeint sind) wird dann davon abhängen, wie stark sich diese Faktoren ähneln. Die Faktoren (1) und (2) können, aber müssen nicht zusammenhängen; so können Eltern etwa eine bestimmte Verhaltensweise ihres Kindes verstärken, in ihrem eigenen Verhalten jedoch ein ganz anderes Modell für eheliches und elterliches Rollenverhalten repräsentieren. (Beispielsweise kann ein Vater bei seinem Sohn instrumentelles Verhalten verstärken, selbst aber in seiner Beziehung zu Frau und Sohn stark expressiv sein.)

Das folgende Beispiel mag das Zusammenspiel der genannten drei Faktoren bei der Determinierung des Umfangs der Verhaltensveränderungen beim Eintritt in die Ehe verdeutlichen: Nehmen wir an, jemand, der als Kind zu starker Expressivität und geringer Instrumentalität erzogen wurde (nach den traditionellen Geschlechtsrollen ein typisches Verhaltensmuster für Mädchen), gleichzeitig aber durch Beobachtung des gleichgeschlechtlichen Elternteils sowohl instrumentelles als auch expressives Rollenverhalten für die Ehe gelernt hat, heiratet später einen Partner, der von seinem Gegenüber erwartet, daß es die instrumentelle Rolle (sozusagen die typische Männerrolle) spielt. Wird diese instrumentelle Rollenvorschrift durch sozialen Druck verstärkt, dann würden wir prognostizieren, daß sich die expressiven Verhaltensweisen allmählich abschwächen und irgendwann ganz verschwinden. Zur gleichen Zeit würden die instrumentellen Verhaltensweisen, die auf dem Wege antizipatorischer Sozialisation gelernt wurden, eine Stärkung erfahren, und es müßte neues instrumentelles Verhalten (das im Kindesalter nicht verstärkt wurde) dazugelernt werden (eine ähnliche Analyse findet sich bei EMMERICH, 1973).

15.4 Elternschaft

Während Soziologen, die die Familie untersuchen, seit langem die kontinuierlichen Veränderungen bei Familienmitgliedern innerhalb des familiären Lebenszyklus (family life cycle; BRODERICK, 1971) erkannt haben, ist dieser Sachverhalt als Untersuchungsgegenstand der Psychologie bisher weitgehend vernachlässigt worden. Von soziologischer Seite sind verschiedene Modelle für die Entwicklung der Familie vorgeschlagen worden, in denen die einzelnen Ehejahre oder die Stadien innerhalb des Lebensablaufs nicht als unabhängige Variablen, sondern als „kritische Wendepunkte" (BOLTON, 1961; KIRKPATRICK, 1967; MAGRABI & MARSHALL, 1965) oder als Entwicklungsaufgaben (vgl. BRODERICK, 1971, HILL & RODGERS, 1964) aufgefaßt werden. Zwar sind durch diese Modelle bisher nur wenige Untersuchungen angeregt worden, doch gibt es eine ganze Reihe von Studien über typische Verhaltensveränderungen als Funktion der Ehedauer (oder als Funktion struktureller Variablen wie der Ankunft von Kindern, dem Alter der Kinder etc.), in die Anpassung an den Ehezustand oder die Zufriedenheit mit der Ehe als Kriterium verwendet wurde.

In den meisten dieser Arbeiten über den familiären Lebenszyklus wurden nun allerdings nicht die *Prozesse* der Verhaltensveränderungen oder die funktionalen Reiz-Reaktions-Beziehungen, ja, nicht einmal beobachtbares Verhalten untersucht; vielmehr stützte man sich in der Regel auf subjektive Daten, und das ist auch der Grund, weshalb solchen Untersuchungen – die in der Literatur über die Familie vorherrschen – für die gegenwärtige Diskussion nur ein begrenzter Wert zukommt.

Angesichts der Popularität des am familiären Lebenszyklus orientierten Ansatzes innerhalb der Soziologie überrascht es, daß man in der Psychologie gerade erst beginnt, sich dafür zu interessieren. In jüngerer Zeit erst haben sich Kinderpsychologen dem Kind in seiner Eigenschaft als Auslöser von Veränderungen des elterlichen Verhaltens zugewandt (Bell, 1968, 1971; Gewirtz, 1969b; Osofsky, 1970, 1971; Yarrow, Waxler & Scott, 1971). Diese Untersuchungen sind jedoch nicht im Rahmen einer Theorie des familiären Lebenszyklus zu sehen, da Kinder hier nicht als ein Stimulus-Komplex in einer sich kontinuierlich verändernden Serie weiterer Stimulus-Komplexe im Leben des Erwachsenen aufgefaßt werden. Vielmehr gilt das Interesse der Kinderpsychologen den Wirkungen eines Kindes auf das elterliche Verhalten unter dem Aspekt reziproker Beziehungen zwischen Eltern und Kindern, die beide gleichermaßen Einfluß aufeinander ausüben. So kritisierten verschiedene Autoren (Berberich, 1971; Osofsky, 1970, 1971; Yarrow, Waxler & Scott, 1971) die unidirektionale Sozialisationstheorie und versuchten zu zeigen, daß Kinder das Verhalten ihrer Eltern genauso stark kontrollieren wie die Eltern das Verhalten ihrer Kinder. Da es sich hier um experimentelle Untersuchungen handelt und beobachtbares Verhalten als abhängige Variable verwendet wird, werden wir uns in der nachfolgenden Diskussion vor allem darauf stützen.

Im nächsten Abschnitt wird Elternschaft als ein Ereignis beschrieben, das Veränderungen beim Erwachsenen hervorruft, und zwar werden wir das unter denselben beiden Gesichtspunkten tun wie im Abschnitt über die Ehe, nämlich (1) Interaktion zwischen Kindern und Eltern, und (2) Rollenvorschriften und Rollenerwartungen, die mit der Elternrolle verknüpft sind und damit Verhaltensveränderungen bei den Eltern bewirken.

15.4.1 Interaktion zwischen Kindern und Eltern

In jüngerer Zeit ist zwar verstärkt darauf hingewiesen worden, daß die Eltern-Kind-Beziehung reziprok sei, doch hat man bisher überraschend wenig empirische Untersuchungen dazu durchgeführt. Einige Beobachtungsstudien (Bell, 1971; Gewirtz, 1969b; Moss, 1967) ermöglichten es, zusätzlich zum mütterlichen Einfluß auf das Kind die Wirkungen des Kindes auf das mütterliche Verhalten zu extrapolieren. In einigen wenigen experimentellen Studien untersuchte man ferner die Auswirkung des Verhaltens des Kindes auf das des Erwachsenen (Berberich, 1971; Osofsky, 1970, 1971).

Die gegenseitige Formung von Mutter und Kind scheint schon im Säuglingsalter einzusetzen. Moos und Robson (1968a) sowie auch David und Appell (1961) machten die Beobachtung, daß das Schreien eines Säuglings erfolgreich das Verhalten der Pflegeperson zu kontrollieren vermag. So stellten David und Appell etwa fest, daß Kinderschwestern einem Säugling 15mal mehr Zeit widmen, wenn er schreit, als wenn er das nicht tut. Die Tatsache, daß er zu weinen aufhört, sobald man ihm Aufmerksamkeit schenkt, dürfte das Aufmerksamkeitsverhalten der Kinderschwestern verstärken. Ebenso beobachtete Gewirtz (1961), daß das Lächeln des Kindes, sein ,,guter Appetit" und das Aufhören seines Weinens wirksame Verstärker für das Verhalten von Erwachsenen seien. (Einen Überblick über diese Untersuchungen findet der Leser bei Hartup und Lempers, 1973).

Aufgrund der Beobachtungen von Mutter-Kind-Interaktionen in den ersten drei Lebensmonaten des Kindes formulierte Moss die Hypothese, der Säugling kontrolliere das Verhalten seiner Mutter stärker als das ältere Kind. Da es sich hier um eine der wenigen entwicklungspsychologischen Hypothesen über den Einfluß des Kindes auf das elterliche Verhalten handelt, soll sie hier ausführlicher zitiert werden:

> ,,Zusammenfassend können wir feststellen, daß das mütterliche Verhalten zu Anfang anscheinend ganz unter der Kontrolle der Stimulus- und Verstärkungsbedingungen des Neugeborenen steht. Mit zunehmendem Alter des Kindes erhält die Mutter, sofern sie konsequent den Signalen des Kindes entsprechend gehandelt hat, allmählich einen eigenen Verstärkungswert, der ihre Effizienz bei der Steuerung des kindlichen Verhaltens erhöht. Gleichzeitig damit nimmt aber die zuvor vom Kind ausgeübte Kontrolle in ihrer Wirksamkeit ab und wird immer schwächer . . . Zuerst also wird die Mutter vom Kind geformt, was ihr hernach die Formung des kindlichen Verhaltens erleichtert" (1967, S. 29f.).

Da die Untersuchung von Moss (1967) lediglich Kinder im Alter bis zu drei Monaten umfaßt, müssen wir sicherheitshalber sagen, daß diese Hypothese auch nur für diese Altersspanne Gültigkeit beanspruchen kann. Dennoch erscheint es interessant, Überlegungen darüber anzustellen, in welcher Weise sich Trends im Gleichgewicht der Kontrolle zwischen Mutter und Kind, oder, entsprechend der früher verwendeten Terminologie, im wechselnden Machtverhältnis zwischen Mutter und Kind während der Entwicklung zeigen.

15.4.1.1 Verteilung der sozialen Macht zwischen Kindern und Eltern

In einer theoretischen Arbeit über Eltern-Kind-Beziehungen, die auf der sozialen Austausch-Theorie basiert, führt Richer (1968) eine Analyse durch, die unseren Überlegungen entgegenkommt. Richer (1968) geht davon aus, daß das Prinzip des sozialen Austauschs in der Familie in gleicher Weise gilt wie in anderen sozialen Gruppen, und legt seiner Analyse zwei Annahmen zugrunde: Erstens, daß es ,,das primäre Ziel der elterlichen Bemühungen (sei), ihre Kinder zu größtmöglichem Gehorsam zu erziehen", und zweitens, daß ,,derjenige, der über begehrte Ressourcen verfügt, in einer Gruppe zu Macht kommen kann. Dieser Aufstieg wird beschleunigt, wenn zwei Bedingungen erfüllt sind: (1) Die Empfänger der Mittel haben keine anderen Möglichkeiten, an die Mittel heranzukommen. (2) Sie besitzen keine äquivalenten Ressourcen, mit denen sie sich revanchieren könnten" (S. 462).

Auf dem Hintergrund dieser Annahmen gelangt RICHER zu der Hypothese, das Kind sei in seinen ersten Lebensmonaten einseitig von seinen Eltern abhängig, welche die alleinige Verfügungsgewalt über soziale und materielle Gratifikationen besitzen. Wenn allerdings die oben zitierte Hypothese von MOSS (1967) zutrifft, so dann kann die einseitige Abhängigkeit des Kindes von seinen Eltern erst dann eintreten, wenn die Mutter Verstärkungswert erhalten hat. Wächst das Kind nun heran und wird ihm (im Alter von drei bis vier Jahren) bewußt, daß es ebenfalls im Besitz eines begehrten Mittels – Gehorsam – ist, findet nach RICHER der erste Austausch zwischen Kind und Eltern statt. Anfänglich mag dieser Gehorsam für die Eltern mit geringem Aufwand zu erreichen sein, etwa einem Lächeln, einem Lob; kommt das Kind jedoch erst einmal ins Schulalter, dann begreift es sehr schnell, daß sein Gehorsam einen hohen „Marktwert" besitzt. Zur selben Zeit erwirbt das Schulkind mit seinen Lehrern und Klassenkameraden alternative Quellen von – meistenteils sozialen – Gratifikationen. Mit jeder neuen Möglichkeit, Verstärkungen zu erhalten (von Geschwistern, weiteren Familienmitgliedern, Verwandten, Gleichaltrigen) wird das Kind mächtiger, d. h. weniger abhängig von den Gratifikationen seiner Eltern. RICHER (1968) nimmt an, daß das Kind mit zunehmender Macht weniger fügsam und immer widerspenstiger werde und daß „es darauf aus ist, mehr dafür zu bekommen, wenn es folgsam ist" (S. 464). Mit dem Eintritt in die Adoleszenz ist dann der Punkt erreicht, an dem das Kind weitgehend unabhängig ist von den sozialen und in gewissem Maße auch von den materiellen Zuwendungen der Eltern. Im Extremfall werden nun die Eltern einseitig von ihren Kindern abhängig, wenn sie nicht bereit sind, „den Preis zu zahlen", und weiterhin wünschen, daß ein Kind ihnen gehört. Auf der Basis dieser allgemeinen Analyse stellt RICHER (1968) nun eine Reihe spezieller Hypothesen auf, die den Austauschprozeß zwischen Eltern und Kindern als Funktion der Integration des Kindes in die Gruppe der Gleichaltrigen, der Anzahl der Geschwister, der Verfügbarkeit anderer Erwachsener (etwa Verwandter) als Verstärkungsquellen betreffen; keine dieser Hypothesen ist bislang allerdings experimentell getestet worden.

Wenn die Analyse RICHERS in dieser Form auch nicht ganz zutreffend sein mag, so repräsentiert sie doch einen interessanten, ja, (neben der Hypothese von MOSS, die sich jedoch nur auf einen kurzen Lebenszeitraum des Kindes bezieht), den einzigen uns bekannten Ansatz zu einer Theorie der Eltern-Kind-Beziehungen. Die Annahme eines einzigen Erziehungszieles, wie bei RICHER, dürfte grundsätzlich nicht zu rechtfertigen sein, da Eltern wahrscheinlich jeweils die mannigfaltigsten Sozialisationsziele verfolgen (die wiederum von Elternteil zu Elternteil variieren oder auch schichtspezifisch sein können). Das Modell RICHERS müßte deshalb zu einem multivariaten Modell erweitert werden. Die experimentellen Daten lassen außerdem Zweifel daran aufkommen, ob die *Ressourcen-Theorie* der Macht (BLOOD & WOLFE, 1960; HEER, 1963) überhaupt haltbar sei. So zitiert SAFILIOS-ROTHSCHILD (1970) z. B. eine ganze Reihe von Untersuchungen (über Ehepaare), die die Hypothese widerlegen, daß derjenige mit den größeren (materiellen, bildungsmäßigen, alternativen) Ressourcen auch über mehr Macht verfüge (KOMAROVSKY, 1967; SAFILIOS-ROTHSCHILD, 1969). Zahlreiche andere Studien weisen darauf hin, daß die Macht eines Kindes im Vergleich zu seinen Eltern von der sozialen Schicht (LIU, 1966) und der Zugehörigkeit zu kulturellen Gruppen (STRODTBECK, 1951, 1958) abhängig ist. Nach diesen wie auch anderen Untersuchungen über die Machtverteilung bei

Ehepaaren scheint die Ressourcen-Theorie der Macht nur für die Kulturen (und sozialen Klassen) zu gelten, in denen die Machtverteilung nicht durch traditionelle Normen festgelegt ist, sondern dynamisch frei vorgenommen werden kann. Wird die Ressourcen-Theorie nicht nur auf materielle, sondern zusätzlich auch auf soziale (affektive) Gratifikationen angewendet, wie RICHER (1968) dies vorschlägt, dürfte die von ihm behauptete lineare Beziehung zwischen der Verfügung über alternative Ressourcen und Einflußmöglichkeit nicht mehr haltbar sein. Abhängigkeit von einer bestimmten Quelle sozialer Gratifikationen (z. B. den Eltern) kann vielmehr durchaus gleichzeitig und von der Verfügbarkeit anderer derartiger Quellen (etwa der Gruppe der Gleichaltrigen) unbeeinflußt bestehen bleiben. Es ist keineswegs gesagt, daß ein Kind, das den belohnenden Effekt von Kontakten zu Gleichaltrigen erlebt, deshalb weniger abhängig von seinen Eltern wird. Auf der anderen Seite dürfte auch die RICHERsche Prognose, daß mit zunehmendem Alter der Kinder die Abhängigkeit der Eltern von den Kindern wachse, nicht mehr zutreffend sein, sobald man ihr die erweiterte Ressourcen-Theorie, die soziale und materielle Ressourcen umfaßt, als Modell zugrundelegt. Eltern mit starker emotionaler Bindung an ihr kleines und weniger starker Bindung an ihr älteres Kind werden sich z. B. vom kleineren Kind stärker kontrollieren und manipulieren lassen. Das bedeutet aber, daß das Alter des Kindes weniger in einer kurvilinearen Beziehung zu elterlicher Abhängigkeit steht, wie RICHER dies postuliert, sondern wahrscheinlich eher mit elterlicher Affektivität dem Kind gegenüber und mit den Variablen interagiert, die diese Affektivität bestimmen (so etwa der Persönlichkeit des Kindes, der Kinderzahl, der Geburtenfolge).
Um RICHERS Analyse zu einem multivarianten Modell zu erweitern, das dem Wechsel im Gleichgewicht der gegenseitigen Beeinflussung von Eltern und Kindern gerecht wird, müßten folgende Variablen in Betracht gezogen werden:
1. Eine Matrix der Verhaltensweisen für jedes Elternteil und jedes Kind, die dem anderen „anerzogen" werden sollen. Im Falle der Eltern bezeichnet man diese Verhaltensweisen in der Regel als Erziehungsziele, in bezug auf die Kinder mögen sie erwünschtes elterliches Verhalten genannt werden.
2. Eine Matrix von Verstärkern für jedes Elternteil und jedes Kind, die zur „Anerziehung" des jeweils erwünschten Verhaltens verwendet werden. Neben den erwünschten Verhaltensweisen, die, wenn sie der andere zeigt, Verstärkungswert zu besitzen scheinen (BERBERICH, 1971), kann es nämlich noch andere Reaktionen geben, die nur Verstärkungswert haben, aber keine expliziten Erziehungsziele darstellen.
Eine Untersuchung der Entwicklungstrends, bei der die Reaktionsweisen von Eltern und Kindern simultan überprüft würden, könnte komplexe Interaktionen zwischen den verschiedenen Verhaltenssystemen aufdecken. Vorstellbar wäre etwa, daß Kinder mit zunehmendem Alter immer mehr und immer neue Bereiche des Verhaltens der Eltern beeinflussen, während der elterliche Einfluß auf das Verhalten der Kinder zur gleichen Zeit weder zu- noch abnimmt. Das kleine Kind z. B. kontrolliert vielleicht lediglich diejenigen elterlichen Verhaltensweisen, die sich auf die Eltern-Kind-Interaktion (wie etwa die Pflegeaktivitäten) beschränken, während das größere Kind oder der Jugendliche erfolgreich versucht, auch das außerhalb der Interaktion mit ihm liegende Verhalten der Eltern zu beeinflussen (ihre äußere Erscheinung, den Stil ihrer Kleidung, ihr politisches Engagement). Das mag daran liegen, daß Kinder, wenn sie älter werden, einfach mehr Informa-

tionen haben, z. B. aufgrund ihrer Schulbildung. Gleichzeitig dürfte das mit dem Alter zunehmende Wissen um die Verstärkungserfahrungen der Eltern, nämlich die Kenntnis der Verhaltensweisen, die als Verstärker für das elterliche Verhalten in Frage kommen, die Möglichkeiten des Heranwachsenden zur Kontrolle des Verhaltens seiner Eltern ständig verbessern.

15.4.1.2 Positive versus aversive Kontrolle

Die Dimension Wärme-Feindseligkeit hat sich neben der Dimension Kontrolle als am wichtigsten zur Charakterisierung von Eltern-Kind-Beziehungen erwiesen (BECKER, 1964; SCHAEFER, 1959). Die meisten Untersuchungen zu diesem Problem galten der Auswirkung von Wärme als einer mehr oder weniger durchgängigen Eigenschaft des elterlichen Verhaltens bei der Kindererziehung. ,,Wärme" im kindlichen Verhalten ist dagegen niemals Gegenstand der Untersuchung gewesen, wenngleich sich denken läßt, daß sie einen ähnlich starken Einfluß auf das Verhalten der Eltern auszuüben vermag.

Wie bereits festgestellt, kann Wärme durch den Anteil von positiven an den insgesamt erteilten Verstärkungen, den Zeitpunkt von Verstärkungen, die speziellen Verstärkungspläne etc. operationalisiert werden. Eine ganze Reihe von Beobachtungsstudien scheint die Annahme zu rechtfertigen, daß positive oder negative Verstärkungen seitens des Kindes das Verhalten der Eltern in ganz derselben Weise beeinflussen wie die elterlichen Verstärkungen das Verhalten des Kindes, und daß sie anscheinend jeweils entsprechend erwidert werden. So sind etwa das Lächeln des Kindes und sein Anblicken der Mutter den Angaben von ROBSON und MOOS (1969) zufolge effiziente Verstärker für das mütterliche Verhalten. In ausführlichen Interviews sprachen die Mütter erst dann von starken persönlichen Bindungen an ihr Kind, wenn dieses sie ,,anzusehen" und ,,anzulächeln" begann. Ähnlich berichtet MOOS (1967) von einer Steigerung des affektiven mütterlichen Verhaltens, wenn der Säugling drei Monate alt war und sein Anblicken der Mutter, sein Lächeln und sein stimmlicher Ausdruck an Umfang zugenommen hatte.

Negativistische Verhaltenswesen (negative Verstärkungen) bei Säuglingen und Kleinkindern scheinen ganz in derselben Weise erwidert zu werden wie die positiven Verstärkungen. PROVENCE und LIPTON (1962) stellten bei der Untersuchung der Anpassung von Ein- und Zweijährigen an ihre Pflegefamilien fest, daß die Pflegeeltern ihre affektive Zuwendung (so z. B. die Rate positiver Verstärkungen des Kindes) offensichtlich verringerten, als das Kind in ein aggressives, provokatives und negativistisches Stadium geriet (vgl. HARPER, 1971).

In einer Untersuchungsserie, in der das System von LEARY (1957) benutzt wurde, unterzogen RAUSH und seine Mitarbeiter (RAUSH, DITTMANN & TAYLOR, 1959; RAUSH, FARBMAN & LLEWELLYN, 1960) die Reziprozitätshypothese einem direkten Test. Über einen Zeitraum von eineinhalb Jahren hinweg beobachteten sie hyperaggressive zehnjährige Jungen bei ihren Interaktionen mit Gleichaltrigen und Erwachsenen und verglichen sie mit acht- bis zehnjährigen männlichen Kontrollpersonen. ,,Es war abzusehen, daß unter Kindern Aggression wiederum Aggression erzeugte. Der Durchschnitt der begangenen feindseligen Akte entsprach ganz dem Durchschnitt der erduldeten aggressiven Handlungen" (RAUSH *et al.*, 1960, S. 321). Dieser Befund traf indessen nicht nur für die

Interaktionen mit Gleichaltrigen, sondern auch für die mit Erwachsenen zu: Die Gruppe, die sich am aggressivsten gegen Erwachsene zeigte, erntete von ihnen auch die meisten Feindseligkeiten, die am wenigsten aggressive Gruppe entsprechend die wenigsten. Ein über die eineinhalb Jahre ermittelter Trend deutete auf einen Rückgang der Aggressivität der Jungen als Funktion von relativ weniger Aggressionen seitens der Erwachsenen (25%) gegenüber den von den Jungen selbst begangenen aggressiven Handlungen (45%) hin.

Auch andere Studien weisen nach, daß von Kindern ausgehende Verstärkungen das Verhalten des Erwachsenen formen kann. So zeigte etwa BERBERICH (1971), daß das korrekte Verhalten des Kindes bei Lernaufgaben die Strategien der Lehrpersonen kontrollierte. Es ist dies die einzige Studie, in der die verstärkende Wirkung von Kindern auf Erwachsene experimentell untersucht wurde. Da hier das Kind „simulierte" (d. h. in die Ziele der Untersuchung eingeweiht war), konnten die simultanen Verhaltensveränderungen bei ihm selbst als Funktion des Erwachsenenverhaltens nicht überprüft werden. In einer Beobachtungsstudie über Vorschulkinder gelangten YARROW, WAXLER und SCOTT (1971) ebenfalls zu dem Schluß, daß Kinder wirkungsvolle Verstärker des Erwachsenenverhaltens sind. Die Autoren berichten, daß das positive Eingehen des Kindes auf das Annäherungsverhalten des Erwachsenen eine Steigerung derartigen Erwachsenenverhaltens zur Folge hatte. Die positiven Reaktionen der Kinder schienen damit das Verhalten der Erwachsenen bis zu einem gewissen Grade unter Kontrolle gebracht zu haben.

Für eine Erörterung der Effizienz von Kindern als Verstärkungsagenten ihrer Eltern und von Erwachsenen sind noch sehr viel mehr Kenntnisse erforderlich, um die Parameter bestimmen zu können, die den Verstärkungsprozeß im einzelnen modifizieren. Während in der Regel gilt, daß ältere Personen mit höherem Status die besseren Verstärker sind, würden wir im Falle der kindlichen Verstärker keine derartige Prognose wagen. Der Säugling mag sich als ein ebenso wirksamer Verstärker erweisen wie das größere Kind oder der Ehegatte. Mit Sicherheit bestehen hier komplexe Wechselbeziehungen zwischen den sich verstärkenden Reaktionssystemen, bestimmten Persönlichkeitsmerkmalen des Kindes und der Eltern, der Eltern-Kind-Beziehung und der Effizienz der Verstärkungen.

15.4.1.3 Merkmale des Kindes

Ähnlich wie die Merkmale und Verhaltenstendenzen der Eltern, die in der Sozialisationsliteratur typischerweise als das kindliche Verhalten kontrollierend beschrieben werden, scheinen auch die Merkmale und Besonderheiten in den Reaktionen des Kindes das elterliche Verhalten zu beeinflussen. Eine große Anzahl von Untersuchungen zeigte, daß unterschiedliche Handlungsweisen der Eltern eine Funktion des Geschlechts ihres Kindes, seines Abhängigkeitsverhaltens, bzw. des Strebens nach Unabhängigkeit, ihres eigenen Pflegegebarens und anderer Faktoren sind.

a) Geschlecht des Kindes

Das Verhalten der Eltern scheint sich in charakteristischer Weise danach zu richten, ob ihr Kind ein Junge oder ein Mädchen ist, auch wenn das sichtbare Verhalten von Säuglingen in dieser Hinsicht noch so unspezifisch ist. MOSS (1967) machte z. B. die Beobachtung, daß die Mütter von ein bis drei Monate alten Mädchen die Lautäußerungen ihrer Kinder bedeutend öfter wiederholten als die Mütter ebenso alter Jungen, obwohl im Umfang der Lautäußerungen kein Unterschied zwischen Mädchen und Jungen bestand. MEYER und SOBIESZEK (1972) fanden heraus, daß Erwachsene ein Baby unterschiedlich beurteilten, wenn ihnen gesagt wurde, es sei ein Junge oder ein Mädchen.

HAMPSON (1965) bemerkt, daß die Morphologie eines Kleinkindes eine Reihe von Einstellungen auslösen könne, die während des gesamten Erziehungsprozesses beibehalten werden. So beobachtete etwa O'ROURKE (1963), daß die elterliche Wahl der expressiven oder der instrumentellen Rolle vom Geschlecht des betreffenden Elternteils wie auch vom Geschlecht des Kindes abhängig ist. BRONFENBRENNER (1961b) berichtet ebenfalls von verschiedenen Erziehungstechniken als Funktion der kindlichen Geschlechtszugehörigkeit. Das Verhalten der Eltern scheint dabei zum Teil von ihren Erwartungen im Hinblick auf ein angemessenes geschlechtspezifisches Verhalten geprägt zu werden (symbolische Regulation). Eltern werden demnach bei Jungen andere Verhaltensweisen verstärken als bei Mädchen und sich dann wiederum von dem Umfang, in welchem ihre Kinder geschlechtsspezifisches Verhalten zeigen, beeinflussen lassen. Diese Tendenz zu einer verschiedenartigen Behandlung von Jungen und Mädchen scheint so stark zu sein, daß Erwachsene, selbst wenn sie trainiert worden sind, sich entweder generell beschützend oder generell nicht-beschützend zu verhalten, vom eingeübten Rollenverhalten wieder abrücken, und zwar in Abhängigkeit von der jeweiligen Geschlechtszugehörigkeit des Kindes, mit dem sie interagieren. So reagierten etwa Erwachsene, die trainiert worden waren, sich vor allem beschützend zu verhalten, auf Jungen (wenn sie Anhänglichkeitsverhalten zeigten) negativ, auf Mädchen dagegen positiv (YARROW *et al.*, 1971).

b) Abhängigkeit – Unabhängigkeit

YARROW *et al.* (1971) beobachteten Schwankungen im beschützenden Verhalten des Erwachsenen in Abhängigkeit von der Bemühung des Kindes um Aufmerksamkeit (operational definiert als Bitten um Hilfe, Bitten um Anerkennung und aufmerksamkeitsheischendes Betragen). So verstärken z. B. Erwachsene, die in beschützendem Verhalten geschult worden waren, ihre positiven Kontakte zu Kindern, die um Hilfe nachsuchten, während Erwachsene, die man trainiert hatte, nicht-beschützendes Verhalten zu zeigen, verstärkt negativ auf die Bitten eines Kindes reagierten.

In der einzigen experimentellen Studie über die Auswirkungen des kindlichen Verhaltens auf das Verhalten der Eltern untersuchte OSOFSKY (1970, 1971) das Verhalten von Müttern in ihrer Interaktion mit zehn- bis zwölfjährigen (fremden) Mädchen, die im Rollenspiel abhängiges, unabhängiges und aufsässiges Verhalten zeigten. Das mütterliche Verhalten wurde auf den Dimensionen Wärme, Erziehungsmethode und Erteilung von Verstärkungen beurteilt. Allen Verhaltensweisen der Kinder begegneten die Mütter konsequent mit Wärme, verstärkten sie jedoch unterschiedlich: Wenn sich die Kinder unabhängig gaben, tendierten die Mütter zur Verstärkung des unabhängigen Verhaltens; benahmen sie sich aufsässig, tendierten die Mütter zur Verstärkung abhängigen Verhaltens; und zeigten sie Abhängigkeit, so verstärkten die Mütter weder abhängiges noch unabhängiges Verhalten.

Insgesamt scheinen die genannten Untersuchungen die Behauptung BELLS (1968) zu stützen, daß Sozialisationsstudien entsprechend der Erkenntnis, daß das Verhalten des Kindes die elterlichen Sozialisationstechniken im gleichem Umfang determinieren dürfte wie diese das kindliche Verhalten beeinflussen, neu zu überdenken seien.

15.4.2 Rollenvorschriften und Rollenerwartungen

Wie für die Ehe, so gilt auch für die Elternschaft, daß das angemessene Rollenverhalten von der Gesellschaft vorgeschrieben wird. Und wie im Falle des ehelichen Rollenverhaltens können auch die meisten der elterlichen Verhaltensweisen lange vor der eigentlichen Elternschaft erworben werden. So weist z. B. MACCOBY (1959) in einer Darstellung des Identifikationsprozesses darauf hin, daß bei Interaktionen mit wechselseitiger Abhängigkeit zwischen Eltern und Kind alle Beteiligten die gewohnheitsmäßigen Verhaltensweisen der anderen kennenlernen, antizipieren und in ihr latentes Üben (BANDURA, 1969a) einbeziehen. Das mit seinen Eltern interagierende Kind lernt damit die der Elternrolle zugehörigen Verhaltensweisen genauso wie sein eigenes Rollenverhalten (vgl. auch PARSONS & BALES, 1955). Elterliches Rollenverhalten kann ferner auch in den Jahren unmittelbar vor der Elternschaft (etwa durch die Beobachtung gleichaltriger Freunde, die bereits Eltern sind) oder zu Beginn der Elternschaft durch direkte Verstärkung und Hilfe von außen gelernt werden. Aber wie auch immer sie übernommen wird: Man kann in jedem Fall davon ausgehen, daß die Elternrolle einen nachhaltigen Einfluß ausübt, der bei beiden Eltern Verhaltensveränderungen auslöst.

In einer Reihe soziologischer Überblicksartikel gilt ein Großteil der Aufmerksamkeit den Schwierigkeiten, die mit der Übernahme der Vater- und der Mutterrolle verbunden sind und die neuerdings mit dem Begriff *Elternschaft als Krise* umschrieben werden (HOBBS, 1965, 1968; JACOBY, 1969; MEYEROWITZ, 1970; ROSSI, 1968). In den betreffenden Arbeiten wird diese Krise mehr oder weniger präzise definiert als ein „Sich-Belästigt-Fühlen" durch die Ankunft der ersten Kindes (HOBBS, 1965, 1968), als Schwierigkeiten (MEYEROWITZ, 1970), als die Erfahrung von Diskontinuität in den alten Verhaltensmustern (LEMASTERS, 1957); diese Angaben waren mit Hilfe von Interviews, Rating-Skalen und Checklisten ermittelt worden.

In Untersuchungen über intakte Ehen wird von mäßigen bis schweren Krisen sowohl bei Ehemännern als auch bei Ehefrauen im Zuge der Umstellung auf das erste Kind berichtet. Besonders ernste Krisen haben dabei die Frauen durchzustehen, die über berufliche Bildung und Arbeitspraxis verfügen (LEMASTERS, 1957). MEYEROWITZ (1970) stellt eine ambivalente Einstellung des Ehemannes zur bevorstehenden Elternschaft fest, und GAVRON (1966) kommt zu der Ansicht, daß sich die Ehepaare nur schwer mit dem Gedanken befreunden können, ihre gerade erst gefundene Zweisamkeit um eines Kindes willen aufzugeben. Die Krise war dann weniger gravierend, wenn sich die Eheleute ihren eigenen Angaben zufolge gut an den Ehezustand angepaßt hatten oder wenn sie bereits drei Jahre oder länger miteinander verheiratet waren (DYER, 1963; HOBBS, 1965, 1968; einen Überblick findet der Leser bei ARASTEH, 1971). Die Krisen und Anpassungssschwierigkeiten waren dagegen schwerwiegender, wenn das erste Kind ungeplant oder ungewollt kam (ROSSI, 1968).

Die genannten Untersuchungen lassen vermuten, daß die Ankunft des ersten Kindes ein Ereignis darstellt, das bei den Eltern zu tiefgreifenden Verhaltensveränderungen führt. Es muß allerdings darauf hingewiesen werden, daß die Studien keine Angaben darüber enthalten, in bezug auf welche Verhaltensweisen die Eltern sich mit der Ankunft ihres ersten Kindes am stärksten umzustellen haben. Auch fehlen Stellungnahmen zu der Frage, ob die „neuen" oder veränderten Verhaltensweisen (etwa die Pflegeaktivitäten) lediglich aversive Qualität besitzen, wie dies der Krisenbegriff nahelegt, oder ob sie nicht vielleicht durch andere, kindbezogene Tätigkeiten ausgeglichen werden, die positiv verstärkend wirken. Jedenfalls scheint gesichert, daß die Ankunft von Kindern eine ganze Reihe von Verhaltensweisen fordert, die bereits früher gelernt werden konnten (etwa durch die Beobachtung von Modellen), aber bis dato nicht zur Ausführung gelangten, und daß einige bereits vorhandene Reaktionsweisen modifiziert werden müssen.
Solche Verhaltensveränderungen, die zum großen Teil eine Funktion von Rollenvorschriften und -erwartungen sein dürften, nämlich in dem Sinne, daß dadurch ihre verstärkenden Konsequenzen definiert werden, fallen um so größer aus, je mehr die Eltern der traditionellen Vorstellung anhängen, das Kind brauche kontinuierliche Pflege durch seine natürliche Mutter und die Mutter müsse um seinetwillen auf alle anderen Möglichkeiten der persönlichen Befriedigung verzichten (LAWS, 1971). Diese traditionelle elterliche Rollenerwartung scheint weitgehend akzeptiert zu werden, obwohl ein empirischer Nachweis für die Richtigkeit der Auffassung, die Berufstätigkeit der Mutter hätte schädigende Auswirkungen auf ihre Kinder, bislang nicht erbracht wurde (FERGUSEN, 1970).
Der relative Umfang der Veränderungen im Verhalten (z. B. im Hinblick auf expressive und instrumentelle Orientierungen) zu Beginn der Elternschaft dürfte davon abhängen, wie ähnlich die Rollenerwartungen der Elternschaft denen der Ehe sind. So werden etwa Frauen, die Expressivität als angemessenes eheliches Rollenverhalten betrachten, im Zusammenhang mit der Elternschaft wahrscheinlich weniger Verhaltensveränderungen zeigen als diejenigen, die die Expressivität allein der Elternrolle vorbehalten wollen. LAWS (1971) interpretiert die familientheoretische Literatur dahingehend, daß die Ankunft von Kindern in den meisten Fällen für eine Umverteilung der Machtrollen von der Egalität zur Dominanz des Ehemannes verantwortlich sei und daß die Elternschaft, viel stärker noch als die Ehe, eine Veränderung des Verhaltens der Frau vom Instrumentellen zum Expressiven mit sich bringe. Da die Elternschaft außerdem als ein Ereignis begriffen wird, das – zumal für die Frau (CAMPBELL, 1967; LAWS, 1971) – die Zahl der Alternativen zur ehelichen Beziehung vermindert, kann abschließend gesagt werden, daß die mit ihr einhergehenden Verhaltensveränderungen, wiederum insbesondere für die Frau, einschneidender sind als in der Ehe.

15.5 Rückblick

Ehe und Elternschaft wurden als Beispiele ausgewählt, um an ihnen die Brauchbarkeit der Theorie des sozialen Lernens für eine Analyse der Verhaltensveränderungen beim Erwachsenen aufzuzeigen; es versteht sich jedoch von selbst, daß die hier vorgeführte Ana-

lyse gleichermaßen auch auf frühere oder spätere Schlüsselereignisse im Leben des Individuums hätte ausgedehnt werden können. Schulbeginn, Eintritt ins Berufsleben, Selbständigwerden der Kinder, Eintritt in den Ruhestand oder Witwenschaft sind nach denselben Prinzipien und mit entsprechender Sparsamkeit darstellbar. Ebenso dürfte einleuchten, daß auch weniger spektakuläre Ereignisse wie etwa der Wechsel des Arbeitsplatzes, der Umzug in eine andere Gegend oder die Verpflanzung der alten Menschen in Verhaltensveränderungen resultieren, die ebenso wie die eher molaren Lebensereignisse mit Hilfe der Prinzipien des sozialen Lernens analysiert werden können.
Einige der in diesem Kapitel erörterten Phänomene hätten zwar ebenso gut mit Hilfe alternativer theoretischer Modelle beschrieben werden können (z. B. die sozialen Rollenerwartungen mit Hilfe der kognitiven Theorien), doch liegt einer der wesentlichen Vorteile des hier verwendeten Ansatzes in seinem heuristischen Wert, da er Forschungsbereiche sichtbar werden läßt, die bisher weitestgehend außer acht gelassen worden sind. Überdies betont ein solcher lerntheoretischer Ansatz die Bedeutung der Analyse von Organismus-Umwelt-Beziehungen und die mit Alter einhergehenden Veränderungen in den sozialen Umfeldern (vgl. auch BALTES & NESSELROADE, 1973, Kapitel 6 dieses Bandes). Ausführliche Untersuchungen der sich verändernden sozialen Umwelt des Individuums zu jedem beliebigen Alterszeitpunkt würden daher ganz selbstverständlich aus diesem Ansatz folgen.
Um nicht zu sehr ins Detail gehen zu müssen, hatten wir als Arbeitshypothese formuliert, daß Verhaltensveränderungen über die gesamte Lebensspanne hinweg stets durch dieselben Prinzipien erklärt werden können. An dieser Stelle scheinen nun allerdings einige einschränkende Bemerkungen dazu angebracht zu sein. Zunächst ist zu beachten, daß zwischen jüngeren und älteren Menschen ein Unterschied in der *Geschwindigkeit* der Veränderung des Verhaltens bestehen kann. Beschränkt man sich auf den Aspekt der Umweltkontingenzen und betrachtet die Austauschbeziehungen zwischen Organismus und Umwelt von einem interaktionistischen Standpunkt, so bieten sich zweierlei Erklärungsmöglichkeiten an: Wie bereits an früherer Stelle erörtert, scheinen Menschen dazu zu tendieren, Umwelten aufzusuchen, die ihre zuvor erlernten Verhaltensweisen unterstützen. Das heißt: Wenn sie die Wahl haben, suchen sie Umwelten und Interaktionspartner, die ihren früheren Umwelten und ihnen selbst ähnlich sind. Aus diesem Grunde dürften die Altersgruppen mit den größten Freiheitsgraden bei der Wahl ihrer Umwelt (zumeist die Erwachsenen) auch relativ weniger Verhaltensveränderungen zeigen als diejenigen Altersgruppen, für die Veränderungen der Umwelt weitgehend von außen festgelegt werden (nämlich Kinder und ein großer Prozentsatz der alten Menschen).
Andererseits könnte sich das Verhalten von Erwachsenen aber auch aus dem Grunde weniger rasch verändern als das von Kindern, weil es von ganz anderen und mitunter diskrepanten Verstärkungsquellen gespeist wird (PATTERSON, 1971). So mögen etwa die Bemühungen eines Ehemannes, seine Frau von zu großer „Geschäftigkeit" abzuhalten, einfach deshalb erfolglos bleiben, weil die Frau für eben diese Verhaltensweisen von Personen außerhalb der Familie Verstärkungen erhält (etwa von den Nachbarn oder der Schwiegermutter, die den tadellos sauberen Haushalt bewundern). Diese intermittierende Verstärkung kann eine Stabilisierung des Verhaltens bewirken, das man gerade zu verändern versucht. Es erscheint plausibel, daß jede Verstärkungsquelle für sich genommen um so

weniger Verhaltensveränderungen herbeizuführen vermag, je mehr verschiedene und einander entgegengesetzte Verstärkungsquellen (Interaktionspartner) im Leben des einzelnen zu finden sind. Kontrollierte Umwelten wie etwa Institutionen (Schulen für die Kinder, Heime für die Alten) mit einem festen Programm dürften deshalb die umfangreichsten Verhaltensveränderungen hervorrufen.

Eine weitere Einschränkung der Annahme, Verhaltensveränderungen folgten auf allen Altersstufen denselben Prinzipien, ist darin zu sehen, daß die den Lernprozeß beschreibenden *Parameter* in unterschiedlichster Weise mit dem Alter des Organismus interagieren können. Bevor man eine genauere als die hier dargebotene Analyse durchführen kann, sind detaillierte entwicklungspsychologische Untersuchungen vonnöten, die den Zusammenhang zwischen Merkmalen des verstärkenden Ereignisses, Anreizwerten, Reinforcement-Geschichte und anderen Faktoren aufdecken. Offensichtlich wird sich die an der Theorie des sozialen Lernens orientierte Forschung mit ähnlichen Fragen beschäftigen müssen, wie sie im letzten Jahrzehnt beispielsweise bei der Erforschung des verbalen Lernens unter entwicklungspsychologischem Aspekt zur Debatte standen (vgl. etwa GOULET, 1973).

Trotz der genannten Einschränkungen läßt sich abschließend feststellen, daß die hier vorgenommene Anwendung von Prinzipien des sozialen Lernens auf die Entwicklung des Erwachsenen eine Fülle von Aspekten der Theorie sowie von Interventionsvorhaben sichtbar gemacht hat. Neben einem wirkungsvollen Modell zur begrifflichen Fassung von Verhaltensveränderungen liefern die lerntheoretischen Prinzipien in ihrer Anwendung auf die Erwachsenenentwicklung ein überzeugendes Argument dafür, daß das Verhalten des Erwachsenen nicht etwa als weitgehend stabil, sondern vielmehr als Teil eines dynamisch sich verändernden Organismus zu verstehen sei, und zwar namentlich auf dem Hintergrund einer beständig sich wandelnden sozialen Umwelt.

Diese dynamische, entwicklungsorientierte Auffassung der Erwachsenenpersönlichkeit, die etwas in Widerspruch steht zum Mangel an empirischer Forschung auf diesem Gebiet, scheint jedoch gut zu der Vorstellung zu passen, daß eine Entwicklung des Menschen über die gesamte Lebensspanne hin stattfindet.

Literaturverzeichnis

AHAMMER, I. M. Alternative strategies for the investigation of age differences. Paper presented at the Regional meeting of the Society for Research in Child Development. Athens, Georgia, April 1970.

AHAMMER, I. M. & BALTES, P. B. Desirability judgment of adolescents, adults, and older people: Self vs. hetero-perceptions. Paper presented at the meeting of the American Psychological Association. Miami, September 1970.

AJURIAGUERRA, J. de, BOEHME, M., RICHARD, J., SINCLAIR, H. & TISSOT, R. Désintégration des notions de temps dans les démences dégénératives du grand âge. *Encephale*, 1967, *5*, 385–438.

ALEXANDER, P. *Sensationalism and scientific explanation.* London: Routledge & Kegan, 1963.

ALKER, H. A. Is personality situationally specific or intrapsychically consistent? *Journal of Personality*, 1972, *40*, 1–16.

ALLPORT, G. *Becoming*. New Haven: Yale University Press, 1955.

ALMY, M., CHITTENDEN, E. & MILLER, P. *Young children's thinking: Studies of some aspects of Piaget's theory*. New York: Columbia Teacher's College Press, 1967.

ANASTASI, A. The influence of specific experience upon mental organization. *Genetic Psychology Monographs*, 1936, *18*, 245–355.

ANASTASI, A. Heredity, environment and the question ,,How?" *Psychological Review*, 1958, *65*, 197–208.

ANASTASI, A. *Differential psychology*. New York: Macmillan, 1961^2.

ANASTASI, A. *Psychological testing*. New York: Macmillan, 1968^3.

ANASTASI, A. On the formation of psychological traits. *American Psychologist*, 1970, *25*, 899–910.

ANDERSON, J. E. The limitations of infant and preschool tests in the measurement of intelligence. *Journal of Psychology*, 1939, *8*, 351–379.

ANDERSON, J. E. The prediction of terminal intelligence from infant and preschool tests. *Yearbook of the National Society for the Study of Education*, 1940, *39*, 385–403.

ANDERSON, J. E. Dynamics of development: Systems in process. In D. B. HARRIS (Hrsg.), *The concept of development.* Minneapolis: University of Minnesota Press, 1957, S. 25–46.

ANTONOVSKY, A., MAOZ, B., DATAN, N. & WIJSENBEEK, H. Twenty-five years later: A limited study of sequelae of the concentration camp experience. *Social Psychiatry*, 1971, *6*, 186–193.

ARASTEH, J. D. Parenthood: Some antecedents and consequences: A review of the mental health literature. *Journal of Genetic Psychology*, 1971, *118*, 179–202.

ARENBERG, D. Anticipation interval and age differences in verbal learning. *Journal of Abnormal Psychology*, 1965, *70*, 419–425.

ARIES, P. *Centuries of childhood.* New York: Random House, 1962.

ATCHLEY, R. C. Respondents vs. refusers in an interview study of retired women: An analysis of selected characteristics. *Proceedings of the 20th Annual Meeting of the Gerontological Society*, 1967, S. 41.

AYLLON, T. & AZRIN, N. H. Reinforcement and instructions with mental patients. *Journal of the Experimental Analysis of Behavior*, 1964, 7, 327–331.

BACK, K. W. & BOURGUE, L. B. Life graphs: Aging and cohort effects. *Journal of Gerontology*, 1970, *25*, 249–255.

BAER, D. M. An age-irrelevant concept of development. Paper presented at the meeting of the American Psychological Association, New York, September 1966.

BAER, D. M. The control of Developmental Process: Why Wait? In J. R. NESSELROADE & H. W. REESE (Hrsg.), *Life-span developmental Psychology: Methodological issues.* New York: Academic Press, 1973.

BAKER, F. Measures of ego identity: A multitrait-multimethod validation. *Educational and Psychological Measurement*, 1971, *31*, 165–174.

BAKWIN, H. The secular change in growth and development. *Acta Paediatrica,* 1964, *53,* 78–89.
BALDWIN, A. L. *Theories of child development.* New York: Wiley, 1967. (Deutsche Übersetzung: *Theorien primärer Sozialisationsprozesse.* 2 Bde. Weinheim: Beltz, 1974.)
BALDWIN, J. M. *Mental development in the child and the race: Methods and processes.* New York: Macmillan, 1906[2].
BALINSKY, B. An analysis of the mental factors of various age groups from nine to sixty. *Genetic Psychological Monographs,* 1941, *23,* 191–234.
BALTES, P. B. Längsschnitt- und Querschnittsequenzen zur Erfassung von Alters- und Generationseffekten. Unveröffentlichte Doktorarbeit, Universität des Saarlandes, Saarbrücken 1967.
BALTES, P. B. Longitudinal and cross-sectional sequences in the study of age and generation effects. *Human Development,* 1968, *11,* 145–171.
BALTES, P. B., CORNELIUS, S. W. & NESSELROADE, J. R. Cohort effects in behavioral development: Theoretical and methodological perspectives. In W. W. COLLINS (Hrsg.), *Minnesota symposium on child psychology* (Bd. 11). Hillsdale, N. J.: Erlbaum, 1978.
BALTES, P. B., CORNELIUS, S. W. & NESSELROADE, J. R. Cohort effects in developmental psychology. In J. R. NESSELROADE & P. B. BALTES (Hrsg.), *Longitudinal research in the behavioral sciences: Design and analysis.* New York: Academic Press, 1979, in press.
BALTES, P. B. & GOULET, L. R. Status and issues of a life-span developmental psychology. In L. R. GOULET & P. B. BALTES (Hrsg.), *Life-span developmental psychology: Research and theory.* New York: Academic Press, 1970, S. 3–21.
BALTES, P. B. & GOULET, L. R. Exploration of developmental variables by manipulation and simulation of age differences in behavior. *Human Development,* 1971, *14,* 149–170.
BALTES, P. B. & LABOUVIE, G. V. Adult development of intellectual performance: Description, explanation, modification. In C. EISDORFER & P. L. LAWTON (Hrsg.), APA Task Force on Aging. Washington: American Psychological Association, 1972.
BALTES, P. B. & NESSELROADE, J. R. Multivariate longitudinal and cross-sectional sequences for analyzing generational change: A methodological note. *Developmental Psychology,* 1970, *2,* 163–168.
BALTES, P. B. & NESSELROADE, J. R. The developmental analysis of individual differences on multiple measures. In J. R. NESSELROADE & H. W. REESE (Hrsg.), *Life-span developmental psychology: Methodological issues.* New York: Academic Press, 1973.
BALTES, P. B., NESSELROADE, J. R., SCHAIE, K. W. & LABOUVIE, E. W. On the dilemma of regression effects in examining ability level related differentials in ontogenetic patterns of adult intelligence. *Developmental Psychology,* 1972, *6,* 72–84.
BALTES, P. B., REESE, H. W. & NESSELROADE, J. R. *Life-span developmental psychology: Introduction to research methods.* Monterey: Brooks/Cole, 1977.
BALTES, P. B. & REINERT, G. Cohort effects in cognitive development of children as revealed by cross-sectional sequences. *Developmental Psychology,* 1969, *1,* 169–177.
BALTES, P. B., REINERT, G. & BALTES, M. M. The effect of time of measurement in cognitive age-development of children: An application of cross-sectional sequences. *Human development,* 1970.
BALTES, P. B. & SCHAIE, K. W. (Hrsg.), *Life-span developmental psychology: Personality and socialization.* New York: Academic Press, 1973.
BALTES, P. B. & SCHAIE, K. W. On life-span developmental research paradigms: Retrospects and prospects. In P. B. BALTES & K. W. SCHAIE (Hrsg.), *Life-span developmental psychology: Personality and socialization.* New York: Academic Press, 1973.
BALTES, P. B. & SCHAIE, K. W. On the plasticity of intelligence in adulthood and old age: Where Horn and Donaldson fail. *American Psychologist,* 1976, *31,* 720–725.
BALTES, P. B., SCHAIE, K. W. & NARDI, A. H. Age and experimental mortality in a seven-year longitudinal study of cognitive behavior. *Developmental Psychology,* 1971, *5,* 18–26.
BALTES, P. B. & WILLIS, S. L. Toward psychological theories of aging and development. In J. E. BIRREN & K. W. SCHAIE (Hrsg.), *Handbook of the psychology of aging.* New York: Van Nostrand Reinhold, 1977.

BALTES, P. B. & WILLIS, S. L. Life-span developmental psychology, cognition, and social policy. In M. W. RILEY (Hrsg.), *Aging from birth to death.* Washington, D. C.: American Association for the Advancement of Science, 1978.

BANDURA, A. *Principles of behavior modification.* New York: Holt, Rinehart & Winston, 1969.

BANDURA, A., GRUSEC, J. E. & MENLOVE, F. L. Observational learning as a function of symbolization and incentive set. *Child Development,* 1966, *37,* 499–506.

BANDURA, A. & WALTERS, R. W. *Social learning and personality development.* New York: Holt, Rinehart & Winston, 1963.

BARBER, T. X. Hypnotic age regression: A critical review. *Psychosomatic Medicine,* 1962, *24,* 286–299.

BARKER, R. G. *Ecological Psychology: Concepts and methods for studying the environment of human behavior.* Stanford, Cal.: Stanford University Press, 1968.

BARKER, R. G. & GUMP, P. V. *Big school, small school.* Stanford, Cal.: Stanford University Press, 1964.

BARRON, F. *Creativity and psychological health.* Princeton: Van Nostrand, 1963.

BARRY, W. W. Conflict and marriage: A study of the interactions of newlywed couples in experimentally induced conflicts. Unveröffentlichte Dissertation. University of Michigan, 1968.

BARRY, W. W. Marriage research and conflict. An integrative view. *Psychological Bulletin,* 1970, *73,* 41–54.

BATEMAN, B. Learning disabilities – yesterday, today and tomorrow. *Exceptional Children,* 1964, *31,* 167–177.

BATH, J. A. Mental ability of residents in a state school for dependent and neglected youth. *Psychological Reports,* 1967, *20,* 469–470.

BAUMRIND, D. & BLACK, A. E. Socialization practices associated with dimensions of competence in preschool boys and girls. *Child Development,* 1967, *38,* 291–327.

BAYLEY, N. Mental growth during the first three years: A development study of sixty-one children by repeated tests. *Genetic Psychological Monographs,* 1933, *14,* 1–92.

BAYLEY, N. Mental growth during the first three years. In R. G. BARKER, J. S. KOUNIN & H. F. WRIGHT (Hrsg.), *Child behavior and development.* New York: McGraw-Hill, 1943.

BAYLEY, N. Consistency and variability in the growth of intelligence from birth to eighteen years. *Journal of Genetic Psychology,* 1949, *75,* 165–196.

BAYLEY, N. Individual patterns of development. *Child Development,* 1956, *27,* 45–74.

BAYLEY, N. The life-span as a frame of reference in psychological research. *Vita Humana,* 1963, *6,* 125–139.

BAYLEY, N. Comparisons of mental and motor test scores for ages 1–15 month by sex, birth order, race, geographical location and education of parents. *Child Development,* 1965, *36,* 379–411.

BAYLEY, N. Learning in adulthood: The role of intelligence. In H. J. KLAUSMEIER & C. W. HARRIS (Hrsg.), *Analysis of concept learning.* New York: Academic Press, 1966. S. 117–138.

BAYLEY, N. Behavioral correlates of mental growth: Birth to thirty-six years. *American Psychologist,* 1968, *23,* 1–17.

BAYLEY, N. Development of mental abilities. In P. H. MUSSEN (Hrsg.), *Carmichael's manual of child psychology.* New York: Wiley, 1970.

BAYLEY, N. & ODEN, M. H. The maintenance of intellectual ability in gifted adults. *Journal of Gerontology,* 1955, *10,* 91–107.

BEAN, F. & KERCKHOFF, A. C. Personality and perception in husband-wife conflicts. *Journal of Marriage and the Family,* 1971, *33,* 351–359.

BEARISON, D. Role of measurement operations in the acquisition of conservation. *Developmental Psychology,* 1969, *1,* 653–660.

BEATTIE, W. M. The design of supportive environments for the life-span. *Gerontologist,* 1970, *10,* 190–193.

BECHTOLDT, H. P. Factorial investigation of the perceptual speed factor. *American Psychologist,* 1947, *2,* 304–305.

BECK, C., SULLIVAN, E. & PORTER, N. Effects of a moral discussion program on moral judgment.

Unveröffentlichtes Manuskript. Ontario Institute for Study of Education, Toronto, Kanada, 1972.

BECKER, W. C. The relationship of factors in parental ratings of self and each other to the behavior of kindergarden children as rated by mothers, fathers and teachers. *Journal of Consulting Psychology*, 1960, *24*, 507–527.

BECKER, W. C. Consequences of different kinds of parental discipline. In M. L. HOFFMAN & L. W. HOFFMAN (Hrsg.), *Review of child development research*. Bd. 1. New York: Russell Sage, 1964. S. 169–208.

BEESON, M. F. Intelligence at senescene. *Journal of Applied Psychology*, 1920, *4*, 219–234.

BEILIN, H. Learning and operational convergence in logical thought development. *Journal of Experimental Child Psychology*, 1965, *2*, 317–339.

BEILIN, H. Developmental stages and developmental processes. Paper presented at the Invitational Conference on Ordinal Scales of Cognitive Development, Monterey, Cal., Februar 1969.

BEILIN, H. Developmental stages and developmental processes. In D. R. GREEN, M. P. FORD & G. P. FLAMER (Hrsg.), *Measurement and Piaget*. New York: McGraw-Hill, 1971. S 172–189.

BEILIN, H. The training and the acquisition of logical operations. In M. R. ROSSKOPF, L. P. STEFFE & S. TABACK (Hrsg.), *Piagetian cognitive-development research and mathematical education*. Washington: National Council of Teachers of Mathematics, 1971. S. 81–124.

BEILIN, H. & FRANKLIN, D. C. Logical operations in area and length measurement; age and training effects. *Child Development*, 1962, *33*, 607–618.

BEKKER, L. D. & TAYLOR, C. Attitudes toward the aged in a multi-generational sample. *Journal of Gerontology*, 1966, *21*, 115–118.

BELL, R. Q. A reinterpretation of the direction of effects in studies of socialization. *Psychological Review*, 1968, *75*, 81–95.

BELL, R. Q. Convergence: An accelerated longitudinal approach. *Child Development*, 1953, *24*, 145–152.

BELL, R. Q. An experimental test of the accelerated longitudinal approach. *Child Development*, 1954, *25*, 281–286.

BELL, R. Q. Retrospective and prospective views of early personality development. *Merrill-Palmer Quarterly of Behavior and Development*, 1960, *6*, 131–144.

BELL, R. Q. Stimulus control of parent or caretaker behavior by offspring. *Developmental Psychology*, 1971, *4*, 63–72.

BELMONT, L. & BIRCH, H. G. The relation of time of life to behavioral consequence in brain damage: I. The performance in brain injured adults on the marble board test. *Journal of Nervous and Mental Diseases*, 1960, *131*, 91–97.

BEM, D. J. Constructing cross-sectional consistencies in behavior: Some thoughts on Alker's critique of Mischel. *Journal of Personality*, 1972, *40*, 17–26.

BENEDICT, R. Continuities and discontinuities on cultural conditioning. *Psychiatry*, 1938, *1*, 161–167.

BENGTSON, A. L. & BLACK, K. D. Intergenerational Relations and continuities in Socialization. In P. B. BALTES & K. W. SCHAIE (Hrsg.), *Life-span developmental psychology: Personality and socialization*. New York: Academic Press, 1973.

BENTLER, P. M. Assessment of Developmental Factor Change at the Individual and Group Level. In J. R. NESSELROADE & H. W. REESE (Hrsg.), *Life-span developmental psychology: Methodological issues*. New York: Academic Press, 1973.

BENTLER, P. M. Monotonicity analysis: An alternative to factor test analysis. Paper presented at the Conference on Ordinal Scales of Development, Monterey, Cal., Februar 1969.

BERBERICH, J. P. Do the child's responses shape the teaching behavior of adults? *Journal of Experimental Research in Personality*, 1971, *5*, 92–97.

BERGMANN, G. Sense and nonsense in operationism. *Scientific Monthly*, 1954, *79*, 210–214. (Nachgedruckt in P. G. FRANK (Hrsg.), *The validation of scientific theories*. New York: Collier, 1961. S. 46–56.)

BERGMANN, G. *Philosophy of science*. Madison, Wisc.: University of Wisconsin Press, 1957.

BERLYNE, D. E. Les équivalences psychologiques et les notions quantitatives. In D. E. BERLYNE & J. PIAGET (Hrsg.), *Théorie du comportement et opérations. Etudes d'épistemologie génétique.* Bd. 12. Paris: Presses Universitaires France, 1960. S. 1–76.

BERLYNE, D. E. *Structure and direction in thinking.* New York: Wiley, 1965.

BERLYNE, D. E. Discussion: The delimitation of cognitive development. In H. W. STEVENSON (Hrsg.), The concept of development. *Monographs of the Society for Research in Child Development,* 1966, *31* (5, ganze Nr. 107), 71–81.

BERNARD, J. The adjustment of married mate. In H. T. CHRISTENSEN (Hrsg.), *Handbook of marriage and the family.* Chicago: Rand McNally, 1964.

BERRIEN, F. K. Cross-cultural equivalence of personality measures. *Journal of Social Psychology,* 1968, *75,* 3–9.

BERZONSKY, M. D. Interdependence of Inhelder and Piaget's model of logical thinking. *Developmental Psychology,* 1971, *4,* 469–479.

BIGGS, J. B., FITZGERALD, D. & ATKINSON, S. M. Convergent and divergent abilities in children and teachers' ratings of competence and certain classroom behavior. *British Journal of Educational Psychology,* 1971, *41,* 277–286.

BIJOU, S. W. Ages, stages, and the naturalization of human development. *International Journal of Psychology,* 1968, *3,* 221–238.

BIJOU, S. W. Reinforcement history and socialization. In R. HOPPE, G. A. MILTON & E. C. SIMMEL (Hrsg.), *Early experiences and the process of socialization.* New York: Academic Press, 1970.

BIJOU, S. W. & BAER, D. M. *Child Development: A systematic and empirical theory.* Bd. 1. New York: Appleton-Century-Crofts, 1961.

BIJOU, S. W. & BAER, D. M. *Child Development.* Bd. 2. New York: Appleton-Century-Crofts, 1965.

BIJOU, S. W. & BAER, D. M. Some methodological contributions from a functional analysis of child development. In. L. P. LIPSITT & C. C. SPIKER (Hrsg.), *Advances in child development and behavior.* Bd. 1. New York: Academic Press, 1963. S. 197–231.

BIJOU, S. W., PETERSON, R. F. & AULT, M. H. A method to integrate descriptive and experimental field studies at the level of data and empirical concepts. *Journal of Applied Behavior Analysis,* 1968, *1,* 175–191.

BILASH, I. & ZUBEK, J. P. Effects of age on factorially "pure" mental abilities. *Journal of Gerontology,* 1960, *15,* 175–182.

BINSTOCK, R. & E. SHANAS (Hrsg.). *Handbook of aging and the social sciences.* New York: Van Nostrand Reinhold, 1976.

BIRREN, J. E. The significance of age changes in speed of perception and psychomotor skills. In J. E. ANDERSON (Hrsg.), *Psychological aspects of aging.* Washington, D. C.: American Psychological Assocoation, 1955. S. 97–104.

BIRREN, J. E. (Hrsg.) *Handbook of aging and the individual: Psychological and biological aspects.* Chicago: University of Chicago Press, 1959.

BIRREN, J. E. Principles of research on aging. In J. E. BIRREN (Hrsg.), *Handbook of aging and the individual: Psychological and biological aspects.* Chicago: University of Chicago Press, 1959. S. 3–42.

BIRREN, J. E. A brief history of the psychology of aging. Part I *Gerontologist,* 1961, *1,* 69–77.

BIRREN, J. E. A brief history of the psychology of aging. Part II. *Gerontologist,* 1961, *1,* 127–134.

BIRREN, J. E. *The psychology of aging.* Englewood Cliffs: Prentice-Hall, 1964.

BIRREN, J. E. The psychology of aging in relation to development. In J. E. BIRREN (Hrsg.), *Relations of development and aging.* Springfield, Ill.: Thomas, 1964. S. 99–120.

BIRREN, J. E. Toward an experimental psychology of aging. Paper presented at the meeting of the American Psychology Association, Washington, September 1969.

BIRREN, J. E. Toward an experimental psychology of aging. *American Psychologist,* 1970, *25,* 124–135.

BIRREN, J. R., ALLEN, W. R. & LANDAU, H. G. The relation of problem length in simple addition to time required, probability of success and age. *Journal of Gerontology,* 1954, *9,* 150–161.

BIRREN, J. E. & BOTWINICK, J. Age changes in verbal fluency. *Journal of Gerontology,* 1951, *6* (Monogr. Suppl. 62).
BIRREN, J. E. & MORRISON, D. F. Analysis of the W. A. I. S. subtest in relation to age and education. *Journal of Gerontology,* 1961, *16,* 363–369.
BIRREN, J. E. & SCHAIE, K. W. (Hrsg.). *Handbook of the psychology of aging.* New York: Van Nostrand Reinhold, 1977.
BIRREN, J. E. & WOODRUFF, D. S. Human Development over the Life Span through Education. In P. B. BALTES & K. W. SCHAIE (Hrsg.), *Life-span developmental psychology: Personality and socialization.* New York: Academic Press, 1973.
BITTERMAN, M. E. Phyletic differences in learning. *American Psychologist,* 1965, *20,* 369–410.
BLACK, M. *Models and metaphors.* Ithaca, N. Y.: Cornell University Press, 1962.
BLATT, M. Change in moral judgment through the classroom discussion process. In L. KOHLBERG & E. TURIEL (Hrsg.), *Recent research in moral development.* New York: Holt, Rinehart & Winston, 1973.
BLAU, P. M. *Exchange and power in social life.* New York: Wiley, 1964.
BLOCK, J. *Lives through time.* Berkeley: Bancroft Books, 1971.
BLOOD, R. O. & WOLFE, D. M. *Husbands and wives: The dynamics of married living.* Glencoe, Ill.: Free Press, 1960.
BLOOM, B. S. *Stability and change in human characteristics.* New York: Wiley, 1964. (Deutsche Übersetzung: *Stabilität und Veränderung menschlicher Merkmale.* Weinheim: Beltz, 1971.)
BLOOM, M. Life-span analysis: A theoretical framework for behavioral science research. *Human Relations,* 1964, *12,* 538–554.
BLUM, J. E., JARVIK, L. F. & CLARK, E. T. Rate of change on selective tests of intelligence: A twenty-year longitudinal study of aging. *Journal of Gerontology,* 1970, *25,* 171, 176.
BOERSMA, F. J. & O'BRYAN, K. An investigation of the relationship between creativity and intelligence under two conditions of testing. *Journal of Personality,* 1968, *36,* 341–348.
BOESCH, E. E. & ECKENSBERGER, L. Methodische Probleme des interkulturellen Vergleichs. In C. F. GRAUMANN (Hrsg.), *Handbuch der Sozialpsychologie.* Göttingen: Hogrefe, 1969.
BOIGON, H. W. Problems in learning: Why do they tell me I can when I can't? *American Journal of Psychoanalysis,* 1968, *28,* 25–34.
BOLTON, C. Mate selection as a development of a relationship. *Journal of Marriage and the Family,* 1961, *23,* 234–240.
BONDAREFF, W. Morphology of the aging nervous system. In J. E. BIRREN (Hrsg.), *Handbook of aging and the individual.* Chicago: University of Chicago Press, 1959. S. 136–172.
BORTNER, R. W. & HULTSCH, D. F. Patterns of subjective deprivation in adulthood. *Developmental Psychology,* 1974, *10,* 534–545.
BOTWINICK, J. *Cognitive processes in maturity and old age.* New York: Springer, 1967.
BOTWINICK, J. Learning in children and in older adults. In L. R. GOULET & P. B. BALTES (Hrsg.), *Life-span developmental psychology: Research and theory.* New York: Academic Press, 1970.
BOX, G. E. P. & JENKINS, G. M. *Time series analysis-forcasting and control.* San Francisco: Holden-Day, 1970.
BOX, G. E. P. & TIAO, G. C. A change in level of a non-stationary time series. *Biometrika,* 1965, *52,* 181–192.
BOYD, D. A developmental approach to undergraduate ethics. Unveröffentlichte Dissertation. Graduate School of Education, Harvard University, 1973.
BOYD, R. D. & KOSKELA, R. N. A test of Erikson's theory of ego-stage development by means of a self-report instrument. *Journal of Experimental Education,* 1970, *38,* 1–14.
BRADWAY, K. P. & THOMPSON, C. W. Intelligence of adulthood. *Journal of Educational Psychology,* 1962, *53,* 1–14.
BRADWAY, K. P., THOMPSON, C. W. & CRAVENS, R. B. Preschool IQ's after twenty-five years. *Journal fo Educational Psychology*, 1958, *49*, 278–281.
BRAINE, M. D. S. The ontogeny of certain logical operations: Piaget's formulation examined by nonverbal methods. *Psychological Methods*, 1959, *73*, (4, ganze Nr. 475).

BRAINE, M. D. S. Piaget on reasoning: A methodological critique and alternative proposals. In W. KESSEN & C. KUHLMAN (Hrsg.), Thought in the young child. *Monographs of the society for research in Child Development*, 1962, *27* (2, ganze Nr. 83).

BRAINE, M. D. S. Development of a grasp of transitivity of length: A reply to Smedslund. *Child Development*, 1964, *35*, 799–810.

BRAINE, M. D. S., HEIMER, C., WORTIS, H. & FREEDMAN, A. M. Factors associated with impairment of the early development of prematures. *Monographs of the Society for Research in Child Development*, 1966, *31*, 1–92.

BRAINERD, C. J. & ALLEN, T. W. Experimental inductions of the conservation of "first-order" quantiative invariants. *Psychological Bulletin*, 1971, *75*, 128–144.

BRAITHWAITE, R. B. *Scientific explanation.* New York: Harper, 1953.

BRANDTSTÄDTER, J. & SCHNEEWIND, K. A. Optimal human development: Psychological aspects. In H. B. URBAN & W. R. LOOFT (Hrsg.), *Human development intervention.* 1973.

BRAUN, H. W. Perceptual processes. In J. E. BIRREN (Hrsg.), *Handbook of aging and the individual.* Chicago: University of Chicago Press, 1959.

BREGER, L. The ideology of behaviorism. In L. BERGER (Hrsg.), *Clinical-cognitive psychology: Models and integrations.* Englewood Cliffs: Prentice-Hall, 1969.

BRIDGMAN, P. W. The present state of operationalism. *Scientific Monthly*, 1954, *79*, 224–226. (Nachgedruckt in P. G. FRANK (Hrsg.), *The validation of scientific theories.* New York: Collier, 1961. S. 75–80.)

BRIM, O. G. Adult socialization. In J. A. CLAUSEN (Hrsg.), *Socialization and society.* Boston: Little, Brown & Co., 1968.

BRIM, O. G. Socialization through the life cycle. In O. G. BRIM & S. WHEELER (Hrsg.), *Socialization after childhood.* New York: Wiley, 1966. S. 1–49.

BRIM, O. G., jr. *The sense of personal control over one's life.* Invited address to Divisions 7 & 8 at the 82nd Annual Convention of the American Psychological Association, New Orleans, September, 1974.

BRIM, O. G., jr. Theories of the male mid-life crisis. *Counseling Psychologist*, 1976, *6*, 2–9.

BRIM, O. G., jr. Life-span development of the theory of oneself: Implications for child development. In H. W. REESE (Hrsg.), *Advances in child development and behavior* (Bd. 11). New York: Academic Press, 1976.

BRIM, O. G. & WHEELER, S. *Socialization after childhood: Two essays.* New York: Wiley, 1966.

BRITTON, J. O. & BRITTON, J. H. Discrimination of age by preschool children. *Journal of Gerontology*, 1969, 24, 457–460.

BRODERICK, C. B. Beyond the five conceptual frameworks: A decade of development in family theory. *Journal of Marriage and the Family*, 1971, 33, 139–159.

BROMLEY, D. B. Age and sex differences in the serial production of creative conceptual responses. *Journal of Gerontology*, 167, *22*, 32–42.

BROMLEY, D. B. An approach to theory construction in the psychology of development and aging. In L. R. GOULET & P. B. BALTES (Hrsg.), *Life-span developmental psychology: Research and theory.* New York: Academic Press, 1970.

BROMLEY, D. B. Some experimental tests of the effect of age on creative intellectual output. *Journal of Gerontology*, 1956, *11*, 74–82.

BROMLEY, D. B. Some effects of age on the quality of intellectual output. *Journal of Gerontology*, 1957, *12*, 318–323.

BROMLEY, D. B. Some effects of age on short-term learning and remembering. *Journal of Gerontology*, 1958, *13*, 398–406.

BROMLEY, D. B. *The psychology of human aging.* Baltimore: Penguin, 1966.

BRONFENBRENNER, U. Developmental theory in transition. In H. W. STEVENSON (Hrsg.), *Child psychology.* Chicago: University of Chicago Press, 1963. S. 517–542.

BRONFENBRENNER, U. Toward a theoretical model for the analysis of parent-child relationships in a social context. In J. C. GLIDEWELL (Hrsg.), *Parental attitudes and child behavior.* Springfield, Ill.: Thomas, 1961.

BRONFENBRENNER, U. Toward an experimental ecology of human development. *American Psychologist,* 1977, *32,* 513–531.
BROWN, R. W. *Words and things.* Glencoe, Ill.: Free Press, 1959.
BRUNER, J. S., GOODNOW, J. J. & AUSTIN, G. A. *A study of thinking.* New York: Wiley, 1956.
BRUNER, J. S., OLVER, R. R. & GREENFIELD, P. M. *Studies in cognitive growth.* New York: Wiley, 1966.
BÜHLER, C. *Der menschliche Lebenslauf als psychologisches Problem.* Leipzig: Hirzel, 1933.
BÜHLER, C. The curve of life as studied in biographies. *Journal of Applied Psychology,* 1935, *19,* 405–409.
BÜHLER, C. & MASSARIK, F. (Hrsg.) *The course of human life.* New York: Springer, 1968.
BÜRGER, M. *Altern und Krankheit.* Leipzig: Thieme, 1957[3].
BURGESS, E. W. & COTTRELL, L. S. *Predicting success and failure in marriage.* Englewood Cliffs: Prentice-Hall, 1939.
BURT, C. The differentiation of intellectual abilities. *British Journal of Educational Psychology,* 1954, *24,* 76–90.
BURT, C. The evidence for the concept of intelligence. *British Journal of Educational Psychology,* 1955, *25,* 158–177.
BURT, C. The inheritance of mental ability. *American Psychologist,* 1958, *13,* 1–15.
BUTCHER, H. J. *Human intelligence.* London: Methuen, 1968.
BUTLER, R. N. Toward a psychiatry of the life-cycle: Implications of socio-psychological studies of the aging process for the psychotherapeutic situation. *Psychiatric Research Report,* 1968, *23,* 233–248.
BYRNE, D. Attitudes and attraction. In L. BERKOWITZ (Hrsg.), *Advances in experimental social psychology.* Bd. 4. New York: Academic Press, 1969.

CAIN, L. D. jr. Age status and generational phenomena: The new old people in contemporary America. *Gerontologist,* 1967, *7,* 83–92.
CAMERON, J., LIVSON, N. & BAYLEY, N. Infant vocalization and their relationship to mature intelligence. *Science,* 1967, *157,* 331–333.
CAMPBELL, D. T. A cross-sectional and longitudinal study of scholastic abilities over twenty-five years. *Journal of Counseling Psychology,* 1965, *12,* 55–61.
CAMPBELL, D. T. Evolutionary epistemology. In P. A. SCHILPP (Hrsg.), *The philosophy of Karl R. Popper: The library of living philosophers.* La Salle, Ill.: Open Court, 1973.
CAMPBELL, D. T. & FISKE, D. W. Convergent and discriminant validation by the multitrait-multimethod matrix. *Psychological Bulletin,* 1959, *56,* 81–105.
CAMPBELL, D. T. & STANLEY, J. C. Experimental and quasi-experimental designs for research in teaching. In N. L. GAGE (Hrsg.), *Handbook of research on teaching.* Chicago: Rand McNally, 1963, S. 171–246.
CAMPBELL, D. T. & STANLEY, J. C. *Experimental and quasi-experimental designs for research.* Chicago: Rand McNally, 1966.
CAMPBELL, F. L. Demographic factors in family organizations. Unveröffentlichte Dissertation, University of Michigan, 1967.
CARBONNEAU, M. *Apprentissage de la notion de conservation des surfaces.* Thèse de licence inédite, Université Montreal, 1965.
CARP, F. M. *The retirement process.* Washington, D. C.: U. S. Government Printing Office, 1968. S. 151–160.
CARROLL, J. B. Factors of verbal achievement. In A. ANASTASI (Hrsg.), *Testing problems in perspective.* Washington, D. C.: American Council on Education, 1966.
CARUS, F. A. *Psychologie. Zweiter·Theil: Specialpsychologie.* Leipzig: Barth & Kummer, 1808.
CASSIRER, E. *The philosophy of the enlightenment.* Boston: Beacon Press, 1951.
CASSIRER, E. *The philosophy of symbolic forms.* New Haven: Yale University Press, 1953, 3 Bde.
CATTELL, R. B. *The description and measurement of personality.* New York: World Book, 1946. (Deutsche Übersetzung: *Die empirische Erforschung der Persönlichkeit.* Weinheim: Beltz, 1976[2]).

Cattell, R. B. *Personality: A systematic theoretical and factual study.* New York: McGraw-Hill, 1950.

Cattell, R. B. The three basic factor-analytic research designs – their interrelations and derivations. *Psychological Bulletin,* 1952, *49,* 499–520.

Cattell, R. B. *Personality and motivation structure and measurement.* New York: World Book, 1957.

Cattell, R. B. The multiple abstract variance analysis equations and solutions: For nature-Nurture research on continuous variables. *Psychological Review,* 1960, *67,* 353–372.

Cattell, R. B. *Handbook for the individual or group culture fair (or free) intelligence test.* Scale 1. Champaign, Ill.: Institute for Personality and Ability Testing, 1962.

Cattell, R. B. The structuring of change by P-technique and incremental R-technique. In C. W. Harris (Hrsg.), *Problems in measuring change.* Madison, Wisc.: University of Wisconsin Press, 1963. S. 167–198.

Cattell, R. B. Theory of fluid and crystallized intelligence: A critical experiment. Journal of Educational Psychology, 1963, 54, 1–22.

Cattell, R. B. *The scientific analysis of personality.* London: Penguin, 1965.

Cattell, R. B. The data box: Its ordering of total resources in terms of possible relational systems. In R. B. Cattell (Hrsg.) *Handbook of multivariate experimental psychology.* Chicago: Rand McNally, 1966. S. 67–128.

Cattell, R. B. Guest editorial: Multivariate behavioral research and the integrative challenge. *Multivariate Behavioral Research,* 1966, *1,* 4–23.

Cattell, R. B. Patterns of change: Measurement in relation to state-dimension, trait change, lability, and process concepts. In R. B. Cattell (Hrsg.), *Handbook of multivariate experimental psychology.* Chicago: Rand McNally, 1966. S. 355–402.

Cattell, R. B. The theory of fluid and crystallized intelligence checked at the 5–6 year-old level. *British Journal of Educational Psychology,* 1967, *37,* 209–224.

Cattell, R. B. Fluid and crystallized intelligence. *Psychology Today,* 1968, *3,* 56–62.

Cattell, R. B. Comparing factor trait and state scores across ages and cultures. *Journal of Gerontology,* 1969, *24,* 348–360.

Cattell, R. B. *Human abilities and intelligent intelligence testing.* Unveröffentlichtes Manuskript, University of Illinois, 1969.

Cattell, R. B. *Seperating endogenous, exogenous, ecogenic component curves in developmental data.* Unveröffentlichtes Manuskript, University of Illinois, 1969.

Cattell, R. B. *Abilities: Their structure, growth and action.* Boston: Houghton-Mifflin, 1971.

Cattell, R. B. Unraveling maturational and learning development by the Comparative MAVA and structural learning approaches. In J. R. Nesselroade & H. W. Reese (Hrsg.), *Life-span developmental psychology: Methodological issues.* New York: Academic Press, 1973.

Cattell, R. B. & Cattell, A. K. S. *Handbook for the individual or group culture fair intelligence test.* Scale 3. Champaign, Ill.: Institute for Personality and Ability Testing, 1959.

Cattell, R. B., Feingold, S. N. & Sarason, S. B. A culture free intelligence test. II. Evaluation of cultural influences on test performance. *Journal of Educational Psychology,* 1941, *32,* 81–100.

Chapanis, A. Men, machines, and models. *American Psychologist,* 1961, *16,* 113–131.

Charles, D. C. Historical antecedents of life-span developmental psychology. In L. R. Goulet & P. B. Baltes (Hrsg.), *Life-span developmental psychology: Research and theory.* New York: Academic Press, 1970. S. 23–52.

Charles, D. C. Explaining intelligence in adulthood: The role of life history. In P. B. Baltes (Hrsg.), Life-span models of psychological aging: A symposium. *Gerontologist,* 1973.

Charles, D. C. & Looft, W. R. (Hrsg.). *Readings in psychological development through life.* New York: Holt, Rinehart, & Winston, 1973.

Charlesworth, R. & Hartup, W. W. Positive social reinforcement in the nursery school peer group. *Child Development,* 1967, *38,* 993–1002.

Child, I. L. Personality in culture. In E. F. Borgatta & W. W. Lambert (Hrsg.), *Handbook of personality theory and research.* Chicago: Rand McNally, 1968. S. 82–145.

Chilman, C. & Meyer, D. L. Single and married undergraduates measured personality needs and self-rated happiness. *Journal of Marriage and the Family,* 1966, *28,* 67–76.
Chown, S. M. Age and the rigidities. *Journal of Gerontology,* 1961, *16,* 353–362.
Christian, A. M. & Paterson, D. G. Growth of vocabulary in later maturity. *Journal of Psychology,* 1936, *1,* 167–169.
Christensen, P. R., Guilford, J. P. & Wilson, R. C. Relation of creative responses to working time and instructions. *Journal of Experimental Psychology,* 1957, *53,* 82–88.
Ciaccio, N. V. A test of Erikson's theory of ego epigenesis. *Dev. Psychology,* 1971, *4,* 306–311.
Claparède, E. *Le développement mental.* Neuchatel: Delachaux & Niestle, 1951.
Clark, M. P. Changes in primary mental ability with age. *Archives of Psychology,* 1944, S. 291–329.
Clausen, J. A. (Hrsg.) *Socialization and society.* Boston: Little, Brown & Co., 1968.
Clausen, J. A. The life course of individuals. In M. W. Riley, et al. (Hrsg.), *A sociology of age stratification.* New York: Russel Sage Foundation, 1972.
Clay, H. M. Changes in performance with age in similar tasks of varying complexity. *British Journal of Psychology,* 1954, *45,* 7–13.
Clay, H. M. An age difficulty in separating spatially contigous data. *Journal of Gerontology,* 1956, *11,* 318–322.
Clay, H. M. The relationship between time and accuracy on similar tasks of varying complexity. *Gerontologia,* 1957, *1,* 41–49.
Clayton, V. *Wise old men-where have they all gone?* Unveröffentlichtes Manuskript, Gerontology Center, University of Southern California, 1975.
Coan, R. W. Child personality and developmental psychology. In R. B. Cattell (Hrsg.), *Handbook of multivariate experimental psychology.* Chicago: Rand McNally, 1966. S. 732–752.
Coffield, K. E. Research methodology: A possible reconciliation. *American Psychologist,* 1970, *25,* 511–516.
Cohen, J. The factorial structure of the WISC at ages 7–6, 10–6, and 13–6. *Journal of Consulting Psychology,* 1959, *23,* 285–299.
Colby, A. Relations between logical and moral development. In L. Kohlberg & E. Turiel (Hrsg.), *Recent research in moral development.* New York: Holt, Rinehart & Winston, 1973.
Comalli, P. E. jr. Cognitive functioning in a group of 80–90 year old men. *Journal of Gerontology,* 1965, *20,* 14–17.
Comalli, P. E. jr. Life-span changes in visual perception. In L. R. Goulet & P. B. Baltes (Hrsg.), *Life-span developmental psychology: Research and theory.* New York: Academic Press, 1970.
Comalli, P. E. jr., Krus, D. M. & Wapner, S. Cognitive functioning in two groups of aged: One institutionalized, the other living in the community. *Journal of Gerontology,* 1965, *20,* 9–13.
Comalli, P. E. jr., Wapner, S. & Werner, H. Interference effects of Stroop color-word test in childhood, adulthood, and aging. *Journal of Genetic Psychology,* 1962, *100,* 47–53.
Communications Research Machines (Hrsg.) *Developmental psychology today.* Del Mar, Calif.: Communications Research Machines, 1971.
Constantinople, A. An Eriksonian measure of personality development in college students. *Developmental Psychology,* 1969, *1,* 357–372.
Cooley, W. W. & Lohnes, P. R. *Multivariate data analysis.* New York: Wiley, 1971.
Corballis, M. C. Practice and the simplex. *Psychological Review,* 1965, *72,* 399–406.
Corsini, R. J. Multiple predictors of marital happiness. *Marriage and Family living,* 1956, *18,* 240–242.
Corsini, R. J. & Fassett, K. K. Intelligence and aging. *Journal of Genetic Psychology,* 1953, *83,* 249–264.
Cowan, P. A. The link between cognitive structure and social structure in two-child verbal interaction. Paper presented at the meeting of the Society for Research in Child Development, New York, März 1967.
Craig, G. J. *Human development.* Englewood Cliffs: Prentice-Hall, 1976.
Crandall, V. J. & Sinkeldam, C. Children's dependent and achievement behaviors in social situations and their perceptual field dependence. *Journal of Personality,* 1964, *32,* 1–22.

CRITCHLEY, H. Aging and the nervous system. In E. V. COWDRY (Hrsg.), *Problems of aging*. Baltimore: Williams & Witkins, 1942[2].

CRITES, J. O. & SEMLER, I. J. Adjustment, educational achievement, and vocational maturity as dimensions of development in adolescence. *Journal of Counseling Psychology*, 1967, *14*, 489–498.

CRONBACH, L. J. *Essentials of psychological testing*. New York: Harper & Row, 1960.

CRONBACH, L. J. The two disciplines of scientific psychology. *American Psychologist*, 1957, *12*, 671–684.

CRONBACH, L. J. Year-to-year correlations of mental tests: A review of the Hofstätter analysis. *Child Development*, 1967, *38*, 283–289.

CRONBACH, L. J. & FURBY, L. How should we measure "change" – or should we? *Psychological Bulletin*, 1970, *74*, 68–80.

CROPLEY, A. J. & MASLANY, G. W. Reliability and factorial validity of the Wallach-Kogan creativity tests. *British Journal of Psychology*, 1969, *60*, 395–398.

CROSSMAN, E. & SZAFRAN, J. Changes with age in speed of information intake and discrimination. In F. VERZAR (Hrsg.), *Experimental research on aging*. Basel: Birkhäuser, 1956.

CRUZE, W. W. Maturation and learning in chicks. *Journal of Comparative Psychology*, 1935, *19*, 371–409.

CUMMING, E. & HENRY, W. E. *Growing old: The process of disengagement*. New York: Basic Books, 1961.

DAMON, A. Discrepancies between findings of longitudinal and cross-sectional studies in adult life: Physique and physiology. *Human Development*, 1965, 8, 16–22.

DATAN, N. & GINSBERG, L. H. (Hrsg.) *Life-span developmental psychology: Normative life crises*. New York: Academic Press, 1975.

DATAN, N. & REESE, H. W. (Hrsg.) *Life-span developmental psychology: Dialectical perspectives on experimental research*. New York: Academic Press, 1977.

DAVID, M. & APPELL, G. A. A study of nursing care and nurse-infant interaction. In B. M. FOSS (Hrsg.), *Determinants of infant behavior*. London: Methuen, 1961.

DAVOL, S. H., CHITTENDEN, E. A., PLANTE, M. L. & TUZIK, J. A. Conservation of continuous quantity investigated as a scalable developmental concept. *Merrill-Palmer Quarterly of Behavior and Development*, 1967, *13*, 191–200.

DEAL, T. Longitudinal case study analysis of the development of conservation of numbers and certain sub-skills. Paper presented at the meeting of the Society for Research in Child Development, Santa Monica, Cal., März 1969.

DEAN, D. G. Emotional maturity and marital adjustment. *Journal of Marriage and the Family*, 1966, *28*, 454–457.

DEMMING, J. A. & PRESSEY, S. L. Test indigenous to the adult and older years. *Journal of Counseling Psychology*, 1957, *4*, 144–148.

DEMOS, J. & DEMOS, V. Adolescence in historical perspective. *Journal of Marriage and the Family*, 1969, *31*, 632–638.

DENENBERG, V. H., KARAS, G. G., ROSENBERG, F. M. & SCHELL, S. F. Programming life histories: An experimental design and initial results. *Developmental Psychophysiology*, 1968, *1*, 3–9.

DENNIS, W. Age and achievement: A critique. *Journal of Gerontology*, 1956, *11*, 331–333.

DENNIS, W. Causes of retardation among institutional children: Iran. *Journal of Genetic Psychology*, 1960, *96*, 47–59.

DENNIS, W. The age decrement in outstanding scientific contributions: Fact or artifact? *American Psychologist*, 1958, *13*, 457–460.

DENNIS, W. Creative productivity between the ages of 20 and 80 years. *Journal of Gerontology*, 1966, *21*, 1–8.

DENNIS, W. & MALLINGER, B. Animism and related tendencies in senescene. *Journal of Gerontology*, 1948, *4*, 218–221.

DENNIS, W. & NAJARIAN, P. Infant development under environmental handicap. *Psychological Monographs*, 1957, *71* (ganze Nr. 7).

DIGMAN, J. M. Interaction and non-linearity in multivariate experiment. In R. B. CATTELL (Hrsg.), *Handbook of multivariate experimental psychology.* Chicago: Rand McNally, 1966. S. 459–475.

DODWELL, P. C. Children's understanding of number and related concepts. *Canadian Journal of Psychology,* 1960, *14,* 191–205.

DODWELL, P. C. Children's understanding of number concepts: Characteristics of an individual and of a group test. *Canadian Journal of Psychology,* 1961, *15,* 29–36.

DODWELL, P. C. Relation between the understanding of the logic of classes and of cardinal number in children. *Canadian Journal of Psychology,* 1962, *16,* 152–160.

DODWELL, P. C. Children's understanding of spatial concepts. *Canadian Journal of Psychology,* 1963, *17,* 141–161.

DOGAN, M. & ROKKAN, S. (Hrsg.) *Quantitative ecological analysis in the social sciences.* Cambridge, Mass.: MIT Press, 1969.

DOLL, E. A. Psychological significance of cerebral birth lesions. *American Journal of Psychology,* 1933, *45,* 444–452.

DOLL, E. A., PHELPS, W. M. & MELCHER, R. T. *Mental deficiency due to birth injuries.* New York: Macmillan, 1932.

DOLLARD, J. *Criteria for the life history.* New York: Peter Smith, 1949.

DOLLARD, J. & MILLER, N. E. *Personality and psychotherapy.* New York: McGraw-Hill, 1950.

DOPPELT, J. E. The organization of mentalabilities in the age range thirteen to seventeen. (Dissertation, Columbia University) *American Psychologist,* 1949, *4,* 242.

DOPPELT, J. E. & WALLACE, W. L. Standardization of the Wechsler adult intelligence scale for older persons. *Journal of Abnormal and Social Psychology,* 1955, *51,* 312–330.

DUNCAN, L. E. jr. Ecology and aging. *Gerontologist,* 1968, *8,* 80–83.

DUNCANSON, J. P. *Intelligence and the ability to learn.* Princeton, N. J.: Educational Testing Service, 1964.

DUNHAM, J. L., GUILFORD, J. P. & HOEPFNER, R. Multivariate approaches to discovering the intellectual components of concept learning. *Psychological Review,* 1968, *75,* 206–221.

DYER, E. Parenthood as crisis: A restudy. *Marriage and Family Living,* 1963, *25,* 196–201.

DYER, G. B. Continuity and discontinuity of the development in the equilibrium model. *Journal of General Psychology,* 1971, *84,* 201–211.

ECKENSBERGER, L. H. Methodological issues of cross-cultural research in developmental psychology. In J. R. NESSELROADE & H. W. REESE (Hrsg.), *Life-span developmental psychology: Methodological issues.* New York: Academic Press, 1973.

EISDORFER, C. Verbal learning response time in the aged. *Journal of Genetic Psychology,* 1965, *107,* 15–22.

EISENBERG, L. The *human* nature of human nature. *Science,* 1972, *176,* 123–128.

EISENSTADT, S. N. *From generation to generation: Age groups and social structure.* Glencoe, Ill.: Free Press, 1956.

EISNER, D., SCHAIE, K. W. & APFELDORF, M. Changes in response to visual illusions in old age. Unveröffentlichtes Manuskript, West Virginia University, Department of Psychology, 1969.

ELDER, G. H. jr. *Children of the great depression.* New York: Markham Press, 1974.

ELDER, G. H., jr. Age-differentiation in life course perspective. *Annual Review of Sociology,* 1975, *1,* 165–190.

ELDER, G. H., jr. Family history and the life course. *Journal of Family History,* 1977, *2.*

ELDER, G. H. Historical change in life patterns and personality. In P. B. BALTES & O. G. BRIM, Jr., (Hrsg.), *Life-span development and behavior* (Bd. 2). New York: Academic Press, 1979.

ELKIND, D. & FLAVELL, J. H. (Hrsg.) *Studies in cognitive development: Essays in honor of Jean Piaget.* New York: Oxford University Press, 1969.

ELKIND, D. & WEISS, I. Studies in perceptual development: III. Perceptual exploration. *Child Development,* 1967, *38,* 553–561.

EL KOUSSY, A. A. H. The visual perception of space. *British Journal of Psychology,* 1936, 7 (Monograph Supplement).

EMMERICH, W. Personality development and concepts of structure. *Child Development,* 1968, *39,* 671–690.

EMMERICH, W. Models of continuity and change in development. Paper presented at the Biennial Meeting of the Society for Research in Child Development, Santa Monica, Cal., März 1969.

EMMERICH, W. Socialization and sex-role development. In P. B. BALTES & K. W. SCHAIE (Hrsg.), *Life-span developmental psychology: Personality and socialization.* New York: Academic Press, 1973.

ERIKSON, E. H. *Childhood and society.* New York: Norton, 1950, 1963. (Deutsche Übersetzung: *Kindheit und Gesellschaft.* Zürich: Pan, 1957.)

ERIKSON, E. H. *The young man Luther.* New York: Norton, 1958.

ERIKSON, E. H. Identity and the life cycle. *Psychological Issues,* 1959, *1,* ganze Nr. 1.

EERIKSON, E. H. *Insight and responsibility.* New York: Norton, 1964.

ERIKSON, E. H. *Gandhi's truth on the origins of militant nonviolence.* New York: Norton, 1969.

ERLENMEYER-KIMLING, L. & JARVIK, L. F. Genetics and intelligence: A review. *Science,* 1963, *412,* 1447–1468.

ERTL, J. Evoked potentials, neural efficiency and I. Q. Report of the Center of Cybernetic Studies, 1968, University of Ottawa, Kanada.

FAGOT, B. The effect of sex of child upon social interaction and sex role behavior in a nursery school setting. Unveröffentlichte Dissertation, University of Oregon, 1967.

FEIFEL, H. Qualitative differences in the vocabulary responses of normals and abnormals. *Genetic Psychology Monographs,* 1949, *39,* 151–204.

FERGUSON, G. A. On Learning and human ability. *Canadian Journal of Psychology,* 1954, *8,* 95–112.

FERGUSON, G. A. On transfer and the abilities of man. *Canadian Journal of Psychology,* 1956, 10, 121–131.

FERGUSON, L. R. *Personality development.* Belmont, Cal.: Brooks Cole, 1970.

FERRÉ, F. Mapping the logic of models in science and theology. *Christian Scholar, 1963, 46,* 9–39.

FINCH, C. Modifying biological system functioning and development. In H. B. URBAN & W. R. LOOFT (Hrsg.), *Human development intervention,* 1973.

FISKE, D. W. & RICE, L. Intra-individual response variability. *Psychological Bulletin,* 1955, *52,* 217–250.

FLAVELL, J. H. *The development psychology of Jean Piaget.* Princeton, N. J.: Van Nostrand-Reinhold, 1963.

FLAVELL, J. H. Cognitive changes in adulthood. In L. R. GOULET & P. B. BALTES (Hrsg.), *Life-span developmental psychology: Research and theory.* New York: Academic Press, 1970.

FLAVELL, J. H. Concept development. In P. MUSSEN (Hrsg.), Carmichael's manual of child psychology. New York: Wiley, 1970. S. 983–1059.

FLAVELL, J. H. Developmental studies of mediated memory. In H. W. REESE & L. P. LIPSITT (Hrsg.), *Advances in child development and behavior.* Bd. 5. New York: Academic Press, 1970. S. 181–211.

FLAVELL, J. H. Stage-related properties of cognitive development. *Journal of Cognitive Psychology,* 1971, *2,* 421–453.

FLAVELL, J. H. An analysis of cognitive-developmental sequences. *Genetic Psychology Monographs,* 1972.

FLAVELL, J. H. & DRAGUNS, J. A microgenetic approach to perception and thought. *Psychological Bulletin,* 1957, *54,* 197–217.

FLAVELL, J. H. & WOHLWILL, J. F. Formal and functional aspects of cognitive development. In D. ELKIND & J. H. FLAVELL (Hrsg.), *Studies in cognitive development: Essays in honor of Jean Piaget.* New York: Oxford University Press, 1969, S. 67–120.

FLEISHMAN, E. A. & BARTLETT, C. J. Human abilities. *Annual Review of Psychology,* 1969, *20,* 349–380.

FLEISHMAN, E. A. & HEMPEL, W. E. Changes in factor structure of a complex psychomotor test as a function of practice. *Psychometrica,* 1954, *19,* 239–252.

FLEISHMAN, E. A. & HEMPEL, W. E. The relation between abilities and improvement with practice in a visual discrimination reaction task. *Journal of Experimental Psychology,* 1955, *79,* 301–310.

FOA, U. G. Convergences in the analysis of the structure of interpersonal behaviors. Psychological Review, 1961, 68, 341–353.

FODOR, J. A. Could meaning be an r_m? *Journal of Verbal Learning and Verbal Behavior,* 1965, 4, 73–81.

FORD, L. H. jr. Predictive versus perceptual responses to Piaget's waterline task and their relation to distance conservation. *Child Development,* 1970, *41,* 193–204.

FOSTER, J. C. & TAYLOR, G. A. The applicability of mental tests to persons over fifty years of age. *Journal of Applied Psychology,* 1920, *4,* 39–58.

FOUCAULT, M. *The order of things: An archaeology of the human sciences.* New York: Random House, 1970.

FOULDS, G. A. Mill Hill vocabulary and matrices: *American Journal of Psychology,* 1949, *62,* 238–246.

FOULDS, G. A. & RAVEN, J. C. Neural changes in mental abilities of adults as age advances. *Journal of Mental Science,* 1948, *94,* 133–142.

FOURNIER, E. *Généralisation intranotionelle et internotionelle d'un apprentissage empirique de la notion de conservation des surfaces.* Thèse de licence inédite, Université de Montréal, 1965.

FOWLER, J. Toward a developmental perspective on religious faith. Unveröffentlichtes Manuskript, Harvard Universitiy Divinity School, 1972.

FOX, C. & BIRREN, J. E. Some factors affecting vocabulary size in late maturity: Age, education and length of institutionalization. *Journal of Gerontology,* 1949, *4,* 19–26.

FRANK, P. G. The variety of reasons for the acceptance of scientific theories. Scientific Monthly, 1954, 79, 139–145. (Nachgedruckt in P. G. FRANK (Hrsg.), *The validation of scientific theories.* New York: Collier, 1961. S. 13–26.)

FRANK, P. G. (Hrsg.) *The validation of scientific theories.* New York: Collier, 1961.

FREDERIKSEN, C. H. Abilities, transfer, and information retrieval in verbal learning. *Multivariate Behavioral Research Monographs,* 1969 (No. 2).

FRENCH, J. W. *The description of aptitude and achievement tests in terms of rotated factors.* Chicago: University of Chicago Press, 1951.

FRENCH, J. W., EKSTROM, R. B. & PRICE, L. A. *Manual for kit of reference tests for cognitive factors.* Princeton, N. J.: Educational Testing Service, 1963.

FREUD, S. *Moses and monotheism.* New York: Knopf, 1939. (Deutsch: *Moses, ein Ägypter.* In Sigmund FREUD, Studienausgabe Bd. IX. Frankfurt/M.: S. Fischer, 1974.)

FRITZ, B. Relations between formal-operational thought and moral judgement development. In L. KOHLBERG & E. TURIEL (Hrsg.), *Recent research in moral development.* New York: Holt, Rinehart & Winston, 1973.

FRUCHTER, B. Manipulative and hypothesis testing factor-analytic experimental designs. In R. B. CATTELL (Hrsg.), *Handbook of multivariate experimental psychology.* Chicago: Rand McNally, 1966. S. 330–354.

FURNEAUX, W. D. Some speed, error and difficulty relationships within a problem-solving situation. *Nature,* 1952, *170,* 37–38.

FURNEAUX, W. D. Intellectual abilities and problem-solving behavior. In H. J. EYSENCK (Hrsg.), *Handbook of abnormal psychology.* New York: Basic Books, 1961.

FURRY, C. A. & BALTES, P. B. The effect of age differences in ability-extraneous performance variables on the assessment of intelligence in children, adults, and the elderly. *Journal of Gerontology,* 1973, *28,* 73–80.

FURTH, H. *Piaget and knowledge.* Englewood Cliffs, N. J.: Prentice Hall, 1969. (Deutsch: *Intelligenz und Erkennen. Die Grundlagen der genetischen Erkenntnistheorie Piagets.* Frankfurt/M.: Suhrkamp, 1972.)

GAGNÉ, R. M. Contributions of learning to human development. *Psychological Review,* 1968, *75,* 177–191.

Gardner, R. W. Cognitive styles in categorizing behavior. *Journal of Personality,* 1953, *22,* 214–233.

Gardner, R. W., Holzman, P. S., Klein, G. S., Linton, H. B. & Spence, D. P. Cognitive control: A study of individual consistencies in cognitive behavior. *Psychologigal Issues,* 1959, *1* (Monograph 4).

Gardner, R. W. & Moriarty, A. E. *Personality development at preadolescence.* Seattle: University of Washington Press, 1968.

Gardner, R. W. & Schoen, R. A. Differentiation and abstraction in concept formation. *Psychological Monographs,* 1962, *76,* (41, ganze No. 560).

Garrett, H. E. A developmental theory of intelligence. *American Psychologist,* 1946, *1,* 372–378.

Gavron, H. *The captive wife.* London: Routledge & Kegan Paul, 1966.

Geiken, K. F. Expectations corncerning husband-wife responsibilities in the home. *Journal of Marriage and the Family,* 1964, *26,* 349–352.

Gellert, E. The effect of changes in group composition on the dominant behavior of young children. *British Journal of Social and Clinical Psychology,* 1962, *1,* 168–181.

Gelman, R. Conservation acquisition: A problem of learning to attend to relevant attributes. *Journal of Experimental Child Psychology,* 1969, *7,* 167–187.

Gergen, K. J. Stability, change, and chance in understanding human development. In N. Datan & H. W. Reese (Hrsg.), *Life-span developmental psychology: Dialectical perspectives on experimental research.* New York: Academic Press, 1977.

Gesell, A. *The first five years of life.* New York: Harper, 1940.

Gewirtz, J. L. A learning analysis of the effects of normal stimulation, privation and deprivation on the acquisition of social motivation and attachment. In B. M. Foss (Hrsg.), *Determinants of infant behavior.* London: Methuen, 1961.

Gewirtz, J. L. On designing the functional environment of the child to facilitate behavioral development. In L. L. Dittman (Hrsg.), *Early child care: The new perspectives.* New York: Atherton Press, 1968. S. 169–213.

Gewirtz, J. L. Mechanisms of social learning: Some roles of stimulation and behavior in early human development. In D. A. Goslin (Hrsg.), *Handbook of socialization theory and research.* Chicago: Rand McNally, 1969.

Gewirtz, J. L. Levels of conceptual analysis in environment-infant interaction research. *Merrill-Palmer Quarterly,* 1969, *15,* 7–41.

Gewirtz, J. L. Some contextual determinants of stimulus potency. In R. D. Parke (Hrsg.), *Recent trends in social learning theory.* New York: Academic Press, 1972.

Ghiselin, B. (Hrsg.) *The creative process.* New York: Mentor, 1955.

Ghiselli, E. E. The relationship between intelligence and age among superior adults. *Journal of Genetic Psychology,* 1957, *90,* 131–142.

Gilbert, J. G. Mental efficiency in senescence. *Archives of Psychology,* 1935, *188,* 1–60.

Gilbert, J. G. Memory loss in senescence. *Journal of Abnormal and Social Psychology,* 1941, *36,* 73–86.

Ginsburg, H. Children's estimates of simultaneously presented proportions. *Merrill-Palmer Quarterly,* 1967, *13,* 151–157.

Glick, P. C., Heer, D. M. & Beresford, J. C. Family formation and family composition: Trends and prospects. In M. B. Sussman (Hrsg.), *Sourcebook in marriage and the family.* New York: Houghton-Mifflin, 1963.

Glixman, A. F. Categorizing behavior as a function of meaning domain. *Journal of Personality and Social Psychology,* 1965, *2,* 370–377.

Goldberg, S. R. & Deutsch, F. *Life-span individual and family development.* Monterey: Brooks/Cole, 1977.

Goldfarb, W. *An investigation of reaction time in older adults.* New York: Columbia University Press, 1941.

Goldschmid, M. L. Different types of conservation and nonconservation and their relation to age, sex, IQ, MA, and vocabulary. *Child Development,* 1967, *38,* 1229–1246.

GOLDSCHMID, M. L. & BENTLER, P. M. The dimensions and measurement of conservation. *Child Development,* 1968, *39,* 787–802.

GOLDSTEIN, K. & SCHEERER, M. Tests of abstract and concrete thinking. In A. WEIDER (Hrsg.), *Contributions toward medical psychology.* Bd. 8. New York: Ronald Press, 1955. S. 702–730.

GOODENOUGH, D. R. & EAGLE, C. J. A modification of the embedded-figures test for use with young children. *Journal of Genetic Psychology,* 1963, *103,* 67–74.

GOODNOW, J. J. Problems in research on culture and thought. In D. ELKIND & J. H. FLAVELL (Hrsg.) *Studies in cognitive development: Essays in honor of Jean Piaget.* New York: Oxford University Press, 1969.

GOODNOW, J. J. & BETHON, G. Piaget's task: The effects of schooling and intelligence. *Child Development,* 1966, *37,* 574–582.

GOODRICH, W., RYDER, R. G. & RAUSCH, H. L. Patterns of newlywed marriage. *Journal of Marriage and the Family,* 1968, *30,* 385–390.

GORHAM, D. R. A proverbs test for chemical and experimental use. *Psychological Reports,* 1956, *2* (Monogr. Suppl. 2), 1–12.

GOSLIN, D. A. (Hrsg.) *Handbook of socialization theory and research.* Chicago: Rand McNally, 1969.

GOULET, L. R. Verbal learning and memory research with retardates: An attempt to assess developmental trends. In N. R. ELLIS (Hrsg.), *International review of research in mental retardation.* Bd. 3. New York: Academic Press, 1968. S. 97–134.

GOULET, L. R. Interference in retention. Paper presented in symposium on Memory and Thinking at the Meeting of the American Psychological Association. Miami Beach, September 1970.

GOULET, L. R. Training, transfer, and the development of the complex behavior. *Human Development,* 1970, *13,* 213–240.

GOULET, L. R. Basic issues in reversal-shift behavior: A reply to Kendler and Kendler. *Psychological Bulletin,* 1971, *75,* 286–289.

GOULET, L. R. The interfaces of acquisition: Models and methods for studying the active, developing organism. In J. R. NESSELROADE & H. W. REESE (Hrsg.), *Life-span developmental psychology: Methodological issues.* New York: Academic Press, 1973.

GOULET, L. R. & BALTES, P. B. (Hrsg.) *Life-span developmental psychology: Research and theory.* New York: Academic Press, 1970.

GRAHAM, F. K. & KENDALL, B. S. Memory-for-designs test: Revised general manual. *Perceptual and Motor Skills,* 1960, *7* (Monogr. Suppl. 2).

GRANICK, S. & FRIEDMAN, A. S. The effect of education on the decline of psychometric test performance with age. *Journal of Gerontology,* 1967, *22,* 191–195.

GREENE, E. B. An analysis of random and systematic changes with practice. *Psychometrica,* 1943, *8,* 37–52.

GREENFIELD, P. M. & BRUNER, J. S. Culture and cognitive growth. *International Journal of Psychology,* 1966, *1,* 89–107.

GRIFFITT, W. Attitude-invoked anticipatory responses and attraction. *Psychonomic Sciene*, 1969, *14*, 153–155.

GROFFMANN, K. J. Life-span developmental psychology in Europe: Past and present. In L. R. GOULET & P. B. BALTES (Hrsg.), *Life-span developmental psychology: Research and theory.* New York: Academic Press, 1970.

GRUEN, G. E. Note on conservation: Methodological and definitional considerations. *Child Development,* 1966, *37,* 977–983.

GRÜNBAUM, A. Operationism and relativity. *Scientific Monthly,* 1954, *79,* 228–231. (Nachgedruckt in P.G. FRANK (Hrsg.), *The validation of scientific theories.* New York: Collier, 1961. S. 83–92.)

GUILFORD, J. P. Zero intercorrelations among tests of intellectual abilities. *Psychological Bulletin,* 1964, *61,* 401–404.

GUILFORD, J. P. *The nature of human intelligence.* New York: McGraw-Hill, 1967.

GURIN, G., VEROFF, J. & FELD, S. *Americans view their mental health.* New York: Basic Books, 1960.

GUTTMAN, L. A generalized simplex for factor analysis. *Psychometrica,* 1955, *20,* 173–192.

HALL, G. S. *Senescence: The last half of life.* New York: D. Appleton, 1922.

HALL, V. C. & SIMPSON, G. J. Factors influencing extinction of weight conservation. *Merrill-Palmer Quarterly of Behavior and Development,* 1968, *14,* 197–210.

HALLENBECK, P. N. An analysis of power dynamics in marriage. *Journal of Marriage and the Family,* 1966, *28,* 200–203.

HALSTEAD, W. C. *Brain and intelligence.* Chicago: University of Chicago Press, 1947.

HAMPSON, J. L. Determinants of psychosexual orientation. In F. A. Beach (Hrsg.), *Sex and behavior.* New York: Wiley, 1965.

HANDMANN, E. Über das Hirngewicht des Menschen. *Archives Anatomy,* 1906, *8,* 14–17.

HANNAN, E. *Time series analysis.* London: Methuen, 1960.

HARLOW, H. F. The formation of learning sets. *Psychology Review,* 1949, *56,* 51–65.

HARLOW, H. F. Learning set and error factor theory. In S. KOCH (Hrsg.), *Psychology: A study of a science.* Bd. 2. *General systematic formulations, learning, and special processes.* New York: McGraw-Hill, 1959. S. 492–537.

HARMAN, H. H. *Modern factor analysis.* Chicago: University of Chicago Press, 1960.

HARPER, L. V. The young as a source of stimuli controlling caretaker behavior. *Developmental Psychology,* 1971, *4,* 73–88.

HARRELL, W. A factor analysis of mechanical ability tests. *Psychometrika,* 1940, *5,* 17–33.

HARRIS, C. W. Canonical factor models for the description of change. In C. W. HARRIS (Hrsg.), *Problems in measuring change.* Madison, Wisc.: University of Wisconsin Press, 1963. S. 138–155.

HARRIS, C. W. (Hrsg.), *Problems in measuring change.* Madison, Wisc.: University of Wisconsin Press, 1963.

HARRIS, D. B. Problems in formulating a scientific concept of development. In D. B. HARRIS (Hrsg.), *The concept of development.* Minneapolis: University of Minnesota Press, 1957. S. 3–14.

HARSBARGER, D. Some ecological implications for the organization of human intervention throughout the life span. In P. B. BALTES & K. W. SCHAIE (Hrsg.), *Life-span developmental psychology: Personality and socialization.* New York: Academic Press, 1973.

HARTER, S. Discrimination learning set in children as a function of IQ and MA. *Journal of Experimental Child Psychology,* 1965, *2,* 31–43.

HARTUP, W. W. Peer interaction and social organization. in P. H. MUSSEN (Hrsg.), *Carmichael's manual of child psychology.* Bd. 2. New York: Wiley, 1970.

HARTUP, W. W. & COATES, B. The role of imitation in childhood socialization. In R. A. HOPPE, E. C. SIMMEL & G. A. MILTON (Hrsg.), *Early experiences and the processes of socialization.* New York: Academic Press, 1970.

HARTUP, W. W. & LEMPERS, J. A problem in life-span development: The interactional analysis of family attachments. in P. B. BALTES & K. W. SCHAIE (Hrsg.), *Life-span developmental psychology: Personality and socialization.* New York: Academic Press, 1973.

HAVIGHURST, R. J. *Developmental tasks and education.* New York: David McKay, 1948, 1952, 1972.

HAVIGHURST, R. J. History of developmental psychology: Socialization and personality development through the life span. In P. B. BALTES & K. W. SCHAIE (Hrsg.), *Life-span developmental psychology: Personality and socialization.* New York: Academic Press, 1973.

HAYES, K. J. Genes, drives and intellect. *Psychological Reports,* 1962, *10,* 299–342.

HAYNES, J. R. & SELLS, S. B. Measurement of organic brain damage by psychological tests. *Psychological Bulletin,* 1963, *60,* 316–325.

HEARNSHAW, L. S. *A short history of British psychology.* London: Methuen, 1964.

HEBB, D. O. The effects of early and late brain injury upon test scores, and the nature of normal adult intelligence. *Proceedings of the American Philosophical Society,* 1942, *85,* 275–292.

HEBB, D. O. *Organization of behavior.* New York: Wiley, 1949.

HEER, D. M. The measurement and bases of family power. *Marriage and Family Living,* 1963, *25,* 133–139.

HEIDER, F. *The psychology of interpersonal relations.* New York: Wiley, 1958. (Deutsche Übersetzung: *Psychologie der interpersonalen Beziehungen.* Stuttgart: Klett, 1977.)
HEMPEL, C. G. & OPPENHEIM, P. Studies in the logic of explanation. *Philosophy of Science,* 1948, *15,* 135–175.
HERON, A. Immediate memory in dealing performance with and without simple rehearsal. *Quarterly Journal of Experimental Psychology,* 1962, *14,* 94–103.
HESTON, J. C. & CANNELL, C. F. A note on the relation between age and performance of adult subjects on four familiar psychometric tests. *Journal of Applied Psychology,* 1941, *25,* 415–419.
HICKEY, J. Changes in moral judgment through a prison intervention. In L. KOHLBERG & E. TURIEL (Hrsg.), *Recent research in moral development.* New York: Holt, Rinehart & Winston, 1973.
HILL, J. P. Similarity and accordance between parents and sons in attitudes toward mathematics. *Child Development,* 1967, *38,* 777–791.
HILL, R. & RODGERS, R. H. The developmental approach. In H. T. CHRISTENSEN (Hrsg.), *Handbook of marriage and the family.* Chicago: Rand McNally, 1964.
HILL, R. & MATTESSICH, P. Family development theory and life-span development. In P. B. BALTES & O. G. BRIM, jr. (Hrsg.), *Life-span development and behavior* (Bd. 2). New York: Academic Press, 1979.
HINDLEY, C. B. Stability and change in abilities up to five years: Group trends. *Journal of Child Psychology and Psychiatry,* 1965, *6,* 85–99.
HOBBS, D. F. Parenthood as crisis: A third study. *Journal of Marriage and the Family,* 1965, *27,* 367–372.
HOBBS, D. F. Transition to parenthood: A replication and an extension. *Journal of Marriage and the Family,* 1968, *30,* 413–417.
HOFSTÄTTER, P. R. Tatsachen und Probleme einer Psychologie eines Lebenslaufs. *Zeitschrift für Angewandte Psychologie und Charakterkunde,* 1938, *53,* 274–333.
HOFSTÄTTER, P. R. The changing composition of intelligence: A study in T-technique. *Journal of Genetic Psychology,* 1954, *85,* 159–164.
HOLLAND, J. L. Some limitations of teacher ratings as predictors of creativity. *Journal of Educational Psychology,* 1959, *50,* 219–223.
HOLLINGWORTH, H. L. *Mental growth and decline: A survey of developmental psychology.* New York: D. Appleton, 1927.
HOLT, E. B. *Animal drive.* London: Williams and Norgate, 1931.
HOLTZMAN, W. H. Cross-cultural research on personality development. *Human Development,* 1965, *8,* 65–86.
HONZIK, M. Environmental correlates of mental growth: Prediction from the family setting at 21 months. *Child Development,* 1967, *38,* 337–364.
HOOPER, F. H. An evaluation of logical operations instruction in the preschool. In R. K. PARKER (Hrsg)., *The Preschool in Action: Exploring early childhood programs.* Boston: Allyn & Bacon, 1972, S. 134–186.
HOOPER, F. H. Cognitive assessment across the life-span: Methodological implications of the organismic approach. In J. R. NESSELROADE & H. W. REESE (Hrsg.), *Life-span developmental psychology: Methodological issues.* New York: Academic Press, 1973.
HOOPER, F. H., FITZGERALD, J. & PAPALIA, D. Piagetian theory and the aging process: Extensions and speculations. *Age and Human Development,* 1971, *2,* 3–20.
HOOPER, F. H., GOLDMAN, J. A., STORCK, P. A. & BURKE, A. M. Stage sequence and correspondence in Piagetian theory: A review of the middle-childhood period. *Research Relating to Children,* Bulletin 28, Sommer 1971. Urbana, Ill.: Educational Resources Information Centre.
HORN, J. L. Fluid and cristallized intelligence: A factor analytic and developmental study of the structure among primary mental abilities. Unveröffentlichte Dissertation, University of Illinois, 1965.
HORN, J. L. Short period fluctuations in intelligence. Final Report, 1966, University of Denver, Colorado, NASA Projekt Nummer DR 1-614.

HORN, J. L. Integrations of structural and developmental concepts in the theory of fluid and crystallized intelligence. In R. B. CATTELL (Hrsg.), *Handbook of multivariate experimental psychology.* Chicago: Rand McNally, 1966. S. 553–562.

HORN, J. L. Intelligence – why it grows, why it declines. *Transaction*, 1967, *4*, 23–31.

HORN, J. L. Organization of abilities and the development of intelligence. *Psychological Review*, 1968, *75*, 242–259.

HORN, J. L. Personality and ability theory. In R. B. CATTELL (Hrsg.), *Handbook of modern personality theory.* New York: Aldine, 1970.

HORN, J. L. Organization of data on life-span development of human abilities. In L. R. GOULET & P. B. BALTES (Hrsg.), *Life-span developmental psychology: Research and theory.* New York: Academic Press, 1970. S. 424–466.

HORN, J. L. & BRAMBLE, W. J. Second order ability structure revealed in rights and wrongs scores. *Journal of Educational Psychology*, 1967, *58*, 115–122.

HORN, J. L. & CATTELL, R. B. Vehicles, ipsatization and the multiple method measurement of motivation. *Canadian Journal of Psychology*, 1965, *19*, 265–279.

HORN, J. L. & CATTELL, R. B. Age differences in primary mental ability factors. *Journal of Gerontology*, 1966, *21*, 210–220.

HORN, J. L. & CATTELL, R. B. Refinement and test of the theory of fluid and crystallized intelligence. *Journal of Educational Psychology*, 1966, *57*, 253–270.

HORN, J. L. & CATTELL, R. B. Age differences in fluid and crystallized intelligence. *Acta Psychologica*, 1967, *26*, 107–129.

HORN, J. L. & DONALDSON, G. On the myth of intellectual decline in adulthood. *American Psychologist*, 1976, *31*, 701–719.

HUDSON, L. *Frame of mind: Ability, perception and self perception in the arts and sciences.* London: Methuen, 1968.

HULL, C. L. *Principles of behavior.* New York: Appleton, 1943.

HULTSCH, D. F. & HICKEY, T. External validity in the study of human development: A dialectical perspective. *Human Development*, 1978, *21*, 76–91.

HUMPHREYS, L. G. Investigations of the simplex. *Psychometrika*, 1960, *25*, 213–323.

HUMPHREYS, L. G. The organization of human abilities. *American Psychologist*, 1962, *17*, 475–483.

HUNT, J. McV. *Intelligence and experience.* New York: Ronald Press, 1961.

HURLEY, J. R. Parental malevolence and children's intelligence. *Journal of Consulting Psychology*, 1967, *31*, 199–204.

HURLOCK, E. B. *Developmental Psychology.* New York: McGraw-Hill, 1968.

HUSEN, T. The influence of schooling upon IQ. *Theoria*, 1951, *17*, 61–88.

HYMAN, H. H. & SHEATSLEY, P. B. Attitudes toward segregation. *Scientific American*, 1964, *211*, 16–23.

INGLIS, J., ANKUS, M. N. & SIKES, D. H. Age-related differences in learning and short-term memory from childhood to the senium. *Human Development*, 1968, *11*, 42–52.

INHELDER, B. Criteria of the stages of mental development. In J. M. TANNER & B. INHELDER (Hrsg.), *Discussions on child development.* Bd. 1. The Proceedings of the first Meeting of the World Health Organization Study Group on the Psychological Development of the Child. New York: International University Press, 1956. S. 75–86.

INHELDER, B. Some aspects of Piaget's genetic approach to cognition. In W. KESSEN & C. KUHLMAN (Hrsg.), *Thought in the young child.* Monographs of the Society for Research in Child Development, 1962, *27*, (2), 19–34.

INHELDER, B. & MATALON, B. The study of problem solving and thinking. In P. MUSSEN (Hrsg.), *Handbook of research methods in child development.* New York: Wiley, 1960. S. 421–455.

INHELDER, B. & PIAGET, J. *The early growth of logic in the child.* London: Routledge & Kegan, 1964. (Deutsch: *Die Entwicklung der elementaren logischen Strukturen.* 2 Bde. Düsseldorf: Schwann, 1973.)

INKELES, A. Social structure and socialization. In D. A. GOSLIN (Hrsg.), *Handbook of socialization theory and research.* Chicago: Rand McNally, 1969.

IRVINE, E. E. Children in Kibbutzim: Thirteen years after. *Journal of Child Psychology and Psychiatry,* 1966, *7,* 167–178.

JACKSON, D. N. Multimethod factor analysis in the evaluation of convergent and discriminant validity. *Psychological Bulletin,* 1969, *72,* 30–49.

JACOBY, A. P. Transition to parenthood: A reassessment. *Journal of Marriage and the Family,* 1969, *31,* 720–727.

JARVIK, L. F. & COHEN, D. A biobehavioral approach to intellectual changes with aging. In C. EISDORFER & M. P. LAWTON (Hrsg.), *The psychology of adult development and aging.* Washington, D. C.: American Psychology Association, 1973.

JARVIK, L. F. & FALEK, A. Intellectual stability and survival in the aged. *Journal of Gerontology,* 1963, *18,* 173–176.

JENKINS, J. J. & PALERMO, D. S. Mediation processes and the acquisition of linguistic structure. *Monographs of the Society for Research in Child Development,* 1964, *29* (1, ganze Nr. 92).

JENSEN, A. R. Estimation of the limits of heritability of traits by comparison of monozygotic and dizygotic twins. *Proceedings of the National Academy of Science, U.S.,* 1967, S. 149–157.

JENSEN, A. R. Social class, race, and genetics: Implications for education. *American Educational Research Journal,* 1968, *5,* 1–42.

JENSEN, A. R. How much can we boost I. Q. and scholastic achievement? *Harvard Educational Review,* 1969, *39,* 1–123.

JONES, E. E. & GERARD, H. B. *Foundations of social psychology.* New York: Wiley, 1967.

JONES, H. E. Trends in mental abilities. *Institute of Child Welfare, University of California,* 1958.

JONES, H. E. Intelligence and problem solving. In J. E. BIRREN (Hrsg.), *Handbook of aging and the individual.* Chicago: University of Chicago Press, 1959. S. 700–738.

JONES, H. E. & CONRAD, H. S. The growth and decline of intelligence: A study of a homogenous group between the ages of ten and sixty. *Genetic Psychology Monographs,* 1933, *13,* 223–298.

JONES, H. E., CONRAD, H. S. & HORN, A. Psychological studies of motion pictures. II. Observation and recall as a function of age. *University of California Publications in Psychology,* 1928, *3,* 225–243.

JONES, L. V. A factor analysis of the Stanford-Binet at four age levels. *Psychometrika,* 1949, *14,* 299–331.

JONES, M. C. A report on the three growth studies at the University of California. *Gerontologist,* 1967, *7,* 49–54.

KAGAN, J. The three faces of continuity in human development. In D. A. GOSLIN (Hrsg.), *Handbook of socialization theory and research.* Chicago: Rand McNally, 1969.

KAGAN, J. *Change and continuity in infancy.* New York: Wiley, 1971.

KAGAN, J. & FREEMAN, M. Relation of childhood intelligence, maternal behaviors and social class to behavior during adolescence. *Child Development,* 1963, *34,* 899–911.

KAGAN, J. & KOGAN, N. Individual variation in cognitive process. In P. H. MUSSEN (Hrsg.), *Carmichael's manual of child psychology.* Bd. 1. New York: Wiley, 1970.

KAGAN, J. & MOSS, H. A. *Birth to maturity: A study in psychological development.* New York: Wiley, 1962.

KAGAN, J., MOSS, H. A. & SIGEL, I. E. Conceptual style and the use of affect labels. *Merrill-Palmer Quarterly,* 1960, *6,* 261–278.

KAGAN, J., MOSS, H. A. & SIGEL, I. E. Psychological significance of styles of conceptualization. In J. C. WRIGHT & J. KAGAN (Hrsg.), Basic cognitive processes in children. *Monographs of the Society for Research in Child Development,* 1963, *28,* ganze Nr. 2 (Serial No. 86).

KAGAN, J., ROSMAN, B. L., DAY, D., ALBERT, J. & PHILLIPS, W. Information processing in the child: Significance of analytic and reflective attitudes. *Psychological Monographs,* 1964, *78,* (1, ganze Nr. 578).

KALLINA, H. Das Unbehagen in der Faktorenanalyse. *Psychologische Beiträge,* 1967, *10,* 81–86.

KALUGER, G. & KALUGER, M. F. *Human development: The span of life.* St. Louis: Mosby, 1974.

KAMIN, L. J. Differential changes in mental abilities in old age. *Journal of Gerontology,* 1957, *12,* 66–70.

KAPLAN, A. *The conduct of inquiry: Methodology for behavioral science.* San Francisco: Chandler, 1964.

KAPLAN, B. The study of language in psychiatry. The comparative developmental approach and its application to symbolization and language in psychopathology. In S. ARIETI (Hrsg.), American handbook of psychiatry. Bd. 3. New York: Basic Books, 1966. S. 659–688.

KAPLAN, B. Meditations of genesis. *Human Development,* 1967, *10,* 65–87.

KARP, S. A. Field dependence and occupational activity in the aged. *Perceptual and Motor Skills,* 1967, *24,* 603–609.

KASTENBAUM, R. Perspectives on the development and modification of behavior in the aged: A developmental perspective. *Gerontologist,* 1968, *8,* 280–283.

KAUSLER, D. H. Retention-forgetting as a nomological network for developmental research. In L. R. GOULET & P. B. BALTES (Hrsg.), *Life-span developmental psychology: Research and theory.* New York: Academic Press, 1970. S. 305–353.

KAWI, A. & PASAMANICK, B. Association of factors of pregnancy with reading disorders in childhood. *Journal of the American Medical Association,* 1958, *166,* 1420–1423.

KAY, H. Theories of learning and aging. In J. E. BIRREN (Hrsg.), *Handbook of aging and the individual.* Chicago: University of Chicago Press, 1959. S. 614–654.

KELLEY, H. P. Memory abilities: A factor analysis. *Psychometric Monographs,* 1964, No. 11.

KELLY, E. Consistency of the adult personality. *American Psychologist,* 1955, *10,* 659–681.

KELLY, G. *A theory of personality.* New York: Norton, 1963.

KEMPLER, B. Developmental level and serial learning. Unveröffentlichte Doktorarbeit, Clark University, 1964.

KENISTON, K. Youth as a stage of life. *The American Scholar*, 1970, *39,* 631–654.

KENKEL, W. F. Influence differentiation in decision making. *Sociology and Social Research,* 1957, *42,* 18–25.

KENKEL, W. F. Dominance, persistence, self-confidence, and spousal roles in decision-making. *Journal of Social Psychology,* 1961, *54,* 349–358.

KENNEDY, K. & KATES, S. L. Conceptual sorting and personality adjustment in children. *Journal of Abnormal and Social Psychology,* 1964, *68,* 211–214.

KENNEDY, W. A., VAN DE RIET, V. & WHITE, J. A normative sample of intelligence and achievement of Negro elementary school children in the Southeastern United States. *Monographs of the Society for Research in Child Development,* 1963, *28* (ganze No. 6).

KERLINGER, F. N. *Foundations of behavioral research.* New York: Holt, Rinehart & Winston, 1964.

KESSEN, W. Research design in the study of developmental problems. In P. H. MUSSEN (Hrsg.), *Handbook of research methods in child development.* New York: Wiley, 1960. S. 36–70.

KESSEN, W. Stages and structure in the study of children. *Monographs of the Society for Research in Child Development,* 1962, *27* (2, ganze No. 103), 65–86.

KESSEN, W. Questions for a theory of cognitive development. *Monographs of the Society for Research in Child Development*, 1966, *31* (5, ganze No. 107), 55–70.

KESSEN, W. Comparative personality research. In E. F. BORGATTA & W. W. LAMBERT (Hrsg.), *Handbook of personality theory and research.* Chicago: Rand McNally, 1968. S. 365–410.

KING, W. L. Learning and utilization of conjunctive and diagnostic classification rules: A developmental study. *Journal of Experimental Child Psychology,* 1966, *63,* 217–231.

KINGSLEY, R. C. & HALL, V. C. Training conservation through the use of learning sets. *Child Development,* 1967, *38,* 1111–1126.

KIRCHNER, W. R. Age differences in short-term retention of rapidly changing information. *Journal of Experimental Psychology,* 1958, *55,* 352–358.

KIRKPATRICK, C. Familial development, selective needs, and predictive theory. *Journal of Marriage and the Family,* 1967, *29,* 229–236.

KLAUSNER, S. Z. Life-Span Environmental Psychology: Methodological Issues. In P. B. BALTES &

K. W. SCHAIE (Hrsg.), *Life-span developmental psychology: Personality and socialization.* New York: Academic Press, 1973.

KLEIN, G. S. Need and regulation. In M. R. JONES (Hrsg.), *Nebraska symposium on motivation.* Lincoln: University of Nebraska Press, 1954.

KLUCKHOHN, C. & MURRAY, H. A. *Personality in nature, society and culture.* New York: Knopf, 1949.

KOCH, S. Psychology and emerging conceptions of knowledge as unitary. In T. W. WANN (Hrsg.), *Behaviorism and phenomenology.* Chicago: University of Chicago Press, 1964. S. 1–45.

KOESTLER, A. *The act of creation.* New York: Macmillan, 1964.

KOFSKY, E. Developmental scalogram analysis of classificatory behavior. *Child Development,* 1966, *37,* 191–204.

KOGAN, N. Educational implications of cognitive styles. In G. S. LESSER (Hrsg.), *Psychology and educational practice.* Glenview, Ill.: Scott & Foresman, 1971.

KOGAN, N. Categorizing and conceptualizing styles in younger and older adults. Unveröffentlichtes Manuskript, Department of Psychology, New School for Social Research, 1973.

KOGAN, N. & MORGAN, F. T. Task and motivational influences on the assessment of creative and intellective ability in children. *Genetic Psychology Monographs,* 1969, *80,* 91–127.

KOGAN, N. & PANKOVE, E. Creative ability over a five-year span. *Child Development,* 1972, *43,* 427–442.

KOGAN, N. & WALLACH, M. A. The effect of anxiety on relations between subjective age and caution in an older sample. In P. H. HOCH & J. ZUBIN (Hrsg.), *Psychopathology of aging.* New York: Grune & Stratton, 1961.

KOGAN, N. & WALLACH, M. A. *Risk taking: A study in cognition and personality.* New York: Holt, Rinehart & Winston, 1964.

KOHEN-RAZ, R. Scalogram analysis of some developmental sequences of infant behavior as measured by the Bayley Infant Scale of Mental Development. *Genetic Psychology Monographs*, 1967, *76*, 3–21.

KOHLBERG, L. Moral development and identification. In H. W. STEVENSON (Hrsg.), *Child Psychology: The 62nd yearbook of the National Society for the Study of Education.* Chicago: National Society for the Study of Education, 1963.

KOHLBERG, L. Development of moral character and moral ideology. In M. L. HOFFMAN & L. W. HOFFMAN (Hrsg.), *Review of child development research.* Bd. 1. New York: Russell Sage, 1964.

KOHLBERG, L. Early education: A cognitive-developmental view. *Child Development,* 1968, *39,* 1014–1062.

KOHLBERG, L. Stage and sequence: The cognitive-developmental approach to socialization. In D. A. GOSLIN (Hrsg.), *Handbook of socialization theory and research.* Chicago: Rand McNally, 1969.

KOHLBERG, L. From is to ought: How to commit the naturalistic fallacy and get away with it in the study of moral development. In T. MISCHEL (Hrsg.), *Cognitive development and epistemology.* New York: Academic Press, 1971.

KOHLBERG, L. The ethical life, the contemplative life and ultimate religion – notes toward Stage 7. Unveröffentlichtes Manuskript, Harvard University, 1971.

KOHLBERG, L. Continuities and discontinuities in childhood and adult moral development revisited. In L. KOHLBERG & E. TURIEL (Hrsg.), *Recent research in moral development.* New York: Holt, Rinehart & Winston, 1973.

KOHLBERG, L. Continuities in childhood and adult moral development revisited. In P. B. BALTES & K. W. SCHAIE (Hrsg.), *Life-span developmental psychology: Personality and socialization.* New York: Academic Press, 1973.

KOHLBERG, L. & GILLIGAN, C. The adolescent as a philosopher: The discovery of the self in a post-conventional world. *Daedalus,* 1971, *100,* 1051–1086.

KOHLBERG, L. & KRAMER, R. Continuities and discontinuities in childhood and adult moral development. *Human Development,* 1969, *12,* 93–120.

KOHLBERG, L. & MAYER, R. Early education: A cognitive developmental view. II. The develop-

mental-philosophic strategy for defining educational aims. In L. KOHLBERG & E. TURIEL (Hrsg.), *Recent research in moral development.* New York: Holt, Rinehart & Winston, 1973.
KOHLBERG, L. & TURIEL, E. Overview – Cultural universals in morality. In L. KOHLBERG & E. TURIEL (Hrsg.), *Recent research in moral development.* New York: Holt, Rinehart & Winston, 1973.
KOHN, M. S. & SCHOOLER, C. *The reciprocal effects of the substantive complexity of work and intellectual flexibility: A longitudinal assessment.* Unveröffentlichtes Manuskript, National Institute of Mental Health, Washington, D. C., 1977.
KOMAROVSKY, M. *Blue collar marriage.* New York: Vintage Books, 1967.
KOOISTRA, W. Developmental trends in the attainment of conservation, transitivity, and relativity in thinking of children: A replication and extension of Piaget's ontogenetic formulation. Unveröffentlichte Doktorarbeit, Wayne State University, 1963.
KORENCHEVSKY, V. *Physiological and pathological aging.* New York: Hafner, 1961.
KOTASKOVA, J. Faktorova analyza individualnich trendu vyvoje intelek tovrch schopnosti. *Psychologica, A Patopsychologica Diatata,* 1967, *3,* 5–15.
KOTLAR, S. L. Middle class marital role perceptions and marital adjustment. *Sociological Social Research,* 1965, *49,* 283–293.
KRAL, V. A. Senile dementia and normal aging. *Canadian Psychiatric Association Journal,* 1972, *7,* 25–30.
KRECHEVSKY, I. "Hypotheses" in rats. *Psychological Review,* 1932, *39,* 516–532.
KREITLER, H. & KREITLER, S. Children's concepts of sexuality and birth. *Child Development,* 1966, *37,* 363–378.
KRISTOF, W. Orthogonal inter-battery factor analysis. *Psychometrika,* 1967, *32,* 199–227.
KUBO, Y. Mental and physical changes in old age. *Journal of Genetic Psychology,* 1938, *53,* 101–108.
KUHLEN, R. G. Social change: A neglected factor in psychological studies of the life-span. *School and Society,* 1940, *52,* 14–16.
KUHLEN, R. G. Aging and life-adjustment. In J. E. BIRREN (Hrsg.), *Handbook of aging and the individual.* Chicago: University of Chicago Press, 1959.
KUHLEN, R. G. Age and intelligence: The significance of cultural change in longitudinal vs. cross-sectional findings. *Vita Humana,* 1963, *6,* 113–124.
KUHLEN, R. G. & THOMPSON, G. G. (Hrsg.) *Psychological studies of human development.* New York: Appleton-Century-Crofts, 1963.
KUHN, D., LANGER, J., KOHLBERG, L. & HAAN, N. The development of formal operations in logical and moral judgment. *Genetic Psychological Monographs,* 1974.
KUHN, T. S. *The structure of scientific revolutions.* Chicago: University of Chicago Press, 1962. (Deutsch: *Die Struktur wissenschaftlicher Revolutionen.* Frankfurt/M.: Suhrkamp, 1973. Zitate nach der deutschen Ausgabe.)

LABOUVIE, E. W. Developmental causal structures of organism-environment interactions. *Human Development,* 1974, *17,* 444–452.
LABOUVIE, G. V., FROHRING, W., BALTES, P. B. & GOULET, L. R. The differential validity of a recall task at various stages of learning and as a function of two experimental conditions. *Journal of Educational Psychology,* 1973.
LABOUVIE, G. V., HOYER, W. J., BALTES, M. M. & BALTES, P. B. Operant analysis of intellectual behavior in old age. *Human Development,* 1973.
LABOUVIE-VIEF, G. Adult cognitive development: In search of alternative interpretations. *Merrill Palmer Quarterly,* 1978.
LABOUVIE-VIEF, G. & CHANDLER, M. Cognitive development and life-span developmental theories: Idealistic versus contextual perspectives. In P. B. BALTES (Hrsg.), *Life-span development and behavior.* Bd. 1. New York: Academic Press, 1978.
LACHMAN, R. The model in theory construction. *Psychological Review,* 1960, *67,* 113–129.
LACHMAN, R. Machines, brains, and models. In S. HOOK (Hrsg.), *Dimensions of mind. A symposium.* New York: Collier, 1961. S. 172–173.

LANGER, J. *Theories of development.* New York: Holt, Rinehart & Winston, 1969.
LANGER, J. Werner's theory of development. In P. H. MUSSEN (Hrsg.), *Carmichael's manual of child psychology.* New York: Wiley, 1970. S. 733–771.
LANSING, A. I. General biology of senescence. In J. E. BIRREN (Hrsg.), *Handbook of aging and the individual.* Chicago: University of Chicago Press, 1959. S. 119–134.
LASHLEY, K. S. Persistent problems in the evaluation of the mind. *Quarterly Review of Biology,* 1949, *24,* 28–42.
LAUGHLIN, P. R. Incidental concept formations as a function of creativity and intelligence. *Journal of Personality and Social Psychology,* 1967, *5,* 115–119.
LAURENCE, M. W. Memory loss with age: A test of two strategies for its retardation. *Psychonomic Science,* 1967, *9,* 209–210.
LAURENDEAU, M. & PINARD, A. *Causal thinking in the child.* New York: International Universities Press, 1962.
LAURENDEAU, M. & PINARD, A. *The development of the concept of space in the child.* New York: International Universities Press, 1970.
LAWS, J. A. A feminist review of marital adjustment. The rape of the locke. *Journal of Marriage and the Family,* 1971, *33,* 97–137.
LAWTON, M. P. Assessment, integration, and environments for older people. *Gerontologist,* 1970, *10,* 38–46.
LEARY, T. *Interpersonal diagnosis of personality.* New York: Ronald Press, 1957.
LEHMAN, H. C. *Age and achievement.* Princeton: Princeton University Press, 1953.
LEHMAN, H. C. The age decrement in outstanding scientific creativity. *American Psychologist,* 1960, *15,* 128–134.
LEHR, U. Attitudes towards the future in old age. *Human Development,* 1967, *10,* 230–238.
LEIK, R. K. Instrumentality and emotionality in family interaction. *Sociometry,* 1963, *26,* 131–145.
LEMASTERS, E. E. Parenthood as crisis. *Marriage and Family Living,* 1957, *19,* 352–355.
LERNER, R. M. *Concepts and theories of human development.* Reading, Mass.: Addison-Wesley, 1976.
LERNER, R. M. & RYFF, C. D. Implementation of the life-span view of human development: The sample case of attachment. In P. B. BALTES (Hrsg.), *Life-span development and behavior.* Bd. 1. New York: Academic Press, 1978.
LESSER, G. S. Matching instruction to student characteristics. In G. S. LESSER (Hrsg.), *Psychology and educational practice.* Glenview, Ill.: Scott & Foresman, 1971.
LESSER, H. S., FIFER, G. & CLARK, D. H. Mental abilities of children from different social-class and cultural group. *Monographs of the Society for Research in Child Development,* 1965, *30* (ganze No. 4).
LEVENSTEIN, P. & SUNLEY, R. Stimulation of verbal interaction between disadvantaged mothers and children. Journal of Orthopsychiatry, 1968, 38, 116–121.
LEVINE, R. A. Culture, personality, and socialization: An evolutionary view. In D. A. GOSLIN (Hrsg.), *Handbook of socialization theory and research.* Chicago: Rand McNally, 1969.
LEVINE, R. A. Cross-cultural study in child psychology. In P. H. MUSSEN (Hrsg.), *Carmichael's manual of child psychology.* Bd. 2. New York: Wiley, 1970.
LEVINE, M. A model of hypothesis behavior in discrimination learning set. *Psychological Review,* 1959, *66,* 353–366.
LEVINGER, G. Task and social behavior in marriage. *Sociometry,* 1964, *24,* 433–448.
LEVINSON, B. M. Subcultural values and IQ stability. *Journal of Genetic Psychology,* 1961, *98,* 69–82.
LEVINSON, B. M. The W. A. I. S. quotient of subcultural deviation. *Journal of Genetic Psychology,* 1963, *100,* 103–131.
LEVY, L. H. Originality as role defined behavior. *Journal of Personality and Social Psychology,* 1968, *9,* 72–78.
LIENERT, G. A. & CROTT, H. W. Studies on the factor structure of intelligence in children, adolescents and adults. *Vita Humana,* 1964, *7,* 147–163.

LINDSAY, R. B. Operationalism in physics. *Scientific Monthly,* 1954, *79,* 221–223. (Nachgedruckt in P. G. FRANK (Hrsg.), *The validation of scientific theories.* New York: Collier, 1961. S. 69–75.)

LINDSLEY, O. R. Geriatric behavioral prosthetics. In R. KASTENBAUM (Hrsg.), *New thoughts on old age.* New York: Springer, 1964.

LINTON, H. B. Dependence on external influence: Correlates in perception, attitudes, and judgment. *Journal of Abnormal and Social Psychology,* 1955, *51,* 502–507.

LIU, W. T. Family interactions among local and refugee Chinese families in Hong Kong. *Journal of Marriage and the Family,* 1966, *28,* 314–323.

LLOYD, B. B. & LIGHT, R. A. Cognitive stages in dream concept development in English children. *Journal of Social Psychology,* 1970, *82,* 271–272.

LOEVINGER, J. The meaning and measurement of ego development. *American Psychologist,* 1966, *214,* 195–206.

LOEVINGER, J. Theories of ego development. In L. BREGER (Hrsg.), *Clinical-cognitive psychology: Models and integrations.* Englewood Cliffs: Prentice-Hall, 1969.

LOEVINGER, J. & WESSLER, R. *Measuring ego development: Construction and use of a sentence completion test.* Bd. 1. San Francisco: Jossey-Bass, 1970.

LOEVINGER, J., WESSLER, R. & REDMORE, C. *Measuring ego development: Scoring manual for women and girls.* Bd. 2. San Francisco: Jossey-Bass, 1970.

LÖWE, H. *Einführung in die Lernpsychologie des Erwachsenenalters.* Berlin: VEB Deutscher Verlag der Wissenschaften, 1977.

LONGSTRETH, L. *Psychological development of the child.* New York: Ronald Press, 1968.

LOOFT, W. R. The psychology of more. *American Psychologist,* 1971, *26,* 561–565.

LOOFT, W. R. Egocentrism and social interaction across the life span. *Psychological Bulletin,* 1972, *78,* 73–92.

LOOFT, W. R. & BARTZ, W. H. Animism revived. *Psychological Bulletin,* 1969, *71,* 1–19.

LOOFT, W. R. & CHARLES, D. C. Egocentrism and social interaction in young and old adults. *Aging and Human Development,* 1971, *2,* 21–28.

LORANGER, A. W. & MISIAK, H. Critical flicker frequency and some intellectual functions in old age. *Journal of Gerontology,* 1959, *14,* 323–327.

LORD, F. M. Elementary models for measuring change. In C. W. HARRIS (Hrsg.), *Problems in measuring change.* Madison: University of Wisconsin Press, 1963.

LORGE, I. The influence of the test upon the nature of mental decline as a function of old age. *Journal of Educational Psychology,* 1936, *27,* 100–110.

LOVELL, K., HEALEY, D. & ROWLAND, A. D. Growth of some geometrical concepts. *Child Development,* 1962, *33,* 751–767.

LOVELL, K. & OGILIVIE, E. A study of the conservation of weight in the junior school child. *British Journal of Educational Psychology,* 1961, *31,* 138–144.

LOWENTHAL, M. F., THURNHER, M., CHIRIBOGA, D. u. a. *Four stages of life: A comparative study of women and men facing transitions.* San Francisco: Jossey-Bass, 1975.

LUGO, J. O. & HERSHEY, G. L. *Human development.* New York: Macmillan, 1974.

LUNZER, E. A. Some points of Piagetian theory in the light of experimental criticism. *Journal of Child Psychology and Psychiatry,* 1960, *1,* 191–202.

MAAS, H. Long term effects of early childhood separation and group care. *Vita Humana,* 1963, *6,* 34–56.

MACCOBY, E. E. Role-taking in childhood and its consequences for social learning. *Child Development,* 1959, *30,* 239–252.

MACCOBY, E. E. The development of moral values and behavior in childhood. In J. A. CLAUSEN (Hrsg.), *Socialization and society.* Boston: Little, Brown & Co., 1968.

MACCOBY, E. E., DOWLEY, E. M., HAGEN, J. W. & DEGERMAN, R. Activity level and intellectual functioning in normal preschool children. *Child Development,* 1965, *36,* 761–770.

MACKAY, C. K., FRASER, J. & ROSS, I. Matrices, three by three: Classification and seriation. *Child Development,* 1970, *41,* 787–798.

Machie, J. B., Maxwell, A. & Rafferty, F. T. Psychological development of culturally disadvantaged Negro kindergarten children: A study of the selective influences of family and school variables. *American Journal of Orthopsychiatry*, 1967, *37*, 367–368.
MacKinnon, D. W. The personality correlates of creativity: A study of American architects. In G. S. Nielsen (Hrsg.), *Proceedings of the XIV International Congress of Applied Psychology*. Bd. II. Kopenhagen: Munksgaard, 1962.
Magladery, J. W. Neurophysiology of aging. In J. E. Birren (Hrsg.), *Handbook of aging and the individual*. Chicago: University of Chicago Press, 1959. S. 173–183.
Magrabi, F. M. & Marshall, W. H. Family developmental tasks: A research model. *Journal of Marriage and the Family*, 1965, *27*, 454–461.
Maleci, O. & Montonari, M. Il Test Wechsler-Bellevue in soggetti anziani normali. *Archivio di Psichologia, Neurologia e Psichiatria*, 1953, *14*, 591–602.
Maleci, O. & Pessina, G. Alcune elaborazioni del punteggio Wechsler-Bellevue in soggetti normali della provincia di podora. *Rivista di Patologia Nervosa e Mentale*, 1954, *75*, 1–23.
Maltzman, I. On the training of originality. *Psychological Review*, 1960, *67*, 229–242.
Mannheim, K. The problem of generations. In K. Mannheim (Hrsg.), *Essays on the sociology of knowledge*. New York: Oxford University Press, 1952.
Mannix, J. B. The number concepts of a group of E. S. N. children. *British Journal of Educational Psychology*, 1960, *30*, 180–181.
Marcia, J. E. Development and validation of ego-identity status. *Journal of Personality and Social Psychology*, 1966, *3*, 551–558.
Margenau, H. Interpretations and misinterpretations of operationalism. *Scientific Monthly*, 1954, *79*, 202–210. (Nachgedruckt in P. G. Frank (Hrsg.), *The validation of scientific theories*. New York: Collier, 1961. S. 45–46.)
Marshall, V. W. Age and awareness of finitude in developmental gerontology. *Omega*, 1975, *6*, 113–129.
Matson, F. *The broken image*. New York: Braziller, 1964.
McCall, R. B. The use of multivariate procedures in developmental psychology. In P. H. Mussen (Hrsg.), *Carmichael's manual of child psychology*. New York: Wiley, 1970. S. 1366–1377.
McCall, R. B. Challenges to a science of developmental psychology. *Child Development*, 1977, *48*, 333–344.
McCandless, B. R. & Evans, E. E. *Human development and society: A psychological view*. Hinsdale, Ill.: Dryden, 1973.
McCandless, B. R. & Spiker, C. C. Experimental research in child psychology. *Child Development*, 1956, *27*, 75–80.
McClearn, G. E. Genetic influences on behavior and development. In P. H. Mussen (Hrsg.), *Carmichael's manual in child psychology*. New York: Wiley, 1970. S. 39–76.
McCulloch, T. L. The retarded child grows up: Psychological aspects of aging. *American Journal of Mental Deficiency*, 1957, *62*, 201–208.
McCulloch, W. S. Mysterium iniquitatis – of sinful man aspiring into the place of God. Scientific Monthly, 1955, 80, 35–39. (Nachgedruckt in P. G. Frank (Hrsg.), *The validation of scientific theories*. New York: Collier, 1961. S. 148–156.)
McFarland, R. A. The sensory and perceptual processes in aging. In K. W. Schaie *Theory and methods of research on aging*. Morgantown, West Virginia: West Virginia University Library, 1968.
McNeill, D. Developmental Psycholinguistics. In F. Smith & G. A. Miller (Hrsg.), *The genesis of language*. Cambridge, Mass.: Massachusetts Insitute of Technology Press, 1966. S. 15–84.
McNeill, D. On theories of language acquisition. In T. R. Dixon & D. L. Horton (Hrsg.), *Verbal behavior and general behavior theory*. New York: Prentice-Hall, 1968. S. 406–420.
McNemar, Q. *The revision of the Stanford-Binet Scale: An analysis of the standardization data*. Boston: Houghton Mifflin, 1942.
McRoy, J. J. A study of the development of the concept of quantity by scalogram analysis. *Dissertation Abstracts*, 1967, *28*, 1231–1232.

MEAD, M. *Culture and commitment: A study of the generation gap.* New York: Doubleday, 1970.

MEAD, M. Youth revolt: The future ist now. *Saturday Review,* 1970, *53,* 23–25, 113.

MEDNICK, S. A. The associative bases of the creative process. *Psychological Review,* 1962, *69,* 220–232.

MENDELSOHN, G. A. & GRISWOLD, B. B. Differential use of the incidental stimuli in problem solving as a function of creativity. *Journal of Abnormal and Social Psychology,* 1964, *68,* 431–436.

MENDELSOHN, G. A. & GRISWOLD, B. B. Assessed creative potential, vocabulary level, and sex as predictors of the use of incidental cues in verbal problem solving. *Journal of Personality and Social Psychology,* 1966, *4,* 423–431.

MEREDITH, W. Rotation to achieve factorial invariance. *Psychometrika,* 1964, *29,* 187–206.

MERLEAU-PONTY, M. *The structure of behavior.* Boston: Beacon Press, 1963.

MERMELSTEIN, E. & SHULMAN, L. S. Lack of formal schooling and acquisition of conservation. *Child Development,* 1967, *38,* 39–52.

MESSICK, S. & DAMARIN, F. Cognitive styles and memory for faces. *Journal of Abnormal and Social Psychology,* 1964, *69,* 313–318.

MESSICK, S. & KOGAN, N. Differentiation and compartmentalization in objectsorting measures of categorizing style. *Perceptual and Motor Skills,* 1963, *16,* 47–51.

METZ, A. S. A comparison of husbands and wive's dissatisfactions with marriage partner based on a factor analytic study of marital interpersonal behavior. Unveröffentlichte Doktorarbeit, University of Pennsylvania, 1962.

MEYER, J. W. & SOBIESZEK, B. I. Effect of a child's sex on adult interpretations of its behaviors. *Developmental Psychology,* 1972, *6,* 42–48.

MEYEROWITZ, J. H. Satisfaction during pregnancy. *Journal of Marriage and the Family,* 1970, *32,* 38–42.

MILES, C. C. Influence of speed and age on intelligence scores of adults. *Journal of General Psychology,* 1934, *10,* 208–210.

MILES, C. C. & MILES, W. R. The correlation of intelligence scores and chronological age from early to late maturity. *American Journal of Psychology,* 1932, *44,* 44–78.

MILLER, G. A. *Language and communication.* New York: McGraw-Hill, 1951.

MILLER, G. A. The magical number seven, plus or minus two: Some limits to our capacity for processing information. *Psychological Review,* 1956, *63,* 81–97. (Deutsch: Die magische Zahl Sieben plus oder minus Zwei: Einige Grenzen unserer Fähigkeit zur Informationsverarbeitung. In W. SCHÖNPFLUG (Hrsg.), *System Mensch: Beispiele aus der psychologischen Fachliteratur.* Stuttgart: Klett-Cotta, 1977. S. 125–131.)

MILLER, J. G. Toward a general theory for the behavioral sciences. *American Psychologist,* 1955, *10,* 513–531.

MILLER, N. E. & DOLLARD, J. *Social learning and imitation.* New Haven: Yale University Press, 1941.

MINER, J. B. *Intelligence in the United States.* New York: Springer, 1956.

MISCHEL, W. *Personality and assessment.* New York: Wiley, 1968.

MISCHEL, W. Continuity and change in personality. *American Psychologist,* 1969, *24,* 1012–1018.

MISCHEL, W. Sex-typing and socialization. In P. H. MUSSEN (Hrsg.), *Carmichael's handbook of child psychology.* Bd. 2. New York: Wiley, 1970.

MISHIMA, J. & INOUE, K. A study on development of visual memory. *Experimental Psychology and Research,* 1966, *8,* 62–71.

MONGE, R. F. Experimental tests from the Syracuse Adult Development Study. Personal Communication 1971.

MOORE, T. Language and intelligence: A longitudinal study of the first eight years. *Human Development,* 1967, *10,* 88–106.

MOSS, H. A. Sex, age, and state as determinants of mother-infant interaction. *Merrill-Palmer Quarterly,* 1967, *13,* 19–36.

MOSS, H. A. & ROBSON, K. S. Maternal influences in early social visual behavior. *Child Development,* 1968, *39,* 401–408.

Mowrer, O. H. *Learning theory and behavior.* New York: Wiley, 1960.
Munnichs, J. M. A. A short history of psychogerontology. *Human Development,* 1966, *9,* 230–245.
Munnichs, J. M. A. *Old age and finitude.* Basel: Karger, 1966.
Munsinger, H. Light detection and pattern recognition: Some comments on the growth of visual sensation and perception. In L. R. Goulet & P. B. Baltes (Hrsg.), *Life-span developmental psychology: Research and theory.* New York: Academic Press, 1970.
Murray, F. B. Cognitive conflict and reversibility training in the acquisition of length conservation. *Journal of Educational Psychology,* 1968, *59,* 82–87.
Murray, J. P. & Youniss, J. Achievement of inferential transitivity and its relation to serial ordering. *Child Development,* 1968, *39,* 1259–1268.
Mussen, P. H. (Hrsg.) *Handbook of research methods in child development.* New York: Wiley, 1960.
Mussen, P. H. (Hrsg.) *Carmichael's manual of child psychology.* (3. Aufl.) New York: Wiley, 1970.
Mussen, P. H., Conger, H. J. & Kagen, J. *Child development and personality.* (2. Aufl.) New York: Harper & Row, 1963. (Deutsch: *Lehrbuch der Kinderpsychologie.* Stuttgart: Klett, 1976.)
Myklebust, H. R. & Johnson, D. Dyslexia in children. *Exceptional Children,* 1962, *29,* 14–25.

Nagel, E. Determinism and development. In D. B. Harris (Hrsg.), *The concept of development.* Minneapolis: University of Minnesota Press, 1957. S. 15–24.
Nardi, A. H. Person-perception research and the perception of life-span development. In P. B. Baltes & K. W. Schaie (Hrsg.), *Life-span developmental psychology: Personality and socialization.* New York: Academic Press, 1973.
Nassefat, M. *Etude quantitative sur l'évolution des opérations intellectuelles.* Neuchâtel: Delachaux & Niestlé, 1963.
Navran, L. Communication and adjustment in marriage. *Family Process,* 1967, *6,* 173–184.
Neimark, E. D. & Lewis, N. The development of topical problem-solving strategies. *Child Development,* 1967, *38,* 107–110.
Nesselroade, J. R. A model for psychological states, moods, and role sets. Paper presented at the conference on Modern Personality Theory, University of Illinois, November 1967.
Nesselroade, J. R. Application of multivariate strategies to problems of measuring and structuring long-term change. In L. R. Goulet & P. B. Baltes (Hrsg.), *Life-span developmental psychology: Theory and research.* New York: Academic Press, 1970. S. 193–207.
Nesselroade, J. R. Theory of psychological states and mood action. In R. B. Cattell (Hrsg.), *Handbook of modern personality study.* Chicago: Aldine Press, 1970.
Nesselroade, J. R. & Baltes, P. B. On a dilemma of comparative factor analysis. A study of factor matching based on random data. *Educational and Psychological Measurement,* 1970, *30,* 935–948.
Nesselroade, J. R., Baltes, P. B. & Labouvie, E. W. Evaluating factor invariance in oblique space: Baseline data generated from random numbers. *Multivariate Behavioral Research,* 1971, *6,* 233–241.
Nesselroade, J. R. & Cattell, R. B. Examination of short-term invariance and stability of personality factor structure. Unveröffentlichtes Manuskript, West Virginia University, 1970.
Nesselroade, J. R. & Reese, H. W. (Hrsg.) *Life-span developmental psychology: Methodological issues.* New York: Academic Press, 1973.
Nesselroade, J. R., Schaie, K. W. & Baltes, P. B. Ontogenetic and generational components of structural and quantitative change in adult cognitive behavior. *Journal of Gerontology,* 1972, *27,* 222–228.
Neugarten, B. L. *Personality in middle and late life: Empirical studies.* New York: Atherton Press, 1964.
Neugarten, B. L. Adult personality: A developmental view. *Human Development,* 1966, *9,* 61–73.
Neugarten, B. L. (Hrsg.) *Middle age and aging: A reader in social psychology.* Chicago: University of Chicago Press, 1968.

NEUGARTEN, B. L. Toward a psychology of the life cycle. In B. L. NEUGARTEN (Hrsg.), *Middle age and aging: A reader in social psychology.* Chicago: University of Chicago Press, 1968.

NEUGARTEN, B. L. Continuities and discontinuities of psychological issues into adult life. *Human Development,* 1969, *12,* 121–130.

NEUGARTEN, B. L. & DATAN, N. Sociological perspectives on the life cycle. In P. B. BALTES & K. W. SCHAIE (Hrsg.), *Life-span developmental psychology: Personality and socialization.* New York: Academic Press, 1973.

NEUGARTEN, B. L. & MOORE, J. W. The changing age-status system. In B. L. NEUGARTEN (Hrsg.), *Middle age and aging: A reader in social psychology.* Chicago: University of Chicago Press, 1968.

NEUGARTEN, B. L., MOORE, J. W. & LOWE, J. C. Age norms, age constraints, and adult socialization. *American Journal of Sociology,* 1965, *70,* 710–717.

NEUGARTEN, B. L. & PATERSON, W. A. A study of the American age-grade system. In *Proceedings of the Fourth Congress of the International Association of Gerontology.* Bd. 3. 1957.

NEWCOMB, T. *The acquaintance process.* New York: Holt, Rinehart & Winston, 1961.

NEWMAN, B. M. & NEWMAN, P. R. *Development through life.* Homewood, Ill.: Dorsey Press, 1975.

NICHOLLS, J. G. Some effects of testing procedure on divergent thinking. *Child Development,* 1971, *42,* 1647–1651.

NISSEN, H. W. Phylogenetic comparison. In S. S. STEVENS (Hrsg.), *Handbook of experimental psychology.* New York: Wiley, 1951. S. 347–386.

NOBLE, G. E., BAKER, B. L. & JONES, T. A. Age and sex parameters in psychomotor learning. *Perceptual and Motor Skills,* 1964, *19,* 935–945.

NORMAN, R. D. & DALEY, M. F. Senescent changes in intellectual ability among superior women. *Journal of Gerontology,* 1959, *14,* 457–464.

NUNNALLY, J. C. *Psychometric theory.* New York: McGraw-Hill, 1967.

NYSSEN, R. & DELYS, L. Contributions a l'étude du problème du déclin intellectuel en fonction de l'âge. *Archives de Psychologie,* 1952, *33,* 295–310.

ODOM, R. D. & COON, R. C. The development of hypothesis testing. *Journal of Experimental Psychology,* 1966, *4,* 285–291.

OERTER, R. (Hrsg.) *Entwicklung als lebenslanger Prozeß.* Hamburg: Hoffmann & Campe, 1978.

O'ROURKE, J. Field and laboratory. The decision making behaviors of family groups in two experimental conditions. *Sociometry,* 1963, *26,* 422–435.

ORPET, R. E. & MEYERS, C. E. Discriminant function analysis of conservation stage by structure of intellect and conceptual style variables. Paper presented at the Meeting of the American Psychological Association, Miami, Florida, September 1970.

OSBORNE, R. T. & SANDERS, W. B. Differential decline in Graduate Record Examination scores with age. *Journal of Genetic Psychology,* 1955, *87,* 309–316.

OSGOOD, C. E. Toward a wedding of insufficiencies. in T. R. DIXON & D. L. HORTON (Hrsg.), *Verbal behavior and general behavior theory.* Englewood Cliffs, N. J.: Prentice Hall, 1968. S. 495–519.

OSOFSKY, J. D. The shaping of mothers' behavior by children. *Journal of Marriage and the Family,* 1970, *32,* 400–405.

OSOFSKY, J. D. Children's influence upon parental behavior: An attempt to define the relationship with the use of a laboratorium task. *Generic Psychology Monographs,* 1971, *83,* 147–169.

OVERALL, J. E. Note on the scientific status of factors. *Psychological Bulletin,* 1964, *61,* 270–276.

OVERTON, W. F. & BRODZINSKY, D. Perceptual and verbal factors in the development of multiplicative classification. Paper presented at the meeting of the Eastern Psychological Association, Philadelphia, April 1969.

OVERTON, W. F. & REESE, H. W. Models of development. Methodological implications. In. J. R. NESSELROADE & H. W. REESE (Hrsg.), *Life-span developmental psychology: Methodological issues.* New York: Academic Press, 1973.

Owens, W. A. Age and mental abilities: A longitudinal study. *Genetic Psychology Monographs,* 1953, *48,* 3–54.
Owens, W. A. Age and mental abilities: A second adult follow-up. *Journal of Educational Psychology,* 1966, *57,* 311–325.

Pacaud, S. Experimental research on the aging of psychological functions. In *Old age in the modern world.* Edinburgh: Livingstone, 1955. S. 279–290.
Palermo, D. S. Language acquisition. In H. W. Reese & L. P. Lipsitt (Hrsg.), *Experimental child psychology.* New York: Academic Press, 1970.
Pankove, E. & Kogan, N. Creative ability and risk taking in elementary school children. *Journal of Personality,* 1968, *36,* 420–439.
Pap, A. *Elements of analytic philosophy.* New York: Macmillan, 1949.
Papalia, D. A. The status of several conservation abilities across the life-span. *Human Development,* 1972, *15,* 229–243.
Papalia, D. & Hooper, F. H. A developmental comparison of identity and equivalence conservations. Paper presented at the meeting of the Eastern Psychological Association, New York, April 1971.
Parrish, M., Lundy, R. M. & Leibowitz, H. W. Hypnotic age-regression and magnitudes of the Ponzo and Poggendorff Illusions. *Science,* 1968, *159,* 1375–1376.
Pasamanick, B. & Knobloch, C. H. Brain and behavior: Brain damage and reproductive causality. *American Journal of Orthopsychiatry,* 1960, *30,* 298–305.
Parsons, T. & Bales, R. F. *Family, socialization, and interaction process.* Clencoe, Ill.: Free Press, 1955.
Parsons, T. & Shils, E. A. The social system. In T. Parsons & E. A. Shils (Hrsg.), *Toward a general theory of action.* Cambridge: Harvard University Press, 1951.
Patterson, G. R. Social learning: An additional base for developing behavior modification techniques. In D. Frank (Hrsg.), *Assessment and status of the behavior therapies and associated development.* New York: McGraw-Hill, 1967.
Patterson, G. R. *Families: Applications of social learning to family life.* Champaigne, Ill.: Research, 1971.
Patterson, G. R. & Cobb, J. A. A diagnostic analysis of "aggressive" behavior: An additional step toward a theory of aggressions. In J. P. Hill (Hrsg.), *Minnesota symposia on child psychology.* Minneapolis: University of Minnesota Press, 1971.
Patterson, G. R. & Reid, J. B. Reciprocity and coercion: Two facets of social systems. Unveröffentlichtes Manuskript, Oregon Research Institute, University of Oregon, 1969.
Patterson, G. R. & Hops, H. Coercion, a game for two: Intervention techniques for marital conflict. Unveröffentlichter Bericht (Technischer Report No. 6), University of Oregon, Juni 1971.
Pattishall, E. Programs for health maintenance and primary health care. In H. B. Urban & W. R. Looft (Hrsg.), *Human development intervention.* In Vorb.
Payne, T. R. *S. L. Rubinstein and the philosophical foundations of Soviet psychology.* New York: Humanities Press, 1968.
Pederson, F. A. & Wender, P. H. Early social correlates of cognitive functioning in six-year-old boys. *Child Development,* 1968, *39,* 185–193.
Pepper, S. C. *World hypotheses.* Berkeley: University of California Press, 1942.
Peters, D. L. Verbal mediators and cue discrimination in the transition from nonconservation to conservation of number. *Child Development,* 1970, *41,* 707–722.
Petermann, F. *Veränderungsmessung.* Stuttgart: Kohlhammer, 1978.
Pettigrew, T. F. The measurement and correlates of category width as a cognitive variable. *Journal of Personality,* 1958, *26,* 532–544.
Piaget, J. Children's philosophies. In C. Murchison (Hrsg.), *A handbook of child psychology.* Worcester: Clark University Press, 1933.
Piaget, J. *The origin of intelligence in children.* New York: International Universities Press, 1936.
Piaget, J. *The psychology of intelligence.* London: Routledge & Kegan Paul, 1946. (Deutsch: *Psychologie der Intelligenz.* Olten: Walter, 5. Aufl. 1972.)

PIAGET, J. Les stades du développement intellectuel de l'enfant et de l'adolescent. In P. OSTERRIETH et al. (Hrsg.), *Le problème des stades en psychologie de l'enfant.* Paris: Presses Universitaires de France, 1955. S. 33–42.

PIAGET, J. The general problems of the psychobiological development of the child. In J. M TANNER & B. INHELDER (Hrsg.), *Discussions on child development: Proceedings of the World Health Organizations study group on the psychobiological development of the child.* Bd. IV. New York: International Universities Press, 1960. S. 3–27.

PIAGET, J. Nécessité et signification des recherches comparatives en psychologie génétique. *International Journal of Psychology,* 1966, 1, 3–13.

PIAGET, J. Quantification, conservation and nativism. *Science,* 1968, *162,* 976–979.

PIAGET, J. *Genetic epistemology.* New York: Columbia University Press, 1970. (Deutsch: *Einführung in die genetische Erkenntnistheorie.* Frankfurt/M.: Suhrkamp, 1973.)

PIAGET, J. Piaget's theory, In P. H. MUSSEN (Hrsg.), *Carmichael's manual of child psychology.* New York: Wiley, 1970. S. 703–732.

PIAGET, J. *Structuralism.* New York: Basic Books, 1970. (Deutsch: *Der Strukturalismus.* Olten: Walter, 1973.)

PIAGET, J. Intellectual evolution from adolescence to adulthood. *Human Development,* 1972, *15,* 1–12.

PIAGET, J. & INHELDER, B. *The child's conception of space.* London: Routledge & Kegan Paul, 1956. (Deutsch: *Die Entwicklung des räumlichen Denkens beim Kinde.* Stuttgart: Klett-Cotta, 1971. Band 6 der Gesammelten Werke.)

PIAGET, J. & INHELDER, B. *The psychology of the child.* New York: Basic Books, 1969. (Deutsch: *Die Psychologie des Kindes.* Olten: Walter, 1972.)

PIAGET, J., INHELDER, B. & SZEMNISKA, A. *The child's conception of geometry.* New York: Basic Books, 1960. (Deutsch: *Die natürliche Geometrie des Kindes.* Stuttgart: Klett-Cotta, 1974. Band 7 der Gesammelten Werke.)

PIERS, E. V., DANIELS, J. M. & QUACKENBUSH, J. I. The identification of creativity in adolescents. *Journal of Educational Psychology,* 1960, *51,* 346–351.

PIKLER, E. Some contributions to the study of the gross motor development of children. *Journal of Genetic Psychology,* 1968, *113,* 27–39.

PIKUNAS, J. *Human development: An emergent science.* New York: McGraw-Hill, 1976.

PINARD, A. & LAURENDEAU, M. "Stage" in Piaget's cognitive-developmental theory: Exegesis of a concept. In D. ELKIND & J. H. FLAVELL (Hrsg.), *Studies in cognitive development: Essays in honor of Jean Piaget.* New York: Oxford University Press, 1969. S. 121–170.

PINNEAU, S. R. *Changes in intelligence quotient from infancy to maturity.* Boston: Houghton Mifflin, 1961.

PLATT, L. & PARKERS, A. S. *Social and genetic influences on life and death.* New York: Plenum Press, 1967.

PODD, M. H. Ego identity status and morality: An empirical investigation of two developmental concepts. Unveröffentlichte Doktorarbeit, University of Chicago, 1969.

POLLACK, R. H. & CHAPLIN, M. R. Perceptual behavior: Necessity for a developmental approach to its study. *Acta Psychologica,* 1963, *21,* 371–376.

PRECKER, J. A. Similarity in valuings as a factor in the selection of peers and a near authority figure. *Journal of Abnormal and Social Psychology,* 1952, *47,* 406–414.

PRESSEY, S. L, JANNEY, J. E. & KUHLEN, R. G. *Life: A psychological survey.* New York: Harper, 1939.

PRESSEY, S. L. & KUHLEN, R. G. *Psychological development through the life-span.* New York: Harper & Row, 1939, 1957.

PROVENCE, S. & LIPTON, R. G. *Infants in institutions.* New York: International University Press, 1962.

PUNFREY, P. The growth of the schema of proportionality. *British Journal of Educational Psychology,* 1968, *38,* 102–204.

Quetelet, A. *Sur l'homme et le développement desses facultés.* Paris: Bachelier, 1835.

Quetelet, A. *Über den Menschen und die Entwicklung seiner Fähigkeiten.* Stuttgart: Schweizerbartsche Verlagshandlung, 1838.

Quetelet, A. *A treatise on man and the development of his faculties.* Edinburgh: William and Robert Chambers, 1842.

Rapaport, A. & Chammah, A. M. *Prisoner's dilemma: A study in conflict and cooperation.* Ann Arbor: University of Michigan Press, 1965.

Rapaport, D., Gill, M. & Schafer, R. *Diagnostic psychological testing.* Bd. 1. Chicago: Year Book Publishers, 1945.

Rashevsky, N. Is the concept of an organism as a machine a useful one? Scientific Monthly, 1955, 80, 31–35. (Nachgedruckt in P. G. Frank (Hrsg.), *The validation of scientific theories.* New York: Collier, 1961. S. 142–148.)

Raush, H. L., Dittman, A. L. & Taylor, T. J. The interpersonal behavior of children in residential treatment. *Journal of Abnormal and Social Psychology,* 1959, *58,* 9–26.

Raush, H. L., Farbman, I. & Llewellyn, L. G. Person, setting, and change in social interaction. Bd. 2. A normal-control study. *Human Relations,* 1960, *13,* 305–331.

Raven, J. C. The comparative assessment of intellectual ability. *British Journal of Psychology,* 1948, *39,* 12–19.

Raven, J. C. *Guide to using the Mill Hill Vocabulary Scale with progressive matrices (1938).* London: Lewis, 1954.

Rebelsky, F. (Hrsg.) *Life: The continuous process.* New York: Knopf, 1975.

Reese, H. W. The scope of experimental child psychology. In H. W. Reese & L. P. Lipsitt (Hrsg.), *Experimental child psychology.* New York: Academic Press, 1970.

Reese, H. W. The development of memory: Life-span perspective. In H. W. Reese (Hrsg.), *Advances in child development and behavior.* Bd. 11. New York: Academic Press, 1976.

Reese, H. W. & Overton, W. F. Models of development and theories of development. In L. R. Goulet & P. B. Baltes (Hrsg.), *Life-span developmental psychology: Theory and research.* New York: Academic Press, 1970. S. 115–145.

Reichenbach, M. & Mathers, R. A. The place of time and aging in the natural sciences and scientific philosophy. In J. E. Birren (Hrsg.), *Handbook of aging and the individual: Psychological and biological aspects.* Chicago: University of Chicago Press, 1959.

Reinert, G. Comparative factor analytic studies of intelligence throughout the human life span. In L. R. Goulet & P. B. Baltes (Hrsg.), *Life-span developmental psychology: Research and theory.* New York: Academic Press, 1970. S. 467–484.

Reinert, G. Grundzüge einer Geschichte der Human-Entwicklungspsychologie. In H. Balmer (Hrsg.), *Die europäische Tradition: Tendenzen, Schulen, Entwicklungslinien.* Die Psychologie des 20. Jahrhunderts, Bd. 1. Zürich: Kindler, 1976.

Reisen, A. H. The development of visual perception in man and chimpanzee. *Science,* 1947, *106,* 107–108.

Reitan, R. M. A research programm on the psychological effects of brain lesions in human beings. In N. R. Ellis (Hrsg.), *International review of research in mental retardation.* Bd. 1. New York: Academic Press, 1966. S. 153–218.

Rest, J. The hierarchical nature of moral judgment: Patterns of comprehension and preference of moral stages. In L. Kohlberg & E. Turiel (Hrsg.), *Recent research in moral development.* New York: Holt, Rinehart & Winston, 1973.

Rest, J., Turiel, E. & Kohlberg, L. Relations between level of moral judgment and preference and comprehension of the moral judgment of others. *Journal of Personality,* 1969, *37,* 225–252.

Richer, S. The economics of child-rearing. *Journal of Marriage and the Family,* 1968, *30,* 462–466.

Rieber, M. & Womack, M. The intelligence of preschool children as related to ethnic and demographic variables. *Exeptional Children,* 1968, *34,* 609–614.

Riegel, K. F. Ergebnisse und Probleme der psychologischen Altersforschung. Teil I und II. *Vita Humana,* 1958, *1,* 52–64, 204–243.

RIEGEL, K. F. A study on verbal achievements of older persons. *Journal of Gerontology*, 1959, *14*, 453–456.
RIEGEL, K. F. Development of language: Suggestions for a verbal fallout model. *Human Development*, 1966, *9*, 97–120.
RIEGEL, K. F. The language acquisition process: A reinterpretation of selected research findings. In L. R. GOULET & P. B. BALTES (Hrsg.), *Life-span developmental psychology: Research and theory*. New York: Academic Press, 1970. S. 351–399.
RIEGEL, K. F. The influence of economic and political ideology upon the development of developmental psychology. *Psychological Bulletin*, 1972, *78*, 129–141.
RIEGEL, K. F. On the dialectics of cognitive changes during the life span. Paper presented at the Ninth International Congress of Gerontology, Kiev, U. S. S. R., Juli 1972.
RIEGEL, K. F. Time and change in the development of the individual and society. In H. W. REESE (Hrsg.), *Advances in child development and behavior*, Bd. 7. New York: Academic Press, 1972.
RIEGEL, K. F. Developmental psychology and society: Some historical and ethical considerations. In J. R. NESSELROADE & H. W. REESE (Hrsg.), *Life-span developmental psychology: Methodological issues*. New York: Academic Press, 1973.
RIEGEL, K. F. Dialectic operations: The final period of cognitive development. *Human Development*, 1973, *16*, 346–370.
RIEGEL, K. F. *Psychology of development and history*. New York: Plenum Press, 1976.
RIEGEL, K. F. The dialectics of human development. *American Psychologist*, 1976, *31*, 689–700.
RIEGEL, K. F. History of psychological gerontology. In J. E. BIRREN & K. W. SCHAIE (Hrsg.), *Handbook of the psychology of aging*. New York: Van Nostrand Reinhold, 1977.
RIEGEL, K. F. & RIEGEL, R. M. Development, drop, and death. Unveröffentlichtes Manuskript. Department of Psychology, University of Michigan, 1971.
RIEGEL, K. F., RIEGEL, R. M. & MEYER, G. Socio-psychological factors of aging: A cohort-sequential analysis. *Human Development*, 1967, *10*, 27–56.
RIEGEL, K. F., RIEGEL, R. M. & MEYER, G. A study of the drop-out rates in longitudinal research on aging and the predicition of death. *Journal of Personality and Social Psychology*, 1967, *4*, 342–348.
RIEGEL, K. F., RIEGEL, R. M. & MEYER, G. The prediction of retest resisters in research on aging. *Journal of Gerontology*, 1968, *23*, 370–374.
RILEY, M. W. Social gerontology and the age stratification of society. *Gerontologist*, 1971, *11*, 79–87.
RILEY, M. W. Age strata in social systems. In R. BINSTOCK & E. SHANAS (Hrsg.), *Handbook of aging and the social sciences*. New York: Van Nostrand Reinhold, 1976.
RILEY, M. W. (Hrsg.) *Aging from birth to death*. Washington, D. C.: American Association for the Advancement of Science, 1978.
RILEY, M. W., FONER, A., HESS, B. & TOBY, M. L. Socialization for the middle and later years. In D. A. GOSLIN (Hrsg.), *Handbook of Socialization theory and research*. Chicago: Rand McNally, 1969. S. 951–982.
RILEY, M. W., JOHNSON, M. E. & FONER, A. (Hrsg.) *Aging and society: A sociology of age stratification*. Bd. 3. New York: Russell Sage, 1972.
ROBBINS, L. C. The accuracy of parental recall of aspects of child development and of child rearing practices. *Journal of Abnormal and Social Psychology*, 1961, *66*, 271–275.
ROBERTS, D. M. Abilities and learning: A brief review and discussion of empirical studies. *Journal of School Psychology*, 1968/69, *7*, 12–21.
ROBSON, K. S. & MOSS, H. A. Subjective aspects of maternal attachment in man. Unveröffentlichtes Manuskript. National Institute of Mental Health, Bethesda, 1969.
ROFF, M. A. A statistical study of the development of intelligence test performance. *Journal of Psychology*, 1941, *11*, 371–386.
ROGOSA, D. Causal models in longitudinal research. In J. R. NESSELROADE & P. B. BALTES (Hrsg.), *Longitudinal research in human development: Design and analysis*. New York: Academic Press, 1979, in Vorb.

Rohwer, W. D. Implications of cognitive development for education. In P. H. Mussen (Hrsg.) *Carmichael's manual of child psychology.* Bd. 1. New York: Wiley, 1970.
Rohwer, W. D. Prime time for education: Early childhood or adolescence? *Harvard Educational Review,* 1971, *41,* 316–341.
Rose, C. L. Representativeness of volunteer subjects in a longitudinal aging study. *Human Development,* 1965, *8,* 152–156.
Rose, C. L. Secularity in longevity research. Paper presented at the Meeting of the Gerontological Society, Denver, Oktober 1968.
Rosenmayr, L. (Hrsg.) *Die menschlichen Lebensalter.* München: Piper, 1978.
Rosenthal, I. Reliability of retrospective reports of adolescence. *Journal of Consulting Psychology,* 1963, *27,* 189–198.
Rossi, A. S. Transition to parenthood. *Journal of Marriage and the Family,* 1968, *30,* 26–29.
Rothenberg, B. & Orost, J. The training of conservation of number in young children. *Child Development,* 1969, *40,* 707–726.
Rozelle, R. M. & Campbell, D. T. More plausible rivalhypotheses in the cross-lagged panel correlational technique. *Psychological Bulletin,* 1969, *71,* 74–80.
Ruch, F. L. The differentiative effects of age upon human learning. *Journal of General Psychology,* 1934, *11,* 261–286.
Rudinger, G. (Hrsg.) *Methoden der Entwicklungspsychologie.* Stuttgart: Kohlhammer, 1978.
Rudner, R. Value judgments in the acceptance of theories. *Scientific Monthly,* 1954, *79,* 151–153. (Nachgedruckt in P. G. Frank (Hrsg.), *The validation of scientific theories.* New York: Collier, 1961. S. 31–35.)
Ryder, N. B. The cohort as a concept in the study of social changes. *American Sociological Review,* 1965, *30,* 843–861.

Safilios-Rothschild, C. The study of family power structure. *Journal of Marriage and the Family,* 1970, *32,* 539–552.
Safilios-Rothschild, C. Family sociology or wives' family sociology? A cross-cultural examination of decision making. *Journal of Marriage and the Family,* 1969, *31,* 290–301.
Sanders, S., Laurendeau, M. & Bergeron, J. Aging and the concept of space: The conservation of surfaces. *Journal of Gerontology,* 1966, *21,* 281–285.
Sanford, E. C. Menthal growth and decay. *American Journal of Psychology,* 1902, *13,* 426–449.
Santayana, G. *Life of reason.* New York: Scribner, 1954.
Santostefano, S. G. & Paley, E. Development of cognitive controls in children. *Child Development,* 1964, *35,* 939–949.
Sapolsky, A. Effect of interpersonal relationships on verbal conditioning. *Journal of Abnormal and Social Psychology,* 1960, *60,* 241–246.
Schaefer, E. F. A circumplex model for maternal behavior. *Journal of Abnormal and Social Psychology,* 1959, *59,* 226–235.
Schaie, K. W. Tests of hypotheses about differences between two intercorrelation matrices. *Journal of Experimental Education,* 1958, *26,* 241–245.
Schaie, K. W. Rigidity-flexibility and intelligence: A cross-sectional study of the adult life-span from 20 to 70. *Psychological Monographs,* 1958, *71,* (ganze No. 9.).
Schaie, K. W. Cross-sectional methods in the study of psychological aspects of aging. *Journal of Gerontology,* 1959, *14,* 208–215.
Schaie, K. W. *Manual for the test of behavioral rigidity.* Palo Alto: Consulting Psychologists Press, 1960.
Schaie, K. W. A general model for the study of developmental problems. *Psychological Bulletin,* 1965, *64,* 92–107.
Schaie, K. W. Age changes and age differences. *Gerontologist,* 1967, *7,* 128–132.
Schaie, K. W. Age changes and age differences. In B. L. Neugarten (Hrsg.), *Middle age and aging: A reader in social psychology.* Chigago: University of Chicago Press, 1968.
Schaie, K. W. The short-term longitudinal study of age changes in cognitive behavior. In C. Eis-

DORFER (Hrsg.), *Proceedings of Duke conference on longitudinal methods in studies of adult life and aging.* Washington, D. C.: Government Printing Office, 1969.

SCHAIE, K. W. An application of the general developmental model to the reanalysis of data from the Harvard Growth Study. Unveröffentlichtes Manuskript, West Virginia University, 1970.

SCHAIE, K. W. A reinterpretation of age related changes in cognitive structure and functioning. In L. R. GOULET & P. B. BALTES (Hrsg.), *Life-span developmental psychology: Research and theory.* New York: Academic Press, 1970.

SCHAIE, K. W. Cultural change and repeated assessment in the study of the adult personality. Paper presented in symposium on Personality Assessment of the Aged at the meeting of the American Psychological Association, Washington, D. C., September 1971.

SCHAIE, K. W. Can the longitudinal method be applied to the psychological study of human development? In F. Z. MONKS, W. W. HARTUP & J. DEWITT (Hrsg.), *Determinants of behavioral development.* New York: Academic Press, 1972.

SCHAIE, K. W. Methodological problems in descriptive developmental research on adulthood and aging. In J. R. NESSELROADE & H. W. REESE (Hrsg.), *Life-span developmental psychology: Methodological issues.* New York: Academic Press, 1973.

SCHAIE, K. W. External validity in the assessment of intellectual performance in adulthood. *Journal of Gerontology,* 1978.

SCHAIE, K. W. The primary mental abilities in adulthood: An exploration in the development of psychometric intelligence. In P. B. BALTES & O. G. BRIM (Hsg.), *Life-span development and behavior.* Bd. 2. New York: Academic Press, 1979.

SCHAIE, K. W. & BALTES, P. B. Some faith helps to see the forest: A final comment on the Horn and Donaldson myth of the Baltes-Schaie position on adult intelligence. *American Psychologist,* 1977, *32,* 1118–1120.

SCHAIE, K. W., BALTES, P. B. & STROTHER, C. R. A study of auditory sensitivity in advanced age. *Journal of Gerontology,* 1964, *19,* 453–457.

SCHAIE, K. W. & CATTELL, R. B. Upper and lower boundary alignment of personality factors measured by the Child Personality Questionnaire. Unveröffentlichtes Manuskript, West Virginia University, 1971.

SCHAIE, K. W. & MARQUETTE, B. W. Personality in maturity and old age. In R. M. DREGER (Hrsg.), *Multivariate personality research: Contributions to the understanding of personality in honor of R. B. Cattell.* Baton Rouge: Claitor, 1972.

SCHAIE, K. W., ROSENTHAL, F. & PERLMAN, R. M. Differential mental deterioration of factorially „pure" functions in later maturity. *Journal of Gerontology,* 1953, *8,* 191–196.

SCHAIE, K. W. & STROTHER, C. R. Cognitive and personality variables in college graduate of advanced age. In G. A. TALLAND (Hrsg.), *Human aging and behavior: Recent advances in research and theory.* New York: Academic Press, 1968. S. 281–308.

SCHAIE, K. W. & STROTHER, C. R. A cross-sectional study of age changes in cognitive behavior. *Psychological Bulletin,* 1968, *70,* 671–680.

SCHAIE, K. W. & STROTHER, C. R. The effects of time and cohort differences on the interpretation of age changes in cognitive behavior. *Multivariate Behavioral Research,* 1968, *3,* 259–294.

SCHAIE, K. W. & WILLIS, S. L. Life-span development: Implications for education. *Review of Educational Research,* 1978.

SCHMIDT, L. R. Testing the limits im Leistungsverhalten. Möglichkeiten und Grenzen. In E. DUHM (Hrsg.), *Praxis der Klinischen Psychologie.* Bd. 2. Göttingen: Hogrefe, 1970.

SCHMIDT, W. H. Spontaneous and nonspontaneous formation of scientific concepts by children. *Human Development,* 1965, *8,* 222–237.

SCHNEIRLA, T. C. The concept of development in comparative psychology. In D. B. HARRIS (Hrsg.), *The concept of development.* Minneapolis: University of Minnesota Press, 1957. S. 78–108.

SCHOENFELD, L. F. Life history subgroups as moderators in the prediction of intellectual change. Unveröffentlichtes Manuskript, Department of Psychology, Univerity of Georgia, 1972.

SCHOFIELD, L. & UZGIRIS, I. C. Examining behavior and the development of the concept of object.

Paper presented at the meeting of the Society for Research in Child Development, Santa Monica, März 1969.

SCHON, D. *The displacement of concepts.* London: Tavistock, 1963.

SCHOOLER, K. K. Effect of environment on morale. *Gerontologist,* 1970, *10,* 194–197.

SCHWARTZ, D. W. & KARP, S. A. Field dependence in a geriatric population. *Perception and Motor Skills,* 1967, *24,* 495–504.

SCHWARTZ, M. M. & SCHOLNICK, E. K. Analysis of logical and perceptual components of conservation of discontinuous quantity. *Child Development,* 1970, *41,* 695–705.

SEARS, R. R. A theoretical framcework for personality and social behavior. *American Psychologist,* 1951, *6,* 476–483.

SEARS, R. R. Sources of life satisfactions of the Terman gifted men. *American Psychologist,* 1977, *32,* 119–128.

SEARS, R. R., RAU, L. & ALPERT, R. *Identification and child rearing.* Stanford, Cal.: Stanford University Press, 1965.

SEARS, P. S. & BARBEE, A. H. Career and life satisfaction among Terman's gifted women. In J. STANLEY, W. GEORGE & C. SOLANO (Hrsg.), *The gifted and the creative: Fifty-year perspective.* Baltimore: Johns Hopkins University Press, in Vorb.

SEEGER, R. J. Beyond operationalism. Scientific Monthly, 1954, 79, 226–227. (Nachgedruckt in P. G. FRANK (Hrsg.), *The validation of scientific theories.* New York: Collier, 1961. S. 80–83.)

SELLS, S. B. Dimension of stimulus situations which account for behavior variance. In S. B. SELLS (Hrsg.), *Stimulus determinants of behavior.* New York: Ronald Press, 1963. S. 3–15.

SHAKOW, D., DOLKART, M. B. & GOLDMAN, R. The memory function in psychosis of the aged. *Diseases of the Nervous System,* 1941, *2,* 43–48.

SHAKOW, D. & GOLDMAN, R. The effect of age on the Stanford-Binet vocabulary score of adults. *Journal of Educational Psychology,* 1938, *31,* 241–256.

SHANTZ, C. A developmental study of Piaget's theory of logical multiplication. *Merrill-Palmer Quarterly of Behavior and Development,* 1967, *13,* 121–137.

SHANTZ, C. Egocentrism in children: Its generality and correlates. Unveröffentlichtes Manuskript, Merrill-Palmer Institute, 1968.

SHANTZ, C. & SIGEL, I. E. *Logical operations and concepts of conservation in children: A training study.* (Final Report, Grant No, OEG-3-6-068463-1645) Washington, D.C.: U.S. Office of Education, 1967.

SHANTZ, C. & SMOCK, C. Development of distance conservation and the spatial coordinate system. *Child Development,* 1966, *37,* 943–948.

SHUCARD, D. W. & HORN, J. L. Some relationships between evoked potential recordings and behavioral measurements of intelligence. Unveröffentlichtes Manuskript, Department of Psychology, University of Denver, 1971.

SHUTTLEWORTH, F. K. The physical and mental growth of girls and boys six to nineteen in relation to age at maximum growth. *Monographs of the Society for Research in Child Development,* 1939, No. 4.

SIEGEL, A. E. Editorial. *Child Development,* 1967, *38,* 901–908.

SIEGEL, A. W. & STEVENSON, H. W. Incidental learning: A developmental study. *Child Development,* 1966, *37,* 811–818.

SIEGELMANN, E. & BLOCK, J. Two parallel scalable sets of Piagetian tasks. *Child Development,* 1969, *40,* 951–956.

SIGEL, I. E. Developmental theory: Its place and relevance in early intervention programs. Paper presented at the Biennial Meeting of the Society for Research in Child Development, Minneapolis, April 1971.

SIGEL, I. E. & HOOPER, F. H. *Logical thinking in children: Research based on Piaget's theory.* New York: Holt, 1968.

SIGEL, I. E., ROEPER, A. & HOOPER, F. H. A training procedure for acquisition of Piaget's conservation of quantity: A pilot study and its replication. *British Journal of Educational Psychology,* 1966, *36,* 301–311.

SKARD, A. G., INHELDER, B., NOELTING, G., MURPHY, L. B. & THOMAE, H. Longitudinal research in personality development. In H. DAVID & J. C. BRENGELMANN (Hrsg.), *Perspectives in personality research.* London: Crosby Lockwood & Son, 1960. S. 247–269.

SKEELS, H. M. & DYE, H. B. A study of the effects of differential stimulation on mentally retarded children. *Proceedings of the American Association for Mental Deficiency,* 1939, *44,* 114–136.

SKINNER, B. F. *Science and human behavior.* New York: Appleton-Century-Crofts, 1953. (Deutsch: *Wissenschaft und menschliches Verhalten.* München: Kindler, 1973.)

SLOBIN, D. I. Comments on developmental psycholinguistics. In F. SMITH & G. A. MILLER (Hrsg.), *The genesis of language: A psycholinguistic approach.* Cambridge: Massachusetts Institute of Technology Press, 1966, S. 85–91.

SLOBIN, D. I. The acquisition of Russian as a native language. In F. SMITH & G. A. MILLER (Hrsg.), *The genesis of language: A psycholinguistic approach.* Cambridge: Massachusetts Institute of Technology Press, 1966.

SMEDSLUND, J. Apprentissage des notions de la conservation et de la transitivité du poids. L'apprentissage des structures logiques. *Etudes d'épistémologie génétique,* 1959, *IX,* 85–124.

SMEDSLUND, J. The acquisition of conservation of substance and weight in children: II. External reinforcement of conservation of weight and of the operations of addition and subtraction. *Scandinavian Journal of Psychology,* 1961, *2,* 71–84.

SMEDSLUND, J. The acquisition of conservation of substance and weight in children: III. Extinction of conservation of weight acquired "normally" and by means of empirical controls on a balance scale. *Scandinavian Journal of Psychology,* 1961, *2,* 85–87.

SMEDSLUND, J. Development of concrete transitivity of length in children. *Child Development,* 1963, *34,* 389–405.

SMEDSLUND, J. Concrete reasoning: A study of intellectual development. *Monographs of the Society for Research in Child Development,* 1964, *29* (2, ganze No. 93).

SMEDSLUND, J. The development of transitivity of length: A comment on Braine's reply. *Child Development,* 1965, *35,* 577–580.

SMITH, I. The effects of training procedures upon the acquisition of conservation of weight. *Child Development,* 1968, *39,* 515–526.

SOLZHENITSYN, A. I. The gulag archipelago. New York: Harper & Row, 1973. (Deutsch: Archipel Gulag. München: Scherz. Bd. 1–3. 1974–1976.)

SONTAG, L. W., BAKER, C. T. & NELSON, V. L. Mental growth and personality development: A longitudinal study. *Monographs of the Society for Research in Child Development,* 1958, *23,* (ganze No. 2).

SORENSON, H. *Adult abilities.* Minneapolis: University of Minnesota Press, 1938.

SOSA, J. M. Aging of neurofibrils. *Journal of Gerontology,* 1952, *7,* 191–195.

SPEAKMAN, M. A. The effect of age on the incidental relearning of stamp values: The use of deduction in a subsidiary test. *Journal of Gerontology,* 1954, *9,* 162–167.

SPEARMAN, C. *The abilities of man.* New York: Macmillan, 1927.

SPENCE, J. T. Learning theory and personality. In J. M. WEPMAN & R. W. HEINE (Hrsg.), *Concepts of personality.* Chicago: Aldine, 1963.

SPIKER, C. C. The concept of development: Relevant and irrelevant issues. *Monographs of the Society for Research in Child Development,* 1966, *31,* 40–54.

SPITZ, R. A. Hospitalism: A follow-up report. *Psychoanalytic Studies of the Child,* 1946, *2,* 113–117.

STAATS, A. W. *Learning, language, and cognition.* New York: Holt, Rinehart & Winston, 1968.

STEINHAGEN, K. Untersuchung zur Veränderung von faktoriellen Intelligenzstrukturen im Erwachsenenalter. *Diagnostica,* 1970, *16,* 149–164.

STEVENSON, H. W. Children's learning: Crossword of developmental and educational psychology. Paper presented at the Annual Meeting of the American Psychological Association, San Francisco, September 1968.

STOLZ, L. M. *Influences on parent behavior.* Stanford: Stanford University Press, 1967.

STORCK, P. A., LOOFT, W. R. & HOOPER, F. H. Interrelationsships among Piagetian tasks and traditional measures of cognitive abilities in mature and aged adults. *Journal of Gerontology*, 1972, *27*, 461–465.

Straus, M. A. Power and support structure of the family in relation to socialization. *Journal of Marriage and the Family*, 1964, *26*, 318–326.

Streib, G. F. Participants and drop-outs in a longitudinal study. *Journal of Gerontology*, 1966, *21*, 200–201.

Strodtbeck, F. L. Husband-wife interaction over revealed differences. *American Sociological Review*, 1951, *16*, 468–473.

Strodtbeck, F. L. Family interaction, values and achievement. In D. McClelland (Hrsg.), *Talent and society*. Princeton: Van Nostrand, 1958.

Strong, R. T. jr. The identification of primary school age children with learning handicaps associated with minimal brain disorders. Unveröffentlichte Doktorarbeit, University of Utah, 1964.

Stroop, J. R. Studies in interference in serial verbal reactions. *Journal of Experimental Psychology*, 1935, *18*, 643–662.

Strother, C. R., Schaie, K. W. & Horst, P. The relationship between advanced age and mental abilities. *Journal of Abnormal and Social Psychology*, 1957, *55*, 166–170.

Stroud, J. B. Experiments on learning in school situations. *Psychological Bulletin*, 1940, *37*, 777–807.

Süssmilch, J. P. *Die göttliche Ordnung in den Veränderungen des menschlichen Geschlechtes, aus der Geburt, dem Tod und der Fortpflanzung desselben erwiesen*. Berlin: Realschulbuchhandlung, 1741.

Sullivan, A. M. The relation between intelligence and transfer. Unveröffentlichte Doktorarbeit, McGill University, 1964.

Sutton-Smith, B. Developmental laws and the experimentalists' ontology. *Merrill-Palmer Quarterly*, 1970, *16*, 253–259.

Svoboda, C. P. The mind-body problem: Stalemate or paradox? Unveröffentlichtes Manuskript, Department of Educational Psychology, University of Wisconsin, 1972.

Swain, M. A. Husband-wife patterns of interaction at three stages of marriage. *Dissertation Abstract International*, 1970, *31*, 904–905.

Sward, K. Age and mental ability in superior men. *American Journal of Psychology*, 1945, *58*, 443–479.

Swineford, F. Growth in the general and verbal bi-factors from grade VII to grade IX. *Journal of Educational Psychology*, 1947, *38*, 257–272.

Tallard, G. A. The effect of age on speed of simple manual skill. *Journal of Genetic Psychology*, 1962, *100*, 69–76.

Taylor, C. *The explanation of behavior*. New York: Humanities Press, 1964.

Terman, L. M. & Merrill, M. A. *Stanford-Binet Intelligence Scale. Manual for the third revision form L-M*. Boston: Houghton Mifflin, 1960.

Thaler, M. Relationships among Wechsler, Weigl, Rorschach, EEG findings, and abstract-concrete behavior in a group of normal aged subjects. *Journal of Gerontology*, 1956, *11*, 404–409.

Tharp, R. G. Psychological patterning in marriage. *Psychological Bulletin*, 1963, *60*, 97–117.

Tetens, J. N. *Philosophische Versuche über die menschliche Natur und ihre Entwicklung*. Leipzig: Weidmanns Erben und Reich, 1777.

Thomae, H. (Hrsg.) *Entwicklungspsychologie*. Göttingen: Hogrefe, 1959.

Thomae, H. Theory of aging and cognitive theory of personality. *Human Development*, 1970, *13*, 1–16.

Thomae, H. The concept of development and life-span developmental psychology. In P. B. Baltes & O. G. Brim (Hrsg.), *Life-span development and behavior*. Bd. 2. New York: Academic Press, 1979.

Thompson, W. R. Development and biophysical bases of personality. In E. F. Borgatta & W. W. Lambert (Hrsg.), *Handbook of personality theory and research*. Chicago: Rand McNally, 1968.

Thompson, W. R. & Grusec, J. Studies of early experience. In P. H. Mussen (Hrsg.), *Carmichael's manual of child psychology*. New York: Wiley, 1970. S. 565–701.

THORNDIKE, E. L. et al. *Adult learning*. New York: Macmillan, 1928.

THORNDIKE, R. L. Some methodological issues in the study of creativity. In *Proceedings of the 1962 invitational conference on testing problems*. Princeton: Educational Testing Service, 1963.

TOMLINSON-KEASEY, C. Formal operations in females from eleven to fifty-four years of age. *Developmental Psychology*, 1972, *6*, 364.

TORGERSON, W. J. *Theory and methods of scaling*. New York: Wiley, 1958.

TOULMIN, S. *The philosophy of science*. (2. Aufl.) London: Hutchinson, 1962.

TOULMIN, S. The concept of "stages" in psychological development. In T. MISCHEL (Hrsg.), *Cognitive development and epistemology*. New York: Academic Press, 1971.

TRIANDIS, L. M. & LAMBERT, W. W. Pancultural factor analysis of reported socialization practices. *Journal of Abnormal and Social Psychology*, 1961, *62*, 631–639.

TRYON, R. C. A theory of psychological components – an alternative to "mathematical factors". *Psychological Review*, 1935, *42*, 425–454.

TUCKER, L. R. Learning theory and multivariate experiment: Illustration by determination of generalized learning curves. In R. B. CATTELL (Hrsg.), *Handbook of multivariate experimental psychology*. Chicago: Rand McNally, 1966. S. 476–501.

TURIEL, E. Developmental processes in the child's moral thinking. In P. H. MUSSEN, J. LANGER & M. COVINGTON (Hrsg.), *Trends and issues in developmental psychology*. New York: Holt, Rinehart & Winston, 1969.

TURIEL, E. The effects of cognitive conflict on moral judgment development. In L. KOHLBERG & E. TURIEL (Hrsg.), *Recent research in moral development*. New York: Holt, Rinehart & Winston, 1973.

TURIEL, E. An experimental test of the sequentiality of developmental stages in the child's moral development. In L. KOHLBERG & E. TURIEL (Hrsg.), *Recent research in moral development*. New York: Holt, Rinehart & Winston, 1973.

TYLER, L. E. *The psychology of human differences*. New York: Appleton-Century-Crofts, 1950.

UHR, L. M. Personality changes during marriage. Unveröffentlichte Doktorarbeit, University of Michigan, 1957.

URBAN, H. B. & LOOFT, W. R. Issues in human development intervention. In H. B. URBAN & W. R. LOOFT (Hrsg.), *Human development intervention*. In Vorb.

UZGIRIS, I. Situational generality of conservation. *Child Development*, 1964, 35, 831–842.

UZNADZE, D. N. *The psychology of set*. New York: Plenum Press (Consultants Bureau), 1966.

VANDENBERG, S. G. Contribution of twin research to psychology. *Psychological Bulletin*, 1966, *66*, 327–352.

VANDENBERG, S. G. The nature and nurture of intelligence. Research Report No. 20, 1966, from the Louisville Twin Study, University of Louisville School of Medicine.

VANDENBERG, S. G. Human behavior genetics: Present status and suggestions for future research. *Merrill-Palmer Quarterly for Behavior and Development*, 1969, *15*, 120–154.

VAN DEN DAELE, L. D. Qualitative models in developmental analysis. *Developmental Psychology*, 1969, *1*, 303–310.

VANDEVENTER, M. Development of distance conservation and the spatial coordinate system reconsidered. *Research Bulletin*, Princeton: Educational Testing Service, 1968.

VAN GENNEP, A. *The rites of passage*. Chicago: University of Chicago Press, 1960.

VAN DUSEN, R. A. & SHELDON, E. B. The changing status of American women: A life cycle perspective. *American Psychologist*, 1976, *31*, 106–116.

VERHAGE, F. *Intelligentie en leefttijd bij volwassenen en bejaarden*. Groningen: Wolters, 1964.

VERNON, P. E. *The structure of human abilities*. London: Methuen, 1950.

VERNON, P. E. Environmental handicaps and intellectual development. *British Journal of Educational Psychology*, 1965, *35*, Teil II, 13–22.

VERNON, P. E. Effects of administration and scoring on divergent thinking tests. *British Journal of Educational Psychology*, 1971, *41*, 245–257.

Vernon, P. E. & Parry, J. B. *Personnel selection in the British forces.* London: University of London Press, 1949.
von Bertalanffy, L. *Modern theories of development.* New York: Harper & Row, 1962.
von Bertalanffy, L. *Robots, men and minds.* New York: Braziller, 1967.
von Bertalanffy, L. *General systems theory.* New York: Braziller, 1968.
Vygotsky, *Thought and language.* Cambridge: MIT Press, 1962.

Wachtel, P. L. Style and capacity in analytic functioning. *Journal of Personality,* 1968, *36,* 202–212.
Wallach, M. A. Creativity. In P. H. Mussen (Hrsg.), *Carmichael's manual of child psychology.* Bd. 1. New York: Wiley, 1970.
Wallach, M. A. *The intelligence/creativity distinction.* New York: General Learning Press, 1971.
Wallach, M. A. & Kogan, N. *Modes of thinking in young children.* New York: Holt, Rinehart & Winston, 1965.
Wallach, M. A., Kogan, N. & Burt, R. B. Group risk taking and field dependence-independence of group members. *Sociometry,* 1967, *30,* 323–338.
Wallach, M. A. & Wing, C. W. jr. *The talented student: A validation of the creativity-intelligence distinction.* New York: Holt, Rinehart & Winston, 1969.
Wapner, S. Organismic-developmental theory: Some applications to cognition. In P. H. Mussen, J. Langer & M. Covington (Hrsg.), *Trends and issues in developmental psychology.* New York: Holt, 1969. S. 38–67.
Ward, W. C. Creativity in young children. *Child Development,* 1968, *38,* 737–754.
Ward, W. C. Rate and uniqueness in children's creative responding. *Child Development,* 1969, *40,* 869–878.
Ward, W. C., Kogan, N. & Pankove, E. Incentive effects in children's creativity. *Child Development,* 1972, *43,* 669–676.
Warner, W. L. *A black civilization.* New York: Harper & Row, 1958.
Waterman, A. S. & Waterman, C. K. A longitudinal study of changes in ego identity status during the freshman year at college. *Developmental Psychology,* 1971, *5,* 167–173.
Watson, J. S. Conservation: An S-R analysis. In I. E. Sigel & F. H. Hooper (Hrsg.), *Logical thinking in children: Research based on Piaget's theory.* New York: Holt, 1968. S. 447–459.
Watson, R. I. Psychology: A prescriptive science. *American Psychologist,* 1967, *22,* 435–443.
Watson, R. I. Prescriptions as operative in the history of psychology. *Journal of the history of the Behavioral Sciences,* 1971, *7,* 311–322.
Waxler, N. E. & Mishler, E. G. Experimental studies of families. In L. Berkowitz (Hrsg.), *Advances in experimental social psychology.* Bd. 5. New York: Academic Press, 1970.
Wechsler, D. *The measurement of adult intelligence.* Baltimore: Williams & Wilkins, 1939. (3. Aufl. 1958)
Wechsler, D. *The measurement and appraisal of adult intelligence. Manual for the Wechsler Adult Intelligence Scale.* New York: Psychological Corporation, 1955.
Weiner, G., Rader, R. B., Oppel, W. C. & Harper, P. A. Correlates of low birth weight: Psychological status at eight to ten years of age. *Pediatric Research,* 1968, *2,* 110–118.
Welford, A. T. *Aging and human skill.* London: Oxford University Press, 1958.
Welford, A. T. Méthode longitudinale et transversale dans les recherches sur le vieillissement. In Colloques Internationaux du Centre de la Recherche Scientifique (Hrsg.), *Le vieillissement des fonctions psychologiques et psycho-physiologiques.* Paris: R. S., 1961. S. 31–44.
Werner, E. E. & Bayley, N. The reliability of Bayley's revised scale of mental and motor development during the first year of life. *Child Development,* 1966, *37,* 39–50.
Werner, H. Process and achievement – A basic problem of education and developmental psychology. *Harvard Educational Review,* 1937, *7,* 353–368.
Werner, H. *Einführung in die Entwicklungspsychologie.* Leipzig: Barth, 1926.
Werner, H. *Comparative psychology of mental development.* New York: International Universities Press, 1948.

WERNER, H. The concept of development from a nonparative and organismic point of view. In D. B. HARRIS (Hrsg.), *The concept of development*. Minneapolis: University of Minnesota Press, 1957. S. 125–148.
WERNER, H. & KAPLAN, B. The acquisition of word meanings: A developmental study. *Monographs of the Society for Research in Child Development,* 1952, *15,* 190–200.
WERNER, H. & KAPLAN, B. *Symbol formation.* New York: Wiley, 1963.
WERNER, H. & STRAUSS, A. Types of visuo-motor activity in their relation to low and high performance ages. *Proceedings of the American Association for Mental Deficiency,* 1939, *44,* 163–168.
WERTS, C. E. Paternal influence on career choice. *National Merit Scholarship Corporation Research Reports,* 1967, *3,* 19.
WHIMBEY, A. E. & DENENBERG, V. H. Experimental programming of life histories: The factor structure underlying experimentally created individual differences. *Behaviour,* 1967, *28,* 296–314.
WHITE, S. H. Evidence for a hierarchical arrangement of learning processes. In L. P. LIPSITT & C. C. SPIKER (Hrsg.), *Advances in child development and behavior.* Bd. 2. New York: Academic Press, 1965. S. 187–220.
WHITEMAN, M. Intelligence and learning. *Merrill-Palmer Quarterly of Behavior and Development,* 1964, *10,* 298–309.
WHITEMAN, M. & JASTAK, J. Absolute scaling for different age groupings of a state-wide sample. *Educational and Psychological Measurement,* 1957, *17,* 338–346.
WILD, C. Creativity and adaptive regression. *Journal of Personality and Social Psychology,* 1965, *2,* 161–169.
WILLEMS, E. P. An ecological orientation in psychology. *Merrill-Palmer Quarterly of Behavior and Development,* 1965, *11,* 317–343.
WILLEMS, E. P. Behavioral Ecology and Experimental Analysis: Courtship is not enough. In J. R. NESSELROADE & H. W. REESE (Hrsg.), *Life-span developmental psychology: Methodological issues.* New York: Academic Press, 1973.
WILLIAMS, H. S. Some aspects of the measurement and maturation of mechanical aptitude in boys aged 12 to 14. Unveröffentlichte Doktorarbeit, University of London, 1948.
WILLIAMS, M. The effect of past experience on mental performance in the elderly. *British Journal of Medical Psychology,* 1960, *33,* 215–221.
WILLIAMS, T. M. & FLEMING, J. W. Methodological study of the relationship between associative fluency and intelligence. *Developmental Psychology,* 1969, *1,* 155–162.
WILLOUGHBY, R. R. Family similarities in mental-test abilities. *Genetic Psychology Monographs,* 1927, *2,* 235–277.
WILLOUGHBY, R. R. Incidental learning. *Journal of Educational Psychology,* 1929, *20,* 671–682.
WITKIN, H. A., DYK, R. B., FATERSON, H. F., GOODENOUGH, D. R. & KARP, S. A. *Psychological differentiation.* New York: Wiley, 1962.
WITKIN, H. A., DYK, R. B., FATERSON, H. F., GOODENOUGH, D. R. & BIRNBAUM, J. Cognitive patterning in mildly retarded boys. *Child Development,* 1966, *37,* 301–316.
WITKIN, H. A., GOODENOUGH, D. R. & KARP, S. Stability of cognitive style from childhood to young adulthood. *Journal of Personality and Social Psychology,* 1967, *7,* 291–300.
WITKIN, H. A., LEWIS, H. B., HERTZMAN, M., MACHOVER, K., MEISSNER, P. B. & WAPNER, S. *Personality through perception.* New York: Harper & Row, 1954.
WITKIN, H. A., LEWIS, H. B. & WEIL, E. Affective relations and patient-therapist interactions among more differentiated and less differentiated patients early in therapy. *Journal of Nervous and Mental Disease,* 1968, *146,* 193–208.
WOHLWILL, J. F. A study of the development of the number concept by scalogram analysis. *Journal of Genetic Psychology,* 1960, *97,* 345–377.
WOHLWILL, J. F. Piaget's system as a source of empirical research. *Merrill-Palmer Quarterly of Behavior and Development,* 1963, *9,* 253–262.
WOHLWILL, J. F. Vers une réformulation du rôle de l'expérience dans le développement cognitif. In

J. B. GRIZE & B. INHELDER (Hrsg.), *Psychologie et epistemologie génétiques: Thèmes Piagétiens.* Paris: Dunod, 1966. S. 211–222.

WOHLWILL, J. F. The age variable in psychological research. *Psychological Review,* 1970, *77,* 49–64.

WOHLWILL, J. F. The emerging discipline of environmental psychology. *American Psychologist,* 1970, *25,* 303–312.

WOHLWILL, J. F. Methodology and research strategy in the study of developmental change. In L. R. GOULET & P. B. BALTES (Hrsg.), *Life-span developmental psychology: Research and theory.* New York: Academic Press, 1970, S. 149–191.

WOHLWILL, J. F. The place of structured experience in early cognitive development. *Interchange,* 1970, *1,* 13–27.

WOHLWILL, J. F. Correlational methods in the study of developmental change. Unveröffentlichtes Manuskript, Pennsylvania State University, 1971.

WOHLWILL, J. F. *The study of behavioral development.* New York: Academic Press, 1973. (Deutsch: *Strategien entwicklungspsychologischer Forschung.* Stuttgart: Klett-Cotta, 1977.)

WOHLWILL, J. F., FUSARO, L. & DEVOE, S. Measurement, seriation and conservation: A longitudinal analysis of their interrelationship. Paper presented at the meeting of the Society for Research in Child Development, Santa Monica, März 1969.

WOODROW, H. The relation between abilities and improvement with praxis. *Journal of Educational Psychology,* 1938, *29,* 215–230.

WOODROW, H. Factors in improvement with practice. *Journal of Psychology,* 1939, *7,* 55–70.

WOODRUFF, D. S. The usefulness of the life-span approach for the psychophysiology of aging. In P. B. BALTES (Hrsg.), Life-span models of psychological aging: A symposium. *Gerontologist,* 1973.

YAKORCYNSKY, G. K. An evaluation of the postulates underlying the Babcock deterioration test. *Psychological Review,* 1941, *48,* 261–267.

YARROW, M. R., CAMPBELL, J. D. & BURTON, R. V. Recollections of childhood: A study of the retrospective method. *Monographs of the Society for Research in Child Development,* 1970, *35,* (5, ganze No. 138).

YARROW, M. R., WAXLER, C. Z. & SCOTT, P. M. Child effects on adult behavior. *Developmental Psychology,* 1971, *5,* 300–311.

YERKES, R. M. Comparative psychology: A question of definitions. *Journal of Philosophy and Scientific Methods,* 1913, *10,* 580–582.

YERKES, R. M. (Hrsg.) Psychological examining in the United States Army. *Memoirs of the National Academy of Sciences,* 1921, *15,* 1–890.

ZIGLER, E. Metatheoretical issues in developmental psychology. In M. MARX (Hrsg.), *Theories in contemporary psychology.* New York: Macmillan, 1963, S. 341–369.

ZINBERG, N. E. The relationship of regressive phenomena to the aging process. In N. E. ZINBERG & I. J. KAUFMAN (Hrsg.), *Normal psychology of the aging process.* New York: International Universities Press, 1963.

Verzeichnis der Autoren

(mit den derzeit gültigen Universitätsadressen)

Inge M. Ahammer
Division of Developmental Psychology
Catholic University of Nijmegen
Nijmegen/Niederlande

Paul B. Baltes
College of Human Development
S-105 Human Development Building
The Pennsylvania State University
University Park, Pennsylvania/USA

Nancy Datan
West Virginia University
Department of Psychology
Morgantown, West Virginia/USA

L. R. Goulet
University of Illinois
College of Education
Department of Educational Psychology
Urbana, Illinois/USA

Frank H. Hooper
University of Wisconsin
School of Family Resources & Consumer Sciences
Madison, Wisconsin/USA

John L. Horn
University of Denver
Department of Psychology
Denver, Colorado/USA

Nathan Kogan
New School for Social Research
Department of Psychology
New York, New York/USA

Lawrence Kohlberg
Harvard University
Laboratorium of Human Development
Cambridge, Massachusetts/USA

William R. Looft
verstorben

John R. Nesselroade
The Pennsylvania State University
College of Human Development
Division of Individual and Family Studies
University Park, Pennsylvania/USA

Bernice L. Neugarten
University of Chicago
Committee on Human Development
Chicago, Illinois/USA

Jum C. Nunnally
Vanderbilt University
Department of Psychology
Nashville, Tennessee/USA

Willis F. Overton
Temple University
College of Liberal Arts
Department of Psychology
Philadelphia, Pennsylvania/USA

Hayne W. Reese
West Virginia University
Department of Psychology
Morgantown, West Virginia/USA

Todd R. Risley
The University of Kansas
Department of Human Development
Lawrence, Kansas/USA

K. Warner Schaie
University of Southern California
Ethel Percy Andrus Gerontology Center
Los Angeles, California/USA

Montrose M. Wolf
The University of Kansas
Bureau of Child Research
Lawrence, Kansas/USA

Register